별 신화와 말의 기원

문창범(文昌範, MOON Changbum)

제주에서 태어났다(1957). 중이온 빔에 의한 핵반응 실험으로 물리학 박사 학위를 취득하였다 (1989). 일본 이화학연구소(RIKEN)의 연구원을 거쳐, 호서대학교에서 장기간 근무하였다(1993 년 3월~2020년 8월). 이어 기초과학연구원의 '희귀 핵 연구단'에서 핵물리학 연구에 종사하였다 (2020년 9월~2023년 5월). 현재는 자문위원을 역임하고 있다. 오스트레일리아 국립 대학교, 캐나다 맥매스터 대학교에서 방문 교수를 역임하였다. 희귀동위원소 빔에 의한 핵반응 실험을 통하여 원자핵 구조, 천체 물리학적 핵합성 등에 관한 연구 결과들을 발표하였다. 아울러 유기 반도체 재료를 이용한 디스플레이용 발광소자, OLED 연구에도 일가견이 있다. 정년 퇴임(2023 년 5월) 후 말의 기원과 인류 역사의 관계 그리고 한글과 영어, 한자 및 일본어와의 원초적 연결 고리를 찾아 나서는 중이다.

저서: 『물리학 입문』(교보문고), 『종합물리학』(텍스트북스), 『전자 디스플레이 원론』(청문각),
『암 그리고 전쟁』(중앙생활사), 『가속기에 얽힌 과학』(교문사), 『희귀 핵에 담긴 우주』(북스힐)
역서: 『진공이란 무엇인가』(전파과학사)

# 별 신화와 말의 기원
Origin of Languages behind Star Myths

초판 1쇄 발행일 2024년 7월 15일

문창범 지음

| | |
|---|---|
| 발 행 인 | 이성모 |
| 발 행 처 | 도서출판 동인 / 서울특별시 종로구 혜화로3길 5, 118호 |
| 등록번호 | 제1-1599호 |
| 대표전화 | (02) 765-7145 / FAX (02) 765-7165 |
| 홈페이지 | www.donginbook.co.kr |
| 이 메 일 | donginpub@naver.com |
| I S B N | 978-89-5506-978-5 (03000) |
| 정 가 | 36,000원 |

# 별 신화와 말의 기원

## Origin of Languages behind Star Myths

문창범

도서출판 동인

온 우주를 안고 있는 인숙에게

이 책은
별과 별자리에 새겨진 신화(神話, Myth)와 주어진 이름들에서
처음 생겨난 뿌리 말들을 건져 올리는 두레박이다.
별들에 얽혀 있는 신비로운 이야기들은
인간의 속마음이 들어 있는 담이자 샘물이면서
삶과 죽음을 관통하며 이어지는 영원한 시간 그림자다.
그것은 인류의 종족적 얼개와 문화적(사냥, 목축, 농경) 흐름에
지역적 시간적 거리를 재는 자이기도 하다.
고대 이집트, 메소포타미아 지역을 시작으로 하는 별의 관측과 그에 따른
별들에 붙여진 이름들 그리고 그에 대응되는 신의 이름들,
그리스, 아라비아에서 붙여진 별들과 신들의 이름들이
우선 대상이다.
아울러
북유럽과 게르만족에서 받들어지는 신들의 이름들,
시베리아 사만족들에서 외쳐 나오는 신들림의 소리와 신들의 이름들,
가끔 아메리카 인디언 문화에 새겨진 신들의 이름들도
말뿌리와 그 줄기 캐기에 동원된다.
더욱이

고대 인도와 불교의 그 복잡하고 찬란한 숱한 신들의 이름과
신화적 제의 속에 담긴 그 이야기들 역시
우리가 쓰고 있는 우리말과의 고리를 엮는 데 한몫을 한다.
최종적으로는
영어의 낱말과 우리말이 얼마나 깊은 관계가 있는지를 불빛처럼 선보일 것이다.
그리고
그러한 비교로부터 영어권에서는 그 본래의 의미를 보지 못하는 것을
우리말을 통하여 새롭게 조명한다.

　　여기에서 제기된 이름들과 말에 있어 그 뜻이 해당 지역(국가)에서 통용되는
대상과 또는 학술적인 해석과는 다를 수 있다. 아니 다른 것이 더 많을 수 있다.
그러나 그 '다름'이 말(言語, language)의 뿌리와 그에 따른 진화를 파악하는 데
길라잡이가 될 것으로 믿는다. 이름에 담긴 원래 뜻이 시간이 지남에 따라 아니면
민족의 속성과 지역의 특성에 따라 심리적, 사회적, 종교적으로 변하기 때문이다.
더욱이 침략에 따른 지배권의 교체는 말의 진화에서 결정적 역할을 한다. 여기에
서 제기된 분석적인 접근은 별들의 이름에 국한하지 않는다. 고대 수메르, 이집트
를 필두로 하여 그리스, 로마, 게르만 그리고 현재의 영어까지 아우른다. 그 아우
름에는 말의 기본을 이루는 자연적, 심리적 말의 씨앗은 물론 이러한 씨앗의 조합
으로 이루어진 뿌리 말들이 선두에 선다. 그리고 그러한 기본 말들이 시대와 민족
을 뛰어넘는 원초적 기원 처임을 밝히는 것이 그 다다름 점이다. 이 밝힘에 의해
수메르, 이집트, 그리스, 로마 신화는 물론 크리스트교와 조로아스터교의 경전을
해석하는 데 큰 길잡이가 될 것으로 기대한다. 여기에는 힌두교와 불교도 포함될
수 있다.
　　한편 소리를 빌려 그 뜻을 새김에 있어 대상 이름(단어)의 뜻이 현재의 뜻과
는 어긋날 수도 있다. 잘못된 풀이로 보지 말고 처음에 그 이름(말)이 그러한 뜻이
담길 수도 있었다고 보아주기 바란다. 그러한 풀이가 전체적인 흐름에서 원래의
말의 뿌리를 찾는 데 길잡이 역할을 할 수 있기 때문이다. 현재의 관점에만, 특
히 문헌에만 머물지 말라는 당부다. 우리말은 한자라는 이질적인 요소와 결합이

되면서 원래의 뜻과는 다르게 퍼져 나간 것이 숱하다. 뜻과 소리가 엉켜버린 결과다. 어긋난다고 판단되는 말들의 해석은 말의 민족적 속성과 역사적 흐름 속에서 서로 엮여 나올 수 있는 소용돌이이기도 하다. 그 조그만 소용돌이가 사실 '보석 (Gem)'과 같은 역할을 할 수 있고, 또한 다른 방향을 제시할 수 있는 양분이 될 것으로 믿는다.

따라서, 신화를 바탕으로 인류의 말의 기원을 찾는 이 책은 언어학(Philology), 어원학(Etymology)에서 어원(Roots, Etymon)을 찾는 데 이정표(guardian) 역할을 할 것으로 기대한다.

2024년 7월 15일
기초과학연구원 희귀핵연구단에서 **문창범**

1. 별과 별 이름에 얽힌 이름과 역사적, 문화적, 신화적 이야기들은 주로 참고 문헌 [1]번인 'Star Names'를 기반으로 한다. 따라서 특별히 참고 표시를 하지 않았다고 해도 별자리에 대한 알파벳(Alphabet)식 이름들은 1번 참고 문헌과 관련됨을 알려둔다. 참고 문헌은 그 목록에 별 이름과 신화에 관계된 것은 [1-5], 즉 [1]에서 [5]번을, 말의 진화에 관한 것은 [6-12], 고대 신화에 관한 것은 [13-27] 그리고 말의 사전은 [28-32] 등으로 나누었다. 따라서 각 장에 들어 있는 주제들에서 위와 같은 분류에 따라 참고 문헌들이 인용되었다고 보면 된다. [1]번 참고 문헌처럼 폭넓게 그리고 자주 인용이 되는 문헌들은 일일이 표기되지 않은 경우가 많다는 점을 지적해 둔다. 그러면서도 특별한 경우에는 [1], [2] 등과 같이 표기하였다. 그림의 경우 그 출처(Source)는 그림이나 혹은 그림 설명에 직접 나타내었다. 그러나 개인의 창조적인 작품이 아니고 고대 이집트, 수메르, 바빌로니아의 유적에 새겨진 그림들의 사진은 특별한 경우가 아니면 그 출처의 의미는 없다고 본다. 그중에서도 고대 유적 현장이나 이집트, 이라크, 영국, 프랑스, 러시아 등의 박물관에 소장되어 소개되는 유적들의 사진들이 그 대상이다.

2. 한글과 영어를 중심으로 하여 그리스어가 가끔 등장한다. 아울러 한자 역시 필요할 때 등장하며 '한자(漢字)'와 같이 표기한다. 특히 한자말은 그 뜻이 간직되어 있어 한자 표기가 꼭 필요한 말들이 존재한다. 영어와 그리스어는 필요에 따라 직접 알파벳 형태로 표기되는 경우가 나온다. 붙임 글인 부록에 영어의 알파벳과 우리말 '가나다'에 대한 발음기호와 규칙을 소개하였다. 여기에서는 영어식 소리값은 되도록 피한다. 보기를 들면, '**German**'인 경우 '저먼'으로 소리하지 말고 '**게르만**'으로 받아들이면 좋다는 뜻이다. '**Major**'는 '메이저'라 하지 말고 '**마조르**'로 소리하는 것 등이다. 말과 글의 뜻을 새기는 데 도움이 되기 때문이다.

3. **주제에 따라 같은 이름과 내용이 반복되는 경우가 나온다.** 주제별로 그 주제를 이해하는 데 도움을 주기 위한 것이다. 특히 한 신화가 여러 가지 별자리와 결부되었을 때 두드러진다. 그러나 이러한 반복성은 단순한 것이 아니다. 반복성을 가지는 말들이 곧 말의 뿌리요 주요 줄기 역할을 하기 때문이다. 여기에서 제기되는 말뿌리들은 말의 진화와 그 속에 새겨진 뜻이 다르게 나타나는 근본적인 화석 역할을 한다. 이러한 되새김은 자연과학, 특히 수학과 물리학에서 두드러진다. 왜냐하면 기본 식(여기에서의 뿌리말 혹은 신화의 창조 이야기)을 바탕으로 다양한 수식과 자연법칙이 유도되기 때문이다. 따라서 처음부터 마지막까지 기본 식들은 따라 나올 수밖에 없다. 주춧돌로 이해해주기 바란다.

4. 우리말 '어'의 소리는 알파벳 철자로 표현하기 어려운 소리값을 지닌다. 뿌리말인 Ki는 '키'와 더불어 크다의 뜻으로 '커, 카' 등으로 표기된다는 점을 알아두기 바란다. '커'는 영어로 'Ka'로 새기면 된다. 이 말의 줄기인 '커알'은 '클, 걸' 등으로 표기된다. 자세한 것은 붙임 글을 참고 바란다.

5. 별자리 그림은 컴퓨터 프로그램인 Cyber Sky를 이용하였다. 지금은 사용되지 않은 Windows 95, 98 용이다. 저작권에는 저촉되지 않은 공개용임을 밝혀 둔다. 현재의 컴퓨터 시스템으로는 작동되지 않는다.
CyberSky. Stephen Michael Schimpf. Version 1.0a (1995).

6. **한글 맞춤법**에 관한 것이다. 종종 **현재의 한글 표기법과는 다르게 표기한 말**(單語)들이 등장한다. 그 이유를 명백히 밝히기도 하였지만 그렇지 못한 것도 있을 수 있다. 특히 명사와 명사를 이어 만든 합성어에서 **사이시옷**의 무리한 사용에 의한 표준말이 다수 사용되고 있다. 예를 들어, 그리스의 알파와 베타를 합성한 alphabet의 표준말은 알파베트가 아니라 '알파벳'이다. 이 문제는 특별 주제 편에서 자세히 다루었다. 모두 말의 뿌리를 찾는데 필요한 조치이니 이해 바란다.

여기에 인용된 참고 문헌은 도서(圖書)를 위주로 하는 책(冊, book)을 중심으로
한다. 도서는 그림과 글로 이루어진 책을 뜻한다. 본문에 특별히 참고(reference)
가 필요할 때면 대상 참고 문헌의 번호를 붙여 강조하였다.

### ■ 별의 이름과 신화

[1] 『Star Names: Their Lore and Meaning』, Richard Hinckley Allen (Dover, 1963).
이 책의 중심 참고 문헌이다. 별의 이름과 별자리에 얽힌 신화는 물론 고대 이집트, 유프라테스, 그리스,
아라비아 등에서 사용된 이름들이 말의 뿌리를 찾는 데 중요한 자료로 작용하였다.

[2] 『고대 하늘의 메아리 (Echoes of the Ancient Skies)』, E. C. Krupp, 정채연 옮김, 이지
북, 2011.

[3] 『하늘의 신화와 별자리의 전설』, Jean-Pierre Verde, 장동현 옮김, 시공사, 1997.

[4] 『별들의 비밀 (The secret language of the stars and planets)』, Geoffrey Correlius
& Paul Devereux, 유기천 옮김, 문학동네, 1999.

[5] 『별과 우주의 문화사 (Astrology in history)』, 쟝샤오위앤, 홍상훈 옮김, 바다, 2008.

### ■ 말과 글의 진화

[6] 『로스트 랭귀지 (Lost Languages, 2002)』, Andrew Robinson, 최효은 옮김, 이지북,
2007.

[7] 『말, 바퀴, 언어 (The Horse, the Wheel and language, 2007)』, David W. Anthony,
공원국 옮김, 에코리브르, 2015.

[8] 『조선상고사감 (朝鮮上古史鑑)』, 안재홍, 우리역사연구재단, 2014.
지은이가 우리나라 말의 기원을 찾는 데 큰 영향을 준 연구서다. 특히 한자에 오염된 우리나라 말들에 대
한 재해석, 고대에 사용된 우리나라 고유 말들에 대한 근원적인 접근에 따른 해석은 우리나라 언어학자들
에게 귀중한 자산이다.

[9] 『조선상고사』, 신채호, 비봉출판사, 2006.
8번과 같은 취지로 참고 문헌으로 삼았다. 우리나라 역사와 말의 독자성을 명쾌하게 지적하고 식민사관에
따른 역사관을 바로잡는 선구자 역할을 한 중요한 문헌이다.

[10] 『世界 文字 圖典, 普及版, 世界文學硏究會』, 吉川弘文館, 2017. (일본어)
     고대 이집트의 상형문자는 물론 유프라테스의 쐐기 문자를 이해하는 데 좋은 참고 문헌이다. 알파벳의
     진화 과정이 산뜻하게 소개되고 있다. 아울러 한자의 진화(모양과 소리) 과정을 전체적으로 조망할 수
     있는 값진 참고 서적이다.
[11] 『漢子의 世界』, 白川靜(시라카와 시즈카), 고인덕 옮김, 솔출판사, 2011.
     한자의 형성 과정과 속에 담긴 뜻을 제의적, 신화적 배경으로 명쾌하게 설명하고 있다. 비록 여기에서는
     그 관련이 깊지는 않으나 인류의 말과 글의 탄생과 그 진화를 연구하는 데 중요한 이정표 역할을 할 수
     있는 값진 인류의 지적 자산이라 할 만하다.
[12] 『제주어, 제주사람, 제주문화 이야기』, 강영봉, 도서출판각, 2015.


■ 신화와 고대 유적

[1] 『Star Names: Their Lore and Meaning』에 등장하는 별들의 신화를 보충하고 더욱 깊게 다지는 데 사용된
참고 문헌들이다.


[13] 『신의 가면 I: 원시 신화 (The Masks of God Vol. I: Primitive Mythology, 1959)』,
     Joseph Campbell, 이진구 옮김, 까치글방, 2003.
[14] 『신의 가면 II: 동양 신화 (The Masks of God Vol. II: Oriental Mythology, 1962)』,
     Joseph Campbell, 이진구 옮김, 까치글방, 1999.
[15] 『신의 가면 III: 서양 신화 (The Masks of God Vol. III: Occidental Mythology, 1964)』,
     Joseph Campbell, 정영목 옮김, 까치글방, 2000.
[16] 『신화의 힘 (The Power of Myth, 1988)』, Joseph Camphell & Bill Moas, 이윤기
     옮김, 고려원, 1992.
[17] 『샤마니즘 (Shamanism)』, Mircea Eliade, 이윤기 옮김, 까치글방, 1996.
[18] 『게르만 신화와 전설 (Germanische Götter ~und Heldensagen)』, Reiner Tetzner,
     성금숙 옮김, 범우사, 2016.
[19] 『한국 7대 불가사의』, 이종호, 역사의아침, 2007.
[20] 『한국 신화의 비밀』, 조철수, 김영사, 2003.
[21] 『역사는 수메르에서 시작되었다 (History Begins at Sumer)』, Samuel Noah Kramer,
     박성식 옮김, 가람기획, 2000.
[22] 『세계의 모든 신화 (Don't Know Much About Mythology, 2005)』, Kenneth Davis,
     이충호 옮김, 푸른숲, 2008.
[23] 『그림으로 보는 세계 신화 사전 (A Dictionary of World Mythology, 1986)』, Arthur
     Cotterell, 까치 편집부 옮김, 까치글방, 1996.

[24] 『잉카 신화, 대영 박물관 신화 총서 6 (The Inca myths)』, Gary Urton, 임웅 옮김, 범우사, 2003.

[25] 『고대 이집트 해부 도감 (古代 Egypt 解剖 圖鑑, 2020)』, 곤도 지로(近藤 二郞), 김소영 옮김, 더숲, 2022.

[26] 『한단고기(桓壇古記)』, 계연수(桂延壽) 편찬, 임승국 번역·주해, 정신세계사, 1992.

[27] Wikipedia. https://en.wikipedia.org/wiki/Main_Page.
공개 백과사전, encyclopedia이다. 특별한 이름들인 경우 그 유래를 찾는 데 이곳이 큰 도움이 되었다. 그림에 대한 출처는 Wikimedia Commons이다.

■ 사전

[28] 국어사전, 4판, 이희승 감수, 민중서림 편집부, 민중서림, 1996.

[29] 영한사전, 9판, 민중서림 편집부, 민중서림, 2002.

[30] 한영사전, 4판, 민중서림 편집부, 민중서림, 2000.

[31] 新日韓小辭典, 민중서림 편집부, 민중서림, 1996.

[32] 韓日辭典, 安田吉實(야스다 요시미), 손락범 편저, 민중서림, 1983.

- 여는 글 … 5
- 알림 글 … 8
- 참고 문헌 … 10


**1**

## 별과 우주 | 19

1.1 별과 밤하늘 ································································· 21
1.2 해시계와 하늘의 운행 ··············································· 31
　1.2.1 구조 및 원리 ····················································· 32
　1.2.2 오목해시계와 지구의 공전 운동 ······················ 33
　1.2.3 오목해시계와 단진자 운동 ······························· 35
1.3 또 다른 주기: 세차 운동 ·········································· 37
　특별 주제 1 수메르와 이집트 ····································· 40
　　수메르 ································································· 41
　　이집트 ································································· 43


**2**

## 말의 기원 | 47

2.1 말 ··············································································· 49
　2.1.1 말의 탄생 ························································· 49
　2.1.2 자연: 나+따+알 ················································ 53
　2.1.3 별: 배+알 / 씨+따+알 ········································ 55

2.2 뫼+알 ...................................................... 57

2.3 알 ............................................................ 59

2.4 말과 Myth ................................................. 63

2.5 말 ............................................................ 69

특별 주제 2 아사달: 아씨딸, 알씨따알 ............... 71

아와 앙 ........................................... 73

따알 ................................................ 79

사이시옷과 S .................................. 82

## 3 해와 해딸: 해틀 | 85

3.1 해 ........................................................... 87

특별 주제 3 해와 피라미드 .............................. 96

3.2 달 ........................................................... 107

3.3 새ㅅ별 ...................................................... 114

특별 주제 4 해딸과 일주일 .............................. 119

## 4 별과 별자리 | 129

4.1 별자리의 역사 ........................................... 132

특별 주제 5 나반, 아만 ................................... 142

특별 주제 6 이집트 ........................................ 145

바다와 이집트 ................................. 145

투탕카멘: 투트 · 앙크 · 아문 ........... 147

특별 주제 7 수메르 ........................................ 149

쇠와 수메르 .................................... 149

뫼와 수메르 .................................... 160

특별 주제 8 Janus와 복희-여와 .................... 165

야누스 ·········································· 165

복희와 여와 ·································· 167

특별 주제 9 몸과 미라 ························· 179

특별 주제 10 Bes와 두꺼비 ·················· 181

4.2 해길 자리 ······································· 185

특별 주제 11 그리스와 한국 ·················· 204

4.3 가락지와 미리내 ······························· 206

## 5 별자리 | 215

5.1 곰자리, 큰곰 ··································· 222

특별 주제 12 곰, 단군, 첨성대 ··············· 250

단군 ·································· 253

첨성대 ······························ 257

특별 주제 13 배알 ····························· 258

특별 주제 14 빗, Comb, 갈비 ··············· 268

5.2 용자리 ········································· 270

특별 주제 15 드루이드와 드라비다 ············ 277

드루이드 ····························· 277

드라비다 ····························· 282

5.3 목동자리 ······································· 287

5.4 처녀자리 ······································· 292

5.5 사자자리 ······································· 295

5.6 개자리 ········································· 299

5.7 게자리 ········································· 305

5.8 황소자리 ······································· 312

5.8.1 Hyades ································· 314

5.8.2 Pleiades ······························· 315

특별 주제 16 닭과 병아리 ···················· 321

특별 주제 17 개, 돼지, 소 ···················· 325

특별 주제 18 조선과 숙신 그리고 한 ·············· 331

특별 주제 19 어제, 오늘, 모레 ·············· 334

특별 주제 20 Noel and Christmas ·············· 336

5.9 오리온자리 ·············· 337

5.10 쌍둥이자리 ·············· 342

5.11 마차부자리 ·············· 345

5.12 양자리 ·············· 349

5.13 배자리 ·············· 354

5.14 비둘기자리 ·············· 358

5.15 물병자리 ·············· 359

5.16 강물자리 ·············· 361

특별 주제 21 아라, 가라, 나라 ·············· 363

5.17 염소자리 ·············· 367

5.18 카시오페이아자리 ·············· 370

5.19 케페우스자리 ·············· 372

5.20 안드로메다자리 ·············· 374

5.21 페르세우스자리 ·············· 378

5.22 페가수스자리 ·············· 381

5.23 독수리자리 ·············· 384

5.24 고니자리 ·············· 386

5.25 까마귀자리 ·············· 388

5.26 그릇자리 ·············· 391

5.27 머리털자리 ·············· 393

5.28 거문고자리 ·············· 395

5.29 땅꾼자리 ·············· 399

5.30 전갈자리 ·············· 404

5.31 활쏘기자리 ·············· 410

5.32 켄타우루스자리 ·············· 417

5.33 제단자리 ·············· 422

5.34 토끼자리 ·············· 424

특별 주제 22 토끼, 늑대, 저울 ·············· 428

5.35 고래자리 ················································ 430

5.36 물뱀자리 ················································ 433

5.37 물고기자리 ·············································· 434

5.38 남 물고기자리 ·········································· 438

5.39 왕관자리 ················································ 440

5.40 헤라클레스자리 ········································ 444


- 닫는 글 ··· 451
- 붙임 글 ··· 454
  A1 로마 글자와 소리값 ··· 454
  A2 그리스 글자와 소리값 ··· 456
  A3 한글 ··· 456
- 찾는 글 ··· 459

# 별과 우주

## 1.1 별과 밤하늘

그림 1.1  2023년 3월 2일 저녁 8시 우리나라 서울에서 쳐다본 밤하늘. 많은 별이 점점이 박혀 있다. 남쪽을 향해 바라다본 모습이다. 따라서 왼쪽이 동쪽 오른쪽이 서쪽이다. 서녁 하늘에 두 개의 밝은 별이 빛나는데 사실은 금성(金星, Venus)과 목성(木星, Jupiter)이다. 두 행성(行星, 떠돌이별, Planet)이 아주 가깝게 만나는 특별한 날이다. 작은 사진을 보면 목성 주위에 두 개의 작은 별이 보인다. 목성의 위성들이다. 지구의 달에 해당한다. 달(Moon)이 떠 있고 붉은 화성(火星, Mars)이 빛나고 있다. 우리에게 친근한 북두칠성(北斗七星)이 위에 늠름하게 자리 잡고 있다.

별(Star)은 밤이 되어서야 나타나는 존재이다. 낮(day)과 밤(night)은 해(Sun)가 뜨고 지는 것으로 구분되는 하루의 두 얼굴이다. 낮은 해의 세상이고 밤은 별들의 세상이다. 그리고 밤을 지배하는 또 하나의 존재는 달(Moon)이다. 밤이면서도 달은 또한 두 개의 얼굴을 내민다. 낮이 주는 환함과 밤이 주는 어두움의 극한 대립 쌍에서 인류는 온갖 이야기를 쏟아낸다. 가장 먼 이야기인 **신화(神話, Myth)**가 이를 대변한다. 오늘날 해도 별의 일종이라는 사실은 모두 아는 바이다. 그러나 과학 이전에 해와 달과 별에 담긴 온갖 이야기는 인류가 걸어온 기나긴 역사와 함께한다. 그 속에는 지역적, 계절적인 조건과 민족의 심리적 성향에 따른 문화적 요소가 모두 포함되어 있다. 우선 밤하늘의 별들을 감상하기로 한다.

그림 1.1은 여름(Summer)밤에 나타나는 밤하늘의 모습이다. 조금만 신경 쓰면 북쪽에 별 일곱 개가 국자처럼 모여 있는 것을 볼 수 있을 것이다. **북두칠성(北斗七星, the Northern Seven Stars)**이다. 이 북두칠성은 우리를 포함한 동양(東洋, Orient) 지역에서는 죽음을 관장하는 신으로 여겨졌다. 여기서 우리는 곧바로 삶(life)과 죽음(death)이라는 명제와 만난다. 그래서 우리 조상들은 집안의 안녕과 자식의 건강을 비는 마음으로 이 북두칠성을 그토록 섬겼었다. 인간을 비롯한 생명체가 자기는 물론 가족의 생명을 지키고 이어 나가는 것은 자연(自然, Nature)의 법칙이다. 그림을 보면 북두칠성은 바로 사람을 끌어당길 수 있는 모양과 밝음을 겸비하고 있다. 누가 보더라도 '멋지다'라고 할 것이다.

별자리에 대해선 많이 들어보고 또 어떤 것이라는 것은 알고 있을 것이다. 우리가 흔히 이야기하는 별자리는 동양 것이 아니라 서양(西洋, Occident) 세계가 중동의 역사까지를 포함해 만든 서양 문화의 단편이다. 그림 1.2는 앞에서 나온 밤하늘에 대한 별자리를 나타낸다. 인간이 만들어 낸 일련의 상징적인 그림이다. 이 상상도는 밝은 이웃 별들을 묶어 특정의 동물들과 인간상들의 모습을 그리고 있으며 고대인들의 전설과 신화를 담고 있다. 이러한 별들의 묶은 그림을 **별자리(Star Constellation)**라고 부른다. 고대 메소포타미아 지역과 이집트 그리고 그리스인들에 의해 만들어진 인류의 문화유산 중 하나이다.

물론 동양에도 문화와 신화에 따른 별자리는 존재한다. 그러나 위와 같은 서양 별자리에 비해 현실적인 면에서 미흡하여 큰 주목을 받지 못한다. 사실 **큰 의미가 없다**는 것이 현실이다. 그 이유는 다음과 같다. 첫째, 동양 별자리를 이루는 별들 대부분이, 예외는 있지만, 어두운 별들(보통 4에서 5등급)로 이루어져 있다는 점이다. 여기서 4~5등급이라면 맑은 밤하늘이라 해도 뚜렷이 감지하기 어려운 별들에 속한다. 예외적인 것이 위에서 본 북두칠성이다. 왜 밝은 별은 제쳐두고 어두운 별들을 골랐는지는 명확히 밝혀진 바가 없다. 두 번째는 동양 별자리를 대표하는 소위 28수(宿, 원래 한자로 발음은 숙이지만 수로 나타낸다. 이른바 별의 **집**을 의미한다)에 대한 경계 설정이다. 해길과는 약간 다른 달이 지나가는 길(달길)을 토대로 되어 있다. 그런데, 나누어진 모습이 들쭉날쭉할 뿐만 아니라 실제 별들의 존재와는 무관하게 그려진 것들이 많다. 그렇다면 어떠한 이유로 그렇게 만들었는지 그 유래를 알 수 있어야 하는데 현재까지 알려진 바가 없다. 각종 동양 혹은 우리 별자리에 대한 전문 서적 혹은 일반 서적들을 보면 신화적인 혹은 특정 종교(예를 들면 도교)에 대한 옛이야기에 그 기반을 두어 기술하고 있다.

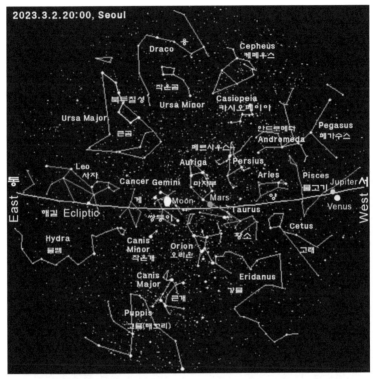

그림 1.2  앞에서 나온 별들을 이리저리 선으로 연결한 모습. 이른바 별자리를 나타낸다. 메소포타미아 지역과 이집트 그리고 그리스에서 발생한 신화를 바탕으로 이루어진 것이다. 북두칠성은 곰자리의 일부이며 곰의 꼬리와 등을 이루고 있다. 실제로 곰은 꼬리가 거의 없다. 작은곰자리 으뜸별이 현재의 북극성이다. 가운데 가로지르는 선이 해가 지나가는 길(Ecliptic)이다. 해길을 따라 나오는 별자리들(물고기, 양, 황소, 쌍둥이, 게, 사자 등)을 주목하기 바란다.

고대인들은 이와 같은 별자리들이 계절, 즉 시간에 따라 나타나는 위치가 다르고 또한 해의 위치가 같은 위치에 나타나는 시간, 다시 말해 1년의 주기로 변한다는 사실을 알게 되었다. 여기서 고대인들은 넓은 강가를 토대로 하는 유프라테스 지역이나 이집트의 나일강 강가에 거주한 사람들을 가리킨다. 태양력의 발생을 가져오며 농사는 물론 인류의 역사가 1년 주기로 기록되는 원천이 되었다. 물론 오늘날은 해가 중심에 있고 그 주위를 지구가 돌고 있다는 사실은 누구나 알고 있다. 그런데 인간은 하늘에 나타난 별들의 모습 중 해가 지나가는 길에 나타나는 별자리들을 특히 주목하게 된다. 지구가 밤이 되었을 때 지구가 도는 원의 위치에 따라 1년을 주기로 12개의 별자리로 나타낸다. 달리 말하자면 해의 길을 따라 보이는 별들을 12달로 구분하는 것이다. 이를 영어로는 **Zodiac**, 동양권에서는 '**황도 (黃道) 12궁(宮)**'이라고 부른다. 황도는 누런 길이라는 의미이며 곧 **해의** 길을 뜻한다. 이 길을 영어로는 Ecliptic라고 한다. 이들 이름에 관한 것은 나중에 자세히 다루게 된다. 여기에서는 황도 12궁이라는 이름은 피하고 '**해길 12자리**', '**해길 자리**' 등으로 부르기로 한다.

그런데 여기서 흥미로운 점은 큰곰자리와 북두칠성과의 관계이다. 사실 북극에 가까운 지역민(우리를 비롯한 현재의 시베리아 지역과 북유럽 영역에서 활동한 민족들)에서 나타나는 기록을 보면 곰의 형상은 없고 분명 7개의 별에 대한 신화적인 기록만이 주를 이룬다. 이와 반면에 곰자리의 설정은 유럽 문명의 시발점인 그리스에서 나오는데 그 배경이 되는 **기원은 모른다**. 여기서 7개의 별의 모양에 따라 각종 신화적 이야기가 양산된다. 예를 들면 이집트에서는 황소 뒷다리(이 황소 뒷다리가 그 당시 북극성에 잡혀 돌고 있다고 설정된다), 수레, 국자 등이다. 당연히 고개가 끄덕여질 것이다. 우리나라에서 북쪽 일곱 별(北斗七星, 여기서 斗(두)는 곡식의 양을 재는 되(됫박)를 말한다)과 남쪽 여섯 별(南斗六星)에 대한 전설은 도교(道敎)의 영향이다. 신화의 뿌리는 인간이 죽음을 인식하게 되면서 뻗어 나온다. 따라서 죽음과 삶의 신을 설정하여 삶의 연장과 자식의 탄생을 염원하는 행위가 인류의 보편적 가치를 지닌 문화를 발생시키며, 결국 신화의 뿌리가 된다.

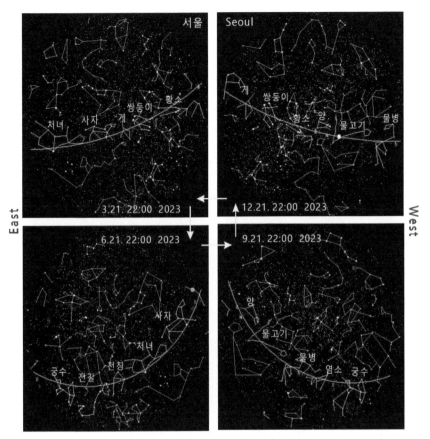

그림 1.3 계절별로 나타나는 해길 열두 자리 별들의 이동. 2023년도 봄점인 춘분(春分), 여름점인 하지(夏至), 가을점인 추분(秋分), 겨울점인 동지(冬至) 밤 10시 서울에서 남쪽을 향해 바라본 모습이다. '해길(the ecliptic)'은 계절에 따라 변한다. 지구의 공전과 자전축이 다르기 때문이다.

그림 1.3은 1년 중 봄(춘분), 여름(하지), 가을(추분), 겨울(동지) 점들에서 나타나는 밤하늘을 12개의 별자리로 나타내 본 것이다. 해길에 자리를 잡은 12가지의 별자리는 특별히 'Zodiac'이라 부른다. Zodiac은 동물을 뜻하지만 실상 그 **어원(語源, origin of word, etymology)**은 잘 모른다는 것이 이 방면 세계의 공통 견해이다. 나중에 글쓴이가 풀이한다. 하여튼 해의 **집**으로 이해하면 좋다. 여기에서는 집 대신 '**자리**'로 사용하겠다. 그림을 보면 이러한 별자리들은 계절에 따라 위치를 바꾸고 있음을 알 수 있다. 물론 해 주위를 도는 지구의 공전 운동 때문이다. 만약

게자리가 밤에 나타나면 그 대칭에 있는 염소자리는 낮에 해의 길을 따라 흐른다. '게'를 지나면 동물의 왕 '사자'가, 그다음으로 '처녀자리'가 이어진다. 봄의 별자리 중 가장 화려한 것이 사자, 처녀 그리고 목동자리이다. 특히 봄에서 여름에 걸쳐 빛나는 목동자리 으뜸별 '아르크투루스(Arcturus)'는 우리나라에서 보더라도 그 찬란함은 감탄을 자아내게 한다. **북두칠성과 연계하면 그 보는 맛이 더해진다.**

그림 1.4 해길 12자리 모습. 회색 영역이 여름의 초저녁 밤에 보이는 별자리들이다. 지구에서 보았을 때 해는 게자리에 위치한다. 이를 여름점(the Tropic of Cancer, 보통 하지라고 부름)이라고 부른다. 이때 밤에는 활쏘기(Sagittarius), 전갈(Scorpius)자리 등이 나타난다. 이와 반면에 겨울이 되면 해는 염소자리에 위치한다. 이를 겨울점(the Tropic of Capricorn)이라 한다. 그리고 해가 양자리에 위치하면 봄이 시작되며 춘분(봄점)으로 이어진다. 이러한 별자리와 해와의 위치는 낮과 밤에는 불가능하며 새벽 동이 트기 전 혹은 지고 난 후 관측될 수 있다. 물론 봄과 가을은 각각 양자리와 저울자리에 해당된다. 뚜렷이 구분되는 것은 아니다. 이러한 구분 선은 오랜 시간(1000년 이상)이 지나면 바뀐다. 지구의 세차 운동 때문이다. 이름을 비롯한 자세한 것은 해길 자리에서 다룬다. 그림 4.20과 비교하기 바란다.

그림 1.4가 이러한 서양식 해길 12자리의 모습이다. 앞으로 자주 등장하게 된다. 이와 같은 별자리들은 서양 역사에 있어 **점성술(占星術, astrology)**과 접목되어 인간의 삶을 지배하는 역할을 하기도 하였다. 특히 주목받은 현상이 이러한 해길에 가끔 불규칙하게 나타나는 별들이다. 그런데 사실 별이 아니라 지구와 같은 행성들(화성, 수성, 목성, 금성, 토성)이다. 이미 앞에서 만나 보았다. 이른바 떠돌이별(wandering stars)이다. 그림 1.1에서 금성, 목성을 쳐다보기 바란다. **간혹 행성(行星)이 아닌 혹성(惑星)이라고 부르는데 이는 일본 사람들이 잘못 정한 용어를 무분별하게 가져다 쓰는 결과에서 비롯**된다. 아마도 wandering을 wondering으로 잘못 보아 이름을 붙인 듯하다. 정식 영어 명칭은 Planet(그리스어로 떠돌다, 방랑하다 뜻)이다. 이러한 행성들의 출현은 우리가 속한 동양에서도 중요한 사건으로 취급된다.

여기서 핵심적인 결론이 나온다. 이러한 별들의 주기적인 운행이 고대 이집트에서, 고대 메소포타미아에서 자리 잡은 사람들에게 눈에 들어왔다는 사실이다. 그것은 계절에 따른 별들의 출현과 강의 범람, 즉 비가 내리는 시기와 특정 별이 나타나는 때를 잡는 것이 자연이 주는 혜택의 힘과 파괴의 힘을 알아보는 능력의 척도가 되는 것이다. 이러한 관계로부터 별들에 얽힌 각종 신화가 탄생한다. 그리고 수많은 자연 현상에 대하여 그 지배권을 가지는 신(神, deity)들이 등장한다. 그리고 그 신들에게는 걸맞은 이름들이 주어진다. 아울러 해당 신들은 특정의 별이나 별자리에 주어지면서 역시 이름이 부여된다. 이러한 이름들에는 고대, 지금으로부터 5000년 전 정도 과거에 일어난 유프라테스 지역의 수메르, 나일강의 기적 이집트 문명의 얼굴에 새겨져 있다.

한편 별들에 대한 정확한 위치 정보는 대항해 시대를 열 수 있는 주춧돌을 제공하여 전 지구적인 문화, 과학, 기술의 전파가 이루어지게 된다. 오늘날과 같은 과학의 탄생은 위와 같은 별들의 **관찰**과 함께 **측정**이 이루어진 자료들의 꾸준한 집합 그리고 그 자료들에서 찾아낸 **자연의 질서와 규칙성의 발견**에서 비롯되었다. 즉 실험에 의한 자연 현상의 재현과 그 운동의 원인을 밝혀내면서 과학이 탄생하였다. 그런데 이러한 과학의 출발이 "자연의 질서는 유일신(God)에 의해 이루어졌다"는 신념에 따라 시작되었다는 사실이다. 대단히 흥미로운 일이라고 할 수 있다. 자연의 질서가 신의 존재를 증명하는 수단으로 이어진 것이다. 이와 반면에 동양, 우리를 비롯한 중국과 일본의 천문에 대한 문화와 역사는 과학과는 다른 방향으로 갔다. 그러면 서양과 동양의 별자리는 어떤 게 다를까? 그림 **1.5**를 보자.

이 그림을 보면 동양과 서양 별자리는 사뭇 다르다. 동양 별자리는 사람이 살아가는 사회, 특히 지배자의 사회 조직과 일치시키는 방향으로 만들어졌다. 인간 사회뿐만 아니라 모든 생물에서 가장 두드러진 현상이 생명의 이어짐이다. 생명체의 진화는 사실상 암컷과 수컷의 짝짓기에 의한 자손의 번식 방법에 따라 이루어졌다. 동물이든 식물이든 특색 있는 모양과 각기 다른 생식 방법 등은 주어진 환경에 따라 유전자 번식의 효율성을 얻기 위해 태어난 결과이다.

서양 별자리

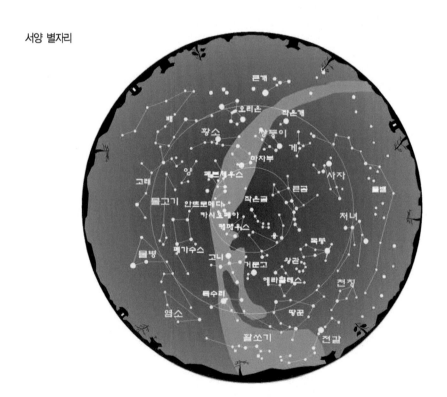

동양 별자리

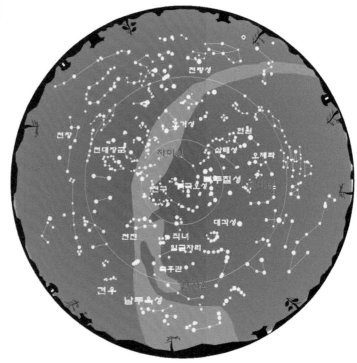

그림 1.5 서양 별자리와 동양 별자리. 강물처럼 보이는 것이 은하수(銀河水, Milky Way)이다. 아래쪽을 향해 쳐다보았을 때 활쏘기, 전갈로 대표되는 여름철의 밤하늘에 해당한다. 해길 12자리는 특별히 강조하여 표시했다.

인간의 역사에서도 마찬가지이다. 우선 자기 자신과 함께 가족의 생명을 어떻게 하면 안전하게 지키고 또 오래 살 것인가에 의한 투쟁이라고 해도 과언이 아니다. 물론 이 과정에서 가장 중요한 것이 종족 번식임은 두말할 나위가 없다. 그런데 생명을 위협하는 것은 한둘이 아니다. 특히 자연 현상에 의한 위협은 도저히 인간 으로서 해결할 수 있는 것이 아니었다. 그중에서도 **가뭄**과 **홍수**는 반대의 자연 현 상이면서 가장 위협적인 존재이다. 이에 따라 지배자들(이른바 왕)이 가장 중요하 게 여겼던 것이 가뭄이 일면 비를 내리게 하는 행사, 홍수가 나면 비를 그치게 하 는 행사였다. 여기서 또 하나 중요한 자연 현상에 대한 신화가 등장하게 된다. 곧 구름과 바람이다. 구름은 물론 비를 내리게 함과 동시에 과하면 홍수를 일으키는 존재로, 바람은 자연의 노여움으로 받아들인 존재이다. 이러한 자연 현상에 대한 매개체들이 하늘에도 새겨진다. 또 다른 자연의 재해가 있다. 그것은 **바다**이다. 바다는 생명의 원천이면서도 성이 나면 파괴의 상징물이 된다. 특히 바다에 면한 강가 지역에서 그 위력이 세다. 유프라테스 지역에서의 바다용(sea dragon)의 설정이 대표적이다.

그림 1.5에서 무엇보다 장관을 이루는 것이 은하수의 모습이다. 이제 한국에서는 이러한 은하수의 흐름을 거의 볼 수가 없다. 공기가 탁해졌기 때문이다. 드넓은 들판, 사막, 강가에서 지평선을 대하며 고요히 흐르는 은하수의 모습을 보는 것이 인생에 있어 큰 즐거움 중 하나라 할 것이다. 동양에서는 은하 중심의 두꺼운 부분을 물이 풍부한 우물로 생각하여 하늘 못으로 설정한다. 그곳에서 나와 하늘내(天江)가 흐른다. 현재 '물'이라는 단어는 무르, 미르, 미리, 메르 등으로 발음될 수 있는데 옛날에는 미리로 발음되어 '미리내'라고 불렸다. 은하수를 이렇게 부른 것이다.

**이 '미르, 미리, 물' 단어가 아주 중요한 역할을 한다. 나중에 보게 되겠지만 세계 도처의 말(言)에서 이에 대한 이름이 쏟아져 나온다.**

서양에서는 젖줄(Milky Way)이라고 하는데 한자로는 은하수(銀河水, 수은의 강)라고 하는 것 등 비슷한 점이 많다. 또한 갤럭시(Galaxy)라고도 부른다. 학문적으로 Galaxy는 몇천억 개 이상의 별들이 모여 이루어진 별들의 집합체이다. 보통 '섬 우주'라고 이해하면 되는데 이를 은하라고 번역하여 부른다. 우리 자신의 은하 역시 1,000억 개 이상의 별들로 이루어져 있으며 타원형을 중심으로 하여 그 주위를 휘어진 형태로 별들이 돌아가는 구조이다. 태풍을 연상하면 그림이 그려질 것이다. 우리와 가장 가까이 있는 이웃 은하가 '**안드로메다은하**'이다. 우리 은하와 규모가 비슷하다. 궁수(弓手, 활쏘기)자리와 전갈의 꼬리 부분이 은하수가 집중되어 있는데 우리가 보기에 이 방향이 우리 은하의 중심이기 때문이다.

별자리와 별들은 모두 고유의 이름들을 가지고 있다. 그러나 그 이름들은 지역에 따라, 민족에 따라, 시기에 따라 다르게 나타난다. 물론 기본이 되는 신체 부위의 이름들도 모두 다르게 표현된다. 그러나 그토록 다르게 보이는 이름들이 사실 몇 개의 기본 이름에서 나왔다는 사실이 드러난다. 그 기본 얼개를 찾는 것이 본 저서의 목적이다.

이제 별들이 지구에서 보면 어떻게 움직이는지 그 주기가 왜 나타나는지에 대해 과학적인 지식을 얻기로 하자. 이를 위하여 우리나라의 대표적 해시계인 앙부일구를 소개하면서 시작한다.

## 1.2 해시계와 하늘의 운행

해와 달 그리고 별들의 움직임 속에 있는 질서와 규칙성을 찾아내기 위해서는 우선 쳐다보고 기록해야 하는 과정을 거쳐야 한다. 오늘날 이러한 작업을 하는 학문을 **과학**(科學, **Science**)이라고 부른다. 이때 규칙성 중 우리에게 가장 익숙하고 그 지배를 받는 것이 일 년이라는 시간의 주기성이다.

여러분은 **앙부일구**(仰釜日晷, 한때 이를 앙부일귀라고 한 적이 있다. 구(晷)는 그림자의 뜻으로 귀로 새김하면 안 된다)라는 해시계(그림 1.6)의 이름을 한 번쯤은 들어보았을 것이다. 이해를 돕기 위해 해를 중심으로 하는 지구의 공전과 지구 자전축의 기울어짐에 의해 나타나는 주기적인 현상을 우리나라 고유 해시계인 앙부일구를 통하여 탐구해보기로 한다.

앙부일구는 조선시대의 대표적 해시계이며 솥 모양을 하고 있다고 하여 앙부일구라 한다. 일종의 **오목해시계**이다. 이제부터는 어려운 한자 이름을 피하고 '**오목해시계(the Concave Sundial)**'로 부르겠다. 특히 세종은 이 오목해시계를 공공장소에 설치하여 일반 백성들도 시간을 알 수 있도록 하였다. 아울러 그 제작까지도 독려하여 공중 해시계로 거듭나는 계기가 된다. 한마디로 오늘날의 손목시계와 같이 가장 사랑받았던 대중화된 해시계였다. 이제 이러한 오목해시계를 통하여 지구의 공전과 주기적인 운동인 진동운동과 어떻게 연관이 되는지 살펴보기로 하자. 우선 구조부터 알아보기로 한다.

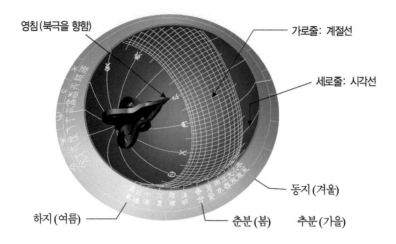

영침(북극을 향함)　　　　　　　　　　　가로줄: 계절선

세로줄: 시각선

동지 (겨울)

하지 (여름)　　　　　　　　춘분 (봄)　　추분 (가을)

그림 1.6　해시계인 앙부일구(仰釜日晷, Angbuilgu) 혹은 앙부일영(仰釜日影)의 구조. 오목 형 해시계 (Concave Sundial)이다. 釜는 솥(kettle)을 가리킨다. 일구 혹은 일영은 해의 그림자를 뜻한다. 세로줄은 하루의 시간을 나타내며 가로줄은 계절을 알려준다. 여기서 영침(影針)은 그림자 바늘을 뜻한다. 그리고 춘분(春分, the vernal equinox), 하지(夏至, the summer solstice), 추분(秋分, the autumnal equinox), 동지(冬至, the winter solstice) 등의 한자와 영어 표기도 상식적으로 알아두기 바란다. 여기서 equinox 는 낮과 밤을 동등하게 가른다는 뜻으로 그래서 나눈다는 분(分)이 사용되었다. 그리고 vernal은 봄 (spring)의 뜻이다. solstice는 해(solar)가 다다른다는 의미이며 따라서 다다른다는 의미의 한자말 지(至) 가 사용되었다. '북회귀선(北回歸線)', '남회귀선(南回歸線)'이 이와 상관된다. 고대로부터 가장 중요하게 여긴 것이 춘분점과 하지선이었다. 춘분, 하지, 추분, 동지를 '봄점, 여름점, 가을점, 겨울점'으로 통일하면 좋다고 본다.

## 1.2.1 구조 및 원리

그림 1.7에서 보는 것처럼 반원형으로 되어 있으며 안쪽에 시각선(세로)과 함께 절기선(가로)이 표시되어 있다. 해그림자를 만들어주는 이른바 영침(影針, 그림자 바늘)이 서울(옛날의 한양)의 위도 방향인 37.5° 각도로 기울여 설치되어 있다. 위도에 따라 북극을 향하는 영침의 방향은 달라진다. 일반적으로 평면 해시계의 시각선은 낮 12시를 중심으로 방사선 모양이 되는데, 오목해시계는 평행하게 등분되어 있다. 시간은 아침 6시(묘시, 卯時)에서 저녁 6시(유시, 酉時)까지 측정 가능하게 되어 있으며 시간 간격은 15분 단위로 알 수 있다. 계절선인 경우 가장 안쪽이

여름점 가장 바깥쪽이 겨울점에 해당하며 24절기를 13개의 위선으로 나타내었다.

## 1.2.2 오목해시계와 지구의 공전 운동

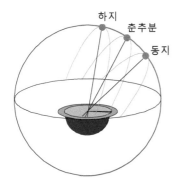

그림 1.7 　오목해시계와 해의 일주 운동과의 관계. 오른쪽 사진은 실제로 햇빛이 오목해시계에 비친 모습이다.

그림 **1.7**은 오목해시계가 놓여 있는 곳을 중심으로 삼은 둥근 하늘의 모습이다. 우리 자신이 중심으로 같은 거리를 평면에 그리면 동그라미(圓, Circle), 3차원 공간에 그리면 공(球, sphere)이 된다. 현재 위치를 중심으로 했을 때 위쪽을 천정(Zenith)이라 부른다. 여름점, 가을점과 봄점 그리고 겨울점 때의 해의 일주 운동(실제적으로 지구의 자전 운동)을 나타내며 오목해시계에서의 그림자 바늘에 의한 햇빛의 그림자가 시간 및 계절에 따라 어떻게 변화하는지를 쉽게 이해할 수 있다.

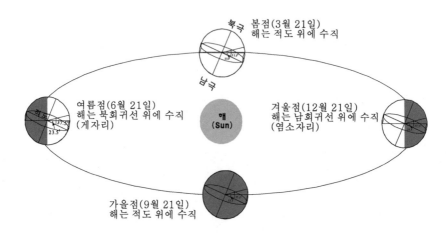

봄점(3월 21일)
해는 적도 위에 수직

여름점(6월 21일)
해는 북회귀선 위에 수직
(게자리)

해
(Sun)

겨울점(12월 21일)
해는 남회귀선 위에 수직
(염소자리)

가을점(9월 21일)
해는 적도 위에 수직

그림 1.8    지구(earth)의 공전 운동과 자전축 기울기에 대한 계절(봄, 여름, 가을, 겨울)의 변화.

지구에 있어 계절의 변화는 지구의 자전축이 공전축에 대하여 기울어져 있는 구조
에서 나온다. 즉 그림 **1.8**에서 보는 것처럼 자전축은 공전축에 대하여 23.5° 기울
어져 있다. 지구가 적도에 비해 북쪽으로 23.5°에서 햇빛이 수직으로 내리쬐는 시
기가 북반구에서는 하지인 여름에 해당한다. 하지가 지나 적도에 햇빛이 수직으로
비추는 시점이 추분이며 남쪽 23.5°에서 햇빛이 수직으로 비출 때가 북반구에서
는 동지에 해당한다. 다시 남쪽 23.5°를 지나 적도에서 햇빛이 수직으로 비출 때
춘분이 되며 이후에는 북쪽 23.5° 되는 지점까지 수직이 되는 지점이 올라간다.
따라서 북위 23.5°를 **북회귀선**(Tropic of Cancer, 게자리) 남쪽 23.5°를 **남회귀선**
(Tropic of Capricornus, 염소자리)이라고 부른다. 여기서 회귀(回歸)는 되돌아온
다는 뜻이다. tropic은 회전한다는 그리스어 tropos에서 유래했다. 나중에 나오지
만 뿌리말 **tro는 tor**로 우리말 '돌다'에 해당한다.

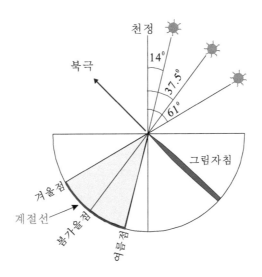

그림 1.9  양부일구와 계절선. 계절선의 두 끝점이 북회귀선과 남회귀선에 해당한다. 여기서 회귀(回歸)의 되돌아간다는 의미가 뚜렷이 나타난다.

그림 **1.9**는 오목해시계와 여름, 봄가을 그리고 겨울에서의 해의 위치와 그에 따른 그림자 침에 의한 그림자의 위치를 나타낸다. 서울의 위도를 북위 37.5°로 잡았을 때 겨울점에는 서울에서 바라보는 천정에서 남쪽으로 14° 위치에 해당하며 봄과 가을점은 37.5° 그리고 겨울점에는 61° 되는 지점에 위치하게 된다. 이와 같이 오목해시계는 천문학적으로 보았을 때 지구의 운동에 의한 해의 고도 변화를 가장 잘 나타내는 천문시계가 된다.

### 1.2.3 오목해시계와 단진자 운동

이번에는 과학적인 관점 중 주기 운동에 대해서 논의해 보기로 한다. 물리학에서 단진자(simple pendulum) 운동은 자연에서 일어나는 주기적인 운동을 기술하는 데 필수적인 모형이다. 벽시계의 시계추를 생각해 보면 쉽게 이해가 될 것이다. 그러나 기다란 벽시계가 거의 사라져 버린 오늘날 이러한 보기(example)가 적절한

지 모르겠다. 원자의 구조 및 원자 속에 포함되는 전자의 에너지도 이러한 단진자 모형으로 설명이 가능하다. 그림 1.10의 왼쪽은 오목해시계에서 계절선의 범위를 나타낸다. 여름 때에는 천정에 대해 14°, 봄과 가을에는 37.5°, 겨울에는 61°이다. 이때 이러한 계절선은 전체 각도로 47°가 되며 봄과 가을을 중심으로 23.5°이다.

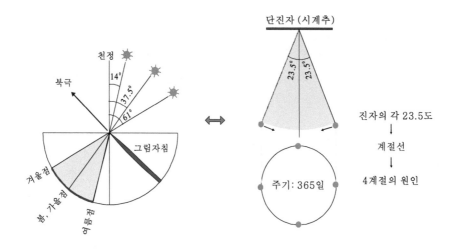

그림 1.10  오목해시계와 단진자 운동. 오목해시계에 나타나는 계절선의 그림자 운동을 단진자(시계추) 운동으로 나타낸 모습이다.

이것을 간단한 단진자에 적용해 보자(그림 1.10의 오른쪽). 그러면 이러한 추는 중심에 대해 23.5°의 각도로 주기적인 운동을 하며 그 주기는 365일이 된다. 여기서, 지구의 자전(rotation)축이 공전(revolution)축에 비해 23.5° 기울어져 있는 것이 곧 계절 변화를 일으키는 원인이며 365일이라는 주기가 해의 주위를 도는 공전 주기임을 알 수 있다. 자전(自轉)은 스스로 돈다는 뜻으로 지구 자체가 도는 것을 표시한 말이다. 공전(公轉) 역시 돈다는 말이지만 그 중심이 지구가 아니라 해이다. 이때는 revolve라는 단어가 사용된다. 역시 '회전하다'라는 뜻이다. 명사형은 revolution인데, 물체가 돌아가는 것과 비슷하게 사회가 다른 방향으로 도는 것을 빗대어 혁명으로도 새김이 된다. 돈다는 말에는 또한 turn과 spin이 있다. 각자

쓰임새가 조금씩 다르다. 우리말 '돌다'는 rotation과 같다.

## 1.3 또 다른 주기: 세차 운동

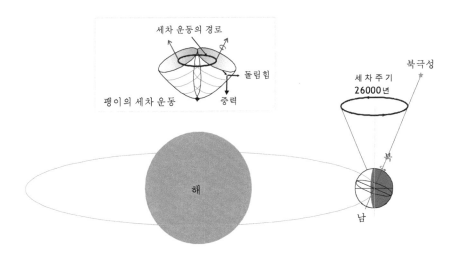

그림 1.11  지구의 세차(歲差) 운동(precession). 이해를 돕기 위해 팽이의 운동 모습도 그려 넣었다. 지구의 자전축은 고정되어 있지 않다. 따라서 현재 북극의 별을 의미하는 북극성(영어로는 Polaris라고 한다)은 과거에는 다른 별이었다. 물론 미래에는 다른 별이 그 자리를 차지한다. 지구 북극이 움직이는 길을 세차 경로라 하며 한 바퀴 도는 데(앞에서 주기라고 한) 약 26,000년이 걸린다. 이러한 세차 운동은 해와 달의 인력에 의하여 지구 자전이 흔들리기 때문이다.


그림 **1.11**은 지구의 세차 운동을 보여주고 있다. 세차 운동을 이해하기 위해서는 팽이의 운동이 적격이다. 우리가 팽이를 돌리기 위해서는 그 팽이를 끈으로 감았다가 풀어주거나, 돌아가는 팽이를 한 방향으로 쳐주면 된다. 그런데 똑바로 돌아가는 것이 아니라, 돌아가는 축 방향(각운동량에 해당)이 고정되지 않고 기울어진 채로 일정하게 돌아간다는 사실을 발견하게 된다. 이것은 우리가 가해준 **돌림힘**(물리학 용어로 토크, **Torque**라고 부르며 일상생활에서도 사용된다)과는 다른 힘

이 돌아가는 팽이에 작용하기 때문이다. 그것은 지구에 의한 중력이다. 이때 이러한 세차 운동의 경로와 한 바퀴 도는 주기는 팽이의 질량, 크기, 도는 힘 등에 의해 좌우된다. 지구의 경우 이러한 세차 운동의 주기는 약 **'2만 6천 년'**이다. 그 이유는 다음과 같다. 관측된 바로는 세차의 크기가 각도로 약 50초(50″)이다. 1도(1°)는 60분(60′)이며 이는 3600초이다. 그러면 1도 변하는 데는 3600 ÷ 50 = 72년이 걸린다. 따라서 360 × 72 = **25920년**이 되는 것이다. 그리고 해길 12자리에서 **하나의 자리로 세차 이동하는 데에는 30도에 해당하므로 72 × 30 = 2160년**이 걸린다. 따라서 지금으로부터 2000년 전, 4000년 전에는 춘분점에 해당하는 별자리가 달랐다는 것을 알 수 있다. 현재의 북극성은 대략 1000년 전부터 사용되고 있다.

그림 **1.12**를 보자. 별들의 모습은 지금의 이집트 수도인 카이로에서 쳐다본 것이다. 5000년 전부터 1000년씩 단위별로 나타나는 별자리의 모습이다. 특히 북극점이 바뀌었다는 사실을 알게 될 것이다. 십자 표시가 북극점을 나타낸다. 5000년 전에는 북극성이 용자리에 있었다. 현재의 별자리들은 그리스에서 만든 것이다. 그러나 그 출발점은 주로 메소포타미아라고 부르는 유프라테스 지역, 이집트의 고대 왕국 그리고 아라비아 반도에서 만들어낸 것이다. 특히 북극점을 중심으로 북두칠성의 운동을 눈여겨본 곳이 고대 이집트 왕국이었다. 따라서 한반도를 기준으로 하는 것보다 고대 이집트 왕국의 피라미드 근처에서 쳐다보는 밤하늘이 별자리나 그 신화를 읽는 데 현실감이 있다.

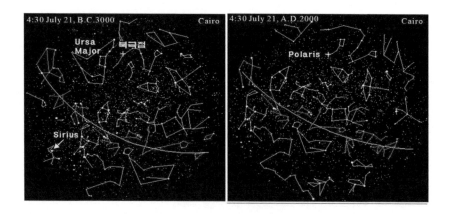

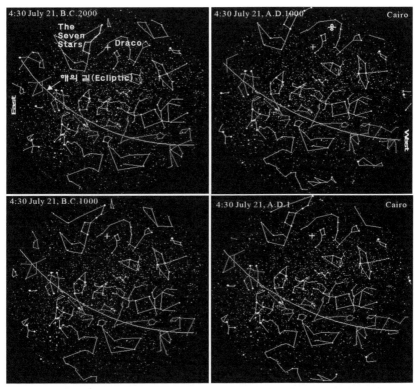

그림 1.12   5000년 전부터 현재에 이르기까지의 별자리 이동 모습. 이집트의 카이로에서 7월 21일 새벽 4시 반에 바라본 밤하늘이다. 지구의 세차 운동에 따라 북극점이 다르다. 5000년 전에는 용자리(Draco) 알파별(Thuban)이 북극성의 역할을 하였다. 시리우스(Sirius)별이 동쪽에서 떠오르고 있다.

여기서 5000년 전, 그러니까 서기전 3000(B.C. 3000, B.C.는 예수 탄생 전이라는 뜻으로 Before Christ의 약자이다)이다. B.C. 3000년은 인간의 역사가 비로소 기록으로 뚜렷이 나타나는 시기로 수메르 문명과 이집트의 문명으로 대표된다. 고고학 발견과 기록상의 문건으로 보면 수메르 문명이 앞선다. 그 당시 북극점은 현재 용자리(Draco)에 속하는 '투반' 또는 '뚜반'(Thuban)이라 불리는 으뜸별(보통 알파로 표기됨)이었다. 지금의 작은곰자리 북극성과 비교하면 많은 차이가 있음을 알게 된다. 이 별은 사실상 별의 등급으로는 3.6으로 베타나 감마 별보다 밝기가 낮다. 그럼에도 으뜸별로 지정된 것은 북극점 별이라는 상징 때문이다. 사실상 농사의 시기 그러니까 강물의 범람이나 우기 등이 나타나는 시기를 특정의 별이 동쪽에서 떠오르는 때로 잡아 예측하여 대비하는 것이 인류 문명의 시발점이다. 그러한 예측 능력이 결국 과학으로 이어진다. 특히 이집트에서는 나일강의 범람이 농사짓기와 직접 연관되었으므로 그 시작을 알리는 징표가 필요하였다. 이 별이 새벽 처음으로 나타나는 시리우스별이다. 그림에서 7월 21일을 선택한 이유가 여기에 있다. 동쪽을 보면 시리우스별이 떠 있음을 알 수 있을 것이다. 이때 나일강의 수위가 올라가기 시작하는 날부터 끝나는 날까지의 장마 기간이 중요하였다. 이 기간이 끝나면 나일강의 수위가 내려가면서 그 강 주변이 비옥한 땅으로 변한다.

## 특별 주제 1 수메르(Sumer)와 이집트(Egypt)

여기에서 다루는 별에 담긴 신화와 이야기는 고대 유프라테스와 티그리스강 유역에서 일어난 수메르 문명과 나일강을 기반으로 하는 고대 이집트 문명에서 시작되었다. 따라서 그 이름들에 얽힌 사연은 자연스럽게 이 두 문명의 역사 기록물에 새겨진 말과 직결된다. 따라서 이 두 문명의 역사 흐름을 알아 둘 필요가 있다. 이에 이 특별 난에서 두 문명에 대한 역사 표를 간단히 정리하여 둔다. 워낙 오래전이고 유구한 세월이다 보니 그 연도가 정확한 것은 아니다. 수메르 문명과 이집트 문명을 연구하는 학계에서 발표된 일반적인 자료를 바탕으로 하였다. 아울러 역사의 기술에서 보편적으로 나오는 이름들은 영어를 기준으로 표기하였다. 연대(年代)의 표기는 모두 서기전, Before Christ이며 줄임말이 '**B.C.**'이다. 따라서 **서기전을 가리키는 B.C.는 대부분 생략**하였다. 가끔 B.C.E.라고 표기하는 경우도 있다. 이는 before the Christian Era의 줄임말이다. Era는 시기를 뜻한다. 그리고 서기(西紀)는 '**A.D.**'로 표기되는데 'Anno Domini'의 줄임말이다. Anno는 해(Year)를 가리킨다. 1년마다 신에게 행해지는 신의 이름에서 유래한다. 한편, Domini는 성스러운 크리스트를 상징하며 실제로 the year of Grace Christ로 번역된다. 서기는 동양에 대응되는 말이며 서양식이라고 이해하면 된다. 우리의 경우 단군의 해를 기준으로 했을 때, B.C. 2333년을 1로 잡으면 2024년도는 단기(檀紀) 4357년이 된다. Domini는 쌍둥이자리에서 나온다. B.C.를 기원전(紀元前)이라는 표현을 쓰는데 오해를 불러일으킬 수 있는 용어이다. 지질학계에서는 현재를 기준으로 삼아 연대를 표기하기도 한다. 그 용어가 Before Present이며 줄임말이 B.P.이다. 2024년도를 B.P.로 삼으면 B.C. 2333년은 B.P. 4357년에 해당한다.

## Sumer(수메르)

지금의 이라크와 투르크 남부, 시리아 및 히브리(이스라엘), 그리고 이란 서부 지역을 아우르는 인류의 첫 문명지를 이르는 말이다. 주로 유프라테스와 티그리스강을 중심으로 하는 고대 문명권을 말한다. 처음 문명화된 나라 이름으로 유명하다. 비록 아카드(Akkad)족에 의해 붕괴되어 역사는 사라졌어도 문자는 궁중의 기록물에 계속 남아 그 유구한 역사적 실체가 밝혀졌다.

　이 지역은 이미 서기전 7000년경 정착 마을의 존재가 발견되었고 5000년경 에리두라는 곳에서 종교(제의)적 의례가 행하여졌음이 밝혀지기도 했다. 서기전 3500년경 최초의 도시국가가 성립되었고, 3100년경 수메르 말이 탄생한다. 유프라테스강의 바다에 접한 곳에서 문명이 시작되며, 이 도시를 우루크(Uruk)라고 한다. Uruk 시대는 발굴 형태에 따라 여러 가지 단계(Phase)로 구분된다. **여기에서 다루는 신화와 결부된 왕조는 한글로 표시하였지만 나머지는 영어로만 표기하였다. 여기에서 굳이 한국어로 번역하지 않은 이유는 외국의 역사나 지명을 한글로만 표기되는 경우 실체적 사실과 국제적인 감각을 잃어버리는 요소**로 작용하기 때문이다. 아울러 시기 및 왕조의 이름이 다른 문헌에서 나오는 것과는 다소 다를 수도 있다. 고대의 기록과 유물에 대한 고증이 확실하지 않은 경우가 많기 때문이다. Uruk와 우르(Ur, Uru)는 그 시기별로 혼동되어 나오는 경우가 많다.

- **Ubaid Period** (우바이드) : **B.C. 6500~B.C. 4100**
- **Uruk Period** (우루크 시대) : **3400~2900**
- **Early Dynastic Period** (초기 왕조 시대) : **2900~2334**
    - **Early Dynastic I period** : **2900~2700**
  - Eridu dynasty (Alulim). 에리두 왕조 (알루림).
  - Bad-titira dynasy (Dumuzid).

- Larak dynasty (En-sipad-zid-ana).
- Sippar dynasty (Enmeduranki).
- Shuruppak dynasty (**Ziusudra**, 지우수드라). 홍수 신화.
- **Kish** I dynasty (Enmebaragesi). 키시 (커씨, 쿠씨) 왕조

### Early Dynastic II period: 2800~2600

- Uruk I dynasty (**Gilgamesh**, 길가메시, En-Mer-Kar, Aga).
홍수 신화.

### Early Dynastic IIIa period : 2600~2500

- Ur I dynasty. 우르 1 왕조
- Awan dynasty.
- **Kish** II dynasty. 키시.
- Hamazi dynasty.

### Early Dynastic IIIb period : 2500~2334

- Uruk II dynasty. 우루크 2 왕조
- Uru II dynasty. 우르 2 왕조
- Adcob dynasty.
- Mari dynasty.
- **Kish** III dynasty. 키시.
- Akshak dynasty.
- **Kish** IV dynasty. 키시.
- Uruk III dynasty. 우루크 3 왕조
- **Akkadian Period**, 아카드 시대 : 2334~2154
  - Akkad(**Agade**) dynasty.
    **Sargon**, 사르곤 : **2334~2284**
    Shu-turul : 2170~2154
- **Gutian Period**, 구티(쿠치) 시대 : 2141~2050
  - Uruk IV dynasty. 우루크 4 왕조
  - Gutian dynasty.
- **Uru III dynasty**, 우르 3 왕조 : **2047~1940. Shu-Sin.**

- **Isin-Larsa Period**, 이신-라르사 시대 : **1953~1763**
  · Isin I dynasty.
  · Larsa dynasty.
- **Old Babylonian Period**, 고 바빌로니아 시대 : **1894~1595**
  First Babylonian Empire : **Amorite** (아모리족) dynasty.
  시리아 사막지대를 근거지로 한 민족.
  **Hammurabi** (함무라비) : 1792~1750
  히타이트족 (**Hittites**) 침입 : 1595
- **Kassite dynasty** : **1595~1155**. 커씨.
  이란 고원지대에 거주했던 민족.
- **Isin second dynasty** : **1155~1026**
  **Nebuchadnezzar I** : **1124~1103**
- **Chaos period** : **1026~911**
- **Assyrian rule** : **911~619**
- **Neo-Babylonian Period**, 신 바빌로니아 시대:
  **Nebuchadnezzar II** (네부카드네자르) : **605~562**
  바빌론 왕국 재건. 예루살렘 점령.
- **Perisian Empire** : **559~330**
  키로스 대왕 바빌론 점령. 유대인 돌려보냄.
  다리우스 1세 마라톤 전투에서 그리스 연합군에 패배 (B.C. 490).
- **Alexadros Empire**, 알렉산드로스 제국 : **336~323**
  알렉산드로스 대왕이 점령.


## Egypt(이집트)

이집트 역시 수메르와 같이 인류 최초의 문명권이라고 할 수 있다. 왕들의 이름들
은 소상히 밝혀지기는 했지만 그 연대는 확실하지 않다. 다음의 연대는 개략적인
것이다. 영어의 뜻을 명확히 하기 위해 한자로도 표기하였다. 우리나라 낱말 표기
에 있어 치명적인 약점에 해당한다.

- Neolithic (New Stone, 신석기 시대) age : ~6000
  · Badarian culture.
  · Naqada culture (이집트 왕조의 시조에 해당).
- Pre-historic Period (선사시대, 先史 時代) : ~3150
- Pre-Dynasty (선 왕조, 先 王朝) : 6000~3150
- Early Dynasty (초기 왕조, 初期 王朝) : 3150~2686

- **Hieroglyph** (이집트 그림 문자 출현) : **~3200**
- **A Unified kingom** (통일 왕조 출현) : 3150
  **Menes** 혹은 **Narmer** 왕에 의한 상-하 이집트 통일.
- **Old Kingdom** (고 왕국, 高 王國) : **2686~2181**
  1st to 4th(1-4왕조) : 대 피라미드 건립기.
  5th (5 왕조) : 쇠퇴기. 기후 변화. 외부 민족 침입.
- 1st Intermediate period (1차 중간기) : 2181~2055. 홍수와 기근.
- **Middle Kingdom** (중 왕국, 中 王國) : **2055~1650**
  Hiksos 족 지배 : 1750~1528
  셈족 계열로 활을 잘 쏘는 민족이며 말이 끄는 전차를 몰고 옴.
- 2nd Intermediate period (2차 중간기) : 1650~1550
- **New Kingdom** (신 왕국, 新 王國) : **1550~1069**
- 3rd Intermediate period (3차 중간기) : 1069~664
- Late Period (말기, 末期) : 664~332
- Greco-Roman Egypt (그리스-로마 시기) : 332~30
  · Argead Dynasty : 332~310
  · **Ptolemaic** Dynasty, 프톨레마이오스 왕조 : 310~30
  클레오파트라.

그림 1.13은 수메르와 이집트의 위치를 보여주기 위해 마련된 것이다. 수메르는 현재의 이라크 지역으로 보면 된다. 앞에서 다루었던 북회귀선과 수메르, 이집트의 위도 그리고 우리나라와의 위도상 위치도 비교하면 별자리의 신화를 이해하는

데 많은 도움을 준다.

그림 1.13  수메르와 이집트의 위치. 나일강과 유프라테스 및 티그리스강을 특별히 표시하였다. 그리고 비교를 위하여 인도의 인더스, 갠지스(Ganges)강을 표시하였다. Ganges는 '큰키(치)'이며 큰강이며 한강과 같은 뜻이다. 볼가(Volga)강은 민족적, 언어학적 분리를 일으키는 '가르(가라, 갈라, Gala)는 물(Galaxy)'이다. 볼가(Volga)와 바이칼(Baikal)은 모두 '밝(Bark)'과 대응되는 이름이다. 바이칼은 '부여골'로 보면 좋다. 아시아(Asia)는 아(알)씨, 시베리아(Siberia)는 '씨부루'이다. '수메르(Sumer)'와 대응되는 말이다. 여기에서 다루는 별들은 어느 위치에서 관측되었는가가 중요하다. 이집트의 헬리오폴리스(현재의 카이로 근방)와 수메르의 우루크(Uruk)는 위도상으로 약 30도 근처이다. 따라서 이집트와 유프라테스 지역은 40도 근처인 그리스와 우리나라에 비해 남쪽 별들이 더 폭넓게 보인다. 아울러 기후도 판이하다. 이집트의 테베(Tebe)는 더 남쪽에 위치하며 북회귀선에 가깝다. 한편 말뿌리를 찾는 데 중요한 역할을 하는 드라비다 말(dravidian)의 분포를 특별히 표시하였다. 영국과 아일랜드 지역에 나타나는 드루이드 사제와의 연관성도 고려하여 역시 표시하였다.

# 말의 기원

## 2.1 말(믈, language)

### 2.1.1 말의 탄생

인류의 말뿌리를 캐는 데 별에 새겨진 이름들에서 원형질(原形質)을 찾는 것이 이 책의 주된 목표이다. 왜냐하면 별에 얽힌 이름들 속에 인류의 신화에 내재한 풍부한 소재들이 달려 있기 때문이다. 별과 별자리로 들어가 그 이름들을 소개하기 전에, 우선 말의 뿌리와 그 진화 과정을 더듬기로 한다. 여기서 말*은 영어의 language와 word를 아우르는 폭넓은 용어로 사용하겠다. Word는 말(Language)을 이루는 낱말(홑 말 혹은 낱개의 말)이며 한자로 단어(單語)라고 한다.

인류가 만들어 낸 말에는 자연적인 대상을 가리키는 이름들, 보기를 들면,

**하늘, 땅, 뫼(산), 물, 바다, 해, 달, 별, 사람과 생명에 관계되는 씨, 알, 배**

등에서 그 원형질이 잠자고 있다. 글쓴이는 여기에서 **말뿌리(roots)**로 생명을 낳고 자라는 터인 **땅**과 **배** 그리고 생명의 줄인 **씨**와 **알**을 기본으로 삼고자 한다. 이와 더불어 자연적으로 나오는 신음(울음)소리 '**아(A)**'가 들어간다. '땅(earth)'은 '되' 혹은 '타'로, '배(the place of birth)'는 '뵈', 씨는 '씨앗(seed)'으로 '쇠'를 기본 글자로 설정하겠다. '알(egg)'은 영어의 'r, l'과 대응되고 'A+r' 혹은 'A+l'의 구조이다. 여기에 생명이 태어나는 과정 중 그 움직임과 이에 따른 보기(눈으로 보는 시각)의 기본 글로 '**나(Na, birth)**'를 선택하였다. '나'는 자기 본연(myself)이면서 생명이 나오는 모습(come into being)을 그리는 동사의 뿌리말(어근, 語根, word root)이다. 여기에 크기(height)와 성장(growth)을 상징하는 '**괴, 키**'가 역시 뿌리말로 참여한다.

말이나 이름의 근원은 지역에 깔린 자연적 조건과 이에 기반을 둔 민족의 속성이 중요한 요소로 작용한다. 이때 삶과 죽음이라는 인식과 사회 조직체계의 영속성의 추구가 불멸성이 부여되는 신(神, Deity, Gods)과의 교통에서 '말'이 탄생한다. 이러한 영원불멸성은 인류의 신화적(Mythic) 배경의 핵심이다. 자연적 현상, 크게 낮과 밤을 필두로 하여 비, 천둥, 번개, 폭풍, 가뭄 등은 인류에게는 최대 공

포의 대상이다. 의인화하게 되면 거스를 수 없는 거인(巨人)으로 상징화된다. 그리고 낮과 밤의 주기적인 주고받음에서 해와 달의 관계가 설정된다. 한편 밤에만 나타나는 별들의 주기성에서 심리적인 조화성이 부여된다. 살기 위해서는 동물은 물론 식물을 먹어야 한다. 이때 상대는 인간을 위해 희생된다. 다시 말해 상대는 죽어야 한다는 전제가 깔린다. 인류는 동물은 사냥(hunting)으로 식물은 채집(採集, gathering)으로 상대를 희생시켰다. 그리고 동물은 직접 키우는 방식(목축, 牧畜)으로, 식물 역시 직접 가꾸는 방식(농업, 農業)으로 발전시킨다. 이 과정에서 **너와 나의 관계에서 한 곳이 삶(生)이라면 다른 곳은 죽음(死)으로 이분(二分)**된다. 극(極)과 극인 셈이다. 특히 농사는 날씨와 직결된 사안이다. 따라서 해는 물론 별들을 꾸준히 관측하며 날씨와의 연관성을 더듬게 된다. 결국 해와 별들의 주기성과 자연적 현상이 밀접한 관계를 맺고 있다는 사실을 인식하면서 별들의 신화가 우러나온다.

별들의 신화에 등장하는 의례들은 과학적이라고 할 수 있다. 왜냐하면 해와 별들의 운행에서 우주적 질서와 통일성이 발현되기 때문이다. 즉 해가 뜨고 지는 데에서 오는 주기성이 일 년으로, 달이 낳고 사라지는 주기에서 한 달이 주어진다. 그리고 특정 별들의 처음 뜨는 시기에서 농사의 시작은 물론 장마 등을 그려볼 수 있었다. 이러한 관측과 그에 따른 예측이 천문학을 낳고 물리학의 토대가 된다. 특히 물리학의 법칙은 자연 속에 깃든 우주적 힘의 작동(에너지, 운동)을 인간 정신에 접목시키는 역할까지 한다. 그러나 여기서 더욱 중요한 요소는 생명체인 인간만이 죽음을 인식하고 그 공포로부터의 해방을 위해 신의 존재를 설정했다는 점이다. 그 신을 위한 의례가 온갖 신화적 제의를 낳는다. 별과 관련된 신화는 참고 문헌 [1-5]에 다양하게 실려 있다.

의례(儀禮)는 삶과 죽음의 깨달음과 깨어 있을 동안의 삶의 증진을 위하여 태어나며, 대대로 이어간다. 특히 죽음에 대한 공포는 **번개**와 **천둥**이 동반될 때 극에 달한다. 먼저 강한 불빛인 번개가 하늘로부터 내려친다. 그리고 몇 초 후에 무시무시한 소리, 천둥이 온 하늘을 흔들어댄다. 글쓴이는 그 몇 초 동안의 공포가 어릴 적 기억에서 끔찍하게 남아 있다. 그 짧은 순간이 영원한 두려움으로 새겨지는 것이다. 그러한 두려움을 이겨내기 위해서는 빌어야 한다. 그 비는 과정이 의례이다. 하늘을 달래야 하는 것이다. 그러한 의례를 행하는 사람들(사제, 무당 등)은 더 이상 개인이 아니라 하늘과 땅을 감싸 안은 우주적 교통의 전달자이다. 따라서 의례의 공식은 제의(祭儀)적으로 장식되며, 인간적으로 취급되는 것이 아니라 우주를 포함하는 상징성으로 나타난다. 그리고 그러한 상징적 통로는 주어진 자연적 조건(산악, 들판, 사막, 강가, 밀림)에 따라 다양하게 나타난다. 보기를 들면, 특정의 준엄한 **산, 돌, 나무** 등이다. 아니면 인위적인 **기둥, 사다리, 탑** 등이 그 역할을 대신한다. 이때 이러한 제의를 주관하는 자인 사제장(司祭長)이 최고 권력자로 군림하게 된다.

이러한 공식과 상징성은 소리를 통하여 '말'로써 전승된다. 즉 신과의 통로가 '말'인 것이다. 따라서

신화는 번개(불), 천둥(소리), 강한 비(홍수), 그리고 가뭄(빛)이라는 자연의 노여움을 달래는 의식

에서 출발한다. 여기에는 태풍, 지진, 화산 폭발은 물론 하늘에서 떨어지는 운석도 포함된다. **이때 자연재해를 '부리'는 역할이 신(Zeus 같은)이며 대리인인 무당(사제)이다.** 그리고 자연재해 자체를 상징하는 것이 거인이나 마법사이다. 같은 자연 현상을 두고 한쪽은 그것을 부리거나 다스리는 자로, 한쪽은 그것을 일으키는 자로 양분되는 것이다. 이러한 **이중적 관점에 따라 쌍둥이 혹은 형제라는 상징물**이 탄생한다. 이를 하나로 보느냐 두 개의 **선과 악**으로 보느냐에 따라 신화는 극명하게 갈리며 또한 종교적으로, 더욱 나아가 문화적, 역사적으로 양분된다. **Bear**라는 **말에 이 양면성이 존재**한다. 따라서 어떻게 보면 선과 악은 대단히 작위적이며 임의적이다. 인간이 품고 있는 심리적인 요소이기 때문이다.

'말'의 출현과 그 제의적 공식은 인간의 정신적 활동인 외움(암송, 暗誦)으로 전달되면서 이어진다. 이러한 주문(呪文)과 주술(呪術)은 대대로 전승(傳承, oral tradition)이 된다. 수메르 신화에는 이러한 전승적 말을 '메(me)'라고 한다. 전승적 말이며, 하늘의 운행을 주관하는 법칙과 규칙이 담겨 있다. 수메르 학자들은 이 '메'의 소리값에 담긴 의미를 파악하지 못한다. 소리값을 보면 '**mer**' 혹은 '**mar**'로 '말(言)'과 직결된다. 나중에 나오지만 이집트의 '**Maat**'도 같은 맥락이며 역시 '말'이다. 이러한 말에 의한 주문은 자연적 흐름에 담겨 있는 조화로

움과 함께 철학, 심리학 개념(특히 종교)이 담겨 있으며 규칙을 발한다. 이 규칙이 'Me', 'Maat'라는 이름으로 나오는 것이다. 나중에 나오지만 '미트라(Mitra, Mithra)'도 같은 속성을 지니는 말이다. 하늘을 맴도는 '매'는 이러한 말을 전하는 전령이다. 이때 '말'과 함께 이어지는 '이름'들에서 상징성의 뿌리가 탄생하며 과학적 탐구와 연결된다. 그리고 특수 제사장들에 의한 암기적 전승은 '글'의 출현으로 더욱 공고화된다. 고대 이집트에서는 제사장이 행하는 주술을 기록하는 서기가 있었다. 교육 기간만 하더라도 12년이 걸렸다는 기록이 있다. 그리고 이러한 전승(말과 글)은 제사장의 전유물이었다. 나중에 제사장을 뛰어넘는 정치적 지배자가 사회적 질서를 찬양하는 공덕비를 도처에 세우며 역사를 후세에 남기게 된다. 수메르 시대에는 학교에서 기록하는 능력이 얼마나 중요하고 사회적 신분에 직결되는 사안인지 자세히 나와 있기도 하다[21].

인간만이 생명과 죽음을 인식한다. 죽음의 공포는 죽음의 부활(復活)로 이어진다. 이것이 모든 신화의 뿌리로 작용한다. 특히 고대 이집트에서 이러한 신념이 강했다. 아예, 죽고 난 뒤의 세계(the next world)가 따로 존재하였다. 이것이 별들에 부여된 신화적 요소의 밑거름이다. 해, 달, 별, 오행성(다섯 개의 떠돌이별: 수성, 금성, 화성, 목성, 토성) 특히 금성의 주기적 운행에서 그러한 삶과 죽음의 규칙성을 보게 된다. 물론 낮(밝음)과 밤(어둠)이라는 대전제가 깔린다. 이때 생명과 신체 이름, 천체들의 이름의 기원이 중요한 몫을 차지한다. 물론 '말(이름)'은 시대와 지역에 따라 크게 다르다. 즉 편차가 크다. 그럼에도 거슬러 올라가다 보면 특정의 대상을 가리키는 단어가 한 곳으로 수렴되는 지점을 찾을 수도 있다. 궁극적인 목표이다.

이제 우주와 **자연** 속에 내포된 낱말들인 하늘, 땅, 해, 달, 별들의 이름에서 '말'의 근원을 찾아 나선다. 그중에서도 주제에 걸맞게 우선 **자연(Nature)**과 **별 (Star)**에 대하여 살펴보도록 하겠다. 말의 역사와 진화에 대해서는 **[6-12]**의 문헌들을 참고 바란다.

> * '말: mar, mal'은 다양한 의미가 있다. 이야기(language)나 낱말(word), 동사로는 말하다(speech, talk) 등과 대응된다. 이야기는 또한 story와도 연결된다. 말은 입으로 하지만 혀의 도움을 받아야 한다. 따라서 말은 입(mouth)과 혀(tongue)도

포함된다. 한마디로 두 사람, 신 포함, 이상에서 서로의 마음을 주고받는 교통 (communication)의 수단이다. 문장을 가리키기도 한다. 이와 반면에 '글: k(g)ur, k(g)ul'은 글씨(letter)를 나타낸다. 즉 말을 규칙이 있는 꼴로 적어 놓은 틀이다. 하지만 '글'에는 문장이나 학식(sentence, learn(ing), study), 더 나아가 쓰기 (writing)의 뜻도 포함된다. '이름: irum, ilum'은 어떠한 대상에 대한 구체적인 표식을 의미한다. 영어의 name과 대응된다. 하지만 name과는 다르게 더 포괄적으로 적용되기도 한다. 가령 "종교라는 '이름' 아래"라는 말(문장)에서 종교라는 이름과 종교가 가지는 특유의 속성까지를 담고 있다.

'말'에는 가장 기본이 되는 뿌리말이 있다. 이 기본이 되는 뿌리말이 서로 모이고 합쳐지면서 다양한 말들이 탄생한다. 가장 기본이 되는 낱말을 씨말(seed words)이라고 정의하겠다. 그다음 씨말을 기초로 만들어져 보통 낱말의 뿌리를 형성하는 말을 뿌리말(root words)이라고 분류하겠다. 따라서 말은 '씨-뿌리-줄기 (기둥)-가지(잎)'의 관계로 진화된다. 영어에 있어 이러한 뿌리말들을 형태소(形態素)라는 뜻을 가진 Morphemes라고 한다. 서구 학계에서는 여기서 제기된 씨말의 존재는 파악하지 못한다. 이때 이러한 기본적인 말들은 형성된 말의 앞이나 뒤에 붙으며 지시적인 역할도 한다. 앞에 붙으면 접두어(接頭語, prefix), 뒤에 붙으면 접미어(接尾語, suffix)라고 부른다. 모두 한자식 말이다. 머리붙임말, 꼬리붙임말의 뜻이다. 이어진다는 의미로 이음말이라 하여도 되겠다. 문제는 이러한 한자식 말들이 주류를 이루면서 그 뜻 새김이 어려워진다는 데 있다. 여기에서는 가능하다면 우리 고유말로 대체한다. 그러면서도 어쩔 수 없이 의미를 전달하는 데 뚜렷한 우리말이 없을 때는 한자말도 사용하겠다. 꼬리붙임말은 '꼬리말'로 '머리붙임말'은 '머리말'로 대체하겠다. 이러한 머리와 꼬리에 붙는 말은 기본적인 뿌리말에 해당한다. 보통 머리말은 책을 쓸 때 처음 소개하는 말로 사용된다. 그러나 '여는 말(글)'이 더 걸맞은 표현이다. 그리고 끝에는 '닫는 말(글)'이라고 하면 서로 어울린다.


## 2.1.2 자연(Nature): 나+따+알

자연(自然, nature)은 우리 고유 이름이 아니다. 우선 nature를 분석하기로 한다. 이 단어는 'na+tu+re'의 세 개의 요소로 되어 있다. 이 세 개가 앞에서 정의를 내린 '씨말'들이다.

**첫째, '나: Na'는 '나다', '나오다', '낳다'로 태어남을 의미한다.**

둘째, **tu** 혹은 **t**는 '따: **Ta**'로 생명을 탄생시키는 '터'인 '땅'을 의미한다. '타', '다'로도 새김이 된다.

그리고 '**re**'은 '알: **Ar, Al**'이다.

여기서, 알은 말 그대로 생명의 씨를 안고 있는 보따리이다. '**al, ar, ul, ur, el, er**' 등으로 표기될 수 있다. 영어에서는 단어 꼬리에 붙어 특정 물건이나 재료 혹은 사람을 가리키는 역할을 한다. 이른바 '꼬리말'이다. 그러면 nature는 '나+따+알'로 세 개의 기본 뿌리말(Fundamental Rootwords)로 이루어진 셈이다. 이러한 기본적인 뿌리말을 종종 씨말(Seed words)이라고 부르겠다. 따는 우리말에서 동사의 기본을 이룬다. 이른바 '다(da)'이다. '가다(Gada: Go)', '보다(Boda: View)' 등을 보면 우리말이 인도어처럼 'a'가 꼬리에 붙음을 알 수 있다. '나+따'는 동사 '나다'이다. 태어난 상태는 '났다'이다. 소리값으로만 알파벳으로 표기하면 'Natta'이다. '낳다'는 'Nahda'이지만 역시 소리값은 'Natta'이다. '나다, 낳다'에서 생명 탄생이(**be born, come into world, come into being, take place**), '나타나다'에서 생명체의 동작과 그 모양이 그려진다(**grow, sprout, come out, happen, occur, appear**). 그리고 ture는 '따알'로 'tar, tor, ter, tre, dra, dor' 등으로 표기될 수 있다. 여기서 따알은 딸(daughter), 달(Moon), 돌(stone), 탈(mask), 털(hair), 다리(bridge) 등으로 분화되는데 심리적 사회적으로 다양하게 그 뜻이 파생된다. 아울러 '돌다: turn, rotate', '두르다: surround, enclose', '달리다: run, hang', '달다: hang, weigh, sweet', '덜다: lessen, subtract' 등의 동사의 뿌리말(Root-word)로도 작용한다. 여기서 대표는 '딸'이다. 전체적으로 땅이 알을 품어 생명체가 나온다는 뜻이다. 따라서 **Nature**는 '나딸'로, 딸의 탄생이다. 어머니이며 성모(聖母, **the Great Mother**)이다. 모든 생명을 낳는 어머니(**the Mother who gives birth to all living things**)이다. 그러면 자연은 순우리말로 하자면 '나타리'가 된다. '울타리'가 우리가 사는 경계 안이라면 '나타리'는 생명을 품고 낳는 나와 너를 포괄하는 '다리'라고 할 수 있다.

자연을 '나타리' 혹은 '나딸'이라는 이름으로 부를 것을 제안한다. 나딸은 또한 본래 그 모습, 천성(天性, nature)을 뜻한다. 한편 이에 대응되는 이름이 성모(聖

母)인 '**아씨딸(Astar)**'이다.

한편, 영어에 있어 'natal'이라는 단어가 있는데 놀랍게도 '탄생의, 고향의' 뜻이다. 우리말과 일치한다. Natta라는 동사에 명사를 만드는 ar이 붙은 꼴이다. 물론 native도 같은 맥락이다. 여기서 native는 '나+따+배'로 이루어진 단어이다. '배' 역시 씨말로, 곧 다르게 된다. 앞으로 보게 되겠지만 '따+배(생명을 안고 있는 공간)'의 조합이 다채롭게 나온다.

수메르의 창조 신화에서 처음으로 상징되는 이름이 누(Nu)로 나온다. 눈 (Nun)이라고도 한다. 깊고 넓은 태초의 바다로 우주가 이 심연(深淵), 즉 깊고 깊은 우물로부터 탄생한다. 여기서 Nu는 나(Na)로, 이른바 태어남(**birth**)이다. 여기에 알이 붙으면 나루(Nair)이고, 이는 생명의 샘이며 물줄기(江, River)를 가리키게 된다. 이집트의 '나일'이라는 강 이름을, 그리고 '나루터'를 떠올리기 바란다. '나라(Nation)'가 여기에서 왔다.

자연은 여성으로 분류된다. 원시 사회에서는 여성인 어머니가 성스러운 존재였다. **성모(聖母) 혹은 대모(大母)** 시대가 우선했다는 뜻이다. 영어에는 우리말과 소리는 물론 뜻이 같은 낱말들이 수두룩하다. 여기에서는 되도록 별과 별자리에 관련된 말들에게만 집중하겠다. 특별한 경우 특별 주제를 통하여 더욱 상세하게 다루겠다.


## 2.1.3 별(Star): 배+알 / 씨+따+알

'별'을 보자. 이 말은 '배+알'이며 사실 '배'보다는 '뵈(Boi, 여기서 ㅗ는 아래아)'가 원초적 표기이다. 생명을 담은 '배'이며 따라서 '배다, Beada(conceive, get pregnant)'는 물론 '보다(View, See)'의 말뿌리이다. '뵈'는 또한 바다, 바탕, 바닥의 씨말이기도 하다. '별'은 우리말 발음으로는 Byul(혹은 Biel)로 되지만 사실 'Bear'가 적절한 표현이다. 우리는 현재 r 발음과 l 발음에 대한 명쾌한 구별은 없다. 시간이 지남에 따라 단음절이 우세해지면서 받침 r이 l로 변하는 현상이 고착되었다. 여기서 배는 공간이다. 따라서 하늘을 의미하며 결국 하늘에 펼쳐진 알을 뜻한다. 그래서 밤하늘의 별이 된다. 영어에서는 이 Bear가 다양한 뜻으로 나온다. 그런데 '뵈알'은 부루, 부리, 바루, 바리, 비루, 발라(bur, bri, bar, bari, vari, valla) 등으로 발음이 된다. 이때 '부루'는 보통 지배자를 뜻한다. 따라서 **영어의 동사 bear에는 지배자의 힘 또는 침략과 관련되는 의미가 다수 포함**되어 있다. 더욱 이 '낳다'라는 의미도 있다. 모두 우리말과 뜻이 통한다. 이 지배자가 머무는 곳이 결국 성을 포함하는 큰 마을, 즉 도시가 된다. 이것이 Village, Villa의 기원이다. 사실 거란이나 몽골이 거대 제국을 건설했을 때의 수도 이름이 '칸발라(Kan Valla)'였는데 한자로는 대도(大都, 큰도시)로 표기된다. 실제로 몽골, 그러니까 원 제국의 수도 이름이 대도로 표기되었고 발음이 칸발라, 혹은 칸부루, 칸발라우트 등이었다. 마르코폴로의 동방견문록에 나온다. 여기서 칸은 우리말 '큰'과 같다. 이 칸이 결국 대왕의 의미가 되는 것이다. 영어의 킹(king)과 통한다. **칸부루는 지 배자, 그것도 위대한 정복자가 사는 곳**이다. 오스트레일리아의 수도 이름이 '캔 버라(Canberra)'인데 어원이 같다. 이 칸부루가 뒤집혀 부루칸이 되면 불칸, 발칸 이 된다. 그리고 불이 우리말대로 불(火, fire, flame)로 새기면 불칸은 화산을 뜻 하는 'volcano'으로 이어진다. 여기서 fire 역시 '부루, 비루' 발음과 같다.

흥미로운 점은 **'Bear'가 곰이 된다는 사실**에 있다. 곰을 보자. 이 단어는 '고 +미'이다. 고는 크다의 커와 같고 미는 뫼(이 씨말은 우리 고유의 산을 가리킨다). 따라서 큰뫼, 큰산을 의미하는데 이는 곧 신(神), 그것도 산신을 상징한다. 산을 터 전으로 삼은 민족에 있어 곰은 특별한 존재로 인식되었고 숭상의 대상이 되었다. 결국 곰은 신으로 받들어진다. 물론 곰은 '검다'의 뿌리말이기도 하다. 일본에서는 신을 '카미'라 하는데 어원이 같다. 또한 곰을 '구마'라 한다. 그리고 이리를 '오오 카미'라 부른다. 따라서 영어의 bear가 곰인 것은 '배알' 즉 부루가 신을 의미하기 때문이다.

두 번째로 영어의 별인 star를 보기로 한다. '씨+따+알'의 구조이다. **땅의 알 인 딸(Tor)에 씨가 첨가된 형태이다. 원래는 아씨따알(Astar) 즉 '아씨딸'**이다. 아씨딸은 우리나라 건국 신화에 등장하는 '아사달(阿斯達)'과 같다. 한자로 새기 다 보니 원래 소리가 왜곡되어 버렸다. '별'이 생명을 담은 배에 알이 새겨진 것이 라면, star는 땅, 혹은 바다에 씨알이 박힌 것으로, 상징성은 같다. 한편 Star와 Astar와 같이 아(알)이 제거되면서 같은 이름인데도 다르게 보이는 경우가 또 있다. 'Spain'과 'Espana'로, '씨뵈나'와 '아씨뵈나'이다. '아씨분'으로 역시 성모를 상징한다. Bear와 Astar는 특별 주제를 통하여 자세히 분석하게 된다.

## 2.2 뫼+알: Me+Ar
### 마루(峯), 머리(頭), 말(言), 물(水), 말(馬), 마을(村), 마일(Mile)

이제 뫼를 본다. 뫼는 '메'이며 산(山, mount)을 가리킨다. 뾰족한 봉우리 형태의 높은 곳을 상징한다. '미리내'는 '뫼+알+나'로 얽혀 있다. '메(산)알+나'에서 메알은 물이 된다. 물이 미리, 무리, 마리, 마루 등으로 되는데 크게 두 가지 뜻으로 나누어진다. 하나가 산에서 내려오는 물(water), 다른 하나가 산의 머리에 해당하는 마루(summit)이다. 신체의 머리와 같다. 앞으로 '마루'가 자주 등장하게 된다. 왜냐하면 지배자를 의미하기 때문이다. 뫼알의 소리값으로 mar를 내세우면, 이 **mar가 앞에서 나온 'tar', 'bar'와 함께 3각 편대를 이루며 전 세계적으로 다양한 얼굴로 나온다. 여기서 얼굴은 낱말의 '머리말'이나 '꼬리말' 더 나아가 '이음말'의 역할은 물론 해당 단어의 말뿌리를 상징한다. 아울러 지시 대명사(가리킴 말) 역할도 한다.** 물론 '커+알'에 해당하는 'Kor(고려, 현재의 한국의 영어 국명)'도 이에 합세한다. 여기에 '키'가 꼬리에 붙어, 지배자 혹은 군림자를 가리키는 torki, barki, marki, korki 등이 나온다. 또한 더 기본적인 **Arki**가 독자적으로 존재하면서 가세한다. 따라서 전체적으로는 **"다섯 개의 뿔"**이 된다. 종종 꼬리말 '키(ki)'는 '치(chi)'로 변화된다. 따라서 '키, 치, 커' 등은 같은 말이다. 물론 머리에서는 이러한 소리 변화가 더 심하게 나오며 이를 두음(頭音, 머리소리) 법칙이라 부른다. 이 단어들을 현대에 맞게 조금 고쳐보면 turky, burg, march, church, george 등이 나온다. 우리나라 말 **닭(dark), 밝(bark), 맑(mark)** 등은 이러한 조합이 한 음절로 축약된 꼴이다. 독일의 '마르크'도 여기에서 출발한다. **German**은 '클(kor)+뫼나(man)'로 '클'족이다. **Kelt** 족 역시 클족이다. 우리와 연관이 깊다. '밝'인 burg는 서양 도시명에서 숱하게 나온다. 독일의 함부르크(Hamburg)는 '한밝'과 같다. March는 행군의 뜻이 있는데 이는 정복자(마루치)가 승리의 행진을 하는 행사를 가리키고 있다. 신라의 왕명 중에 **마립간(麻立干)**이 있는데 마루칸이다. '**마한**'도 같다. 그런데 mar는 훼손하다의 뜻으로 나오기도 한다. 이로보아 mar는 피해자의 입장에서 기술되었다고 본다. 이 마루가 로마에서 군신으로 나온다. 이른바 Mars이다. s는 군더더기로 사람 혹은 씨족을 의미한다. 'marshal'은 대원수 직책이며, 말 그대로 '마루+씨알'의 합성어이다. 모두 마루, 즉 꼭대기, 머리(summit)와 일치한다. 앞에서 '나(na)'와 '알(ar)'은 모든 말들의 기본 뿌리로 작용한다고 하였다. **지역적, 민족적, 시대적 흐름에 따라 '알'과 '나'는 서로 교환이 된다. 즉 'ar ↔ an'의 교환성이다.** 그러면 **Man은 Mar, B(혹은 V)ar는 B(V)an으로** 서로 바뀌는데 그 뜻은 같다. 말의 진화를 연구하는 데 대단히 중요한 점이다. 아울러 씨(아씨, as) 역시 이에 동참한다. 따라서 다음과 같은 삼각관계가 성립된다.

**ar ↔ an ↔ as**

스웨덴이나 노르웨이 등 북유럽에서 bergy의 단어가 많이 나오는 이유가 북유럽족이 이 말(言)을 족장에 사용하였기 때문이라고 본다. 흥미로운 것은 북유럽에서 bergy는 bery처럼 소리한다는 점이다. g 발음이 사라지는 것이다. '밝'을 '발'로 발음한다는 뜻이다. 우리는 '박'으로도 소리 낸다. Viking 족은 뵈+카+나'로 '바키나, 바킨'이다. 우리나라 말에 바퀴가 있는데 바로 '배+키'이며 지도자가 타는 수레바퀴를 뜻한다. 서양에서는 화성(火星, 불별이라는 뜻으로 붉게 빛나 이렇게 이름을 붙였는지는 확실하지 않다)을 전쟁 신으로 취급하여 Mars로 부른다.

지금부터 말의 근원을 찾는 계단에 들어서기로 한다. 제사장(지도자)이 머무는 곳은 '**물(水, water)**'이 존재하는 곳이며 이곳에서 '**마을(村, village)**'이 형성된다. 그리고 소통을 위하여 '**말(言, language)**'이 나온다. 원시 사회에서는 신정(神政) 체제로 제의를 담당하는 제사장과 정치적 지도자는 분리되지 않았다. 물론 그 중심지가 제의를 치르는 제단과 그 주위 영역이다. 성스러운 곳이다.

물(water)은 크게 세 가지 요소로 분류된다. 하나는 위에서 내려오는 물, 다른 하나는 밑에서 솟아 나와 흐르는 물이다. 그리고 평지에서 느긋이 흐르는 물이 세 번째 요소이다. 위에서 내려오는 물은 산, 즉 계곡을 타며 흐른다. 뫼알(물, mur, mer)이 바로 이에 해당한다. 밑에서 솟는 물은 '샘(sam)'이다. 그러면 샘물

(sam-mur)이다. 밑에 머물러 있을 때 우리는 우물(umur)이라고 부른다. 생명원이다. 평평한 곳을 흐르는 강과 강가에서 대부분의 고대 문명이 탄생한다. 물은 또한 바다와도 만난다. 바다 역시 물이다. 생명의 물은 생명을 품은 '알'이다. 따라서 '아라, 우르'는 강(River)을 표시하는 근본 단어가 된다. 나중에 다시 거론하게 되지만 '가라' 역시 강을 가리키는 말이다. 그리고 평평한 지역을 뜻할 때 다른 한편 bear는 '펴라'가 된다. **평양(平壤)이 바로 '펴라, Para'**이다. 펴라의 지명은 만주 곳곳에 있다. 그리고 '가라'와 '펴라'가 지역에 따라 강이나 강가에 형성된 도시를 가리키는 말로 종착이 된다.

마을이 다수 형성되면 영역이 어느 정도 정해진다. 그 **거리가 마일(mile)**이다. 현대적으로 보면 1.6km이다. mile은 어찌 보면 maul, mail 등으로 표기되어야 제격이다. 영어 'i'는 소리 매김에 있어 골치 아픈 존재라고 본다. 아울러 'a'에 대한 여러 가지 파생 발음도 문자의 기본 자격을 의심케 하는 요소이다. 그런데 아일랜드 사람(Irish)을 가리킬 때 Milesian이라고도 한다. '마을(Mile, Maul)'에 씨가 붙은 꼴이다. 이곳에 드루이드와 관련된 전설이 있는바 우리말과 친척인 민족이 정착한 것으로 여겨진다. 이정표(里程標)를 Mile-stone, 즉 '마을-돌'이라 하는 것도 우리 문화와 궤를 같이한다. 마을 앞에 돌을 세우고 안녕과 행운을 비는 것이다.

이러한 **마을과 마을 간의 소통과 교통은 말**(馬, **horse**)로써 이루어진다. 이제 물, 마을, 말이 왜 한몸인지 이해가 갈 것이다.


## 2.3 알: Al, Ar, Ul, Ur, El, Er

말의 기원 중 '씨'와 함께 '알'의 존재가 극히 중요하다. '알'은 영어의 'r' 혹은 'l'에 해당한다. 이미 앞에서 '아(A)'라는 음성 요소에 '르(r, l)'이 붙은 형태라고 하였다. 현재는 알이라고 하지만 옛날 어느 시기까지는 '아르'로 발음했을 것이다. 일본은 여전히 이 관습을 따른다. 앞에서 잠깐 나왔지만 이 알은 al, el, ul, ar, er, ur 등으로 발음될 수 있는데 거꾸로 되는 경우가 있다. 곧 la, le, er, ra 등이다. 글쓴이가 전 세계적인 말, 단어들을 조사하다 보니 이렇게 **앞뒤가 뒤바뀌는 현상**

이 다반사로 이루어진다는 사실을 깨닫게 되었다. 보통 le, la 등은 라틴어 계통에서 정관사(지시말로 특정 대상을 가리킨다) 역할을 한다. 그리고 al은 아라비아어에서 관사나 접속어 역할을 한다. 따라서 'al'이 포함된 단어들이 무수히 등장하는데 그 뜻을 새기는 데 중요한 점이 있다. 그것은 이 'al'을 없애면(무시하면) 낱말의 기원이 명확히 드러난다는 사실이다. 대단히 중요한 지점이다. 여기서 영어의 말에 해당하는 language를 보자. 이 단어는 'al+nguage'로 볼 수 있다. 그리고 nguage는 우리말 '이야기'와 통한다. ngu는 고대형으로, u 발음으로 변한다. 이응에 해당하는 ng는 무시해도 된다. 그러면 uage가 되고 바로 '이야기'와 소리값이 같다. 알은 일반적으로 영어에서는 꼬리말 역할을 하며, 주로 er, ur 등으로 표현된다. 그런데 신체 역학적으로 입에서 발음할 때 첫 음으로 'r' 발음은 어렵다. '라'를 생각해보자. 이를 반영하듯, 영어 알파벳에서 'r'을 '라(ra)'라 하지 않고 '알(ar)'이라고 한다. f, l, m, n 등도 모두 앞 발음에 'e(에)'를 넣는다. 그 이유는 모르겠지만 아마도 발음의 편의에서 유래된 듯하다. 더 알맞게는 af(압, 앞, 아흐), al(알), am(암), an(안)이어야 한다. 하여튼 이 알이 꼬리에 붙어 중요한 이름들이 탄생한다. 영어권과 한글에서 특히 그렇다. 매우 비슷한 점이다. 이미 밝힌 바가 있지만, 언어학적 흐름을 보면 알(Ar)과 나(Na)인 안(An)이 서로 교환되는 경우가 숱하게 나타난다. 보기를 들면 BeAr와 BeAn이다. 이것은 'Bar, Ber, Vur'와 'Ban, Ben, Vun'과의 관계이다. 물론 Tar와 Tan도 같다. 아주 중요한 말의 호환성이다. 앞에서 제기하였던 발음의 3각 변화에서 'Ar ↔ An'의 관계이다.

알은 아리, 아르라고 발음이 되면 생명체의 샘물이 되고 '강물, 강(江), river)'이 된다. River 단어는 앞뒤 뒤집어도 같은 꼴로 나온다. 즉 la와 같이 Re, Ri는 군더더기로 말뿌리가 ver, vir이다. 그러면서 앞에서 다룬 bear와 뿌리를 같이한다. 이 말이 '퍼라'이다. 앞에서 거론하였다시피 한자로 평양(平壤, 坪壤)으로도 표기된다. 여기서 응(ng)은 의미가 없다. 양은 '량과 같으며 '알(r)'을 표기하는 한자이다. 문제는 때때로 음만을 새겨도 되는데 여기에 뜻과도 연결시키는 한자의 특성이 있어 혼란을 초래할 때가 많다는 점이다. 어찌 되었든 villa와 river는 어원이 같은 것으로 파악된다. 그리고 앞에서 나온 미르(물)와 대조된다. 어떻게 보면 물과 불이 서로 호환되는 것 같다. 신화를 대하다 보면 지역에 따라 제사장(무당)이 전하는 말(言)이 '발'이란 발음으로 나오는 경우를 만나기도 한다.

압록강은 아라(혹은 아르)강으로 강은 군더더기로 붙은 것이다. 초가(家)집과 같다. 그리고 압(鴨)과 록(綠)은 한자의 뜻과는 관계가 없다. 앞에서 나왔던 평양과 같다. '아'와 '르'의 발음을 표기한 것으로 '아라'이다. 말의 진화를 더듬어 보면 '가'가 '아'로 되는 경우가 많다. '가라' 역시 강을 뜻한다. 고대에서 '아'는 'nga'의 음가를 가진다. 한자의 발음에서도 확인된다[10]. 우리말과 영어에 있어 'ng'인 단어에서, 가령 **'young'**의 발음이 꼬리말이 붙으면 혼란스러움을 초래한다. 보기를 들면, younger인 경우 영어르(영어) 아니면 영거르 등 두 가지가 나와 버린다. 그 시대 혹은 민족에 따라 두 가지 중 하나가 우세해지면 그 발음으로 단어는 굳어지게 된다. 글쓴이가 처음 중학교에 입학하여 영어를 배울 때 이 'ng(이응)' 현상에 대해 무척 고민했었던 기억이 난다. 사실 **young은 어린아이 울음소리 '우앙'과 같다.** '물'은 산에서 내려오며 골짜기를 통하는 급류를, 아라는 평평하게 흐르는 강을 의미하는 것으로 보면 된다.

여기서 반드시 짚고 넘어갈 문제가 있다. 그것은 생명의 탄생과 지속을 위해 필요한 대지의 조건에 관한 것이다. 가장 긴요한 요소가 물이다. 인류 문명의 발상지인 수메르의 유프라테스와 티그리스강, 이집트의 나일강, 인도의 인더스 계곡물 등이 이에 해당한다. 이 지역은 주기적인 비가 내려 지속적인 물의 흐름 즉 강물이 존재하는 곳이다. 이는 식물이나 동물이 생명을 이어가며 성장할 수 있는 확실한 조건이다. 그런데 또 하나의 물이 존재한다. 바로 바다이다. 그러나 바다물(바닷물의 표기를 피하였다)은 식물의 성장에 방해가 된다. 특히 **유프라테스 지역에서의 강인 민물과 바다인 짠물과의 투쟁이 신화의 큰 줄거리**가 된다. 인류는 생명을 이어 나가며 성장시키는 데 크게 두 가지로 나뉜다. 이동을 전제로 하는 사냥과 목축(牧畜) 그리고 정착에 의한 곡물 생산 활동이다. 정착에 따른 농경 생활이 인류 문화유산의 중심을 이룬다. 석기와 청동기에 의한 도구와 여기에 새겨진 그림과 글이 인류 문명의 금자탑으로 이어지기 때문이다. 반면에 나무 등으로 이루어진 문화는 남아 있지 못하였다. 사라지기 때문이다. 이동성이 강한 민족은 거의 흔적을 남기지 않았다. 대표적인 곳(민족)이 씨키(스키타이), 커씨, 훈(한), 몽골족 등이다. 여기에서 추구하는 말의 뿌리를 찾는 길은 먼 옛날 기록된 글자에서 해독한 결과가 있어 가능하다.

알(r)과 관련된 발음학에 있어 가장 중요한 점 하나 지적하기로 한다. **그것은**

'r, l'이 단어의 꼬리말일 때 민족에 따라 다르게 발음한다는 사실이다. 그 발음이 우트, 트(ut, et, at, th)이다. 물인 미르는 '미트(miet, meut, mith)'와 같다. 그러면 왜 이러한 관계가 이루어지는지 궁금해진다. 몽골어에서 ut는 복수형이다. 우리말의 복수를 가리키는 꼬리말 '들(tl, dl)'과 같다. 들은 따알이며 들은 또한 들판의 뿌리말과 같다. 만약에 tl, dl에서 어느 쪽이 우세하느냐에 따라 하나는 ar 다른 하나는 ut로 간다. 우리의 경우 발(foot)을 보자. 이 발은 또한 밭 즉 '바트'도 된다. 영어는 바트이다. 따라서 'mir'와 'miut', '돌, 달(tor, dol)'과 'tot, taut' 등은 그 뿌리가 같다. 달(Moon) 편에서 Thoth 신이 나오는데 Thoth는 Tout와 같고 '달(Tor)'로 새김이 된다. 이러한 **r과 ut와의 호환 관계를 파악하는 것이 말뿌리와 그 기원을 찾는 데 중요한 몫**을 차지한다. 그 중간 단계가 흘리는 소리 '흐' 정도라 할 것이다. 앞으로 'ut ↔ r' 관계가 숱하게 나온다. 보기를 하나 들겠다. 역사적인 것으로 '거란'이라는 나라가 있다. 한자로는 '契丹'이다. 우리식으로 소리하면 글단이다. 거란과 글단은 전혀 다른 소리값을 가지고 있다. 먼저 한자 契은 'kiut'로 발음된다. 크다는 뜻의 '퀄, 클'과 같다. 따라서 글단의 원래 소리는 'kiut tan'이다. 일본은 'kitai'라고 소리한다. 우리는 kiut를 kur로 하여 'kur tan'이 되고 다시 알 발음의 영향으로 t가 약해져 tan이 an으로 변화되면서 결국 '거란(kuran)'으로 정착이 되었다. 비슷하게 목단(牧丹)을 보자. 여기서 목은 木으로도 표기되며 한자와는 상관이 없는 말이다. 물(water)이다. 물(mir)은 miut이다. 따라서 木丹은 'miut tan'이다. 이 말이 mirtan, 이어 miran이 되고, 결국 '모란'이라는 말로 변한 것이다. 평양의 모란봉은 '물의 땅에서 솟은 마루'라는 뜻이다. 만주에 거주하는 민족들은 물을 '무란, 물란(muren)' 등으로 부른다.

한편 알의 뿌리인 '아(A)'에 대해 지적해 둘 점들이 많다. 알파벳 말들에서 A가 머리말에 붙으면 부정하는 지시말이 된다. 영어를 배울 때 출현하는 소위 '부정관사'가 이에 해당한다. 그러나 '알'은 존경 지시어나 감탄사를 가리킬 때도 많다. 여기서 부정어는 우리말 '아니다'를 생각하면 나온다. '아니, 안'이며 'an'이다. 글쓴이가 보기에 An에서 n이 탈락한 것으로 본다. 따라서 A가 단순히 부정을 가리키는 것으로만 일방적으로 해석해서는 '안(An)' 된다. 아들은 '안(아니)딸'이다. **아니딸은 'Ani-Thor'이고 Another가 된다. 왜 Another가 '다른'이 되는지 여기에서 판명된다. 아울러 Other는 아들이며 또한 딸이 아니므로 '다른'이 된다.**

아니는 또한 'No'에 대응된다. '어미'와 '아비'도 마찬가지 구조이다. 일본에는 '아비코(あびこ)'라는 마을 이름이 많다. 그런데 이것을 한자로는 '我孫子'라고 표기한다. 해석하면 '나의 손자'라는 뜻이다. 왜일까? 우리나라에서 '아비'는 아들이 장가가서 자식을 낳으면 그 부모가 아들을 부를 때 사용되는 말이다. 그리고 '코'는 '꼬'로 꼬마에서처럼 '작다'를 뜻하는 지시말로 어린 자식을 뜻한다. 따라서 이 명칭은 **아들이 분가하여 독립을 이룬 지역**을 가리킨다. 몽골 풍습에서 아들들은 막내를 제외하면 모두 밖으로 나가 독립을 해야 한다. 집안을 지키는 것은 오직 막내아들의 몫이다. 이러한 관습이 몽골이 대제국을 형성하였을 때 자식들 간의 피비린내 나는 권력 싸움의 씨앗으로 작동된다. 일본에는 지명이 한국식으로 지어진 것들이 많다. 일본 사람들이 그 뜻을 헤아리는 데는 어려움이 따른다.

## 2.4 말과 Myth

말의 기원은 신화에서 찾는 것이 가장 효과적이다. 신화는 Myth, Mythology라고 한다. Myth는 그리스어 **Mythos**에서 **나왔으며 그 뜻이 '말 혹은 이야기'**라고 한다. 시간이 지나면서 이성을 뜻하는 Logos의 반대 개념으로 자리 잡는다. 이에 따라 Mythical은 지어내거나, 믿을 수 없는 말로 전락하고 만다. 앞에서 r과 ut의 관계를 소개하였는데 독자는 금방 Myth가 '말'이 된다는 사실을 간파했을 것이다. Myth는 Miut와 같고 그러면 Mir(Mer)가 되어 그대로 '말'로 소리가 된다. 그리스어의 Mythos가 뫼알인 말(Mar)과 통한다는 사실은 그리스어의 뿌리 찾기에 좋은 길라잡이 역할을 할 것이다. **영어의 Mouth 역시 Myth와 같다. '말'이다.** 말을 **하는 곳이 입(Mouth)**이므로 심리적 측면에서 **깊게 통한다.** Mythology에서 **ology**는 '알다(know)'의 명사형인 **'알기(knowledge)'**와 같다. '이야기'와 통한다. **Logos는 Alogy와 같은 구조이다. '알기'이다.** 그리스어가 우리말과 통하는 것은 이 말들이 고대 수메르 혹은 이집트에서 출발했음을 암시하고 있다. 한편, Mytho를 그대로 뫼따(땅)로 새기면 마당이 되고 이러한 마당이 신과 통하는 터로 상징화될 수 있다. 이곳에서 주문(呪文), 즉 말(이야기)이 탄생한다. Mytho에 알(r)을 붙이면 '뫼따알'인 Mythor가 된다. 로마 시대에 성행했던 미트라교의 이름과 같다. 그리고 Mother와 이어진다.

원래 **Mithra**는 페르시아의 신이다. 새벽 해가 뜨기 전에 보이는 **밝은 빛을 상징**하며, 따라서 어둠을 내쫓는 신이다. 현명하나 싸움의 신이기도 하다. 산스크리트어인 Maitreya에서 파생된 이름으로 보는 것 같다. Metteyya라고도 한다. 이 이름이 처음 나타난 것은 서기전 1400년경으로 히타이트족과 미탄나족 사이의 협정 문서에서다[15]. 이른바 조약의 증인으로, 기록인 말을 가리킨다. 그래서 말이며 메(Me)이고 구속력을 상징한다. 따라서 **추상성이 신으로 둔갑**한 형태라고 보면 된다. 그리고 '말틀'이다. 맏딸로 보면 성모 신이다. 그러나 남성 신으로 나온다. 한편 인도어에서는 꼬리말 'a'는 무시해도 된다. 그리스어 's'와 같은 처지이다. 그러면 Metteyya는 Mytho와 같은 구조이다. 한자로는 미륵(彌勒)이라고 번역된다. 커다란 암벽 형태의 바윗돌에 미륵을 새겨 놓거나 바위 동굴에 불상을 놓는 것은 **미래의 예언자**를 기리는 행위이며 주술(呪術)적인 의례(儀禮) 장소이다. 흥미롭게도 미륵은 'Mir'이고, 이는 말과 같다. 결국 **바위(배)에 말을 새겨 놓는 것**이다. 중국은 미륵이라고 표기하면서 이를 자씨(慈氏) 혹은 자존(慈尊)으로 번역한다. **성모(聖母)**임을 상징한다. 성모 마리아이며 결국 Mother로 이어지는 것이다. 여기에서 **맏딸과 만난다.** 그리고 성모인 '**맏딸, Mithra**'이 무당으로 행하며 외우고 말하는 주문이 '**말틀, Mithra**'인 셈이다. 페르시아에서는 전쟁을 상징하고 인도에서는 내일을 기약하는(환생을 의미함) 신으로 보는 것이 무척 극단적이다. 그러면서도 페르시아의 조로아스터교(Zoro-Aster, 원래는 **Zarathustra**임)의 최고의 신 **아후라-마즈다(Ahura Mazda)**가 Mithra와 연결된다. 미래를 책임지는 선한 주임을 나타내고 있어 페르시아와 인도가 서로 통한다.

Ahura는 논란의 대상이다. 왜냐하면 'h, ㅎ' 소리가 불분명하기 때문이다. 'h'는 k 또는 s로 분화되기도 한다. Ahura에 대응되는 인도의 말이 Asura이다. 물론 신이기도 하다. 만약에 Akura까지 고려하면 'Ahura, Asura, Akura' 등 세 가지 이름으로 새길 수 있다. 이 말들은 '아히, 아씨, 아기'에 대응된다. 물론 아히, 아해는 아이와 같고 아기와도 같다. 여기에 '알'이 붙어 성스러운 어머니(聖母)로 상징이 된다. 그렇지 않아도 조로아스터교 학자들은 Ahura를 성스럽다는 뜻으로 보고 있다. 이집트의 'hier'와 역시 줄기가 같다. 즉 모든 존재를 낳는 '창조주'이다. 이제 마즈다(Mazda)를 보겠다.

**Mazda**를 그대로 새기면 우리나라 말 '맞다, 맞이하다'와 통한다. '맞다'는 크게 두 가지로 새김이 된다. 틀리지 않고 '옳다(be right)'는 뜻과 맞이하여 '만난다 (meet)'는 뜻이다. 이집트의 '**Maat**'가 소리값은 물론 제의적 과정에서 말의 전 달을 고려하면 '맞다'와 어울린다. '맞다(be right, agree)'인 경우 틀리지 않은 현명한 말을 하는 사람으로, '맞이하다(meet, greet, receive, invite)'는 그 현명 한 사람을 받아들여 모시는 행위로 볼 수 있다. 상징성에서 서로 일치한다. 따 라서 '**Ahura Mazda**'는 '창조주(를) 맞이(하다)'의 뜻으로 새김이 될 수 있다. 또한 옳은 말과 행동을 하는 주제자로 보면, '창조주를 믿다'가 된다. 더욱 깊 이 들어가면 사실 '맏딸'과 만난다. **Mithra**와 같은 셈이다. 지은이는 원래는 성 모(**The Great Mother**)를 가리키는 말이었다고 본다. 나중에 모두 부권에 의해 뒤집어진 것이다. 다시 한번 강조한다. **Mithra**와 **Mother**는 같은 말이다.

'맞다'와 비슷한 말이 '만나다'이다. 만나는 음운학적으로 **Mana, Mena** 등으로 볼 수 있다. 이집트에서 **Mena**는 첫 통일 왕조를 이룩한 왕의 존칭으로도 나온 다. 성스러운 말의 전승을 상징하는 Me와 직결되기도 한다. Mon은 또한 Mena와 같은 역할을 한다. 따라서 만나다의 의미는 말을 가지고 신과 의사소통한다는 심 리적 의미를 나타내는 제의적 절차를 상징한다. 일본에서는 'Mono, もの'를 물 (物)로 새기는데 이는 영적인 힘을 가진 존재를 가리킨다. 이때 **소통하는 이야기 를 Mono Katari, ものがたり 라** 하며 한자로 '물어(物語)'라고 새김한다. 이른바 주문(呪文)이다. 수메르의 Me, 이집트의 Maat와 대응된다. 한편 '일본(日本)'의 일본말 소리로는 니혼(Nihon) 혹은 닛뽄(Nippon)이다. Nippon인 경우 우리처럼 실사와 실사 사이에서 사이시옷 형태가 들어가면서 경음화(된소리) 현상이 나타난 결과이다. 이 일본이 포르투갈에서 제대로 대응되는 소리가 없어 우여곡절 끝에 오늘날 Japan이 되었다. 한자를 빌리지 말고 순수한 말로 **해터(Hata, Hita)** 혹은 **히가시(Higasi, 東), 히카리(Hikari, 光)** 등으로 나라 이름을 하였다면 더욱 빛날 것으로 생각이 든다.

　**Mithra**는 또한 메돌(Metol, '맷돌'이 표준말임)이 된다. 산돌이지만 곡식(쌀,

보리, 밀, 콩, 조 등)을 가는 도구의 이름으로, Millstone이다. 영어로는 '밀돌'이다. 산돌로 새기면 Metal(금속)이 된다. 영국에서는 기차의 철로에 까는 돌을 가리키는 이름이기도 하다. Medal 역시 이 범주(範疇, 울타리)에 해당할 것이다.

그러면 Myth는 그 원조가 그리스일까? 그렇지 않다. 말(言)은 뫼알의 이중 구조이지만 뿌리말인 '뫼'가 모든 권한을 쥔 열쇠라 할 것이다. 뫼(Me) 자체가 말이며 기록이라는 상징성을 지니고 있다. 이는 이미 잠깐 지적했지만 수메르의 신 Enki의 전유물인 'Me'에서 찾을 수 있다. 이 Me는 전승(傳承)의 기록물로, 창조한 우주를 계획한 대로 움직이는 신성한 법전이다. 이러한 주문에는 사회의 조직과 그 역할은 물론 개인의 행동까지도 포함하는 규범이 담겨 있다. 모두 '말'인 것이다. 이집트는 물론 유프라테스의 신들은 무당이며 제의적 행사일 때 신과의 교통을 위해 사용하는 것이 주문이며, 주문이 말이고, 말이 곧 '전승 신화'이다. 그 말들이 글자에 의한 기록이든 기록이 없든 고위 사제장(무당)을 통하여 전승되는 것이다. 아무리 내용이 길어도 외우며 '거룩한 말씀'으로 이어진다. 그러면 이에 해당하는 말이 이집트에 존재할까? 존재한다. 그것이 'Māat'이다. 드디어 여기서 at 즉 r이 분명하게 나온다. Maat는 'Mar'와 정확히 대응된다. 이 Maat는 우주의 질서, 진리, 정의와 함께 신성한 힘이 깃든 개념으로, 질서 유지를 위한 지침에 해당한다. 결국 Myth는 이집트의 Maat에서 나온 것이다. 아울러 Maat를 동사로 새기면 '맞다'와 만난다. 소리값은 물론 제의적 과정에서의 성스러운 말의 전달을 고려하면 '맞다'와 어울린다. 앞에서 다루었던 Mazda와 연결된다. 참고로 왕의 호칭으로 나오는 Mose는 '뫼씨'이며 '말씨'이다. 더욱이 모시다의 뿌리말이기도 하다.

여기서 정리하겠다. Mythra, Mitra는 '말틀(message formula)'이다. 도덕적, 윤리적 측면에서 지켜야 할 규범적 지침말의 기록물이라 하겠다. 수메르의 'Me', 이집트의 'Maat'와 상징성에서 같다. 이른바 제사장(무당)에 의해 제의적으로 전승되는 주문(呪文)이다. 여기에서는 더 나아가 결국 성전(聖典)으로 발돋움한다. 더욱이 이러한 추상적인 법칙성 말이 인격화되면서 신으로 둔갑한다. 결국 Mitra는 성전에 적힌 사항들에 대하여 감시자의 역할은 물론, 심판관 역할을 하면서 권력을 휘두르는 신들 중의 신이 된다. 이러한 추상적 개념의 신들은 특히 인도 신화에서 숱하게 나오며 혼란을 불러일으킨다. 한편 바로 앞에서 말했지만

Mitra는 '메ㅅ돌'과도 줄기를 같이한다. 왜냐하면 돌에 글을 새기면 그 돌이 바로 성전(聖典)이 되기 때문이다. 참고로 message는 '말(을)새기다'와 같다. '말쓰기'인 셈이다.

이쯤에서 **ut ↔ r**의 교환 관계에 대해 우리말에서 보기를 더 들겠다. 강조하는 차원에서다. '묻다'는 상대방에게 사실을 알아보기 위한 질문의 말이다. 이 말이 '물어보다'에서는 '묻'이 '물'로 변한다. 여기서 묻은 'mud' 따라서 'miut'이다. 그러면 mir, mur인 '말'과 이어짐을 알 수 있다. 앞에서 거란을 소개하면서 이에 대한 변화를 이미 언급한 적이 있다.

그리스에는 수많은 신이 존재하며 복잡한 관계를 맺는다. 이러한 신들의 관계를 정리한 책이 '신통기(神統記)'이다. 헤시오도스의 작품이다. 그런데 이야기 자체는 무세(Muse, 보통 뮤즈로 발음한다) 신으로부터 영감(靈感)을 받아 쓰였다고 한다. 그리스어로는 Musa이다. 모시다처럼 신을 대접하는 말도 되지만 여기에서는 그대로 말씨(말씀)와 같다. 이러한 **말씨(Musa)**가 전승되는바 모두 무당이 쓰는 주문적인 말과 같다. 무당들이 이러한 전승적인 말이나 시를 소리 내어, 즉 낭송(郎誦)하는 것이 음악(Music)으로 발전한다. 따라서 Musa가 시나 음악의 신인 것이다. 물론 Myth 역시 말이며 한편으로는 말씨와 같다.

**결국, '말'을 뿌리로 하는 'Me', 'Maat', 'Myth', 'Musa', 'Music', 'Mitra, Mithra'는 모두 같은 식구이다.**

한편 '뫼알'과 대비되는 말이 '키'와 '알'의 조합인 '커알'이다. 서로 대응되는 점들이 많아 커알인 Kor를 보기로 하겠다. '크다'의 뿌리말이 '키, 커'이며 여기에 알이 붙은 형세이다. 사실 '카'로 새기는 것이 가장 적절하다. Tor(Tar)와 구조가 같다. 우리나라 발해국의 창시자가 대(大)조영이다. 이 대씨가 컬(클)씨를 가리킨다. 덧붙이자면 고(高)구려와 고(高)주몽 역시 '컬'씨에 해당한다. 그런데 **문헌상 '클, 컬'이 '키요트'로 나오기도 한다.** 물론 왕의 의미도 된다. Kiot는 Kyut와 같으며 이는 Myth를 분석할 때와 같은 음운학적 구조를 지닌다. 앞에서 다룬 "r ↔ ut"의 관계이다. 따라서 'Kor, Ker, Kur, Kori, Kuri' 등은 'Kiyot, Kyut, Kyth, Kuate' 등과 같은 이름들과 같다. 그리고 이 Kor가 있는 곳이 성(城, Kuru)이 되

고 중심 거주지인 '고을(goul, country)'이 된다. '고려'도 여기에서 나왔다. 한자의 뜻과는 상관이 없다. 또한 산과 같은 높은 지대를 가리키기도 하는데 산성(山城)의 의미이다. 아울러 대조영(大祖英)에서 조영은 '처음'을 한자로 표기한 것으로 결국 태조(太祖)를 의미한다. 그리고 고주몽(高朱蒙)에서 주몽은 두모, 혹은 두마의 소리에 해당한다. **'따뫼'로 땅과 산을 아우르는 웅장한 이름이다.** 아울러 몽(Mon, Mon)은 왕 혹은 지배자(권력자)를 상징하는 꼬리말 혹은 머리말로 사용된다. '동명(東明), 동맹(東盟)'도 주몽과 같은 말이다. 이집트의 경우 꼬리말로는 Mon, 머리말 혹은 독립적인 말로는 Mene, Mena 등으로 등장한다. 우리를 포함한 몽골에서는 꼬리말이 대세이다. 또한 **'만나다'**의 뿌리이기도 하다. 그러나 몽골에서처럼 전체를 아우르는 상징어로 앞으로 가는 경우도 있다. 우리나라의 '동무'가 여기에서 나왔으며 일본의 친구를 뜻하는 토모타치(tomo-tachi, 동무들)도 유래가 같다. 앞에서 "ut ↔ r" 관계를 거론했지만 중요하여 다시 한번 강조하는 의미에서 반복하겠다. 여기서 타치는 타트(taut)로 우리나라의 복수형 '들'과 같다. 몽골에서 복수형을 ut라고 하는 것과 비슷하다. 물의 음인 미르가 일본에서는 미즈(みず)인데 이는 미(으)트(miut)임을 나타낸다. 일본어에서 '트'의 발음은 나오지 않으며 쯔(tsu)로 된다.

따뫼가 '담'으로 되면 돌담 등 경계를 만드는 울타리가 되고, 성곽도 이에 해당된다. 결국 큰집이면서 집안인 셈이다. 물을 담는 역할을 하는 **영어의 '뎀 (dam)'이 여기에서 유래한다.** dome은 큰집, domestic은 집안으로 결국 국내(國內)가 된다. 그리고 영역의 domain이 담으로 둘러싸인 울타리와 뜻이 같다. **'damus'**는 라틴어로 집이라는 뜻이다. 모두 우리말과 직접 연결된다. 아울러 '담다'의 뿌리에 해당한다.

* 우리나라 말에서 명사(名詞, Noun)인 이름은 대부분 한자 문화의 영향을 받아 한자화된 지 오래다. Noun은 '나온'과 소리가 같다. 특히 문화적, 사회적인 이름과 함께 철학적인 추상적 이름이 더하다. 근대에 이르러 일본에 의해 더욱 가속화되었다. 그러나 움직임을 나타내는 동사(動詞, Verb)에는 고스란히 남아 있는 것이 많다. 따라서 우리나라 말에 있어 동사의 말뿌리(語根), 예를 들면 '가다'의 '가', '알다'의 '알' 등을 고대 수메르, 이집트어는 물론 영어의 말들과 비교하고 대비하면 전 세계적인 말뿌리의 얼개를 캘 수 있다.

## 2.5 말(馬)

인류의 문화사적 측면에서 분류되는 사회는 크게 세 가지이다. **사냥(hunting**, 보통 수렵(狩獵)이라는 한자어를 사용한다. 무척 어렵고 난해한 한자어다), **목축(牧畜**, 여기서 목은 목동을 축은 가축을 연상하면 단어의 뜻이 명확해질 것이다. stock farming, 목축시대는 the pastoral age라고 한다), 그리고 **농경(農耕**, 여기서 '농' 은 농업을 '경'은 경작을 떠올리기 바란다. farming) 체계이다. 오늘날 사냥 시대 는 채집(採集, gathering)과 함께, 즉 **사냥-채집 사회(hunter-gatherer society)**는 거의 사라지고 없다. 아프리카, 동남아시아 혹은 아마존 밀림의 원주민에서 남아 있을 뿐이다. 오늘날은 농경 체계가 주를 이루며 목축 경제는 특수 민족(몽골족)에 의해 소수 존재한다. 인류 역사에서 충돌은 언제나 농경족과 목축족의 주도권에 의해 이루어져 왔다. 주로 목축을 영위하는 민족이 농경 민족을 침략하는 형태였 다. 여기서 '말(馬)'이 중요한 역할을 한다. 사실 목축은 '이동+정착'이며 농경은 오직 '정착'에 의한 생활 방식이다. 중국의 역사는 물론 중동 및 유럽의 역사에서 영토의 확장과 분할은 목축 특히 유목(遊牧)족이 농경족에 대한 침략의 결과물이 라고 해도 과언이 아니다. 그러나 역사적 기록에서는 농경족이 주도권을 쥔다. 정 착을 하며 도시 문명을 이룩하기 때문이다. 더욱이 말을 글로 남긴 것이 결정적이 다. 유목족은 기록은 물론 거대한 건축물 등을 남기지 않았다. 이동이 우선권을 가 지는 사회 체계의 속성의 결과이다. 결국 역사는 기록자의 편에 서서 기술이 되는 데 이로부터 중국은 물론 유럽에 있어 목축족(즉 침략자들)에 대하여 야만적인 이 름들을 붙이며(대표적인 것이 흉노: 흉하고 노예족이라는 뜻, barbarian, slave) 자 기들을 합리화해왔다. stock과 pastoral을 보면 모두 땅을 나타내는 sta(sto)가 뿌리 말임을 알 수 있다. 하나는 '(씨)따키', 다른 하나는 '뵈(씨)따알'이다. 뵈따알은 우 리말 '배달'과 같다. 환웅 시대를 배달로 불렀는데 목축이 경제의 주축을 이루었다 고 본다. 단군 시대로 오면서 목축과 농경이 혼합된 정착 경제가 터를 잡는다. '말 을 몰다'에서 몰 역시 움직이는 대상인 말(馬)과 함께하는 말(言)이다.

서양 역사에서 보름달의 기피와 늑대의 출현은 목축족(예를 들면 스키타이 족)에 의한 침략을 상징하고 있다. 보름달 뜬 밤에 말과 발 안장인 **등자(stirrups)** 로 무장하고 머리에는 깃털(새를 장식, crest)로 장식했고, 화살로 무장한 목축 전사들에 대해 방어는 무의미했다. 그 이유는 말에서 발을 두는 장치에 의해 뒤로 향하여 활을 쏠 수 있었기 때문이고, 두 번째는 화살 사거리가 상대적으로 길었기 때문이다. 우리나라 고유의 활을 상기하면 된다. 거의 둥그렇게 휘어질 정도로 활의 당김 힘이 월등했다. 서양식에 따른 양궁 시합을 보면 왜 그토록 우리식 활 시합은 유행이 안 되는지 안타까울 때가 많다. 모두 서양 문화 종속이라 하겠다. 그리고 서양에서 머리는 사람이며 몸통은 말(보통 한자어로 반인반마(半人半馬)라 함)인 켄타우루스(Centaurus)는 이러한 유목족이 말을 탄 형상이다. 머리에 동물 형상이나 새의 깃털로 장식했기 때문에 마치 동물로 본 것이다. 물론 **활쏘기**자리(Sagittarius)에 나오는 말을 타고 화살 쏘는 모습도 이와 연관된다. 상상해 보기 바란다. 달밤에 순식간에 나타나 활을 쏘고 불을 지르는 그 침략자들의 모습이 침략당한 농경족의 입장에서 보면 어떻게 비추어질 것인가를. 이러한 말과 화살로 이루어진 기동대의 막강한 힘은 몽골의 칭기스칸에 의해 절정을 이룬다. 별자리에는 이와 같은 서양의 인식이 깊게 박히어 있다.

말(馬, horse)은 사냥 시절에 사냥감들을 잡기 위해 모는 행위에서 그 말뿌리를 캘 수 있다. 즉 '몰다(drive)'이다. 사냥감들이 모여 있으면 '무리(Muri: herd, crowd)'가 되며 역시 '뫼알'이다. 영어의 **horse**는 말을 가리키는 일반적인 이름이다. 암말을 '**mare**'이라고 부른다. 음운학적으로 '말'과 직접 통한다. 그리고 **mare**는 따로 바다의 뜻으로도 새김이 된다. '물(水, water)'이 이번에는 '바다스 물'이 되면서 프랑스어 **mer**와 줄기를 같이한다. **Mare**는 원래 라틴어로 '바다'를 말한다. 우리말 '모래'도 '물'이 뿌리말이다. 원래는 '물의 살'로 '모살'이라 하였다. 제주도에서는 지금도 모래를 모살이라 부른다. 달과 화성의 어두운 부분을 바다로 보아 그 이름을 짓는데 다음과 같다. '**Mare Tran-qil-li-ta-tis(Sea of Tran quility**, 고요의 바다)', '**Mare Imbri-um(Sea of showers**, 비의 바다)'.

한편 Horse는 '해+알+씨'이다. 해의 움직임에 관계되는 추상적인 말인데 해알이 흐르는 해를, 씨가 그 존재를 가리킨다. 이집트 해의 신 **Horus**와 같다. 해알인 **Hor**에서 '흐르다'의 뿌리말이 흐르고 있다. 해알은 또한 시간의 흐름인 하루(**Haru, One Day**)이다. 해의 신(神)이 마차를 모는 상징성이 여기에 담겨 있다. 책 표지(**Cover**)의 그림을 다시 보기 바란다.

# 특별 주제 2 아사달: 아씨딸, 알씨따알(Astar, Arstar, Ishtar, Astor, Star)

'아사달(阿斯達)' 하면 단군(檀君) 신화(神話, Myth)에 등장하는 말이라는 것은 모두 알 것이다. 역사적 사실은 제쳐두더라도 이 아씨딸 명칭이 세계 도처에서 나온다. 일반 사학계에서 그저 뜬금없는 기록이라고 치부하기에는 너무도 거리가 먼 언어의 교차적 증빙 자료라 할 것이다. 여기서 아사는 한자로 표기되었지만 아씨, 혹은 알씨에 해당하는 말이다. '아씨딸'이 올바른 표기이다. 물론 씨는 말 그대로 생명을 이어주는 원초적 매개체이다. 영어의 'seed'가 여기서 나왔다. 바로 씨앗과 통하기 때문이다. 또한 seed는 siut로 '씨+ㄹ' 씨알과도 통한다. 신화에 있어 공통점이 죽음과 재생(부활)이라는 관점이다. 이때 죽음과 재생을 이어주는 것이 씨이다. 식물은 씨와 땅과 물이 조합하여 새롭게 탄생한다. 물론 동물 역시 씨가 있고 배 혹은 알이 조합하여 생명을 이어간다. 따라서 '아씨'는 새 생명을 의미하고 시작을 의미한다. 조금 변하면 '아침'이 된다. 그리고 달은 앞에서 나왔던 다+알, 즉 '따알'로 알을 품은 땅, 대지이다. 우리나라에서는 이 '달'이 산, 더 구체적으로는 높고 평평한 들판을 뜻한다. '들'이 곧 '달'이다. 그래서 아사달은 첫 도읍지가 되며 동시에 '밝은터'라고도 할 수 있다. 아시아(Asia)가 여기에서 유래한다. Russia는 '알씨아'이다. 조선말로 러시아를 **아라사**로 불렀다. 더 정확한 표현이다. Urssia는 Ursa, 곰이 된다. 곰자리에서 자세히 설명한다. 지금의 '시리아' 옛날의 '아시리아'와도 통한다. 남미의 고대 문명지 '아즈텍(Aztec)'도 아사달이다.

인류의 기록으로 가장 오래된 곳이 메소포타미아(지금의 이라크 지역)에서 탄생한 수메르(Sumer) 국가이다. 특별 주제 1편을 보아주기 바란다. 서기전 3000년, 그러니까 지금으로부터 5000년 전의 기록에 해당한다. 여기에 '**인안나(Inanna)**'라는 신 이름이 나온다. 금성(金星, Venus)을 가리킨다. 이 단어는 'In+An-Na'의 구조를 가진다. In은 존경어인 '임'과 통한다. 수메르어로는 여주인을 가리킨다. 그리고 An은 접속사 구실을 하는 것으로 설명되고 있다. Na는 하늘을 뜻한다고 한다. 따라서 하늘의 여주인, 다시 말해 성모(聖母)라는 말이다. 그러면서도 글쓴이는 **Anna를 하나로 보아 Hanna라고 보며 결국 Han으로 새기고자 한다.** An은 원래 독립적으로 하늘의 신을 뜻한 이름이었다. 그러면 Han과 통한다.

그리고 전체적으로 보면 '한인'이 된다. 바로 환인(桓因, 여기서 桓은 한의 소리를 내는 표기에 불과하다)과 연결된다. 글쓴이가 보건대 수메르어와 우리말에 있어 존경을 나타내는 말이 머리(語頭)와 꼬리(語尾)가 서로 바뀐다. 한편 Han으로 보지 않고 그대로 새겨 'In+An+Na'로 보면 모두 '나(Na)'와 같다. 왜냐하면 거꾸로 (Inverse) 하면 Na는 An이 되기 때문이다. 그런데 이 인안나의 이름이 나중에 '이시타르(Ishtar)'로 바뀐다. '아씨딸'로 수메르를 지배한 아카드족에서 이러한 변화가 일어난다. **정권 교체를 의미한다. 단군 신화에서 한인-한웅-단군으로 이어지는 것 역시 정권 교체를 웅변(雄辯)**한다. 물론 기록으로는 마치 물려준 것처럼 포장이 되었지만 사실은 처절한 부족 싸움의 결과라고 본다. 그리고 '이시타르'라는 명칭(Istar, Astar, Astro 등)이 세계 도처의 신화에 주인공(특히 여성 神)으로 등장한다. 앞에서 나온 '타르(토르)'도 마찬가지이다. 그리고 여기에서 'star'가 파생되어 나온다. 금성을 '아씨타르'라고 부른 것은 우리나라 '아사달'과 일맥상통한다. 왜냐하면 새벽이며 밝은 것을 나타내기 때문이다. 이때 달, 토르는 경배하는 실체가 되며 이는 자연에서 나타나는 밝은 것(금성)은 물론 이 밝은 것에 상응하는 밝고 높은 사람(이른바 지배자)을 나타내는 상징어가 된다. 신화학(神話學)적으로 우주 혹은 인간을 지배하는 신(神)으로 등장하는 것이다. 영어의 star는 결국 하늘을 땅과 같은 생명을 잉태하는 곳으로 보았을 때 알과 씨가 합쳐져 나온 생명체라는 사실로 귀결된다. 우리의 '별'이 '배+알'인 것과 심리학적인 구조가 같다. 천문을 뜻하는 'astro'도 여기에서 나왔다. 어떻게 보면 우리나라에서 나온 '아사달'의 의미가 가장 기초적이며 첫 기원지라고도 할 수 있다. 즉 곳(신성한 장소) → 신성한 물체(금성 등) → 신성한 사람(신) 등으로 진화하기 때문이다. 한편 **아일랜드의 북쪽에 'Ulster'**라는 지명이 나온다. 아씨딸이 우리의 아사달처럼 신성한 장소로 자리매김한 경우이다. 우리와 직접 이어진다. 한편 **'Atlas'**를 보자. **Atar, 이는 '아들'이다.** 신화적 배경에 걸맞다. 아울러 미지의 땅이나 지역을 가리키는 말로 된 것 역시 '아씨딸'이 높고 성스러운 장소인 것과 그 맥을 같이한다. **Atla를 그대로 소리 내면 '아들나(Atilla)'와 같다.** 물론 's'를 살려 아씨로 새기면 'Astar'이다. 별이며 결국 천문학의 창시자가 된다.

정리한다. 달(dal, tar)은 높은 곳, 높이 솟거나 뜬 대상이다. 크게 우뚝 선 박달과 버들(木, tree) 나무는 풍요의 어머니(聖母)이다. 너른 들판에 우뚝 웅크리고 있는 돌(石, stone)은 아씨달에 쌓은 성스러운 제단이며 생명의 배(바위, rock)이기도 하다. 두둥실 떠 있는 밤하늘의 달(月, Moon)에 알씨가 붙으면 반짝이는 별(星, astar)이 된다. 따라서 달과 별은 모두 높이 떠 있는 '딸(daughter, the mother)'들이다. 영어 'Center'는 '큰달'이다. 왜냐하면 'Kentar'이고 이는 'Kundal'로 새길 수 있기 때문이다. 달(Dal)은 Daut, 즉 '달, 닷'이고 머리에서 소리가 변하면 '잣'이 된다. 우리말 '잣'은 높은 곳에 세워진 성(城, Castle)을 가리킨다. 따라서 Center가 중심이 되는 것이다. 그림 2.1을 보기 바란다.

그림 2.1  왼쪽: 몽골의 국립공원인 테렐지(Terelj)에 있는 바위 형상. 오른쪽: 리투아니아의 서울인 빌니우스에 있는 게디미나스 성탑(Gediminas Castle Tower). '달'은 높은 곳인 '들판'이며 또한 커다란 '바위-돌'이다. 모두 성스러운 장소로 삼아지면서 제의적 행사가 이루어진다. 여기에 커다란 나무(박달)가 가세한다. (a)는 '큰돌' (b)는 '큰달, 큰잣'이다. Terelj는 Tarki, 즉 '닭, 달기'와 소리가 같다.


## 아와 앙(A and Aŋ, Ang)

'뫼'와 '키'를 뿌리말로 하여 파생된 몽골은 모골(무굴 제국), 말골 등으로 발음되며 갈라진다. 특히 몽은 몬(Mon)이 발음상 쉽게 몽으로 변화하는 모습을 그대로 보여주고 있다. 소리로는 '이응'에 대응되는데 알파벳으로 'ng'이다. 그러나 '앙' 자체만으로는 소리 표기로 'ŋ'이다. 특히 '아'가 앞에 붙었을 때 음운(音韻, 소리값)학적인 진화 과정에서 이 앙(Ang)이 중요한 역할을 한다.

여기에서는 '단군'을 보기로 들어 '아'와 '앙'에 대하여 언어학적으로 자세히 짚어보기로 하겠다. 단군은 한자로 檀君으로 표기되는데, 이 한자 표기에서 이른

바 언어의 왜곡(歪曲)이 일어난다. 박달나무가 어떠니 하면서 심지어 한자 표기조차 학자들이 설왕설래해왔고 지금도 진행형이다. 좁은 식견을 갖는 학자들의 처세이다. 대단히 잘못된 길을 가고 있다. 한자와는 상관이 없다. 이 단어는 '타(땅)+커+알'로 형성된 말이다. 즉 '땅커알' 혹은 '타키알'로 새김이 되는데 실제적으로는 Tan+Ki+Ar이다. 이 경우 '따'에 '나'가 붙은 형세이다. 이것이 **'Tangor, Tangur, Tangir, Dingur, Dingir'** 등으로 발음되며 시베리아 혹은 북유럽 전역에서 이 호칭이 나온다. Gor, Gir 등은 클, 컬(Kor, Kur)과 같다. 클(Kor)은 큰사람 즉 지도자를 나타내는 낱말로 자리매김하며 한자로는 대공(大公) 등으로 표기될 수 있다. 이 탕구리(탱구리, 딩구리)가 하늘왕(天王)의 명칭으로 등장한다. 물론 '키' 역시 높은 사람이 되고 이러한 지도자가 있는 곳이 성이며 일본에서 성(城)을 '키'로 새김하는 것도 이와 같은 의미에서 나왔다. 나무도 키(き)라고 한다. 이 '키'가 '기', '치', '지' 등으로 발음이 조금씩 변한다. 아파치, 아버지, 갈치 등으로. 시대가 흐름에 따라 말은 풍선효과를 일으킨다. 즉 처음에는 오직 지도자(지배자)만을 가리키던 존칭 단어가 갈수록 일반화하며 심지어 가장 구차스러운 존재를 나타내는 것으로 전락하는 것이다. 우리나라를 비롯해 전 세계적인 흐름이다.

그림 2.2  댕기와 댕기 머리. 1900년대 초의 모습이다. 출처: 한국의 발견, 제주도, 뿌리깊은나무(1989).

그런데 한국에서는 이 탕구리가 알이 제거된 'tang', 'dang'으로 자주 나온다. 이른바 무당, 사당이다. 무당은 여자 제사장, 사당은 패거리로 춤과 노래를 부르는 여자들을 말한다. 그리고 탕기는 이른바 '당기다'의 당김을 뜻하는데 하늘로 이어지는 사다리 줄을 상징한다. 춤과 노래와 어울리는 것이 여자들의 **댕기 머리**이다. 댕은 사실 '탕, 당'에서 변한 소리이다. 머리를 길게 땋고 그 끝에 헝겊 등으로 아름답게 꾸민 머리이다(그림 2.2). 40여 년 전만 하더라도 우리나라에서 댕기 머리는 꽤 보였는데 지금은 사라지고 없다. 중앙아시아 지역에서는 지금도 유행하는 것으로 안다. 이러한 **축제 때 노래의 후렴구로 '당구리, 당구라'가 있었을 것**으로 추측된다. 모두 당구리 사상과 관련되는 민속이며 신화적 자산이다. 이집트의 신전 덴데라(Denderah) 역시 '당(dan)'을 뿌리말로 하고 있다. 그리고 A-Ten 신 역시 '탕'이다. 댕기에서, 하늘과 소통하는 길인 기둥에 길게 줄을 달아 당(댕)기는 제의적 행사의 모습을 떠올리기 바란다. 그러면 기둥과 줄들은 이른바 **하늘 나무**가 된다. 물론 사다리로 보아도 된다. 유목 민족들이 넓은 초원에 펼친 천막과 가운데 기둥을 그려보기 바란다. 아울러 수메르의 지구라트, 이집트의 오벨리스크로 보아도 좋다. 심지어 바벨탑으로 상상하여도 심리적 유대감이 통한다.

영어의 **Dance**는 음운학적으로는 '당키'로 댕기와 같다. 줄을 잡아당기면서 춤을 추는 것이 **'Dance'**이며 **'Tango'**인 것이다. 이러한 줄 당기기는 시합으로 이어지면서 축제를 더욱 빛나게 한다. 이른바 '줄다리기'이다. 양편으로 갈라 줄을 당기며 서로의 힘을 겨루는 싸움은 우리와 가까운 종족들에서 볼 수 있는 축제일 것이다. 영국의 스코틀랜드(Scot-land)의 **High-lands** 지방에서 행해지는 행사에서도 기둥 세우기와 줄다리기 시합이 연출된다. 한편 하늘의 신인 **Tangor**에게 제의를 할 때는 반드시 주문(呪文)에 해당하는 '말'이 있어야 한다. **Tongue**가 여기로부터 탄생하였다. 혀이기도 하면서 말(言)인 것이다. **'Thank'**도 여기에서 나왔다. 따라서 제사장이면서 하늘의 신 **Tangor**, 그 성소인 **Tangor**, 소통의 말인 **Tongue**, 제의적 춤인 **Tango(Dance)** 등 하나의 이름이 전체를 아우르는 신화적 말뿌리로 우주를 감싼다. **'Tangor'**는 특별 주제 12에서 더욱 자세히 다루도록 하겠다.

\* 카톨릭 사제인 고위 신부들이 쓰는 모자도 댕기와 연관된다. 왜냐하면 모자(두 건 형태)에 두 개의 줄이 나 있기 때문이다. Catholic은 커또르 즉 '큰딸'이며 결국 대모(大母, the Great Mother)이다. 성모(聖母)로 보면 된다. 카톨릭(Catholic)을 가톨릭이라고 하여 우리나라 가나다의 순서에서 가장 앞으로 나오게 한 점을 접할 때는 안타까움을 금할 수 없다.

그런데, 당기인 'Dangi'를 'Dang-i'로 소리하면 놀라운 사실이 드러난다. 그것은 '탕우' '탕오' 등의 소리와 같고 중국 사서에서 나오는 고대 인물의 이름이 되기 때문이다. 나중에 다시 이야기하겠다.

그리고 영어와 우리말의 묘한 어울림 하나를 소개한다. 그것은 이응과 관계된다. tang은 탕이다. '앙'은 'ang'인데 타에 나(na)를 붙이면 타나, 즉 탄, 단이 된다. 여기에 높임을 뜻하는 키, 기를 붙이면 '단기(dangi)'가 되며 이는 '당'과 같다. 음운학적으로 타가 탕, 모가 몽으로 변한 것 같은데, 한편으로는 이 사이에 탄생을 의미하는 na가 존재할 수 있다는 결론도 나온다. 이것이 탄, 단, 돈 등이다. 라틴계에서 'don'은 존경의 머리말로 사용된다. 스페인어에서 보면 **'돈 키요테'**가 나온다. 이는 '당 컬'이며 결국 탕구리와 같다. 키요트 혹은 키요테인 경우 요트, 요테는 ut로 'r'의 다른 형이기 때문이다. 즉 키요트는 컬(클)에 해당한다. 이미 지적을 한 바가 있다. **북극 지방에서 여우나 늑대 종류를 코요테(Coyote)라고 부르는 것도 클(Great)을** 의미한다. 키요트, 코요테 등은 동사 '크다, 키우다'와 소리가 같다. 아메리카 대륙에 '쿠아테말라'라는 나라 이름이 나오는데 이는 '크다 마을'이며 '클(큰)마을'을 가리킨다.

**'ut, at, et'와 'r'의 교환에 따른 음운학적 변형이 세계적으로 어디에서 언제 일어나고 어떻게 분포되는지에 대한 조사 연구가 인류사에 있어 중요한 단서를 제공할 수 있다고 본다.** 특히 ut형은 우리말 동사의 기본형인 '다'와 관계되는 것으로 파악된다. 말의 진화 연구, 특히 '인도-유럽'과 '우랄-알타이'족의 공통 조상을 찾는 데 구심점 역할을 할 것으로 기대된다.

한편, 반드시 짚어야 할 점이 있다. 그것은 말(言)이 지배자(침략자)와 피지배자의 입장에서 보면 같은 소리 말이라고 하여도 그 의미는 완전히 달라진다는 사실이다. 가령 Tangor와 danger와 같은 대응이다. 모두 당구리이다. 그러면 왜 '위험'이라는 뜻일까? 그것은 **danger를 쓰는 민족이 Tangor 족의 침략을 받거나 지배당하였기 때문이다.** 부루인 Bear에서도 극명하게 이러한 역사적 사실이 드러난다. 퉁구스(Tungus)족의 명칭은 '탕기'에서 유래한다. 이러한 양면성은 자연재해(벼락, 번개, 홍수, 가뭄 등)에 있어 신과 거인으로 양분하는 신화적 설정과 동일하다.

결국 Tangor, Tangri, Dingur 등의 탕, 당은 따, 타 등과 같은 말임을 알았다. ng를 '나'와 '커(키)'로 볼 수 있지만 이 두 개가 같이 갈 때는 '앙'으로 합쳐진다. 신라의 왕명에 차차웅이 있다. 이는 타타앙, 타탕이다. 두음법칙에 의해 차차앙, 차차웅으로 그리고 타앙은 치앙, 지웅, 중 등으로 발음이 변하며 오늘날 중이 되었다. 제사장을 의미한다. 차차웅은 큰치웅으로 대제사장(大祭司長)이다. 신정일치 사회에서 최고의 직위(職位)이며 이른바 왕이다. **만약에 앙이 아니라 '아 혹은 아이(Ai, Au)'면 '타우, 티우, 치우'가 된다.** 영어의 Zeus, Tau 등과 이어진다. 따라서 그리스 신화에 신의 왕으로 나오는 Zeus는 제사장을 뜻한다. 동양의 신화적 역사에서 '치우'라는 이름이 나오는데 동일한 의미이다. Jesus는 타씨, 결국 타우이다. 서양 학자들은 Zeus와 Jesus의 의미를 파악하지 못하고 있다. Tangor에서 'ang'을 제거(묵음화)하면 Tor가 된다. 따라서 **Tangor와 Tor는 같은 이름이며 또한 제사장이다.** 민족에 따라 Tor, Tar, Dol, Dil 등으로 불렀다. 게르만족의 신화에서 Tor 역시 신으로 등장한다. 서열로는 오딘(Odin) 밑이다. 우리나라의 한인-한웅-단군의 순서와 맥이 통한다. 심리학적으로 살펴보았을 때 거인은 공포의 대상인 자연 현상(천둥, 번개, 벼락, 홍수)을 의인화시킨 것으로 볼 수 있다. 이때 제사장인 신(Odin, Tor 등)과 거인 사이의 투쟁과 타협은 무당이 신내림을 통하여 취하는 행위와 동등하다고 하겠다.

한편 Christ는 '커+알+씨+따'로 클씨타이며 큰땅과 같다. 대공(大公)이라고 보면 된다. 따라서 Jesus Christ는 대제사장인 차차웅과 정확히 일치한다. 영어에 일반 단어처럼 나오는 George는 '커+알+키'로 클치(大公)와 같다. 영도자, 지배자의 의미이다. 글쓴이는 **우리말과 영어는 같은 족속이라고 본다. 문법적으로 접근할 문제가 아니다.**

다시 '앙(ang)'으로 돌아간다. Ang의 발음은 'ung', 'eng', 'ing' 등으로도 변한다. 이 'Ang'이 영어인 English와 영국의 England 머리말에 해당한다. Anglo는 여기에 알이 붙은 꼴이다. Angor, Ankor, Angola, Angry 등도 모두 같다. 그리고 An과 Gol을 분리하면 놀라운 사실이 드러난다. 안은 속(內)이며 gol(kol, kor)는 고을, 마을 즉 성으로 결국 내성(內城, inner castle)이 된다. 나라의 수도명과 같다. 그리고 안(an)은 영어의 in과 발음이 정확히 일치한다. 현재 **투르크(turky, 따알 커)**의 수도명이 안카라(Ankara)인데 An은 '안(inner)'일 것이다. 옛날 왕의 시대에는 속에 왕이 거주하는 성이 있고 다시 밖에 외성을 쌓아 큰 도시를 형성하였다. 물론 내성과 외성은 모두 외침에 대비한 성벽이다. 한편 **안은 '한'으로 새김해도 의미는 같다. 그러면 안카라는 한골이 되며 대성(大城)**이다. 우리나라에서 안쪽 깊숙이 있는 마을을 '안골'이라 부른다. 시골에서 시를 안과 대응되는 '속'으로 보면 역시 같은 뜻이 된다. 씨 자체가 속에 존재하는 것이므로 상징성에서도 일치한다. 서울은 시부루이다.

글쓴이가 영어 중 **'land'**의 말뿌리가 어디인지 무척 궁금해하는 말 중 하나이다. 바다가 아닌 육지이며 땅이나 흙을 가리킨다. 여러 번 지적했지만 말머리에 'la' 또는 'ra'가 나오는 것은 어울리지 않는다. 'la'를 무시하면 'nd' 혹은 'and'이다. **'안땅'**으로 새기면 이 단어의 뜻에 다다른다. **'England'**는 그 전에 두 개 혹은 세 개의 말로 조합이 되었는지는 모르지만 이대로 새기면 **'안골땅'**이다. 그리고 **'English'**는 **'안골씨'**로 새김이 된다. 반면에 **'stan'**은 **'씨땅' 혹은 '아씨땅'**이다. 여기서 아씨는 높은 성지나 혹은 성모를 가리킨다고 하였다. 지배자가 군림하거나 그 영역을 가리키며 결국 **나라터**로 나아간다. 따라서 land와는 차원이 다르다. 재미있는 것은 '(l)and'를 거꾸로 새기면 'dan' 즉 '땅'이 된다는 사실이다. land에 있어 'n' 역시 '앙'의 흔적일 것이다.

이 '앙'이 꼬리말이 되면 지배자, 군림자의 단어들이 나온다. Kang인 King이 대표적이다. 몽골에서 몽은 사실 '뫼, 모'인데 원래는 뫼알에 해당하는 말(馬)과 같다. 즉 몽골은 '말골, 馬村'을 가리킨다. 고구려국은 고구려 즉 커골이 내성(內城, 안골)이며 말골이 외성(外城)에 해당한다. 그런데 몽골족은 어미에 앙, 즉 '옹'이 붙는 경우가 많다. 그래서 마가 몽이 되었다. 마의 발음은 원래 아래아 발음으로 모에 가깝다. 제주도에서는 말을 몰(아래아 발음)이라고 부른다. 어린 말을 '몽생이'라고 하는데 몽골의 영향인 듯하나 확실하지 않다. 제주도 말에 이 '앙'의 꼬리말이 다량으로 쏟아져 나온다. '어멍, 아방'은 물론 '그렇게'를 '경', '나무'를

'낭'으로 부른다. 아마도 오키나와섬의 말과 비교하면 재미있는 결과가 나오리라 생각한다. 몽골에서 이 '몽'은 한자로 蒙으로 표기되는데 높은 관직명으로 사용되기도 한다. 물론 꼬리말의 나, 즉 n 발음이 ng 발음이 되며 Kan, Kin이 King, Gang으로 다시 San이 Sang, Sing 등으로 되는 식이다. 다시 탕, 당으로 돌아간다. **이 말이 꼬리에 들어가면 어떻게 될까? 바로 tion이다.** 물론 앞에서 나온 치웅과 소리값이 같다. 영어에서 'tion'은 명사를 만드는 데 쓰이는 중요한 꼬리말이다. 즉 '탕'이 장소, 인명 등을 나타내는 말로 둔갑하는 것이다. 그러면서 티웅, 치웅, 시웅, 시웅 등으로 발음이 진화한다. 우리나라 절의 중심에는 항상 '대웅(大雄)'이라는 현판이 걸려 있다. 바로 '탕, 타웅(Tang, Taung)'이다. 더욱 흥미로운 사실은 **한자의 '아'에 해당하는 한자 발음이 고대에는 'nga'였다**는 사실이다. 따라서 '아'와 '가'의 발음을 가지는 한자가 폭넓게 교차한다.

## 따알(딸, 달, Tar)

앞에서 다룬 '아씨딸(Astar)', '나딸(Nature)' 등에서 중심 역할을 한 뿌리말이다. 땅을 뿌리로 삼아 여기에 알이 붙은 꼴이 달(Moon), 돌(stone), 들(plain, field), 들(복수형, plural), 탈(mask), 탈(딸기, berry), 딸(daughter), 털(hair) 등이다. 다리(bridge), 두리(surrounding) 등도 이에 속한다. 또한 동사(動詞) 형태는 '돌다, 달다, 덜다, 두르다, 달래다, 달리다, 틀다, 털다' 등이 있다. 이름말(名辭, noun)은 물론 움직임말(動詞, verb) 모두 여기에서 다루는 별들의 이름 내막과 고대 신화의 신들의 이름을 파악하는 데 결정적 역할을 한다.

딸기인 탈은 보리수를 가리키는 Teil과 같다. 털은 땋은 머리(댕기 머리)를 가리키는 Tress(털씨)와 음운학적으로 통한다. 머리털자리를 보기 바란다. 그리고 들은 dale과 같다. Dale은 시적인 말로, 영국 북부의 구릉지에 있는 넓은 골짜기를 가리키는 이름이다. 동사를 짚어보기로 한다.

'돌(dor, tor)다'를 보자. dor, tor는 영어의 torque(토크), tornado(토네이도)의 머리말에 해당한다. 또한 'rotary'와 같다. 여기서 ro는 머리말(la처럼)로 의미가 없다. 흥미로운 점은 **tor를 거꾸로 하면 rot가 된다**는 사실이다. 여기에서도 고약한 변화가 일어나고 있다. 따라서 **rotation과 torque는 같은 말**이다. '돌리다'는 바퀴라든지 막대를 회전시키는 동작을 가리킨다. 기계적인 동작이라 할 만하다.

영어의 dolly가 이에 해당한다. 그 뜻을 보면 (세탁용의) 젓는 막대기, (광석용) 교반기(攪拌機, 상당히 어려운 한자말로 이것저것 섞어 돌리는 장치이다), 기계장치의 받침판, 낮고 작은 바퀴 달린 손수레 등이다. 모두 돌리는 동작과 관계된다. 이 dolly가 인형으로 된 것도 도는 형태에서 비롯되었다고 본다. 비슷한 이름으로 **dray**가 있다. 바닥이 낮은 네(4) 바퀴가 달린 짐마차를 가리킨다. 그리고 drayage는 짐마차 운반을 뜻한다. 모두 돌리다(돌다)와 연결된다. 팽이를 제주도에서는 '도르래기'라고 부른다. 그런데 'draw well'이라 하여 '두레' 우물이라 한다. **두레** 박의 두레와 같다. draw는 '들다, 당기다'의 뜻으로 새겨진다. drag도 마찬가지다.

**돌(stone)**은 **dolmen**에서 같은 식구임이 증명된다. dolmen은 돌멩이이며 따라서 고인돌과 바로 연결된다. stone은 씨땅이지만 그냥 '땅(Tan)'과 같다. 이와 반면에 dolman은 여성용 망토 혹은 소매 달린 긴 옷을 가리킨다. '돌리다'라는 것보다 '두루다'에서 파생된 이름으로 본다. 몸을 두른 옷이기 때문이다. 우리나라 산 이름에서 '두리'가 큰 영역을 차지한다. 두루산, 두리산, 지리산 등이다. **dolo**mite 역시 돌(stone)을 뿌리로 하며 돌의 일종인 백운암(白雲巖, 역시 어려운 한자 용어이다)과 직결된다. 돌고래인 **dolphin**도 우리말과 함께한다. 나중에 **다루**게 되지만 바빌로니아에서 만든 **Kudur**라고 부르는 기념비 역시 '돌(stone)'이다.

제단자리인 Altar에서 Tar는 '따르다'의 뿌리말과 통한다. '술을 따르다'를 생각하면 이해가 될 것이다. Alter인 경우는 '다르다'의 뿌리와 같다. 다르게 변화된다는 뜻이 서로 통하기 때문이다. 앞의 Al은 군더더기이다.

**Tel**은 따알로, '아사달'의 달이다. 따라서 높은 들, 즉 산으로 새김이 된다. 유프라테스 지역 말들에서 증명이 된다. 원소 이름 **Tellurium**도 이에 속한다. '높다'의 **tall** 역시 '달'이다. 높은 곳의 성(Castle)을 뜻하는 우리말 '잣' 역시 '달'에서 나온 말이다. 달은 제의적 성소이며 따라서 무당이 제의적 과정에서 행하는 말과 이어진다. 영어의 **Tel**이 '말하다'와 연관이 되는 이유가 여기에 있다. 아울러 제의적으로 바쳐지는 제물을 뜻하는 '닭'에서도 서로 교통하는 말이 나온다. 이 경우에는 **Talk**이다. **Talk**에서 꼬리말인 '키'가 탈락한 형태가 **Tel**이다.

다음과 같은 동사들도 다른 언어군에서 그 뿌리를 캘 수 있지 않을까 한다. 즉, '달다(hang)', '달다(weigh, measure)', '달다(sweet)', '(몸이) 달다, 화끈해진다', '달래다', '달리다', '덜다', '틀다', '(옷을) 다리다', '다루다(handle, manage)' 등이다. 이 중에서 '**다루다**'가 중요한 역할을 한다. 사회적, 정치적으로 지배자가 행하는 동작 행위이기 때문이다. 대표적으로 우리가 몽골의 지배를 받을 때 몽골 제국의 직할 영역으로 할당된 곳이 제주도였다. '다루카치'라고 불렸다. '다루다' 와 '따르다'는 지배자와 피지배자의 관계와 같다. '**다루다**'는 '**누루다**'와 '**부리다**' 와 함께 지배자의 행위를 나타내는 3각 편대 형 말뿌리이다. 다루카치, 누루하치, 부루크치(비라코차, 잉카 제국의 신) 등이다. '**다르다**'를 보자. '같지 않다'라는 뜻 인데 **other**와 대응된다.

앞에서 'Atlas'라는 거인족 신을 Ator로 보면 '**아들**'이 된다고 하였다. 그런 데 '**Tlao**'는 운반하다, 견디다 등의 뜻이라고 한다. 하늘을 떠받치는 거인의 고통 을 상징하는 추상화라고 본다. '**들다**'로 보면 바로 통한다. 그런데 거인족(**Titan**이 라고 부름)과 친한 아나톨리아(현재의 투르크 지역)의 신 이름이 Tantalos이다. 그 리스에서 Tantalus가 된다. Atlas와 대비되는 신으로 등장한다. 모두 탕(Tan)이 뿌 리말이다. 만약 '**an ↔ ar**'의 교환성을 적용하면 **Titan**은 **Tatar, Tantalos**는 **Tartar**가 된다. 서양 중심에서 보면 대표적인 침략자의 민족 이름이다.

한편 'tear'와 'dear' 역시 따알 구조이다. 그러나 극도로 상반되는 뜻을 가진 다. Tear는 우선 '눈물'로 새김이 된다. 그리고 '찢다'로도 새겨진다. 상대를 찢어 버리는 행위에서 따알인 Tor는 침략자의 상징임을 알 수 있다. **침략당하여 찢기 는 상태에서 어찌 피눈물이 고이지 않겠는가?** 반면에 Dear 역시 침략을 받은 지 배된 민족이 침략한 지배자에게 존경을 나타내는 말임을 알 수 있다. 뜻은 상반되 나 모두 피지배자의 입장에서 나온 말이다. Tear는 '**때리다**'의 말뿌리인 **때리 (Taeri)**와 같다. '부루'인 Bear와 비슷하다.

따알이 '들(dl)'이 되면 복수형이 된다. 집단을 가리키게 되는 꼬리말이다. 아 울러 틀(tl)로 새기면 기계적인 조직(system)이 된다. Mithra를 '말틀'로 보는 식이 다. 금방 나올 태양계(solar system)는 **해틀**로 새김하게 된다. **복수형 '들'은 'tli' 혹은 'tl'로 잉카족의 말에서 꼬리말의 역할**을 한다. 우리와 같다. 영어의 little은 '알(al)-들(tle)'로 보면 조그만 형태가 드러난다.

이제 따알에 씨말들을 머리에 붙여본다. 여기서 씨말이란 '가, 나, 다, 라, 마, 바, 사, 아, 하'를 의미한다. 따알은 '다, 아, 라'이다. 그러면 다음과 같다. '**카따알**

(Katar)', '나따알(Natar)', '마따알(Matar)', '바따알(Batar)', '씨따알(Satar)', '해따알(Hatar)' 등이다. 물론 '타따알(Tatar)'도 이 식구이다. 이 조합에 따른 말들은 모두 신화에서 신이나, 지배자, 영웅 등을 상징하는 이름으로 부여된다. 물론 자연물을 가리키는 보통 말로도 새김이 된다. 하나 더 있다. 그것은 '아'와 '알'이다. 즉 '아따알(Atar)', '알따알(Artar)'이다. 이중적인 얼굴을 지닌다. 알을 품은 어머니인 성모이기도 하고 딸이 아닌 아들이기도 하다. 여기서 Matar와 Batar는 현재의 Mother와 Father에 대응된다.

## 사이시옷과 S

우리나라 말에서 두 개의 말이 이어질 때 사이시옷이 첨가되는 경우가 많다. 주로 발음을 고려한 결과이다. 그러면서도 사이시옷이 첨가됨으로써 원래의 독립된 말(이름)이 사라져 버리는 결과를 초래하기도 한다. 바다와 물을 합성하면 '바다물'이다. 그런데 바닷물이 표준어이다. '바닷'이라는 말은 없다. 대표값이 아니라 대푯값이 표준어이다. 글쓴이로서는 상당한 혼란과 함께 왜 이렇게 말이라는 인문학에 마치 수학식 같은 공식을 도입했는지 이해가 되지 않는다. 발음이라고 하는 것은 시대와 민족 간에서 상당한 차이를 보이며 각자 진화해 간다. 이러한 공식화는 말과 글을 혼동하는 데서 초래한다. **바다물**로 표기하고 사람에 따라 바단물, 바닷물, 바다물 등으로 하면 그만이다. 영어를 보면 이해가 갈 것이다. 대푯값이라 할 때 이미 발음적으로는 값은 '깝'으로 된다. 그러면서도 이러한 음운학적 발음은 고려되지 않는다. 모순인 것이다. 옛날 방식으로 '대표ㅅ값', '바다ㅅ물' 하면 차라리 낫다. 금성을 가리키는 샛별 역시 마찬가지이다. 여기에서는 '새별' 혹은 '새ㅅ별'로 표기한다.

그런데 우리말의 이러한 사이시옷 구조가 영어에 존재한다. 그것은 's'이다. 우리말 '~의'에 해당한다. 앞에서 **바다ㅅ물**은 '바다의 물'로 **'Sea's Water'**와 같다. **게르만족의 말에서 현재의 영어에 이르는 말의 진화에 있어 이러한 단계가 있었다고 믿는다.** 이 s는 또한 우리말 '씨'와도 통한다. 복수형일 때이다. 우리는 아무개 씨 혹은 아무개 씨족을 가리키는데 결국 다수를 의미하며 이는 복수형과 같다. 영어의 The는 동사의 꼬리말 '다(da)'에서 구조적으로 변화된 '지시말'이라고 본다. 동작하는 주체(주어)를 구체적으로 지시하는 역할을 하기 때문이다. 아울러 우리말 '그'와 대응된다. '그것', '그 사람' 등을 생각해보라. 동사를 만드는 '다'는 또한 시간을 표시하기도 하는데 '때'와 '제'이다. 왜냐하면 동사에 있어 행위를 끝냈다는 의미를 포함하고 있기 때문이다. de, day 등과 일치한다.

칭기스칸은 세계 역사상 가장 위대한 정복자이다. 영어로 **'Genghis Khan'**, 몽골어로는 'Cinggis Qan'이라고 한다. Qan은 사실 Xaan이라 하여 카안도 아니고 하안도 아닌 그 중간 소리로 난다. 이른바 칸(k)과 한(h)의 변화이다. 더 나아가면 산(s)이 된다. Kama가 Sama로의 변화와 같다. 그런데, 여기서 갑자기 이 영웅을 등장시킨 이유는 사이시옷과 더불어 말머리에서 일어나는 두음법칙을 제시하고자 하기 때문이다. 먼저 Genghis, Cinggis에서 머리소리인 '진, 친'은 'Tin, Din'이 변한 말이다. 이른바 '탕'이다. Dingir의 그 'Din'이다. 한편 'is, s'는 당, 당키를 높여 부르는 당키씨이다. 따라서 군더더기이다. 그냥 '당키'라 하면 된다. 따라서 전체적으로 '탕키-칸(Tangi-Khan), 딩키-칸(Tingi-Khan)'이다. 아니면 '당키-한이다. 탕컬, 탕고르와 같다. 이 이름에서 사이시옷이 영어의 's'로 변화되는 점을 분명히 알 수 있다. 그러면 한자 표기를 보자. **성길사한**(成吉思汗)이라 한다. 소리값이 전혀 다르다고 느낄 것이다. 成의 고대 발음은 지앙(ziang)이다. 길(吉)은 키에트(kiet)이다[10]. ziang은 'diang, ding'과 같다. 바로 앞에서 분석한 것과 일치한다. 즉 'ziang, diang'은 '중'이다. 이미 나왔었다. ket는 kiut이고 클과 같다. 이 해석 역시 앞에서 다루었다. 우리나라 발음 '길'이 이에 해당한다. 따라서 성길은 당키우트 즉 dangir이다. 정확하게 탕구리에 도착한 셈이다. 思는 물론 '씨(s)'이다.

'바다물'을 '바닷물'로 쓰듯이 **'칭기스칸'**은 **'탕깃칸'**이다.

하나 더 중요한 점을 짚고 넘어가겠다. 그것은 '씨'가 높임말로 사용되는 경우이다. '하다'가 '하시다'로, '주다'가 '주시다'로 되면 나이 많은 사람이나 지배자가 행하는 말로 변한다. '주시다'에서 주시는 Zusi가 되고, 모시다의 모시는 Mosi, Mose가 된다. Zusi는 주신, 조선과 연결된다. 여기에서는 'ㅈ' 소리를 Z로 하겠다. 만약 J로 새기면 혼동이 생긴다. 그런데 영어에서 'see'는 제사장(bishop)을 가리키는 높임말로 나온다. 예를 들면 로마 관구를 책임지는 제사장을 the see of

Rome, 즉 Holy see로 되는데 어딘가 우리말과 통한다. seel은 매를 길들이기 위해 어린 매의 눈을 실로 꿰맨다는 뜻인데 곧바로 '실'과 통한다. silk는 '씨+알+키'로 '실'과 연관이 있다고 본다. 여기서 매는 산과 같이 높은 데 있어 '뫼'로 되었다.

* 신화에서 가장 중요한 요소가 신의 설정과 그에 따른 의례(儀禮) 과정이다. 보통 제사(祭祀)라고 부른다. 협소하게 해석되어 오해를 낳는 말이다. 이러한 제사와 그 의례는 신을 모시는 제단(祭壇), 대상 신들, 즉 신위(神位)와 이를 행하는 무당인 제사장(祭司長)이 중요한 요소이다. 여기에서 제사 의례를 줄여 제의(祭儀, ritual)라고 부르겠다. 또한 제의는 종교상의 예배나 숭배를 가리키는 'cult'와도 대응된다. 이상하게도 한글 사전에 이 단어는 없다. 따라서 제의(祭儀)와 제위(祭位)를 혼동하지 말기 바란다. 제의, 제사는 'Sacrifice Service'로 Sacrifice는 제물(祭物)을 상징한다. 한마디로 제물을 바치는 행위라고 보면 된다. 앞으로 이러한 희생 제의와 그에 따른 다양한 희생 제물을 가리키는 말들이 숱하게 등장할 것이다. 신성한 제단을 the sacred altar라고 한다. 희생되는 제물은 성스러운 존재이기 때문이다. 한자로 하자면 성단(聖壇)이며 성물(聖物)이다.
　　신을 가리키는 다양한 이름들은 다음과 같다. God-특정종교의 유일신, the Supreme being-절대존재자, the Lord-천주(天主, 하늘님), the Creator-조물주, 창조주, the Father-아버님, 부권을 상징, the Almighty-전능자 등이다. 모두 유일신적 상징성을 가진 이름들이다. 한편 Deity라는 이름은 유일신에 대비되는 말인데 다신(多神)을 가리키면서도 대립되는 두 개의 신을 상징한다. 신화적으로 가장 뜻깊은 이름이다. 이러한 두 얼굴의 신들이 신화의 주역을 담당하기 때문이다. 학문적으로 볼 때, 다신주의는 Polytheism, 일신주의는 Monotheism이라고 할 수 있다. 그리고 그 믿음이 Faith인데 한자로 신념(信念)의 뜻이다. 그러나 종교적으로는 '신앙(信仰)'으로 번역하여 부른다. 여기에서 다루는 신들은 유일신을 가리키지 않는다. 그 대상은 초자연적인 현상으로부터, 보통의 자연물은 물론 지배자까지 모두 포함된다. 그리스 신화를 생각하면 되겠다. 인간의 의식에 투영된 창조물들로 보면 된다.

# 해와 해딸

## : 해틀(Solar System)

Solar system은 태양계(太陽系)로 번역된다. 해를 중심으로 그 주위에 돌고 있는 지구와 같은 떠돌이별들(Planets, 行星)을 아우르는 체계를 가리킨다. 순우리말로는 '해틀'이다. 여기에서는 되도록 순수 우리말을 사용하여 태양은 '해', 행성은 '떠돌이별' 혹은 '해딸'로 새김하도록 하겠다. 하늘을 쳐다보았을 때 고정된 별들에 비해 빠르게 이동하는 별들에서 Planet라는 말이 탄생하였다. 이에 대응되는 우리말이 떠돌이별이다. Planet에서 net를 naut로 보면 nar가 되고 '별날'이 된다. 거꾸로 새기면 '날별' 즉 '나는 별'로 되어 떠도는 별과 통한다. 한편 해를 어머니로 보았을 때 이러한 떠돌이별들, 따라서 **행성은 해의 자식이라 할 만하다. 아들이 아닌 '딸'로 새김하여 조화를 이루도록 하였다.** 따라서 글의 내용과 그 방향성에 따라 떠돌이별과 해딸이 서로 중복되면서 나올 것이다.

## 3.1 해(hæ, hay)

회이며 '호이(hoi)'로 히(hi), 해(hæ) 등으로 발음이 된다. 우리말에서 '애' 발음이
흔하게 나온다. 영어로 표기하기에 어려운 점이 많다. 'ai'로 하면 복모음으로 되면
서 '아이'로 소리가 되어 적절치 못하다. 보통 'ae'로 표기하는데, 이 역시 불편함
과 혼동이 따른다. 'ay'가 적절한 표기라고 생각한다. **한편 확실히 하기 위해 발
음기호인 'æ'를 사용하기로 하겠다. 상황에 따라 'ay'와 함께 쓰기로 한다.** 일본
의 경우 '히(ひ, hi)'이다. 하얀(흰) 빛을 의미한다. 태양을 가리키면서 동시에 밝음
을 의미한다. 당연한 귀결이다. 히말라야산맥에서 히말라야는 '히(해)+마루'를 뜻
한다. 여기서 히는 하얀도 되며 밝음도 된다. 물론 마루는 이른바 봉(峯)으로 머리
이다. 백두(白頭, 흰머리)와 의미가 같다. 장백(長白), 태백(太白)도 같은 말이다.
한편 영어의 **hay와 hey는 '해'에서 왔다고 본다.** hay는 해가 있을 때 풀이 마를
수 있는 상황을, hey는 해가 떠서 기분이 좋은 상태를 서로에게 인사하는 관습에
서 비롯된 말이라 할 것이다. hellow 역시 이에 해당한다. 흰색을 가리키는 **white
는 소리를 그대로 새기면 '회다'이다.** 보다 근원적으로는 '해터'라 할 것이다.

　이집트에서 **해를 상징하는 신이 하토르(Hathor)**이다. 암소로 상징되면서 머
리의 두 뿔(사실상 귀) 사이에 둥근 해를 실은 모습을 하고 있다. 풍년과 아름다움
그리고 새 생명을 잉태하는 여신으로, 이른바 성모(聖母)이다. 가끔 이시스(Isis) 신
과 동일시되기도 한다. 원래는 하-이집트의 중심인 헬리오폴리스(Heliopolis)를 거
점으로 하는 창조의 신에 속하였다. 나중에 상-이집트의 테베에서 숭상된다. 여기
서 폴리스는 그리스어의 영향 때문에 붙은 꼬리말이다. 그리고 상-이집트의 테베
(Tebe)를 거점으로 하는 해의 신은 **Horus**이다. 이는 '해알'이며 '할, 하루'이다. 참
고로 시간을 뜻하는 Hour 역시 해알이다. 시간의 의미를 적용하면 우리의 '하루
(haru)'와 통한다. 여기서 (u)s는 의미가 없다. **앞에서 지적한 말(馬)인 Horse와
같다.** 나중에 Horus의 역할은 변한다. Hathor는 '회따알'이다. '해딸'로 새기면 그
대로 통한다. 그런데 '**Hot-Hor**'로 보면 이중적으로 된다. 즉 '해따-해알'이며 이는
Horus에 해따가 첨가된 형태이다. 해따를 Hot, Heat로 보면 뜨거움을 표시하며 해
를 상징한다. heat의 at는 ut형으로 'r'로 본다. 그러면 '해+알'이 된다. 글쓴이가
보기에 **우리말과 고대 이집트 말에는 공통점이 많다. 단순한 우연인지 아니면**

그 뿌리가 같은지는 면밀한 문헌 조사가 필요할 것으로 생각된다. 만약 그 뿌리가 같다면 인류사에 있어 획기적인 이정표 역할을 할 것으로 기대된다. 이른바 어원학(etymology)이자 언어학(言語學, philology) 영역이다. 이집트의 왕(파라오)이 죽으면 Osiris 신의 품에 안기며 그 후계자는 Horus 신으로 대변된다. 선대의 왕은 지는 해, 그 후계자는 뜨는 해로 상징화되는 것이다. 그리스어의 해신 helios가 이집트에서 유래함을 알 수 있다. hellow, heal 등도 연관되는 단어들이다.

그림 3.1 이집트의 해의 신 Aten에게 숭배하는 18 왕조의 왕비. 서기전 1400년경이다. 이때의 파라오가 '아케나톤(Akhen-Aton)'이다. 이집트 역사상 유일신을 도입한 특이한 왕이다. 해의 둥근 모양은 물론 '해 ᄉ살'이 분명하게 묘사되어 있다. '화살'과 상징성이 같다.

그런데 이집트에서 해를 가리키는 보편적인 이름이 있다. 'Aten, Atum'이다. Atum은 헬리오폴리스 창조신 중 가장 위에 존재하는 첫 주자이다. Aten은 해 자체를 가리키는 보편적 이름이기도 하다. 그러면 이 말들은 이집트의 독자적인 이름일까? Sumer에서의 해는 'Utu 혹은 Ud'이다. 쐐기 문자 모양은 ⌣으로 그려진다. 둥그런 모양이 아니라 떠오르는 모습이다. 흥미로운 점은 utu에서 '나'인 n을 꼬리에 붙이면 utun이 된다는 사실에 있다. 이집트의 해의 신인 Aten, Atom, Atum 등과 소리가 같다. 따라서 이집트의 해신의 이름은 수메르에서 온 것이다. 모두 '탕(Tang)'인 셈이다. Sumer에서 원초적인 바다를 Nu 하는데 Akkad로 가면 Nun이 된다. 음운학적으로 보았을 때 Sumer 말의 꼬리에 Akkad와 이집트로 가면 나(n)가 붙는다는 사실을 알 수 있다. 우리말의 경우 'ut'는 '알(r)'로 간다. Utu에서 이러한 ut 대 r의 관계에 대해서는 이미 다루었다. 이 Aten, Atan, Atom 등이 Adam, Aden, Eden 등으로 변화하며 진화한다. 중요한 점은 우리말 '아담하다', '으뜸' 등의 말과 음운학적으로는 물론 심리적 측면에서 통한다는 사실이다. 해는 둥그렇게 생겨 아담하고 또한 으뜸의 존재이기 때문이다. 수메르(바빌로니아)에서 **Marduk**는 해를 상징하면서 Zeus와 같은 으뜸 신이다. 이 말은 원래 Sumer 말인 '**Amar-utu-k**'에서 왔다. **Amar는 송아지이면서 수컷 소를, Utu는 해, K는 꼬리에 붙는 존칭사(Ki)**이다. 따라서 '**해의 황소**'라고 부를 수 있다. 앞에서 소개한 ⌣ 모양은 소의 뿔에 해가 걸터앉은 모습으로 보인다. 이집트에서도 해의 형상이 이러한 그림으로 나온다. 그리고 Amar는 Sumer(Smar)와 대응된다. 이 Marduk는 자기 할머니 격인 바다의 신 Tiamat를 제거하는 역할을 한다. 부권(父權)이 모권(母權)을 제압하는 상징성을 담고 있다. 이는 새로운 침략자의 지배권을 그리고 있다.

수메르의 Utu는 새김에 어려움이 있다. Tu 자체는 '따'인 '땅'이다. 여기서 'ut'를 'r'로 새기면 놀라운 사실이 드러난다. 'Ru'가 되는 것이다. 이집트의 해의 신 이름인 'Re, Ra'와 만난다. 따라서 **이집트는 수메르의 Utu에서 해의 신 Aten은 물론 Ra까지 취한 셈**이다. 언어학적으로 보았을 때 Ra와 Aten으로 갈라진 것은 민족적 특성에 따른 것으로 보인다. 매우 흥미로운 점이다. 물론 Ra는 알이며 Ara, Ura와 음운학적으로 통한다. 한편 머리에 회(h)가 빠진 것으로 보면 **Her**, 즉 **Helio**에 닿게 된다. 그리고 **Hutu이다. 바로 해땅이 된다.** 그러면서 **Amar 역시 Hamar**로 보면 **해머리**로 발돋움한다. 해를 인도하는 가장 적합한 이름이다. Head와도 통한다. 더욱이 'Re, Ra'와도 통한다. 왜냐하면 'Her, Hera'로 보기 때문이다. 한편 Akkad 말로 해는 '**사마시(Shamash)**'이다. 뿌리가 다르다.

그럼에도 **utu**는 '**위땅(hill)**'이 가장 적합하다. 보다 원초적인 개념이다. 위의 땅에서 떠오르는 해를 그리면 ⌣ 의 모습과 일치한다. 황소라는 대리적 상징보다 앞선다. 한편 이집트에는 Amun 신이 존재한다. 그러면 수메르에는 이에 대응되는, 다시 말해서 **n**이 없는 '**Umu, Um**'라는 신이 있을 수 있다. 보이지 않는다. 그 대신 'Mummu'가 보인다. 놀랍게도 쐐기형(Cuneiform)으로 'umum' 혹은 'mu-um-mu'이라고 한다. 그 해석을 여러 몸인 다체(多體, many body), 또는 덩어리인 응축(凝縮, bulk)으로 보면서 결국 지식(knowledge)으로 새김을 하고 있다. 한마디로 우리말 몸(Mom, body)이다. 그리고 그 정신적 발산이 마음(Mind)이다. Knowledge이다. 물의 신들인 Apsu와 Tiamat의 대리자 역할을 하는데, 간혹 아들로도 등장한다. 이 이름은 또한 Marduk에 주어지기도 한다. 더 나가면 Mummu는 Myth에 대응되는 Logos, 즉 이성으로 해석된다. 결국 모두 말(言, language)이다. "**몸-마음-말**"의 세 박자가 갖추어져 나오는 신화적 울림이다. 그리고 모든 생명의 샘인 '물(water)'이 이를 떠받치고 있다.

비슷한 소리말로 '**Nam-Mu**'가 있다. '물'의 신이다. 그리고 이에 대응되는 여신이 나오는데 'Nin-Mu' 혹은 'Nin-Mah'이다. Nin은 여성을 가리키는 머리말이다. Nin-Mu는 En-Ki의 배우자로 등장하기도 한다. 지은이가 보기에 **Nam-Mu**의 **Nam**이 정체불명이다. 달의 신인 **Nan-Na**와 같은 구조이다. 아무래도 머리에 붙은 **N**은 '응'의 소리인 듯싶다. 무시하면 **Am-Mu, An-Na**가 된다. **Am-Mu**는 바로 앞의 '**Umu**'와 이어진다. 따라서 이집트의 **Amun** 신은 사실상 '물'을 상징한다고 보겠다. 아울러 몸이며 진리의 말이기도 하다. 빛인 해와 땅의 물은 농경 사회의 생명줄이다. En-Ki 신이 보통 물을 불러오는 신으로 상징되는데 하늘인 해도 상징한다고 본다. 그래서 손에는 하늘과 통하는 '새'를 들고 있다. 그리고 그 배우자 신인 **Nin-Mu가 촉촉이 적셔진 흙(진흙)을 가지고 인간을 창조**하는 역할을 한다.

말은 Me라는 전승적 말(word)과 직결된다. 이집트에서 이에 대응되는 개념이 Maat이다. 그런데 Me에 나(na)를 붙이면 Mena가 된다. 이 낱말은 지배자를 상징하는 몽(Mon)과 같다. 이 Mena가 이집트에서 최고의 권력자, 왕을 가리킨다. 최고 제사장만이 누릴 수 있는 제의(祭儀)에 관한 전승적 규칙인 Me를 가질 수 있기 때문이다. **왕은 최고 무당**인 것이다.

이집트의 해의 신 **레(Re), 라(Ra)**에 대하여 더 논의하고 가자. **음운학적으로 Re, Ra는 어울리지 않는다. Ut, Utu와 뜻은 같으나 소리가 다른 말이다.** 나중에 해의 신이나 이를 상징화 시킨 파라오를 표기할 때 앞의 해의 신과 Re신을 함께 붙여 사용하게 된다. 결과적으로는 같은 말이 이중으로 붙은 꼴이다. 이민족의 침입에 따른 정권의 교체 혹은 내부 권력 투쟁의 유산이라고 본다. 특히 상-하 이집트는 나일강을 중심으로 하면서도 지형, 사회 조직, 날씨, 민족 등에서 차이가 난다. 심지어 중(中)-신(新) 왕국 시대에 접어들면 'Amun-Re'로 되면서 모든 힘을 가진 전쟁의 신으로 변한다. 빛과 물을 모두 가진 셈이다. 또한 왕권의 강화를 상징한다. Re와 관련되는 중요한 왕 이름이 있다. **Ramses**이다. 여기서 Ra는 Vera에서 유래한다. Hera가 아니다. 그러면 '뵈알뫼씨'가 된다. 부루메스이며 이는 '**부루 -모세(Vera-Mose)**'의 구조이다. 람세스라고 발음하면 원래의 뜻과 구조를 잃어버리는 결과를 초래한다.

만약 '회+나+알'로 조합이 되면 '해(하)나알'이 되는데 이것이 '한+알' 혹은 '해+나+알'이며 이른바 **하늘(heaven)**이다. 보통 심리학적으로 '한얼'로 본다. '얼(spirit)'은 육체와 분리된 정신적인 샘이며 '얼굴'도 심리학적인 이름이라 하겠다. 영어의 heaven은 '해+배+나'로 우리말과 일맥상통한다. 제주도의 **한라**산이 한얼이며, 결국 하늘산을 뜻한다. 한자와는 상관이 없다. 세계 도처에 이 하늘 산이 존재하는데 한자로는 천산(天山)이다. 天의 발음은 사실상 텐으로 앞에서 논의했던 '탕, 텡', 즉 탕구리와 음운학적으로 통한다.

한자 **천의 모양은 사람을 형상화한 것이며 그것도 제사장을 그린 것이다. 사람의 모양(大)으로 제사장의 머리에 꾸밈, 다시 말해 종교의 제사장이나 무당 등의 모자 장식을 그리고 있다. 따라서 탕구리와 음과 뜻이 상통**한다. 왜냐하면 탕구리 역시 제사장이기 때문이다. 참고로 大는 **제사장과 같은 지위가 높은 사람**을 뜻한다. 반면에 사람을 의미하는 人(인)은 **사람의 옆모습, 그것도 약간은 수그린 자세이며 일반 평민 혹은 노예**를 뜻한다. 의외로 놀랄 것이다. 신화학적으로 보았을 때 창조신들이 인간을 만들었다는 것은 제사장인 무당들이 보통의 사람들을 심부름꾼인 노예로 삼는다는 상징성을 담고 있다. **신을 만든 것도 파괴하는 것도 의식체계를 갖춘 인간**임을 잊어서는 안 될 것이다. 한자 역시 대부분 의례적인 행사에서 탄생하였다. 아름답다는 美(미)는 제사장 중에서도 더 높거나 의례에서 춤추는 제사장을 그린 것이다. 사실 大(사람)의 위에 羊처럼 생긴 글자는 머리에 화려하게 장식된 모자와 온갖 장식품들이다. 엉뚱하게 양으로 오해하여 양을 몰고 가는 사람은 아름답다는 동떨어진 해석도 등장하기도 한다. 더욱 놀란 것은 이러한 주장을 받아들이는 학자들도 있다는 사실에 있다. 글쓴이의 성인 문(文) 역시 사람을 가리킨다. 그것도 문신(文身)을 한 형상이다. 고대 어느 시기에 문신했던 흔적이며 이러한 문신은 신과의 교통을 위해 행해졌다. 그것이 나중에 글자를 통한 학문의 의미로 발전했다. 주로 열대나 해안가 민족에게서 행해졌다. 지금도 브라질 아마존 지역 원주민들은 얼굴이나 몸체에 문신을 한다. 문신, 가면(탈) 등을 사용하여 신 이른바 조물주(造物主, Creator)와 소통하는 제의적 의례는 신화학적으로 보편적이며 따라서 지구 온 곳에서 발견된다. 이러한 한자의 본래 모습을 명쾌하게 해명한 언어학자가 **시라카와 시즈카이다[11]**. 언어학을 넘어 인류사적 측면에서 대단한 업적으로 평가한다. 그리고 '설문해자(說文解字)'라는 한자 해설서가 있는데 굴절된 시각과 상상력으로 점철된 왜곡서이다. 우리나라 사람들이 참고로 하는 경우가 많다. 피하기 바란다. 문(Mun)은 성스러운 존재를 가리키는 'Mena'와 소리가 일치한다.

Heaven의 Ven은 '뵈(배)+나'의 조합이다. 베나, 배나, 번, 반 등으로 역시 곳곳에서 나오며 우리나라의 **번조선**이나 **변한**도 이 울타리에 속한다. 생명의 탄생지라는 의미이다. 아울러 빛나며(반들) 불어난다는 뜻도 포함되어 있다. 결국 **높은** '**분**'처럼 지배자를 존경하는 지시말로 진화된다. **Heaven을 '해분'이라 하면 딱 들어맞는다.** 이 '분'이 여편네 할 때의 '편'과 같다고 본다. 여성을 가리키는 지시말이다. 성모인 모권 시대에 붙여진 성스러운 존칭이 부권이 지배하면서 단순히 여성을 가리키는 말로 내려앉았다고 본다. '뵈+나(번)'와 '뵈+알+나(부루나)'는 서로 통하며 같은 의미로 나타난다. 강가의 평평한 곳을 의미하는 펴라도 이에 속하며 평양이 펴라의 뜻이다. 이미 언급하였다. 영어의 para와 연관된다. 그리고 **파라오(Pharah)**는 '뵈알'인 '부루, 부리'와 같다. **h를 살리면 '부루해'가 되고 결국 '해부루'와 같다.** 이는 정치적, 종교적 지도자인 지배자가 머무는 곳, 다시 말해 성(城)에서 출발한 이름이다. 글쓴이의 이러한 해석은 **파라오가 원래는 'Per Ah'로 불리는 궁전에서 왔다는 이집트의 기록에서 증명된다.** 여기서 **Ah는 '해'**이다. 앞에서 언급한 Polis는 Poli로 역시 '부리'이다. 엘(l)과 '알(r)'은 지역과 민족에 따라 수시로 교환된다. 이집트의 고 왕국(B.C. 3000년경)을 연 왕의 이름에서 **'Aha'**가 나온다. 바로 '(아)해'이다. 그리고 Meni라는 칭호가 주어진다. '해-몽'으로 '해모, 함', '해모수'와 같으며, 결국 왕조의 창조자에 대한 존칭이다.

**'Paraoh'에서 h는 해(Sun)를 가리키는 소리마디(音節)로, '부루해'이다. 따라서 '파라오'라고 부르면 잘못된 것이다. '해부루'와 같다.**

이제 영어권에서 사용되는 해의 단어를 보면서 그 유래를 찾아보자. 해의 영어 단어는 Sun이다. 그리고 라틴어로는 Sola, Solar 등이다. 기본 뿌리말(씨말)로 씨(s)가 등장한다. 그러면 '씨+나', '씨+알'의 조합으로 볼 수 있다. '뵈나, 뵈알'과 같은 구조이다. 그러면 씨에 의해 탄생 혹은 씨에 의한 알이 된다는 의미일까? 영어의 'Son'은 분명 이러한 해석에 부합된다. 그리고 이 조합에 맞는 우리나라 말은 신, 손, 솔, 살 등이다. 이 중에서 살은 통한다. 해의 살 즉 '해ㅅ살'이 되기 때문이다. 신은 한자어 神과 관계없이 순수 우리말이며 조물주를 뜻한다. '신'이 나다. '신나서 춤을 춘다' 할 때 신은 흥겨운 마음을 내포하고 있다. 싱이라고 발음되면 영어의 sing과 통한다. '신발'의 신이 이에 대응된다. **'신(Sin)'은 Akkad 말에서 '달(Moon)'**을 가리킨다. 그런데 '사나이' '사나운'처럼 남성적인 힘을 뜻하는 발음과 비슷하다. 힘이 '세다'를 생각하기 바란다. '사우나'가 여기에서 나온 단어라 본다. 그렇다면 열기, 뜨거움이 내포되고 있다. 따라서 해ㅅ빛의 발광과 부합된다. 어쩌면 '신'은 원래 해신을 의미했는지도 모르겠다. 솔은 일반적으로 가느다란 줄기를 가리키는 것 같다. 솔나무, 솔깃 등을 보면 그렇다. 오솔길도 그렇다. 솔과 살은 통한다. 그러면 화살의 살과 같이 가느다란 줄기이며 결국 광선에 비유된다. 영어의 ray, beam과 뜻이 통한다. 활은 화+알, '해알'이다. 따라서 Sun은 뜨거움과 힘을, Solar는 햇빛을 담고 있다고 본다. 모두 우리말과 통한다. **그런데 제주도 말에 물건을 태운다는 의미로 '솔다'가 있다. 못쓰던 물건을 태워 버릴 때 쓰는 말이다.** '태워 버려라'를 '소라 불라'라고 한다. 어딘가 통한다. 왜냐하면 불은 뜨거움이며 뜨거운 것이 해이기 때문이다. 결론적으로 sol이며 이는 '살', 즉 해ㅅ살이다. 광선을 중요시했다는 반증이다. 그리고 Son과 Bun, Sol과 Bur가 서로 대응된다.

사실 '솔다'는 현재의 '사르다'와 같은 말이다. '불사르다'를 생각하면 고개가 끄덕여질 것이다. 따라서 태우다의 뜻인 '솔다'의 솔은 'sol'과 정확히 일치한다. 따라서 우리나라 말에도 '해알'만이 아니라 '씨알'인 'sol'이 흐르고 있다는 사실에서 인류의 말뿌리(word root) 찾기에 이정표 역할을 하고 있다. '해ㅅ살'은 모두를 아우른다.

겨울점(冬至)이나 여름점(夏至)일 때 해의 위치에 따라 특별히 마련된 기준틀, 보기를 들면 두 개의 돌기둥에 의한 빛살이 성스러운 제단에 다다르는 의식을 상상하면 '해ㅅ살, 화살'이 이해가 될 것이다. 물론 특별히 마련된 지배자의 무덤 속으로 광선이 비추도록 하는 것도 같은 맥락이다. 어찌 보면 산마루인 아씨딸에서 새벽 동쪽에서 떠오르는 해의 관측이 중요한 제의적 행위임을 웅변하고 있다고 본다. 따라서 **아씨달은 성스러운 제단**이라 할 것이다. 영국에서 발견되는 거대 돌들의 웅장한 집합적 형태에서, 이집트의 대 피라미드에서, 남아메리카의 마야, 잉카의 유적에서 그러한 해 숭배의 의식을 직접 대면하게 된다. 영혼을 의미하는 soul도 '씨+알'에서 왔다. '얼'과 바로 통한다. 우리말 '탈(假面, mask)' 역시 심리적인 측면에서는 혼(魂, 얼)과 같다. 탈을 쓰고 죽은 사람의 영혼이나 특별 동물의 영혼을 재현하기 때문이다. 모두 '알'에서 출발한다.

여기서 흥미로운 점을 소개한다. 이미 언급을 했었는데 말(단어)의 조합에서 서로 앞과 뒤가 뒤바뀌는 현상이다. 위의 '씨+나'가 '나+씨'로 뒤집히면 나씨가 된다. 중국 남부 고원지대에 나씨족이 있는데 현재도 모계 사회를 한다. 이 모계 사회는 원시시대에는 보편적이었다. 남자는 어느 날 왔다가 씨만 주고 가는데 자식들은 어머니와 그 친척들 씨족에서 성장한다. 물론 자라면 그 씨족을 떠난다. 동물의 왕국과 유사한 점이다. '씨+알'이 서로 바뀌면 '알+씨'가 된다. 알씨는 아씨이며 생명을 낳는 자궁이다. 어떻게 보면 해가 있어 생명이 존재하므로 모든 생명의 '알씨'가 아닌가 한다. 숲은 '씨뵈'로 볼 수 있다. 뒤집어 보면 '뵈씨'이고 이는 영어의 bush에 해당한다. 흥미롭다. 한편 씨부루에서 씨를 속(內, inner)으로 새김할 수도 있다. 그러면 소부루(內城, inner capital)로 되며 서울과 통한다. '씨뵈'는 아울러 어머니의 자궁이 되며 성행위를 상징한다.

종합한다. 결국 '해'는 두 가지 뿌리가 있고 각각 독립적으로 존재한다. 이른바 '회(해)'와 '쇠(씨)'이다. 여기에 공통적으로 '알'이 붙어 'Har, Her, Hal, Hel'로, 'Sar, Ser, Sol, Sel'로 되어 해와 빛 그리고 뜨거움을 나타내는 말이 된다. 특히 해는 하늘(Heaven)로 통하고 하얀빛을 가리키는 성스러운 말뿌리라고 하겠다. 이집트의 그림 글씨를 **Hieroglyph**라고 한다. 여기서 Hiero는 '성스러운'이라는 뜻으로 전문적으로는 '신성문자(神聖文字)'라고 부른다. '해알'이며 존경의 'honour' 역시 하늘과 같다. 하와이의 Honolulu 역시 하늘 도시이다.

성스러운 말(me)을 듣는 것에서 **hear**, 듣는 기관이 결국 (h)**ear**, 듣는 거룩한 장소가 (h)**area**가 된다. 우리말 '**헤아리다**'의 뿌리말과 일치한다. **해알씨인 Horse가 해의 움직임을 달리는 말로 상징된 것은 신화적 요소 중 압권(壓卷)이라 할 만하다.** 한편 'glyps'는 그림을 가리키는 꼬리말이다. 여기서 '**gly**'는 우리말 '글'과 같다. 그림을 '그리다'의 머리말과 일치한다. '**graph**'는 glyph와 같은 소리값을 가지는 말이다. 그리고 '**ph**'는 뵈인데 여기에서는 '바위'를 가리킨다. 따라서 '바위에 새긴 글, 그림'이 된다. 글이 나오기 전 바위에 새겨진 원시 사회의 해의 그림을 상상해보기 바란다. 우리가 가지고 있는 우리말이 얼마나 깊고 넓고 긴 역사를 품고 있는지 실감이 갈 것이다.

'회, 해'의 뿌리를 더 캐어 본다. **Home**과 **House**에 주목한다. '**회뫼(해메)', '회씨 (해씨)**'이다. 더욱이 경의(敬意)를 뜻하는 homage에서 해의 숭배 사상이 여지없이 드러난다. Homage는 'ge'를 '지'로 새기면 '해마지'와 같다. 새해를 맞이하면서 경건한 마음을 가지는 우리 민족의 속성이 배어 있는 말들이다. 아이의 옛말이 아회, 즉 '아해'이다. 어린 자식을 둥그런 해로 본 것이다. 일본에서 아침 인사가 '**오하이요(おはいよ, Ohaiyo)**'라 한다. '**아, 해야**'이다. 아침에 뜨는 해에 인사하는 것이다.

　　흥미로운 점은 영어의 의문사들 why, who, how, what, which, where 등을 보면 모두 wh가 머리말을 이룬다는 사실이다. how는 who를 뒤집은 형태로 동일하다. 모두 '해'가 들어가 있다. 결국 '**해(hay)**'가 뿌리말이라는 뜻이다. '해'의 위치와 시간 그리고 시간의 흐름에 따라 할 바를 가리킨다고 본다. '해야, 해여'는 'why, who, how'와 소리값이 같다. 앞에서 나왔었지만 White 역시 이 울타리에 속한다.

Hindu와 Indu에서 'h'의 사라짐에 주목하자. Hier에 대응되는 Sier 역시 성
스럽다는 뜻으로 Sir와 같다. 여기에서 다시 Hindu와 Sindu가 같은 것임을 알 수
있다. 우리말에서도 이러한 호환성이 발견된다. 보기를 들면, '힘'을 '심', '형님'을
'성님'이라고 부르는 것이다. 이처럼 '해'를 통하여 우리말이 고대 이집트는 물론
현대의 영어와 뿌리 깊게 연결되어 있음을 파악하였다. 따라서 앞에서 논의했던
**Ahura와 Asura의 대응이 확실히 증명**된다. 활과 살이 붙으면 '화살'이 되고 해와
광선이 한 몸이 된다. 그림 3.1에 그려진 Aten 신의 모습을 다시 쳐다보기 바란다.

## 특별 주제 3 해와 피라미드

고대 이집트 왕국은 전형적인 해의 나라였다. 해를 받드는 신전이 **헬리오폴리스**
이다. 그리고 해를 상징하는 건축물이 피라미드(Pyramid)이다. Heliopolis는 이집
트의 고유 이름이 아니라 그리스가 붙인 말이다. 마찬가지로 Pyramid 역시 이집
트인이 붙인 이름이 아니다. 아니 존재하지 않는다. Pyramid는 그리스인들이 피라
미드의 모양을 보고 가져다 붙인 이름으로 원래 그리스인들이 즐겨 먹던 아이스크
림을 가리키는 말에서 나왔다. 어찌 되었든 사각형의 뾰족한 모양으로 아이스크림
을 만든 것으로 추측된다. Pyramid는 '뵈알뫼따'이다. 꼬리말 따(d)를 무시하면
'부루뵈'가 되며 이를 '뿔뫼'로 새기면 **모양과 뜻이 모두 통한다.** '뾰족한 산'으
로, 이러한 형태의 산에서 아침 해가 떠오르는 모습은 그대로 장관이다. 경외감을
주는 자연의 숭고한 모습이다. 생명의 재탄생과 함께 대지의 숨결이 환하게 꿈틀
거리는 시작이다. 그리고 해의 빛(해ㅅ빛)이 그 봉우리에서 뻗어 나오면 해의 살
(해ㅅ살)이 된다. 한자로 하면 광선(光線, light ray)이다. 그리고 신전 마당에는 뾰
족 기둥인 오벨리스크(Obelisk)를 세워 역시 해를 상징하는 탑으로 삼았다(그림
**3.2**). Obelisk는 그리스가 부른 말로 원래 Obeliskos라 하여 'Obelos의 축소형(새
끼)'이라는 뜻이라고 한다. 모양 그대로 뾰족한 꼬챙이이고 이는 기둥(pole)을 가
리킨다. 'Beli'는 Pyr처럼 '뿔'이다. Pole도 같다. 앞의 'O'는 '옷, 위'와 대응되는
것으로 해석하면 되겠다. 그림을 보면 이해가 갈 것이다. 그리고 sko는 새끼로 새

기면 되겠다. 그러나 이집트에서 부른 이름이 따로 있다. 'Tekhenu'이다. '따키나'의 구조이다. 이 뾰족 기둥은 해의 신 Ra를 상징한다. 그리고 뾰족탑 모양의 유래는 나일강과 관련된다. 장마가 끝나 비가 그치면 나일강의 수위가 낮아지면서 땅이 도드라지게 되는데 이때 강가에 있는 높은 땅이 마치 탑처럼 보이기 때문이다. 이러한 둔덕의 땅을 'Benben'이라 부른다. 그리고 그 모양을 태고의 바다, 깊은 물인 Nu에서 솟아오른 것으로 보았다. 수메르에서도 만물의 원천은 깊은 바다, 즉 '물로 시작되었다'고 신화는 말한다. 수메르든 이집트든 큰 강이 있고 또 바다와도 가까워 그 시작을 깊은 물로 보는 것이다. 그리고 솟아오른 땅은 해의 강렬한 빛과 어울리며 풍요를 가져다주는 상징으로 된다. 해가 땅을 솟아오르게 한 것이다. 여기에서 피라미드와 오벨리스크가 탄생한다. Tekhenu에서 Tekh를 '둑'으로 새기면 통한다. 그러면 '둑안' 거꾸로 하면 '안둑'이 되면서 **언덕(hill, hillock)**과 같아진다.

Luxor Obelisk, Wikimedia Commons

그림 3.2  룩소르 신전 앞에 서 있는 오벨리스크(Obelisk). 사각형 기둥이며 꼭대기는 피라미드와 같은 사각뿔 모양을 갖는다.

여기서 **Benben**이 문제이다. 솟아오른 둔덕 지역을 Benben이라 불렀는데 또한 특정 돌의 이름이기도 하다. 이 돌이 Pyramidian으로 알려지는데 피라미드의 꼭대기에 놓는 돌이다. Ben은 아이를 배어 불쑥 나온 여성의 배를 상상하면 어느 정도 통한다. 밴을 강조하여 노래 부르듯이 '밴밴'이라 하였을 것이다. 여기서 분명해진 것은 이집트와 그리스 말의 차이점이다. 우선 그리스는 우리와 같이 '뿔'로 새김을 하였다. 아마도 나중에 피라미드와 오벨리스크의 뾰족한 모습에서 따온 말로 보인다. 반면에 이집트는 땅이 솟아올라 언덕이 된 곳에서 배어 나온 부분을 보고 이름을 붙였다.

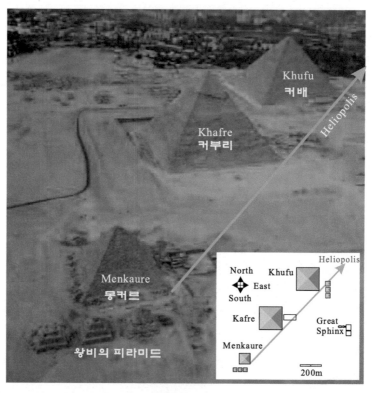

그림 3.3  이집트 고왕국 시대인 서기전 26세기에 만들어진 기제(Gizeh or Giza)의 피라미드 식구. 커배 (Khufu), 커부리(Khafre), 몽클(Menkaure). 세 개의 큰 피라미드는 한쪽 모서리가 북동 방향을 향하고 있다. 그 지향점이 해의 신전인 헬리오폴리스(Heliopolis)이다.

Pyramid는 햇빛과 햇살을 상징화한 건축물이다. 따라서 피라미드가 해(Sun) 자체인 것이다. **피라미드의 면이 햇빛 피라미드의 사각선인 모서리가 햇살**

을 가리킨다. 그리고 네 개의 면은 정확히 동-서-남-북을 향하고 있다. Pyramid 하면 쿠푸(Khufu)의 대 피라미드(The Great Pyramid)를 생각하지 않을 수 없다. 그림 3.3은 쿠푸의 대 피라미드와 함께 세워져 있는 기제(Gizhe, 혹은 기자, Giza)의 3개의 피라미드 사진이다. 이집트의 고왕국 시대로 쿠푸(Khufu, B.C. 2599-2556), 카프레(Kafre, B.C. 2547-2521), 멘카우레(Menkaure, B.C. 2514-2486) 왕들이 그 주인공이다. 우리 역시 해를 숭상하는 면에서는 둘째가라면 서러워할 민족에 속한다. 뾰족한 모자(흔히 중이나 무당이 쓰는 **고깔 형태 apex, crest**)가 이를 반영한다. 물론 '해'라는 말부터가 근본적으로 해의 민족임을 알린다. 해를 기반으로 '한(Han)', '한얼, 하늘(Hanul)'이 나왔음은 익히 잘 아는 사실이다. 이에 덧붙여 전령(Messenger, Herald)으로 새(Bird)를 숭상한다. 그 연결 다리가 막대기이며 그 위에 새를 앉혀 소통하는 것이다. 이를 '솟대'라고 부르는데 '새터'가 변한 말일 것이다. 이른바 우주나무에 전령인 새가 앉은 형세이다. 물론 '솟은 대'로 볼 수도 있지만 본질은 아니다. 일본에서 이러한 구조물을 '토리이(とりい)'라 하는데 '새터(鳥居)'라는 뜻이다. 북아메리카의 원주민에서 보이는 totem pole 역시 상징성이 같다. 여기에서의 우주나무는 삼나무(Cedar)이다. 그런데 그림을 보면 동쪽과 남쪽 면에 접한 모서리 끝이 세 개의 피라미드에서 나란하다는 사실을 알 수 있다. 그 나란한 세 개의 점을 이으면 정확히 북동쪽을 향하며, 다다르는 곳이 해의 신전인 헬리오폴리스이다. 더 정확하게는 오벨리스크였을 것이다. 그토록 오래 전에 이렇게 정확하게 방향을 잡은 것에 현대 학자들도 감탄을 금치 못한다. 물론 Khufu 왕이 의도적으로 이곳을 골랐다. 헬리오폴리스 신전과 가깝고 또 직접 볼 수 있는 장소이기 때문이었다. 글쓴이는 이 **피라미드들이 특정 별들과 연관되었다는 주장들에는 반응하고 싶지 않다.** 이러한 주장으로 무장된 책들이 불티나게 팔리는 현실에서 인간 의식의 한계가 적나라하게 드러난다.

이제 언급된 이름들과 그 얽힌 사연들에 대하여 더듬고 언어학적인 측면에서 해석해 나가겠다. 우선 Heliopolis이다. 그리스어이다. '해의 궁전'이다. 왜냐하면 '해알+뵈알'이고 이는 '할+부루'이기 때문이다. '성스러운 성'이라 하겠다. 그런데 이집트에서는 원래 Iunu, Onu 등으로 불렀다. 자주 말하지만 이집트의 그림 글씨에서 모음은 존재하지 않는다. 따라서 정확한 소리는 판별이 불가능하다. 이 말 역시 'jwnw' 형으로 '이우누' 정도로 소리가 난다. 코트어로는 'On'으로 나온다. 한마디로 An이며 결국 '한(Han)'과 같다. 수메르의 'An', 아카드어로 'Anu'가 원류라고 본다. 하늘신을 가리킨다. 결국 '해의 터'인 셈으로 그리스인들도 그 뜻을 파악하여 자기식대로 부른 것이다. 그리스든 이집트든 모두 우리말과 직접 통한다. 'Khufu, Kafre, Menkaure'는 주로 '뵈알'인 '부루'를 말뿌리로 하고 있다. 부루족인 셈이다. '커배', '커부루', '몽커루'이다. 해의 신전에는 기둥 탑으로 오벨리스크가 세워져 있다고 했다. 그리고 그 꼭대기가 사각뿔로 피라미드 모양과 같다. 해인 하늘과 소통하는 사다리이며, 결국 새터(솟대)라 하겠다. **사각뿔 대신 새를 놓으면 우리의 솟대가 되기 때문이다.**

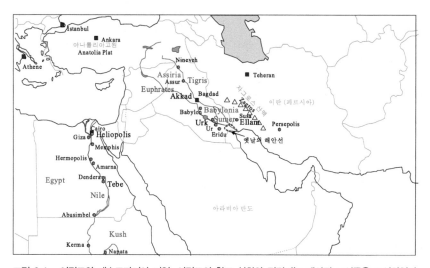

그림 3.4   이집트와 메소포타미아 지역. 이집트의 창조 신화와 직결되는 제의적 도시들을 표시하였다. 비교를 위해 수메르, 아카드, 바빌로니아, 아시리아의 위치와 도시도 포함하였다. 메소포타미아에서의 고대 신들의 이름이 별자리와 깊은 관계를 맺는다. 현재의 이란 서부의 자그로스(Zagros) 산맥 기슭에는 9000년 전, B.C. 7000에 이루어진 정착촌 유적이 있는 곳이다. 밀, 보리, 가축, 진흙집, 염소, 양, 돼지 등이 발견되었다. 수메르 사람들이 이곳에서 왔는지 모르겠다. 높은 지역(아사달 같은)에서 인류의 정착이 이루어졌다는 사실에 주목하기 바란다. 투르키의 아나톨리아 고원 역시 높은 지대이다. 가장 오래된 인류의 유적이 발견되는 곳이다.

Heliopolis는 이집트에 있어 가장 중요한 신전 도시 중 하나였다. 이에 대응되는 곳이 헤르모폴리스(Hermopolis), 멤피스(Memphis), 테베(Tebe)이다. 이중 순수한 신전의 도시는 Heliopolis와 Hermopolis이고 Memphis와 Tebe는 지배자인 왕이 군림하며 거주하는 일종의 정치, 사회 도시였다. 그림 **3.4**에서 그 위치를 파악하기 바란다. 물론 그 당시는 종교와 정치가 한 몸이라 명확히 구분되는 것은 아니었다. 왕의 동생이나 아들이 신전의 대제사장을 역임하였기 때문이다. 이집트의 창조(創造, 사실 창세(創世)라고 하여야 제격이다) 신화는 하나가 아니다. 네 개나 존재한다. 그중 Heliopolis의 창세신화가 주로 알려져 있으며 또한 인기도 높다. Osiris도 여기에 속한다. 반면에 Memphis에서는 프타(Ptha)가 주인공이다. **글쓴이가 판단하는 한에서는 인류의 지적인 수준에서 보면 Memphis의 신화가 질적으로 높고 고상하다.** 반면에 Heliopolis의 신화는 어지러우며 대단히 복잡한 구도를 가진다. 한마디로 인간 그 자체의 가계도를 생각하면 근친상간에 따른 혼란한 줄거리로 점철된다. 고대의 왕족 가계의 모습과 같다. 그리고 그 원천은 사실 수메르 신화에서 나온다. 줄거리뿐만 아니라 말과 이름에서도 비슷한 점들이 많기 때문이다. 여기에서는 Heliopolis의 창세 신화를 주로 다루기로 하겠다. 왜냐하면 별과 얽힌 사연들이 들어있기 때문이다.

창조신이 '아툼(Atum)'이다. 앞에서 이미 소개하였다. 그런데 이 창조신이 사실상 바다에서 나온다는 설정이 중요하다. 수메르 신화에서도 같다. 이때 바다를 눈(Nun, 혹은 Nu)이라 한다. 이미 나온 바가 있다. 따라서 바다에서 솟아 나와 해의 신으로 상징화된다. 여기서 나일강과 해와의 관계가 드러난다. 해가 나오지 않은 장마가 끝나고 해가 본격적으로 나오는 마른 날이 시작되면서 강물의 물 높이(수위, 水位)는 낮아진다. 그러면 강가에서 둔덕이 나오게 된다. 해가 나오면서 마치 땅이 솟아오른 형국이 되는 것이다. 여기에서 해와 솟아오른 땅, 결국 피라미드와 연결된다. 그런데 Atum이 세계를 창조하는 과정이 대단히 저차원적이다. 자기의 침, 혹은 정액으로 공기(대기)의 신과 습기의 신을 만든다는 설정이다. 정액이라 함은 스스로 자위행위를 하였다는 뜻이다. 그리고 침은 자기 씨를 삼키고 재채기하여 자식을 낳았다는 설정과 비슷하다. 주목할 점이 정액이든 침이든 '물'이라는 사실이다. 여기서 오누이 쌍둥이가 등장한다. 그 이름이 각각 아들 슈(Shu)와 딸인 테프누트(Tefnut)이다. **Tefnut를 보면 이중적이라는 사실을 알 수 있고 결국 'Tef+Nut'로 갈라진다는 신화적 요소가 담겨 있다.** 아울러 오누이로 설정된 것은 이 오누이가 다시 자식을 낳는다는 신화적 동기가 들어있기 때문이다. 그런데 더 복잡하게 하는 것은 나중에 해의 신이 또 하나 등장한다는 점이다. 그것도 고왕국 시대인 제2 왕조(B.C. 2890~B.C. 2686)의 기록에서 나온다. 그 이름이 레 (Re) 혹은 라(Ra)이다. 이미 소개한 바가 있으며, Utu와 같은 말이라 하였다. 다만 Ra를 알(Ar)로 새기면 Her에 이른다. 왕권 강화에 따라 해의 신이 Re-Atum 혹은 Ra-Atum으로 혼합이 된다. 이 쌍둥이가 공기(바람)와 습기라는 두 가지 자연 현상을 묘사하였다는 것이 재미있는 것처럼 보이지만 실상은 나일강의 마른 시기와 장마 시기에 대응되고 있음을 알 수 있다. 이렇게 신화는 모두 자기가 속한 지역의 자연조건과 결부된다. Shu는 '씨'이다. 장마가 끝나 드러난 땅에 이제 씨를 뿌려야 하지 않겠는가? Tefnut는 '따뷔+나따'이다. 이제 Nut 신이 등장하게 되는데 두 가지로 해석이 가능하다. 하나는 그대로 소리를 새겨 '나다' 혹은 '낳다'로 보는 것이다. 비가 나온다고 보면 된다. 그렇지 않고 Nut를 Nar, Nair로 보면 강물이 된다. 불어난 나일강과 부합된다. Shu와 Tefnut 역시 오누이를 낳는다. 이름하여 게브 (Geb)와 누트(Nut)이다. 그런데 딱 붙어 있는 형태로 태어난다. Geb는 우리말 '집'과 소리값이 같다. 그러면 땅인 대지를 상징한다. Nut를 물로 보면 붙어 있는 형태가 맞다. 그런데 Shu가 이를 떼어 놓는다. 그러면서 Nut를 위로 올린다. 그러면 Nut는 이제 더 이상 물이 아니라 하늘이 된 셈이다. 결국 Nut는 오빠인 땅을 디디며 분리되는데 **팔과 다리가 땅과 하늘을 가르는 지평선** 역할을 하고 있다. 즉 Nut의 몸이 하늘의 천장이 된 것이다. 이 모습이 이집트의 벽화에서 숱하게 그려진다. 그리고 Nut의 몸은 낮과 밤이 교차함에 따라 해가 지나는 길로, 별들이 흐르는 통로로 묘사된다. 사실 **'Tef-nut'가 분리되어 나온 것이 Gev와 Nut이다. Tef는 Dev이고 Gev와 같은 말이다.** 반면에 해의 신인 Atum은 할아버지 격인데 이 할아버지는 배를 타고 Nut의 몸을 휘저으며 항해한다. 그리고 Nut가 꿀꺽 삼키는 행위가 밤으로 설정된다. 솔직히 모순덩어리다. 할아버지가 손녀의 뱃속을 다닌다는 것이 어설프기 때문이다. 지구가 우주의 중심이고 해와 별들이 지구 주위를 돈다는 생각과 같다. 이때 밤에 해가 여행하는 곳을 지하 세계라 하여 Duat라고 부른다. Duat는 Dur이며 결국 밤의 지배자인 '달(Moon)'과 만난다. 아침이 되면 Nut는 다시 해를 낳는데 자궁에서의 생명 탄생을 상징한다. 새벽에 붉은 노을이 이는 것은 자궁에서 나오는 '피(blood)'이기 때문이라는 신화적 요소가 첨가된다. 그러면 저녁의 붉은 노을은 어떻게 보아야 하나? 어찌 되었든 Nut가 모든 것을 껴안은 형세가 되었다. 이른바 성모(聖母)인 셈이다. 처음 바다를 상정하며 이 바다를 Nun, 혹은 Nu라는 이름으로 나왔을 때 이미 Nut의 힘이 감지되었을 것이다. 여기서 보듯이, Nut는 물까지 포함된다. 신화적으로 Nut의 눈물이 '비'로 설정되고 울음이 '천둥' 소리로 나오는 것에서 알 수 있다. 결국 '나(Na)'가 모든 것을 삼키며 생명을 관장하는 형국이 된 것이다. Nut 속에 해, 별 그리고 달(밤)이 있지 않은가? 이쯤 해서 이 책의 표지에 그려진 그림을 보기 바란다.

이제 Tef-Nut와 Geb, Nut와의 말의 고리를 더 들여다보겠다. Tef는 Geb와 같다고 하였다. 따라서 Geb은 Deb, Dip이다. 머리 소리 '디'가 '지'로 변하는 전형적인 소리 변화를 따르고 있다. 그러면 **우리말 집은 '딥'에서 나왔을** 것이다. **'Dip'은 Deep이다. 따라서 깊다의 '깊'으로 이어진다. 깊(Gip)은 Gev와 같다. Gip이 집으로 된 듯하다. 원시시대에 집은 땅을 파고 깊은 곳에 마련했었다. 영어의 'Keep'이 어지러울 정도로 다양한 뜻을 가지는 이유가 땅을 파서 집으로 삼고 유지하고 지키며 사는 과정에서 나온 결과라고 본다.** 구석기 시대의 자연물인 동굴과 상징성이 같다. 그러면 Tef-Nut는 깊은 땅속과 솟은 '눌'이다. '눌'은 지붕에 해당한다. 지붕은 '집웅'이다. 마루와 방 혹은 마루와 퇴ㅅ마루 사이에 경계가 있는 높은 부분을 지방이라고 부른다. 역시 지붕과 심리학적으로 통한다. **'지방은 밟으면 아니 되는 경계선'**이며 따라서 신성한 구역이다.

Shu가 Nut를 들어 올린 자세는 사다리를 상징한다. 여기서 Shu는 '서다'의 말뿌리에 대응될 수 있다. 선이며 기둥인 것이다. 신화적으로 이러한 기둥은 커다란 나무(보통 하늘 나무, 한자로 하면 宇宙木)로 상징화된다. 이러한 **우주나무(the Sacred Tree)는 깊은 물에서 나와 자라며 물을 상징하는 용(혹은 뱀)에 의해 보호받는다. 물론 천막에 꽂은 기둥, 높은 탑도 같다.** 결국 다시 피라미드와 오벨리스크로 돌아온 셈이다. 즉 **Shu가 피라미드이고 오벨리스크(Obelisk)**인 셈이다. **신화적으로 삶터(이승, this world)와 죽음터(저승, the beyond world)를 오갈 때 뒤돌아보면 나무(또는 돌)로 변하는 설정에서의 나무 역시 우주나무를 상징**한다. 여기서 Shu는 '씨'이면서 씨가 자라 나무 기둥이 되며 하늘 길을 상징한다.

이제 해가 뜨고 중천에 있다가 서쪽으로 질 때의 이름들을 보자. 이집트 문화의 정수(精髓, essence)를 보게 된다. 새벽 동쪽의 해의 모습을 케브리(Khebri)라고 한다. 왕쇠똥구리가 알을 굴리며 가는 형태로 그려진다. 그리고 'Re-Horus'로 대변된다. 해를 처음 다루면서 이집트에서의 해의 신 이름을 Hathor라고 하였다. 이 Hator는 Horus와 음운학적으로는 같다. '해+알'의 구조이기 때문이다. 그런데 해를 상징하는 것에서 소가 나온다. Apis라 한다. 수메르에서 민물을 상징하는 Apus와 같다. 황소이며 두 개의 뿔을 달고 그 사이에 둥그런 해를 담(dam)은 모습으로 나온다. 그러면서도 암소로 나오기도 한다. 어지럽다. 그리고 이러한 소의 **눈(目, Eye)이 또한 해로 상징화**된다. 그리고 두 개의 눈이 그려지면 해와 달을 가리킨다. 이집트에서 왕권을 상징하는 그림으로 나온다. **우리말 눈(Nun, eye)이 모든 것을 안고 있는 바다ㅅ물 Nun과 만난다.** 우연의 일치로 보기에는 심리학적으로 묘한 느낌을 지울 수가 없다. 아침 해를 부르는 케브리는 물론 커부루이다. 커를 뒤로 돌리면 '부루키'가 되고 '밝이'가 된다. 먼동이 틀 때의 그 '밝'이다. '동이 튼다'라고 하는데 이때 동은 영어 '돈(dawn)'과 어울린다. 그러면 중천에 뜬 해는 무어라 불렀을까? 'Horus'라고 했다. '해ㅅ살'이다. 걸맞다. 그러면 저녁에 지는 해는 무엇이라고 했을까? Atum이다. 여기에 '알땅'이 나오는 것이다. 아침에는 '알-해ㅅ살'이고 높이 떴을 때 '해ㅅ살' 그리고 질 때 '알땅'이다. 이제 명확해진 셈이다. 그리고 쇠똥구리가 쇠똥을 굴려 가며 그 알을 자기 집(Geb)으로 가는 모습을 상상해 보기 바란다. 땅과 똥은 소리가 같다. 해의 하루 일생과 겹치지 않는가? 해의 상징으로 매의 얼굴, 머리에는 둥근 해를 지고 있는 형태를 Horus 신으로 나온다. 이제 왜 이렇게 되는지 이해가 될 것이다. 이집트와 우리말이 깊게 대비된다. 커다란 어울림(공명, 共鳴, Resonance)이다. 그러면서도 해 자체를 Atum, Atom, Aten, Aton 등으로 부르며 숭배한 것은 우리와 심리적으로 역시 공명한다.

이제 그림 3.5를 보면서 해와 별에 대한 말들의 관계를 더욱 흥미롭게 전개해 보겠다. 우선 Nut의 배(腹, the birth place)를 본다. 그리고 그 속에서 떠다니는 배(船, ship)를 생각하자. 더욱이 뱀(巳, snake)이 등장하는데 뱀은 또한 '배 어미(the mother of birth)'이다. 그 뱀이 배(ship)가 되어, 또한 해를 나르고 그 속에 별(star)을 품었다. 별은 배알(the eggs of birth)이다. 배 어미인 뱀이 그 속에 배알을 품었다는 그림이 새겨지는 것은 오직 우리말밖에 없다. 그리고 이를 새긴 그림이 5000년 전 이집트에서 나왔다.

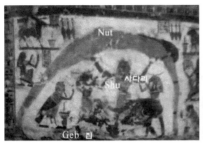

그림 3.5  이집트의 창조신들. Heliopolis 신전에서의 신화이다. Nut 여신이 하늘은 물론 땅과의 경계선을 만든다. 땅은 Geb 신이 다스리며 곧 집이다. Shu가 하늘과 땅의 집을 이어주는 사다리 역할을 하고 있다. 오른쪽 그림은 밤을 상징한다. 땅인 집이 어둠의 배로 상징화되면서 뱀으로 그려지고 있다. 뱀은 또한 '밤(night)'과 같다. 어둠의 배가 곧 밤하늘이며 배의 알들인 별이 빛나고 있다. 여기에서 해인 Re, 알 (Ar)이 조심스럽게 엎드려 있다. 이제 표지 그림을 다시 보기 바란다. 출처: [24]

Geb와 Nut 역시 자식을 낳는다. 이번에는 오누이 쌍둥이가 두 개로, 모두 네 명이다. 오시리스(Osiris)와 이시스(Isis), 세트(Seth)와 네프티스(Nepthys)다. Nepthys 역시 이중적인 이름이다. '나'와 '바다'이기 때문이다. 이 단계에서 하나의 대상에 대한 양극성이 나타난다. 가령 '샘물'은 모든 생명의 원천인 반면, 과하여 홍수가 나면 재앙이 되는 두 얼굴이다. Seth가 이에 대응된다. Osiris와 Seth는 양면을 대표한다. 쉽게 말하자면 하나는 낮, 다른 하나는 밤을 대표한다. 해가 뜨고 지는 하루의 현상을 가르는 것이다. 여기서 Osiris는 생명과 성장을, Seth는 죽음을 상징한다. 그러면서도 다시 태어나는 부활의 과정에서 복잡한 설정이 새겨진다. 그리고 Osiris와 Isis는 유프라테스 지역의 두무지(Tumuzi, Tammuz)와 인안나 (InAnNa)에 대응된다. 물론 메소포타미아, 다시 말해 수메르가 먼저이다. Isis는 성모(聖母, the Great Mother)이다. 사랑과 병의 치료를 담당하며 마법까지 구비했다. 무당인 것이다. Osiris와 Isis에서 머리말 O와 I는 존경을 나타내는 지시말이다. 따라서 '씨알', '씨'가 뿌리말이다. 어떻게 보면 같은 이름이라 하겠다. 별 이름인 Sirius 역시 Osiris와 같다. Sir는 씨알로 존경스러운 이름이다. 이미 나온 바가 있다. Sol과 같으며 '해'를 은유적으로 상징한다. 따라서 낮이며 우기(Rainy season)와 건기(Dry season)에서 농작물이 자라는 기간의 해를 가리킨다. Isis는 우리말 '아씨'와 통한다. 이집트어로는 '왕의 의자'의 뜻이라 한다. 왕의 배필로서 성스러운 '아씨'가 떼려야 뗄 수 없는 왕의 의자로 보는 점이 흥미롭다. Seth는

'씨타'로 새기면 땅의 신이다. 형인 Osiris와는 적대적인 관계를 가진다. 왕권의 탈취가 신화에서 중요한 주제가 되는데 자연 현상의 이중성은 물론, 사회적 정치적으로는 권력 장악 투쟁의 반영이라 하겠다. 신화에 따르면 Seth는 하(북)-이집트의 신으로 상(남)-이집트의 권력을 잠시 장악하는 것으로 나온다. 나중에 조카(Horus)에게 패배하여 권력을 잃게 된다. 종종 그리스의 Typhon에 대응되기도 한다. 장마이면서 나일강을 범람시키기 때문이다. 폭풍, 태풍의 신으로 역시 Seth는 해와는 반대되는 상징물임을 알 수 있다. Nephthys는 '나뵈따'의 구조이다. '성채의 귀부인'이라는 뜻이라고 한다. 땅인 Thy를 성(城, Castle, Fort), 그러면 '나(Na)'가 높고 성스러운, '뵈(Be)'가 부인이 되는 셈이다. Seth와는 땅(Th)을 같이 공유하는데 Se와 Nabe에 있어 남성은 '씨', 여성은 '나배'가 되어 좋은 대조가 된다. 여기서 글쓴이가 주목하는 부분이 Seth인 경우 꼬리에 s가 없다는 점이다. 따라서 Seth는 처음부터 독립적으로 존재했던 특정 지역의 신일 것이다. 씨앗(Siat)으로 새기면 Seed이고, Seat가 되면 의자가 나온다. 어떻게 보면 Shu의 진정한 아들이라고 하겠다. 장마가 시작되는 시기를 알리는 전령의 별은 시리우스(Sirius)이다. Seth가 시리우스에 대응된다. 큰개자리에서 자세히 나온다.

종합한다. Osiris는 Sol, 즉 '해'이다. 그러면서도 하루의 반은 사라져야 할 운명에 처해 있다. 반면에 Seth는 씨앗이다. 씨앗이 있어야 생명체가 존재할 수 있다. 생명의 이어짐은 씨앗으로만 되는 것은 아니다. 해ㅅ빛이 있어야 한다. 식물은 죽으면서 씨를 남기고 그 씨가 다시 땅에서 자라 생명원이 된다. 따라서 Osirius와 Seth는 불가분의 관계이며 신화적으로는 형제이면서 쌍둥이에 해당한다. Seth는 Siut이면서 Sir이다. 따라서 (O)Sirius와 이름이 같다. 한편 Isis는 Osiris를 다시 살리는 역할을 한다. 주술을 걸어 죽은 자와 통하는 무당의 상징성이 극명하게 드러난다. 이번에는 **암수 쌍둥이로 상징**되고 있다. 아울러 사후 세계의 존재를 암시하고 있다. 살아 있을 때의 괴로움과 생명의 유한함에 대한 두려움을 극복하는 위안의 터이며 자궁이라 하겠다.

한편 창조 신화에서 나오는 남성의 정액은 생명의 샘이다. 즉 물이다. 아울러 여성으로부터는 오줌 혹은 젖으로 등장한다. 역시 생명을 낳는 물이다. 모두 풍요(豊饒)와 다산(多産)을 상징한다. **Sumer** 신화에 나오는 민물 신과 짠물 신의 설정도 이를 상징한다.

이집트의 창조 신화와 왕권을 상징하는 **Amun**과 **Atum**에 대해 간단히 정리한다.

**Atum**은 **Atun, Aten** 등으로도 나온다. **Amun**은 '뫼나(**Mena**)'가 **Aten**은 '따나'가 말뿌리에 해당한다. 숱하게 나오지만 '몽(**Mon**)'과 '탕(**Taŋ**)'이라는 대표적인 두 줄기의 성스러운 존재를 가리키는 지시말이다. 이집트에서 처음으로 상·하 이집트를 통일한 왕의 이름이 '**Mena**'로 나온다. 특정 왕의 이름으로 보고 있으나 최고의 권력자이며 사제인 왕을 가리키는 말이다. 일종의 결정말(**determinants**, 한정사라고도 함)인 셈이다. '**Tang, Tin, Don**' 역시 마찬가지이다. 탕그리(**Tangor**)도 이에 포함된다. 수메르 말에서 실제로 **Dingir**는 최고의 권력자를 가리키는 결정말이다. 물론 원초적인 대상물은 '땅'과 '물'이다. 땅은 또한 '하늘-해'의 대리 역할을 한다. '물'은 '말(**Me, Maat: word, language**)'로 승화(昇華)된다.

## 3.2 달(dal, dar, dor)

'달'로 넘어간다. 달은 원래 '돌'의 발음에 가깝다. 우리나라 말이 단음절로 되어 버리면서 l과 r의 소리값을 매기기에 어려운 점이 많다. 상황에 따라 dal과 함께 dol, dar, dor 등도 사용하기로 하겠다. 우리 민족은 해와 더불어 달을 무척이나 아끼고 사랑하였다. 달은 '따알', 즉 '땅+알'의 구조로 되어 있다. 이 조합으로부터 달, 돌, 딸 등이 나온다. 앞에서 자세히 다루었다. 여기에서는 오직 달(月, Moon)에 얽힌 이름들에만 주목하기로 한다. 한 가지만 덧 붙여둔다. 달은 또한 높은 지대로 산을 뜻하는 우리말의 고대어이기도 하다. 높은 들이다. 높다는 의미에서 달(Moon)과 상징성이 같다. 또한 높고 평평한 곳이 아사달(아씨타알)이며 달을 숭상하는 거룩한 제단이기도 하다.

이집트의 달의 신은 토트(Thoth)이다. 달이 차고 이지러지는 모습을 기록하는 신으로 상징된다. 따라서 나중에 기록의 신으로 변화한다. 나일강을 기준으로 상 이집트와 하 이집트의 중간 지점에 위치하는 신전 도시 헤르모폴리스 (Hermopolis)의 주신(主神)이다. 원래는 창조신에 속하였다. 이집트의 상형문자로 는 'Hmnw'이며 발음을 'Dhwty'으로 본다. 그 뜻은 알려지지 않았다. 이집트의 상형문자에서 모음은 거의 없고 자음으로 이름이 새겨진다는 점을 다시 한번 지적 해둔다. 따라서 음운학적으로 해석하기가 쉽지 않다. Thoth는 Tot, Tout, Taut, Dout 등으로 새길 수 있다. 한편 Thoth는 이집트학적 음으로는 Khemenu이며 이 는 곧 '커뫼나'이다. Khem 혹은 Kheme은 이집트의 나일강의 범람이 끝나 물이 줄어들어 생기는 비옥한 땅을 가리키는 말이다. 검은색을 띠어 생긴 말이다. 역시 우리말과 같다. 그러나 Mene를 한 단어로 보면 '커뭉'이 된다. 여기에서 Moon의 뿌리가 보인다. 이 신은 보통 새 그것도 따오기 모습으로 표현된다. Thoth는 그리 스어 씨타(θ)의 영향으로, 'Tout'로 보면 된다. 따라서 Dhwty는 Dout로 새김하겠 다. 그리고 **'Dout'는 'Dor', 'Touth'는 'Tor'**와 같다. 우리말 '달, 돌'과 일치한다. ut 형과 알(r) 형은 음운학적으로 서로 교환되는 점은 이미 밝혔고 필요할 때마다 나올 것이다. 다시 한번 강조하는 의미로 **한자의 돌(突)**을 보기로 둔다. 이 한자 의 고대 발음은 **'duet, tuat'**이며 광동어(廣東語)로도 **dot**이다. **일본어의 발음은 dotsu(도쯔)이다. 그런데 우리만 유독 이를 '돌'이라고 발음**한다. 물론 우리와 같이 발음하는 지역과 민족은 있을 것으로 여긴다. 달은 또한 무게를 '달다'의 뿌 리말이다. 저울과 관계되며 죽음의 세계에서 Thoth의 역할과 연결된다. 그런데 이 **Tout는 두꺼비인 두터비**와도 같다. 특별 주제인 Bes와 두꺼비 편에서 자세히 다 루도록 하겠다.

수메르에서의 달의 신은 'Nan-Na'이다. 'N-An-Na'의 구조라고 본다. 이미 앞에서 지적했지만 'N'은 군더더기이다. An-Na이다. An은 Han으로 하늘을, Na 는 Nu에서처럼 모든 것을 낳는 바다이다. 남성으로 상징화된다. 달이 여성이냐 남 성이냐 하는 것은 지역적인 면(산지, 평지)과 날씨 면(계절)에서 다르게 나온다. 달의 신 An-Na의 딸이 'In-An-Na'이다. **Inanna는 'Nin-An-Na'**라고 본다. 수메르 에서 여성을 가리키는 지시말이 'Nin'이기 때문이다. InAnNa는 금성을 가리킨다. An-Na는 Akkad로 가면 Sin이 된다. 'Si-Na'이다. **(H)an이 Si**로 변했다. 사실 Han은 '회나'로 이중 구조이다. 해가 나오는 곳이 하늘이다. Si는 씨이다. 씨가 싹 트면 만물이 소생한다. 따라서 Han과 Sin은 상징성에서 만물의 생명을 잉태한다는 점에서 같다. 이제 '알'이 남았다. 이 경우 '알나'이다. Luna가 이에 해당한다. 왜냐하면 Lu는 Al과 같기 때문이다. 그러나 더 깊은 말의 진화가 도사리고 있다. 잠시 후에 나온다. Moon은 '뫼나'이다. 하나같이 '나(Na)'를 뿌리로 하면서 그 줄기들이 '해', '씨', '알', '뫼, 메와 물'로 나왔다. 모두 생명을 머금고 자라는 상징을 나타내고 있다. 이것이 인류가 바라다보는 '달'의 심리적인 얼굴이다.

달은 우리를 포함하여 동양은 물론 여러 지역에서 '토끼'와 관련되는 이야기가 많다. 토끼는 '타키'이다. 일본도 달을 '오쯔키'라 한다. 여기서 오는 '아'와 같은 역할을 하며, 뜻과는 상관이 없는 존경어이다. 그러면 쯔키인데 '투키'이고 이는 '타키'와 같다. 앞에서 우리는 이집트에서 Thoth 신의 형상이 머리가 따오기 새의 형상을 하고 있다는 사실을 알았다. 공교롭게도 **따오기 역시 '타키' 즉 토키와 음이 같다.** 우연의 일치일까? 학명을 보면 따오기는 일본의 텃새로 일본을 뜻하는 Nipponia가 들어가 있다. 그러면 이집트와는 상관이 없다는 결론이 나올 수 있다. 문헌에는 이 이집트의 따오기가 검은 부리를 갖는 흑-따오기라고 한다. 그리고 이 모습을 Ibis 혹은 Baboon으로 본다. Ibis는 따오기로 번역되며 Baboon은 비비(狒狒)로 번역된다. 따라서 따오기와 비슷한 철새는 나일강에도 존재했음을 알수 있다. 문제는 '비비'이다. 아프리카에 서식하는 긴꼬리 **'원숭이'**이다. 아마도 **지배 세력의 교체에서 온 변화**라고 판단된다. 따오기는 넓은 강변에 서식하지만 원숭이는 고원의 밀림 지역을 서식지로 삼기 때문이다. 결국 '따오기'의 발음은 우연의 일치로 보아야 한다는 결론을 내려야 하겠다. 그러면서도 '달'이 이집트의 상형문자와 직접 연결되는 마당에 그저 우연으로 넘어가기에는 여운이 남는다. 토끼와 관련된 설화나 신화는 토끼자리에서 하겠다.

Moon은 앞에서 자세히 논했던 Mena, Mon 등과 같은 말이다. 존경스러움을 나타내는 이름이다. Mena에 '씨'가 첨가되면 Mense가 된다. 진화학적으로 여성의 임신과 그 기간이 달의 주기와 같다는 사실은 잘 알려져 있다. Moon은 Month이기도 하다. 그리고 Manu는 광범위한 지역에서 사용되는 신화적 용어이기도 하다. 특히 인도의 힌두교에서 인간의 창조신으로 등장한다. 또한 유프라테스의 칼데아 시기에 위대한 지배자를 가리키는 이름으로 나온다. 여기에서 글쓴이의 해석과 마주친다. 우리말 **'마나님, 마님, 마누라'** 등이 Mana와 같다.

달과 연관되는 신은 또한 **Artemis**와 **Diana**가 있다. 각각 그리스와 로마의 여신으로 사냥과 들짐승을 가리키는 신이다. 나중에 달을 상징하게 된다. Artemis는 **Selene**이란 이름으로도 나온다. 이 Selene이 바로 달을 상징하며 **Mene**로 알려진 여신이다. 따라서 **Selene이 Luna와 대응되는 이름**이다. 이미 그리스 시대에 Mene는 달을 가리키는 이름으로 정착된 듯하다. 같은 대상을 두고 여러 가지 이름으로 대응되는 것은 역시 침략이나 내부 투쟁에 따른 권력의 이동 때문이라고 본다. Selene는 여성이지만 동물로는 말, 황소 혹은 노새 등으로 상징화된다. 달의 초승달 형상이 두 개의 뿔로 볼 수 있기 때문이다.

먼저 Artemis를 분석한다. 이 여신은 사냥을 하는 여전사로 묘사되며 활과 화살 그리고 사슴을 데리고 있다. 하지만 이름은 현재까지 어떠한 뜻인지 파악하지 못하고 있다. 글쓴이가 판단하건대 분명 숲의 동물과 연관되는 이름일 것이다. 아라비아의 영향을 받지 않은 것을 전제로 알(Ar)을 살려 해석하겠다. 그러면 '알-따-뫼'이다. Arte는 Alta와 같고 알터이다. Altai가 되면 중앙아시아 알타이산맥과 만난다. 간혹 황금, 반짝이는 금으로 해석하는 경우를 자주 접한다. 알타이는 알씨타이며 아씨딸(Astar)과 맥락이 같다. 높고 웅장한 터이며 성모산(聖母山, the mother mount)이다. 더욱이 **해가 뜨는 동쪽**을 상징한다. 산맥은 이와 통한다. 다만 높은 산에 쌓인 눈이 아침이나 저녁에 햇빛을 받아 밝은색이 황금처럼 보여 생겨난 말로 해석하고 싶다. 그렇다면 단순한 음운학적인 문제가 아니라 특별한 동물과 신의 설정에 대한 심리학적, 신화적인 차원으로 보아야 할 것이다. '아씨딸'이 동물로 상징된다면 곰이다. 그것도 성모(聖母)이다. 마찬가지로 Artemis 역시 특별한 동물로 상징되는 이름이다. 다만 꼬리에 '뫼'가 붙어 어미와 같은 여성을 강조한 것이 다르다. 아니면 뫼를 산으로 보아 역시 높은 산을 강조하고 있다고 보아도 의미는 같다. Altar가 제단의 뜻이 있는 만큼 동물숭배와 관련된 이름임은 틀림없다. **사냥을 상정한다면 늑대가 알맞지만 성모를 고려한다면 '곰'이다.** Selene을 보자. '씨알나'이다. Sina의 가운데 '알'이 들어간 셈이다. Artemis는 물론 Mena하고도 전혀 다른 음절로 이루어진 이름이다. 그런데 Selene는 Cyntia로 불린다고도 한다. 그리고 Cyntia는 Artemis가 태어난 Cynthus 산에서 나온 말로 해석되고 있다. **여기서 Cynthus는** 틀림없이 '큰터'이다. '아씨타알'과 의미가 같다. 그러면 **Cyntia는** 큰타이며 거꾸로 하면 당키가 된다. 단군이다. 탕구르와 같다. 그리고 **Arte는** 거꾸로 하면 '따알', '달'과 같다. 그리고 전체적으로 거꾸로 새김하면 '뫼따알(Matar)'이 된다. '맏딸'이며, 결국 **Mother**와 만난다. 드디어 파악된 셈이다. 이제 로마의 Diana를 보기로 한다. 단순히 쳐다보면 단군의 단, 결국 탕과 같다. 그러나 **Dianna**, 즉 **Dian**에서 'an ↔ ar'의 호환 법칙을 적용하면 **Diar**, 마침내 '달'에 도착하게 된다. Diana 역시 달인 셈이다.

한편 Selene의 '씨알나'에서 씨와 알을 바꾸면 '알씨나(Arsna, Arsine)'이다. 우리말 '어르신'과 통한다. Na는 단순 꼬리말로 취급하면 알씨, Arsi가 된다. 곰을 뜻하는 Ursa와 같다. 더욱 명확해진 셈이다. 이와 같은 말들의 조합을 고려해 보았을 때 그리스 역시 언젠가 동방의 곰족이 침투했을 것으로 추측된다. 마지막으로 Luna를 분석한다. Lu는 단순 지시어가 아니다. 앞에 아(A)가 탈락한 형태이다. 그러면 Aluna이고 이는 Arna로 새김이 된다. 이번에는 '어른'이며 결국 Arsine이고 Selene과 같다. 'Artemis, Selene, Luna, Diana'의 글자 구조는 무척 다르며 따라서 어떠한 연결 고리도 없는 것처럼 비친다. 그러나 그렇지 않다. 다음과 같은 하나의 공통된 구조를 지닌다. '알+씨+타'이다. **이 세 가지 뿌리말이 서로 교차하면서 다양한 이름으로 나오는 것이다. 대표적인 것이 'Arstar'이다.** 이 Arstar는 다음과 같이 변화한다. **Arstar, Astar, Artar, Atar, Arsta, Arta, Asta.** 특히 '알(Ar, Al)'에서 'r, l' 발음이 탈락하는 사례가 많다. 현재 영어의 꼬리말 er(mother 등)는 회화 과정에서 보통 r 소리가 탈락한다. 그러면 **Art**emis를 보자. 뿌리말이 Arte 즉 Arta이다. 물론 Alta라고 보아도 좋다. 다음으로 Selene는 Alsena로 새기면 뿌리말은 'Ars'이다. 따(Ta) 대신 나(Na)가 붙었다. Luna는 Aluna이고 이는 곧 Arna이다. 뿌리말이 알(Ar)이며 Arta, Alta와 같다. 수메르 신화에서 우르 지역, 즉 강가의 민족과 동쪽의 산악 지역(지금의 이란) 간에 벌어지는 쟁투 이야기가 많다. 이때 **동쪽의 산악 지역을 아라타(Arata)**라고 불렀다. Altai는 아씨따알과 같은 말이다. 결국 모두 **알씨(Alsi)**와 결부된다는 사실에 직면한다.

Selene 혹은 Selena에 대해 다른 각도로 들여다본다. '씨-알-나'에서 알을 빼면 씨나, **신(Sin)**이 된다. 신, 손에 대해서는 나중에 특별 주제 '조선과 숙신' 편에서 더 다루겠다. 이 Sin이 Sumer를 이은 Akkad에서 달을 가리키는 신의 이름이다. 창조신의 하나인 엔릴의 첫아들이며 대지와 대기의 신으로 알려져 있다. 또한 역법(曆法)의 주인으로 이집트의 Thoth 신과 역할이 같다. 따라서 달을 상징한다. 씨나를 그대로 옮기면 Sina이며 **시나이(Sinai)와 연결**된다. 높고 평평한 산이며 달을 우러러보는 성스러운 제단이기도 하다. 시나이산이 이와 같은 상징성을 지 닌다. 여기에서는 달이 여성 신이 아니라 '**남성, 사나이**'로 등장하였다.

　**달은 또한 높은 지대로 산을 뜻하는** 우리말의 고대어기도 하다. **높은 들 (high hill)**이다. 반면에 뾰족한 봉우리를 가지는 산은 물론 '메, 마루'이다. 높다는 의미에서 달(Moon)과 상징성이 같다. 또한 **높고 평평한 곳이 아사달(아씨딸)이 며 달을 숭상하는 거룩한 제단**이기도 하다. 달은 또한 Tel이며 Tel이 높은 곳을 의미하는 이유도 여기에 있다. 물론 'tall'도 여기에서 왔다. 수메르에서 **Dilbat**은 '조그만 산등성이에 위치한 도시(hill city)'라는 뜻이다. '**달밭**'이다. 수메르의 말 은 우리와 직접 통한다.

　달은 동양이든 서양이든 많은 신화와 함께 그 모습에서 다양하게 그려지는 대상이다. 그림 3.6을 보기 바란다. 우리나라에서 달은 풍요의 상징이다. 특히 보 름달은 생명을 낳는 다산(多産)의 여성으로 보며 그 상징물이 두꺼비로 나온다. **두꺼비의 모양과 그 존재가 여성의 질(보지)과 풍부한 물을 가리키기 때문이다.**

그림 3.6　달의 모습. 달에 새겨진 어두운 곳과 밝은 곳의 대비가 인류의 온갖 종족들이 다양한 모양을 만들며 문화를 일구어낸다. 동양에서는 검은 부분이 토끼가 방아와 함께하며 떡을 만드는 모습으로 그렸 다. 가을에 접어들어 농사의 풍년을 기리는 풍족한 마음이 담겨 있다. 반면에 서양에서는 어두움과 밝음을 사람의 머리카락과 얼굴로 대비시켜 어여쁜 여자 얼굴을 그려낸다. 검은 머리에 밝은 부분을 꽃으로 장식 하여 우아함을 더욱 높였다. 심지어 목 밑에 자리 잡은 아주 밝은 곳(전문적으로는 티코(Tycho) 분화구)을 여인의 목걸이로 장식하기도 한다. 어두운 검정에 집중하느냐 밝은 곳을 우선하느냐에 따라 토끼와 여인 이 교차한다. 사진: 글쓴이가 직접 카메라에 담은 것으로 달이 가장 가까이 접근할 때인 2022년 5월 16일 저녁 8시에 대전에서 촬영된 것이다. 금 색깔로 덮인 이른바 'Golden Moon'이다.

그림 **3.7**은 고구려의 무덤 천장이나 벽에 그려진 것으로 하늘과 그 상징물들을 보 여주고 있다. 동쪽의 해와 그 상징물이 까마귀, 그것도 세 발 달린 새로 표현된다.

세 발은 남성의 자지 또는 자지와 두 개의 불알을 상징하기도 한다. 그리스에서는 이 상징이 '사자새'로 나온다. 반면에 달은 두꺼비로 상징된다. 그림을 보면 두꺼비의 모양이 영락없이 여성의 음부를 표현함을 알 수 있다. 가운데에는 두 마리의 용이 뒤엉켜 있는데 두 마리의 용이나 뱀은 영원한 생명의 순환을 상징한다. 이러한 양면성, 즉 쌍둥이에 대해서는 특별 주제에서 자세히 다루기로 하겠다.

그림 3.7 　고구려의 무덤 벽에 새겨진 달 상징 그림. 두꺼비(Toad)는 Thoth와 같다. 출처: 한국생활사박물관 3, 고구려 편, 사계절(2002).

## 3.3 새ㅅ별(금성, Venus)

Sumer에서 **인안나(InAnNa)**로 상징된다. 여신이다. 나중에 셈족의 지배가 되자 **아타르(Attar)**로 개명된다. 남신이다. 우리말 '아들'과 일치한다. 가끔 양성의 신으로 취급되기도 했다. 인류의 역사는 남성 우위 민족과 여성 우위 민족 간의 쟁투사(爭鬪史)라 하여도 과언이 아니다. 신화에서 가장 풍부한 소재이다. 그리고 다시 여신에 해당하는 **이시타르(Ishtar)**가 된다. **아씨딸(Astar)**로, 성모이다. 유프라테스 지역의 지배를 둘러싼 민족 간의 쟁투에서 **성모의 위상이 누그러지지 않은 사실**을 방증한다고 하겠다. 아카드와 아시리아에서 받는 사랑과 전쟁의 신이기도 하다. 아시리아의 본거지는 아수르(Assur)이다. 그림 **3.4**에 표기되어 있다. 말 그대로 아씨알이며 최고 권력을 거머쥔 왕과 사제장이다.

아씨딸은 시대와 민족에 따라 철자의 조합과 순서가 다양하게 변하며 진화한다. **Astarte**도 그중 하나다. 민족에 따라 꼬리에 t 또는 te, ta를 붙이는 경우가 종종 나타난다. 우리는 여럿, 즉 복수일 때 'tl'이 붙는다. 해딸은 이외에도 수성, 목성, 화성, 토성이 있다. 그러나 여기에서는 다루지 않겠다. 해, 달 그리고 금성인 '새ㅅ별'만을 다루면서 마무리 차원에서 바빌로니아에서 만든 Kuduru를 소개한다.

그림 **3.8**에서 '구들'에 새겨진 세 개의 상징물에 주목하기 바란다. '해(Sun)-달(Moon)-새ㅅ별(Venus)'이다. 이미 앞에서 이야기한 대로 바빌로니아 시대에는 아카드의 영향으로 금성인 새별은 Ishtar로 불렀다. 여기서 글쓴이가 굳이 금성을 '새별'로 부르는 것은 떠돌이별 자체가 보통의 별이 아닌 특수한 별로 취급받았기 때문이다. 수메르 시대에서는 달(Nanna)이 최고의 지위를 가졌다. 그 아들이 해(Utu), 딸이 새별(Inanna)이다. 그리고 하늘, 대기(바람), 땅(물)에 해당하는 신들의 이름이 각각 'An(Anu)', 'En-Lil(Elill)', 'En-Ki(Ea)'이다. 괄호의 이름이 Akkad 말이다. An은 Han으로 '한'이며 곧 하늘에 대응된다. En-Lil은 Han-Al이고 이 말이 한얼이 되며 오늘날 우리가 쓰는 '하늘'과 음운학적으로 동일하다. 농사에는 또한 바람이 중요한 역할을 한다. 대기나 공기의 신은 사실 바람의 주인이라 하겠다. 특히 봄바람을 불게 하여 괭이질과 씨를 뿌리는 데 적합한 조건을 내리는 신이라 하겠다. Sumer 말에서 'Lil'인 경우 언어학적으로는 '알(Al, Ar)'이 맞는다고 본다. 만약에 Ut ↔ R 관계를 적용하면 Util이 되고 결국 아들(Atal, Atar)이 된다.

Kuduru

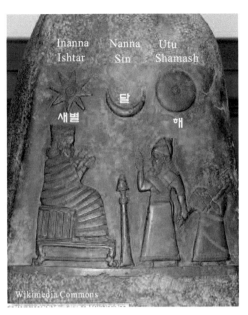

Inanna / Ishtar    Nanna / Sin    Utu / Shamash

새별    달    해

Wikimedia Commons    Wikimedia Commons

그림 3.8    Kuduru. 바빌로니아 시대인 서기전 17세기에서 7세기 사이(주로 Kassit 왕조와 Neo(新)
Babylonia 시대)에 만들어진 그림과 글씨가 새겨진 돌이다. 이러한 돌을 Kuduru라고 부른다. 우리말 구들
과 같으며 커돌, 즉 '큰돌(big stone)'이다. 이 큰돌이 쓰이는 방법에 따라 그 의미가 사회적인 말로 탈바꿈
한다. 구들은 드라비다에서는 집을 의미한다. 구들은 방이며 특정의 경계 지역을 가리킨다. 실제로 아카드
말(Akkadian)로 Kudur를 경계석(boundary stone)으로 해석한다. 신전에 세워지며 소유권을 명확히 하기
위한 표시 돌이기도 했다. 더욱 거슬러 올라가면 농경 사회에서 농경지에 대한 경계를 표시하는 상징물이
었다. 해, 달, 새별(금성)의 이름에 있어 위가 Sumer, 아래가 Akkad 말에 해당한다.


한편 수메르 말에서 신을 가리키는 결정사는 'dingir', 도시는 'uru'로 표기된다.
반면에 Akkad 말은 각각 'ilu', 'alu'이다. Dingir는 물론 탕기르, 단군이다. Sumer
에서 Ur, Urk라는 도시 이름은 바로 Uru에서 나왔으며 Uru는 '아루, 아라'와 같
다. 강물이나 그 지역을 가리키는 우리말과 일치한다. 반면에 해를 가리키는 말은
헷갈린다. Utu와 Sippar가 있다. Utu는 남쪽의 Larsa에서 불리는 이름이고 Sippar
는 북쪽 지방에서 부르는 이름이다. 결국 Utu는 Sumer, Sippar는 Akkad에 해당
하는 것으로 파악된다. Sumer의 역사표를 보면 Sippar 왕조가 존재함을 알 수 있
다. 태양 왕조인 셈이다.

조심스럽긴 하지만 머리말인 **E, A**인 경우 알(Ar)로도 새길 수 있다고 본다. 그러나 수메르, 이집트는 물론 그리스에서 '**H**'가 묵음(默音)이 된 것으로 볼 수 있는 경우도 많은 것 같다. 수메르에서 집이나 궁전을 지시하는 머리말 중에 '**E**'가 나온다. 이 경우는 '해(He)'라 본다. 이미 언급했지만 **House, Home** 등의 뿌리(Root)이다. 우리말에서 곳에 해당하는 조사가 '에'이다. 영어의 **at**와도 연결이 되는데 아마도 '헤(He)'였을 것으로 본다. 물론 영어의 '**He**' 역시 이와 관련된다.

반면에 '**Sippar**'는 '씨쀠알'이다. 새불이며 '새ㅅ별'과 같다. '불씨'로 보면 해와도 통한다. 해를 불씨로 부르는 것이 가장 알맞은 이름일 것이다. '해'와 더운 열기를 내뿜는 '불씨'가 좋은 대조를 이룬다. '씨쀠알'은 또한 속부루이고 이는 안쪽의 도성으로 '서울'과 같아진다. 역시 사람이 편히 살 수 있는 낙원으로 절대 권력자가 사는 곳이다.

이제 정리하는 차원에서 Sumer의 신과 Akkad(Baylonia 포함)의 신의 이름을 비교하면서 그 차이점을 쳐다보기로 하겠다. 표 3.1에 정리하였다. 해-달-금성의 신들은 **Utu** 대 **Shamash, Nanna** 대 **Sin, Inanna** 대 **Ishtar**이다. 물론, 이미 이에 대한 비교와 그 뜻은 앞에서 논하였다. 문제는 '하늘-땅-물'과의 관계이다. Sumer의 도시 문명은 유프라테스와 티그리스강의 높은 지역이 아닌 바다와 접한 곳에서 먼저 싹이 튼다. 따라서 바다와 떼려야 뗄 수 없는 문화를 가질 수밖에 없다. 결국 신화적으로 바다가 만물의 첫 주자로 나온다. 그 이름이 '**Nu**'이다. 태어남의 '나'와 대응된다. '나(Na)'는 나 자신(Myself)이면서 생명이 나온다는 생명 창출(source)의 뜻이 내포되어 있다. 나오는 것을 바라볼 수 있는 신체적 요소가 눈(Nun, eye)이다. 따라서 바다인 Nu는 하늘(An)과 땅(Ki)을 떠받치는 바닥(bottom)이며 마당(base)이면서 그 속에 있는 눈(eye)이기도 하다. 이집트에서는 바다의 신이 Nun이 된다. 물론 물이며 강물과 비의 요소이다. 인류의 심리학적인 면에서 하늘과 땅은 분명 분리되어 있다. 분리된 공간이 En-LiL이다. Han+Al, 한얼로, 하늘이다. 그러면서도 여기에서는 공간인 대기이며, 바람이다. 그런데 **En-Ki**를 보자. 분리는 시켜 놓고서 **An**과 **Ki**를 붙여 놓은 이름이다. 모순이다. 이름 자체로는 하늘과 땅을 아우르는 총체적 지배권을 상징하고 있다. 그럼에도 불구하고 물을 다스리는 좁아진 신으로 묘사된다. 왜일까? 원초적 물이며 심연인 바다 ㅅ물이 존재하기 때문이다. 강이라는 물과 바다라는 물의 존재는 대단히 중요한 요소였다. 따라서 민물과 짠물에 대한 신을 만든다. 민물은 황소로 상징되며 그 이름이 Apsu, Abzu이다. '아비소'이다. 그리고 바다ㅅ물은 Tiamat이다. 이른바 거친 용으로 상징화된다. 이러한 원초적 창조물들에 대한 신들의 이름을 종합적으로 비교한 것이 표 3.1이다. 이 표는 Sumer, Akkad, Egypt 말로 이들에 대한 이름과 '줄기말'들의 변화를 보여준다. 여기서 특히 중요한 기본 '뿌리말'인 '씨말'이 A(Ar), Na, Ta, Sa, Ma임을 알 수 있다.

표 3.1   해, 달, 금성(새ㅅ별)에 대한 수메르, 아카드, 이집트 말들에 대한 이름 비교. 'ut ↔ r'의 관계로부터 Utu와 Ra, Thoth와 Tor가 같은 이름임을 나타낸다.

|  | Sumer | Akkad | Egypt |
|---|---|---|---|
| 해<br>Sun | Utu | Sha-mash<br>(Si-Ma-Si) | Aten, Atan,<br>(Utu → Utun)<br>Ra, Re, *ut ↔ r |
| 달<br>Moon | Nan-Na<br>(ŋ)-An-Na | Sin (Si-Na)<br>(Tar) | Thoth, Tout<br>(Tor) *ut ↔ r |
| 새별<br>Venus | In-An-Na<br>(Nin-An-Na) | Ish-Tar<br>(Asi-Tar) | #Hathor |

# 이집트에서 새별에 해당하는 상징적 신은 뚜렷이 보이지 않는다. 다만 아름다움과 정열적인 여성을 고려하면 대응되는 신이 Hathor이다. 해의 신 Re의 딸이면서 아내이다. 보통 해의 신으로 나온다. 사랑과 아름다움, 음악, 치료의 신으로서 그리스의 아프로디테(Aphrodite)와 로마의 베누스(Venus)와 상징성에서 그 궤를 같이한다. 새별인 Venus는 항상 해를 따라다니는 속성에서 남성을 좇는 이른바 요정(妖精, Nymph)으로 상징되고, 결국 아름다움의 여신이 된다. 강렬한 면에서 보면 또한 싸움의 여신으로 나타나기도 한다.

**Venus는 '베누'씨로 우리말 '부네'와 같다. 그리고 Hathor는 '해딸'이다.**

라틴어의 **Luna**는 **Utan**과 같다. 왜냐하면 Lu는 Ru이고 결국 Ut이기 때문이다. 해와 달이 바뀐 셈이다. Latin을 보자. Ut-Tin이다. Uttan과 같다. 여기에서 Utu가 R(a), L(a)로 변하는 과정을 명확히 볼 수 있다. 모두 '우ㅅ땅, 위땅'이다. 그리고 힌두 경전 혹은 조로아스터의 경전에 'Rta'라는 성스러운 말이 나온다. 'Utta'는

Utu와 같다. '해'를 가리킨다. 우리말 '웃다'와 음운학적으로 일치한다. 그리고 일본말인 우타(うた, Uta)와도 소리가 같은데 노래의 뜻이다. 성스러운 말을 전달하는데 웃으며 소리를 내는 것이 '노래'이다. 심리학적으로 모두 통한다. Arta 역시 해이며 떠오르는 동쪽의 땅을 상징한다. 그리고 '알다'와 통한다. 지식의 획득이며, 결국 성전(聖殿)에서 가장 중요한 말인 경전(經典)이 된다. 'Uttum'은 '으뜸'이며 따라서 가장 성스러운 말씀이 된다. 이것이 Atum, Atom이고 '아담'하다의 말뿌리가 된다. 'Autumn'도 이 구조를 지닌다. **웃땅(Uttan)은 Atana**이며 **아테네(Athens)**에 도달한다. Out는 Ut에서 벗어난(아니) 것을 가리킨다. 반면에 In은 '안다'의 안(內, An)이다.

한편 In, Nin을 보면 우리말 '임, 님'과 통한다. Nam-Mu에서 Nam 역시 '님'이다. Inanna를 거꾸로 하면 '언니'가 된다. 누나 역시 비슷하다. 모두 여성을 가리킨다. 머리의 N 소리는 종종 사라지는 경우가 많다. 녀(女)를 '여'로 소리하는 것이 대표적이다. 특별 주제 드라비다 편에서 Orange도 이 경우에 속한다. 이제 단군, 즉 아씨딸(아사달) 전의 시대를 본다. 한인-한웅이다. 한인은 Han-In이고 거꾸로 새기면 In-Han이 된다. In-An-Na와 같다. 한웅인 경우 웅은 'ang, ŋ' 형이다. 그러면 N(ŋ)-Han이다. 무슨 의미인가 하면 **한인, 한웅 시대는 Sumer 문화와 만난다**는 사실이다. 만약에 우리의 선조가 Sumer 지역에서 왔다면 아씨딸 시대가 열리는 서기전 2333년이 Akkad 시대가 열린 2334년과 상관이 있다고 본다. 우연으로 보아 넘어가기에는 단순한 사건이 아닌 것 같다. 사실 서기전 2300년경에는 이집트에서도 대혼란이 일어난다. 분명 파괴적인 자연적 재해 혹은 타민족의 침입이 발생하였을 것이다. 따라서 단군 신화는 역사적인 사건으로 볼 수도 있다. 다만 그 기록이 Sumer의 줄기냐 Akkad의 줄기냐 하는 것은 면밀한 검토가 필요할 것이다. 만약에 Sumer의 관점이라면 침략자인 Akkad에 대항하다 패배하여 이주한 경우이다. 다만 왜 Akkad 말인 아씨딸이 중심이 되었는가가 문제이다. 우리말이 오래되었지만 그 기록은 찾아볼 수 없는 것이 현실이다. Sumer의 쐐기형이나 그 전의 그림 글씨가 우리의 글자하고 관계될 수도 있다고 본다. 갑골에 새겨진 한자는 한참 후의 기록이다. 한글의 원형과는 관계가 없다. 그러나, 한자의 소리(音)에는 우리말이 깊숙이 자리 잡고 있다.

## 특별 주제 4 해딸과 일주일

일주일에 새겨진 이름들에서 인류의 사회적, 정치적, 문화적 그리고 점성술적인 측면이 드러난다. 모두 심리학적인 발로이며 결국 자연의 현상에 대한 인간의 불안감을 반영하고 있다. 여기에 불안감을 잠재우기 위한 신을 설정하고 그 대상자가 해, 달, 떠돌이별로 상징화되며, 의례를 거행하면서 각 대상자에게 시간을 부여한 것이 일곱 날(seven days)이다. 굳이 동양의 음양오행설을 거론할 필요는 없다고 본다.

일주일에 대한 우리 고유 말은 존재하지 않는다. 어차피 수메르 지역인 유대인들의 문화이기 때문이다. 다음은 일주일에 부여된 한자말에 지은이가 독자적으로 우리말을 부여한 목록이다.

표 3.2   일주일에 대한 우리말 보기.

| | | | |
|---|---|---|---|
| 日: | 해, Hæ or Hay, | 해날(Hænar), | 해제(Hæday) |
| 月: | 달, Dal, | 달날(Dalnar), | 달제(Dalday) |
| 火: | 불, Bul, | 불날(Bulnar), | 불제(Bulday) |
| 水: | 물, Mul, | 물날(Mulnar), | 물제(Mulday) |
| 木: | 남, Nam, | 남날(Namnar), | 남제(Namday) |
| 金: | 쇠, Soi, | 쇠날(Soinar), | 쇠제(Soiday) |
| 土: | 땅, Tan, | 따날(Tanar), | 따제(Tanday) |

한자를 그대로 새겼는데 다만 날(day)에 해당하는 꼬리말에 날과 함께 제를 상정하였다. 여러 번 설명하게 되지만 제는 때와 함께 특정의 순간을 가리키는 시간을 가리키는 지시말이다. '그때, 그제'를 생각하기 바란다. 제는 사실 '데'인데 두음법칙으로 제가 된 경우이다. '데'는 영어 'day'와 같다. 그리고 때는 된소리(硬音)로 변한 결과이다. 모두 같은 말이다. 영어와 독일어에서도 머리말의 '다' 소리가 '자'로 바뀌는 현상을 발견할 수 있다. 보기를 든다. 앞이 영어 뒤가 독일어이다. Ten/Zehn, Timber/Zimmer, Tell/Zahlen

표 3.3은 일주일에 대한 이름들의 비교를 나타낸다. 프랑스, 이탈리아, 스페

인, 독일, 영국 등이다. 말의 진화를 더듬기 위해 고대 라틴말과 색슨말도 넣었다. 뿌리말과 꼬리말을 비교해 보면 라틴계(프랑스, 이탈리아, 스페인)와 게르만(켈트)계열(독일, 영국)이 다르다는 점을 알 수 있다. 그리고 꼬리말에서 프랑스와 이탈리아 대 스페인이 갈리고, 독일과 영국이 갈린다.

여기서 잠깐 스페인과 이베리아라는 이름에 대해서 더듬어 보고자 한다. **Spain의 공식 이름은 España이다. Spain에서 머리에 E(A)를 붙이면 Espain이 되며, 이는 에스파냐와 같다. 같은 이름으로 '아씨분'이다.** Star와 Astar 관계와 비슷하다. 그런데 그리스어로 **Hesperia**라고 불렀다. 그러면 '해씨부루'이다. 해와 관계되는 셈이다. 실제로 '해가 지는 곳'의 뜻이라 한다. 이 그리스 이름이 로마로 가서 'Hispania'가 된다. 결국 H가 사라지면서 Espana가 된 셈이다. 여기에서 더욱 중요한 사실은 '**ut ↔ r**'와 같은 소리 교환 법칙을 볼 수 있다는 점이다. 그것은 '**an ↔ er**' 관계이다. **부루(Ber)가 분(Ban)으로 변한 것**이다. 이베리아(Iberia)는 그리스어 히베리아(Hiberia)에서 나온 이름이다. 지금의 에브로(Ebro)강 일대를 가리키는 말이라 한다. 역시 그리스를 기준으로 하여 해가 지는 곳이라고 하는 것 같다. Hiberia는 해부루이다. 우리로 해석하자면 밝은 해로 해가 솟아오르는 곳으로 된다. Ebro라는 이름도 Hebro일 것이다. **그리스는 우리와 같이 해를 숭상하는 민족임을 알 수 있다.** 반면에 시베리아(Siberia)는 부루(Beri)에 씨가 붙은 꼴이다.

표 3.3  일주일에 대응되는 이름들. 참고로 고대어인 라틴과 색슨 이름도 비교를 위해 넣었다.

|  | France | Spain | Italia | German | English | Old Latin | Old Saxon |
|---|---|---|---|---|---|---|---|
| 日 | dimanche | domingo | domenica | sonntag | sunday | Solis | Sun's |
| 月 | lundi | lunes | lunedi | montag | monday | Lunae | Moon's |
| 火 | mardi | martes | martedi | dienstag | tuesday | Martis | Tiw's |
| 水 | mercredi | mercoles | mercoledi | mittwokh | wednesday | Merculii | Woden's |
| 木 | jeudi | jueves | giovedi | donnerstag | thursday | Jovis | Thor's |
| 金 | vendredi | viernes | venerdi | freitag | friday | Veneris | Frigg's |
| 土 | samedi | sābado | sabato | samstag | saturday | Saturni | Saterne's |
| 꼬리말 | di, gi | es, gi | di (to), ki | tag | day |  |  |

우선 꼬리말부터 건드려 본다. 전체적으로 보면 '되, 따'인 di, da, ta가 뿌리를 이루고 있다. 모두 우리말의 '때, 제'와 대응된다. 우리는 시간을 나타내면서도 어느 특정의 순간을 가리킨다. 그런데 독일의 tag, 영국의 day가 흥미롭게 대비된다. day는 dau, tau이고 이는 '타', 따라서 탕과 같다. 그리고 우리말 제(de, day)와 일치한다. 그리고 tark, darg, 즉 '닭'에서 '닥'으로 소리 되면 tag이다. 북유럽에서는 반대로 g 소리가 약화하여 tar, dar로 소리가 난다. 어떻게 보면 '닭'이 성스러운 제단에 올리는 제물이나 성스러운 존재를 가리키는 이름(나중에 자세히 다룬다)이라 정해진 날로 새겨지는 것도 당연하다 하겠다. 그러면 **숭배하는 대상, 바쳐지는 제물, 그리고 시간이 정해지면서 종합적인 의례 의식의 틀**이 성립된다. 여기에 무당이 말(메, language)을 하는 행위가 첨가된다. 스페인의 경우 es인데 아씨, 씨가 시간을 가리키는 꼬리말로 되어 있다. '아씨븐(Espania)'에서 보듯이 '아씨'가 중심 역할을 하고 있다. 아씨는 해가 떠오르는 아침과 통한다. 그리고 '키(che, go, ca)'가 나온다. 특히 일요일인 해에 부여될 때이다.

일요일부터 더듬기로 한다. 가장 눈에 띄는 것이 해에 주어지는 이름의 특이성이다. 꼬리말이 라틴계열에서 '키'가 나온다. 해에만 특별히 부여된 존경의 표시라 할 것이다. 그리고 뿌리말이 '따뫼나'인 '두만, 두문'이다. 우리나라에서는 주로 '주몽'으로 발음된다. 최고 지위와 권력 그리고 창시자를 가리킨다. 여기에 다시 존경어로 '키'를 붙였다. 반면에 게르만(켈트) 계열에서는 전혀 다르다. '해' 편에서 다루었던 '씨'를 뿌리로 하기 때문이다. Sun은 이미 하였다. 독일의 Sonn도 같다. 심리학적으로 존경의 '신'과도 통한다.

달날인 월요일로 간다. 달 편에서 다룬 Luna와 Moon이 뿌리말이다. 앞에서 자세히 했기 때문에 더 이상 다룰 필요는 없을 것 같다.

화요일로 넘어간다. 아울러 목요일도 같이하기로 한다. 뜻과 음운학적으로 뿌리말이 비슷하기 때문이다. 화요일은 우리로서는 불날이다. 물론 점성술적으로 붙여진 이름이다. 화성인 Mars가 상징물이다. 보통 전쟁의 신으로 묘사된다. 화성은 색깔부터가 붉다. 여름밤 전갈자리에 화성이 나타나면 전갈의 으뜸별인 안타레스와 쌍둥이처럼 둘 다 붉게 빛난다. 동양에서는 이러한 만남이 불길의 징조로 보았다. 더욱이 가뭄의 징조로 본다. 메소포타미아 문명에서도 화성의 출현이 전쟁과 역병을 일으키는 징조로 보았다. 수메르에서 화성의 화신이 네르갈(Nergal)이다. 지하 암흑세계의 지배자 중 하나이다. 네르갈이 그리스에서 전쟁의 신 Ares와 동일시되고, 다시 로마에서 Mars로 이어진다. **Nergal**은 '나알커알' 구조이다. 가장 적합한 새김은 '날칼'이 되겠다. 이와 반면에 **Ares**는 '알'이다. 아마도 머리에 H 소리가 있었을 것이다. 그러면 '해알'이다. '활'과 이어진다. **Mar**는 마루, 따라서 머리이며 우뚝 선 지도자, 군림자를 상징한다. 모두 불(Bul)의 소리는 없지만 전쟁이라는 상황이 뜨거운 불로 상징화된다는 점에서 서로 심리적으로 통한다. 한편 '빛(light)'은 '빛, 비트'에서 나온 것 같다. 왜냐하면 Biut이고 이는 불인 **Bir, Bur**와 같기 때문이다. 발과 밭의 관계와 같다. 한편 Mars는 Venus와 함께 성욕의 상징으로도 의인화된다. 현재 의학계에서 사용되는 남성과 여성의 기호인 ♂ ♀는 점성학에서 각각 화성과 금성을 가리킨다. 화성의 기호가 화살과 일치한다. 라틴계는 모두 '마루키(치)'이다. 부루키(Burki), 아르키(Arki)와 대응되는 말이다. 모두 최상위의 존재를 가리킨다. 사실 '불(Bul: Fire)'로 보면 Burki, Barki가 더 알맞다. 독일과 영국에서는 아주 딴판으로 변한다. 영국의 경우 켈트(튜톤)족의 신화에 따른 신들의 이름이 화, 수, 목, 금을 차지해 버린다. 특히 따알인 '**Tor**'가 중심 역할을 하며 **Tue(s)**가 이와 관련된다. 아울러 목인 **Thur(s)**도 여기에서 나온다. Tues는 Tiw-Tir에서 왔는데 다른 한편으로는 Dien이라고도 한다. 결국 따알이 아니라 탕(Tan, Tang)임을 알 수 있다. 독일에서 diens로 된 것이 이를 반증한다. '따씨(tues), 탕씨(dien)'이다. 목요일에서 Thur는 Bonar-Thon이라 하여 최고의 신, 그리스 적으로는 Jove, Zeus이다. 따뵈 혹은 타우이다. 바빌로니아의 지배 신인 Marduk가 이에 해당한다. Marduk는 최초의 물의 신인 Apsu와 Tiamat와 대비되는데 모두 물, 홍수와 관련된다. 로마에 이르면 Jupiter가 된다. 진짜 소리는 Tautor이다. 이른바 타타르(Tatar)와 같다. 비를 내리는 자로 숭배되었다. 한편 Thur는 음운학적으로는 따알인 Tor와 같다. **Jeuve, Zeus**는 모두 '**따(Ta)**'가 뿌리임을 잊지 말아야 한다. 프랑스의 경우 Jeudi는 타치, 스페인의 Jueves는 따뵈이다. 이탈리아의 Giove는 '커뵈'로 보이지만 역시 Ti가 Gi인데 소리로 '지'가 되는 경우이다. 머리말에서 Ti는 Gi로 새겨지면서 '기'와 '지'로 나뉜다. 우리말 '길'인 경우 제주에서는 '질'로 소리한다. 비슷하게 Ki인 경우 역시 Gi로 새겨지면서 Zi, Ji 등으로 변해버려 Ti와 혼동스럽게 섞이는 결과를 가져온다. 목요일의 독일은 donner(s)이다. 게르만의 신 Donar-Thon과 같다. Donar-Thon은 같은 말이 이어진 것으로 '땅얼'과 같다. 한얼인 Hannar가 하늘로 되어 뚜렷한 성스러운 이름으로 되었듯이 Dannar는 '앙'이 첨부되면서 탕구리가 된 점이 다르다. 의미는 모두 같다.

수요일은 말 그대로 물과 관련된다. 수성(Mercury)이 대표적 상징물이다. 수메르에서 비를 내리는 신으로 본 것이 그 배경이다. 라틴계열은 모두 '뫼알커알'이다. '물고을'이라 하겠다. 그런데 라틴어 Mercurius는 오늘날의 Merchant와 같이 물건을 사고파는 사람들을 가리킨다. 이것은 고대 수메르에서 유프라테스강을 이용하여 물건을 나르고 사고판 것이 그 뿌리가 아닌가 한다. 즉 **강물의 역할로부터 그 상징성이 교역으로 확장**된 셈이다. 이 물골에서 물을 말(馬)로 새기면 말고을, 몽골이 된다. 역시 이동과 상거래가 되는 상징물이다. 나중에 몽은 위대한 존재를 상징하는 지시말로 변한다. 그러면 다시 '마루'가 되어 말(馬)과 마루(頭, 峰)는 심리학적으로 서로 통함을 알 수 있다. 낙타를 'Camel'로 부르는 데서 그 유래가 서로 같음을 알 수 있다. 그런데 Mercury는 로마에서 그리스 신인 Hermes를 자기식으로 이름 붙인 것이다. Hermes는 오히려 뜨거운 해와 연관되는 이름이다. 이 Hermes의 뜻이 '돌무더기 놈'이라 하는데 쉽게 말하자면 돌로 된 남근을 가리킨다. 이는 힘과 다산을 상징하고 있다. 산을 오를 때 돌을 얹으며 돌탑을 만드는 것이 이와 무관하지 않다. 그대로 이름을 새기면 '하르미'가 된다. 남자로 보기 때문에 이 할미는 '할아버지'라는 뜻으로 새길 수 있다. 실제로 그리스에서 Hermes는 긴 턱수염을 가진 늙은이로 묘사되었다. 그러나 또한 패기 발랄한 젊은이로 나오기도 한다. 시대에 따라 그 역할이 달라지는 셈이다. 어찌 되었든 '물(Water)'하고는 관련이 없다. 독일의 Mittwoch는 다른 형태로 보인다. 그러나 it를 'r'로 새기면 **Mir-ouk**가 되어 역시 '물키'가 된다. Milk도 여기에서 왔다. 젖도 물이기 때문이다. 그러면서도 '**물아기**'로 새김하는 것이 가장 알맞다는 결론이 나온다. 우리는 '미역'이 된다. 문제는 영국이다. 뿌리말이 Wednes이다. 생뚱맞은 말이다. 이 말은 북유럽 켈트족의 신화에 나오는 **Odin** 신과 연관된다. **Wedne(s)는 Weden**이며, **W를 뵈로 새기면 '뵈따나'인 바당**이 된다. **Water**와 같다. Saxon 말을 참고하기 바란다. Water는 뵈또르이며 이는 '바다알, 바롤'이다. 모두 바다를 가리킨다. 알파벳의 말에서 바다와 물을 뜻하는 이름들이 서로 호환되는 것을 볼 수 있다. 이것은 고대 수메르나 이집트에서 바다와 면한 강물과의 관계에서 비롯된다.

프랑스에서 바다는 'Mer'이다. 반면에 존경하는 말로 'Merci'가 있는데 이는 높은 사람을 뜻하는 '마루키(치)'로 새겨야 할 것이다. 수성은 해의 딸들 중 가장 관측하기가 어려운 딸이다. 왜냐하면 해와 가까이 있어 해가 지거나 해가 뜨기 전에도 해의 빛에 의해 보이지 않기 때문이다.

금요일로 간다. 라틴계는 '뵈(Ve)'가 뿌리이며 Vendre, Viern, Vener 등으로 부르고 있다. '뵈나'가 중심을 이루고 있다. '반, 번' 등은 무언가 부풀어 오른 모습과 더불어 빛나는 대상을 가리키는 말이다. '반들반들하다'에서 **Vendre**가 그대로 통한다. 베누스(**Venus**) 역시 '반' 딸이다. 불이 나오고 번쩍이는 대장장이의 모습을 상상하면 그 신화적 요소와 호흡을 같이할 수 있다. 물론 해가 지거나 해가 떠오르기 전 화려하게 빛나는 금성(**Venus**)을 생각하면 고개가 끄덕여질 것이다. 이 불(火)이 영어의 '**Fri**'와 같다. 물론 독일의 '**Frei**'도 마찬가지이다. 불의 재단 앞에서 소원을 빌며 '비나이다'를 읊조렸던 우리 조상을 생각하자. 그런데 게르만족 신화에서 Frigg는 Odin의 아내로 나온다. 여성이 불로 새김되는 것이 어울리지 않는데 번쩍임에서 그 이유를 찾아야 할 것 같다. 한자로는 금(Gold)인데 번쩍이는 광물(光物)로 새기면 통한다. 종종 金을 '쇠'로 새겨 쇠가 다시 철(鐵, Iron)로 탈바꿈하는 경우가 발생하기도 한다. 금성은 우리로서는 새벽에 찬란하게 떠 있는 별이라 하여 '새ㅅ별'이라 하였다. 그러나 중국의 인식은 다르다. 밝게 빛나기는 하는데 '희다'라 하여 태백(太白)이라 하였다. 점성술적으로 흰색은 재앙과 징벌로 보았다. 우리와는 전혀 딴판이다. 아울러 금화(金火)라 하여 금속(쇠)에 비유하는데 무기에서 반사하는 빛으로 보았다. 모두 싸움꾼으로 보는 관점이라 할 것이다.

이제 마지막으로 땅의 날인 토요일로 간다. 여기에서는 모두 '씨, 쇠'를 뿌리로 하고 있다. Sol의 뿌리와도 같다. '씨뫼', '씨뵈따', '씨따알'이다. 대표적인 소리로 한다면 'Sama', 'Sabata', 'Sator'이다. Sama는 Kama와 같이 최고의 존칭이며 신을 상징하는 말이기도 하다. Sabata는 한편으로는 씨바다이기도 한데 Saba 자체만으로는 '시바'처럼 불을 뿜는 신으로 볼 수 있다. Sator는 별인 Star와 구조가 같고 또한 Ishtar(Astor)와 같은 이름이다. Ishtor가 빛나는 금성을 가리키는 데서 유래가 같음을 알 수 있다. 따라서 Akkad에서의 아씨딸인 금성이 로마에서는 달로 간 셈이다. 한편 수메르(바빌로니아)에서는 Niurta 신으로 상징되며 Nergal

과는 형제 사이이다. 점성술적으로 다양한 역할과 기능이 부여되는데 시대에 따라 냉탕과 온탕을 오가는 식으로 극과 극을 달린다. 로마에서의 이름이 **사투르누스(Saturnus)**이다. 이른바 곡물의 신으로 풍요를 상징한다. 씨를 뿌린다는 의미가 함축되어 있다고 한다. 그러면 **Sa는 그대로 '씨'**이다. **땅(Ta)**에 **씨(Sa)**가 뿌려지고 **알(Ar)**이 형성되며 **나(Na)**오면 풍성한 곡물(밀, 보리 등)이 된다. 풍요로움이 발생한다. **'Satur-Na'와 'Ve-Na'**에서 **이름의 조화로움**이 감지된다. 물론 하늘의 별(star)이 이를 상징한다. Saturnus 날은 12월 말 일주일간 거행되었다. 현재의 크리스마스가 여기에서 나왔다. 그리스에서의 이름은 Kronos이다. 한편, 동양(중국)에서는 금성에 비해 빛이 약한 토성을 가리키고 점성학적으로 흙(땅)을 상징하는 것으로 새김이 되는 것은 더더욱 이해하기가 힘들다. 점성술은 민족이나 시대에 따라 따르고 또 변화가 심하여 하나로 통일하여 보기에는 불가능하다.

　최종적으로 火, 水, 木, 金, 土라는 소위 오행성에 대해 간단히 언급한다. 서기전 4세기 중국의 황제내경에 적혀 있는 것을 바탕으로 보면 계절인 경우 화-여름, 수-겨울, 목-봄, 금-가을, 토-늦여름으로 설정되어 있다. 물이 겨울로 부여된 것이 가장 묘한 점이다. 아울러 맛으로는 짠 것으로 되어 있다. 하여튼 자연의 현상(온도, 비)과 신체 부위, 그리고 정신적인 감정을 서로 짜 맞추어 놓은 이른바 점성술이라 하겠는데 흔히 오행론이라 한다. 솔직히 자연적, 논리적으로 맞지 않는다. 아울러 서양에서 설정된 다양한 상징성 역시 하나를 가지고 여러 갈래로 전개되는바, 역시 시대와 민족 그리고 도시 국가들에서의 서로 다른 관점이 복합적으로 작용한 결과로 본다. 따라서 각 행성에 부여된 상징성과 요일에 부과된 자연물은 그냥 그대로 단순하게 보아주기 바란다. 즉 큰 의미를 부여하지 말고 시간의 구분과 행성(떠돌이별)의 이름으로만 받아들이면 되겠다.

　**가장 중요한 요소는 현재의 자기의 위치(장소, 날씨, 역사)를 중심으로 보는 시각은 위험하다**는 점이다. 우리가 머무르는 한반도는 4계절이 뚜렷한 장소이며 산악지대가 주를 이룬다. 겨울은 더구나 매섭고 눈마저 많이 내린다. 그러나 만약 우리 선조가 메소포타미아나 인더스강 유역에 정착하였다면 이야기는 달라진다. 우선 겨울이라는 계절이 뚜렷하지가 않다. 아울러 비가 오는 장마 기간이 겨울에 이루어진다. 주로 11월에서 다음 3월까지이다. 현재 이집트나 메소포타미아, 인더스의 도시 문명권은 위도 약 30도 근처이다. 눈이 내리지 않는 지역이다. 기온은 10℃에서 15℃ 사이인데 가장 추웠을 때가 5℃ 정도이다. 물이 얼지 않는 온도이다. 따라서 위에서 모순이라고 했던 겨울과 물의 대응은 바로 이 지역의 문화를 말하고 있는 셈이다. 아니면 양쯔강 유역일 것이다. 짠물로 본 것은 결국 메소포타미아의 신화와 직결된다. 짠물은 Tiamat이기도 하다. 그런데 이집트에서의 장마는 시리우스가 동쪽에 나타나는 7월을 중심으로 한다. 위에서 든 위도 30도 지역에서는 비가 거의 내리지 않는 시기이다. 이러한 불일치는 모순이 아니라 이집트의 문명권이 두 개의 지역으로 양분되어 있기 때문이다. 상(남)-이집트와 하(북)-이집트이다. 하-이집트의 날씨가 수메르와 비슷하다. 그러나 상-이집트는 전혀 딴판이다. 지형도 다르다. 이 지역은 여름 시기가 장마 기간이다. 현재의 이라크 날씨를 보면 여름이 5~10월이며 온도는 35℃에서 55℃이고, 몹시 덥고 건조하다. 겨울이 12~3월 사이이다. 기온은 4℃~16℃ 정도이면서 이때가 장마에 해당한다. 강우량은 많지 않다. 대략 100~170mm 정도이다. 반면에 북부 고원 지역은 강우량이 760~1000mm로 비교적 많다. 겨울에는 눈도 쌓인다. **홍수 설화는 북부 산악지대에 내린 큰비와 쌓인 눈이 녹아내리며 저지대가 물에 잠긴 상황이라고 본다.** 이러한 홍수는 현재 전 세계의 저지대에서 숱하게 발생하고 있다. 홍수 설화는 특정 종교의 신화적 줄거리와 맞물리면서 과대 포장되었다고 본다. **물론 그 기원은 Sumer이다.**

이제 가을과 겨울을 보자. 같은 이름이다. 개울, 고을과도 음운학적으로는 같다. 개울과 거울은 통한다. 왜냐하면 맑은 물은 거울 역할을 할 수 있기 때문이다. **거울은 Mirror인데, Mirror는 '뫼알'로 '물'이다.** 가을과 겨울은 비가 내려 계곡물이 불어나 풍요를 상징하는 말일 것이다. 눈(Nun, Snow) 역시 한반도를 기준으로 보면 분석하기 힘든 말이다. 아마도 높은 산(성스러운 산)에 **만년설이 덮인 모습에서 사람의 눈을 연상하지** 않았을까 한다. 펄펄 내리는 모습이나 땅에 쌓인 눈의 형상으로는 '눈'이라는 말이 나올 수가 없기 때문이다. '눈'은 '눕다'의 말뿌리에서 나왔다고 보며 눈(eye) 자체가 서 있는 모습이 아니라 누워 있는 모습이다. 그러면 Sumer와 이집트의 창조 신화에서 태초의 물을 'Nu, Nun'이라 한 것과 심리적인 연대감을 공유하게 된다. 눈으로 보아야 이 세상이 출현하기 때문이다. 한편 **가을과 겨울이 이름이 같은 것은 이집트나 수메르 지역이 실질적으로는 세 계절이**기 때문으로 보고 싶다. 실제로 이집트는 1년을 3등분, 즉 세 계절로 나누었다.

한편 고대 라틴 말과 색슨 말을 보면 각각의 나라들의 특징을 알 수 있다. 영국의 영어는 철저하게 색슨 말과 같다. 흥미로운 점은 색슨 말에 있어 끝이 씨가 붙는다는 점이다. 우리와 같다. 왜냐하면 **Moon's는 '문씨'이며 따라서 '달씨'**이기 때문이다. 달님이라고 하기보다는 달씨가 더 친근감이 든다.

\* 지구를 earth라 한다. 지구는 한자말로 地球, 둥근 땅이라는 뜻이다. 반면에 earth는 '알땅'이다. 생명을 품은 땅으로 해석된다. 한자말을 배격하자는 것이 아니라 솔직히 지구는 어울리지 않는다. 둥근 것이 지구뿐이겠는가? 지구라는 이름을 버리고 '알땅'이라고 새김할 것을 제안한다.

# 4

# 별과 별자리

여기에서 유프라테스(Euphrates)는 티그리스강을 포함하는 유프라테스강 지역이나 이곳에 자리를 잡은 민족 전체를 상징하는 말로 사용된다. 즉 Sumer, Akkad, Babylonia, Chaldea, Assyria 등이다. 특별 주제 1편을 보기 바란다. 그리고 셈족의 범위도 비슷하며, 수메르족 이외의 아카드, 바빌로니아, 히브리, 아라비아인들을 통칭한다. 현대에는 이 지역을 주로 메소포타미아라고 부른다. 종종 섞어서 사용하겠다.

먼저 이해를 돕기 위해 이집트와 유프라테스 지역의 고대 별자리를 소개한다. 지금으로부터 5000년 전 이집트의 카이로 지역의 봄점(春分)인 3월 21일 새벽과 수메르 지역이었던 현재의 바그다드의 같은 날 저녁의 모습이다. 이집트는 7월 시리우스별이 새벽에 처음 모습을 나타날 때를 나일강의 수위가 올라가는 시기로 정하여 새벽의 별자리를 보인 것이고, 수메르 지역에서는 저녁 해지고 난 다음 서쪽 첫 별자리를 기준으로 하였기 때문에 해지고 난 다음의 시간을 선택한 것이다. 또 하나 대비되는 것이 새벽과 저녁에 나타나는 별자리들은 다르다는 점이다.

그림 4.1  B.C. 3000년의 이집트와 유프라테스 지역 밤하늘의 별자리 모습. 이 당시 북극점은 용자리 Thuban 별에 위치하였다. 이집트에서는 주로 새벽 동쪽에 나타난 별을 기준으로 삼고 유프라테스 지역에서는 저녁 서쪽에 떠 있는 별을 기준으로 삼았다. 봄점인 춘분 때 이집트에서는 새벽에 물고기(Pisces)와 함께 페가수스(Pegasus)를 구성하는 네 개의 사각형 별이 보인다. 반면에 현재의 이라크에서 바라본 저녁에는 서쪽에 오리온 특히 허리띠를 이루는 세 개의 별이 반짝이고 있다. Argo Navis는 현재 없는 별자리지만 여기에서 '배자리'로 취급하여 다루기 때문에 특별히 적어 넣었다. 위에는 주로 알파벳으로 밑에는 한글로 별자리 혹은 별 이름을 새겼다. 별자리 편에서 해당 별자리가 나오면 참고가 될 것이다. (a) 이집트 카이로에서 바라본 밤하늘. B.C. 3000, 3월 21일 새벽 4시 30분. (b) 이라크 바그다드 B.C. 3000, 3월 21일 저녁 8시.

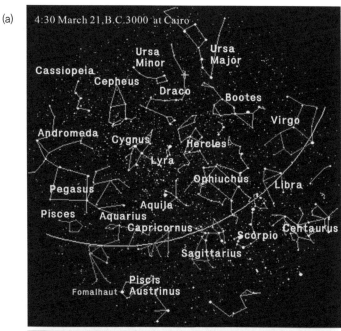

(a) 4:30 March 21,B.C.3000 at Cairo

Ursa Minor

Ursa Major

Cassiopeia

Cepheus

Draco

Bootes

Virgo

Andromeda

Cygnus

Hercles

Lyra

Pegasus

Ophiuchus

Libra

Pisces

Aquila

Aquarius

Capricornus

Centaurus

Scorpio

Sagittarius

Piscis Austrinus

Fomalhaut

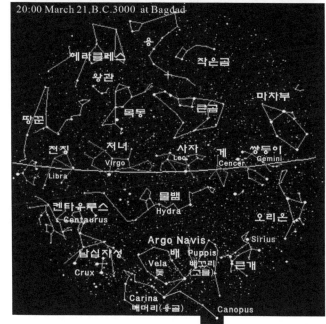

(b) 20:00 March 21,B.C.3000 at Bagdad

에라클레스

용

작은곰

왕관

마차부

땅꾼

목동

큰곰

전갈

처녀

사자

게

쌍둥이

Virgo

Leo

Cencer

Gemini

Libra

물뱀

Hydra

켄타우루스

오리온

ι Centaurus

Sirius

Argo Navis

남십자성

배

Puppis

배꼬리 (고물)

큰개

Vela

돛

Crux

Carina

배머리(용골)

Canopus

## 4.1 별자리의 역사

별자리를 가리키는 **constellation**은 '**kon-star-tan**'의 구조이다. **큰별땅**이다. 아씨**딸(astar)**, 혹은 씨타알**(star)**에 대한 이름의 의미와 그 파생어(派生語, daughter language)에 대해서는 숱하게 이야기되었고 또 계속 이어질 것이다. 밤하늘의 별들은 헤아릴 수 없이 많고 또 찬란하다. 별들은 어두운 땅을 배경으로 수많은 개수와 찬란함을 주는 보석과 같다. 인간의 인식 능력상 숱한 신화적인 이야기가 탄생하지 않을 수 없는 존재이다. 특히 밤이 주는 고요함과 별들의 운행에서 거룩하고 숭고한 자연의 신비를 느끼면서 인류는 단순히 뿌려진 점들의 존재가 아니라 밝은 별들을 대상으로 그 모양을 그려나간다. 그 모양은 인간 자체이기도 하지만 민족이 아끼고 숭배하는 동물이 되는 경우가 많다. 그리고 더 나아가면 두려운 대상들이 중요 지점을 차지하기도 한다. 두려운 상대는 이웃에 거주하는 침략자가될 수도 있고 자연의 재해(특히 사나운 바람, 엄청난 비, 거대한 파도 등)를 가리킬 수도 있다. 그리고 자연이 베푸는 풍요로움(햇빛, 물, 곡식)을 상징하는 전령으로 삼기도 한다. 별과 별자리 이름과 이와 관련된 신화에는 겨울의 상징물, 즉 눈이나 얼음, 서리는 물론 북극에 서식하는 동물들은 거의 등장하지 않는다.

별은 영어로 star이다. 아울러 aster는 별이나 별 모양을 가리키는 꼬리말이나 머리말 역할을 한다. asterisk는 별표나 별 모양을 이르는 말이다. 따라서 star는 머리의 아(a) 음이 약하여 사라진 형태이다. astar는 '아사달'과 음운학적으로 같다. '아씨따알' 즉 '아씨딸'이다. 이미 언급하였다. 앞에서 자연, **nature를 '나타리'로 부르자고** 제안한 점을 기억해주기 바란다. 물론 아사달인 경우 높고 평평한 그러면서도 해가 떠오르는 신성한 곳이다. 따라서 한 나라의 도읍지로 선택된 이름이다. 그러면서도 이러한 밝음과 새벽을 상징하는 풍요의 여신으로 의인화된다. 씨따알(star)은 **사다리**와 음운학적 면은 물론 심리학적 측면에서도 통한다. 제의적 과정에서 신과의 통로 역할을 하기 때문이다. 소위 우주나무, 기둥, 탑, 피라미드 모두 같은 상징성을 지닌다. 그런데 이 아사달이 단군 신화에 처음으로 등장하는 것이 아니다. 한단고기에 속하는 삼성기 하편에도 나온다[26]. 그것은 인류의 최초 기원에 대한 기록이다. **여기서 최초 인류의 조상 이름이 나반(那般)과 아만(阿曼)으로 나오고 만난 곳을 '아이사타(阿耳斯它)'라고 하였다. '아씨타'이다.**

알이 생략된 것으로 '아씨땅', '아씨딸'과 같다. 더욱 글쓴이를 놀라게 한 점이 '아만'이라는 최초 어머니(즉 성모, 聖母)의 이름이다. 물론 제주도처럼 '어멍'이라고 새겨 어머니로 보면 된다. 그러나 놀란 점이 이것이 아니라 **이집트의 신 '아문(amun)'과 음운학적으로 동일**하다는 사실에 있다. 서양 종교계에서 기도를 하며 뱉는 말 '아멘'이 여기에서 유래한다. 본래 유대나 헤브루의 것이 아니다. 놀라움을 표시하는 '어머나'도 제의적인 과정에서 비롯된 말일 것이다. 그러면 신화적으로 우리는 이집트와 직결되는 셈이다. 한단고기가 위작이니 위서이니 하는 것은 부차적인 문제이다. 그 속에 나오는 말(이름들)과 줄거리가 중요하다. **다시 말해 그 속에 담긴 신화적 요소와 함께, 역사적, 민족적, 지리적, 문화적, 사회적, 종교적, 심리적인 측면을 줄거리와 이름들에서 파악하는 것이 인류 역사를 재조명하는 데 길잡이 역할**을 할 수 있다는 뜻이다. 사실 신화에 담긴 제의적 행위와 종교 행사는 **절대 권력자(자연과 지배자)에 대한 충성의 몸부림**이라 하겠다. 나반과 아만에 대해서는 특별 주제 6에서 자세히 다루겠다.

앞으로 별과 별자리에 대한 다양한 이야기가 전개되는 과정에서 고대 이집트에서 별의 관측이 얼마나 풍부하게 이루어졌는지 알게 된다. 농경 사회에서 가장 중요시하는 물의 확보와 이에 따른 땅의 기름짐이 계절과 직결되고 계절의 흐름을 알려주는 징표, 표시(sign)가 별들의 떠오름과 관계되기 때문이다. 이러한 징표를 별자리라고 한다. 물론 해의 위치를 파악하는 데 등대 역할을 하는 것과 결부된다. 아울러 '시간'을 알려주는 전령 역할도 한다. 따라서 이집트에서는 일찍부터 해의 길을 따라 같이하는 별이나 별무리를 36개로 분류하였다. 해가 열흘(10days) 마다 머무르는 곳이다. 이러한 해의 집을 특별히 서양에서는 Zodiac이라고 하며 동양에서는 이를 '황도 12궁'이라고 번역하여 부르고 있다. 글쓴이는 이러한 한자의 말을 피하여 '해길 열두 자리' 혹은 '해길 자리'라는 이름을 사용한다고 하였다. 이집트의 36개의 해길 자리는 1년 360일을 가리키기도 한다. 이집트는 3년 혹은 4년마다 한 달을 보태어 365일이라는 해의 주기를 보충하였다. 반면에 유프라테스 지역이나 그리스에서는 해마다 5일이라는 덤을 얹혀 사용하였다. 그리고 이집트의 36개의 해의 집은 12자리에 3개씩 할당이 될 수 있다. 이러한 기록은 이집트의 벽화에서 발견된다. 이집트는 아울러 북극점과 그 주위의 별들을 주목하여 상세한 신화적 이야기는 물론 그림을 낳는다. 이집트의 문자 기록이 시작되는 서기전

3000년에는 북극점이 용자리 으뜸별이었다. 이 별 가까이 북두칠성이 있고 북극점을 중심으로 빙글빙글 도는 운행에서 특별한 존재로 취급받는다. 이집트는 북두칠성을 황소의 뒷다리로 묘사한다. 또한 시리우스가 크게 대접받는다. 우선 그 밝기에서 특별 취급을 받을 만하다. 이 별이 떠오르는 시기와 나일강 범람과의 관계를 관측으로 알아낸다. 밤하늘의 관측은 이집트가 으뜸이다. 이집트는 서기전 13세기에 이미 43개의 별자리와 함께 5개의 행성을 묘사한 기록을 남겼다.

지금부터 이집트에서 분류한 별이나 별자리 이름들을 열거하고 현재의 별자리와 어떻게 대응되는지 알아보도록 하겠다. 이집트에서 해의 길을 기준으로 삼아 천문학적인 관측에 따라 별자리를 설정하였다는 증거는 뚜렷하지 않다. 북극을 중심으로 하거나 가장 밝은 특정의 별을 기준 삼아 점성학적인 관점으로 삼은 것이 지배적이다. 먼저 '**Sahu**'이다. 오리온자리를 가리키는 것으로 해석되는데 특히 머리 부분의 별들(Betelgeuse와 Bellatrix)로 추정하고 있다[1]. 글쓴이가 보건대 음운학적으로 분석하면 Sahu는 '씨해'이다. 만약 h 음을 무시하면 Sau가 되고 이는 '쇠, 소'와 같다. 북두칠성을 소의 뒷다리로 보았다면 오리온자리 위 두 개의 밝은 별을 황소의 뿔로 새길 수도 있다고 본다.

이와 관련하여 흥미로운 점 하나를 소개한다. 영어 단어에 '**Soho**'가 있다. 그 뜻이 음성적으로 '우어'라 하며 말이나 소를 달래는 소리라고 한다. 글쓴이가 보건대 이러한 뜻 새김은 발음과 어긋난다. 소의 울음소리는 '우'이다. 영어의 A가 이를 반영한다. 더욱이 한자 우(牛) 역시 소의 울음소리가 반영된 한자음이다. 알파벳 A와 한자 牛는 모두 소 얼굴에 두 개의 뿔을 형상화하면서 형태를 거꾸로 새겨 만든 글자이다. 반면에 soho는 분명 쇠를 뿌리말로 하는 말로 sahu와 같다. 즉 Sou이다. '소, 쇠'는 세다의 뿌리말이면서 수소의 힘을 의미하는 추상적인 말이다. **Soho는 우리말 '소야, 소야'하고 부르며 달래는 아주 친숙한 말인 것이다.** 일본어는 소를 우시(usi)라 한다. 쇠인 소우를 거꾸로 발음한 것이다. 이러한 사례가 많다.

오리온자리(Orion)는 시리우스가 뜨기 전에 나타나는 별들로 이집트인의 큰 주목을 받는다. 시리우스(Sirius)는 'Set, Seth, Sept, Sothis'라고 불렀다. 다른 한편으로는 오시리스(Osiris)로 나타나기도 한다. 이집트에서 세트(seth) 신은 대단히 중요한 존재이다. 소위 어둠을 관장한다. 원래는 북(下) 이집트의 신으로, 서기전 3000년경 묘지에 새겨진 모습을 보면 긴 다리와 넓은 귀 짧고 직립한 꼬리를 가진 나귀와 같은 형상이었다. 그러나 시간이 흐르면서 머리가 개와 같은 짐승 모습으로 변한다. Seth는 형 Osiris를 죽이고 상 이집트의 권력을 장악하기도 한다. 그리고 나중에 그리스인들은 세트를 괴물 티폰(Typhon)으로 둔갑시킨다. 그리고 이러한 세트의 지배하에 북쪽의 별들은 An, Annu, Ant, On 등의 이름을 가진 신과 결부된다. 모두 '한(Han)'이다. 그러나 조카인 호루스(Horus)와 투쟁을 벌이며 결국 패배한다. 이집트의 벽화에서 북두칠성, 즉 황소의 넓적다리를 매의 머리를 가진 호루스가 창으로 찌르는 형상이 이를 반영한다. 호루스는 남 이집트의 해의 신 중 하나이다. 이때 호루스가 한쪽 눈을 상실하는데 신화적으로 대단히 중요한 의미를 지닌다. 게르만족의 신 Odin 역시 한쪽 눈이 없다. 여기서 Seth는 혼돈을 Horus는 부활, 재생과 함께 질서를 상징한다. 결국 나중에 한쪽 눈을 돌려받는다. 이 **한쪽 눈은 정의와 질서의 표상**이 된다. 그리고 이러한 재생, 질서의 제의에 의해 제단에는 황소 다리와 역시 북두칠성 모양과 같은 고리(학자에 따라 이것을 죽은 자의 입 열기용 도구로 본다)를 제물로 올려진다. 이러한 제의를 통하여 파라오(지배자)는 영원을 얻는다. 이집트는 물론이고 그리스의 신화적 줄거리는 **외침과의 전쟁(즉 막느냐 물러서느냐의 갈림길)과 내부의 권력 투쟁** 이야기이다. 형제의 설정도 이러한 두 세력을 상징한다. 이 과정에서 신들의 이름들이 같은 역할을 함에도 불구하고 자주 바뀐다. 지배한 민족은 종종 지배한 민족의 신을 자기 것으로 삼기도 하였다. 신화적으로 Sirius는 또한 Osiris의 아내인 Isis로, Orion을 Osiris로 보기도 한다. 아니면 Sirius를 Osiris로 보기도 한다. 이집트는 현재의 북극 근처의 용자리(Draco)를 하마(河馬)를 뜻하는 'Hippopotamus'라고 하였다. 곰자리 편에서 자세히 설명하겠다. 그리고 현재의 북두칠성을 넓적다리(Meskhetiu)라고 불렀다. 보통 황소의 뒷다리 부분으로 묘사된다. 그림 **4.2**는 Hathor 여신의 신전 천장에서 발견된 이집트의 별자리 벽화를 그린 것이다. 검은색의 형상들이 해의 길인 12 별자리이다. 그리고 원둘레에 36개의 개별적인 형상들이 있는데 12개의 별자리에 정확히 3개씩 할당된다.

그림 4.2 　Hathor 여신을 위한 신전인 Denderah 천장에 새겨진 이집트의 별자리. 보통 '덴데라 12자리 (Denderah Zodiac)'라고 부른다. 로마 황제 티베리우스 재위 때(14~37) 세운 신전으로 서기 17년 4월 16 일 자의 천문 형상을 나타내고 있다. 따라서 이집트 고유의 것과 그리스의 12자리와 서로 얽혀 있다. 가운 데 영역이 하늘의 북극 지역이다. 하마(하마와 악어 두 얼굴로 되어 있다)는 현재의 용자리로 북극점에 해 당한다. 두 줄로 잡고 있는 것이 소의 뒷다리 형상인데, 북두칠성이다. 그 옆에 그려진 황소가 현재의 황소 자리를 가리킨다. 몸체가 북극으로 향하는 것에 주목하기 바란다. 바깥 원에 36개의 별을 상징하는 그림들 이 새겨져 있으며 안쪽 원 근방에 12개의 별자리가 새겨져 있다. 본 유적은 루브르(Louvre) 박물관에 소장 되어 있다. 이 유적을 베끼는 작업이 나폴레옹 시대에 이루어져 많은 본뜨기(copy)가 존재한다. 1820년에 프랑스는 이 천장을 떼어내 프랑스로 가져간다. 작은 그림은 본뜨기 중 하나이다.

이 36개의 별은 해가 열흘씩 머무는 곳으로 설정이 되었다. 따라서 1년은 360일 에 해당한다. 이 36개의 전령별을 보통 **'열흘별'이란 뜻으로 decan**이라고 부른다. 그런데 이집트는 36개의 전령별이 해 뜨는 것과 비교해 본 결과 4분씩 늦어진다 는 사실을 알아차린다. 즉 해가 매일 4분씩 일찍 뜨는 것이다. 해의 길과 별들의 길은 다르기 때문이다. 열흘에 이르면 그 정확성이 40분의 차이가 난다. 그러면 다음 별을 새벽의 전령으로 삼았다. 따라서 하나의 전령별에 40분이 할당되면 36

개는 총 **1,440분**이 된다. **1,440을 60으로 나누면 24가 된다.** 그런데 밤에 36개의 별 중 그 반인 18개의 별을 모두 관측할 수 있을까? 별은 반드시 어두워져야 나타날 수 있다. 새벽 해가 뜨기 직전 별은 보이지 않는다. 왜냐하면 해가 뜨기 전에 이미 동이 터서 밝기 때문이다. 즉 해와 함께하거나 그 근처에 있는 별들은 관측할 수 없다. 따라서 낮과 밤의 길이가 같은 춘분이나 추분에도 18개 중 기껏해야 14개 정도 파악할 수 있다. 더욱이 여름밤은 더욱 짧아 그 수효가 더 줄어든다. 12개 정도이다. 결국 **12개를 상정하여 총 24개를 가지고 시간을 재는 전령으로** 삼게 된다. 그러면 하나의 전령별이 15일을 담당하게 되고, 하루에는 60분이 할당된다. 이것이 하루 24시간 체계의 시발점이다. 이집트 12 왕조(B.C. 1990 ~ B.C. 1784)의 기록을 보면 동쪽 지평선, 다시 말해 해의 길을 중심으로 떠오르는 별에 주목한 것이 아니라 자오선을 바탕에 둔 별 관측 체계가 성립되었다는 사실을 알게 된다. 한편 30일을 한 달로 삼았기 때문에 해가 한 바퀴 돌아오는 시간인 365일보다는 5일이 모자란다. 그래서 모자란 5일은 윤년을 두면서 한 달을 더하는 방식으로 행한다.

그림을 보면 가운데에 악어-하마가 끈으로 넓적다리를 잡고 있음을 알 수 있다. 재미있는 것은 이 하마에 악어가 올라타 있다는 사실이다. 이중적(doublet)이다. 이러한 이중성은 특별 주제 Janus 편에서 자세히 다룬다. 그러나 이 그림은 12자리 별들에 대한 그리스의 영향을 받은 후의 벽화이다. 더 오래된 벽화, 보기를 들면 **서기전 13세기 때의 세티 1세의 무덤에는 북두칠성이 분명히 황소로 묘사**된다. 곰자리에서 자세히 다루게 된다.

이집트에서는 특히 Mena라는 호칭이 자주 등장한다. **'Mena, Mani 혹은 Menat'는 아직도 판명되지 않은 별의 이름이다[1].** 전갈의 Antares와 목동의 Arcturus를 포함하는 거대 형태로 추측하고 있다. 메나의 전령(Mena's Herald), 메나의 꽃(Mena's Followers) 등의 이름이 나오는 것을 보면 일리가 있다. **북두칠성의 꼬리를 이으면 Arcturus에 이어 처녀자리 스피카(spica)에 닿는다. 큰 곡선을 그리는데 Arcturus를 전령 즉 사자(使者)로 보고 처녀자리를 꽃으로 보면** 그럴듯하다. 실제로 처녀자리 으뜸별 Spica를 Mena로 보기도 한다. 해의 신전이 Spica를 향하며 그때의 이름을 Mena, Menat, Menes, Min 심지어 **Khem**이라 하였다는 것이다. Mena는 '뫼나'인데 뿌리말이 '뫼'이다. 크게 두 가지로 볼 수 있다. 첫째는 산, 둘째가 물이다. Mon, Min, Mont 등이 산을 가리키는 단어이다. 달(Moon)로 볼 수 있지만 이집트에서 달의 신은 Thoth(Tot)이다. 그러면 Mont로 보아 커다란 산일까? 고대 신화를 보면 영웅들의 모험 과정에서 7개의 산을 넘는다든지 7일 밤을 보냈다는 이야기들이 자주 나온다. 글쓴이는 이러한 7의 숫자와 만나면 항상 북두칠성이 떠오르게 된다. 여기에서도 커다랗고 긴 산맥으로 보아 최종적으로 꽃(풍요를 상징함)이 자라는 낙원에 다다르는 형상으로 그리면 좋겠다. 그러나 이러한 설정은 이집트보다는 유프라테스 지역에 알맞다. 반면에 물줄기로 보는 것이 더욱 타당할 것 같다. 이집트에서 가장 중요한 자연 요소가 나일강이기 때문이다. 이집트 고대 벽화에서는 배를 타고 항해하는 모습들이 자주 나온다. 그리고 글쓴이가 주목하는 것이 **Khem**이다. '검다'의 뜻인데 이는 나일강의 범람이 끝나 주변 토지가 옥토로 되면서 검은색을 띠기 때문에 탄생한 이름이다. 물을 조절하며 밭을 경작하는 관개(灌漑) 농업의 효시이다. 그러면 Mena는 물가가 되고 '펴라'와 같은 의미를 가진다. '나루'와 같다. 'Mer-Nar'로 새기면 물과 나루가 되어 나일강과 일치하게 된다. 목동과 처녀는 봄을 대변하는 별자리로 계절적으로도 일치한다. 이러한 해석으로는 아무래도 전갈자리의 Antares를 포함시키는 것은 무리가 있다. 플레이아데스를 '**Chu, Chow**'라고 불렀다. 그 당시 '초'가 있었는지는 모르지만 음운학적으로나 플레이아데스의 모여 있는 반짝임의 형태를 고려하면 '**초(Candle)**', 즉 '초ㅅ불'이 가장 알맞다.

여기서, **Mena에 대하여 전혀 다른 해석을 해 보이겠다. 'Amun, Amon'으로 보는 견해이다.** 창조신이면서 성모(聖母)이다. 이미 앞에서 언급하였다. 아(A)는 종종 빠지는 경우가 많다. **A(아)는 주문을 외울 때 사용되는 후렴으로 보면** 좋다. 이러한 관점에서 Khem은 Kama로 '검은' 땅을 가리키는 단어가 아니라 신을 상징하는 이름으로 보면 Amun하고 통한다. '곰' 역시 성모이며 무당이다. 풍요의 여신으로 본다면 꽃의 등장과 처녀자리의 스피카와도 상징성에서 모두 맥이 닿는다. 그런데 아문신은 머리에 두 개의 깃털을 단 모습으로 묘사된다. 그리고 양으로 보는 것이 일반적이다. 따라서 해의 길에 있는 양자리를 아문 신으로 해석한다. 아무래도 나중에 그리스나 바빌로니아의 영향을 받고 난 후의 설정이 아닐까 한다. 그러면 아문의 전령은 전갈자리 으뜸별인 안타레스, 아문의 꽃은 처녀자리 으뜸별 스피카가 된다. 두 별 모두 화려하게 빛나 풍요를 상징하는 신의 별로 삼았을 것이다. 이에 따라 이 별들을 상대로 하는 신전의 건축이 이루어졌다고 본다. 그리고 염소자리를 아누비스(Anubis) 신으로 설정하는 것 역시 같은 맥락일 것이다. 아누비스 신은 개 혹은 늑대 머리로 상징화된다. **현재 해길의 12자리는 12개의 구역으로 나누는 과정에서 별들의 밝기와는 무관하게 설정**된 것들이 많다. **이집트인들은 별의 밝기를 중시**했다. 아울러 아주 특이한 별들의 조합만을 주목했다. 따라서 현재의 12 별자리와 이집트는 큰 상관이 없다. **Amun 신은 Tebe가 중심인 상-이집트의 주신**이다. 이 지역은 농경 사회가 아니라 유목사회가 주를 이루는 곳이다. 상하 이집트를 통일한 왕이 Tebe를 거점으로 하는 **나르메르(Narmer)**이다. 서기전 3000년경의 일이다. 그런데 이 왕의 명칭이 메니(Meni, 그리스어로 메네스)로 부여된다. 물론 Meni는 여기서 다루는 Mena와 같은 말이다. 기록에 따르면 Meni 왕조를 연 첫 파라오에게 부여되는 것으로 파악되고 있는데 주로 Narmer 왕을 가리키는 것으로 보고 있다. 결정적인 것은 아니다. 왜냐하면 'Aha'라는 왕에게도 이 호칭이 부여되기 때문이다. 바로 '아해'이다. 역시 성스러운 이름이라 하겠다. Aha 왕은 Narmer 바로 다음 왕이다. 따라서 **Aha는 자식을 가리키는 '아해'**이다. 멘(Men)이라는 여신 이름도 나온다. 결론을 내겠다. 이미 밝혔지만 **Meni는 몽(Mon)으로 존경 머리말 혹은 꼬리말**이다. Narmer를 보자. '나알-뫼알'이다. 앞에서 Mena를 'Mernar'로 새김한 바가 있다. 물-나루인데 Narmer는 그러면 '나루-물'인가? 여기서 다시 Mer가 '물(水)'이냐 마루(頭)'이냐'가 문제로 대두된다. Tebe가 있는 상-이집트는 나일강의 급류가 6개나 있는 협곡 지형이다. 급류는 폭포를 이룬다. 아무래도 Mer를 마루로 보기보다 물로 새김하는 것이 알맞을 것 같다. 그러면서도 Nar 역시 강을 가리켜 이중적인 이름이 되어 다소 부담스러운 설정이기도 하다. 상-이집트의 신이나 파라오를 상징하는 모자는 고깔모자(crest)이다. 우리와 같다. 이는 나는 새를 상징한다. 산과 같은 높은 지대의 상징이며 유목 민족을 가리킨다. 상-이집트 지역은 한마디로 고원(高原) 지대이다. Amun 신의 모자를 보면 두 개의 긴 깃털이 붙어 있다. 영락없이 새를 상징한다. 양이 아니다. 더욱이 Nar는 '날다'의 뿌리말로 볼 수도 있다. 그러면 모자의 모양과 상징성이 같아진다. Mena, Meni로 돌아가자. Mon, Men으로 읽어본다. 그러면 존경 지시말 Mon과 만난다. 그런데 우리말에 '맨'이라는 머리 지시어가 있다. 맨 위, 맨 아래 등으로 쓰이는데, 결국 최고의 뜻이 담긴 말이다. 따라서 파라오에게 주어진 **Meni는 최고(Supreme)**를 가리키는 존칭이라고 본다. 그러면 모두 해결된다. 별 혹은 별자리를 가리키는 Mena 역시 가장 존경스러운 존재의 별들을 가리킨다. 가장 밝으며 상징성이 큰 영역에 나타나는 일등성 별들일 것이다. 이미 언급한 바가 있지만 우리말 '마님, 마나님'이 Mena와 뿌리를 같이한다.

에티오피아(Aethiopia)를 보자. 이곳에서의 별자리 설정은 해안으로 침략한 쿠시(Kush, 커씨, 키씨)의 지배에서 비롯된 것으로 보고 있다. 쿠시족은 홍해를 가로질러 침략하는데 나일강까지 이른다. 더욱이 에티오피아에서 빙글 돌아서 **모로에(Moroë)**까지 치고 들어간다. 그리고 수도로 삼는다. 현재의 Nubia 지역으로 결국 이집트의 북쪽까지 올라가 점령한다. **Nubia**는 현재의 수단 중심부에서 이집트 국경지대를 아우르는 지역으로 고대 이집트 영토와 거의 같았다. 이 지역은 나일강의 지류가 많으며 6개의 급류, 다시 말해 폭포가 많다. 수도인 '모로에'는 5번째 6번째 폭포 사이에 위치하였다. 이 크시족의 침입으로 이집트는 큰 혼란에 빠지고 왕권이 바뀐다. 물론 신들의 이름도 바뀐다. 여기서, **Moroë는 그대로 '물'과 소리값이 같다**는 점을 강조해 둔다. 이집트는 또한 그 전인 서기전 1700년경 아시아로부터 온 히크소스(Hyksos)족의 침략을 받아 108년 동안 지배를 받으며 조공을 바친다. Set 신이 늑대 형상을 한 것은 이때 생긴 것으로 본다.

아라비아에서는 그림으로 보아 Al Suwar라고 한다. Suwar는 Suvar이며 이는 '씨뵈알'이다. 뵈알은 배의 알을 뜻하며 이것이 우리말 '별'이 된다. 따라서 단순히 그림(Figures)으로 보는 것은 그 깊은 내막을 모르고 해석한 결과이다. '씨별'이라 하면 된다. 씨처럼 모여 있는 형상이 아닌가? '씨불'로 보면 Akkad에서처럼 Sippar가 해를 가리키기도 한다.

별자리에 대한 구체적인 분류는 그리스에서 시작된다. 서기전 270년 Aratos에 의해 45개의 별자리 목록이 만들어진다. 하지만 이 목록은 이미 몇 세기 전에 유프라테스나 칼데아에서 만들어진 것들이 그 원류이다. **그러나 글쓴이가 보건대 이집트의 유산이 크게 반영되었을 것**으로 믿는다. Hipparchos의 목록은 잃어버려 전하지 않지만 프톨레마이오스(Ptolemy)에 의하면 49개의 별자리에 1,080개의 별 이름이 기록되었다고 전한다. 프톨레마이오스가 이를 정리하여 48개의 별자리를 확립하는데 해길을 중심으로 북쪽에 21개, 남쪽에 15개가 주어진다. 그리고 모두 1,028개의 별로 구성되었다. 이 별들은 그 당시 남위 54도 이상의 별들에 속한다. 이러한 그리스의 위대한 업적은 유럽의 암흑시대로 인하여 그 존재를 모른 채 덮여버린다. 반면에 아라비아 지역의 이슬람 제국에서 그 가치가 인식되고, 9세기경 그리스의 천문(물리)학, 수학, 의학 등 거의 모든 분야에서 번역이 이루어진다. 이 번역본들이 나중에 유럽에 알려지고, 한참 시간이 흐른 후에야 이를 다시 유럽에서 번역하는 과정이 뒤따른다. 그 시기가 1175년으로, 이때 프톨레마이오스의 알-마게스테(**Al-Mageste**)가 2권의 번역본으로 재탄생한다. 여기서 Al은 지시말에 불과하며 Magesty는 '마커씨치'로 '마루-커씨'이다. '**높고 크다(High and Great)**'라는 뜻으로 Mighty, Majesty는 물론 Major 등도 같은 식구이다. 따라서 뜻하지 않게 아라비아어에 의한 이름들이 숱하게 등장하는 결과를 낳는다. 이때부터 서유럽에서 수학적이며 관측적인 천문학 전통이 살아나면서 1275년경 **알폰소 표 (Alfonsine Tables)**가 탄생한다. 이 속에는 그 당시 달력 체계는 바뀌어야 한다는 천문학적 관측 사실도 포함되어 있다. 비로소 유럽의 뛰어난 천문학적 전통이 확립되는 셈이다.

본 주제를 마치기 전에 이집트의 신과 별자리에 대한 이름에서 특별한 경우를 논의해야겠다. 그것은 'Osiris, Sirius, Set, Isis'에 대한 것이다. 이 이름들은 모두 '쇠(씨)'를 뿌리말로 하고 있다. 생명의 씨앗이 아니라 생명의 밭을 가는 '소, 쇠'로 새김하면 고대 이집트의 농경 사회가 주류로 떠오른다. 이집트는 기후와 강수량에 따라 크게 두 지역으로 나뉜다. 이미 여러 번 언급이 되었다. 하-이집트와 상-이집트이다. 여기서 상(上)과 하(下)는 위와 아래로 나일강을 기준으로 하는 분류이다. 하류가 바다에 가까운 지역임을 잊지 말도록 한다. 하-이집트는 나일 삼각주를 중심으로 하여 북쪽 나일강변 지역으로 나일강의 범람과 이에 따른 비옥한 땅에 의한 곡식 재배 사회가 주류를 이룬다. 이때 꼭 필요한 것이 밭을 가는 행위이다. 이를 맡아 하는 것이 소이다. 반면에 상-이집트는 산악지대이다. 목축 경제가 주를 이루며 사냥이 동반되는 사회를 형성한다. 개 또는 늑대로 상징될 수 있는 구조이다. 이집트는 걸출한 왕에 의해 통일이 되는데 상-이집트의 지배자가 그 역을 한다. 그러면 신의 상징성이 바뀐다. 즉 소에서 개 혹은 늑대 형상으로 변하는 것이다. 물론 그 역도 가능하다. **이집트의 천지창조 신화는 네 가지로 되어 있다.** 그중 가장 유명한 것이 Osiris, Set, Isis가 등장하는 가지로 Atom을 정점으로 한다. 그런데 이 창조신이 바다로 설정된다. 유프라테스의 신화와 구성이 같다. 시리우스별이 속한 자리는 개로 상징된다. 유목과 사냥의 전령이다. 그러면 상-이집트나 아니면 타 지역의 유목민에 의한 설정이다. 글쓴이는 위에 든 이름들이 모두 '쇠'를 뿌리말로 하는 점으로 보아 쇼(수소든 암소든)가 나일강의 삼각주나 근처 남쪽 나일강 주변의 고대 문명은 소를 신으로 삼았다고 본다. 나중에 북두칠성을 소의 뒷다리로 설정되거나 소를 퇴치하는 신화들은 모두 농경 사회가 유목사회에 의한 지배를 상징하는 것으로 해석하고자 한다. 인간에게 소처럼 귀중하고 중요한 가축(동물)은 없다. 현재도 그렇다. 개와 고양이는 부차적인 동물이다.

> * Tebe는 따뵈로 언덕과 같은 높은 지대를 가리키는 이름이다. 따알인 '달'과 같다. 달은 산이며 그것도 평평한 산언덕을 가리켰던 말이다. 아사달이 이에 해당한다. Tebe라는 지역이나 도시는 여러 곳에서 나온다. 반면에 봉우리를 지닌 산은 '뫼, 메'이다. Tel 역시 달이며 높은 언덕이다. 땅을 뜻하는 Tell, Terra도 어원은 같다. 모두 타(땅)에서 출발한다.

## 특별 주제 5 나반, 아만(Naban, Aman)

앞에서 이집트의 Mena에 대한 의미를 다각도로 살펴보았다. 그리고 Amun과의 연결성도 파악해 보았다. Amun은 의례 과정에서 주문의 말, Mena는 주문의 말이 기록된 형태라고 판단된다. 같은 말이며 같은 의미를 가진다. 성모 즉 어머니이다. '아만(阿蔓, Aman)' 역시 어머니, 어멍이며 성모이다. 나반은 Naban, Navan, Nafan 등으로 표기될 수 있다. 여기에서는 Naban으로 한다. '나뵈나'이다. '나'가 이중으로 들어가 있다. Aban으로 하면 아방, 결국 아바니가 된다. 현재 우리는 아버지로 소리한다. 나(Na)인 경우 An으로도 변하면서 N 소리가 사라지기도 한다. **아미(Ami), 아비(Abi)**라 하면 서로 대응된다. **성모(聖母)와 성부(聖父)**이다. 또한 Mon과 Bon으로 해도 대비된다. 한편 Amun은 Naman으로도 새김할 수 있다. '마님 혹은 마나님'과 음운학적으로 모두 통한다. 다시 Mama는 성스러운 존경 꼬리말로 아바마마, 어마마마 등으로 되며 최상층 지배자를 가리키게 된다. 뵈뵈인 'Vama, Bama'는 밤, 범 등이 되어 어둠과 공포의 상징이 되면서 범할 수 없는 이름으로 간다. 아울러 '뱀'도 된다. Tama는 '담'으로 담다의 뿌리말도 된다. 영어의 Dam, Dome과 같다. 그러나 구역을 정하는 '담'으로 보면 모든 것이 통한다. 이렇게 뫼(Ma, Mi)는 꼬리말 역할과 함께 우리나라 말에서 명사형을 구축하는 중요한 씨말이다.

다음에 아누비스(Anubis)를 보기로 한다. 보통 개의 머리를 한 신으로 등장한다. 늑대로 보아도 좋다. '아나뵈씨'이다. 뿌리말은 나뵈이며 결국 Naba와 같다. 꼬리말 역할을 씨에서 나로 하면 '나반'이 된다. 더욱이 나뵈는 Nubia와 음운학적으로 동등하다. Anubis와 Nubia는 같은 이름이다. 마치 Espana와 Spain의 관계와 같다. 따라서 **Anubis와 Nubia는 같은 종족의 신(God)과 땅(Earth)**이라고 할 수 있다. 앞에서 열거했던 쿠시족과 연관된다. 쿠시족은 말을 타고 공격하면서 머리에는 늑대를 상징하는 모자를 썼을 것이다. 이 종족은 또한 우리와 통하는 것이, 수도 이름을 물(Morie, Water, Rever)로 새김을 했다는 사실에 있다. Nubi는 우리말 '누비다'의 뿌리말과 같다. '누리다', '다루다'와 대비된다.

이제 '뫼(메)'와 '뵈(배)'를 '되(땅)'와 어울려 본다. 'Meda, Meta'와 'Beta, Beda' 혹은 'Veda, Veta'이다. 우리로서는 밭을 필두로 마당, 바다(당), 바닥, 바탕 등이다. 모두 기본이 되는 땅과 물이다. 알파벳의 베타(β) 역시 밭과 같다. **Meda와 Veda는 이름, 기록물 등의 꼬리에 뿌리말**로 숱하게 등장한다. 여기서 메(Me)는 산을 상징하지만 높은 산은 신선한 산이며, 결국 신이 머무는 장소이다. 그러면 '메'는 신에게 바치는 공물, 따라서 제사의 음식으로 상징화된다. 우리나라에서 '메를 올려라'가 이에 해당한다. 일본어에서 '메시'는 밥이나 식사 행위를 가리킨다. **'메'는 또한 신과 통하는 성스러운 말(言)**로 승화된다.

나(Na)는 태어남을 뜻한다. 나는 자기 자신 '나'를 가리킨다. '너'는 상대방이지만 모두 '나다'의 뿌리말이다. 나와 너는 뿌리가 같음을 상징한다. 이 '나'가 'Me, Ma, Mon, My'와 뜻으로 대응된다. 나와 마를 합치면 Nama이다. 그런데 너, 즉 상대방을 우리는 '남(Nam)'이라 부른다. 남은 남쪽이며 나무이기도 하다. 모두 거룩한 생명체와 탄생의 자연적 조건을 상징한다. 앞에서 우리는 Mena와 함께 Narmer를 다양하게 해석해 본 바가 있다. 정복왕인 Narmer는 이집트를 통일한 후 지역을 분할하여 정치, 사회, 종교적으로 효과 있게 다스린다. 이때 행정단위 지역 이름이 Nome이다. **나메스, 노모스 등 스(s)가 들어간 이름은 그리스어의**

**영향으로 주의해야 한다.** 나일강을 따라 상-이집트가 12개, 하-이집트가 10개로 설정되었다. 그런데 '노메'는 최고의 호칭인 Mane와는 앞과 뒤가 바뀐 구조이다. 그러면 **Nome는 Nama와 같고 이를 '나누다'의 뿌리말로 보면 역시 분할의 뜻**으로 간다. 이른바 나눔(Nanum)이다. '담'과 대비된다. '남다'의 말뿌리로 보면 의미가 더욱 명확해진다. '나마'는 인도에서도 등장한다.

불교에서 제의적 행사 때 되뇌는 '나무아미타불(南無阿彌陀佛)'을 보자. '나뫼-아뫼-따-뵈-알'로 이루어진 말이다. Nami+Ami+Ta'에 '부루'가 꼬리말로 된 구조이다. 일반적으로 해석하는 방향은 다음과 같다. 나무는 산스크리어인 '절 혹은 인사'를 의미하는 나마스(산스크리트어 namas)에서 왔다는 설이 유력하다. '절 혹은 예배'에서 그 뜻이 자기 자신을 맡긴다(보통 귀의, 歸依, Śaranāgamana)라고 함)고 표명하는 뜻으로 해석한다. 따라서 "나는 귀의합니다"로 의역을 한다. '아미타(阿彌陀)'는 광명의 신인 "아미타비(amitābha)"와 생명의 신인 "아미타유스(amitāyus)"의 '잴 수 없는', 한자로는 무량(無量)'이라는 아미타(amita-)의 음을 따온 것으로 해석한다. 그러면 '나무아미타불'은 "나는 (헤아릴 수 없는 광명, 헤아릴 수 없는 수명) 아미타불에 귀의합니다"라는 의미가 된다. 인도의 경전들(힌두의 베다와 불교)에 있어 글쓴이가 가장 주목하는 부분이 말, 이름들이 모두 추상적이라는 점에 있다. 극도로 추상화되어 있어 정량적인 해석이 불가능할 정도이다. 원류 찾기가 힘들다는 의미이다. 내용은 모두 정성적이며 결국 주관적인 관점으로 점철되어 있다 하여도 과언이 아니다. 해석하기 나름에 따라 내용이 상반되는 두 갈래로 나누어질 수도 있다. 'Namu'는 '나무(Tree)'라고 본다. 신성한 나무로 소위 하늘나무이다. 나무는 자기, 즉 '나(Myself)'가 맡기는 상대인 '남'으로 추상화된다. Sumer에서 물의 신을 'Nam-Mu'라 한다. 여기서 Mu는 물을 가리킨다. 대응되는 여성 신이 Nin-Mu이다. '아씨물'이다. 물가에서 자라는 나무를 상징한다고 본다. 박달나무와 같다. 이러한 신성한 나무에 제단을 차려 비는 행위가 '나무-아미타-불'이라 하겠다. 불은 부루이며 또한 Beut로도 새김할 수 있다. 그러면 '붇(붓)다'이다. 밝음의 불이다. 아미타는 '어미터'이고 성스러운 제단, 성스러운 산을 가리킨다.

# 특별 주제 6 **이집트**

## 바다와 이집트

앞에서 뵈따인 불타를 거론하였다. 이집트의 국명과 관련된다. '뵈따'는 '바다'와 같다. 바닥, 바탕의 뿌리말이다. '뵈따'인 마당과 좋은 대비를 이룬다. 반면에 불타는 '뵈알따'인데 바다의 고어인 '바롤'과 만난다. **바다의 수평선은 곧은 선을 이루며, 결국 기준선이 된다. '바르다'가 여기에서 유래한다.** 따라서 부타, 불타는 **옳고 바른 길을 뜻하며 이를 실행하는 성직자, 즉 성자(聖者)를 상징하는 이름이 된다.** 이집트의 프타(**Ptah**) 신도 여기에 속한다. 그럼에도 불구하고 바다가 주는 폭풍이나 파도에 의해 죽음을 상징하는 이름으로도 출현한다. 강을 매개로 하는 지역에서 바다의 범람은 피할 수 없는 공포의 자연재해이기 때문이다.

이집트(Egypt)의 철자를 보자. 이 단어는 '**Hewet-Ka-Ptah**'가 원류이다. '프타의 영혼의 신전'이라는 뜻이라고 한다. 이 말이 그리스로 넘어가 'Aeguptos'가 되고 나중에 'Egypt'로 되었다는 설(說)이 유력하다. 여기서 **Ptah** 신은 '바다'와 같다. 그리고 '보다'와 이어진다. 모든 것을 보고 아는 신인 셈이다. '커'인 **Ka**는 **영혼을 가리킨다.** 이집트인들은 육체뿐만 아니라 정신적인 것에도 의미를 부여했는데 **신체적 영혼을 'Ba', 그 에너지를 'Ka'**라 하였다. 생명을 안은 배를 영혼, 나와서 성장한 것을 에너지라 한 것은 우리의 관점과 통한다. **Hewet는 그대로 새기면 '해터'이며 결국 해땅이다. 따라서 해의 신전과 같다. 물론 et를 '알(r)'로 보면 '해알'이다. 의미는 같다.** 그리스어에서 Aegu는 h가 탈락한 경우이다. 아울러 '알'에 해당하는 (w)et 역시 무시하였다. 그리스어에서 h 탈락은 다반사로 나온다. Hindu를 Indu로 표기하는 식이다. 에티오피아(Aethiopia)도 앞에 h가 탈락한 이름이라고 본다. 그러면 'Haet-Opia'인데 et를 'r'로 새기면 'Haeropia' 즉 '할아비'가 된다. 그냥 새기면 '해땅배'이다. 모두 성스럽고 높은 땅이라는 뜻이다. 조로아스터교의 Zoro-Astor는 그리스어로, 원래 페르시아어인 자라투스트라(Zarathustra)에서 파생된 말이다. 여기에서는 et에 해당하는 ath를 탈락시킨 경우이다. 결국 **이집트는 '해와 바다'를 바탕으로 하는 땅**임을 알 수 있다.

한편 Ptah 신의 모습을 보면 특이한 점을 발견할 수 있다. 그것은 머리통이 머리를 깎은 형태이다. 또 하나는 검은 옷을 걸친 점이다. **지팡이(cane)**를 든 불교

승려의 모습과 비슷하다. 머리를 깎는 행위와 검은 옷은 불교에서 중요한 상징성을 가진다. '삭발염의(削髮染衣)'라는 말이 있다. 머리를 깎고 옷을 염색, 즉 물들인다는 뜻이다. 물들이는 색이 검정이다. 그러면 왜 검은색일까? 속세에서 얻었던 모든 것을 버린다는 상징성을 지닌다고 한다. 머리를 깎는 행위는 속세의 일을 잊고 그 구속에서 벗어난다는 상징을 갖는다. **Ptah는 소리값으로는 '부타(Budda)'와 같다.**

Ptah

그림 4.3    이집트의 Ptah 신. 멤피스에서 받드는 창조신이다.

여기서 중요한 질문을 하지 않을 수 없다. 그렇다면 그림 **4.3**에서 보듯이 고대 이집트의 **Ptah** 신이 "불교 승이란 말인가?" Ptah를 바다로 보았다. 물론 바다이면서 바탕이다. 그리고 진리를 '보다'의 '보다'이기도 하다. 모두 근본을 가리키고 있다. 소위 붇다(Budda, 佛陀)가 이러한 원초적 상징을 가지고 있으면서 그 본래를 본(보다), 이른바 깨달은 성직자로 묘사된다. **이집트의 창세 신화에서 지은이는 멤피스의 Ptah 신에 의한 설정이 가장 품위가 있다고 본다.** 왜냐하면 근본 규칙인 말(Me)을 가지고 우주적 질서를 구축하면서 심장과 혀에서 해와 달인 Horus와 Thoth를 창조하기 때문이다. Ptah는 바다인 심연의 신 Nun과 동일시되었다는 점을 잊어서는 안 된다. 한편 **검은색은 나일강의 수위가 낮아지면서 그 주변 땅이 옥토로 변화하는 흙의 색깔을 가리키는 것으로 해석하고 싶다. Ptah의 풍요**

를 상징한다. 불교의 추상적인 상징성보다 고상하면서도 현실적이고 자연적이다. 그 말이 검은색을 가리키는 Khem이다. 이미 여러 번 소개하였고 앞으로도 자주 등장할 것이다. 제주도에서 익지 않은 풋감을 가지고 물들여 입는 옷이 있다. **감옷인데 보통 갈옷**이라 부른다. 처음에는 감색을 띠었다가 점차 짙은 흙색으로 변한다. 이 **갈옷이 Ptah가 입은 옷**과 비슷하다. 감이란 말이 여기에서 유래한 것 같다. 옷감, 물감 등에서 보듯이 재료를 뜻하는 꼬리말로 나타나는 것이 이를 증명한다고 하겠다. 머리를 '감다'의 감도 이 울타리에 속할 것이다.

### 투탕카멘: 투트 · 앙크 · 아문(Tut-Ankh-Amen)

(a)

(b) 카흐투슈(Cartouche)

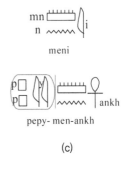

meni

pepy- men-ankh

그림 4.4  (a), (b) 투탕카멘의 탈(Mask)과 이름이 새겨진 비문. (c) 이집트 문자의 보기. [6, 10]

먼저 이집트의 왕 이름과 관련하여 중요한 점을 짚고 넘어가겠다. 이집트의 왕 (Phara-Oh: 부루해) 중 일반인들에게 투탕카멘처럼 잘 알려진 왕은 없다. 이 왕이 유명한 것은 그 치세에 있는 것이 아니라 무덤이 도굴되지 않고 원형 그대로 발견된 덕분이다. 그림 **4.4**는 투탕카멘 왕의 무덤에서 발견된 카흐투슈(Cartouche)에 새겨진 그림문자이다. Cartouche는 프랑스어로 기둥이나 기념비에 새겨진 소용돌이 장식 그림을 의미한다. **참고로 프랑스어에서 'r'은 '알'이 아니라 '흐'처럼 발**

음된다. 이 발음은 'r'과 'ut' 사이의 과도적인 현상이라고 본다. Paris는 '빠히' 정도로 발음된다는 점을 상식적으로 알아두면 좋다. 아울러 꼬리에 붙는 자음은 발음되지 않으면서도 다음 말과 이어질 때는 살아난다. 이를 연음(連音) 현상이라고 부른다. 따라서 프랑스어는 발음만 가지고는 뜻을 헤아리기 힘들다. 카흐투슈는 이집트의 왕이나 신들의 이름을 표시하는 비석으로 보면 된다. 이집트의 그림형 글씨를 **히에로글리프(Hieroglyph)**라고 한다. 보통 한자로 상형문자(象形文字)라고 번역한다. **그림문자 혹은 그림글씨**라고 하여야 제대로 소통이 된다. glyph는 graph 와 같으며 '그리다'의 말뿌리와 같다. hier는 '성스러운'이라는 뜻이라고 하였다.

우선 이름을 투탕카멘이라고 발음하는 것은 잘못되었다는 점을 지적한다. 원래 '투(으)트-안크-아문(혹은 아멘)'이다. Mun은 그림문자에서 장기판과 말이 그려져 있는 모양과 강줄기를 나타내는 기호로 된 이름이다. 장기판은 MN, 강줄기는 N의 발음을 나타낸다. 이미 지적했었지만 이집트의 그림문자에서 모음은 특별한 경우가 아니면 없다. 따라서 이 단어는 mnn인데 보통 mun으로 새김한다. 장기판 앞에 갈댓잎이 있는데 발음상 이(i)를 나타낸다. 그러면 I-Mun이 된다. 이것을 A-Mun, 혹은 A-Men으로 표기하는 것이 현 이집트학의 주류이다[6, 10]. 여기서 강줄기 n은 사실상 'Mun'이 Mung으로 발음되는 역할을 하고 있다. 몽(Mong)이다.

가장 특수한 말이 Ankh이다. 여기서 h는 무시하여도 좋다. 이 말은 하나의 기호로 나타내는데 그림에서 보는 것처럼 긴 타원의 고리가 T와 같은 모양 위에 놓여 있는 형상이다. **여기서 글쓴이는 세계에서 처음으로 이 글자 우의 뜻과 구조를 밝히겠다.** 만약에 여기서 해석한 내용과 비슷한 학문적 발표 자료가 있다 해도 독자적인 것이라고 주장하겠다. 그리고 결론이 같으면서도 다른 방향에서 해석하였다면 학문적으로 높은 가치가 있다고 본다. 위에 있는 고리 모양의 타원은 하늘을, 그것을 떠받치는 T는 땅을 가리킨다. 그리고 Ankh는 En-Ki이다. 수메르의 물의 신이며 창조신 중 하나이다. 수메르의 창조 신화에서 처음에 하늘은 An, 땅의 신은 Ki로 나온다. 'An-Ki'이다. 그리고 여러 번 주장했지만 An은 Han과 같다. 이제 명백해졌다고 본다. 이집트의 신들은 유프라테스 지역, 그것도 수메르에서 비롯되었다는 점이다. 물론 이집트 특유의 지역적, 심리학적인 요소가 가미되면서 점점 신들의 이름이 달라져 간다. Tut는 Twt이며 결국 Tout, Toth 등으로 보고 싶다.

그러면 따알인 Tor가 된다. 달의 신 Toth와 만난다. Toth와 Amun 신은 이집트의 네 곳의 창조 신화 중 각각 한 곳을 차지하는 신들이다. 여기서 세 갈래 이름(Tut, Ankh, Amun)이 모두 신성하고, 높고 거룩한 존재를 나타내고 있다. Ankh를 나타내는 기호는 이집트 왕들이 고리를 손에 잡는 형태로 등장한다. En-Ki처럼 물을 다스리면서 온갖 규칙(Maat, 말)을 실행하는, 생명을 관장하는 제사장을 상징한다. 그러면서도 '물'이라는 생명 샘 이상의 하늘과 땅을 아우르는 전체 지배자를 표시한다고 하겠다. 그런데 왕명을 새긴 비석인 '카흐투슈'를 보면 'Amun-Tut-Ankh'로 볼 수도 있을 것 같다. 어떻게 보면 An-Ki에서 Ki(Kh)와 Tut는 땅의 지배자를 가리키는 동일한 속성의 말이기도 하다. 여기서 Tut와 Ankh를 이은 꼴로 하여 Tutankh, 즉 투탕크로 발음하면 원래의 뜻을 잃어버린다. 더욱이 꼬리에 Amun을 붙여 '투탕카멘'으로 되면 세 개의 성스러운 독립된 말은 사라지고 뜻으로는 새길 수 없는 이름으로 전락하고 만다. '몇-일'이 '며칠'로 되어버린 셈이다.

> * 보통 발음이 이어지는 현상, 연음(連音)은 우리말의 경우 실사와 허사 사이에서 일어난다. 여기서 실사는 뜻이 있는 말, 허사는 뜻이 없는 말을 가리킨다. 우리말의 조사(가, 이, 은, 는 등)가 이에 해당한다. 보기를 들면 '사람이'라고 할 때 '사람'은 실사이며 '이'는 허사로 이 경우 사람에서 'ㅁ'이 허사의 '이'에 붙어 '미'로 발음된다. 몇일은 몇과 일이 뜻이 있는 실사이기 때문에 원칙적으로는 '면일' 최종적으로는 '면닐'로 발음되어야 한다. '며칠'은 그대로 연음이 된 경우이다. 이때 며칠은 몇과 일이라는 고유 말은 사라지고 며칠 자체가 하나의 말로 고착되어 버렸다. '몇일'은 사전에 존재하지 않는다.


## 특별 주제 7 수메르

### 쇠와 수메르

#### 수메르, Sumer!

인류 최초의 도시 국가이며 문명국으로 이름이 높다. Sumer 민족에 대해서는 아직도 제대로 파악되지 못하고 있다. 다만 그들 스스로가 검은 머리라고 불렀다는 기록이 존재한다. 여기서 검은 머리는 '얼굴이 검다'기보다는 '머리카락(털)이 검은 것'을 가리키는 것으로 해석하고 싶다. Sumer는 Akkad 어로는 Sumeru라고도 한다. Akkad 인들이 부른 이름으로, 수메르 사람 자체가 부른 민족 이름이 아니다. 수메르인은 자기 땅을 K-en-gi(-r)라고 불렀다. 이 말은 흔히 'country+lords+noble'라고 해석되고 있다. '나라-신(하늘)-존경'의 세 가지 뜻이 담겨 있다 하겠다. 그리고 그들의 말(language)을 'eme-gi' 혹은 'eme-g(이응에 해당, ng)ir', 즉 'Emegi'라고 한다. 그리고 자기들을 'Black-head ones' 혹은 'Black-headed people'이라는 뜻으로 'sag-gig', 'head+black', 혹은 'sag-gig-ga, sang gi ga'라 하여 'head + black + relative marker'로 해석하고 있다. Akkad인 역시 black-headed-people이라는 뜻으로 'salmat-qaqqadi'라고 불렀다. 이제 하나 하나 분석해 나간다.

첫째, K-en-gi를 보자. '커+한+키'이다. 쉽게 말해서 '큰키, 큰치'이며, 결국 넓고 큰 땅을 가리키고 있다. 분명히 수메르인은 우리와 같이 '키, 치'의 문화를 지니고 있음을 알 수 있다. 다음으로 말(言)을 가리키는 Eme-gi를 보자. 역시 꼬리에는 '키'가 붙었다. 이 '키'는 지금도 우리말에서 명사형을 만들 때 사용되는 **꼬리말이다.** Eme에서 Me는 말인 Mer, Mir와 같다. 앞에 붙은 e는 er, ar라고 본다. 결국 Mar, Mal이다. '말키'이다. 사실 language인 말을 '말키'라고 하는 것이 더욱 자연스럽고 멋지다. 가장 어려운 검은 머리에 대해 분석해보자. 머리를 'sag' 혹은 'sang', 검정을 'gig'라고 하는 것 같다. gig는 '검다, 까만'처럼 'ka'와 연결된다. '가(까)마귀'에서 마를 무시하거나 이에 대응되는 '까치'처럼 새기면 되겠다. 머리를 '깎다'의 뿌리가 여기에서 보인다. 문제는 sag 혹은 sang이다. sag가 sang으로 변할 수도 있다는 것은 '삭' 다음에 카가 따르기 때문이다. 다시 말해, '삭카'가 자음접변에 따라 '상카'로 변하는 것이다. 여기에서 다시 '씨키'가 등장한다. 글쓴이는 여기에서 다른 해석을 하겠다. **'삭카크'로 '싹 깎았다'와 같고 결국 대머리로** 해석이 된다. 그런데 아카드인은 머리를 Salmat로 부른 것 같다. 여기서 mat는 mar와 같다. 결국 '머리(head: mari)'이다. 그런데 앞에 'sal'이 붙었다. 이 sal이 sag이고 '싹'이라고 본다. 결국 '씨키머리'이다. 이제 분명해진 셈이다. Sal은 또한 '쓸다'의 뿌리말로 '머리털을 쓸어 버린다' 하면 역시 통한다. 따라서 '살머리'라 하면 더욱 알맞다. '살얼음' 혹은 '썰물'을 생각하기 바란다. qaqqadi는 kakadi인데 한마디로 '까끄다', '깎다'와 그대로 대응된다. 우리와의 이러한 말의 동질성은 우리가 수메르는 물론 아카드족하고 관련된다는 뚜렷한 증거라 할 것이다. '씨키머리'는 상대적으로 '댕기 머리'와 대비된다. **대머리라 하지 말고 '까까 머리'라 해야 제대로 된 말이 된다.**

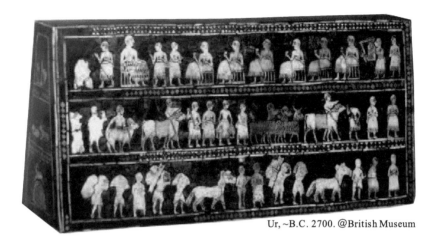

Ur, ~B.C. 2700. @British Museum

그림 4.5   수메르인의 머리 모습. B.C. 2750년 혹은 2600년경의 Sumer Ur 시대의 작품이다. 가장 위쪽이 전쟁을 수행하고 난 후 연회를 베푸는 장면이다. 왼쪽 세 번째 사람이 왕으로 보인다. 모두 대머리 모습이며 상반신도 벌거벗은 상태이다. 가운데가 농경 생활의 모습인데 황소와 양이 보인다.

그림 **4.5**를 보면 수메르인들이 대머리를 하고 있음을 알 수 있다. Ur 왕도 마찬가지이다. 심지어 상반신도 옷을 걸치지 않은 벌거벗은 모습이다. 이 그림을 보면 수메르에서 소와 양이 중요한 가축임을 알 수 있다. 모두 뿔이 달려 있다. 글쓴이로서는 수메르 학자들이 왜 검은 머리로 해석하였는지 그 이유는 모르겠다. 여러 가지 정황적인 근거를 토대로 하였다고는 본다. **수메르어는 물론 이집트의 그림 글씨들에 대하여 한 차원 높은 분석과 해석을 해야 할 것으로** 판단된다. 이에는 소위 교착어(膠着語, agglutinative language)*를 구사하는 우랄-알타이어 계통의 언어학자들이 중심이 되어야 할 것이다. 검은 머리로 해석하다 보니 아프리카에서 나온 흑인의 정권이 아니냐는 주장도 제기된다. 씨키족(스키타이)은 아마도 머리를 깎는 풍습이 있었을 것이다. 훈족이나 만주족의 경우 귀 근처를 제외하고 가운데 머리를 싹 깎아 다듬는 풍습이 있었다. 일본 역시도 옛날 이러한 풍습이 있었다고 본다. 왜냐하면 TV나 영화에 그러한 모습으로 그려진 장면이 나오기 때문이

다. 그리고 새끼줄처럼 새끼는 꼰 줄을 가리킨다. 귀 옆 머리털을 새끼줄처럼 꼰 데서 온 말이 아닌지 궁금하다. 새끼는 단순히 '작은 것'을 가리키는 말이 아니다.

이제 가장 중요한 이름이 남았다. Sumer이다. 글자 자체를 보면 '싸+뫄+알'의 구조이다. 아카드인들이 남쪽, 바다에 면한 사람들에 대하여 붙인 이름이다. Mer는 '물(Water)'로 볼 수 있다. 왜냐하면 아카드인들이 남쪽으로 들어와 수메르 지역을 장악한 것이 물과 관계되기 때문이다. 건조한 기후로 아카드 지역의 강물이 말라 목축이든 농경이든 지탱하기가 어려워진 상황에 처한 것이다. 이러한 기후 변화와 천재지변에 따른 가뭄 혹은 홍수는 민족의 대이동을 촉발시키는 일등 공신이다. 그러면 Su는 무엇을 가리키는 것일까? 앞에서 Salmat가 나왔고 이는 'Sal-mar'로 본 바가 있다. 그러면 Mer는 물(水)이 아니라 머리(head)가 된다. Sal을 Sa로 새기면 Sumer와 일치한다. 그러나 아카드인은 머리를 Mat로 불렀다. 물과 머리(마루, 頭)는 분명 구별되는 소리인 것이다. 따라서 Sumer의 Mer는 머리가 아니라는 결론이 나온다. 그러면 우리나라에서 유행하는 '소(쇠, Bull)머리'로 보기에는 어려워진다. 이 문제는 나중에 다시 논의하기로 한다. 그러면 Su를 '속'으로 볼 수 있을까? 속물은 물이 원천적으로 풍부한 강, 즉 물이 새어 나오는 곳을 가리키기 때문이다. 사실 샘물이라 하면 통한다. 아카드인들이 상대적으로 남쪽이 물이 풍부한 지역임을 알았고 그 지역에 사는 사람들을 Sumeru라고 불렀을 것으로 충분히 추측해 볼 수 있다.

쇠머리는 황소 머리이며 따라서 Bull이다. 황소의 숭배는 어느 한 곳에 국한된 것이 아니다. 더욱이 구석기 시대의 유물인 알타미라 동굴에도 황소가 그려져 있다. 수메르(아카드 포함) 신화에서 황소는 **'Apsu, Abzu'**라 하여 민물을 책임지는 신으로 등장한다. 농경 사회에서 가장 긴요한 역할을 하기 때문일 것이다. 그러면 황소에 해당하는 이름이 있는데 굳이 Sumer라 하여 쇠머리로 부를 이유가 없어진다. Akkad 역시 유프라테스와 티그리스강 유역이므로 황소를 부렸을 것이다. 따라서 남쪽의 사람을 황소, 황소 머리라고 부르기에는 설득력이 떨어진다. 그런데 아카드 왕조에서 가장 유명한 정복 군주 Sargon 왕이 그 수호신으로 몸통은 황소, 머리는 왕의 얼굴인 형태로 그려진다(그림 4.6). 얼굴에는 황소 뿔이 새겨져 있다. 한편 **Apsu**를 '압수'로 소리하는데 잘못되었다. '아비씨'이다. 나중에 **Bes**를 다루면서 다시 이야기하겠지만 '배씨'는 여성형이며 여기에 아니다의 아가 붙은 꼴이 **Abes, 즉 Apsu**이기 때문이다. 아비씨는 '아비-소'이며 수컷소인 황소와 그대로 이어진다. 이 해석이 더욱 알맞다. 일관되게 Apsu, Abzu, Apis 등 꼬리말이 철저하게 강조되는 점이 이를 반증하고 있다.

그림 4.6  왼쪽: Akkad 왕조를 개척한 Sargon 정복 군주의 성에 새겨진 상. 성(Palace)인 제국을 지키는 수호신으로 몸통은 소를, 머리는 사람 형상이다. 사람 얼굴 위에 황소의 뿔이 새겨져 있다. 오른쪽: 이집트의 황소 신인 아비소(Apis)의 모습. 역시 뿔이 강조되며 그 위에 해가 얹혀 있다. 해는 농사를 지배하는 최고의 신이며 그 대리 신이 황소임을 상징화하고 있다.

이제 더 깊게 조사해 보기로 한다. 사실 'Akkad, 아카드인'이라고 부르는 이유는 단순하여 이 민족이 Sumer 지역에 들어와 정착하고 세운 도시 이름이 Akkad이기 때문이다. **원래는 아가데(Agade)였다. '아기땅'이다.** 자신들이 그렇게 부른 것이 아니다. 이것은 Sumer가 자신들이 부른 이름이 아닌 것 하고 맥락이 같다. 그러면 Akkad 족은 어디에서 왔을까? 지금의 이스라엘 지역이나 아라비아 지역에 살던 민족으로 보고 있다. 그래서 흔히 셈족의 일파로 본다. 그러나 글쓴이가 보기에 더 북쪽에서 내려온 민족일 수 있다. 서기전 2350년경 이동을 하여 침입하는데 건조한 날씨를 그 이유로 보고 있다. 이집트 쪽으로도 흘러간 것으로 파악되고 있다. 이집트의 고왕국이 혼란에 빠지는 계기가 된다. 그러면 유프라테스 특히 바다에 면한 풍부한 강물이 있는 터를 노릴 수밖에 없었고 이로 인하여 Sumer의 Mer가 물을 가리키는 말로 볼 수 있다. 중요한 점은 Akkad 족은 유목민임을 잊지 말아야 한다는 사실이다. 반면에 Sumer는 농경을 기반으로 한 도시 국가이다. 농경의 주인공은 당연히 황소이다. 목축도 겸했을 것이다. 그러면 양도 포함된다. 반면에 유목 민족은 목축이 주를 이르며 황소와는 거리가 멀다. 따라서 Akkad 족이 유프라테스 지역을 침범하여 첫째로 눈에 들어온 것은 강변에 이루어진 농업용 밭들과 소떼였을 것이다. 여기서 소는 물론 뿔 달린 황소이다. 힘이 세고 머리에 두 개의 뿔이 인상적으로 각인되며 이를 쇠머리(Sumer)로 불렀을 것으로 본다. 물론 Mer는 마루이다. 이때 **특정의 동물이나 가축을 가리키는 지시말이 '씨'라고 보며 여기에서는 소(쇠)이다.** 우리와 같다. 그러나 이 지시말인 Su, So는 다른 대상도 가리킨다. 그런데 **양자리(Aries)**에서 뿔과 관련된 다양한 말이 튀어 나오는데 여기에서 Mer가 나온다. 양 역시 뿔을 가진 동물이다. **Ram을 뒤집으면 Mar가 된다**는 점을 다시 한번 강조한다. 이집트에서는 양의 뿔을 형상화한 모자가 왕의 상징이 된다. 산악 지대인 Tebe 지역이다. 양자리의 으뜸별을 Hamal이라고 부른다. '회말'이다. 양의 머리를 가리킨다. **Hamal은 또한 낙타인 Camel과 구조가 같다.** 낙타는 등에 혹이 나있고 이 혹이 곧 마루이다. 그리고 마루인 혹은 뿔로도 새김이 된다. 결국 돌고 돌아 Mal은 '뿔'을 상징하는 말이라는 사실에 다다르게 된다. 실제로 유프라테스 지역에서는 **양자리 으뜸별을 Si-mal, Si-mul로 불렀다.** 이른 바 **뿔별(the Horn Star)**이라고 해석하고 있다. Si가 별, Mal이 뿔이라는 뜻이다. **여기에서 중요한 사실이 드러난다. 그것은 '씨(Si)'이다. 특별한 대상을 가리키는 '지시말'이라는 것이 여기에서 확인된다는 점이다.** 그러면 Sumer는 'Su-mer, Si-mal'이며 Su는 소(쇠, Cow)를 가리키는 말로 볼 수 있다. 그리고 '쇠-뿔'이 되며 결국 'the Bull'과 같게 된다. 이제 다시 원점으로 돌아왔다. 앞에서 글쓴이는 여러 정황을 들어 Sumer는 '쇠머리'가 아닐 수도 있다는 결론에 도달한 바가 있다. 이러한 결론은 다분히 정황에 대한 심리적 판단에 따른 것으로 증거는 없었다. 그러나 양자리에서 드러난 것처럼 '씨(Si, Su)'가 특정 대상을 가리키는 지시말, '마루(Mer, Mal)'가 혹과 같은 마루나 뿔을 가리키는 말임이 분명해졌다. 더욱 중요한 것은 '씨(Si)'가 우리말 '누구누구 씨'에처럼 지시말인 '씨'와 일치한다는 점이다. 물론 **Sumer는 우리말로 하자면 '뿔씨(Pulsi)', '마루씨(Marsi)'가 된다.** 아카드 시대를 접은 구티족(Gutians)을 몰아내며 수메르 문화가 재건된 시기를 우르 3기라고 한다. B.C. 2037~2028경이다. 이때의 왕 이름이 '슈신(Shu-Sin)'이다. 바로 '신씨'가 된다. 물론 여기서의 '씨'는 최고의 존칭을 가리킨다. 이러한 존칭 지시말, 이른바 결정말은 여러 개 존재한다. **'씨'는 따라서 성스러운 동물이나 제**

물을 가리킨다. 쇠(황소든 암소든)가 대표적으로 나온 셈이다. '개'와 '닭'과 대응된다. 이제 최종 결론을 내야겠다. **Sumer**는 '쇠뿔', '쇠머리'이다. 이른바 '**뿔씨**'이다. 그리고 이 황소가 풍년을 기원하거나 비를 내리게 하는 성스러운 제물로 바쳐질 때 그러한 제물을 가리키는 말로 'Sumer'라고도 할 수 있다. 사실 앞에서 나온 '**Apsu, Abzu**'는 민물을 상징하는 소의 이름이다. 꼬리에 '씨'가 붙어 있는 것에 주목하기 바란다. 한편 민물인 Fresh Water는 사실 샘물을 상징한다. 샘물은 'Summer'이다. 따라서 물(水)과 머리(首)와 이를 상징하는 쇠(牛)가 심리적, 문화적 측면에서 서로 어울리며 교감을 한다. 이러한 심리적 어울림(共鳴)으로부터 말이 진화되고, 문화가 고도화 되어 가는 것이다.

한편 바다의 물을 상징하는 Tiamat는 나중에 재앙을 가져오는 악의 대상이 되면서 사악한 용으로 그려진다. 바다에서 일어나는 폭풍과 이에 따른 파도의 침입이 그 원인이다. Tiamat는 '따뫼따'인데 at는 'r'이다. 따라서 따마르이며 큰물의 뜻이 된다. 그러나 **Tia**를 **Tor**로 새김하여야 제대로 된 모습이 나온다. 다시 말해, **Tormar** 혹은 **Turmor**이다. **Tor**는 '돌다'의 뜻으로 **Tormar**는 '회오리치며 도는 물'이 된다. 태풍을 가리킨다. 사나운 용으로 상징화되는 이유가 깨끗이 설명된다. 용(龍)을 물(Water)로 새김하는 우리나라 말이 그대로 적용된다. 그런데 이곳의 신화에는 헤라클레스와 같은 영웅이 존재하는데 Marduk이다. 신화적으로 Marduk는 Tiamat를 처치한다. 해를 상징하며 '해의 황소'라는 뜻이라고 하였다. Babylonia의 지배권을 상징한다. 신화적으로는 Tiamat는 Marduk의 할머니에 해당한다. Apsu 역시 자식에 해당하는 에아(Ea)에게 살해당한다. 이에 대항하여 Tiamat가 자식들인 신들(침략자에 해당)에게 선전포고하는 것이다. Sumer-Akkad-Assiria-Babylonia 등의 역사적 침략과 지배 그리고 그 대항을 상징하고 있다. 결국에는 Marduk, 따라서 바빌로니아가 모든 권력을 쥔다. 또 하나 흥미로운 신이 있다. **다무지(Damuzi)**이다. 인안나(Inanna)의 배우자로 나온다. Akkad 식으로는 Tammuz라 한다. 이 말 역시 꼬리 치(Zi)를 없애면 Damu가 된다. Tiamat와 같다.

제의적인 과정에 있어 자연 현상, 제사장 그리고 그 행위가 하나의 말에 모두 담겨져 있다. 이를 반영하는 말이 히브리어인 **Tehom**이다. 심연(深淵)으로 해석되는데, 심리적이며 신화적인 냄새가 물씬 풍기는 말이다. **Tiamat**를 그대로 새겨 **Tiam**으로 보면 담이다. 'Tehom' 역시 담이다. 그리고 '다물'이다. 생명의 물을 담아 두는 깊은 우물인 것이다.

The Queen's Gold Lyre, B.C. 2500 at Ur, Iraque Muesium

그림 4.7    수메르의 고대도시 우르에서 출토된 하프(Lyre, 거문고).

그림 **4.7**은 고대 수메르에서 제작된 악기 '거문고(Lyre)'의 모습이다. 주목되는 것이 황소의 머리 장식이다. 왕족만이 사용하는 악기에 쇠머리가 장식되어 있다는 것은 쇠머리, 즉 황소가 성스러운 존재임을 상징하고 있다. 따라서 Sumer는 '쇠머리'로 보는 것이 타당할 것이다. Lyre에 대한 전설과 신화는 거문고자리를 참고 바란다. 그리고 Sumer의 '씨뫼알'에서 알을 제거하면 씨뫼, Sama가 된다. Kama 와 함께 가장 높고 성스러운 존재를 가리킬 때 사용되는 이름이다. 그리고 Sumer 는 또한 Samaria와도 통한다. 그러면 수메르인과 사마리아인은 같은 종족일까? 표 **4.1**에 Sumer에 대한 말의 새김을 종합적으로 정리하였다.

표 4.1  Sumer에 얽힌 다양한 이름과 이에 대한 해석.

| 이름 | 머리말 | 꼬리말 | 뜻 | 뜻 새김 |
|---|---|---|---|---|
| **Sumer** | 소(So), 쇠(Soi, Se): Cow | 머리(Mari, Maru): Summit, Mount | 소(쇠)머리: the Bull | Mer는 머리이고 마루, 뿔을 가진 머리통. 산의 정상, Summit. 천산(天山)을 뜻하며 수미산으로 표기됨. 쇠는 또한 센힘(strong force)을 상징. 쇠마루는 타마루(Tamaru, Timur)와 같음. |
| | 쇠(Se): 철, 금 구리 등 금속 (Iron, Gold, Copper) | 물(Mir): Water, River 마루(Maru): Mount | 쇠물: Alluvial gold 쇠마루 (쇠메): Golden Mount | 쇠는 쇠붙이로 '세다'의 뿌리말. 센 것은 금속. 강가에서 채취하는 **사금, 사철**을 가리킴. 민족에 따라 쇠마루는 철산(鐵山)으로도 새김. |
| | 새(Sae, Sai): New 속(Sog): In, Core | 마을(Maur): Village | 새마을: New Town 속마을: Inner (Down) Town | 새마을(新村), 씨마을은 곧 속마을이고, 속(소)부루와 대응됨. 서울이 소부루임. |
| **Summer** | 새(Sae, Sai): New | 물 (Mur, Mir): Water | 새(샘)물: Spring-Water Fresh Water | 새물은 샘솟는 물로 강물의 풍부함을 가리킴. 비가 많이 오는 여름을 상징. **샘물을 씨(속)물로 새기면 '황소'인 Apsu, Abzu, Apis 등의 상징성과 만남. Source인 씨알키와 상징성이 같음.** |
| **Summary** | 씨(Si): Seed 속(Sog): Core, In 쓰다(Suda): write | 말 (Mal, Mar): language, word | 씨말: Seed-word 속말: Core-word 쓴말: Written word | 씨말은 핵심적인 말, 간추린 말(Summary)이 됨. 쓰다(suda)의 쓰로 새겨 쓴말(written words)이라 하면 더욱 알맞음. |
| **Samaria** | 현재의 이스라엘 북부, 레바논, 팔레스타인 지역으로 고대 이스라엘 왕국 영토를 가리킨다. 이 지역은 거의 **고원**지대이다. '씨뫼알' 형으로 Sumer와 말뿌리가 같다. 따라서 Mari는 마루이다. 유대 및 이스라엘 왕국으로 인하여 결국 특정 종교의 역사적인 이름으로 남아 민족 이름으로까지 번지게 되었다. '쇠마루'인 만큼 마루 즉 넓은 들판의 산들에 형성된 마을인 셈이다. 이스라엘 말로는 'Somron'이다. 아라비아말은 'Samirah'인데, 달리 **'Jabal Nabulus'**라 하여 'Nabulus 산(Mount Nabulus)'으로 부른다. 여기에서 Mari가 마루인 산(메)임이 드러난다. Javal은 '커부루(Kabul)'이다. 큰뿔이므로 산이 된다. nabulus 역시 '나부루'이며 '뿔'과 이어진다. 결국 Maru와 Buri(Bul)는 같은 뜻으로 새겨진다. | | | |

쇠는 '세다'에서처럼 힘과 관계된다. 이때 '억세다'가 되면 더욱 힘센 상태를 나타내게 된다. '억세'는 'Oks, Ox'이다. 그리고 '억센'은 'Oxen'이다. 힘센 더욱이 거세된 '수소'이다. Ox-eye는 그대로 '쇠눈'이다. Oxford는 '억소-부루'이다. '황소마을'에 해당한다. 그리고 Cambridge는 '곰-부루키'로 '곰마을'이다. Sumer에 대해서는 나중에 특별 주제 8에서 한 번 더 다루겠다.

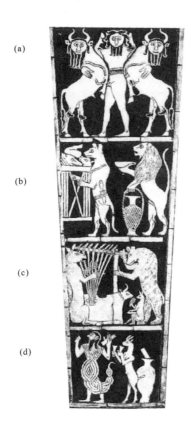

(a)

(b)

(c)

(d)

그림 4.8   수메르 지역 우르에서 출토된 유물인 장식판에 새겨진 그림. 천람석(天藍石, Lapis Lazuli)에 조개껍데기로 되어 있다. 푸른색을 강하게 띠어 '천상의 돌'로 보아 Lapis Lazuli라 하였다. 간혹 이를 청금석(靑金石)이라고 표기하는데 대단히 잘못된 번역이다. 금과는 상관이 없으며 짙은 푸르름을 가리키는 한자 역시 쳥(靑)과는 어울리지 않는다. 람(藍, 남으로 발음됨)이 걸맞은 뜻이다. 보통 남빛 혹은 쪽빛이라 하여 짙은 푸른색을 가리킨다. 쪽은 식물 이름이다. Lapis는 Pis인데 비, 따라서 바위로 새기면 특수한 돌이 된다. Latin에서처럼 La를 Uta로 보면 Utapis, 결국 으뜸바위가 되어 보석이 되겠다. 또한 Lazuli는 'Zuli'인데 '달'로 보면 높은 존재로, 하늘과 이어진다. [21]

마지막으로 수메르에 얽힌 신화 중 별과 관련된 요소를 하나 소개하겠다. 수메르 역사에서 신화와 역사적 인물로 등장하는 왕들이 있는데 대표 주자가 **길가메시(Gilgamesh)**이다. 수메르 역사상 키시 1 왕조 시대에 등장한다. 특별 주제 1의 연대표를 보기 바란다. 길가메시 신화는 특히 그리스의 헤라클레스의 원형인 것으로 알려져 있다. 이 이야기에서 다시 인안나 여신이 함께 등장한다. 인안나 여신은 다양한 얼굴로 나오며 성적인 상징성에서 두드러진다. 도시 문화에서 발생하는 매춘과 관련된 사회적 현상을 반영한다. 남자의 대표 주자가 길가메시이다. 여기에서는 자세한 것은 다루지 않고 유적물 하나를 소개하면서 성적인 결합, 이른바 **성혼례(聖婚禮, sacred marriage)**와 이를 따르는 동물들을 쳐다보기로 한다.

그림 **4.8**을 보기 바란다. 이 그림은 이른바 성혼례 의식(the sacred marriage ceremony)에서 사람 대신 동물로 의인화 한 점이 예사롭지 않다. 예술적으로 높은 평가를 받는 작품이라 하겠다. 가장 위의 사람이 길가메시이며 황소 두 마리를 잡는 신화적 요소를 반영하고 있다. 이와 반면에 암사자와 수사자가 제물(개로 보임)과 음료를 나르고(b), 곰과 나귀(혹은 말)가 음악을 연주하고 있다(c). 여기에서 황소는 하프(Lyre) 역할을 한다. 가장 밑에는 전갈 몸통으로 감싼 사람이 성스러운 성혼례 증명서를 들고 그 뒤를 염소(혹은 산양)가 술잔을 받치고 있다(d). 수메르 문화, 특히 바빌로니아에서 나오는 별자리를 보면 가을에 접어든 저녁때 전갈이 서쪽에 나타난다. 이 전갈이 가을의 풍요로움과 함께 성혼례로 상징화된다. **황소, 사자, 염소, 양, 전갈 모두 별자리, 그것도 해길에 있는 점에 주목하**기 바란다. (d)에 있는 큰 항아리는 술통으로 볼 수도 있지만 풍요를 상징하는 물통이 걸맞다. 물병자리와 통한다. 한편 황소 두 마리는 쌍둥이를 상징하는 것 같다.

* 교착어(膠着語, agglutinative language)는 실사와 허사로 구분되어 사용되는 언어 식구이다. 우리나라, 일본, 투르크 등 소위 우랄-알타이어 계통 말들이 이 구조를 갖는다. 수메르어 역시 이 식구에 속한다. 우선 교착이라는 단어가 지독히 어려운 한자말이다. 물론 일상생활에서 '교착' 상태에 빠졌다는 말은 사용된다. 착 달라붙어 있다는 뜻으로 뜻이 있는 실사(진짜말)와 뜻이 없는 지시말인 허사(도움말)가 붙어 있는 구조를 가리킨다. 물론 허사라고 부르는 것은 잘못된 말이다. 보기를 들면 '나는 학교에 간다'에서 '나'와 '학교'는 실사이고 '는'과 '에'는 허사이다. 중요한 사실은, 문장의 특징으로

"순서를 아무리 바꾸어도 의미가 통한다."

는 점을 들 수 있다. '학교에 나는 간다', '간다 나는 학교에', '간다 학교에 나는' 등 모두 뜻이 통하는 것은 도움말이 있기 때문이다. 그러나 소위 인도-유럽어 식구는 불가능하다. 이러한 차이를 여기에서 다루는 고대 수메르, 아카드, 이집트, 그리스, 라틴, 게르만, 켈트, 현재의 영어 등의 구조에서 탐색하여 인류의 말의 흐름을 탐색하는 작업이 요구된다. agglutinative에서 glu는 붙는다는 뜻을 가진다. 음운학적으로 '고르, 기르'와 통하며 이는 고름 혹은 기름이 된다. 기름이 달라붙는다는 뜻과 이어지며 끈적끈적한 아교(접착제)인 glue와 만난다.

## 뫼와 수메르

Sumer에서 앞에서는 씨인 쇠와 관련하여 말의 흐름 줄기와 그 뿌리를 캐어 보았다. 이번에는 뿌리말 뫼를 중심으로 Sumer와 해당 신들의 이름들을 더듬어 보기로 한다. '뫼'는 봉우리인 마루(메)이면서 생명의 샘인 물이다. 그리고 말(language)의 뿌리이기도 하다. 이 세 가지 모두에게 해당하는 신이 '**En-Ki**'이다. En-Ki 자체가 하늘과 땅의 합성어이다. 그리고 신성한 말(言, Me)로 규범을 정하고 다스리는 존재이다. 그러면서도 물(水)의 신으로 등장한다. 이집트에서도 그렇지만 물을 가리키는 상징물이 황소로 나온다. 왜일까? 황소는 밭을 가는 역할을 한다. 밭은 농경의 터이다. 땅과 물이 기본 요소이다. 여기서 물의 존재가 부각된다. 그러면서도 빛이 필요하다. 즉 빛과 비가 이중적으로 혼합이 되며 하나로 되어야 한다. 여기에서 이중적인 얼굴, 즉 한 몸체에 두 얼굴의 신화가 탄생한다.

그림 4.9 수메르의 신 엔키(Enki). 물의 신이다. 한쪽 다리가 구부린 자세로 나온다. 인안나(InAnNa)와 우투(Utu)는 금성(새별)과 해의 신이다. En-Ki는 원래 하늘과 땅을 가리키는 말이다. 따라서 손에 하늘의 상징인 새를 들고 있다. 고깔 모양의 모자는 하늘 나무를 상징한다. 염소자리에 나오지만 몸이 물고기이고 머리가 염소이면 이는 곧 물과 땅을 상징한다. Akkad 왕조의 원통형 도장에 새겨진 그림이다. 따라서 Utu는 사마시(Shamash), Inanna는 아씨딸(Ishtar)이다. 맨 오른쪽 Ismud의 얼굴이 두 개인 점을 알아보기 바란다.

그림 **4.9**를 보기 바란다. 이 그림에서 눈여겨볼 것은 해(Utu)와 Enki에 붙어 있는 두 개의 물고기, 그리고 그 밑에 쭈그리고 있는 황소(아니면 염소)이다. **별자리를 그리고 있다.** 그것도 봄점에 해당하는 해길 자리를 표현하고 있다는 사실이다. 이미 말한 바가 있지만 Sumer, Akkad, Babylonia에서의 해길 자리는 해가 질 때를 기준으로 한다. 따라서 봄점은 황소자리에 해당한다. 아울러 양자리와 물고기자리 역시 봄점에 해당이 되면서 이 기간이 사실상 유프라테스와 티그리스강의 장마 기간이 된다. 장마라 해도 강우량은 많지 않다. 보통 11월에서 3월 사이인데 계절로는 겨울에 해당한다.

흥미로운 점은 En-Ki가 그 전의 물의 신인 황소를 죽이며 자기 것으로 만든다는 설정이다. 이것은 침략자가 다른 민족을 정복하면서 정복한 곳의 신전을 접수하였다는 뜻이다. 길가메시가 황소를 때려잡는 행위도 같다. Gilgamesh가 En-Ki이기 때문이다. 따라서 En-Ki는 복합적인 신이다. **해와 물은 물론 땅을 지배하면서 또한 도시국가를 호령하는 존재이다. 이때 그 힘이 '메(Me)'로 대변된다. 이른바 규범이며 지켜야 할 법이다. 나중에 이 법을 Inanna에게 빼앗긴다.** 그 지배권역이 **Eridu**에서 **Uruk**로 이동되었다는 상징성을 담고 있다. 그런데 En-Ki의 배우자의 이름이 흥미롭다. 'Nin-Mu 혹은 Nin-mah'이다. 흥미롭다고 하는 것은 이 여신의 이름이 무척 다양하게 나온다는 사실에 있다. 여기서 Nin-Mu는 물의 여신임을 단적으로 보여준다. 그런데 En-Ki의 전령(messenger)의 이름이 Isimud 혹은 Isimu이다. 여기에서의 전령은 일종의 사자(使者, herald)와 같다. **Isimud의 모습을 보면 얼굴이 두 개로 나온다.** 잘 알려진 두 얼굴의 신 Janus의 전신(前身)이다. 두 개의 물고기가 나오는 곳이 다르기도 하며 그 높이가 또 다르다. 민물과 짠물을 상징하며 또한 한 몸을 내포하고 있다. 그렇다면 두 마리의 물고기 신화나 설화는 Sumer에서 시작되었다고 본다. 길가메시 신화는 헤라클레스자리에서 다시 등장한다.

한편 황소를 희생 제물로 보면 이야기는 달라진다. 생명의 유지를 위한 반대급부가 살해 행위이다. 살기 위해서는 상대를 죽여야 한다는 전제가 깔리는 셈이다. 그것이 제물의 형식이 된다. 신화학적으로나 고고학적인 발굴에 따르면 **황소 이전 희생 제물은 돼지**였다. 이러한 희생 제의는 성모 시대의 유산이다. 열대 우림 지역이나 인도 지역에서는 사람도 제물이었다. 나중에 유목 남성 전사들이 그러한 성모 농경 사회를 습격 지배하면서 돼지 희생 제의는 사라진다. 돼지 희생 제의 흔적은 인도의 인더스, 태평양의 섬 지대에서 두루 발견된다. 우리는 아직도 돼지머리를 제의적인 행사 때 올려놓는 것을 보면 이러한 돼지 희생 제의와 관계가 있을 것이다.

구체적으로 들어가기 전에 Sumer 말과 Akkad 말의 비교부터 하기로 한다. 앞에 나온 표 **3.1**을 주목하기 바란다. 먼저 In-An-Na에서 Nin-An-Na로 보면 IshiTar는 Ish-Ta-Ar이므로 **Nin 대 Ish(Isi), (H)an 대 Ta, Na 대 Ar의 대응**이 이루어진다. 닌(Nin, 인, In), 아씨(Asi) 모두 여성을 가리키는 지시말에 부합된다. Ta와 Han 역시 높고 넓은 뜻의 존경 지시말로 통한다. 사실 Han-Ta는 En-Ki와 같다. 마지막으로 나(Na) 대 알(Ar)의 관계에서 생명체를 품고 나오는 상징으로 역시 잘 대응된다. 나알(**Nar, Nal**)은 날이면서 나루이고 또 해를 가리키기도 한다. 결국 달의 신 **An-Na는 Tar**에 대응된다는 점이 확실해졌다. 우리의 '달'에 도달한 셈이다. 따라서 **Sumer 말보다 Akkad 말이 우리의 현재 말과 더 가까운 편이다.**

Isimud는 En-Ki의 충실한 부하인데 남성이다. 그런데 아씨(Isi)라는 말에서 본래는 여성이었음을 알 수 있다. mud는 물이다. 더욱이 그림을 보면 그 몸매가 여성이다. Enki의 배우자는 Nin-Mu라고 하였다. **Asi-Mu이며 결국 Isimud와 같다.** Nin-Mu가 진흙(Mud)으로 빚어 만든 것이 사람이다. 한편 Nin-Mah는 Akkad(Babylonia) 식으로는 Ereshmah로 표기된다. 이는 '알씨'이며 '아씨'와 같다. **Mud는 Me+Ta, 결국 물땅이다. 따라서 영어의 mud가 진흙이 된다. 이중적이다.** 물과 흙(땅)이 있어야 초목이 자란다. 물론 빛도 필요하다. 따라서 Isi-Mud가 두 얼굴을 지닌다. 물과 땅(흙)이기 때문이다. 물론 더 원초적으로는 암컷과 수컷이다. Sumer에서는 **바닷물(짠물)과 민물(씨물, 샘물)** 역시 암컷과 수컷으로 삼았다. 신화적인 진화 과정에서 짠물(모권, 母權)은 제거의 대상이 된다.

이제 Nin-Mu의 너무나도 많은 별명을 보기로 한다. 이 신의 이름이 보통 닌후르사가(Nin-hursaga)로 불리는 것에서 혼란이 시작된다. 이름이 다양하다는 것은 그 역할의 다양성을 상징한다. 우선 여성, 즉 어머니 역할은 물론 출산을 돕는 산파 역할도 한다. 일반적으로 풍요(nurturing, fertility)의 신으로 잘 알려져 있다. 이 경우에는 물론 물이 주 역할을 한다. 그런데 더욱 곤혹스러운 것은 이 여신이

En-Ki의 마누라일 뿐만 아니라 대기의 신인 En-Lili의 마누라로도 등장한다는 점이다. 이제 그 이름들을 보자.

먼저 **Ninhiusag(a)**를 보자. Ninhursag에서 Hursag는 Sacred mountain이라 하여 성스러운 산으로 해석된다. 이 이름은 아들이 선사한 것으로 전해진다. 아들 이름이 니누르타(**Ninurta**)이다. 이 이름 자체도 모순이다. 왜냐하면 'Nin-Ur-Ta'이고 Nin은 여성형 지시말이기 때문이다. 사실 Sumer 말에서 이러한 혼동과 모순점들은 숱하게 발견된다. Sumer, Akkad, Babylonia 말들이 마구 뒤섞였기 때문이다. 니누르타 역시 물을 대변하는데 이른바 홍수를 막는 역할을 한다. 이때 홍수는 바다 물이 넘치는 것으로 묘사되면서 돌로 제방을 쌓는 이야기가 전개된다. 그러면서도 산악에서 내려오는 물이 홍수의 원인인 것처럼 나오기도 한다. Sumer에 있어 Kur는 지옥을 상징한다. Kur는 Kuru이고 높은 곳에 쌓은 성(hill fort)을 가리키는 대표적인 말이다. 실제로 Kur는 Sumer 말에서 산을 가리키는 결정말(한정사)이다. 그런데 왜 지옥으로 둔갑했을까? 그 이유는 Sumer 족 자체도 산에서 내려온 족속이면서도 나중에 정착 생활에 들어가 다른 산족으로부터 침략을 받기 때문이다. 우리가 북쪽의 침입자를 오랑캐라고 부르는 것과 심리학적으로 같다. 오랑캐는 Arki이고 이는 알키이며 우리도 그 울타리에 속한다. 한편 이 장한 아들은 그 어머니인 Nin-Mu를 제방(담)인 높은 성에 모시며 이름을 Nin-hursag(혹은 hursaga)로 바꾼다. 쌓은 담의 성이 산으로 상징된 것이다. 씨키는 존경스러운 말이고 해알인 Har가 산을 가리킨다고 하겠다. 홍수를 막는 투쟁에서 묘한 것이, **도와준 돌과 적대적인 돌 등 이중성**이 등장한다는 점이다. 자세한 내막은 오리무중이다.

마누라(**Manura**)는 '뫼+나+알'이다. '물나'이다. 의미적으로는 **Nin-Ma**와 같다. **Nin-Ma**는 '마님'으로 새길 수 있다. 알과 나는 동일한 생명의 샘이다. Nin-Ma는 Great Queen으로 해석되는데 '마님'과 같다. 더욱이 **Mamma** 또는 **Mami**로도 불린다. 여기서 Mummu와 만난다. 그러면서 Mother로 해석한다. 모두 우리말 '맘마', '마마', '어머니'와 소리가 같다. Nintu라고 하여 이번에는 Lady of birth, 즉 산파(産婆)로 등장한다. 여기서 Tu, 다시 말해 Tar인 딸이 드디어 나온다. Nin을 Asi로 새기면 Asitar, 아씨딸이 된다. 이것뿐이 아니다. 'Damgaluna' 혹은 'Digirmah'라고도 한다. 그 해석이 '왕자의 위대한 마누라(Great wife of the prince)'이다. 하나 더 있다. 'Damkina'이다. 이 말은 '진짜 마누라(True wife)'라고 해석된다. 'Damgal, Digir, Damki' 모두 당골(Tangor, Tangri)이다. 여기에서는 단군과 만난다. **Damkin은 음운학적으로 같은 말이다.** 아사달, 단군 모두 나온 셈이다. 물론 단골(단군)은 왕자이다. 단군 신화에서 단군의 마누라는 등장하지 않는다. 주인공이 그 어머니인 '곰'이다. 곰은 신이고 더욱이 성모(마누라)이다. 사실 어머니이면서 마누라이다. 두 얼굴인 셈이다. **마누라와 마늘은 음운학적으로 같다.** 마늘을 먹은 곰이 성모이자 마누라이기 때문이다. **마늘은 취하게 하는 몽환제(夢幻劑)와 같으며 '술'과 상징성이 같다.** 이러한 관계를 보았을 때 우리와 수메르는 강하게 엮여 있다고 주장하지 않을 수가 없다. 사실 Sumer는 물론, 고대 신화에서 아내와 어머니의 역할은 혼란스럽게 전개된다. 마구 뒤엉킨다. 아니면 누이와 아내 역시 섞인다. 모두 이중적이며 두 얼굴인 셈이다. 모두 왕족들의 근친교배를 상징한다. Nin-Tu와 비슷한 신이 Nam-Mu이다. 역시 여신이면서 배우자가 없는 창조신의 하나로 등장한다.

다시 En-Ki로 돌아간다. Han-Ki로 보았다. 이제 Han을 '회+나'로 분리한다. 두 개의 뿌리말이기 때문이다. 그러면 'Ha-Na-Ki'가 된다. '해키'와 '나키'이다. 씨를 가진 해는 수컷이고 생명을 낳는 나키는 물론 암컷이다. 두 얼굴이다. Sumer의 말뿌리에 자주 나오는 In, Na, An 등에서 우리말 '언니(Anni)', '누나(Nuna)', '누이(Nui)', 아울러 '아내(Anai, 원래는 안해)'가 피처럼 서로 통한다.

* 신화에서 신이 만든 사람은 신전을 청소하고 제사장을 모시는 사실상의 노예이다. 신은 눈에 보이지 않는 거룩한 숭배 대상인 것 같지만 사실상 사제인 무당들을 상징한다. 사제이면서 신인 무당은 일하지 않는다. 신전은 제단과 함께 큰 건물과 너른 영토(토지)를 가지고 있다. 일반 사람인 노예가 경작을 하고 경제적 가치를 창출하는 것이다. 왕은 제사장이면서도 정치가로 도시의 안전을 책임진다. 그리고 노예인 사람들이 살 수 있는 공간도 마련하여야 한다. 노예가 더욱 필요하면 침략을 해야 한다. 따라서 정치적 지배자는 '신-인간'의 두 얼굴을 지닌다. 거인은 침략자 혹은 자연재해를 상징한다.

## 특별 주제 8 Janus와 복희-여와

### 야누스(Janus)

앞에서 En-Ki의 대리자인 Isimud는 두 얼굴을 가진 신으로 나온다고 하였다. 두 얼굴을 지닌 양면성을 나타내는 대표적인 신이 로마의 **야누스(Janus)**이다. 우선 Janus를 '자누스'가 아닌 '야누스'로 소리하는 것 자체가 대단히 이중적이다. 여기에서 왜 두 얼굴이며 그 이유는 무엇인지 본격적으로 찾아 나서겠다. **신화의 큰 줄기가 양면성**이다. '나'와 '너' 그리고 '선'과 '악'이 기본 축이다. 인식 능력을 가진 사람의 숙명적인 심리적 전제 조건이다. 결국 '삶'과 '죽음'이라 하겠다. **영원한 삶을 추구하는 것이 결국 인류 종족의 최종 목표가 되지만 어찌 그리되겠는가?** 여기에서 모순이 발생하고 그 모순이 두 얼굴로 표현된다. 그리고 두 얼굴은 선이든 악이든 나든 너든 모두 동등한 존재이다. 좁게 보고 울타리를 쳤을 때 결국 '악'은 사라져야 할 대상으로 삼게 된다. 이것이 윤리적인 측면으로 되면서 종교적으로 유일신 사상이 된다. 인도의 힌두 사상은 너와 내가 없다.

들어가기 전에 유일신을 가리키는 God와 대비되는 영어의 Deity를 분석하여 양면성에 대한 논의를 더욱 깊게 하겠다. 이 말은 신격을 가리키면서도 두 얼굴인 남성과 여성 신을 상징한다. 여기서 Dei는 '두, 둘', Two와 같다. 그리고 ity는 ut 형으로 'r'에 대응된다. 그러면 Der는 '둘'과 소리값이 같아진다. 신화의 알파요 오메가가 양면성이라 하였다. 즉 '태어남'과 '사라짐', '선'과 '악', '너'와 '나'라는 이중적 갈등이 그 뿌리이다. 여기서 다루는 Janus도 상징성에서 같다.

Janus는 Latin 말로는 이아누스(Ianus)라 한다. 여기서 아(A)와 자(Ja)가 충돌한다. s를 빼면 'Janu, Ianu'가 된다. 자(Ja)는 두음법칙에 따라 원래는 Da로 새길 수도 있겠다. 그러면 Dianu가 된다. 달의 이름 중 하나인 Diana와 만난다. 그리고 Dia를 둘(two)로 보면 '두나'이다. 두 얼굴을 지닌 달이 된다. 이 해석이 그럴듯하다. 그리고 이렇게 보기도 한다. 그러나 '**ka-kha-ha-a**'라는 소리 진화를 적용하면 얘기는 달라진다. '**kanu**'이다. 이제 이 '**ka-na**'를 뒤집는다. 그러면 **naki**가 되고 '**An-Ki**'로 새김이 된다. 바로 '**En-Ki**'이다. 지은이는 이렇게 변화되었다고 본다. 로마에서 Janus는 문지기의 신으로, 문을 닫고 여는 행위의 관리자로 유명하다. 심리적인 이중성(ambivalent nature)에 대한 신으로 받들어진다. 시간의 흐름에서는 '시작과 끝'이다. 자연적인 현상은 해가 뜨고 지는 현상이다. 비와 홍수, 강과 바다, 가뭄과 홍수 등 두 얼굴은 숱하게 존재한다. 궁극적으로는 태어남과 죽음이다. **1월의 January**가 여기에서 나왔다. 그러나 달은 이중성이면서도 그 너머에 있으며 낳고 사라지고 다시 낳는 시간의 흐름을 알려준다. 달의 변화에서 분명 시간의 흐름을 읽을 수 있으며 이것이 기록의 신인 이집트의 Toth이며 달(Tor)이다. 따라서 심리적인 측면에서는 **달인 Diana와 En-Ki, 따라서 Ki-An은 같은 말**이라 하겠다.

로마(Roma)와 라틴(Latin)은 어울리지 않은 Ra, La를 머리에 이고 있다. 알(Ar)로 보면 되기는 한다. Arma는 그대로 물이다. **로마 건국의 신인 'Romulus, Remus' 형제를 보자. 이름부터가 같다. 한 몸이면서 사실상 두 얼굴인 셈이다.** 머리의 Re를 빼면 'Mul, Mu'이다. 물론 둘 다 물(水, water, river)이다. 단순히 Roma를 뒤집으면 Maur이다. 물이 되면서도 '마을(Maur, village)'이 된다. 거주지를 상징한다. 이제 다르게 보기로 한다. 'ut ↔ r'의 관계를 적용하는 것이다. ra를 utu로 보자는 뜻이다. 그러면 **Roma는 Utuma, Latin은 Uttin**이 된다. 그러면 Roma인 Utuma는 Atom으로 이어진다. 물을 가지면서도 빛나는 해도 상징한다. **젖을 준 늑대가 해이며 강이고 두 형제는 물에 해당한다. '으뜸'인 두 얼굴이다.** 한편 Romulus는 Utomul, Remus는 Utemu이다. '우뜨물, 우뜨무'가 된다. 제주도에서 위에 있는 물터를 '우뜨물'이라고 부르는데 마을마다 우뜨물이 존재한다. Latin의 Uttin은 우ㅅ땅(upper field, hill)이다. 따라서 해 뜨는 동쪽이다. 해터이다. Latin은 또한 Arta이다. **Arta 역시 해 뜨는 동쪽을 가리킨다. 실제로 Arata는 동쪽 지역을 가리킨다.** Sumer를 기준으로 했을 때 지금의 이란 쪽을 의미했다. 우리가 동쪽의 나라를 해터, 한자로 일본(日本)이라고 부르는 것과 같다. 강조하지만 日本은 한반도를 기준으로 부르는 말이지 일본 자체에서 부를 수 있는 이름이 아니다. 우리가 해 뜨는 바다를 동해라고 부르듯이 일본 역시 해 뜨는 바다를 東海(Toukai)라 부르며 지방 이름도 존재한다. 조금 일찍 서양화의 길을 가면서 우리의 동해(서양 관점에는 한국해)를 일본해로 바꾸어 버린 것이다. 필연적인 역사적 힘의 흐름에 따른 흔적이다. 그러나 일본 자체를 보통명사화 하면 日本海는 그냥 해 뜨는 바다, **'The Sun-Rising Sea'와 같다!** 솔직히 동아시아, 극동을 고려하면 동해(東海)가 제대로 된 이름이다.

이제 Sumer의 민물과 짠물의 신인 Apsu와 Tiamat가 배출한 자식 이름을 보자. Lahamu와 Lahmu이다. **이름이 같다.** 그리고 Lah를 빼면 Amu와 Mu이다. Romulus, Remus에서 Mul과 Mu와 정확히 대응된다. 결국 로마 건국 신화는 Sumer 신화에서 나온 것이다. 조로아스터교에서 인간의 최초 창조물의 이름이 '마샤(Masya)'와 '마샤나그(Masyanag)'이다. 역시 이름 자체가 물(Mu), 곧 **물씨(Mose)**'이다. 여기서 nag는 여성을 가리키는 지시말인데 '나키(Naki)'이다. 우리 말의 '아낙'과 같다. 보통은 아낙네라고 부른다.

**창조는 물로부터 시작되었고, 신화는 물씨인 수메르에서 시작되었다!**

### 복희(伏羲, Baki)와 여와(女媧, Naki)

이제 땅꾼자리에서 소개되는 '복희'와 '여와'를 보기로 한다. 암컷과 수컷인 여자와 남자의 얼굴이다. 그리고 다리는 뱀이며 서로 감겨 있다. 생명체는 암컷과 수컷이 한데 엉켜야 탄생하는 법이다. 여기서 두 마리 뱀의 신화적 요소가 탄생한다. 그렇다면 왜 뱀일까? En-Ki의 모습을 보면 몸통은 물고기, 얼굴은 사람이다. 그런데 물줄기가 두 군데로 흐르는 형상이다. 여기서 두 마리 물고기 신화의 상징성이 잠자고 있다. Isimud는 또한 황소를 상징한다. 황소는 밭을 간다. 물이 풍부한 흙을 갈아 씨가 자랄 수 있는 터를 만든다. 이른바 골이다. 움푹 파진 골은 여성을, 가는 쟁기는 남성을 상징한다. 역시 두 얼굴이며 한 몸이다.

따라서 더 정확히는 뱀이 아니라 비늘로 상징되는 물고기 몸통이라 본다. 미늘 모양의 무늬가 물고기를 상징한다. 심리적, 문화적, 자연적 요소로 인해 뱀이 영물로 취급된다. 이른바 재생을 상징하는 것이다. 특히 허물 벗는 모습에서 재생이라는 심리학적 상징물로 탄생한다. 지은이는 이러한 해석에 불편을 느낀다. 과연 그럴까? 나중에 추상적인 사고방식에서 덧붙여진 것은 아닐까? 대다수 사람은 '뱀'을 혐오할 것이다. 사람은 뱀을 보면 무서워하고 심지어 도망을 친다. 분명 진화적 요인임이 틀림없다. 영적인 존재로 볼 수 있을까? 사실상 두려운 존재로 본다면 악마적 상징성이 더 크다. 물론 두려운 존재가 영적인 동물(가령 범)로 취급받는다. 그러나 복희와 여와의 그림, 그림 **4.10**을 보면 두려운 존재로서의 뱀은 아니다.

그림 4.10  복희(伏羲)와 여와(女媧). 오른쪽은 같은 그림으로 별자리 설명을 위해 지은이가 선을 그려넣은 것이다. 중국 신강 위구르 지역인 Turfan Astana에서 발견된 것으로 7세기에서 10세기 것으로 추측되고 있다. 따라서 신화적 시간으로 보면 최근의 유물이다. 왼쪽이 여와 오른쪽이 복희이다. 시기적으로 보았을 때 그리스식 별자리의 영향을 받았음 직도 한데 그렇지 않다. 북두칠성과 그 아래 삼태성(곰자리에서 곰의 발바닥에 해당하는 별들)이 그려져 있기 때문이다. 왼쪽 두 개씩 묶여 있는 세 쌍의 별과 그 위 별들을 그으면 용자리 모양과 비슷하다. 별똥별인 유성(Meteor)까지 보인다. 그리고 해와 달이 위와 아래를 차지하고 있다. 출처: 실크로드 3000년 전, 온양민속박물관, 신강위구르자치구 문물사업관리국.

복희는 伏羲를 필두로 宓羲, 庖犧, 包㹑 등으로 표기되며, 여와 역시 女娲, 女蝸 등으로 나온다. 따라서 복희든 여와든 한자와는 상관이 없다. '복'은 '밝'과 같고 '희'는 '해'이다. '붉이, 볽기'로 보면 된다. 알(r)을 묵음화하면 '박이'이며 '바키'가 된다. 우리나라 성씨 '박'씨와 같은 형태이다. 흥미로운 점은 여와에서 와의 소리를 과(果)로 볼 수 있다는 점이다. 여자를 가리키는 부수를 빼면 그 발음이 모두 '과'로 되기 때문이다. 과는 '키'에 대응된다. 따라서 '아기'가 된다. 복희의 경우 희 역시 키와 음운학적으로 같다. 그래서 뵈키, 배키이다. 여기에서 A와 Nga의 관계가 나온다. 즉 '아(A)'와 '가(Ka)'의 호환성이다. 실제로는 "k(g) → kh(ch) →

h → a"의 순서로 변화하는 것으로 판단된다. 한자의 경우 '가(可, 柯), 하(河, 何), 아(阿)'에서 이러한 소리 변화를 읽을 수 있다. 우리말에서 '아기, 아해(히), 아이'가 이를 반증한다. 그리고 머리말 '아'가 '아'와 '앙'의 중간 단계인 '안(An)'이 되면 An-Ki가 된다. 음운학적으로 보았을 때 '아키'는 앙키로 될 확률이 높다. 따라서 'En-Ki, An-Ki'는 아기와도 같다. 한편 '女'는 고대에 'niwo'로 발음이 되었는데 이는 광동어의 ney, 우리말 녀와 같다. 다른 발음도 존재한다. jy이다. 따라서 여와(女媧)는 '나이', '자이', '나키', '자키' 등으로 소리 날 수도 있다. jy는 janus의 ja와 같다. 머리에서 n 소리인 na, ni 등은 보통 아, 이로 변화된다. '녀자'를 '여자'로 발음하는 것이 대표적이다. 따라서 여와는 '나키(Naki)'와 같다. 생명을 낳는 존재가 여와인 셈이다. 그러면서도 여와를 알기로 보아 **복희와 여와를 '배'와 '알'**로 새기면 Bark(i), Ark(i)로 대응이 된다. '밝이'는 해의 빛을 '알이'는 빛을 받아 새 생명을 만드는 자궁이다. 생명줄의 두 씨앗을 가리킨다. 신화의 핵심 요소이다.

복(伏)의 옛날 소리는 biuk, bijek로 우리의 복과 같다. 그러나 羲는 'ngjie'로 '기' 아니면 '지'로 발음된다. 앞에서 '키'로 새김한 것과 같다. 이미 앞에서 언급했듯이 女는 niwo이며 '네(ney)'처럼 발음된다. 媧는 kwa이다. '과'와 같다. 그러면서 'wao(오)'와 'kuo(고)'로 나뉜다. 이러한 고대 한자의 발음으로부터 결국 복희와 여와는 'Baki', 'Naki'와 같음을 알 수 있다.

한편 우리말 뱀을 보자. 지은이가 가장 풀기 어려운 말이기도 하다. 뱀으로 보면 '뵈+뫼'이다. 뵈인 배는 여성, 뫼는 물 또는 산으로 남성이다. 따라서 암수한몸이라 하겠다. 아비와 어미 두 얼굴이 나오는 셈이다. 두 얼굴은 '하늘-땅'이면서 '땅-물'이기도 하다. 다리는 뱀의 모양이지만 원래는 물고기의 모습으로 미늘 형태이다. 이른바 인어인 셈이다. 시간이 지나면서 점점 뱀의 형태

그림 4.11   시바(Shiva)의 두 얼굴

로 변한 것으로 본다. 그러면 이러한 두 얼굴은 또 있을까? 얼굴이 여러 개 붙는 형상은 인도의 힌두 문화에서 풍부하게 나온다. 특히 시바(Shiva) 신이 그렇다. 얼굴이 네 개, 세 개 등으로 나오는데 그림 4.11에서처럼 두 개의 얼굴로도 나타난다. 그림을 보면 두 얼굴의 표정이 다르다. 분명 선과 악으로 구분되어 있다. 사실 두 얼굴보다 세 얼굴이 심리적, 철학적 측면에서는 옳다. 왜냐하면 '하늘-땅-인간(기둥, 나무)'이 심리학적인 우주의 기본 골격이기 때문이다. 우리나라 국기가 두 얼굴로만 되어 있는데 원래는 세 개로 갈라진 회오리 형태였다. 지금이라도 바로잡았으면 한다. 다행히 정부 기관의 상징이 세 갈래로 표시되는 것은 무척 바람직한 일이다. 그러면 두 얼굴의 상징물이 또 있을까? 놀라지 마시라. 부처에게도 나타난다.

그림 4.12는 주로 중국 서쪽 지역인 신강 위구르에서 발견되는 불교 유물에 그려진 부처의 모습들이다. 두 개의 얼굴과 네 개의 팔이면서도 몸체는 하나로 되어 있다. 아마도 힌두 문화에서 전파되었을 것이다. 물론 원류는 Sumer이다.

그런데 복희와 여와에서 곤혹스러운 것이 손에 든 도구이다. 지은이가 가장 납득하기 어려운 해석이 '컴퍼스'와 '잣대'로 보는 주장이다. 지금은 이 주장이 대세인 것 같다. 도대체 컴퍼스가 그 옛날에도 존재하였을까? 별을 관측하는 데 사용된 도구는 일찍부터 이집트에 존재는 하였었다. 그리고 시대가 흐를수록 잣대는 호미가 된다.

그림 4.12 　중국 서역 지방에 소재하는 두 얼굴 형태의 불상들. 출처: 그림 4.10과 동일.

결론부터 밝히겠다. 자물쇠와 열쇠이다. 심리학적으로 새기면 암컷과 수컷의 생식기를 가리킨다. 생명 탄생의 고향이다. 가위와 망치, 방패와 창 등으로도 상징화된다.

그림을 자세히 보면 복희의 오른손에는 추가 달려 있고, 반면에 여와의 손에는 가느다란 세 가닥의 바늘 같은 것도 보인다. 나중에 이것들에 대한 상징성을 자세히 설명하겠다. 이중성에 대하여 정리한다. 양면성은 공간(space)과 시간(time)에서 모두 나온다. 공간은 물론 하늘과 땅이며 시간은 시작과 끝, 태어남과 사라짐이다. 그런데 공간은 엄밀히 말해서 3차원이며 하늘과 땅의 사이가 존재한다. 공기, 대기라 하지만 사실상 사람에 해당한다. 이른바 '天-人-地'이다. 시간 역시 3차원이다. 태어남과 죽음이 있고 그동안의 삶이 있어야 하기 때문이다. 그러나 자기를 빼면 모두 2차원인 셈이다.

그림 4.13  Tiamat와 Marduk. 손에 잡고 있는 삼지창(Trident)과 어깨에 걸치고 있는 갈고리, 그리고 차고 있는 칼등은 신화적으로 중요한 심리적 요소를 담고 있다. Tiamat의 손에 걸려 있는 세 개의 구슬이 삼지창과 대응되는 상징물이다. Tiamat는 Tormar로 도는 물(龍)이다.

이제 Sumer의 물의 신을 보기로 한다. 그림 **4.13**은 보통 Tiamat와 Apsu(Abzu)로 해석되는 그림이다. 바다인 짠물과 샘물인 민물의 신이다. Tiamat의 몸체는 물고기의 미늘이 새겨져 있다. 보통 거친 용으로 묘사된다. 따라서 물고기, 용, 뱀은 한통속이다. 이 그림은 분명 Apsu가 Tiamat를 공격하는 모습이다. Apsu와 Tiamat는 만물을 생성하며 모든 신들을 낳는 부부 신이다. 그러면 이 그림 상황과 맞지 않는다. 더욱이 Apsu는 황소로 나와야 하는데 사람으로 그려져 있다. 그러면 어디에 모순이 있을까? 사실은 아비소(Apsu)가 아니라 **마르두크(Marduk)**를 그린 그림이다. 신화적으로 보면 Marduk가 자기 할머니에 해당하는 Tiamat를 제거한다. 앞에서 이미 이야기했지만 Babylonia에 의한 Sumer와 Akkad의 지배권을 상징한다. Marduk 자체가 'Amar-Utu-Ki', 이는 '황소-해-제왕'의 이름으로 모든 것을 정복한 신의 상징이다. 최고의 무당인 셈이다.

이제 Marduk가 손에 들고 있는 것에 주목하자. 세 갈래로 된 창이다. 흔히 삼지(三枝)창으로 본다. 그것도 양날로 되어 있다. 여기에서는 공격용 무기로 등장하고 있다. 남성의 힘을 상징한다. 양날 역시 두 얼굴의 표상이다. 그리고 세 개의 날은 세 발 달린 까마귀에서처럼 남성의 물(정액)을 쏟는 세 번째 발을 가리킨다. 세 발 달린 까마귀는 고구려 고분 벽화에서 보듯이 남성인 '해'를 상징한다. 하지만 이러한 세 개의 줄기는 부권이 아닌 모권의 신에서 유래한다. 그리고 어깨에 걸친 갈고리는 남성이며 황소가 끄는 쟁기로 볼 수도 있다. 그러나 결국 열쇠이다. Tiamat의 손을 자세히 보면 세 개의 구슬이 달려 있음을 알 수 있다. 이 세 개의 구슬은 삼지창의 세 개의 날과 대응되는 것 같다. 이 그림은 심리적, 추상적, 그리고 Sumer, Akkad, Babylonia라는 시대적 흐름에 결이 맞는 상징성을 가지고 있다. 그리고 부권이 모권을 제압하는 상징성을 압축하고 있다. 아울러 바다는 긍정적인 면보다 재앙을 일으키는 적으로 보고 있다고 하겠다. 따라서 선(善)한 용이 아니라 파괴의 용으로 나타난다. 그 대신 모든 만물(하늘, 땅, 공기, 해, 달)을 낳았던 태고의 바다인 물은 그 힘을 해인 황소에게 그 지배권을 빼앗긴다. 따라서 Marduk에는 모든 지배를 상징하는 물건들이 들어 있는 것이다. 이에 대응되는 신이 조로아스터교에 존재한다.

그림 **4.14**는 조로아스터교의 주르반(Jurvan) 신의 모습을 보여준다. Jurvan은 제르반(Jervan)으로도 표기된다. 가장 큰 특징이 몸체가 뱀으로 둘둘 말려 있다

는 점이다. 그리고 날개가 달려 있는데, 뱀 얼굴로도 보인다. 얼굴은 사람처럼 보이나 두 개의 뱀으로 둘러싸인 형태는 사자를 상징하는 것 같다.

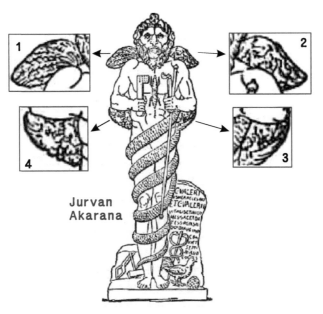

그림 4.14   조로아스터교의 신 주르반 아카라나(Jurvan-Akarana). 네 개의 사각형은 등에 붙은 네 개의 날개 부분을 확대한 것이다. 로마 시대 미트라 신전에서 발견된 것으로 서기 190년의 유물이다. [15]

오른손에는 망치 비슷한 것을, 왼손에는 지팡이(cane)와 횃불 비슷한 것을 들고 있다. 횃불은 여성, 망치는 남성을 상징하는데 각각 자물쇠와 열쇠로 본다. 오른발 옆 이에 대응되는 망치와 가위처럼 생긴 자물쇠가 놓여 있는 것을 볼 수 있다. **대장장이의 도구이면서 불을 상징**하고 있다. 이 두 개의 모양은 복희와 여와가 들고 있는 것과 같다. 불의 힘은 새로운 물질을 창조하는 상징성을 지닌다. 왼쪽 발 옆에는 한 지팡이에 두 마리 뱀이 감겨 있는 전형적인 그림으로 뱀의 두 얼굴(독과 약)을 상징한다. 그리고 희생물인 닭이 보인다. 닭을 새로 보면 해를 상징하기도 한다. 그 앞에 있는 것은 솔방울 같다. 남자의 씨를 상징한다. 그럼에도 불구하고 솔방울은 어딘지 어울리지 않는다. 닭의 알인 달걀로 보고 싶다. 그러면 닭이 희생물이면서 새로운 생명을 창조하는 영원한 고리인 두 얼굴이 나온다. 걸맞다.

이집트 왕들이 손에 들고 있는 갈고리 지팡이와 채찍 형태도 상징성은 같다. 옛날 우리나라의 자물쇠 형태를 보면 보통 물고기 모양으로 만든 것이 많았다. 우연의 일치일 수도 있지만 심리적으로 통하는 면이 강하다. 여기에 갈고리 형태의 열쇠를 찌르면 자물쇠의 잠김 막대가 풀리게 된다. 지팡이를 이 자물쇠의 막대로 보고 싶다. 이제 다시 두 얼굴의 부처를 보자. 손을 보면 한 쌍은 모으고 있고 다른 한 쌍은 갈라져 있다. **닫음과 열림이다. 열고 닫는 양면성을 표현하고 있다. 로마의 Janus가 성 문지기에서 이 역할을** 한다.

한편, 네 개의 날개를 자세히 보면 상징성의 그림이 새겨져 있음을 알 수 있다. 먼저 오른쪽 어깨 위(1번)날개 속의 그림을 보자. 보리 이삭으로 보인다. 보리와 밀은 6월에 익는다. 다음으로 왼쪽 위(2번)날개에는 두 마리의 새 혹은 오리가 앉아 있다. 왼쪽의 허리(3번)날개를 보자. **두 남녀가 성행위를 하는 모습**이다. 다산을 상징한다. 마지막으로 오른쪽 허리(4번)날개의 그림은 인식하기가 쉽지 않다. 올빼미의 얼굴 형태가 아닌가 한다. 아니면 '메스돼지'일 수도 있겠다. 숲과 밤을 상징한다. 따라서 겨울이다. 결국 '1-2-3-4'는 '봄-여름-가을-겨울'을 표시하는 상징성으로 해석하고 싶다. 마지막으로 얼굴 형태를 더 더듬기로 하겠다. 사자의 얼굴 모습 같다고 했다. 사자는 해를 상징한다. 따라서 종종 새와 대응되는 동물이기도 하다. 한편 돼지 얼굴로 볼 수도 있다. **그리고 입에 새겨진 날카로운 이빨도 메스돼지의 것으로 해석하고 싶다.** 그러나 돼지는 모권을 상징하여 걸맞지는 않다. Jurvan은 이미 모권에서 부권으로 힘이 옮겨진 시대를 반영한다. 돼지가 등장하는 신화에서 전령은 보통 갈까마귀로 나온다.

**Jurvan**은 **Durvan**으로 **Turvan**이다. **Tur, Tor**는 높은 존재이면서 돌고 도는 영원회귀의 고리이기도 하다. **Turbine, Turn**에서 돌고 도는 움직임이 나온다. 아울러 **Turban** 식 모자에서 둥근 테두리와 뱀으로 두른 머리 모양이 그대로 투영된다. 물론 몸에 두른 뱀들도 **Turban**과 같다. 그런데 이 '**Jurvan Akarana**'를 '끝없는 시간'이라고 추상적인 해석을 한다. **Akarana**는 '**A-Ka-Ra-Na**'인데 해석하기가 난감한 구조이다. **Kara**는 고리로 보면 되겠다. **Karana**는 **Korona**, 즉 **Crown**이다. 역시 둥근 고리이면서 성스러운 모자이다. 낳고 죽으면서도 서로 엉켜 있고 시간 역시 뜨고 지는 영원한 고리를 이룬다면 심리학적이고 추상적인 면에서 알맞은 풀이라고 할 수 있다. **Turvan**은 '두리 天'과 상징성에서 같다. '두리번거리다'의 '두리번'도 여기에서 나왔다. 따라서 **Jurvan Akarana**는 '**Torvan-Al-Korona**'이다. 가운데 **Al**은 군더더기이다.

　이제 양날의 삼지창에 대해 해석하기로 한다. 양날을 가진 무기는 도끼가 대표적이다. 양날 도끼는 실용적인 면보다 지배자들이 소유했던 힘의 상징물이다. 무덤에서 많이 발견된다. 그러면 왜 양날일까? 그림 **4.15**는 미케네(Mykenae) 문명의 유물 단지에 새겨진 것으로 이 시기를 대표하는 신 중 아테나 여신 (A-TA-NA PO_TI-NI-JA, Athena Potnia)의 모습을 보여주고 있다. 출산과 풍요의 여신이다. 여기에 양날의 도끼가 그려져 있다. 한쪽은 풍부한 열매가 달린 나무를 향하여, 다른 한쪽은 여섯 개의 황소 얼굴이 그려진 쪽이다. 이제 해답이 나온 셈이다. **희생을 상징하며 죽음과 생명이다. 뱀의 독과 약이다. 허물 벗음은 한 몸이면서 죽음과 재탄생을 상징**한다. 희생물인 황소를 죽여 바쳐야만 열매가 맺는 이중적 얼굴을 상징하는 것이다. 여기에서도 여신의 손에 **세 가닥의 줄기**가 달려 있다. 그리고 한 손은 풍요를 상징하는 젖통에 놓여 있다. 이 그림에 대한 해석은 참고 문헌 **[15]**를 보아주기 바란다.

그림 4.15　미케네 문명시대의 유물에서 발견된 아테나 여신(Atana–Potinija, Athena Potnia)의 모습.
[15]

이제 다시 앞에서 소개한 Jurvan 신을 보자. 이 신의 몸에 새겨진 상징물 중 다루지 않고 건너뛴 것이 있다. 무엇일까? 그것은 가슴 가운데에 새겨진 동물이다. 곤충은 아니다. 왜냐하면 다리가 네 개이기 때문이다. 그러면 무엇을 상징한 것일까? 양날을 가진 삼지창이다. 머리 쪽과 꼬리 쪽이 대칭이면서 머리와 다리가 세 개이기 때문이다. 이 상징물에서 드디어 남근이 더욱 강조되었다. 완전한 부권의 힘을 과시하고 있다. 그리고 모권의 상징인 뱀이 둘레를 감으면서 부권을 보호하고 있다. 한자 왕(王)의 모형이 도끼 모양에서 나왔다. 이에 대응되는 음악 도구로는 장고가 최적이다.

한편 'A-Ta-Na'는 'Atan, Aten'과 같다. 해이면서 웃땅이다. 따라서 아테네는 해의 숭배지이면서 이집트에서 왔음을 알 수 있다. 'Po-Ti-Ni-Ja'는 'Potan', 즉 배땅이며 결국 바다(바당)이다.

조로아스터교의 중요한 두(Two) 신은 아후라-마즈다(Ahura Mazda)와 그 상대역인 앙그라-마이뉴(Angra Maynu)이다. 선과 악의 대결을 상징한다. 이 종교의 천지창조 신화에서 처음 탄생한 인간의 모험 이야기에서 중요한 사실이 드러난다. 그것은 천사가 고기 세 덩어리를 주며 불을 등장시키는 장면이다. 이때 불의 몫, 천사의 몫으로 나누는데 독수리가 나오고 개가 등장한다. 흥미로운 점은 개가 먼저 고기를 먹는다는 설정이다. 개는 인간을 상징한다고 한다[15]. 지은이가 간파하였듯이 양면성은 공간과 시간으로 나눌 수 있다. 그리고 공간성에서는 하늘-땅의 이등분이 아니라 그 사이 공간이 존재하는 세 얼굴이어야 한다. 이 공간이 인간이다. 다시 말하지만 '天-人-地'이다. 세 가지 덩어리의 고기, 복희와 여와의 손에 달린 세 가닥의 막대, Tiamat의 손에 새겨진 세 개의 구슬이 이러한 삼박자의 구조를 상징한다고 본다. 물론 삼지창과 까마귀의 세 개의 발도 상징성에서는 같다. 아테네 여신이 들고 있는 세 개의 열매가 극적으로 이를 반영하고 있다. 조로아스터교에서는 이 삼박자가 '천사-개-불'로 나타났다. 여기서 불은 물과 대립하면서도 화합을 하는 땅의 얼굴이며 개가 곧 사람이다.

그런데 아버지인 Abzu(Apsu)가 황소로 나오는 것은 어떠한 상징성을 가지고 있을까? 그리고 황소를 죽이는 설정은 왜 나오는 것일까? 이 황소를 퇴치하거나 살해하는 설정이 신화의 주된 줄거리로 등장한다. 그림 **4.16**은 미트라(Mithra, Mitra) 신이 황소를 살해하는 신화를 그리고 있다.

그림 4.16    미트라와 황소 [15]

이 그림은 "**황소-미트라-보리 이삭(피)-개-뱀-전갈-두 사람**"에 의해 고리(Ring)를 이루고 있다. 황소의 피(blood)가 곡물인 이삭으로 표현되고 있음을 우선으로 직시해야 한다. 그것도 **세 가닥**이다. 한편 우리말 '피'는 곡물이기도 하다. 황소가 희생 제물이며 희생된 죽음에서 새로운 생명체가 태어남을 상징한다. 그런데 개가 이 보리 이삭을 뜯고 있다. 사람이 희생 제물을 통하여 삶을 이어간다는 뜻이다. 꽁무니에 서 있는 두 사람은 신화의 단골 격인 쌍둥이다. 해가 뜨고 지는, 결국 삶과 죽음을 상징한다. 한쪽이 머리가 잘린 모습에서 그 상징성이 두드러진다. 여기서 미트라를 전사(戰士, Worrier)인 오리온으로 보면 '**황소-오리온-개-쌍둥이**'의 별자리가 만들어진다. 겨울밤을 수놓는 대표적인 별자리이지만 해길에서 보면 황소는 봄점이며 따라서 농사의 시작이 된다. 그리고 보리 이삭은 처녀자리이자 으뜸별인 Spica이기도 하다. 풍요의 상징이다. 여기서 전갈은 가을점이므로 수확을 상징하며 성혼례의 시기이기도 하다. 앞에서 나온 Jurvan의 그림과 상징성에서 동일하다. 한편 저녁 밤을 기준으로 보면 '쌍둥이-큰개-오리온-황소-처녀'의 순서로 겨울에서 봄에 걸친 별자리가 나온다. 이어서 전갈과 뱀인 땅꾼자리가 여름의 저녁 밤을 차지한다. 따라서 겨울 → 봄 → 여름에 이르는 생명의 흐름을 말해주고 있다.

　뱀의 신화를 더 더듬기로 한다. 그리스로 넘어간다. 뱀 여인의 등장이다. 그림 4.17은 뱀을 들고 있는 뱀 여인의 모습을 담고 있다.

그림 4.17　뱀 여인들. 오른쪽의 그림은 크노소스 궁전에서 발견된 B.C. 1600년경 도자기 그릇에 새겨진 것이다. [15]

모두 재생을 상징하는 여신이면서 부권 지배 이전 모권의 지배를 그리는 상징물이다. 앞에서 나온 아테네 여신도 뱀의 여신과 동일시된다. 그리스 신화에 악으로 등장하는 메두사 역시 뱀으로 '죽음-삶'을 부여하는 신이다. 악으로 취급되는 것은 나중에 부권의 지배에서 각색된 것이다. Tiamat와 같다. 이제 이 뱀 여인들, 특히 왼쪽 모습을 보면서 떠오르는 별자리가 있을 것이다. '땅꾼자리(Ophiuchus)'이다. 현재의 땅꾼은 여성에서 남성으로 탈바꿈한 모습이다.

## 특별 주제 9 **몸과 미라(Mom and Mummy)**

고대 이집트의 유산 중 왕들의 미라가 유명하다. 앞에서 소개했던 투트·앙크·아멘 (Tut-Ankh-Amen) 왕에서 직접 만나본 적이 있다. '미라(Mirra)'는 사실 영어가 아니다. Mirra는 일본이 포르투갈어인 Mirra를 차용하면서 우리가 그대로 수용한 말이다. 영어로는 Mummy이다. Mummy는 '뫼'가 이중으로 된 형태로 '뫼마'이다. 우리말 '몸'과 일치한다. 물론 아주 높임말인 '마마'와 통한다. Mammoth 역시 이와 연관될 것이다. 고대 이집트에서 미라에 의한 장례식은 파라오나 높은 사제들의 전유물이었다. 나중에 일반화된다. 따라서 '마마'와 '몸' 모두 의미가 통한다. 몸을 통하여 환생(재생)한다는 믿음이 미라를 만들었기 때문이다.

Mirra는 '뫼알'이다. 꼬리말의 뫼가 알로 바뀌었다. '마루'이다. 몸을 기준으로 한다면 '머리'이다. '마마'와 의미는 같다. 따라서 미라는 지배자, 지도자의 의식체계를 가리키는 말이라고 할 수 있다. 아울러 신과 교통하는 제의적 말들인 유프라테스(수메르)의 'Me' 혹은 이집트의 'Maat'와 상징성에서 통한다. '몸(Mom)'과 '마음(Maum)'은 심리적으로 연결되어 있다. 우리말의 고차원적인 철학적 꾸밈새가 돋보인다.

몸(Mom)은 '뫼+뫼'이다. 두 개의 봉우리이며, 두 물이다. 하나는 암, 다른 하나는 수이다. Mummu의 Ummu가 이에 해당한다. 따라서 암, 수가 한 몸이라 할 수 있다. 뱀은 '뵈+뫼'이다. 베(배)와 메(매)인 셈인데 암컷은 배, 수컷인 매가 한 몸인 구조이다. 따라서 **뱀은 암수 동체**라고 할 수 있다. 뱀 두 마리가 엉켜 한 몸이 된다는 것은 새로운 탄생을 상징한다.

이제 뿌리말인 '뵈'와 '뫼'를 다시 보기로 하겠다. 뵈인 배는 생명을 품은 곳이다. 어머니이며 따라서 여성형이어야 한다. 반면에 '뫼'인 메, 매는 힘의 상징이며 따라서 남성형이다. '물'로 새김해도 역시 상징성에서 남성이 우세하다. 생명이 태어나는 말이 '나다'이다. 배와 합치면 '배나'이고 '분, 부네'와 같다. Venu(s)이다. Ban 역시도 같다. 따라서 여성형이다. 우리는 '부네'에서 성모의 흔적을, '분'에서는 약화한 흔적을 볼 수 있다. 대응되는 '뫼나'인 'Man'은 남성 형이다. 여기까지는 심리적 상징성에서 와 닿는다. 문제는 '이(A)'의 존재이다. 'Aman'은 어머니로 'Aban'은 아버지로 되면서 성이 바뀐다. '아(a)'가 '아니'로 작동되는 것이다.

그러면 'Aman'과 'Man' 중에서 어느 쪽이 먼저일까? 신화적으로나 역사적인 기록에 의하면 판별하기가 쉽지 않다. 물론 말의 원초적 뿌리를 생각하면 당연히 'Man'이 우선이어야 한다. 그러면 왜 굳이 '아(a)'가 붙었을까? 특별 주제 5에서 '나반'을 만난 적이 있다. 나반에서 나와 반을 분리하여, 'Na-Ban'이면 당연히 어머니인 성모이지 아버지가 아니다. 그러면 Na는 'An'으로 '아니'로 보아야 할 것이다. 이렇게 되면 Aban이 아니라 Naban으로 된 것이 이해가 된다. 그럼에도 불구하고 '아'의 존재는 여전히 수수께끼이다. 처음부터 'Ben, Ban', 'Men, Man'으로 했으면 깨끗하기 때문이다. 우리 역시 '아방'과 '어멍'을 보면 '아'의 새김이 우세한 편이다. 이 '아'의 존재는 이집트에서 두드러진다. 'Amun', 'Aten' 등에서 그 힘을 느낄 수 있다. 비슷한 것이 '딸(Tar)'이다. **딸이 먼저이고 아들(Atar)은 나중**이다. 흥미로운 점은 Ban의 존재는 폭넓지 않다는 사실이다. 이집트를 보면 'Mena'인 'Men'과 이에 대응되는 'Amen'이 주를 이룬다. 어찌 보면 타당하다. 그러면 이집트의 기록이 시작되는 시기인 B.C. 3000년경에는 이미 '부권'이 확립되었다고 본다. 모권의 힘이 여전히 남아있는 흔적이 'Amun, Amen'일 것이다. '딸(Tar)'은 복합적이다. Tar는 모권이며 **Atar**는 부권을 상징한다. 영어의 **Adore**가 이를 극적으로 상징한다. 'Andro'에 대해서는 나중에 거론하겠다.

　　한편 Father, Mother는 'Ther'을 기본으로 보았을 때 '딸'이 중심이 될 수 있다. 그런데 아버지는 배(Fa)를 어머니는 '매'를 안고 있다. 뒤바뀐 셈이다. 따라서 Ther를 딸로 보면 안 된다는 결론이 나온다. **Father, Mother, Daughter, Brother 등은 그 뿌리가 다른 것** 같다. 한편 Woman에서는 'Aman'의 흔적이 남아있다. 한편, Father, Mother, Daughter, Brother에서 Ther를 떼어내고 말머리에 A를 붙이면 흥미로운 결과가 나온다. 즉, **Afa, Amo, Adaug, Abro인데 해석하면 '아비',** '아미', '아다키', '아부리'이다. 그러면 아비와 아미(어미)는 정확히 대응되는 셈이다. 그러나 딸은 아다키, 형제는 아부루가 되는데 이에 대한 흔적이 존재하는지 궁금하다. 신화적 이름들에 박혀 있을 수도 있다고 본다. 'A'를 품은 말들의 존재와 그 흔적을 체계적으로 찾는 길이 요구된다. 'A'를 단순한 감탄사로 보느냐, 'Ga'로 새김하느냐도 중요한 관건이다.

　　반(Ban)은 집의 중심인 '방'과 연결된다. 한자말이 아님을 우선 강조한다. 성스러운 어머니가 자리잡는 영역이며 특히 '안방'은 그 상징성이 크다. 한편

Woman에 대응되는 말이 Aban(아반)이다. 영어에 이 말은 없다. 아비인 'Abba, Abbi'에서 그 흔적은 보인다. 모두 높은 성직자나 기도의 말에 쓰인다. 프랑스어의 Abbé는 성직자나 신부를 가리킨다.

## 특별 주제 10 Bes와 두꺼비

물고기자리에서 이야기하지만, 물고기를 배씨라고 부를 것을 제안한다. Bes이다. Apsu, Abzu는 배씨에서 아비씨로 바뀐 경우이다. 배씨는 성모이다. Bes는 이집트 신화에 등장하는 신의 이름이다. 앞에서 나왔던 Shiva를 보자. 거꾸로 새기면 Vashi, 결국 배씨(Bes)가 된다. 남자로 나오지만 얼굴 모습은 여성적으로 묘사된다. 무척 상징적이다. 이제 이 Bes와 두꺼비가 어떻게 연결되는지 흥미진진하게 파헤쳐 보이겠다.

우선 Bes 신의 모습을 보기로 하자. 그림 4.18을 보기 바란다. 원래 이집트에서 탄생된 신으로, 가정을 지키는 수호신이다. 특히 가족 중 어머니와 자식을 돌보는 인자하고 착한 신이다. 그러나 모습은 괴상하다. 우선 혀가 나와 있다. 얼굴 모습이 험상궂다. 그리고 다리가 짧다. 수염이 나 있다. 시간이 흐르면서 모든 것을 지켜주는 신으로 추앙받는다. 따라서 집이나 거대 건축물의 지붕에 이 신의 그림이 새겨진다. 미리 결론을 내겠다. 우리나라의 기와에 새겨진 도깨비 얼굴도 여기에서 나왔다.

그림 4.18　베스(Bes) 신의 다양한 모습.

뱀을 죽이고 사악한 영을 퇴치하면서 가족을 지키는 역할에 그 중심이 맞추어져 있다. 물론 배우자도 있다. Beset이다. 이집트 말에서 여성은 꼬리에 'et'가 붙는 다. 그런데 형제로 Taweret가 있다. 혼란스럽게 이 Taweret가 배우자로도 등장한다.

　　그러면 Bes는 무슨 뜻일까? 고양이(Cat)로 해석된다. 지은이는 이러한 해석을 보고 잘못되었음을 금방 눈치채었다. 고양이는 이집트인이 아끼며 기르던 동물이다. Bes 신이 폭넓게 유행하게 되는 시기는 신왕국 시대로 베스의 신전(Tattoos of Bes)이 등장하고부터다. 음악, 춤, 성행위의 즐거움을 상징한다고 한다. 한편 Tawret는 Taurt, Tuat, Tuart, Ta-weret, Tawaret, Twert, Tauret 등으로 표기되어 나온다. 한마디로 Tuat는 Toad이다. 두꺼비를 가리킨다. 우리말 두꺼비는 피부가 두꺼워 두꺼비로 부르는데 가끔 '두터비'로도 부른다. 두껍다와 두텁다는 혼용되어 사용된다. 두터비는 Toad, Taud와 음운학적으로 같다. 여기서 Bes는 배씨이며 결국 물에 서식하는 물고기를 가리킨다. 두꺼비, 개구리도 여기에 포함된다. **Apsu, Abzu는 Bes에 '아(A)'가 붙어 남성인 황소로 탈바꿈된 경우이다.** 결국 이 신은 처음에 여성 신임을 암시하고 있다. 그리고 Tawer, Tawre, Taurt에서 'Tar(딸)'의 흔적이 보인다. **만약에 ut와 r의 호환성을 적용하면 Tawre는 Taut가 된다. 결국 두꺼비는 두터비이면서 딸이 된다. 도깨비 역시 두꺼비이다.** 이제 Bes 신의 몰골이 왜 그리 나오는지 명확해졌다. 두꺼비의 얼굴인 셈이다. 혀를 내민 것, 얼굴이 울퉁불퉁하며 험상궂은 것, 그러면서도 착한 역할을 하는 것이 두꺼비의 모양과 그 성질과 부합된다. 고양이와는 관계가 없다. 다만 모권에서 부권으로 힘이 옮겨지면서 뱀과 같이 악한 존재로 점점 취급받게 된다. 그림 4.18의 오른쪽 그림이 이를 반영한다. 가운데 베스 신은 두 마리 뱀과 동일한 상징을 보여주고 있다. 두꺼비는 물을 상징하면서도 뱀과는 대척점에 있다. 따라서 신화적으로 뱀을 퇴치하는 역할을 한다. 여기서 뱀은 재탄생을 상징하는 성스러운 뱀이 아니라 가족을 해치는 악의 상징이다. 사람에게 있어 뱀은 이러한 인식의 동물로 취급받지 않은가? 실제로 뱀을 이기는 동물은 돼지이다. 어쩌면 두꺼비와 돼지는 상징성에서 같다고도 본다. 신화적으로 돼지는 성모 시대를 상징한다. 그림 4.18을 보면서 그 상징성을 상상하기 바란다. 우리나라에서는 뱀인 구렁이, 두꺼비 등을 업(Abi)으로 여겨 집을 지키는 신(가신, 家神)으로 삼기도 하였다.

이집트에서 달의 신은 **Thoth**라고 하였다. **Thoth**는 **Toad**이다. 따라서 **Thoth** 신은 두꺼비이다. 그리고 다른 이름인 **Tour**는 **Tor**이며 딸이고 결국 '달(Moon)'이된다. 마침내 고구려의 벽화에 새겨진 달 그림에 도달하였다. 더욱이 하마의여신으로 알려진 **Taweret**와도 만난다.

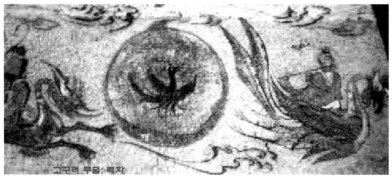

그림 4.19    고구려 무덤 벽화. 달과 해. 특히 두꺼비가 두 눈을 부릅뜨고 토끼가 음식(아니면 약)을 잘만들고 있는지 감시하는 모습이 무척 인상적이다. 출처: 한국생활사 박물관 3(고구려 생활관), 사계절(2002).

이제 고구려 무덤 벽에 그려진 그림을 보자(그림 **4.19**). 달은 서쪽을 차지하면서출산과 풍요를 상징한다. 두꺼비가 이를 대신한다. 반면에 동쪽의 해는 세 발을 지닌 검은 새로 상징된다. 힘과 씨를 간직한다. 보통 까마귀로 보는데 '검다'의 검과신을 가리키는 '곰'을 상징하고 있다. 그러면서도 멀리 떨어져 가물거리는 성스러운 존재로 상징된다. '검다'보다는 '가물'이 심리적으로 와닿는 말이다. 세 발의 새는 중국의 5000년 전 황하 지역의 유적에서 발견된다. 신화적으로는 '한인-한웅-단군'의 세 가지를 가리키며 결국 '하늘-땅-사람'을 상징하고 있다. 앞에서 숱하게 등장하는 세 가지의 다른 유형이다.

이미 언급했지만 Taweret 신은 하마이면서 악어를 짊어진 모습으로 나온다. 물론 이 이름은 Bes의 별명으로 붙는다. 물을 지배하는 여왕이면서도 하늘의 여왕, 지평선의 여왕, 탄생의 여왕 등으로 상징된다. 신화학적으로 여자의 오줌과 젖은 풍요와 다산의 상징으로 등장한다. 이 Taweret가 북두칠성인 황소(넓적다리)를 잡고 하늘의 지배자로 나선다.

이제 꼬리에 et가 없는 'Tawer, Tawre'를 보자. 황소인 Tauru(s)와 소리가 같다. 그러면 황소는 암-수 두 얼굴이 되면서 한쪽은 희생물을 다른 한쪽은 희생물을 다루는 주제자를 가리키고 있다. 돌고 도는 셈이다.

마지막으로 하마의 영어 단어를 보자. Hippopotamus이다. 나일강에 서식하는 커다란 하마를 가리키는 이름이다. 구조를 보면 'hipo-potamu'이다. 이를 'hebi-potamu'로 새기면 음운학적으로 '뱀과 바다'가 된다. 아니면 potamu를 용으로 새겨도 되겠다. 용은 하마, 뱀은 악어로 해석하고 싶다. 이중적이다. 그리스어로 hippo는 말을, potamus는 강을 뜻한다고 한다. 그래서 한자로 河馬이다. hippo는 뱀이라는 의미의 일본말 헤비와 연결된다. 정리한다.

Thoth, Bes, Taweret는 모두 같은 신이며 물을 상징한다. 음운학적으로는 '딸', '달', '배(씨)' 그리고 '두꺼비'이다. 물이므로 두꺼비, 하마, 악어, 더 나아가 황소인 아비소(Apsu)로 육화(肉化)되며 창조를 위한 희생물로 변한다. 탄생과 풍요를 고려하면 두꺼비의 모습이 가장 걸맞다. 아마도 두꺼비가 최초의 상징물이었을 것이다. 왜냐하면 두꺼비의 모습이 어머니의 자궁과 같기 때문이다. 이 모습보다 더 실감이 가는 생명 탄생의 터를 상징할 수 있을까? 없다고 본다. 그러면서도 시간이 지날수록 부권의 횡포에 의해 두 얼굴 중 악마(Gorgon)의 상징이 두드러지게 된다. '웃다(udda)'와 '울다(urda)'처럼 극과 극은 동전의 양면인 것이다. 그리고 이 두 얼굴인 '웃(ud)'과 '울(ur)'에서 'ut ↔ r'의 넘나듦을 보게 된다.

## 4.2 해길 자리(The Solar Zodiac)

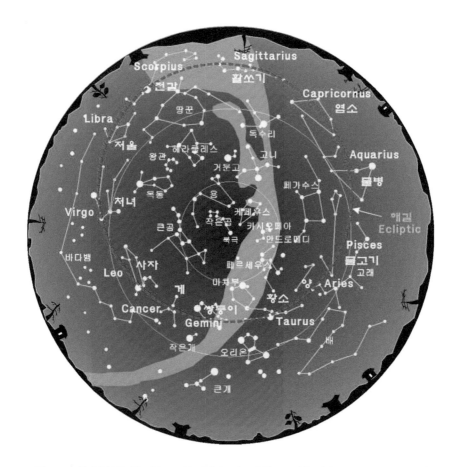

그림 4.20   현재의 북극점을 기준으로 본 별자리 모습. 해길(ecliptic)은 점선으로 이루어진 동그라미를 따른다. 그림 1.4를 다시 보며 비교 바란다.

이른바 해가 지나는 길에 늘어선 별자리로 이루어진 허리띠이다(그림 **4.20**). 12개의 별자리가 설정되어 있으며 이미 앞에서 소개하였다(그림 **1.4**). 12개의 별자리가 대부분 동물을 그리고 있어 Zodiac은 동물을 뜻하는 말로 해석이 되고 있다. 따라서 종종 영어로 'Circle of Animals'로 표기된다. 이를 받아 우리나라에서는 수대(獸帶)라고 번역하여 부른다. 이 역시 한자에 종속된 결과이다. '동물띠'라는 뜻이다. 그럼에도 Zodiac의 그 유래는 모른다. 유프라테스에서 처음 나왔다고 추측할 뿐이다.

참고 문헌 [1]에 언급된 내용을 토대로 이 부분을 설명해 나가겠다. 모양에 대한 기록은 먼저 그리스의 문헌에서 구체적으로 나온다. 그것은 표지나 기호, 몸체, 동물 아니면 하늘에 떠 있는 막연한 것들, 그림 등이다. 모두 그려볼 수 있는 형상들이다. 글쓴이가 여기서 가장 주목하는 이름이 동물을 뜻하는 **Zodia**이다. 나중에 자세히 언급된다. 결론적으로 말하자면 이 말은 그리스 시대 한 학자가 퍼뜨린 이름이다. 글쓴이는 동물로 보지 않는다. 설령 현재의 그리스어로 동물이 Zodia라고 하여도 그 실제적 의미는 다른 곳에 있다고 본다. 헤라클레스자리에서도 비슷한 사연이 나온다. 이 별자리들은 유프라테스의 아카드(Akkad)에서 비롯되었다는 설이 유력하다. 그리고 다시 북쪽에서 침략한 바빌로니아에서 구체화 된 것으로 보고 있다. 바빌로니아는 자신들의 운명이 별들과 관계된다고 생각한 민족이다. 나라의 위치 역시 별들과 관련시킨다. 이러한 관념은 쐐기문자에 있어 표의적인 글자로 신성(divinity)을 Ilu, 정치와 종교(그 당시에는 분리되지 않았음)적 의례 장소를 **'Ku-dur-ru'**라고 하였다. **구획 돌(division stones)의 뜻**이라고 해석되며, 우리의 **'구들'**과 같다고 하였다. 신성을 가리키는 Ilu는 '알'이다. 이러한 문화적 동질성을 접하면서 놀라움과 함께 **별자리를 '구들'로 이름**하여도 손색이 없겠다는 생각이 든다. 그리고 **점성술도 여기에서 출발한 것**으로 결론이 난다. 앞에서 바빌로니아의 'kuduru'에 새긴 해, 달, 금성의 모습을 다시 쳐다보기 바란다. Babylon은 그리스어로 원래 신들 혹은 신성한 문이라는 'bab-illi'에서 따온 말이다. illi는 바로 앞에서 말한 바와 같이 신성을 가리키는 지시말이다. '알'과 같다. 이 알이 뵈에 붙어 '부루'가 된다는 점은 누누이 강조하였다. **Babylon은 '뵈부루'**이다. 부루는 성, 뵈는 지배자를 가리킨다. 뵈부루는 배불, 혹은 불배 형태로 우리나라 고대 도시(城) 이름에서 자주 등장한다. 꼬리말 On은 일종의 높임말이다. '아씨(As)'와 호환된다. 따라서 **신의 문이 아니라 신들의 거처인 신성(神城) 혹은 왕성(王城)**이라야 더 알맞다.

처음 유프라테스에서는 6개의 신호(표지)로 보았는데 황소, 게, 처녀, 전갈, 염소, 물고기이다. 나중에 달이 차는 것이 12달로 보아 12개로 갈라졌다는 설이다. 한편 처음부터 11개의 지역으로 구분하였고 전갈자리의 집게가 현재의 **저울(천**

칭, 天秤)자리였기 때문이라는 주장도 존재한다. 해가 같은 위치로 돌아오는 주기인 1년의 기간 동안 달은 보름달이 12번 출현하는바 이에 따라 12달이 되면서 12개의 별자리가 설정된 것은 주지의 사실이다. 결국 해와 달의 운행에 따른 두 얼굴의 복합적인 자연 현상이 반영된 결과이다.

한편 해의 길에 늘어선 별자리를 어떻게 찾아야 할까? 해가 뜨면 별이 사라지기 때문이다. 그러면서도 해의 길에 있는 별자리가 왜 주목받았을까? 글쓴이는 농경 사회의 문화적, 심리학적 산물이라고 본다. 생명, 특히 인류의 문명 탄생지는 모두 강을 배경으로 한다. 강은 물을 품고 있다. 강물이 늘고 줄어듦에서 농사는 직접적인 영향을 받는다. 계절의 순환은 달이 아니라 해에 의해 결정된다. **계절에 따라 해가 뜨고 지는 위치는 다르다. 물론 지역에 따라 그 위치를 특정의 산이나 골짜기 혹은 동굴을 이용하여 파악할 수 있다. 아니면 인위적으로 기둥, 특히 돌을 세워 그 위치를 가리키는 지렛대**로 삼을 수 있다. 이 결과가 현재 인류의 고대 문명의 금자탑이라 할 수 있는 돌탑(돌기둥, 피라미드 등)의 유산이다. 그런데 이집트나 유프라테스에서는 해의 위치를 밤하늘의 별과 결부시켰다. 대단한 발상이다. 관측은 **해가 뜨기 전 새벽 혹은 지고 난 후 황혼이 짙은 저녁 시간이**다. 여기에서 가장 먼저 눈에 띈 것은 그토록 밝게 빛나는 행성, 특히 금성이었다. 그리고 별 중에는 시리우스이다. 이 시리우스가 해 뜨기 전 동쪽에 나타나는 시간대가 나일강의 범람 시기인 장마 기간임을 이집트인은 일찍 알아차렸다. 물론 유프라테스에서도 이와 같은 관계를 관측으로 일찍 파악하였다. 더욱이 지금의 아라비아반도의 사막 지대에서 생활하는 유목민에게는 방향이 중요했다. 특히 밤에 이동할 때는 별을 이용하지 않을 수 없었다. 당연히 별들에 대한 풍부한 전설, 신화가 탄생할 수밖에 없는 지리적, 자연적 환경이다.

여기서 인류의 생활상에 지대한 영향을 미치는 바다를 쳐다보자. 바다는 강과 함께 인류에게 직접적인 영향을 끼치는 존재이다. 산악이나 초원지대에 거주하는 민족에게는 그 존재조차 파악하지 못하지만 바다를 배경으로 하는 지역은 상황이 다르다. **특히 메소포타미아의 유프라테스와 티그리스 두 강이 바다로 흘러들어가는 지역이 수메르 문명의 중심지였다. 강(민물)과 바다(짠물)는 대립되는 대상의 물**이다. 더욱이 바다의 밀물과 썰물에 따른 개스벌의 형성이 수메르 문명에 상당한 영향을 가한다. 또한 폭풍에 따른 바다의 거친 파도는 한순간에 농경

지와 주택지를 덮어버리는 재앙의 원천이기도 하다. 이 재앙이 용으로 상징화되면서 무서운 신으로 등장한다. 유프라테스의 경우 그 이름이 **'Tiamat'**이다. 원래의 바다는 모든 만물을 낳는 창조의 뿌리로 여겼다. 따라서 Tiamat는 원래 생명을 창조하는 성스럽고 인자하며 만물의 신이었다고 본다. 유프라테스, 특히 수메르 신화에서 우주는 다음과 같은 구조로 나온다. **'바다-땅-대기-하늘'의 4층 구조**이다. 자세한 것은 피하겠다. 어찌 되었든 바다는 이중적인 상징성을 가지고 있다는 점만 알아두자. 바다는 모든 것을 낳는 깊은 곳으로 영원을 상징한다. 그리고 이 4가지 층 구조는 커다란 나무, 산, 기둥, 결국 거대한 피라미드식 건축물로 상징화된다. 그리고 영원불멸의 깊은 바다를 지키는 존재가 용이나 뱀으로 상징화된다. 유프라테스, 그리스, 더 나아가 게르만족의 신화가 이러한 우주 구조를 바탕으로 나왔다. **결국 모든 신화적, 종교적 요소의 기원은 유프라테스 지역이며 수메르(Sumer)**이다.

이제 이해를 돕기 위해 별자리 그림을 소개한다. 현재가 아니라 서기전 2000년을 상정하였다. 왜냐하면 별의 관측 자체는 서기전 3000년경에 이루어 졌지만 그 체계성이 확보 된 것이 대략 서기전 2000년경이었기 때문이다. 그리고 장소는 바그다드를 택하였다. 유프라테스 지역에서 별자리의 설정이 풍부하게 자리를 잡은 것을 고려한 결과이다. 그림은 바그다드의 서기전 2000년 봄점인 3월 21일 저녁 5시 30분의 밤하늘이다(그림 **4.21**).

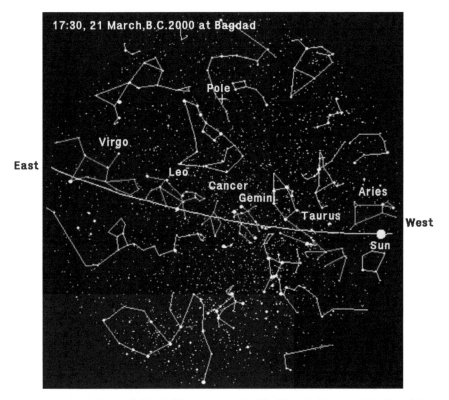

그림 4.21 바그다드(Bagdad)에서 바라본 B.C. 2000년 봄점인 3월 21일 저녁 5시 30분의 하늘. 해가 지기 직전의 모습이며 해는 양자리(Aries)에 위치한다. 현재는 물고기자리가 봄점이다. 해가 지면서 황소 (Taurus)-쌍둥이(Gemini)-게(Cancer)-사자(Leo)-처녀(Virgo)자리가 차례로 동에서 서쪽으로 이동하며 사라져 간다. 유프라테스 지역에서는 하루의 시작을 해가 진 후로 설정하여 해 뜨기 직전에 끝난다. 따라서 봄점인 춘분의 전령자가 황소가 된다. 새벽 해가 뜨기 직전 물고기자리가 동에서 떠오른다. 북극점은 서기전 3000년에 비해 용자리 으뜸별에서 약간 벗어나 있다. 바그다드의 위도는 우리나라의 제주도보다 조금 더 낮은 곳이다. 따라서 남쪽의 별자리가 우리보다 폭넓게 보인다. 남쪽을 향하여 바라본 것이며 따라서 왼편이 동쪽이다. 그림 1.2와 그림 4.20의 별자리 모습과 비교해 보기 바란다.

아직 해가 지기 전이며 해가 어느 별자리에 위치하는지 확실히 보여주기 위해 이 시간을 택하였다. 해는 양자리에 위치함을 알 수 있다. 현재는 물고기자리 그것도 왼편의 양자리 쪽 경계면이다. 하지만 이러한 고대 관측의 중요성과 역사적인 면을 고려하여 지금도 양자리를 봄점으로 보아 해석하는 경우가 많다. 달은 쌍둥이자리에 머물고 있다.

표 4.2 봄, 여름, 가을, 겨울 점들의 해의 길과 달의 길에 대한 별자리 위치. 별표(*)는 메소포타미아의 저녁 해지고 난 후의 서쪽에서 나오는 별자리 기준이다.

| | 해의 길 | | 달의 길 | |
| --- | --- | --- | --- | --- |
| | B.C.2000 | A.D.2000 | B.C.2000 | A.D.2000 |
| 3.21 | 양: 양의 밑 고래 꼬리 위, *황소 | 물고기: 서쪽 | 쌍둥이 | 처녀 |
| 6.21 | 게, *사자 | 쌍둥이: 서쪽, 카스트로 발 | 땅꾼 및 전갈 옆 | 염소 |
| 9.21 | 처녀 및 저울 위, *전갈 | 처녀 머리 부분 | 물고기 밑 | 황소 뿔, 쌍둥이 서쪽 발 |
| 12.21 | 염소, *물병 | 활쏘기 오른쪽 화살 부분 | 사자와 게 사이 | 처녀 밑 |

그러나 여기서 반드시 짚고 넘어가야 할 사안이 있다. 그것은 하루의 시작을 어느 시점에 잡느냐이다. 지금은 한밤중이다. 유프라테스에서는 해가 지고 난 후 하루가 시작되어 뜰 때 끝난다. 따라서 춘분날, 유프라테스 관점을 적용하면 하루가 시작되는 저녁 해가 지고 난 후 가장 먼저 서쪽으로 가라앉는 황소자리가 기준이 된다. 이에 따라 봄점으로 삼게 된다. 글쓴이가 별자리에 관련된 기록들을 접하다 보면 서기전 4000년에서부터 2000년 사이에 봄점이 황소자리라는 문구를 자주 만난다. 물론 황소의 몸체까지 적용하면 어떨지 모르지만 해는 결코 황소자리에 있지 않다. 심지어 플레이아데스에서도 떨어진 양자리 근처이다. 이러한 문구들은 아마도 유프라테스 지역의 하루 시작을 저녁으로 설정하여 해가 질 때 나타나는 별자리를 기준으로 하였다는 사실을 간과하여 생겨난 오류라고 본다. 엄밀하게 말하자면 별자리를 정확히 해의 위치에 정하는 것은 불가능하다. 왜냐하면 해가 지고 난 후라야 별들을 관측할 수 있기 때문이다. 표 4.2는 서기전 2000년과 서기 2000년 봄, 여름, 가을, 겨울 점들에 대한 바그다드에서 관측된 해의 길과 달의 길에 해당하는 별자리들이다. 4000년의 차이가 있다.

해가 제자리로 돌아온다는 것은 주기(Period)를 가졌다는 것이고 이는 둥그런 원(circle)의 구조를 상상하면 이해하기 쉽다. 허리 '띠'를 생각하기 바란다. 그러나 보다 **과학적인 인식으로 접근하려면 앞에서 보인 우리나라 해시계와 시계추의**

원리를 이해하는 것이 필요하다. 아카드인은 이러한 길을 Innum이라 부르며 **하늘의 고랑**으로 보아 Pindnu-sha-Shame라 하였다[1]. 그리고 하늘을 향하고 있는 황소가 쟁기를 가는 것으로 인식하였다. 수메르 신화에서는 '쟁기'와 '곡괭이'가 서로 대결하는 이야기가 나온다. 농경 사회와 대장장이를 포함하는 도시 사회(이른바 노동자)와의 주도권 싸움을 의미한다. 결국 곡괭이가 이기는 것으로 결판이 난다. 별자리를 소개하는 과정에서 황소가 쟁기질하는 구도가 종종 등장하는데, 이는 생명 탄생의 행위를 뜻한다. 하늘이 자궁, 땅이며 쟁기질은 남성을 상징한다. Innum은 In-Num으로 볼 수 있다. In은 Hin, Han이다. 수메르의 신 'In-An-Na, Inanna'와 같은 구조이다. Num은 나뫼이며 태어남을 가리킨다. 앞에서 논의했다. 음운학적으로는 한님으로 새기면 바로 통한다. Pindnu는 '뵈나따나(Ve-Na-Ta-Na)'로 '나(birth)'가 이중으로 붙어 있다. 발음으로는 그대로 '밴땅'이 되며 '뵈따' 즉 바다 아니면 바닷과도 통한다. 거꾸로 새기면 'Dan-Bun', '땅분'이다. sha는 뜻으로 새김할 필요가 없는 이음말 역할을 하는 것 같다. Shame는 '씨뫼'이며 Sama와 같다. 영적인 신을 가리키는 말이다. 우리나라에서의 곰과 같은 상징성을 나타내고 있다. Kama와 Sama는 종종 같은 뜻으로 쓰인다. 여기에서는 신적인 동물이 '황소'로 대변되었다. 따라서 황소의 발바닥(쟁기로 구체화 됨)이 신의 땅이고 결국 하늘의 고랑이 되는 셈이다. **'쇠스랑'** 역시 소(쇠)가 뿌리말이다. **'소 혹은 쇠'를 곰처럼 '솜'으로 새기면 Shame이 되어 흥미롭다.** B.C. 4000~2000 무렵에 황소자리는 12개의 해길 자리 중 저녁에 해가 지고 난 후 첫 번째를 장식하였었다. 아카드인의 이러한 천문학적 관점은 12달의 이름도 새겼을 것으로 간주된다. 그러한 달력 체계는 B.C. 2000년경에 성립된 것으로 보고 있다. 그림을 참고하기 바란다. 그리고 아시리아와 아르메니아에 영향을 주고 유대인에게 흘러간 것으로 보고 있다.

　여기서 잠깐 수메르 말에서 등장하는 중요한 뿌리 말들을 **다시** 살펴보기로 하겠다. 그것은 'An, En, In'이다. An은 수메르 창조 신화에서 하늘을 상징한다. 하늘이 An이고 땅이 Ki로 표기되었다. 하늘과 땅이 An-Ki이다. 이 둘이 분리되면서 나온 것이 En-Lil이다. 대기의 신이다. 그리고 En-Ki는 물을 관장하는 신의 이름이다. 앞에서 Ankh를 해석할 때 언급된 신이다. In-An-Na는 밝음과 풍요의 여신으로 보통 금성을 상징한다. 시간이 흐르면서 An에 대한 성스러운 상징성은 사라지고 접속사 역할을 하는 말로 변한다. En과 In은 An의 발음이 약간 변한 파생어라고 본다. 몇 번 언급했지만 Han으로 보면 모두 의미가 통한다. 그러면서도 An을 '안인 속으로 새기면 또한 심리학적으로 통한다. 그리고 '안다'의 뿌리말로 보면 더욱 그렇다. **더욱이 Anki는 '안기다'의 뿌리말이다. 감싸 안은 우주의 형상이 추상적으로 대비되며 심리학적으로 와 닿는다.** 수메르어 학자의 해석에 따르면 In-An-Na는 '하늘(Na, Heaven) 의(An) 여주인(In)'이라는 뜻이라고 한다. **An이 De나 Al과 같은 역할을 하고 있다는 점을** 알 수 있다. 그런데, 말의 구조는 우리와 같으면서도 그 순서는 반대인 점이 글쓴이를 혼란스럽게 한다. In을 Nin으로 새기면 여성을 가리키는 지시말이 된다.

바빌로니아에서는 해의 길을 Mizrātā라 불렀다. 원래는 Mazzaroth에서 나온 것으로 보며 혹은 Mazzaloth라고도 하였다. 가장 논란을 일으키는 이름이다. 비슷한 이름이 Milkway 편에서도 나온다. 이 말의 의미는 오리무중이다. 다만 '쳐다보다'에서 비롯되지 않았나 하고 추측만 할 뿐이다. 이 단어는 'Ma-Za-Ra-Ta'와 같은 구조이다. Ma는 뫼로 최고의 지위를 상징한다. 그 대상은 천체(해, 별 등)는 물론 동물과 최고의 지배자 등 다양하다. 신과 교통하는 제사장(무당)의 주문인 말(言, Me)도 해당한다. 뫼알인 마루도 이 울타리에 해당한다. 다만 뫼알인 경우 '물(water)'로도 볼 수도 있다. 따라서 Maz-zarath에서 Maz를 물(Mar)로 새길 수 있다는 뜻이다. Zara는 세 가지로 볼 수 있다. 씨알, 커알 그리고 따알이다. 이것은 s, k(g), t(d) 음이 모두 지(z, ch) 음으로의 변화를 고려한 것이다. 이 중에서 따알은 뒤에 타가 나오기 때문에 제외한다. 그러면 '살'과 '골'이다. 살은 '실'과 같으며 골은 '개울'과 같다. 따라서 물살(실)이냐 물골(개울)이냐. 모두 타당하다. 왜냐하면 **실과 골은 같은 뜻**이기 때문이다. 실내가 시내가 된 점을 기억하기 바란다. 따라서 Ma를 물로 새김하면 '**물살터' 혹은 '물골터, 물골터'이고 결국 골짜기를 타고 흐르는 강물이 된다. 미리내와 같다.** 이 말이 왜 은하수, 미리내와 같은 뜻으로 나오는지 이해가 될 것이다. 그러나 어딘지 부족한 느낌이다. Zara를 더 분석하기로 한다. Gara로 하면 '가라'이고 이는 강(River)의 의미가 된다. Zarath는 Garat 혹은 Garate로 볼 수 있는데 꼬리말 t는 무시해도 될 것이다. '강들'로 새김이 되기 때문이다. 여기서 가라는 다시 '가락'이 될 수 있고 그러면 눈으로 그려질 수 있는 그림이 나온다. 그런데 이 Gara를 Gir로 보면 우리말 길(Road, Path)

이 된다. 강줄기나 골짜기의 골이나 쟁기로 판 골이나 모두 길로 통한다. 길 자체가 다듬어진 골이기 때문이다. 그리고 'Ma, Me'는 최고의 대상이기 때문에 이를 '해(Sun)'에 부여되면 그대로 '해길'이 된다. 그럴듯한 해석이다. 그러나 **물길**이 가장 알맞다. 어떤 학자는 뜻이 **띠(girdle)**라고 주장하기도 한다. 혹은 빛나는 별들이라고도 한다. 모두 추측성 해석들이다. 그런데 띠인 **Girdle**을 보면 '**길들(Roads)**'과 음운학적으로 같다. 흥미로운 점을 발견한 셈이다. 그러나 글쓴이를 곤혹스럽게 하는 이름이 있다. 그것은 **Zarathustra**이다.

Zarathustra는 보통 Zoro Aster로 알려진 종교적 이름이다. 원래는 그 창시자의 이름이며 조로아스터(Zoro Aster)는 그리스식 말이다. 여기에서도 Aster를 현대의 영어식 소리로 하면 그 뜻을 잃어버린다는 사실을 직감할 수 있을 것이다. Zarathustra는 'Zarath-Ustra'의 이중 구조이다. 물론 **Ustra**는 **아씨딸**이다. 여기서 Zarath가 나오고 그리스어에서 보듯이 th는 무시될 수 있다. 그러면 Zara는 Gara로 보아 강과 같은 줄기나 길로 볼 수 있을까? 신을 나타내면서도 영웅적인 사람 이름인데 어딘가 모순이 생긴다. 따라서 '클'로 새김할 수밖에 없다. 그러면 '큰-아씨딸'이 된다. 이 해석이 자라투스트라에 어울린다. 그리고 **Zarath**를 **가라씨 즉 강가에 거주하는 씨족(clan)으로 보면 이 신화적 인물의 탄생지가 그려지기도** 한다. 지은이의 해석을 뒷받침하는 이름이 존재한다. 그것은 요(遼)나라의 창시자 '**야율아보기(耶律阿保機)**'이다. 한자로 그 소리를 적은 것으로 실제로는 '아라·아바키'이다. 여기서 아바키는 아버지와 같다. 그리고 아라는 가라와 같은 뜻으로 물이며 강을 가리킨다. 사실 Zara와 Ara는 "Gara → Zara → Jara → Ara"와 같은 소리 변화에서 생긴 머리말의 일종이다. 따라서 'Zara(th)-Astar'와 'Ara-Abaki'는 같은 구조임을 알 수 있다. 여기서 대단히 흥미로운 점이 드러난다. 그것은 Zarathustra가 실제로는 성모인 아씨딸을 모체로 한다는 사실이다. 나중에 부권에 의해 남성으로 탈바꿈되었다고 본다. 아니면 Astar가 아니라 Atar로 보면 아들이고 그대로 신화와 들어맞는다. 이 경우 '씨'를 **Zara**에 붙여 **Zaras**로 새기면 **Zarath**와 같고 가라씨가 되면서 아라씨와 정확히 대응된다. 이미 논의된 사안이지만, 서양 학계에서는 Tar인 딸과 A(n)tar인 아들과의 관계를 파악하지 못한다. 그럼에도 **영어에 있어 아들은 남자를 가리키는 'Andro'에 숨어져 있다.**

한편 **Zara** 그 자체로 보면 이는 '자리, 자루'와 음이 같다. 특히 별자리와 같이 자리가 나와 심리적으로 통하는 기분이 온다. 나중에 은하수인 Galaxy 편에서 다시 논하며 종합적으로 설명을 하겠다. 한편 영어 Mazard는 현재 산벚나무를 가리키는데 옛날에는 '머리 혹은 머리통'을 뜻했다[29]. 여기에서는 Ma가 분명 머리인 마루를 뜻하고 있다. 머리자루가 되어 머리통과 통한다.

**Mazarath**는 우리말 '맞이하다'를 적용시키면 전혀 다른 해석이 가능하다. 높은 사람이 올 때 우리는 '맞이한다'로, 만나서 얼굴을 대하게 되면 '마주한다'라는 다소 존경스러운 말로 대한다. 뿌리말들인 '맞이'와 '마주'는 **Mazi, Maza**이다. 맞다로 바로 새기면 **Mazuda**가 된다. **Mazara**와도 통한다. 물론 '모시다'의 '모시(Mosi, Mose)'도 같은 줄기이다. 이슬람의 '**Mosque**'가 '모시기'와 같다! '**Mask**' 역시 신을 불러오기 위한 '모시기'의 상징물이다. 여기서 해는 받드는 존경스러운 존재이고 해가 머무는 **12**개의 집을 맞이하면서 마주보는 대상으로 보면 모두 통한다. 물론 **Zara** 그 자체는 '자리'이고 높은 사람이 앉는 방석이며 곧 집이다. **Zarath**는 '자리터'이다.

이집트의 덴데라(Denderah) 신전에는 12개의 별자리가 뚜렷이 새겨진 벽화가 많다. 이집트 고유의 것이 아니라 그리스의 영향을 받은 후기의 것이다. 이집트의 고유 별자리는 해길을 따른 36개의 자리와 함께 시리우스와 북두칠성 등 농사와 관련된 것들이다. 아라비아에서는 '표지 띠'라 하여 Al Mintakah al Burj라고 이름을 지었다. Burj는 뵈알치인데 '부루키'로 빛남을 의미하므로 별빛을 가리키며 이를 표지(signs)로 번역한 것 같다. Mintakah는 '뫼나타키'로, 뜻을 새기는 데 혼동스럽다. 혹은 Almantica seu Nitac라는 이름도 나온다. 이것은 하늘의 팽창을 뜻하는 Al Falak라고 주석을 단다. Falak는 Burj와 같은 부루키, 불키(혹은 불치)이다. 여기서 불은 flame이다. Mintakah, Mantica는 음운학적으로는 '망치'와 같다. 영어의 Monkey에 해당하는데 그 뜻을 '쇠달구, 도가니 혹은 목이 긴 물병' 등으로 새기면 비로소 뜻이 통한다. 결국 모두 뜨거운 불길을 뿜는 해의 길을 상징하고 있다. 시리우스 정도의 별들은 아니므로 12개의 별자리에 있는 별빛과는 거리가 멀다 하겠다.

그리스로 넘어간다. 12 구역(the Twelve Parts)을 상정하여 α

Δωδεκατημορια (Dodekatemoria) 혹은 ο Ζωδιακος Κυκλος (Zodiakos Kuklos)라고 하였다. 그러나 아리스토텔레스가 작은 동물들의 원(the Circle of Little Animals)이라고 하여 'ο Κυκλος των Ζωδιων (o Kuklos ton Zodion)'으로 전했다. 여기서 처음으로 동물이라는 단어가 나온다. 저울자리가 전갈자리에서 분리되지 않은 시기였다. 그리고 원(circle)이 Kuklos임을 알 수 있다. 문제는 **Zodiak** 혹은 **Zodion**이 동물을 뜻하는 진정한 이름인가이다. 왜냐하면 구역이나 정해진 부분으로 볼 수 있기 때문이다. 별자리가 동물들의 형상으로 그려지면서 문학적으로 변질된 것이 아닌가 한다. 로마에 들어서 Zodiacus로 널리 부르게 된다.

이제부터 **Zodiac**에 대해 올바른 분석을 하겠다. 앞에서 나온 그리스어 'Dodekatemoria'를 보자. 이 단어는 다음과 같이 'Do-Deka-Te-Moria'로 크게 네 가지의 소리마디로 볼 수 있다. **Do**는 둘(Two), **Deka**는 열(Ten, Deca), **Te**는 따(땅), **Moria**는 '뫼알'인데 여기에서는 '마을(Village)'로 본다. 그러면 12가지의 땅마을이란 뜻으로 새길 수 있고 결국 **Temoria**가 구역(Zone, Parts)으로 해석할 수 있게 된다. **Temoria**는 '타모라'와 소리값이 같고 결국 제주도의 예스말 '타무라, 탐라'와 만나게 된다. **Te**인 '타'는 '두다'의 머리말과 같기도 하며, 결국 일정하게 둔 마을로도 새김이 된다. 특별 주제 9에서 더 자세히 다루겠다. 다음으로 **Zodiakos**를 보자. 이 단어는 'Dodiakos'이며 더 정확히는 'Do-Deka'이다. 12를 가리키는 'Dodeca, Two-Deca'와 같다. 한편 **Zodion**은 'To-Ten, Two-Ten'과 대응된다. 역시 열둘(12)이다. 결론적으로 말하자면 **Zodiac**는 동물과는 전혀 상관이 없는 말이다. 한 저명 학자의 왜곡(歪曲)에 전 인류가 휘말린 셈이다. 아울러 우리말 두(둘)가 영어의 **Two**는 물론 2를 가리키는 머리말 **Do**와 정확히 일치하는 점을 볼 수 있다. **Kuklos**는 'Ku-Kur'와 같고 커골이다. '큰 고을(big village)' 아니면 큰 고리(Ring)로 보아도 모두 뜻이 통한다. 고을로 새기면 앞에서 마을과 정확히 대응된다. **Circle**은 **Kirkle**로 Kuklos와 같은 구조다. 이 자리를 빌려 제안할 점 하나를 소개하겠다. 그것은 '마을', '고을', '구들' 등의 순수 우리말을 살려 한자에 오염된 이름들을 대체시키는 것이다. 어떻게 보면 지금은 한자보다 영어에 의한 오염이 갈수록 심해지고 있다. 그 영어가 우리말과 같은 이름들인 경우가 많다는 사실에서 우리 자신의 얼굴을 찾았으면 한다.

별자리를 동물로 상정한 것은 신화적이며 해당 지역과 민족 간에 형성된 사회적, 지역적, 정치적 산물이라 할 것이다. 어쩌면 가장 가까이 존재하며 농경이나 목축에 이용되는 동물(가축)이 부각되는 것은 당연한 결과이다. 나중에는 이러한 동물들이 민족 간의 투쟁의 상징성으로 그려진다. 별자리들이 이를 말해주고 있다. 또한 로마에서는 돈다는 의미를 곁들여 Orbis signiferus라고도 하였다. 혹은 Circulus signifer로도 불렀다. 자, 흥미롭게도 시적인 표현에서 '살'이 등장한다. 그것은 'Media Via Solis, Orbita Solis'이다. 여기서 '살, 실'이 해를 의미하는 단어로 탈바꿈한다. 그러면 '해살'이다. Media는 마당으로 보면 알맞다. 또는 Balteus stellatus라 하여 별들의 띠-the Starry Belt-라고도 하였다. Balte는 불따 (불땅)로, 불띠로 새기면 Belt와 맥이 닿는다.

　　여기서 다시 유프라테스 지역의 수메르 신화로 돌아가 보기로 한다. 왜냐하면 수메르 신화에서 별자리와 관련된 서사시가 존재하기 때문이다. '**에누마 엘리스(Enuma Elis)**'라고 알려진 것으로 바빌로니아의 창조 신화를 기록한 것이다. Akkad어의 쐐기문자로 전해지고 있다. '높은 곳에 있을 때'라는 첫 마디를 따서 이러한 제목이 붙여졌다고 한다. 수메르에서 존경받는 영웅들의 모험 이야기가 줄을 잇는다. 마치 그리스의 헤라클레스 영웅 이야기와 같은 맥락이다. 따라서 문화적, 사회적, 심리적인 면에서 같은 길이라고 할 수 있다. 수메르에서의 영웅 서사시를 장식하는 으뜸 영웅은 당연히 길가메시이다. 그러나 이에 못지않은 두 영웅이 존재한다. 하나가 '**엔메르카르**'이고 다른 하나가 '**루갈반다**'이다. 서기전 2000년경의 수메르의 우루크 제1 왕조의 왕들이었다. 그 치세가 드높아 신화적 설화로 기록되어 전하고 있다. 엔메르카르의 영웅 서사시 중 우루크의 동쪽 지역의 지배자와의 결투 내용에서 별자리와 관련된 대목들이 보인다. 그 **상대방 지역 이름이 '아라타(Arata)'이며 산악 지형**이다. Arata는 이미 등장했던 이름인데 동쪽을 가리킨다. 그리고 지배자의 이름이 '엔슈쿠슈시란나'이다. 수메르어에서 '인', '엔' 등의 머리말이 종종 나타난다. 존경어 한으로 새기면 된다. 따라서 '메르카르'가 실제 이름이다. 그러면 '뫼알커알'이다. 자주 나오는 존칭어다. '말갈'이며 여기에서는 '마루 컬'로 보면 되겠다. 우루크는 강물이 풍부한 지역으로 '물(water)'로 새김해도 무난하겠다. 그러면 '클물'이며 물을 잘 다스리는 지배자라고 해석된다. 그와 반면에 '아라타'는 쇠와 돌이 풍부한 산지이다. 쇠는 농사에 필요한 쟁기나 곡괭이, 또는 무기를 만들 수 있는 재료이다. 그리고 돌은 커다란 건축물에 필요한 재료이다. 아라타의 왕이 우루크의 지배를 위해 '메르카르' 왕에게 도전장을 보낸다. 풍부한 식량을 확보하기 위한 전쟁이다. 반면에 우루크의 왕 역시 아라타의 쇠와 돌을 탐내어 지배권을 행사하려고 한다. 흔히 있는 종족 간의 지배권 다툼이다. 이때 서사시 형태에서 아라타 측에서는 물고기를 내세우고 이를 물리치는 우루크 측은 물고기를 낚아채는 '새'를 내세운다. 그리고 새가 물고기를 잡아 이긴다. 그 다음에는 암양과 새끼 양 대 늑대, 세 번째는 암소와 송아지 대 사자, 야생 양 대 표범, 어린 영양 대 구그-짐승 등으로 대칭되며 모두 우루크가 이기는 형식으로 전개된다. 여기서 구그(Gug)는 '괴기'로 '개'로 본다. 수메르 학자들은 이 이름의 의미를 파악하지 못하였다. 결국 아라타 왕의 대리인은 목숨을 잃는다. 즉 전쟁에서 패한다. 결국 아라타 왕은 무릎을 꿇는다. 지금 열거된 동물들을 보면 물고기-새, 양-늑대, 소-사자, 야생양-표범, 영양-개 등으로 어떻게 보면 천적 사이와 같다. 그리고 해신은 물론 금성의 상징인 인안나(In-Anna) 등도 등장한다. 따라서 해의 길을 상징하는 설화라고 판단된다. 사라지는 것은 해가 뜨기 전에 동에서 솟아오른 별자리들로 인식되며 이기는 편은 해가 지고 난 후 나타나는 별자리로 볼 수 있다. 어떻게 보면 농경 사회, 목축 사회, 유목 사회 등의 체계에서 주도권을 놓고 벌어지는 싸움을 상징한다고 하겠다. 자연스러운 결말로, 이것을 하늘에 반영하는 것이다. 그리고 아라타는 우루크의 동쪽에 위치하며 많은 산들로 이루어진 산맥이 펼쳐지는 곳이다. 모험이 보통 일곱 개의 산을 넘는 것으로 묘사된다. **'아라타'는 '알타', 즉 '알땅'이며 알씨 땅이다. '아씨따'와 맥이 통한다.**

이번에는 루갈반다 편을 보기로 한다. 루는 머리말이다. 그러면 이름은 갈반다이다. '커알뵈나타'의 구조인데 '클반'이라 보면 되겠다. 다시 말해 **'클분(the Greater)'**이다. 우루크의 '엔메르카르'가 역시 주인공으로 등장한다. 하지만 이번에는 다른 지역에 있는 타민족의 침략을 어떻게 저지하느냐가 관건이다. 이때 루갈반다가 등장하여 여신 인안나의 도움을 요청하는 길에 나선다. 그런데 여기에서는 인안나가 '아라타' 지역에 있는 것으로 나온다. 앞의 서사시에서는 우루크에 봉헌되어 있는 것으로 설정이 된다. 어찌 되었든 루갈반다는 일곱 개의 산을 넘으면서 무사히 목적지에 도착하여 인안나를 만나 도움을 요청한다. 그러나 기록이 새겨진 점토판이 손상되어 자세한 내용은 알 수 없다. 그럼에도 중요한 단어들이 등장하는데 그것은, 어떤 **강**과 엔메르카르가 잡아야 할 **물고기** 그리고 만들어야 하는 **물그릇**과 연관되는 듯하다고 한다[21]. 그리고 우루크 도시에 가져다 놓아야 할 쇠와 돌이 언급된다. 이 장면에서 글쓴이가 주목하는 것이 **강물, 물고기, 물그릇**이다. 바로 **강물자리, 물고기자리, 물병자리**가 떠오르기 때문이다. 모두 물과 관련되고, 결국 장마 계절과 깊은 연관을 지닌다. 침략을 하는 민족 이름이 마르투(아모리 인)이다. 이는 '물땅'을 가리키며 역시 큰비와 연관이 된다. 쇠와 돌은 홍수를 막는 건축물이나 도구가 될 것이다. 아니면 쇠는 소(Cow)일 수도 있다. 이 신화 역시 해길에 있는 별자리를 묘사한다고 하겠다.

이제 12개의 별자리에 속하는 띠들과 동양에서 사용되고 있는 12가지 띠(12차次)를 소개하고 비교하기로 한다. 보통 12지(支)로 부르는데 이는 10간(干)-12지(支)에서 나온 이름이다. 여기서 干은 칸(큰), 支, 次는 키(치)를 소리하는 우리말이며 한자의 뜻과는 관계가 없다.

쥐(子, **Rat**) − 소(丑, **Ox**) − 범(寅, **Tiger**) − 토끼(卯, **Hare**) − 용(辰, **Dragon**) − 뱀(巳, **Serpent**) − 말(午, **Horse**) − 양(未, **Ram**) − 원숭이(申, **Ape**) − 닭(酉, **Cock**) − 개(戌, **Dog**) − 돼지(亥, **Boar**)

이다. 이에 대응되는 서양의 자리는 다음과 같다[1].

Rat(쥐) − Aquarius(물병): January 20 ~ February 18
Ox(소) − Capricornus(염소): December 22 ~ January 19
Tiger(범) − Sagittarius(활쏘기): November 23 ~ December 21
Hare(토끼) − Scorpio(전갈): October 24 ~ November 22
Dragon(용) − Libra(저울): September 23 ~ October 23
Serpent(뱀) − Virgo(처녀): August 23 ~ September 22
Horse(말) − Leo(사자): July 23 ~ August 22
Ram(양) − Cancer(게): June 22 ~ July 22

Ape(원숭이)−Gemini(쌍둥이): May 20 ~ June 21

Cock(닭)−Taurus(황소): April 20 ~ May 20

Dog(개)−Aries(양): March 21 ~ April 19

Boar(돼지)−Pisces(물고기): February 19 ~ March 20

가장 먼저 눈에 띄는 것은 **시간의 방향이 반대**인 점이다. 서양의 12자리가 동에서 서로의 이동을, 다시 말해 해가 가는 방향인 반면 동양의 것은 서에서 동으로 이동하는 역 순서이다. 더욱 혼돈스러운 점은 쥐달이 1월과 2월로, 시작으로는 이치에 맞지만 거꾸로 가고 있기 때문에 모순이 발생한다는 사실이다. 그 해의 마지막 달로 가버리는 셈이다. 달력 체계에 대응시키기 위해서는 쥐달이 12월이어야 한다. 서양은 봄점을 시작점으로 본다. 이러한 모순점은 어디에서 왔을까? 사실은 16세기 중국에 파견된 서양 선교사에 의한 기록이 그 시발점이다[5]. 중국에서 서양의 12개의 해길 자리를 소개하면서 이미 중국에 존재하는 12차를 아무 증거 없이 대응시켜 버린 것이다. 이 기록이 결국 문헌 학자들에 의해 사실인 양 인용되면서 굳어진 결과이다. 이러한 **문헌의 맹목적 맹신(소위 문헌 학자)은 역사 기록에서 특히 두드러져 역사의 진실이 왜곡 변질된 사례들**이 숱하게 존재한다.

그런데 고대 문헌에 따르면 다른 점이 눈에 띈다. 상(商)나라(우리나라에서는 은나라로 더 잘 알려졌다)에서의 역법(曆法) 체계는 두 가지가 존재한다. 하나는 건자역(建子曆) 또 하나가 건축역(建丑曆)이다. 한 해의 시작을 쥐달로 보느냐 소달로 보느냐의 관점이다. 여기서 쥐달은 대설(大雪)-소한(小寒), 소달은 소한-입춘(立春)에 해당한다. 다시 말해 쥐달은 12~1월, 소달은 1~2월이라는 뜻이다. 이와 반면에 하(夏)나라와 그 후의 한(漢)나라는 건인역(建寅曆)이라 하여 범달을 시작으로 삼았는데 범달은 입춘~경칩에 해당한다. 위 비교에서 보면 2~3월이고 이는 봄이 시작되는 달이다. 봄점은 아니지만 혹독한 겨울보다 봄을 한해의 시작 절기로 보았다는 의미이다. 그리고 동양 신화에서 창조자로 나오는 복희(伏羲)가 계해(癸亥)로 시작되는 역법을 갑자(甲子)로 시작되는 것으로 고쳤다는 기록이 존재한다. 돼지달에서 쥐달로 한 해의 시작 달을 바꾸었다는 뜻이다. 같은 내용이 단군세기에서도 보인다. 그 주인공이 5세 단군인 구을(丘乙)인데, 환웅 시대의 계해를 버리고 갑자를 첫머리로 했다는 기록이 나온다. 그렇다면 그 전에 돼지달이 시작점이었다는 것을 방증한다. 이러한 변화는 지역과 민족 간의 차이에서 왔다고 본다. 그리고 정권의 교체를 상징한다. 분명 동양의 역법은 사계절이 존재하는 지역을 바탕으로 하고 있다. 봄점 등은 계절의 변화도 반영이 되었지만 보다 근본적인 것은 낮과 밤의 길이 차이에 대한 시간관념이다. 보다 원초적이다. 대설, 입춘 하는 것은 지역에 따라 그 시기가 달라질 수 있는 상대적인 시간 개념이다. 또한 다음과 같은 관계의 기록이 있다.

**동지: 子正(쥐), 춘분: 卯正(토끼), 추분: 酉正(닭), 하지: 午正(말)**

만약 이 기록을 토대로 동양의 12자리를 열거하면 시간 방향이 서양식인 동에서 서로 흐르는 길을 간다. 따라서 일치한다. 놀랍게도 쥐달이 겨울점인 동지에 해당하면 그해의 시작으로 보는 것은 타당해진다. 왜냐하면 해가 길어지는 때를 그 해의 시작으로 보는 것이 천문학적인 관점에 가장 알맞은 선택이기 때문이다. 신화적으로 볼 때 동지에 대한 관측이 얼마나 중요했는지는 대단위 건축물을 접했을 때 실감이 간다. 그러면 복희 신은 이 점을 인식하여 그리 바꾼 것일까? 원숭이의 존재는 보다 따스한 지역에서 이러한 문화가 탄생하였음을 분명하게 보여준다. 다음의 비교표는 봄, 여름, 가을, 겨울에 대한 동양의 12차를 고려하여 새로 배열해 본 것이다. 이제 서양 것과 차례가 조화롭게 대응된다.

**쥐(子)**−Capricornus(염소): December 22 ~ January 19

**소(丑)**−Aquarius(물병): January 20 ~ February 18

**범(寅)**−Pisces(물고기): February 19 ~ March 20

**토끼(卯)**−Aries(양): March 21 ~ April 19

**용(辰)**−Taurus(황소): April 20 ~ May 20

**뱀(巳)**−Gemini(쌍둥이): May 20 ~ June 21

**말(午)**−Cancer(게): June 22 ~ July 22

**양(未)**−Leo(사자): July 23 ~ August 22

**원숭이(申)**−Virgo(처녀): August 23 ~ September 22

**닭(酉)**−Libra(저울): September 23 ~ October 23

개(戌)－Scorpio(전갈): October 24 ~ November 22

돼지(亥)－Sagittarius(활쏘기): November 23 ~ December 21

참고로 돼지를 가리키는 해(亥)는 음운학적으로 '해'와 같다. 실질적으로 해를 상징한다. 따라서 한해의 처음을 장식하는 상징성을 가진다. 역사적인 사실이지만 신화 속으로 파묻혀 버린 복회 설화를 심도 있게 연구할 필요가 있다. **돼지는 어머니인 모권(母權)을 상징**한다. 물론 유프라테스와의 관계를 파헤치는 작업의 일환이다.

그러나 위와 같은 비교는 천문학적인 별자리를 기준으로 삼았을 때 작위적이다. 왜냐하면 동양의 12지(支)에 해당하는 동물들은 별자리에 존재하지 않기 때문이다. 점성학적인 측면에서만 비교가 가능하다.

마지막으로 유프라테스에서의 별 관측에 따른 별자리의 떠오름과 사라짐에 대하여 논의할 시점이다. 봄점(춘분), 여름점(하지) 하는 별자리 관측과 해길의 기준은 새벽 해가 뜨기 전에 나타나는 별자리 관측을 기준으로 한다. 이러한 관점이 대세이다. 그러나 유프라테스에서는 관점이 다르다고 하였다. 하루의 시작을 새벽 해가 뜨는 시점이 아니라 해가 진 뒤 시작하여 해가 뜰 때를 끝나는 시점으로 한다. 별의 관측과 그 운행을 고려하면 이러한 관점이 더 타당하다. 왜냐하면 별은 해가 지고 난 뒤, 폭넓게 말하면 해가 없는 밤에만 관측되기 때문이다. 그림 4.22는 서기전 **2000년 봄, 여름, 가을, 겨울 점**들에서의 저녁과 새벽 밤하늘의 모습이다. 유프라테스 지역을 대표하여 바그다드를 선택하였고, 새벽 아침은 이집트의 카이로를 중심으로 삼았다. 이미 이러한 비교는 앞에서 다루었다. 해의 위치를 표시하기 위하여 해가 지기 전, 해가 떠오른 직후의 시간을 택하였다. 이 그림을 보면 저녁 시간대와 해 뜨기 직전 새벽 별자리들의 다름을 명확하게 알 수 있을 것이다. 앞으로 별들의 이름과 이에 얽힌 신화적 이야기가 나올 때 참고가 되도록 해길 12자리들은 모두 이름을 적어 넣었다. 다만 말에 대한 인식을 주기 위해 한글은 피하고 공식적으로 채택되는 영어식 이름으로 표기하였음을 이해 바란다. 사실 한글 표기는 앞에서 나왔다.

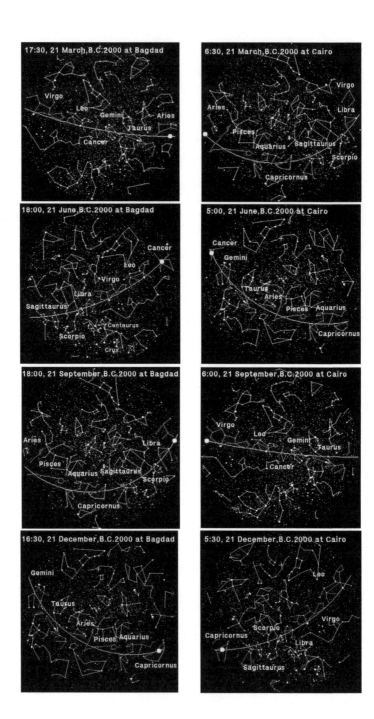

그림 4.22  서기전 2000년 봄, 여름, 가을, 겨울 점들에서의 밤하늘. 저녁때인 바그다드와 새벽 때인 카이로에서 바라본 별자리이다. 해의 자리를 명확히 보여주기 위해 해가 지기 직전, 해가 뜬 직후의 모습이다. 해길 12자리들의 변화를 눈여겨보기 바란다. 각각의 별자리 소개가 나오게 될 때 큰 도움을 주게 된다. 그림 4.21과 비교 바란다.

우선 봄점을 보기로 한다. 해는 양자리(Aries, the Ram)에 위치한다. 따라서 이집트의 새벽 해 뜨기 전 동쪽에 나타나는 별자리는 물고기이다. 이와 반면에 유프라테스 지역에서 저녁 해지고 난 다음 서쪽에 보이는 것은 황소이다. 이러한 관계로 신화에서는 황소가 봄을 알리는 전령으로 나온다. 여름을 본다. 해는 게자리에 위치한다. 따라서 유프라테스의 저녁, 즉 하루의 시작을 알리는 별자리는 해지고 난 다음 서쪽에서 반짝이는 사자이다. 특히 으뜸별인 Denebola의 밝음은 서쪽을 찬란하게 수를 놓는다. 이와 반면에 이집트에서의 새벽 별은 쌍둥이이다. 역시 동쪽에서 두 개의 별이 나란히 찬란하게 빛나고 있음을 알 수 있다. **여름점에서 한 달 후면 동쪽에서 큰개자리가 뜨고 이때 찬란한 시리우스가 그 자태를 나타낸다. 이른바 나일강의 범람을 알리는 전령**이다. 바그다드에서 본 저녁 별들은 여름밤을 대표한다. 시간이 흘러 밤이 깊어 가면서 전갈, 활쏘기자리가 제자리를 찾고 그 위에서 거문고, 고니, 독수리가 위엄 있게 나르고 노래를 연주한다. 특히 거문고, 고니, 독수리자리의 으뜸별들인 Vega, Deneb, Altair는 멋진 삼각형을 이룬다. 여름밤의 압권(壓卷)이다. 가을로 가자. 이제 해는 처녀 끝자리에 있다. 유프라테스의 저녁에는 저울자리가 가장 서쪽을 차지한다. 그러나 밝음에 있어 그리 크지 않다. 따라서 전갈이 주목을 받는다. 유프라테스의 수메르 시기에 새겨진 벽화를 보면 전갈 표시와 함께 이른바 성혼례(聖婚禮)가 이루어지는 장면이 많이 발견된다. 그림 4.8을 보기 바란다. 이 시기는 씨앗을 뿌리는 시기이다. 우리의 봄이라 보면 된다. 그리고 풍년을 기원하는 의식이라고 이해하면 되겠다. 이집트의 새벽을 보면 처녀가 금세 사라지면서 사자가 우뚝 용솟음친다는 것을 알 수 있다. 이 시기는 나일강의 수위가 최고로 달하는 기간이다. 겨울점에 이르면 중요한 의식이 싹튼다. 그것은 해가 힘이 없어 계속 짧아지다가, 즉 낮이 줄어들다가 회복하는 점이기 때문이다. 해의 힘이 부활하는 때이다. 따라서 겨울점은 전 인류적으로 특별한 날로 취급되어 각종 신화적 제의와 제단이 만들어진다. **해는 염소자리**에 위치한다. 따라서 유프라테스에서는 저녁에 물병자리가 전령이 된다. 다음이 물고기이다.

모두 물과 관계되는데, 이는 장마의 계절을 상징한다. 수메르에서 물의 신은 En-Ki이다. 자주 등장하는 신이다. 항상 물과 물고기와 함께하는 모습으로 나온다. 사실은 머리는 염소, 몸통은 물고기 형태이다. 염소자리의 모습과 일치한다. Akkad 인은 이를 에아(Ea)라고 불렀다. Ea는 글쓴이가 파악하기에는 En-Ar로 보고자 한다. 그러면 '한-알'이다. 땅인 키가 물인 알(아라)로 변했다. 그러면 이른바 하늘이 내리는 물이 되어 정화(淨化, 씻김)의 물이 된다. 이른바 씻김하는 물이다. 전 세계적으로 물로 씻김하는 행사나 제의적 의례는 폭넓게 퍼져 있다. 이와 반면에 이집트에서는 새벽 전령으로 궁수인 화살이 맡는다. 이집트에서는 이 시기가 나일강의 수위가 현저히 낮아지는 때이다. 11월 중순부터 3월에 걸쳐 나일강의 물이 빠지면 그 주위 땅이 옥토로 변한다. 따라서 마른날(乾期, dry season)이 다다르기 전에 밭을 갈고(황소의 몫이다) 씨를 뿌리는 바쁜 시간이 된다. 그리고 3월 중순부터 7월 중순까지가 수위가 가장 낮은 시기로 이른바 수확의 계절이 된다. **7월 중순에 한해가 시작되어 다시 7월 중순(장마가 시작되기 전)까지가 이집트의 1년이었다.**

## 특별 주제 11 그리스와 한국(Greece and Korea)

이미 살펴본 대로 별자리 이름에서 그리스 말은 절대적 지위를 가진다. 이제 그리스라는 나라의 이름을 살피고 우리와 어떻게 연결이 되는지 살펴보기로 하겠다. 보통 불리는 그리스 이름과 공식적인 이 나라의 이름은 다르다. Korea는 우리가 부르는 나라 이름이 아니다. 공식 명칭은 대한민국(大韓民國)이며 실제로는 '한국(韓國, Han-Kuk)'이라고 부른다. 인도 역시 그러한 나라에 속하며 우리 역시 이중적이다. 인도 사람들이 부르는 이름은 바라트(Bharat)라 한다. '부루타'이다. '부여국'과 같다. 그리고 불타는 붇다와 같은 맥락을 지닌다. 그리스의 자국 명칭은 'Ellada (Ελλαδα)'이다. 이 이름은 'Hellas (Ηελλαζ)'에서 왔는데 시간이 흐르면서 H가 사라진 형태인 Ellas가 현대어가 된 꼴이다. 영어로는 보통 Hellas로 표기된다. 여기에서 '회알'을 만나며 결국 '해족'임이 드러난다. 그리스의 형용사 격인 ellikos (ελληνικοζ)는 영어로 Hellenic으로 된다. 따라서 Ellada는 Hellada로 결국 '해알따', '해알땅'이 된다. 쉽게 말하자면 해땅, 해터이다. 밝고 높은 나라임을 가리키고 있다. 공식적인 국명은 the Hellenic Republic (elinici dimocratia)이다. 한국을 Republic of Korea라고 하는 것과 같다. 사실 **한국 혹은 대한민국이라는 이름은 철저한 한자 종속적 말이다.** 여기서 한은 순수한 우리나라 말로 크고 숭고한 뜻을 가지고 있다. 한자 대(大)와 같은 말이다. 초가집의 가(家)집과 같은 꼴이다. 강 이름들(한강 등)에서도 한자의 악취가 심하게 흐른다. '한나라(Hanara)'라고 했어야 한다. 한얼과 같은 것으로 결국 하늘이 되기 때문이다. Hellada와 뜻이 같다.

그러면 Greece 혹은 Greek는 어디에서 왔을까? 라틴어 Graecia, Graecus에서 왔다. 그리고 이 라틴어는 그리스어의 Graecoi (Γραικοι)에서 나온 말이다. 여기서 c는 분명 k 소리임을 알 수 있다. 따라서 **그리스가 아니라 '그리크' 혹은 '고리키'로 소리 내어야 한다.** Dance를 '당키'로 소리 매김 해야 하는 것과 같다. 결국 Greek가 올바른 철자라고 할 수 있다. 여기서 고려인 커알과 만난다. **Gree는 Kori, Gori**이기 때문이다. 그리고 Greek는 클키, 클치이다. 클족이다. 따라서 우리와 같은 민족 이름이다. **키(Ki)를 앞으로 당기면 커고리(Kigori)이다. '고구려'**인 셈이다. Gori는 Kuru이고 높은 성(hill fort)이며 또한 고을(Country)이고 결국 나라 이름이 된다. 흥미로운 점이 Greek는 그리스의 부족 이름이며 남부 이탈리아에 정착한 곳을 Magna Graecia라고 불렀다는 점이다. 더욱이 아리스토텔레스에 따르면 고대 그리스의 도시 **Graea**에서 시작된 말이라고 한다. **'그라이, 고라이'는 '고려'와 같다. 결국 우리말과 같은 셈이다.** 아마도 더 고대로 가서, 굴에서 시작된 원시 인류의 흔적일 것이다. Kogri(고구려)와 Greek가 같은 이름이고 Hellada 역시 해알인 한알과 같은 바 결국 **그리스와 우리는 나라 이름이 같다.**

클키(치)는 그 소리가 Korki, Kurgi, Gorgi 등으로 변하며 **영어에 있어 가장 일반적인 George가** 된다. **'조-지'로 소리 내는 것은 한참 잘못되었다.** 구르키, 클키 혹은 클치이다. 그루지아(Gruziya) 공화국이 제대로 된 소리 이름이다. 아쉽게도 영어식으로 국명을 바꾸었다고 한다. 여기서 우리말 '키, 커'는 인류의 보편적 말뿌리임이 드러난다. 높은 분, 고귀한 분, 성스러운 장소 등을 가리킨다. 따라서 Greek이든 고구려든 성스러운 곳이며 지배자가 거주하는 곳(Kori)으로, 결국 나라 혹은 나라의 서울 이름이 된다. 그리고 **고리는 Ring**이며 **따라서 해의 둥근**

모양을 상징한다. 아울러 힘과 공격을 상징하는 '칼(sword)'로 변하고, 더 나아가 '글(script)'로 추상화된다. Greek, Korki는 부루키(Burk, Barki)와 대응한다. 신화의 밑바탕에는 '쿠르(쿨)'족과 '부류(불)'족의 투쟁이 곳곳에 숨어 있다.

## 4.3 가락지와 미리내(The Galaxy 또는 Milky Way)

그림 4.23   은하수(Milky Way, Galaxy). 전체를 조망할 수 있는 사진으로 남유럽 천문관측소(칠레 소재)에서 촬영된 것이다. 가운데 왼쪽 부분이 우리 은하(Our Galaxy)의 중심이다. 활쏘기와 전갈이 있는 곳이다. 왼쪽 작은 구름은 마젤란 성운이다. 오른쪽 길게 이어진 선은 비행기의 궤적으로 촬영 시간만큼 비행한 거리에 해당한다.

우리에게는 은하수(銀河水)로 잘 알려진 밤하늘의 구름과 같은 띠이다. 그림 **4.23**이 실제 사진이다. 고성능 카메라로 노출 시간을 조정하여 촬영된 것이다. 그리고 전체적인 윤곽은 그림 **1.5**와 그림 **4.20**에서 파악할 수 있다. 공기가 맑아야 볼 수 있다. 더욱이 인공적인 불빛이 없어야 모습을 나타내는 존재이다. 따라서 우리나라에서는 이제 더 이상 볼 수 없는 대상이 되어 버렸다. 물의 강, 강물을 뜻하는 '미리내'가 우리 고유의 말이다. 이 말 역시 더 이상 존재하지 않는다. 우리는 버리는 것이 너무도 많다. 한자가 들어오면 한자로 우리말을 없애버리고 영어가 들어오니 영어가 우리말을 삼켜버린다. 영어가 삼킨 것이 아니라 우리 자신이 우리 것을 버리기 때문이다. 방송을 듣다 보면 '팩트'라는 말이 자주 나온다. 기가 막힌 것은 '사실'(이 말 역시 한자어이긴 하지만)이라는 말 자체가 사실이 아닐 수도 있다는 뜻을 은연중 내비치고 있다. 사실은 거짓이 들어간 말이고 팩트는 거짓이 안

들어간 사실이라는 것이다. **이쯤 되면 갈 데까지 가는 종속적 자세**라 할 만하다. **슬픈 우리의 민낯**이다. 아마도 이 은하수라는 존재에 대하여 Galaxy가 등장한 것에 대해 당황할 수도 있겠다. 일반적으로 이 단어는 다른 뜻으로 새김이 되기 때문이다. Galaxy든 Milk Way든 은하수든 간에 희뿌옇게 보이는 구름과 같은 모양에서 이름이 유래되었다. 물론 이 구름 형태가 수많은 별의 집합이라는 사실은 나중에 알려지게 된다. Galaxy는 이러한 별들의 거대한 집합체이면서도 우리가 속해 있는 별들의 식구와는 떨어져 존재하는 군단을 가리키는 학술 용어이기도 하다. 우주에 떠 있는 섬과 같은 존재로 이른바 '**섬우주**'이다. 가장 유명한 것이 안드로메다자리에 있는 'Andromeda Galaxy'이다. 보통 안드로메다 성운(星雲, 별구름)이라고 부른다. 이미 소개한 바가 있다. 여기에서의 Galaxy는 오직 은하수에 국한된다. 이제 이 Galaxy의 말뿌리를 더듬어 보자.

그리스의 Anaxagora와 Aratos가 서기전 550년 이러한 구름 형태를 'το Γαλα (to Gala)'(빛나는 바퀴, shining wheel)라고 하였고 사람들은 이것을 젖(Milk)으로 보았다는 기록이 있다[1]. 그 후 Eratosthenes는 Κυκλος γαλακτικος (Kuklos galaktikos), the Galactic Circle, Hipparchos는 δ Γαλαξιος (the Galaxios), the Galaxy라고 이름을 붙인다. 그리고 개인적인 이름으로 Galatéa가 등장하는데 하얀 젖(Milk-white)이라는 뜻이다. 일종의 요정(nymph)으로 바다의 신 Oceanus의 딸로 묘사된다. 그리고 바다의 줄기라는 뜻인 Eridanus로도 불린다. 역사적으로는 하늘의 강으로 알려져 왔다. 먼저 Gala를 보자. 그대로 발음하면 '갈라'이다. '가라'와 바로 연결된다. 더욱이 고리로 보면 wheel과 통한다. 그런데 더 중요한 것은 '**갈라**'는 '**가르다**'의 **뿌리말**이라는 점이다. '갈라치다'를 생각하면 가장 걸맞은 이름이다. 강줄기로 인하여 그 주변이 갈라지기 때문이다. 그리고 '**가락지**'는 **Galaktik, Galaxy**와 음운학적으로 **매끄럽게 조화된다**. Kuklos는 이미 해석했듯이 '커고리'로, 큰 고리라고 새기면 역시 그대로 통한다. wheel이든 circle이든 '고리' 혹은 '가락' 하면 모두 이어진다. 손가락이나 젓가락처럼 '고리'보다는 '가락'이 더욱 알맞다. 이렇게 그리스어에서도 우리말과의 일치성이 나오는 것에서 민족의 이동에 대한 역사적 뿌리를 감지할 수 있다.

한편 아카드인(수메르 문명을 침범한 민족)은 큰 뱀(Great Serpent)으로 본다.

일종의 뱀-강(Snake-river)으로 새기는 것이다. 아카드인은 이를 Hid tsirra, 아시리아는 Nahru tsiri라고 하였는데, River of the Snake라는 뜻이다. 아니면 Hid turra An gal(아카드인), Nahru markasi Ili rabi(아시리아인)라 하여 'River of the cord of the God great'라고 하였다. 큰 신이 잡고 있는 밧줄과 같은 강이라는 뜻이다. 뱀이든 밧줄이든 그 모양은 같다. 아시리아의 Nahru는 '나알'로 우리말 '나루'와 일치한다. 그러나 아카드인의 Hid는 분석하기 힘들다. 만약에 H가 wh적인 음이라면 '뵈다'가 되어 바다로 새김이 될 수 있다. 그러면 바다의 용솟음에서 용의 형상이 나오며, 결국 바다뱀으로 볼 수 있다. 글쓴이는 이 해석이 맞는다고 본다. Hydra와 같은 구조이기 때문이다. Tsirra, Turra 등은 '따알'로 Tor이다. 뱀 자체를 가리키는 말로 되는 것 같다. **뱀이 둥그렇게 '똬리, Tori'를 튼 모습을 그려보기 바란다.** 큰(great)은 아카드에서는 An으로 한(Han), 아시리아는 뫼알커씨, 마루 키씨이다. '한'이 '마루(키)'에 대응되고 있다. Gal은 커알로 역시 크다이며 결국 지배자인 신으로 새김되고 있다. 아시리아의 경우 'Ili rabi'는 전체로 '알뵈'이다. '알아비'로 아비가 God을 가리키는 것 같다. 그런데 아카드어에서 다시 'Hid zuab gal', 아시리아는 'Nahru Apshi rabi'라 하여 위대한 아비스의 강(River-of-the-Abyss great)이라고도 하였다. 역시 '아비'가 신을 가리킨다. Abyss는 Apus로 수메르에서 민물인 강의 신으로 묘사되는 황소이기도 하다. 우리에 있어 용(龍)이 물이나 강을 가리키듯이, 황소가 강물을 가리키는 것에서 문화적 동질성을 볼 수 있다. 또한 아카드인은 'Hid In-ni-na'라 하여 신성한 여주(女主)의 강(River-of-the-Divine-Lady)이라고 불렀는데 은하수가 가장 밀집된 영역을 가리키는 말이다. 여기서 다시 인안나가 등장한다. 결국 Hid는 물이라는 것을 알 수 있다.

아라비아에서는 Al Nahr라 하여 강으로 불렀는데 그리스의 영향이 스며든 것으로 본다. 그러나 그리스보다는 아시리아가 먼저일 것이다. 현재의 나일(Nile) 강 역시 어원이 여기에서 나오는데 이집트 자체에서는 '나알'이 아니라 원래는 '뫼알'이 강을 가리켰다. 따라서 이집트 역시 나중에 아카드인 셈족 계열의 영향을 받은 결과일 것이다. 한편 유대인은 Aroch, 아르메니아와 시리아는 Arocea라고 불렀는데 이는 '아라크'로 '아락'과 같다. **결국 '나루', '아라(아락)', '가라(가락)' 등 우리말과 일치하는 이름들이 모두 나온 셈이다.**

인도로 넘어간다. Al Biruni에 의하면 산스크리트(Sanskrit) 전통에서 'Akāsh

Gangā'라 하여 'the Bed of the Ganges'라고 불렀다고 한다. 혹은 'Kshīra'라는 제목도 나온다고 하였다. Akash는 '아가씨'와 같다. Ganga와 Ganges는 '큰키'이며 '큰치'이다. 큰강, 한강의 뜻이다. Akash는 그냥 카시(Kash)로도 볼 수 있는데 우리나라의 옛날 지역 이름 중 바다에 접한 '가섭원(迦葉原)'이 가시벌에 해당하는 말이다. 바다에 접한 곳을 가리키는 이름이다. **강릉을 가시라고 불렀었다.** 갓, 곳, 가시 등이 이에 해당한다. '카시라(Kshira)'도 같은 이름이다. 이에 대한 해석은 참고 문헌 **[8]**을 보기 바란다. 결국 각씨, 가시나와 연결되는 이름으로 성모 (聖母) 땅을 상징한다. 북부 인도에서는 신의 궁전(the Court of God)이라는 뜻으로 Bhagwan ki Kachahri 혹은 천국의 비둘기(the Dove of Paradise)라고 하여 Swarga Duari라고도 불렀다. **Bhagwan은 '뵈키나'로 바구니와 같다. 신의 마당**이라 보면 된다. Kachari는 커커알로 커클은 고구려와 같다. 여기서 코리는 지배자로 **큰 지배자**이기 때문에 신(God)을 상징한다. Swarga는 '씨알키'이며 수르기이다. '수리'와 통한다. 그러면서도 'w'를 'v'로 새기면 '씨밝이(Subargi)'가 된다. 아마도 이 해석이 더 타당할 것이다. Duari는 '따알'로 여기에서는 '두루'이다. 둥글게 둘러쳐진 공간으로 흔히 하늘 또는 천국을 가리키는 말이다. 이때 '두리천'이라는 말로 표현된다. 불교 용어이기도 한데 모두 힌두 문화에서 온 것이다. 두리는 하늘의 통로인 '다리' 또는 '사다리'와 맥이 닿는 기본 말이다. 이러한 북부 인도에서의 설정은 그리스 영향을 받지 않은 독창적인 것으로, 산뜻한 맛을 자아내는 신화이다. 아마도 우리 은하의 중심인 현재의 활쏘기자리의 모습을 그려낸 것으로 추측된다.

로마에서는 하늘 허리로 설정하면서 Coeli Cingulum이라 불렀는데 동그라미(Circle)로 그렸다. Coeli는 그대로 고리(circle, ring)이다. Cingulum은 큰커알 뇌로 커커알과 의미는 같다. '큰가람'이며 결국 하늘을 가리킨다. 역시 은하 중심부를 묘사한 말이다.

그러면서도 중심부의 원형에 국한하지 않은 강길이나 젖줄(혹은 젖길)과 같이 흐름길로 보는 것이 더 일반적이다. 이러한 의미로 로마에서는 Via coeli regia, Via lactis, Via lactea 등으로 불렀다. 이를 Mylke way, Mylke whyte way 등으로 해석하였다. 젖의 발길이라는 의미로 Semita lactea라고도 하였다. **Way는 Via임을 알 수 있고 w가 '뵈'임이 증명**된다. lactis, lactea는 아르크치, 아르크타이와 같은데 그러면 **늑대에서 나오는 젖으로 상징화**될 수 있다. 소리값으로는 **낙(락) 타**도 해당한다. 로마 신화에서 건국자인 두 형제가 늑대의 젖을 먹고 성장한 전설 (신화)과 연결이 된다. **사실 Lactea는 Galactia에서 Ga가 탈락한 형태이다.** Milk, Mylke는 '뫼알키' 따라서 '물키'이다. 젖은 물과 같으므로 역시 의미는 같다. Semita를 보면 '씨뫼타'로 씨마당이 된다. 마당이 밭과 이어지고 씨가 자국(path) 이면 역시 통한다.

노르만족(Norsemen)의 신화에서는 유령들이 전쟁에서 살해된 영웅들의 궁 전의 영역인 Valhöll(혹은 Valhalla)로 가는 길로 설정이 된다. Valhöll는 '불하늘' 이다. 북아메리카 인디언에서도 이와 비슷하게 본다. 즉 쪼그랑할멈인 Nokomis가 어린 Hiawatha를 가르치는 대목이, "하늘에 넓게 퍼져 있는 하얀 길은, 그림자와 같은 유령들의 길로 하늘을 똑바로 가로질러 유령들로 가득한 Ponemab의 왕국까 지 쭈욱 이어졌다네"이다. 그리고 그 길에서 반짝이는 밝은 별들은 유령들의 캠프 파이어로 묘사된다. 여기서 Nokomais를 보면 '나키+모시'의 구조임을 알 수 있다. 나키는 애를 낳는 데 역할을 하는 **산파(産婆)**를, **mais는 모세**이며 이는 **무당**임을 암시하고 있다. Hiawatha는 '회바+따'인데 '하와'에서 '헤비'가 다시 나온다. '뱀' 이다. 아마도 '뱀'이란 이름이 보편적으로 쓰이는 것 같다. 호주의 원주민 (Aborigines)이나 에스키모인들도 뜨겁고 빛나는 물체로 보는데, 바로 재(Ashes) 이다. 아궁이에서 불을 떼며 쌓인 재는 뜨겁고 또 붉은색을 띤다. 재가 춥고 어두 운 존재가 아니라 밝고 뜨거우며 따라서 밤을 밝혀주는 안내자로 보는 것이다.

앵글로-색슨(Anglo-Saxons)은 Waetlinga Straet, Watlinga-strete라 하여 Waetlings의 길(Path)로 보았다. Waetlings는 Waetls(Valte 또는 Ivalde) 왕의 거 인 아들 이름이다. **Waetls (Valte)는 뵈따알로 배달이다. 배땅, 부(불)타와도 같 다. 복달 왕곰(감)**을 떠올리면 쉽게 이해가 가리라 믿는다. 왕의 호칭과 일치한다. 흥미로운 점은 배꼽을 제주도에서는 '배또롱'이라고 하는데 Waetling과 소리가 일치한다. Ivalde에서 앞 I는 군더더기이다. 역시 부루치이다. 여기에 웅(ing)이 붙 었는데 '앙기'는 아기와 같다. Vate에 알(여기에서는 li)이 붙어 있는 꼴로, 발음적 으로 자연스럽게 첨가된 것 같다. 큰 의미는 없다고 본다. 그리고 Werlam Street, Wadlyng Street, Vatlant Street, Watling Street 등으로 나아간다. 여기서 확실히 알 수 있는 것은 W는 V에 대응된다는 사실이다. 또한 Walsyngham Way로도 나온다. 왕감(ngham)이 등장한다. 이 경우 '불씨-왕곰'이다. 그러면서도 **상징성으로는 '바다'로 보는 것이 큰 틀에서 맞다.**

한편 북유럽에서도 다양한 이름이 등장한다. 그중 노르만족은 Wuotanes Weg(혹은 Straza)라 하여 Wutan's 혹은 Woden의 길(Way) 혹은 거리(Street)라고 불렀다. 여기서 Woutan은 Voutan으로 볼 수 있고 이는 '뵈타(탕)'이다. Odin과 같다. Tan, Den, Din 등은 물론 탕(Tang)이다. 바다(탕)이면서 위대한 지배자인 신(제사장)을 가리킨다. 성스러운 무당이라고 보면 된다. 바당과 무당은 음운학적으로도 통한다. Tangor의 다른 표현이면서 바다와 연결된다. 아니면 바다이며 바탕이기도 하다. Wednesday의 뿌리말인 Wedne도 어원이 같다. 바다를 뜻하여 물로 새김이 되는 것이다. Weg도 이미 나온 말로 역시 W는 V로 보아야 하며 결국 뵈(바)키이다. 키가 묵음이 되면서 Way가 된다. Straza와 Street는 star와 같다. 결국 아씨딸이다. 높은 지대에 형성된 성스러운 벌판인데 지배자가 머무는 곳인 성스러운 제단 영역이 길(거리)로 상징화되었다고 본다. 그리고 '씨'가 빠지면 제단의 성스러운 나무(tree)가 된다.

또 다른 한편 아시리아인은 해신의 길목(the Course of the sun-god)이라는 뜻으로 Masarati 혹은 Masrati라고 부르기도 하였다. 바빌로니아인들은 이 말을 해의 길에 해당하는 Zodiac에 적용한다. 여기에서 앞에서 논했던 Mezaroth가 출현하는 셈이다. 이미 밝혔듯이 Me(Ma)를 최고의 신으로 보아 해(Sun)를 상징화했다는 글쓴이의 해석이 여기에서 인정받고 있다. Maiarati, Al Majarrah 등으로 변화되기도 한다. 여기에서는 다시 Me, Ma가 물로 둔갑하면서 Milk로 해석되어 버린다. 한편 우리말 '미리내'를 보자. '물나'이다. 그런데 드라비다 말에 물고기를 가리키는 이름이 'Min'이다. 역시 '물나'이다. 반면에 Milk는 '물키'로 상징성에서 모두 '물'로 통한다.

히브리인은 Nedhibath(Nethibbath) Tebhen, 시리아인은 Shaebhil Tebhna, 페르시아인은 Rah Kakeshan, 콥트인은 Pioit ende pitoh, 투르크인은 Saman Ughrisi라고 불렀다. Pitoh는 이집트의 신 프타(Ptha)와 이름이 같은데 바다(물)이다. 여기서 주목되는 이름이 Tebhen, Tebhna이다. 용자리(Draco)의 Thuban과 같은 소리값을 지니고 있다. '따뵈나'이다. 사실 **Ptah**인 **Bathan**(바당)이 뒤집어진 형태가 **Tabhan**(타방)인데 태풍이다. Nedhibath는 '나따뵈따'로 이중 구조이다.

그리고 Shebhil은 '씨부루'이다. Bath 역시 밭, 바다이다. 이에 대응되는 Bhil은 '바랄'이고 역시 바다를 가리킨다. 다음으로 대응되는 것이 Nedh와 She이다. '나 다'와 '씨'로 태어나면서 새로움을 가리키고 있다. 둘 다 New인 셈이다. 그러면 '새바다 태풍'이라 하겠다. 바다의 회오리로 보면 된다. 투르크의 Saman Ughris는 하늘(Sama)의 골(고리)이다. 여기서 다시 '가라'와 만난다. 그러면 Teban이 골과 같은 길에 해당할 수도 있다. 안내자를 가리키는 상징성으로 보면 되겠다. 용자리 에서 Thuban은 5000년 전 북극점이었고 결국 중심 역할을 하는 안내자 역할을 하였음에 이러한 해석이 일견 타당해 보인다. 신화적인 모습으로 그릴 때 용의 꼬 리에 해당하여 역시 꼬리와 통한다. 또한 아라비아에서는 Umm al Sama라 하여 하늘의 어머니(the Mother of the Sky)로 불렸다. 글쓴이의 해석과 일치한다. 여기 서 **Umm**은 '어미'이다. 어떻게 보면 활쏘기자리에 위치하는 우리 은하의 중심은 밝은 구름과 함께 밝은 별들이 밀집된 곳이다. 모든 별이 태어나는 어머니의 자궁 으로 보는 것이 심리학적으로 통한다. 일본인은 하늘을 '아메(Ame)'라고 부른다. 그리고 미리내를 하늘의 강이라는 뜻으로 '아마노가와(Ama-no-Kawa)'라고 한다. 여기서 Ame, Ama는 성스러운 어머니인 '어미'이다.

한편 **Teban**을 따알반(**Torban**)으로 볼 수도 있겠다. 그러면 '돌다'에서처럼 **Turn**도 이 울타리에 속한다. 이른바 회오리바람으로 보면 모든 것이 명확해진 다. 태풍이기도 하고 회오리바람의 상징을 가리키는 용과도 만난다. 더욱이 뱀 이 '또아리 혹은 똬리'를 튼 모습을 상징하면 용과 뱀이 만나게 된다. 또아리는 **Tori**로 둥근 모양을 한 모습을 그리고 있다. 따라서 **Torban**은 '똬리분'으로 뱀 을 고상하게 부르는 이름이라 하겠다. 이제 비로소 바다의 용이 뱀처럼 괴물로 그려지는 상징성과 만나게 된다.

이 자리에서 바다와 밭, 그리고 발에 대하여 확고하게 정리하고 넘어가겠다. 뵈알 인 발은 밭으로도 새김이 된다고 하였다. 이른바 '**ut ↔ r**' 호환성이다. 그런데 현 재의 발(foot, 붙)이 옛날에는 '밧'으로 소리했다는 사실을 알 수 있다. 국어사전 [28]에 보면 '발등'이 '밧등', '발바닥'이 '밧바당'으로 나온다. 여기서 지은이의 해 석이 정확하다는 사실이 증명된다. '바다, 바당, 바닥, 바탕, 바랄' 등은 모두 한 가족이며 원초적으로 기본인 밑바탕을 가리킨다. 지은이가 **성(城)을 뜻하는 옛날 말 '잣'**을 두고 최근까지 무척 고민한 적이 있다. 추적하기에 난감하였기 때문이다. 우선 머리말에서의 소리값의 변화를 추적해보면 **잣은 닷(닫)에서 나왔다고** 볼 수 있다. 그리고 **'ut ↔ r' 관계를 적용하면 '달'에 다다르게 된다. 그것은 '잣 → 닷 → 달'의 진화이다. 결국 아사달의 '달'인 높은 곳에 자리 잡은 터, 따라서 성이 되는 것이다.** 특별 주제 13 Bear 편에서 다시 나오게 된다.

마지막으로 '가라'에 대한 뜻풀이를 더 자세히 하면서 종합적으로 정리하겠다. '가르다', '갈라내다'에서처럼 가라는 특정의 것을 두 갈래로 나눈다는 뜻이다. 사실 '갈라, 갈래'라고 하여야 뜻이 더 강하게 와닿는 말이다. 머리카락을 가르는 것을 '가르마 탄다'라고 하는 것도 맥락이 같다. 땅에 강이 흐르면 그 땅은 두 곳으로 갈라진다. 즉 이곳과 저곳으로 나누어진다. 이 갈라, 가라가 강을 가리키는 최적의 이름이라고 본다. '아라'는 그다음이다. 여기에서 'Galaxy' 역시 갈라이며 갈라치기와 소리가 통한다. 신화적인 요소에서 가장 중요한 주제가 삶과 죽음, 이세상(이승, this world)과 저세상(저승, the beyond world)이다. 이때 이곳과 저곳을 가르는 것이 가라이며, 강줄기이다. 그리고 연결이 되는 것이 배 혹은 다리이다. **사실 아리랑은 '가리랑'이어야 한다. 다만 음운학적으로 '가'가 '아'로 변했을 뿐이다. '가리랑'은 헤어지거나 떠날 때 깊은 숨이 서린 '가리라'와 심리적으로 이어진다.** 이 '갈라'는 하나를 둘로 나누는 말이다. 하나의 씨에서 동시에 태어난 아기를 쌍둥이라고 한다. 글쓴이는 우리나라 말에서 왜 쌍둥이가 없을까 하고 계속 의문을 품어 왔다. 찾았다. 제주말에 '골오기, 골우기, 골에기'가 있는데 쌍둥이라고 한다[12]. 하나가 둘로 갈라져서 생긴 말이다. '골른 오름' 하면 두 개의 오름(산)이 나란히 서 있는 쌍둥이 산을 가리킨다. 갈라진, 가른 오름인 것이다. 여기에서 골은 가르다의 뿌리말임을 알 수 있다. 골짜기의 '골', 밭의 '고랑' 역시 같은 식구이다. 이러한 골에 물이 차면 강줄기가 된다. 이 **가라, 갈라에 대해서는 특별 주제 7인 '빗과 갈비', 쌍둥이자리, 특별 주제 10인 '아라, 가라, 나라'에서 다시 다루겠다.** 표 4.3에 은하수인 Galaxy와 Milk Way 대한 이름과 해석을 정리해 놓았다.

표 4.3  은하수(Milk Way, the Galaxy)에 대한 고대 이름과 그 해석.

| 이름 | 뜻 | 해석 |
|---|---|---|
| **Kuklos Galaktikos** | the Galactic Circle: 젖줄 | Galak: 가락, 가라. Galatea: Milk<br>Kuklos: 커골, 큰고리 |
| **Hid Tsira** | Snake-River: 뱀강 | Hid: 바다<br>Tsira: Tor, Tori, 또아리(똬리)<br>뱀이 똬리를 틀다 |
| **Nahru Tsira** | River of the Snake: 뱀강 | 또아리: 짐을 질 때 머리에 받치는 고리 모양의 물건 *Turvan과 같은 모양<br>Nahru: 나알, 나루, 강변 |
| **Akash Ganga** | Bed of the Ganges: 큰강물 | Ganges: 큰키, 큰치, 큰강, 한강<br>Akash: 아가시. 가시. 곳. 곶. 바다와 접한 뾰족한 부분. 강릉: 가시라 |
| **Via Lactis(Lacta)** | Milky Way: 젖줄 | Lacta는 Galakti에서 나온 말<br>Via: 뵈, View: 보이는 길 |
| **Waetlinga Straet** | Valte Path: 바다 길 | Waetlinga: Vada, Valt, 밧당, 바당, 바달 |
| **Nedhbath Tebhen**<br>**Nethbhath Tebhen** | 날(난)바다 용(뱀)<br>바다의 용 | Nedh, Neth: 낳, 날(Nar, Nal)<br>Bath: 바다, 바탕, 바랄. * ath ↔ al, Bhat ↔ Bhal<br>Tebhen: Toban, Torbin, Turvan, 돌(도는)분, 회오리 바람, 태풍 |
| **Shaebhil Tebhna** | 새바다 용(뱀)<br>바다의 용 | Shae: 새, 세(센)<br>Bhil: 바랄, 바다. *il ↔ ut, Bhil ↔ Bhut<br>바다 회오리, 태풍 |
| **Piot ende Pitoh** | 바다의 발 | Piot: 발, 바랄. Pitoh: 바다, 바당 |
| **Saman Ughrisi** | 하늘 아가리<br>하늘 골짜기 | Sama: 신, 하늘. Ughrisi: 웃컬, 아가리 |
| **Umm al Samma** | 하늘 어미 | Umm: 어미, 어머니 |
| **Miri Nae** | 물내, 물길 | Nae: Naru. Miri: 물. 내ㅅ물 |
| **Ama no Kawa** | 하늘 강 | Ama: 어미, 天. Kawa: 江 |

# 5

# 별자리
## (The Constellations)

드디어 별자리로 들어간다. 별자리를 열거할 때면 영어는 알파벳순으로 이어진다. 따라서 Andromeda가 첫 주자로 나선다. 한글은 가나다순이므로 강물 (Eridanus)이 첫 주자로 흐를 것이다. 여기에서는 이러한 순서는 따르지 않는다. 하늘의 천장이며 기둥인 북극의 별자리를 우선할 것이다. 그중에서도 북두칠성이 포함된 곰자리를 가장 먼저 내세웠다. 우리 민족의 어머니 격인 곰 신화는 물론 북두칠성이라는 가장 친근한 상징물을 고려하였기 때문이다. 그리고 그리스의 신화 중 가장 흥미진진한 신화에 속하는 헤라클레스자리를 마지막에 두었다. 한글의 가나다순에서 가장 끝인 '하'를 생각한 것으로 따라서 이중적 상징성을 갖는다.

그림 5.1은 서양에서 유행한 별자리 그림 중 하나이다. 북반부와 남반구로 구별하여 그린 것으로 신화적인 요소가 반영된 것이다. 이 그림에서 서양 문화의 단면을 볼 수 있다.

그림 5.2 (a), (b), (c), (d) 등은 겨울, 봄, 여름, 가을 등 네 계절에 나타나는 별자리들이다. 앞에서 보였던 새벽 아니면 초저녁이 아닌 밤 10시의 밤하늘이다. 일반적으로 계절 별자리는 저녁 시간대에 나타나는 것을 기준으로 한다. 그리고 장소는 이라크의 바그다드이다. 시기는 4000여 년 전인 서기전 2000년이다. 이러한 장소와 시간 선택은 유프라테스 지역의 별자리 신화를 우선적으로 고려한 것이다. 앞으로 별자리가 나오면 해당되는 곳을 찾아 그 위치를 찾아 주변의 별자리들과 비교하면서 신화에 얽힌 관계를 더듬기 바란다. 별자리와 별의 이름은 한글로 따로 적어 놓지 않았다.

(a) 북반구

(b) 남반구

그림 5.1　별자리 지도. 1660년 네덜란드의 지도 제작자인 Andreas Cellarius가 그린 것이다. 현재의 별자리와는 약간 다르다. 여기에서는 배자리가 갈라지기 전의 모습으로 나온다. 북반구의 모습을 그림 4.20과 비교해 보기 바란다.

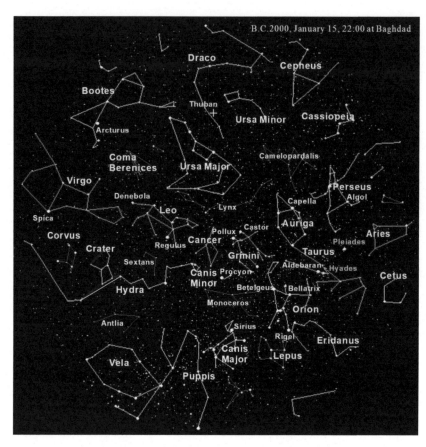

그림 5.2 (a)　　겨울철 저녁 별자리. 황소(Tuarus)에 별무리인 플레이아데스(Pleiades)와 히아데스(Hyades)가 보인다. 오리온(Orion) 밑에 토끼(Lepus), 큰개(Canis, Major), 배(Puppis, Vela)가 자리한다. 바다뱀인 물뱀(Hydra)도 보인다.

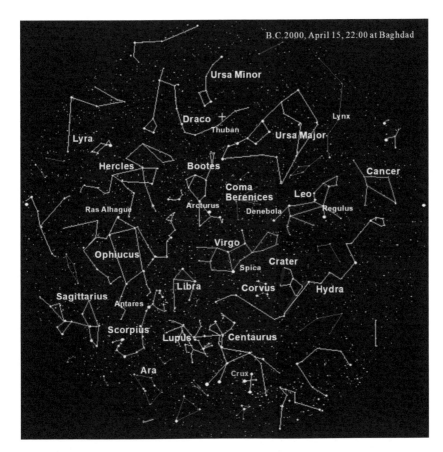

B.C.2000, April 15, 22:00 at Baghdad

그림 5.2 (b)  봄철 저녁 별자리. 사자(Leo)와 처녀(Virgo)가 중심이 된다. 켄타우루스(Centaurus)에 있는 네 개의 별을 남십자성(Crux)이라 한다. 우리나라에서는 보지 못한다.

그림 5.2 (c)  여름철 저녁 별자리. 전갈(Scorpius)과 활쏘기(Sagittarius)가 중심에 선다. 고니(Cygnus)를 이루는 네 개의 십자형 밝은 별을 북십자성이라 부른다. 그리고 거문고(Lyra), 고니(Cygnus), 독수리(Aquila)의 으뜸별들(Vega, Deneb, Altair)을 이으면 큰 삼각형이 된다.

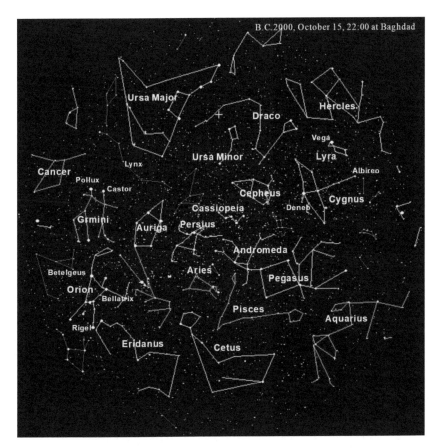

그림 5.2 (d)   가을철 저녁 별자리. 안드로메다(Andromeda)와 날개 달린 말인 페가수스(Pegasus)가 주인공이 된다. 남쪽에 물과 관계되는 별자리들[물병(Aquarius), 물고기(Pisces), 고래(Cetus), 강물(Eridanus)]이 몰려 있다.

# 5.1 곰자리, 큰곰(Ursa Major, The Greater Bear)

프랑스 Grande Ourse, 이탈리아 Orsa Maggiore, 독일 Gross Bär.

우리를 포함한 동양에서는 북두칠성으로 알려진 가장 친근하고 낯익은 별자리이다. 그림 4.1을 보기 바란다. Ursa는 '알+씨'의 구조이다. 알은 생명이 깃든 모체(母體)이다. 따라서 알은 흐르는 물, 강으로도 설정된다. 알씨는 아씨가 되어 생명을 낳는 암컷, 어머니로 의인화한다. 그러면, 아씨딸의 아씨와 연결되며 생명을 비추는 밝은 아침으로 상징된다. 따라서 Ursa는 '아라'인 강과 연관된 듯하다. 곰이 강가에 나와 연어를 포획하는 장면이 떠오르기 때문이다. 그러나 곰은 보통 숲속 깊은 곳에서 생활한다. 아울러 겨울이면 동굴에서 겨울잠을 잔다. 북극 근처인 시베리아, 북유럽, 알래스카, 캐나다 등지의 원주민들에서 곰과 관련된 신화적 제의 흔적이 동굴에서 다수 발견된다. 단군 신화도 곰과 연관된다. 이 Ursa와 곰의 신화적 설정은 그리스에서 시작된 것으로 나타난다. 이른바 제우스의 (제우스가 일방적으로 사랑한) 연인이며 아르카스(Arkas)의 어머니인 칼리스토(Kalisto) 전설이다. 아르카디안(Arcadian)의 곰족 전설에 따르면 칼리스토는 아르크토스(Arktos) 혹은 큰곰으로 변하는 운명에 처해 있었다고 한다. 이 전설이 그리스에 들어가 북쪽 별자리의 전설로 굳어졌다고 본다[1]. 여기서 흥미로운 점들이 발견된다. 우선 아르카드인이 곰족이라는 사실이다. 이 곰이 지배자(환웅, 제우스)의 선택(사랑)을 받아 아들을 낳는다는 전설에서 바로 단군 신화와 연결된다. 따라서 본래적 알과 아르(강, 내)가 모두 포함된 생명의 샘(Source)이다. 참고로 아리안이라는 족 명칭도 이 아르에서 유래한다. 알족이다. 모두 북방계임을 알 수 있다.

다음은 소리, 즉 의성어(擬聲語) 입장에서 보기로 한다. 짐승의 우는 소리는 음 그대로 '우루, 우리'이다. '울다'를 생각하면 좋다. 아울러 '우리' 역시 여기에서 파생되었다고 판단한다. 왜냐하면 짐승의 울음에서 그 공격을 알고 미리 '울타리'를 치면서 '우리'라는 말이 나왔다고 보기 때문이다. 그 우리에 갇혀 있는 형세가 우리이다. 갇혀 있는 형국에서 모두 동료가 아니겠는가? 프랑스어 Ourse가 이를 뒷받침한다. we 역시 우리에서 r 음이 탈락된 '우~'의 형태이다. 반면에 복수형 **our**는 **정확히 일치한다**. 우리나라 말에 '울어싸다'는 용어가 있는데 시끄럽게 울어댄다는 뜻이다. 똑같이 일본어에서도 시끄럽다는 '우루사이(ursai)'라고 한다. ursa와 맥락이 같다. 따라서 Ursa는 곰의 울음에서 나왔다고 볼 수도 있다. Woolf도 우리에서 나온 말인 듯하다. **이리**와 같다. 다만 '뵈'인 '비'가 짐승을 나타내는 뜻으로 꼬리에 붙었다. 굳이 하자면 '울보'다. 이러한 울음에서 가장 유명한 것이 알파벳의 '아(A)'이다. **알파(alpha)**는 울프(woolf)와 맥락이 같다. 한자의 '우(牛)'도 소 울음 소리를 딴 것으로 본다. 우(牛)의 고대 발음은 '웅(ngiu)'에 가까웠대[10]. 우리나라 말에 '늑대'가 있다. 늑대는 우리나라 특산으로 이리와 승냥이의 중간 종이다. 글쓴이가 이 늑대의 출처를 모르다가 '륵대'로 보니 그 시원을 밝힐 수 있었다. 륵은 'rk'로 결국 'ark'가 된다. 그러면 늑대는 arktai다. 아르카드족과 바로 연결된다. 물론 여기에서는 곰을 가리킨다. 곰이건 늑대건 야생에서 거주하는 동물이며 지역적 민족적으로 이름만 달리할 뿐이다. 'Arktai'는 목동자리 알파별인 'arctrus'와 연결된다.

Major는 큰 것, '크다'의 뜻이다. '뵈+커+알'의 형태이다. 이탈리아어의 Maggiore가 이를 뒷받침한다. '마컬'이다. 사실 마커는 큰아들을 뜻하는 '맏것'하고도 이어지는데 몽골 제국 때 칭기스칸의 아들인 '몽케'가 마키이다. 유럽 원정에 선봉에 섰던 인물이다. 조금 변형하여 '커마루(大頭)'로 이해하면 좋다. 'Great'와 'Grand'는 모두 '커+알'을 기본으로 한다. 이른바 '컬(클), 大'에 붙은 at 혹은 nd는 '따'로 꼬리말 역할만 한다. Major와 상대되는 Minor는 작다의 뜻으로 사용되는 라틴어이다. '뵈+나+알' 형태임을 알 수 있다. 'n, na'는 태어남을 뜻하는 것으로 어리다는 뜻을 가미하면 작다의 뜻이 나온 이유를 알 수 있겠다. 여기서 두 가지 갈래를 짚어 볼 수 있다. 하나는 '뵈'를 중심으로, 다른 하나는 '커, 키'를 중심으로 서열을 정했다는 점이다. 사실 '커, 키'는 우뚝 선 막대로 그 막대의 높이(키)와 성장(크다)이 담긴 말이다. '키' 자체가 꼬리말로 되면 지도자(**the leader**), **지도자가 머무는 거대한 성(城, castle)을, 심지어 나무(木, 일본어로 '키')를 가리키는 역할**을 한다. **고대 수메르어를 해석할 때 중요한 역할**을 한다. 이미 언급했지만 아버지의 '지'도 이에 해당하며 '아파치'를 떠오르면 더욱 명확해진다. 고대 우리나라 역사에서 '키', '치', '지'에 존칭이 폭넓게 사용되었는데 이는 안재홍 선생에 의해 폭넓게 해석이 되었다[8]. 이 커가 앞에 나오거나 알과 함께하면 컬이 된다. 즉 Kor, Kori, Kuru이다. Kuru는 이미 여러 번 나왔지만 높은 곳의 성(城)으로 통한다. 한편 Castle은 '크씨딸'로 Castor와 같다. 쌍둥이자리에서 나온다.

Castor는 물에 사는 '비버'를 가리킨다. 크씨딸은 '큰씨딸'과 같고 이는 'Constel (Constellation)'이기도 하다.

**북두칠성**은 북극점을 중심으로 돈다. 2시간씩 관측해 보면 30도씩 움직여 6시간이면 원의 1/3가량 돈다. 북두칠성은 수레와 같은 모양으로 보아 Wagen, Wagin, Wain 등으로 불렸다. 오늘날 영어의 Wagon에 해당한다. 이상하게도 북유럽족들에서 bergy 같은 단어에서 g 음은 생략된다. 따라서 베루, 베리와 같이 나온다. 그러면 wagin은 wain처럼 들리고, 이 역시 탈것(마차)을 뜻한다. **우리말에 '바구니(Wagni)'가 있는데 흥미롭게도 소리값이 일치한다.** 여기서 바를 'Wa'로 표기한 것은 북유럽의 발음을 적용하였기 때문이다. W는 이중 V(doubl-v)라고 해야 더 알맞다. 사실 북두칠성은 바구니처럼 생겼다. 북두에서 두(斗)는 수량의 단위 '말'이며 결국 담는 그릇 모양을 나타낸다. 이른바 바가지를 가리킨다. 됫박은 1/10말, 홉의 열 배에 해당하는데 옛날엔 집마다 됫박, 이른바 바가지가 있었다. 북두칠성의 네모 모양을 빗댄 것이다. 북유럽 국가들에서 이 명칭이 두드러진다.

덴마크, 스웨덴, 아이슬란드인들은 Stori **Vagn**, Karls **Vagn** 등으로 불렀다. 여기서 Stori는 Tori, Thor와 같으며 위대한, 대단한 사람, 지배자, 영도자의 뜻이다. 물론 Karls은 컬씨와 의미가 같다. 결국 the Great Wagon으로 큰 바구니이며 큰 마차이다. 고트족은 Karl Wagen, 게르만족 역시 이를 따라 부른다. 그리고 이른바 이교도 시대의 북유럽에서는 오딘의 마차로 부르기도 하였다. 그러나 더 원초적으로 Vagn은 Vagi, 즉 바퀴로 새길 필요가 있다. 바퀴 자체가 마차와 같이 탈것을 상징하는 뿌리말이기 때문이다. 따라서 바구니는 '바퀴니'로 새기면 매끄럽게 통한다. 여기서 Odin은 Woden, Woutan 등으로도 표기되는 신의 이름으로, Thor의 아버지이다. 단군 신화를 기준으로 한다면 환웅에 해당한다. 발음으로 본다면 '위땅, 웃땅'으로 하늘에 대응이 된다. 이집트의 해의 신 Aten과 같다. 그러면서도 이미 파악했듯이 뵈땅, 즉 '**바당**'이 걸맞다. '**무당**'을 **상징한다.** 물론 환웅도 무당이다. 유럽인들은 '**키**'를 뿌리(꼬리말과 머리말)로 **하는 '클, 컬'의 뜻을 헤아리지 못한다.** 보편적으로 나오는 클씨, Charles는 색슨족은 Ceorl, 중세시대에는 Carle 등으로도 표기되었다. 만약 이러한 지배자가 무기를 들면 '칼(Kal, sword)'이 된다. 그리고 죽이면 '킬(kill)'이 된다. 우리나라 말인 '**글'은 칼과 같은 것으로 나무나 특별 재료에 말을 '긁'어서 표시한 것에서 유래**한다. 쐐기문자의 문화와 같다. 그러나 우리는 그 흔적이 남아 있지 않다.

영국의 New English Dictionary에는 북두칠성의 Wagon과 관련하여 다음과 같이 정리한 것이 보인다[1].

> Charles's Wain. Forms: carles-waen, Cherlemaynes-wayne, Charlmons wayn, carle wensterre, carwaynesterre, Charel-wayn, Charlewayn, Charle wane, Charles wayne or waine, Charles or Carol's wain(e), Charlemagne or Charles his wane, wain(e), Charle-waine, Charlmaigne Wain.

지배자는 클, 컬, 큰, 커 등으로 바구니는 바군, 박은, 바은, 심지어 와인 등으로 음이 변화하는 모습을 볼 수 있다. 또한 mayne이나 terre가 붙은 형태도 보인다. mayne은 magn, magna, magni 등으로 볼 수 있는데 모두 마키로 우두머리이며 결국 높다의 뜻이다. 실제로 그렇게 통한다. 그런데 Dutch(네덜란드) 인과 German 인은 Wagen am Himmel이라고도 한다. 여기서 Himmel은 '회+뫼+알' 형태이다. 해머리, 해마루가 되며 **히말라야와 맥락이 닿는다.** 그러나 **mel을 말 (Horse)로 보면 흰말(白馬, white horse)로 된다.** 그러면 백마가 끄는 마차로 해석될 수 있다. 글쓴이는 이 해석이 알맞다고 본다. Dutch와 독일을 뜻하는 Deutsch는 어원이 같으며, 따키(씨)이다. 땅의 지배자를 의미한다. 한편 Wagon과 더불어 '말(horse)', '바퀴(wheel)'의 말뿌리 찾기를 인도-유럽어 중심으로 해석한 참고 문헌 [7]을 보기 바란다.

여기서 앞에서 언급했던 사각 관계가 나온다. 이른바 '바키, 바치', '마키, 마치', '타키, 타치', '크키, 크치'이다. 이것은 물론 '부루키', '마루키, 말치', '토르키, 타르키', '쿠르키, 클치' 등과도 같다. 이 단어들이 머리말 혹은 꼬리말 형태로 특정 집단의 지배자, 군림자 혹은 국명으로 통용이 된다. 다시 말해 지시적인 결정사 역할을 한다는 뜻이다.

**Charle**은 **George**, 클키(치)와 같다. 영어에서 g가 '기', '지' 발음으로 섞이는 바람에 큰 혼란이 빚어진다. 우리나라 김씨(gim)은 영어식으로는 '짐'이 된다. german을 게르만이 아닌 제르만, 영어식으로는 저맨으로 발음되면서 원래의 뜻이

자꾸 왜곡 변질되는 것이다. 우리나라의 지역, 산천 이름도 표기 과정에서 모두 한 자를 빌려 쓰는 바람에 원래의 의미는 사라지고 온갖 추측성 이야기로 변질된다. **대(大)씨가 클씨이며, 이는 고(高)씨와 한(韓)씨도 같은 맥락이다.** Kan, Khan, Han으로 발음이 서로 왔다 갔다 한다. 심지어 Kan은 San으로도 변한다. 몽골이 대표적이다. 그리고 아라비아어에서도 나타난다. Koro, Kuri, Korai는 고려이며 우리나라를 지칭하는 말인데 몽골에서는 송골로스로 부른다. 시베리아의 무당 혹 은 그 제의를 뜻하는 Saman이 이와 연관되며 원래는 Kama이며, Kami, Kam, 다 시 말해 곰이 첫 출발지이다. Saman과 Kaman이 서로 독립적인가 아니면 Ka가 Sa로 변화된 모습인가는 아직도 유럽계통 사회에서는 설왕설래하고 있다. 다만 씨 와 커를 독립적으로 보았을 때 수메르(Sumer), 사마리아, 셈족(Samar)의 어원이 Kumer, Kamar에서 유래된 것으로 보기 힘들다. 면밀한 계통 추적이 요구된다. 영 어에서 c는 혼란과 혼돈의 주역이다. '씨'와 '키' 모두 가능하기 때문이다. 로마 장 군 Caesar를 보기로 둔다. 원래는 '카에(캐)사르'이다. 그런데 영어식으로 '시(씨) 저'라고 부른다. '키'가 '씨'로 탈바꿈한 것이다. Caesar는 'Cae+sar' 더 정확히는 '커+싸+알'이다. 다시 씨알이 나오는데 여기에서 사르, 살은 우리나라 말 '살피다' 의 의미이다. '살다'의 뿌리이다. 고구려 관직에 욕살(褥薩)있는데 누살로 새김이 된다. '늘 살핀다'는 뜻으로 지방 장관(오늘날의 도지사 등)을 가리킨다[8]. 따라서 Caesar는 '커사리', 즉 대장관으로 최고의 관직을 의미한다. 뜻이 그대로 통한다. 그리고 Sar는 Zar와도 맥락이 닿는데 러시아의 왕을 '짜르'라 한다. 한편 Zar는 Tar에서 파생되었을 수도 있다. 의미는 모두 동일하다. 이 커사리(Caesar)가 가장 믿은 부하가 브루투스(Brutus)였는데, 부루따, 결국 부루땅씨이다.

　　**북두칠성은 또한 쟁기(Plough)로도 묘사된다.** 그럴듯하다. 특히 황소가 끄 는 쟁기가 걸맞다. 또 그렇게 주장하기도 한다. 쟁기와 땅의 관계는 수컷과 암컷의 결합과 같다. 생명을 낳는 터이자 도구이며 행위이다. '쟁기'는 '댕기'에서 변한 말일 수도 있겠다. 한편으로는 시체를 담은 관 혹은 영구차(bier)로 묘사되며 일곱 딸이 우는 모습으로 그려지기도 한다. 우리나라 말에 이러한 영구(靈柩), 상여(喪 輿)에 대한 고유 말이 없는 것을 보면 장례 문화가 고대에는 달랐음을 반증한다고 하겠다. 아니면 한자에 의해 오염되어 말이 사라졌을 것이다. 영어의 bier는 부루, 부리이며, '빌다'와 심리적으로 통한다. 그런데 우리나라 말에 '부리'가 있는데

'한 집안의 조상의 혼 또는 집안에서 내려오는 귀신을 무당이 일컫는 말'이라고 한다[28]. 이에 걸맞다. 놀라운 일이다. 영혼을 '**부르다**'와 심리적으로 직접 통한다. 결국 '뵈+얼'로, '얼'로 새기면 되겠다. 정신이 나간 상태를 '**얼**빠지다'로 하는 말을 연상하면 쉽게 이해될 것이다. '얼굴(face)'도 이 울타리에 속한다. 얼굴은 '얼골'로도 불렀다.

그림 5.3   실제의 곰 모습. 큰곰과 작은 아기곰이다. 캐나다 북부에 서식하는 종류이다. 중요한 사실은 곰은 꼬리가 퇴화하여 거의 없다는 점이다. 앞에서 살핀 곰자리의 꼬리 형상과는 다르다. 곰은 커다란 포유류와는 달리 서서 주위를 살필 능력을 지니고 있다. 사람처럼 서 있는 모습은 고대인들에게 신성시되는 역할을 하였다.

이상하게도 **북유럽이나 시베리아, 북아메리카 민족에는 북두칠성이 포함된 별자리에 '곰'은 설정되지 않는다.** 곰의 전설과 신화 제의 등이 풍부함에도 북두칠성을 곰과는 연관시키지 않는다는 뜻이다. 그림 **5.3**은 캐나다 북부에서 활동하는 곰의 모습이다. 동굴에서의 곰의 살해와 의례가 행해진 증거는 무려 네안데르탈 시대까지 거슬러 올라간다[13]. 그러면 어디에서 곰 전설이 나왔을까? 이집트는 아니다. 왜냐하면 북두칠성을 황소의 뒷다리로 묘사하기 때문이다. 물론 수메르를 포함한 메소포타미아나 이란(페르시아)에도 곰 이야기는 없다. 곰이 서식하고 있지 않기 때문이다. 그렇다면 그 원인은 그리스와 로마에서 찾는 수밖에 없다. 사실 Ursa 자체가 로마 시대를 기점으로 하는 라틴어이다.

곰자리 설정 이야기는 호머(Homer, Homeros, 해머리) 시대부터 거슬러 올라가 로마제국 말기까지 나오는데 아리스토텔레스에서 시작했다고 보는 관점이 있다[1]. 아리스토텔레스가 얼어붙은 북쪽을 침범하는 동물로 묘사했다는 관점이다. 그러나 북극과 가까운 지방(지금의 스칸디나비아나 그 근처)에서 곰과 관련된 이야기는 없다. 결국 **북쪽의 곰족, 알(아리안)족이나 씨키(스키타이)족의 침략과 이를 보는 피지배자의 관점에서 곰의 신화가 나왔을** 것이다.

여기서부터는 참고 문헌 [1]에 나오는 큰곰자리 설명을 따르면서 얽혀 있는 전설과 그에 따른 이름들에 대하여 새로운 해석을 하겠다. 위 단군 설화와 깊게 연관된다. 특별히 원문인 경우 고딕체로 표시한다. Horace, Vergil, Ovid 등은 Gelidae Arcti라고 불렀다. 여기서 Arctoi, Arctoe를 만나는데 Arktai이다. 10세기의 앵글로-색슨(Anglo-Saxon)의 'Manual of Astronomy'에서는 그리스어 **Arctos**를 취한다. 거듭 강조하지만, 그리스어에서 말꼬리에는 툭하면 s가 붙는다. 그냥 씨, 씨족, 아니면 복수형으로 보면 되고, 무시해도 된다. 이 S(s)는 그리스어 철자 Z(ζ)를 옮긴 것이다. 따라서 '지'로 볼 수도 있다. 그러면 '치, 키'와도 통한다. 그리스의 곰 전설의 칼리스토(Kalisto, Callisto)는 여성에 해당한다. 아르테미스(Artemis)의 요정(妖精, Nymph)으로 묘사된다. 금성(Venus) 역시 Sumer에서는 해만 좇는 요정으로 묘사된다. 그리고 La Lande는 이 단어가 고대 페니키안의 Kalitsah, Chalitsa에서 유래했으며 항해를 하면서 길잡이 역할을 하였다고 주장한다. 요정인 Nymphs는 북극점에서 빙글빙글 도는 모습에서 나왔다고 본다.

**여기에서 Arktai, Kalisto, Artemis 등에 대하여 심도 있게 분석하기로 하겠다. 우선 '알(Ar)'와 '카(Ka)'는 바꿀 수 있다. 그러면 Arktai는 Kartai가 된다. 만약에 Kar를 컬씨로 하면 Karstai, Kalstai, 결국 Kalisto로 된다. 따라서 Arktai와 Kalisto는 같은 이름이다. Artemis는 Artemi로 Arktai에서 카(ki)가 뒤로 가면서 같은 존칭 꼬리말 메(mi)로 바뀐 꼴이다. 역시 같은 이름이다. '알(Ar)'은 이중적이다. 즉 'a'와 'r'이다. 따라서 분리가 가능하다. Arktai는 Akitar로 보아도 좋다. Aki는 아기이고 이를 아씨로 새기면 Asitar가 된다. 결국 아씨말로 돌아온 셈이다. 성모(聖母)이다. 그리고 달을 가리키고도 있다. 부권은 해, 모권은 달인 셈이다. 그리스 신화와 같다. 시간이 지나고 지역적 이동이 되면서 Astar가**

Arkta로 변했다고 본다. 그리스 신화에서 '당고리(Tangor)'라는 이름은 등장하지 않는다. Sumer에서 Tangor는 오직 신을 가리키는 결정사(한정사)로 지시말로만 사용되었다. Astar는 Sumer에서 Akkad 지배로 들어와 In-Anna를 대신하여 생긴 이름이다. 따라서 Tangor와 Astar는 민족과 지역에 따라 다르게 생겨난 '두 갈래의 말 줄기'라 하겠다. 단군 신화에는 두 가지 모두 등장한다. 특별주제 12에서 더 다루기로 하겠다.

한편 히브리(Hebrew, 해부루)족은 Dobh, 페니키아족은 Dub, 아라비아족은 Al Dubb al Akbar로 불렀다. 여기서 잠깐 Hebrew 단어를 보자. '회+뵈+알'로 '해부루'이다. 우리나라 말과 같다. 밝은 해로 부여국의 왕 이름으로 등장한다. 역시 놀랄 것이다. 어쩌면 지금의 이스라엘의 히브리족의 단어와 전설에 우리와 일치하는 것이 많을 것으로 본다. 여기서 'Dohb, Dub, Dubb'는 모두 '따뵈'이다. 이미 등장한 이름으로 이집트의 Tefnut의 'Tef, Gev'와 맥을 같이한다. 다시 말하자면 '따뵈-다비-디브-지브'를 걸치며 결국 '집'이다. 이른바 dip로 'deep'와 같다. Dip, Dub 형은 Dubna, Dublin 등에서 그 줄기를 볼 수 있다. Dubna는 '집안'으로 안집이라 하겠다. 고구려에서 국내성(國內城)이라는 이름이 나오는데 안집이다. 지금도 만주 지방에 집안(集安)이라는 도시가 있다. 같은 이름이다. 안시성(安市城) 역시 같은 뜻인데, 안부류(키)이다. 안을 한으로 새길 수도 있다고는 본다. 지은이는 시(市)는 사실 '불(市)'로 본다. 市든 巿이든 모두 도시를 뜻하는 '부루'와 통한다. '뵈알'인 부루와 '따뵈'인 '되부, 집'은 둘 다 거주하는 터로, 공통의 상징성을 갖고 있다. Akbar는 '아가+부루'이다. 아기불로, 거꾸로 새기면 '불아기'가 되고 '부엌'으로 이어진다. 따라서 'Dubb al Akbar'는 성스러운 '불아기의 집'의 뜻으로 해석된다. 여기서 불아기는 Agni와 같다.

아메리카 인디언은 북두칠성을 Okuari, Paukunawa라고 부른다. 모두 곰을 가리키는 이름들이다. 이렇게 광범위에 걸쳐 곰과 연결되는 일치는 신비롭기만 하다. 백인이 등장하여 알려준 것일까? 이제 이 구절을 해석한다. Okuari는 '아키알'이다. '아가리'로 본다. 비슷하지 않은가? Paukunawa는 '바키나뵈(와)'의 구조이다. 앞은 '바근, 바구니'로 뒤는 아바(아비)로 본다. '바구니아비'이다. 앞에서 Wagen을 말하며 바구니로 새김한 것과 동일하다. 바구니아비는 북두칠성의 모양을 멋지게 묘사한 것이다. 그러면 왜 '곰'이라고 했을까? 여기서 곰은 동물이 아니라 신을 의미하는 '감, 가미'이기 때문이다. 신을 가리키는 것을 동물로 오해한 것이다. 곰은 꼬리가 짧은데 북두칠성의 모양이 워낙 꼬리와 닮아 곰의 꼬리가 크게 묘사된 것으로 보인다. 아니면 신에 대한 동물을 곰이 아닌 '늑대'로 보았는지도 모르겠다. 일본의 경우 이리(아니면 늑대)를 '오오카미'라 하는데, '큰곰'이며 결국 큰신(大神)'을 상징한다. 이제 모든 수수께끼가 풀렸다.

한편 중요한 점을 하나 지적하기로 한다. 그것은 모양에 관한 것이다. 그 대상이 은하수, 용자리, 북두칠성 등 세 개다. 모두 구부러진 형태이면서 꼬리 모양을 하고 있다. 따라서 이 세 가지 형태를 묘사하는 말들이 비슷하게 나온다. 물론 하나 더 첨가한다면 전갈자리도 이에 속한다. 이러한 꼬리 모양은 가락(지), 바구니, 꼬리, 아가리 등으로 그려질 수 있는 것이다.

일곱별에 대한 곰과의 연관성과 이름들에 대하여 정리한 사전, the century dictionary에는 다양한 상징성이 나온다. 산스크리트를 기반으로 하는 Riksha에 따르면 두 가지로 나뉜다. 하나는 곰 다른 하나가 별, 그리고 그에 대응되는 상징이 밝음과 빛남이다. 언뜻 같은 것 같지만, 밝음은 곧 신을 은유한다고 본다. 그래서 총체적으로 Seven Shiners로 부르는데 칠광(七光)이다. 나중에 Riksha는 Rishi로 되며 단어가 뒤죽박죽 된다. 여기서 Riksha는 알키씨로 새김이 된다. 그리고 Rishi는 알씨이다. 커가 빠진 형태이다. 이 Rishi에는 인도에서는 Seven Sages 또는 Poets(七賢), 쉽게 말해 신선(神仙), 그리스에서는 Seven Wise Men(역시 七賢), 에페소에서는 Seven Sleepers(잠자는 일곱 공주), Seven Champions of Christendom 등으로 부른다. 북두칠성이라고 부르는 것과 심리학적, 문화적으로 같다. 동양에서는 이 북두가 죽음을 관장하는 신으로 나온다. 일곱 개의 모양을 따라 됫박(바가지)으로 명명하였지만 심리적으로는 신 그것도 죽음을 다스리는 질서의 기둥으로 삼았다는 사실이다. 이른바 도교(道敎)의 관점이다. 앞에서 나온 동물 '곰'과 신 '곰'과의 이중적 관계가 여기에서 나온다.

　　Hewitt는 다음과 같이 주장한다. 곰은 처음 인도에서 나왔으며 일곱 개의 곰 혹은 일곱 개의 영양으로 보았고, 이후 일곱 개의 황소(Seven Bulls)로 다시 하나로 합쳐 큰황소(Great Spotted Bull)로 그리고 일곱 개의 곰을 Ursa Major로 통일했다. 그리고 일곱 개 별의 명칭은 α: Krato, β: Pulaha, γ: Pulastya, δ: Atri, ε: Angiras, η: Marici 등인데 이 여섯 별을 Brahma의 여섯 아들이라고 부른다. 그리고 Brahma 자신이 Vashishtha라고 칭하며 ζ에 거주한다. 그러나 Atri는 그들 모두를 아우르는 지배자라고 다르게 해석하기도 한다. 사실 산스크리트어에서 일곱 개 별의 명칭은 다양하게 바뀐다.

인도에서 곰이라는 명칭이 나왔을지는 글쓴이로서는 회의적이다. 대단히 작위적인 해석이라고 본다. 다만 황소로 명명한 것은 일리가 있다 하겠다. 황소는 원래 큰 소를 가리키는 한소에서 출발한 말이다. 누런 소의 뜻이 아니다. 그리고 Bull은 '뿔'과 바로 통한다. 뿔을 가진 것이 황소이기 때문이다. 황소의 새김은 오히려 이집트가 선구자이다. 알파별 Krato는 '클(클)타'이다. 인도의 도시 중에 콜코타(켈커타)가 있는데 같은 뜻이다. 큰땅, 큰따키라는 의미이다. 클타는 클치라고 보면 좋다. George와 같다. 베타별인 Pulaha는 '뵈알회'로 부루히 부루해이다. 해를 앞에 내세우면 해부루가 된다. 히브리족의 이름과 부여국의 창시자 해부루의 이름과 같이 된다. Atri는 마지막으로 놓고 해석하겠다. 에타별 Angiras는 이미 논의한 바대로 '안골'이다. **영국을 가리키는 'Anglo'가 이러한 뜻**을 갖는다. 한편 안을 한(Han)으로도 볼 수 있겠다. 따라서 한고리, 한구리로 보면 된다. 거꾸로 새김하여 '클한'이라 보면 이해가 쉽게 될 것이다. 에타별 Marici는 바로 마루치와 일치한다. 물론 원래는 마루키이다. 이 마루치 역시 대공(大公), 상공(上公)의 뜻이다. 거꾸로 새김하면 커마루가 되며 뜻이 같다. Brahma는 인도에서 중요한 의미가 있는 단어다. 불교에서는 깨달음, 깨달은 자, 우주 질서의 법 등으로 해석된다. 이 단어는 '뵈+알+회+뫼'로 구성된 것으로 부루히(해)마, 즉 부루힘, '불힘'이다. 그런데 h를 무시하면 부루마, 부라마라고 발음되며, 이 말이 넓게 통용된다. 회(히, 해)가 들어가야 한다고 믿는다. 힘은 회뫼에서 나왔다. 게르만 신화에서 'heim'이라는 꼬리말이 자주 등장한다. '힘'이다. 앞과 뒤를 뒤집으면 Hambra, 즉 함부루가 된다. "함부로 하지 말라"라는 이야기에서 함부루의 힘과 지배권이 우러나온다. 한편 '부라마(Brama)'는 '**바람(wind)**'이 된다. 수메르의 En-lil이 바람(공기)의 신이다. 인도식으로 보면, 모든 것을 초탈했을 때 '바람'과 같은 존재가 되는 것이 아닌가? Vashishtha는 'vasi+sta'로 실상은 '뵈+씨+타'이다. 씨배땅으로 보면 된다. 부루힘에서는 하늘인 해가 강조되고 배씨타에서는 땅이 강조되고 있다. 그러나 '보시다'

로 새기면 모든 것을 아는 신으로 볼 수 있어 Brahma의 상징성과 일치한다.

　　Atri는 앞에서 나왔던 Astar와 관련된다. Tar와 Astar는 모두 '딸'이며 성모 사회를 상징하는 여성형이다. 이와 반면에 Atar는 '아들'이며 부권을 상징한다. Atri가 바로 아들에 해당한다. 서기 400년경 유럽을 휩쓸며 정복했던 정복자의 이름이 **아틸라(Attila, 395-453)**인데 '아들나'로 **아들**을 뜻한다. 이 아틸라가 세계 정복자 세 사람 중 한 사람이다. 나머지 두 사람이 알렉산드로스와 칭기스칸이다. 고구려에서 연개소문의 아들 중 큰아들의 이름이 남생(男生)이다. 바로 아들나이다. 아들나, 다시 말해서 첫아들을 한자로 옮긴 것이다. 그리고 **신라 8대 왕의 이름이 아달라(阿達羅)**이다. 아달라라는 이름은 도처에서 나온다. Atri는 아들 그것도 첫아들을 가리키는 것으로 본다. 당구리와 의미는 같다. 따라서 이 **참고 문헌에서 왜 Atri가 지배자(Ruler)로 언급이 되었는지 비로소 해석된다.** 모두 우리말과 연관이 된다.

　　유프라테스에서는 Bel-me-Khi-ra라고 부른다. Bel의 대항자라는 뜻이다. Bel은 부루이며 부루땅이다. Khira는 킬, 클, 코리이다. 그러면 부루(Buri)족과 클(Kori)족은 서로 다투는 종족인가 하는 의문이 든다. 또한 Bel-me는 부루뫼이며 결국 바람이 되고 Brahma와 같아진다. 그리고 me를 빼고 이으면 부루컬이 되고 부루칸과 같다. 이른바 불칸이다. 발칸 반도를, 그리고 화산인 Vulcano를 연상하기 바란다. 한편 부루땅은 현재의 영국 본토 Britain과 같은 말이다. 고대 로마 시대 때 Britania로 불렸는데 이미 부루족이 여기에 정착하였음을 알 수 있다. 부루족의 땅을 의미한다. Bristol은 Bristar와 같고, '부루씨딸'로 새김이 된다. 프랑스의 브르타뉴도 같다. 앞에서 잠깐 소개한 알렉산더의 영어 표기 Alexandros를 보자. 앞 Al(e)은 의미가 없는 단순 도움말이다. **Xander, Xandros는 Kandro**인데 '커+나+따+알'의 조합이다. 큰토르(딸)이다. 말 그대로 대왕(大王)이다. Ksandor로 새김 해도 의미는 변하지 않는다. 남아메리카의 커다란 독수리를 콘도르(Condor)라고 부른다. 같은 맥락이다.

　　Smith는 북두칠성을 Arther(아더) 왕과 연관 지으며 다음과 같이 말한다. "Arthur 왕, 나중에 Mabinogion라고 개명한다. Wales어로 Arth는 곰, Uthyr는 멋진(wonderful)이다. 북극점을 중심으로 원을 그리며 도는데 이는 원탁(Round Table)의 왕인 Pendragon의 아들임이 틀림없다. 사실인지 아닌지를 떠나 어떻든 영국인에게 있어 여기를 Arthur왕의 고향으로 두어 북두칠성을 Arthur 왕의 마차(Chariot) 혹은 Wain으로 불렀다고 본다."

우선 Arthur를 보자. Artar로 보면 알타르인데 '아들'이다. 이제 지도자가 여성이 아니라 남자인 전사이다. 바위에서 칼을 빼낸 것은 철기를 다루는족, 이른바 대장장이를 의미한다. 한편 Arth가 곰을 가리키는 이름으로 되고 Uthyr는 '멋지다'라는 형용적인 말이라고 하는 의미를 짚어보기로 하겠다. Arth는 Arthur와 같고 Uthyr 역시 Arthur와 같다. '알따(Art)' 혹은 '알따알(Artar)'이다. 여기서 '알따(알)'이 위대하고 신성한 '이름'이 된다는 점을 간파하는 것이 중요하다. '알뜰하다'의 **알뜰**이 소리값으로는 **Arthur**와 같다. 흥미롭다. 여러 차례 나왔고 나오겠지만 '알키(Ark)' 혹은 '알키따(Arkta)'도 동일한 상징성을 가지는 말이다. 결국 우리가 곰이라고 하면서 동물을 가리키지만 받드는 신으로 보는 것(Kam, Kama)과 심리적, 문화적, 사회적 맥락에서 같은 줄기이다. 곰은 '검다'에서처럼 검고 아득한 대상을 가리키기도 한다. 따라서 위대한 지배자이면서 제사장을, 한편으로는 멋지고 아름다운 대상으로 보면서 그 모습을 형용하는 말로도 되는 것이다. 같은 맥락으로 제사장이 머리에 멋지게 꾸민 화관을 묘사한 것이 한자 아름다울 미(美)이다.

따라서 Arth, Uthyr는 결국 'Art'이며 美와 같다. 제의적 과정에서 탄생하는 무당과 그 꾸밈이 예술(Art)로 승화되는 것이다. 예술은 아울러 '알뜰(Arthur)'한 대상이다. 음악(Music)도 맥락이 같다. 성스러운 말(Ma)을 큰소리로 낭송하며 모시(Mose)는 행위가 Muse이며 Music이다. 한편 Gom은 Game으로, 댕기(Danki)는 Dance, Tango와 같다. 모두 제의(祭儀)적, 주문(呪文), 주술(呪術)적 행위이며 춤과 소리로 하늘과 잇는다. 종합 예술의 탄생이다.

그리고 원탁(圓卓, the round table)은 우리나라를 비롯한 북방계 민족 등에서 행하였던 부족장 회의 제도가 원류이다. 보통 5부족으로 되어 동서남북 그리고 가운데 가장 높은 왕중왕이 자리한다. 아니면 3부족으로도 형성되는데 이때는 동과 서를 둔다. 훈족에서 행하였고, 우리나라의 좌의정과 우의정도 여기에서 나온다. 하여튼 아더(아들, '아더, 아서'라고 소리함은 대단히 잘못된 것이다) 왕의 전설은 타민족의 침입이라고 본다. 이러한 침략족(게르만, 켈트 혹은 훈족 등)은 기록은 물론 장대한 건축물을 남기지 않아 그 역사적 유물이 거의 없다. 따라서 전설,

신화적 이야기로만 전승되는 사례가 많다. 그것도 침략을 받은 곳에서 기록된 것이다. 영국의 원탁의 기사 이야기도 이에 해당할 것이다. 이 북두칠성을 아들 왕의 전차(수레)로 묘사하여 빙글빙글 돈다는 발상은 아주 그럴듯하다. 중국 산둥성(山東省)의 무씨 사당에는 북두칠성을 수레로 표현하며 옥황상제(하느님)가 앉아 있는 모습이 담겨 있다. 여기서 하느님이라는 호칭에 대해 언급하고 싶다. 하늘(회나알)에 존칭인 님이 붙어 이른바 최고의 신, 즉 조물주를 가리키는 우리 고유의 말이다. 그런데 이 말이 특정 종교의 유일신을 뜻하는 하나님으로 부르다가 이제는 슬그머니 하느님이라는 호칭도 쓰며 좁은 뜻으로 축소해 버렸다. 무척 안타까운 일이다. 여기서 God(하나님으로 해석되는 단어)를 보자. '커타'이며 달리 말하면 타키이다. gout로 보면 골이며, 결국 클이 된다. **우리나라 '굿'의 발음이 God와 같다.** 사실 굳을 굿으로 **표기**하는 것이다. 성스러운 장소를 가리킬 때의 '곳(God)'이며 이제는 보통 말이 된 셈이다. **곳을 뾰족한 장소로 새김이 되는 것은 뾰족한 무당의 모자 혹은 제단의 모양에서 나온 것으로 본다. '곳, 굿'을 고**시, 구시로 소리하면 '가시'가 되는데 **역시 뾰족한 대상을 가리키는 것으로 보아** 이러한 해석에 힘을 실어준다고 하겠다. 물론 머리에 썼던 **'갓'**이 이에 해당하는 말이다. 몽골에서는 굿을 Angod라고 한다. 받드는 신, 혹은 그 행위를 뜻하는 말이다. 이러한 클씨족이 지금의 중동 지역으로 침범하며 지배하면서 **God**이 곧 자기들의 **유일신으로** 된 셈이다. Good이라는 단어도 여기에서 왔다. 글쓴이가 보기에 성서의 내용, 특히 구약이 클씨 계열의 지배 역사를 기술하고 있다고 본다. **Hebrew는 부여족이며 Juda는 우리말 주다와도 통한다.** God는 오직 명령만 하고 벌을 주는 무서운 존재로 나온다. **철저한 지배자인** 것이다. 더욱이 Sumer와 이집트의 역사를 도용하여 나중에 자기 것처럼 개작한다. 그 모든 것이 나중에 나오는 사제들에 의해 각색되고 변색이 된다. 이러한 굴곡진 기록은 중국에서도 다반사로 일어난다. 이 '크치'가 이슬람에서는 **ghazi, gazi로 된다.** 크(카)치와 소리가 정확히 **일치한다. 이슬람 용사를 가리킨다.**

그런데 아일랜드(Ireland, 알땅)에서는 왕의 이름이 David로 나온다. Arthur와는 분명 다르다. David는 Da와 뒤에 d가 이중으로 겹치는데 앞의 da는 머리말, 그냥 대명사로 보인다. 아니면 '크다'의 뜻일 것이다. Vid는 '뵈따'인데 바다, 바닥이다. 이 '뵈따'가 인도에서는 성전 'Veda'라는 이름으로 나온다. Budda이기도 하다. 프랑스에서는 큰 전차(Great Chariot)로 묘사되고, Gauli 족의 동전에 새겨져 있다. 여기서 **Gauli**는 '커알'이며 '고을(country)'과 같다.

이제 이집트 편을 시작하겠다. 먼저 5000년 전의 밤하늘을 보기로 하자. 그림 5.4는 이집트 카이로에서 서기전 3000년 3월 21일, 봄점(春分)의 밤하늘을 그린 것으로 밤 10시 30분, 12시 30분, 새벽 2시 30분, 4시 30분 등 2시간 간격으로 잡은 모습이다. 남쪽을 향해 바라본 모습으로 북두칠성이 북극점을 중심으로 돌아가는 모습이 확실히 보인다. 이때 북극점(그림에서 십자 모양)은 용자리의 Thuban 이라고 부르는 별과 거의 일치한다.

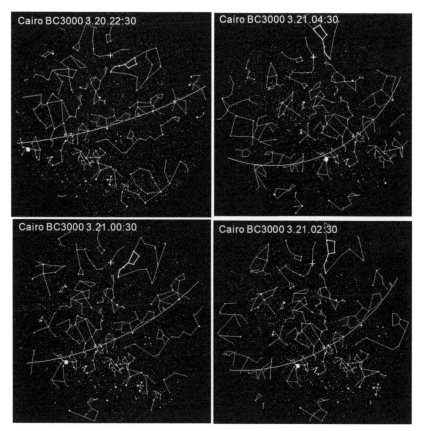

그림 5.4   서기전 3000년 봄점인 3월 21일 이집트 카이로에서 바라본 밤하늘의 모습. 2시간 간격으로 나타낸 것이다. 십자형이 당시 북극점으로 용자리 으뜸별에 해당한다. 북두칠성은 강조하여 그려 넣었다.

그림 5.5는 이집트에서 발견된 평면 별자리 그림(planisphere)으로 에드프(Edfu) 신전에서 발견된 것이다. 북두칠성이 황소 넓적다리(**Meskhetiu**)로 묘사되어 있다. 덴데라(Dendera), 에스나(Esna), 필라에(Philae) 신전 등에도 그려져 있다. 흥미로운 점은 이 황소가 하마로 그려진 북극점에 끈으로 잡혀 돌고 있다는 설정이다. 글쓴이가 보기에 북두칠성에 대해 하늘의 천체 운행과 관련하여 가장 알맞게 부여된 상상력의 정수(精髓, highlight)이다.

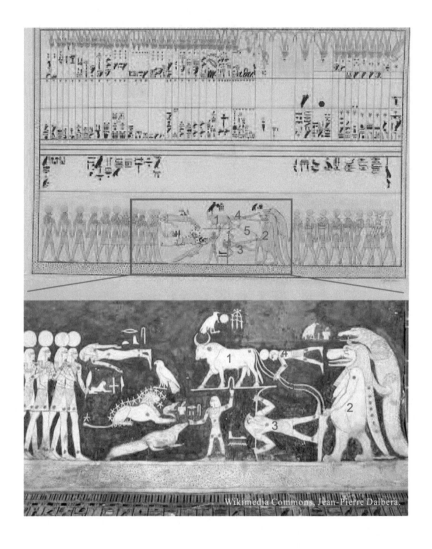

Wikimedia Commons, Jean-Pierre Dalbera.

그림 5.5 세티 1세의 무덤 천장에 새겨진 별들의 상징적 그림. 이집트 19 왕조(서기전 1290년경 시작)의 2번째 파라오이며 왕가의 계곡에 안장되어 무덤의 규모가 가장 길다. 황소(1)인 수컷 소가 북두칠성의 상징으로 묘사되고 있다. 그리고 악어(2)를 등에 업은 하마는 용자리를 가리킨다. 북두칠성이 북극점(용자리의 Thuban)에 얽매여 돌고 있는 모습을 상징하고 있다. 그림 4.2와 비교 바란다.

솔직히 곰자리 설정은 대단히 작위적으로 별의 운행과는 관계없는 단순한 신화에 불과하다. 참고로 동양에서는 곰자리 발 쪽에 있는 별 중 두 개씩 붙여 3개조로 되어 있는 6개의 별을 3태성이라고 부른다. 차라리 이 설정이 낫다고 본다. 소위 **죽은 자에 관한 기록(the book of the dead)**\*에는 황소의 1/4 부분이 북두칠성 영역으로 나온다. 고대이든 현대이든 누가 보더라도 북쪽 밤하늘을 보면 이 일곱 개의 별이 찬란하게 빛나는 모습에 감탄하지 않을 수가 없다. 현재의 곰자리 전체의 별 모습은 그려내기 힘들다. 비록 황소 다리로 표현은 되었지만 북두칠성은 신화적 신으로 취급받는데, 그 이름이 세트(set)다. 혹은 Sit, Sith, Sut, Sutech 등으로도 발음된다. 이미 여러 번 등장했던 신이다. 이집트의 신 Osiris와 대칭되는 어둠의 신이다. 음성학적으로 보았을 때 이 단어는 틀림없이 '씨아트, 씨앗, 씨알'이다. 씨는 땅속에 묻혀 죽는다. 그래야 새 생명의 '싹'이 튼다. 불멸의 자연법칙이다. 세트의 아내 이름이 Taur, Thoueris 등으로 나온다. 다시 '따알'과 마주하게 되는데 여기서는 '따알'은 바로 '딸'을 나타낸다. 이러한 어둠의 신이 북극점에 부여되는 신적인 존재 하마와 함께하는 것이다.

　동양에서 북두칠성은, 도교적 관점이지만, 죽음, 즉 어둠의 신으로 나온다. 두 지역에서 이상하리만치 심리적 유대가 강하게 얽인다. 밤은 어두운 존재로 죽음과 연관된다. 그 밤에 사라지지 않는 별이 어둠을 관장하는 죽음의 신으로 설정하는 것은 무척 자연스럽다. 또 씨는 그 자신이 썩어 없어져야 새로운 싹이 나오며 새 생명으로 탈바꿈한다. 앞에서 보였지만 동양에서는 남두육성을 마련하여 이 별무리에는 삶을 관장하는 생명, 밝음의 신으로 설정한다. 여름 저녁에 나타나는 활쏘기자리에 있다. 눈여겨보면 별 6개의 모습으로 충분히 감지할 수 있다. 계절과 시간에 따라 이 남두육성은 남쪽으로 사라져 보이지 않는다. 사라지고 나타나는 생명의 윤회를 상징한다. 서양에서는 이 남두육성을 인지하지 못하였다. 다만 어느 기록(Aloysius Cadamustus)에 따르면 페니키아인의 항해에서 남쪽 하늘에 6개의 별이 보인다며 6개의 모양을 남두육성과 같은 모양으로 그리며 묘사했다는 기록이 있다. 그러나 이 6개의 별이 어느 것을 나타내는지에 대해서는 그 후 판별되지 않았다고 한다[1].

이제 황소의 넓적다리라고 하는 **Meskhetiu**에 대하여 분석해 보이겠다. 이 말을 넓적다리라고 풀이하는 것은 아마도 벽에 새겨지거나 그려진 황소의 뒷다리를 보고 해석한 듯하다. 이 말을 보면 '뫼-씨-키-따'이다. 여러모로 살펴본 결과 **Me**는 '메'로 이 경우 제사 때 신이나 조상 앞에 올리는 밥이라고 해석된다. 제의적 공물이다. 물론 앞에서 해석했듯이 **Me**는 신 자체를 가리키기도 한다. 아직도 제사 때 밤에 시간이 되어 '메를 올리라'라고 하는 집안이 있는지 모르겠다. 글쓴이는 어릴 적 이 말을 자주 들었었다. 그리고 skhe는 '새끼'로 일종의 제물을 가리킨다. 여기에서는 소의 뒷다리이다. 뒷다리가 제의적인 음식이 되는 셈이다. 타(tiu)는 tau로 보면 황소를 가리킨다. 그러면서도 꼬리말이다. 우연인지는 모르지만 '메 시키다'와 소리값이 같다. 더욱이 '메스껍다'와 음운학적으로 일치한다. 어떻게 보면 신령에게 제사(祭祀)를 지낼 때 생고기를 올리는 경우도 있었을 것이고 내장 같은 특수 부위를 희생 제의 물로 바쳤을 것이다. 그러면 고약한 냄새와 그 형태가 보통 사람에게는 역겹게 느끼게 될 것이다. '메스꺼운' 증상이 나타나는 것이다. 그러면서도 'meskhe'를 하나로 보면 '모시기'가 되면서 성스러운 제물을 받치는 뜻으로 된다. 서양 사회에서 받드는 **Mose**는 우리말 모시다의 '모시'와 같다. 이러한 제의적 '모시기'는 무당의 탈인 'mask', 성스러운 탑인 'mosque'로 발돋움한다. 지금 글쓴이가 이러한 해석을 하면서 다른 한편 놀라는 것은 "우리 조상이 과연 이집트와 관계가 있는 것인가?"에 있다. 더 올라가면 수메르와도 만날 것인가? 여러 정황 증거들을 보았을 때 분명 관계가 있다고 본다. 한편 '씨키'는 높임말이기도 하다. 시키다의 뿌리말에서 지배자가 피지배자에게 명령하는 상태가 보이기 때문이다. 그러면 '메 시키다'와 연결된다. meskhetiu는 신기하게도 모기인 'mosquito'와 소리값이 같다.

> * 이집트의 '죽은 사람의 기록(The Book of the Dead)'이라는 제목은 존재하지 않는다. 원래는 이집트인들이 죽음의 세계를 설정하고 그곳에서 계속 삶이 이어지는 소위 내세관(來世觀, the next world)을 그리는 말들(Maat)을 모아 놓은

글 모음이다. 실질적으로는 어둠을 뚫고 '낮으로 나옴에 관한 글(Book of Coming Forth by Day)'이라 하여 신왕국에서 새롭게 편집한 책이다[22]. 죽은 사람의 얼이 완전하고 행복한 새 삶을 할 수 있도록 죽은 후의 세계, 즉 내세의 생활을 위해 작성된 것으로, 죽음을 견디어 낸 얼(靈魂)들이 다음 세계에서 편안히 살 수 있도록 안내하는 글이라 하겠다. 따라서 '저승(the beyond world)을 위한 안내 글'로 보면 된다. 여기서 저승인 어둠은 'Duat', 이를 심판하는 신은 'Thoth', 심판에 사용되는 저울은 'Maat'라고 부른다. Maat는 이미 해석했지만 규칙인 말(言)이고 Duat'은 'Dur'인 '달(月)'이고 밤의 세계를 상징하고, Thoth 역시 달인데 달의 신을 가리킨다. '사자의 서', '불멸의 서' 등의 제목은 한자의 오염에 물든 문화적 종속성을 보여준다. 한편 책(冊)은 tsek 혹은 tsak처럼 소리가 나는 한자로 대나무를 엮어 묶은 모습이다. 대나무에 글을 새긴 것에서 유래했다고 본다. 원래는 울타리 모습이다. 영어의 check가 소리값에서 같다. 그리고 check는 왕이나 장군 등 명령을 할 수 있는 지배자를 가리키는 말이다[29]. 지배자의 성책, 다시 말해서 성의 울타리를 '점검한다'는 권력을 상징한다. 한편 book은 너도밤나무 나무인 beech에서 파생된 말이다[29]. 이 나무에 켈트족들이 룬문자(한글하고 연관이 됨)를 새겨 놓은 데서 비롯되었다. 따라서 冊과 book은 그 유래가 동일하다. **'book, beech'는 '베끼다'의 머리말과 소리값에서 어울린다. '박다'의 박과도 소리가 같은데 이는 나무에 칼이나 꼬챙이 등으로 글을 박은 데서 나온 말일** 것이다. 글쓴이는 '글' 역시 이에 해당한다고 보았다. 왜냐하면 칼로 나무에 긁어 문자를 새길 수 있기 때문이다. '그리다'와 '기리다' 역시 이에 해당하는 말들이다.

이 북두칠성과 관련하여 **고대 이집트에서 행해진 행사 중 줄 잡아당기기**의 기록이 있다. 피라미드나 신전을 건축할 때 그 기준점을 설정하는 행위로 별자리 운행에 따른 천문 기술의 적용이라 하겠다. 그림 **5.6**을 보면 이집트의 왕 파라오(Pharaoh, 부루해)가 왼손에는 지팡이 비슷한 막대기를, 다른 손에는 망치를 들고 있다. 물론 막대기는 말뚝으로 망치를 가지고 신전의 위치에 박는다는 것을 암시한다. 이른바 대못이다. 반대편 여성은 여신 세스하트(Seshat)로 문서의 기록과 신전 설계에 참여하는 역할을 한다. 여기서 문서의 기록이 중요하다. 이 글들이 남아 그 당시의 모습을 지금의 우리가 볼 수 있기 때문이다. 머리에는 뾰족 우산 꼴 속에 꽃 모양의 일곱 개 잎이 있다. 위와 아래를 뒤집으면 뾰족 우산이 황소 뿔로 보일 수 있다. 파라오의 모자는 **고깔모자**와 비슷한데 대단히 중요한 문화적 의미를 담고 있다. 새의 머리 모양이기 때문이다. 그리고 조금 있다가 거론하겠지만 새 머리는 기울어진 머리통인 편두(偏頭, cranical deformation) 문화와 관계된다. 홍미롭게도 새(鳥)머리와 쇠(牛)머리는 모두 Sumer로 표기될 수 있다.

그림 5.6    파라오와 여신 세스하트(Seshat).

이러한 새머리 모양의 머리통은 기울어진 이마 꼴이며 실제 이러한 형상으로 만든 민족이 다수 존재한다. 우리의 조상도 이 울타리에 속한다. 편두를 행하였다는 기록이 있으며 이러한 **편두는 주로 지배자 가족들의 전유물**이었다. 특히 신(New) **왕국 18 왕조의 아케나텐(Akun-Aten, 아큰-아텐)** 왕 시대에 왕비의 머리가 분명 편두형으로 그려져 있다(그림 5.7). 아케나텐 왕은 이집트 왕조 역사에서 아주 특이한 왕으로 유명하다. 갑자기 'Aten'이라는 신을 유일신으로 삼아 다른 신들은 배척하는 정책을 취했기 때문이다. 여기에 대한 해석은 다루지 않고 다만 그 이름에서 흥미로운 점을 지적하겠다. 'Akun-Aten'은 'Kun-Ten'과 같다. 그러면 '큰탕'이다. 이를 거꾸로 하면 '단군'이 된다. 이 고깔 형태의 모자를 쓰고 나타나는 정복자 집단들이 있는데 스키타이족도 이에 해당한다. 우리나라 솟대 문화가 새의 숭배와 직결된다. 그리고 무당들이 쓰는 고깔은 그 형태가 새를 상징하고 있다. 피라미드 편에서 이 점을 논하였다.

A daughter of the Ikhn-A-Ton
at 1400 B.C., Egypt Museum

그림 5.7  아케나텐 왕의 딸의 얼굴 모습. 텔 엘 아마르나 유적에서 발굴된 것으로 B.C. 1400년경 작품이다. Akun-Aton은 이큰아톤(Ikhn-Aton)이라고도 부른다. 이마 쪽이 심하게 늘리며 뒤통수가 늘어난 모습으로 전형적인 편두(偏頭, 기운 머리통) 꼴이다. 우리 민족 역시 이러한 풍습이 있었다. Sogd 족에서도 유행했었다. 새머리(bird's head)를 상징한다.


덴데라(Dendera)의 하토르 신전의 비문에 다음과 같은 줄 당기기 기록이 있다[2].

> 기쁜 마음으로 로프를 잡아당긴다. 그는 황소의 넓적다리 자리의 ak를 한번 흘깃 보면서 덴데라 여왕의 신전을 건립한다. 떠오르는 별들의 행로를 따라 하늘을 바라보며 황소의 넓적다리 자리의 ak를 알아본다. 나, 파라오는 여와의 신전을 구석 구석 세운다.

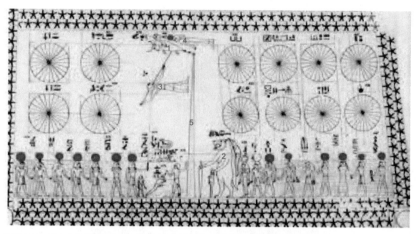

그림 5.8 황소 넓적다리(meskhetiu)와 북두칠성을 묘사한 고대 이집트 그림. 기둥의 끝이 북두칠성 꼬리별에 일치되어 있다. 원의 선은 24개이다. 1번에서 5번의 상징물들을 그림 5.5와 비교해보기 바란다.
출처: Wikimedia Commons

그런데 ak가 무엇인지 어느 곳을 가리키는지는 알려지지 않았다. 여기서 글쓴이가 이를 밝히겠다. 황소의 넓적다리는 곧 북두칠성을 말한다. 그 북두칠성 중 어느 한 곳을 응시한다는 뜻으로 해석된다. 그러면 그 대표별은 어느 것일까? 이제 B.C. 3000, B.C. 2000년경의 밤하늘을 보기로 한다. 북극점에 가장 가까운 별은 어디인가? 바로 여섯 번째 별인 Mizar이다. 더욱이 이별 바로 붙어서는 Alcor가 있다. 유명한 맥동 변광성이다. 주목을 아니 받을 수 없는 별의 짝이다. 글쓴이는 ak가 이 별이라고 보고 싶다. 그러나 **이집트 벽화에 기둥의 꼭대기가 북두칠성의 끝별과 일치시킨 그림**이 존재한다. 그림 **5.8**을 보면 Ak는 이 별에 해당한다. 그러면 그 이유는 무엇일까? 이 끝별을 중심으로 북두칠성이 시간에 따라 움직이는 방향을 그리면 원이 되고 만약 동서남북 네 방향으로 세우면 십자형을 형성한다. 마치 새가 앉아 있는 모습과 같아진다. **한자로 만(卍)자가 그려지는 것이다.** 그림을 보면 원들이 보이고 원들 각각에는 24개의 선이 그려져 있다. 하루 24시간의 할당과 60진법은 이집트에서 나왔다. 그런데 이 ak를 aki로 보면 아기가 되는데 생명의 탄생을 의미하는 것으로도 해석될 수 있다. 신전의 건설은 생명의 탄생과 그 연장을 바라서이다. 아니면 '귀'로도 볼 수 있다. 삐쭉 나온 형태가 이를 뒷받침한다. 배의 항해에서 '키'를 잡는다는 말이 있다. 방향을 정하는 행위인데 방향타인

'키'를 의미하는 것도 같다. 영어의 key(열쇠)와도 통한다. 이 '키'가 의미로는 가장 걸맞다. Key를 거꾸로 하여 Yek로 하면 Ak와 음이 같다. 이 ak에 줄이 걸려 있기에 더욱 그렇다. 참고로 이집트에서는 **개인의 신체적 영혼을 'ba, 뵈', 신체적 에너지원을 'ka, 키'**라고 불렀다. 합쳐지면 뵈키, 바퀴이며, 북, 복 등이 된다. 한자의 혼백(魂魄)과 같은 개념이다.

알골(Alcor)은 아라비아(Arabia) 말에서 유래한다. 앞에서 정의를 내린 바가 있지만 Al은 지시말로 의미가 없다. Cor는 컬이다. 여기서는 '골'로 새김 된다. 골짜기의 골이다. 심리적으로 우리말 '얼굴'이 떠오른다. 이 별은 아라비아 사막에서 병사들의 눈을 감정하는 데 사용된 별이다. 즉 이 별이 미자르와 함께하며 옆에 붙어 있다는 것을 알면 좋은 눈을 가진 병사로 분류되는 것이다. Al Khawwar로 발음도 되며 이를 '희미한 것'이라는 뜻이라고 한다. '골'의 깊음과 의미가 통하는 것 같지만 어딘가 작위적인 냄새가 난다. '커부루'이다. **Suha**라고도 불린다. 또한 Sadak, Saidak으로도 한다. 이집트에서도 Suha라는 이름이 나온다. 여기서 Su, Sai를 '쇠'인 황소로 보면 보편성이 드러난다. 이집트에서 북두칠성을 황소 다리로 새김한 것과 상징성이 이어진다. 북유럽의 튜턴족은 Orwandil이라고 부른다. 거인인 'Orion의 얼어붙은 엄지발가락'이라는 뜻이라고 한다. 제왕인 Thor가 이것을 잘라 북두칠성인 자기 마차에 붙여 놓았다는 전설이 있다. 여기에서 분명 마차로 본 것임이 증명된다. Orwandil은 '알+뵈+나+따+알'의 구조이다. 여기서 Orvan은 **harvan**이라고 본다. **우리말 하르방(하르바니, 할아버지)**과 통한다. dil은 물론 '돌'로 조그만 돌멩이로 보면 뜻이 연결된다. 그렇다면 Orion은 중간에 wa, 즉 뵈(바)가 탈락하고 머리에 h 음이 떨어져 나간 것임을 알 수 있다. Orion은 '하르방'이다. 높고 큰 사람이다. 바로 통한다. 오리온자리에서 다시 이야기하겠다.

여기서 **덴데라(Dendera)**라는 이름을 보자. 영어의 dendra는 머리말로 나무 줄기를 나타낸다. 가지라고 보면 된다. **'당기다'**의 뿌리말에 해당하며 우리의 **'댕기 머리'**를 상기하자(그림 **2.2**). 머리카락을 꼬아 길게 늘어뜨린 형상이다. 하늘과 땅을 연결하는 매개체는 여러 가지로 형상화된다. 천막과 기둥으로, 커다란 나무(하늘 나무)로, 기다란 말뚝으로, 아니면 사다리 등으로 그야말로 다양하다. 물론 이집트나 잉카, 마야족의 피라미드도 이에 포함된다. 이때 커다란 기둥에 줄을 매달아 잡아당기는 풍습이 있다. 하늘과의 교감 행위이다. 심지어 남미 원주민 사회에서는 기둥 줄에 매달려 빙글빙글 도는 춤 의례도 있다. 모두 나뭇가지를 형상화한 것이다. 여기서 Den은 '당, 댕'과 같다. '당기다의 당과 뜻이 통한다. 물론 신적으로 '탕, 탕구리'이다. '댕기'와 '당기'는 뜻이 같다. dra, dera는 '돌'다의 돌이라고 본다. 빙빙 도는 모습을 말한다. 아니면 '두리'를 뜻 할 수도 있다. 돌면서 울타리를 만든 형상으로 우리나라 도처에 이 두리형의 산 이름이 있다. 지리산도 두리산이다. 봉우리들이 둘러쳐진 형상을 말한다. 모두 뜻이 통한다. 용자리(Draco)를 다룰 때 더 자세히 논하겠다.

**고대 이집트는 물론 수메르에서 발견되는 말들, 이름들이 현재의 우리말과 얼마나 깊게 그리고 넓게 통하는지를 보면 소름이 끼칠 정도이다. 더욱이 영어 단어와의 일치성은 그야말로 수수께끼 중의 수수께끼라고 할 만하다. 이 사실은 우리말이 인류 역사를 재조명하는 데 결정적 역할을 할 수 있음을 웅변하고 있다. 글쓴이가 목적으로 하는 길이다.**

이제 북극성으로 간다. 작은곰자리이다. 몇 번이고 말하지만 이러한 인위적인 곰자리는 되도록 언급을 피하도록 하겠다. 현재의 북극성은 대략 1000년 전부터 주목받았다. 신화적인 시간으로 보았을 때 최근의 일이다. 오히려 긴 시간 동안 북극성으로 취급된 별은 현재의 용자리 알파별인 Thuban이다. 어찌 되었든 현재의 북극성(작은곰자리 알파별)이든 고대의 북극성(용자리 알파별)이든 북극점으로의 관점에서 보기로 한다. 하늘의 중심이며 인체로 보아서는 배꼽에 해당한다. 이 별자리의 이름에 대해서는 상당한 논란이 존재한다. 모두 그리스어와 연관되어 해석하는 과정에서 혼란이 발생한다. 그런데 Brown은 어원이 유프라테스에서 기원한다며 골짜기를 뜻하는 An-ta-sur-ra에서 왔다고 주장한다. 글쓴이가 주목하는 것이 골짜기(valley)라는 단어다. Brown은 An-nas-sur-ra로 발음이 되며 높이 떠오름을 나타낸다고 해석했다. ta를 단순히 머리말로 보아 생략한 것이다. 여기서 An은 안으로, 따라서 속으로 새길 수 있다. 물론 Han으로도 되지만 우선 철자에 충실하기로 한다. nas는 태어남이고 ta 역시 땅으로, 생명의 자궁이라 하겠다. 문제는 sur-ra이다. 씨알 혹은 씨알나로 본다. 여기서 '실' 혹은 '실나'가 나온다. '실'은 말 그대로 골짜기이면서 흐르는 물, 즉 내(水)이기도 하다. '나'는 '내'로 보며 장소나 국명으로 발전된다. 나라가 나루로 나알, 내알이다. 역전된 꼴이다. 그냥 발음으로는 '실라'

가 된다. 고대 3국 중 신라(新羅)의 명칭과 일치한다. 흔히 새나라로 새김하는데 오역이다. 이 점은 안재홍 선생이 명쾌히 밝힌 바 있다[8]. 그러면 전체적으로 안땅이면서 깊은 계곡 혹은 계곡물이 된다. valley의 뜻과 정확히 일치한다. 그리고 천상의 중앙에 생명을 잉태하는 골짜기가 있고 여기에서 모든 생명줄이 이어진다는 자연스러운 결론으로 이어진다. 물론 북두칠성도 예외는 아니다. 작은 곰을 가리키는 그리스어는 K–υν–οσ–ου–ρα (K-un-os-ra)이다. 여기서 K를 생략하면 **Unosoura가 되는데** 앞의 유프라테스어의 **An-nas-sur-ra**와 발음이 일치한다. 대단히 중요한 발견이다. 만약에 K를 살리면 '칸(큰)-(아)씨알'이 되는데 '아'와 '카'의 교환으로 보면 일리가 있다고 하겠다. 그러면 An은 Han으로도 새김이 된다.

이제 북두칠성을 수레로 반전시킨다. 씨알은 실, 솔 등으로 나갈 수 있는데 이를 '수레'로 보면 급변한다. 마차 형태(Wagon)의 탈것을 우리나라는 '수레'라고 부른다. 북두칠성과 바로 만난다. 로마 시대의 라틴어는 그리스어의 강한 영향을 받았다. 그러면 그리스어는 어디에서 왔고 그 출발점은 언제일까? 그리스의 선사시대는 아직 밝혀진 바가 없다. 아마도 기록하지 않은 민족이 존재하였으리라 믿는다. 그리스 고대어에서 선형문자 A와 선형문자 B가 있는데 A는 해독이 안 된 상태이다. Ursa든 Saur든 곰으로 된 사연이 있을 것이고 이는 신과 동물에 대한 인간 정신의 투영이라 할 것이다. 그리스 신화를 다른 각도로 해석할 필요가 있다고 본다. Zeus라는 명칭의 뜻이나 유래조차 파악하지 못하는 것이 인도-유럽어를 사용하는 언어학계의 현실이다. Saur는 일견 '싸우다'의 뿌리말과도 관계가 있는 듯하다. 뿌리말은 '쇠'이다.

일본은 신라국을 '시라기(siragi)'라고 불렀다. '씨알키', '실키'이며 키가 국명을 나타내는 꼬리말로 사용되었다. 결국 '솔락'이며 '사라기'인데 사의 소리가 카(가)로 바뀌면 '가라기', '가락'이 된다. 보통 시라키를 백목(白木)으로 보며 자작나무를 뜻한다는 설이 있다. 신라가 북방에서 내려온 훈(흉노)족의 일파라는 점과 맥을 이으며 주장하는 학설이다. 백제(배치)는 '쿠다라'라고 부른다. 커따알(Kotar)이며, '큰 나라'라는 의미이다. 일본어에서 나라(國)는 '쿠니'라고 하는데 '큰'의 뜻이다. 일본 입장에서 보았을 때 백제는 조상 땅이며 큰 나라로 보았기 때문이다. 일본인은 동쪽을 '히가시'라고 한다. '해갓, 해곳'이다. 길가를 연상하면 이해가 갈 것이다. 해 뜨는 곳을 의미한다. 일본은 백제가 신라와 당으로부터 협공당하여 무너질 때 대단위 구원병을 보낸다. 왜냐하면 어미 나라이기 때문이다. 그러나 부흥 운동 때인 663년 백강 전투에서 완전히 패배하고 만다. 이때부터 일본은 조상 땅, 그러니까 본토인 한반도와의 관계를 완전히 끊어버린다. 일본(日本)이라는 국명도 이때 나왔다. 그리고 자기들이 일본 터에서 스스로 일어나고 성장하였다고 역사를 개조시킨다. 따라서 600년 이전 역사의 기록은 여러모로 (시기를 조작하는 식으로) 개작된 창작물이다. **인류의 심리적 공통 발산물**이라 하겠다.

이번에는 이러한 골짜기 설정보다 산마루 설정으로도 된다. 아사달 관점이다. Sumer는 하늘을 커다란 산의 정상으로, 바다는 그 주위를 둘러싼 형태로 보았다. 신은 그 마루에 거주하는 것으로 설정된다. 단군 신화와 같다. 그런데 Book of the Prophet Ezekiel에 그 신의 자리 이름이 **Meru**로 나온다. 머리, 마루와 정확히 일치한다. 북유럽의 켈트족 전설도 비슷하다. 그 정점을 **Himinbiorg라고 하는데 하늘언덕**으로 해석된다. 우리와 직접 통한다. 해머리-바르기(밝) 즉 '밝은 해머리'라고 해석되기 때문이다. 그리고 두리와 같은 형태를 무지개로 설정하고 그 다리를 지키는 신을 **Heimdall**이라고 부른다. '해마(리)달'이다. 그냥 '힘(한)다리'로 보아도 좋다. 이 무지개다리 이름이 Bifröst이다. 이 다리는 땅인 Asaheimr, 혹은 Asgard에 연결되고 있다. Asgard는 아씨(Asi) 골(Gor) 혹은 땅이라는 의미이다. 아씨딸과 같다. 아씨는 聖母로 통칭된다. 이 사실에서 Sumer 족은 원래 산악지대에서 왔음을 알 수 있다. 실제 그렇게 주장하는 수메르 학자들도 있다. 한편 Meru(마루)는 현재의 파미르고원이라는 설도 있다. 글쓴이는 이에 동참한다. Pamir는 Vamir로 아마도 하미루, 따라서 해머리일 것이다. 히말라야와 같다.

다음은 **두리천**에 대해 언급하기로 한다. 이 두리천은 우리나라에서 도솔천(道率天) 혹은 두솔천(豆率天)으로 알려졌는데 잘못된 발음이다. 率을 솔로 새김한 것인데 여기에서는 그냥 알(r) 발음에 해당한다. 이렇게 '알'로 새김하는 한자는 수두룩하다. '洛, 梁, 良, 壤' 등이다. 두리는 tor, dar, dor 등으로 이른바 '따알'이다. 이것이 인도의 힌두교나 불교에서 최상의 하늘땅(天國)으로 설정된다. 커다란 산들이 두르며 그 꼭대기가 하늘인 것이다. 그러면서도 天山, 神山이 '**Méru**'로도 나온다. '달'과 '마루'가 서로 어울리는 것이다. Sumer의 'Meru'와 같다. 천정을 의미하는 단어로 Tramontana가 있는데 하늘산(맥)이라는 뜻이라고 한다[1]. 이 단어는 '따알+뫼나+따나'로 '두루메땅'이다. 그 뜻이 정확히 일치한다. 영어의 산을 의미하는 Mount, Mont 등은 '뫼+나'에서 왔다. 우리나라 말 '메'가 선구자다. 마야는 산의 나라, 산족(山族)이라는 의미이다. 일본은 거꾸로 하여 산을 야마라고 한다. 우리나라 도처에 두리, 두루, 도래를 가진 산, 두루뫼가 산재해 있다. 뫼가 산(山)이 되고 아르가 강(江)이 되면서 이름들이 그야말로 뒤죽박죽되어 버렸다. 변산반도의 변산도 '두루메'이다. 우리나라 사람들은 자기 고유의 진짜는 외면하고 버리고 모른 채, 불교가 들어오면 그 교리에, 유교가 들어오면 그 교리에, 기독교가 들어오면 그 교리에 함몰되어 버린다. 이러한 자세에 대하여 신채호 선생이 이미 통렬하게 비판을 가한 바가 있다[9].

유프라테스인은 북극성을 Pul, Bil 등으로 불렀다. 바로 '뿔'이다. 정점 기둥 뿔을 가리킨다. 정확히 우리말과 일치한다. 이 당시 뿔별은 현재의 Polaris가 아니라 용자리의 Thuban이었다. 핀족(핀란드)은 북극별을 Taehti로 부른다. 그대로 '따ㅎ키(땅치)'와 일치한다.

우리 고유의 별자리를 소개하면서 마지막을 장식하겠다. 이미 앞에서 동양 별자리는 천문학적 관측과는 동떨어지게 설정되어 있고 아울러 인위적이라고 주장한 바 있다. 그런데 우리나라에 이러한 작위적인 동양 별자리보다 더 오래되고 천문학적 현상과 일치하는 별자리 그림이 존재한다. 그것은 고인돌에 새겨진 구멍 별들의 형상이다.

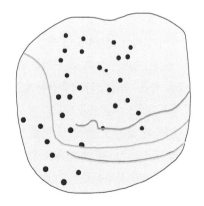 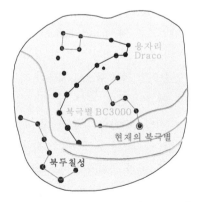

그림 5.9 고인돌에 새겨진 별자리. 평안남도 평원군 소재의 고인돌이다. 길이 6.64m, 너비 6.2m, 두께 0.6m이다. 별의 구멍 크기는 지름 1cm 정도로 별에 따라 크기와 깊이가 다르다. 서기전 2500년 정도의 것으로 추산된다. 현재의 큰곰자리(북두칠성), 작은곰자리(북극성), 용자리가 새겨져 있다. [19]

그림 5.9는 평안남도 평원군에 소재하는 고인돌에 새겨진 별들의 모습을 인식하기 좋게 그린 것이다[19]. 우리나라는 고인돌의 나라라고 할 만큼 고인돌이 많다. 그리고 고인돌에는 별을 형상화한 구멍들이 다수 발견된다. 보통 이러한 별자리 구멍들은 북두칠성을 형상화한 것을 제외하면 현실적인 것과는 거리가 먼 경우가 많다. 그러나 이 고인돌의 별자리를 보면 글쓴이가 머리털이 솟구칠 정도이다. 그것은 북극점을 중심으로 하는 별들의 모습이 천문학적 관측 사실과 일치하기 때문이다. 가장 놀라운 것은 용자리의 모습이며 그 중 꼬리에 해당하는 세 개의 별 모습이다. 여기에 이미 설명한 바가 있지만 서기전 3000년경에 북극점에 해당하는 Thuban이 있다. 서울에서 바라본 그림 1.2와 그림 1.3을 보면 얼마나 사실적으로 나타냈는지 실감이 갈 것이다. 그리고 그림 1.12, 카이로에서 바라본 5000년 전의 모습도 비교해보기 바란다. 평안도는 서울은 물론 카이로보다 북쪽에 위치한다. 그만큼 북극의 별자리를 관측하기가 수월하다. 마지막으로 그림 1.5에서 동양 별자리와 서양 별자리를 비교해 보면 이 고인돌의 별자리가 얼마나 현실적인지 다시 한번 느끼게 된다.

이러한 북극점을 중심으로 별들의 운행을 관측하며 또 무덤에 새긴 것은 심리학적 측면에서 이집트와 일치한다. 영원불멸(immortality), 저세상에서의 환생을 나타내기 때문이다. 더욱이 **고인돌(dolmen, 돌멩이) 무덤에 있어 그 뚜껑이 장생을 상징하는 거북의 등을 상징**한다는 점에서 더욱 그렇다. 특히 우리나라의 북방식 고인돌 형태는 크기 면을 제외하면 영국에서 발견되는 대형 돌기둥이나 지붕 형태, 스톤 헨지(stone henge)와 구조가 같다. 따라서 심리적 상징성도 공유한다고 본다. 거북은 '커북'이라 할 것이다. 복은 한자로 복(福)이라 하는데 이 한자는 순수 우리말 복을 음으로 차용한 것으로 본다. 아울러 북은 '북(北)'과도 음운학적으로 연결이 된다. 또한 악기인 '북'과도 심리학적으로 끈이 닿는다. '거북' 역시 '곰'처럼 신(神)을 상징한다고 하겠다. 복(福)과 신(神)의 닮은 모양에서도 서로 통한다. 이집트나 유프라테스 지역의 문화와는 달리 우리는 '문자'의 기록이 없다. 아마도 유목 문화에서 비롯되었을 것이다. 따라서 현재의 북두칠성을 5000년 전 우리 조상들은 어떻게 상징성과 모양을 보았는지 알 수 없다. 과연 북두칠성을 죽음을 관장하는 신으로 보았을까? 그것은 아닐 것이다. 이러한 설정은 한참 후 도교(道敎) 혹은 중국 고대 왕국에 의해 비롯된 것이기 때문이다. 도교가 서기전 500

년경에 탄생하고 난 후 그 교리에 대한 불로장생으로 말미암아 중국 왕조에 의해 빚어진 폐해는 아주 심각했었다.

특히 고구려에는 대형 무덤이 피라미드형으로 되어 있는바, 묘하게도 이집트와 상징성을 공유한다. 북에는 항상 신령스러운 거북이 배치된다. 그 모양이 거북 자체가 아니라 뱀의 형상도 같이한다. 모두 불로장생(不老長生)과 다산(多産)을 상징한다. 그림 5.10은 고구려 무덤의 벽에 새겨진 별들의 모습이다. 평양 근처 진파리 4호 무덤의 천장에 그려진 것이다. 알기 쉽게 별들에 해당하는 점들만 새로 그린 것이다. 북두칠성이 뚜렷이 새겨져 있음을 알 수 있다. 그런데 여기에서도 북극성은 물론 용자리 모습이 그려진다. 오직 북두칠성과 동서남북을 가리키는 별들만 상징적으로 그려 넣은 다른 무덤 별자리와는 다르다.

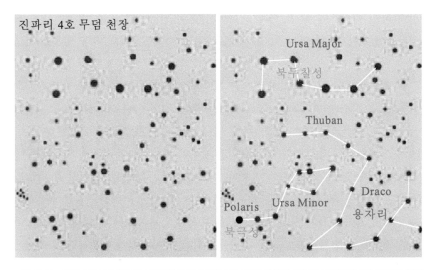

그림 5.10  평양 근처 진파리에서 발견된 무덤 벽의 그림. 북극 근처의 별들을 그렸으며 북두칠성과 현재의 북극성 그리고 용자리의 꼴이 새겨져 있다.

한편 dolmen은 프랑스의 브르타뉴 지방 말인 Taolvaen에서 유래한 것으로 알려진다. Taol은 테이블, maen은 돌이라고 해석하는 것 같다. 그러나 'Taol, Dol'이 돌이고 man은 van이 변한 것 같다. 그러면 돌판이다. 아울러 '들'로도 새김이 된다. 중앙아시아의 투르판(Turfan)은 들판이다. Table은 Taolvaen과 구조가 비슷하

다. 그냥 돌멩이(돌뫼)라고 보면 되겠고 괸돌이 아주 알맞은 말이다. 어차피 뿌리
말은 '돌'이기 때문이다.


## 특별 주제 12 곰(Gom, Goma, Gome, Kam, Kami, Kama, Sama), 단군, 첨성대

북방 계통에서 곰을 의례로 하는 풍습은 구석기 시대인 네안데르탈인까지 간다.
사냥(hunting) 시대인 만큼 사냥감을 잡고 살해하여 그것을 먹고 생명을 연장하는
과정에서 희생 제의가 행해지기 때문이다. 즉 잡은 곰의 일부는 반드시 제단을 차
려 자연에 돌려주는 의식이다. 사냥족에서는 보편적으로 이루어지는데 심하면 인
간 자체를 제물로 바치기도 한다. 근대까지 정글 지대의 원시 부족에서 이러한 제
의가 광범위하게 이루어져 왔다. 우리나라에서 제사가 끝나면 제물 일부를 모아
지붕 위 혹은 대문 앞에 버리는 행위는 심리학적 측면에서 동일한 풍습이다.
    그런데 비록 신화라 하지만 단군 신화에는 곰과 연관된 중요한 장면이 나온
다. 그것은 한웅(이른바 하늘족 대표)이 곰족과 결합한다는 이야기이다. 여기서
'곰'과 '범'이 상대방으로 등장하는데 곰이 선택된다. 그 과정이 흥미롭다. 동굴
(아주 중요한 장소 선택이다)에서 21일간 지내며 오직 마늘과 쑥만을 먹어 배우자,
이른바 여자로 탈바꿈한다는 사실이다. 여기서 여자는 하늘왕(天王)의 부인에 해
당한다. 먼저 동굴을 보자. 곰은 겨울잠을 동굴에서 보낸다. 범은 동굴을 이용하기
는 하지만 계속 머물지는 않는다. 21일을 주목하기 바란다. 이제 마늘로 간다. 마
늘은 겨울을 이겨내는 식물이다. 즉 힘을 준다. 더욱이 마늘을 섭취하면 그 독함에
마취될 정도이다. 담배나 특수 연기, 특수 작물에 의한 몽롱한 상태를 만드는 것은
제사장(무당)이 제의를 행할 때 반드시 거치는 과정이다. 몽환(夢幻) 상태를 만들
어야 하기 때문이다. 여기서 곰은 여자 제사장(무당)으로도 볼 수 있겠다. 제사장
의 몽환 상태와 성혼의례(聖婚儀禮, sacred marriage ceremony)는 신화학적으로
대단히 중요한 요소이다[13, 17]. 하늘과의 교통의 과정이기 때문이다. 쑥은 겨울
을 나 이른 봄 생명을 이어주는 역할을 한다. 이른바 자연물 숭배(totemism)의 전
형이다. 'Sacred Mushroom'이라는 단어가 있다. '성스러운 버섯'이라는 뜻이다.

이는 아메리카 인디언들이 제의에 사용된 환각성 버섯을 가리킨다.

이제 '곰'이라는 말의 의미를 심층적으로 다루기로 한다. 곰은 Gom, Gam, Kom, Kam 등으로 되는데 이를 조금 더 풀어보면 Gome, Goma, Gama, Koma, Kama, Coma, Kuma 등으로 볼 수 있다. 여기서 Koma, Kuma는 일본에서 곰을 가리킨다. 이 명칭은 도처에 산재해 있다. 그런데 Gam, Kam, Kami 등으로 되면 이른바 지배자, 더 나아가면 신(神)이 된다. 임금(검), 상감 등에서 그 뿌리를 볼 수 있다. 일본어에서 '카미'는 신을 뜻한다. 더욱 높여 'Kami-sama'라 부른다. '카미카제'가 한자로 하면 신풍(神風)이다. '가마'도 이로부터 유래한다. 한편 **영어의 'Game' 역시 '곰'에서 나왔을 것이다.** 신을 모시는 의례에 신나게 서로 뭉쳐 시합(Game)을 하는 데서 탄생하였다고 본다. 아울러 '가마' 역시 곰이다. 결혼하는 의례에서 성스러운 가마를 타는 것도 제의적 과정에서 중요한 몫이었다고 본다. 여기에서 다시 동사 형태로 발전하면 '검다, 감다' 등이 탄생한다. 검다는 동굴의 암흑과 곰의 색깔과도 일치한다. 머리 또는 몸을 감는 것 역시 성스러운 물(감물)에서 씻김을 하는 제의적 과정이라 하겠다. 만약 범을 신으로 삼았다면 물론 '범'이 신이라는 단어가 되었을 것이다. **웅산(熊山)은 신의 산으로 '코메'라 부른다. 곰 자체가 신의 산**인 것이다. 민족적, 시대적으로 신이라는 호칭은 각양각색으로 등장한다. 우리나라는 '거북'도 '신'의 뜻으로 받아들인다. 즉 '신'이라는 의미로 가자면 '곰'과 '거북'은 동일한 존재이다. '북'은 또한 신을 부르는 도구(악기)이기도 하다. Bear가 곰이 된 것은 이른바 부루족의 서양 침범에서 비롯되었다고 본다. 부루족의 신이 '곰'인데 신을 뜻하는 단어를 동물 '곰'으로 인식한 탓이다. 부루족 자체를 '곰(bear)'이라 불렀을 것이다. '늑대(Arktai)'의 설정도 비슷하다. 무당을 '사마'라고 오인한 것도 같은 맥락이다.

범을 호랑이라 함은 한자 영향의 악취이다. 영어의 tiger는 '따+커+알'을 의미한다. 따컬로 '당골'과 같다. 영어 자체로 보면 환웅이 곰족과 결합하여 자식(탕구리, 당골)을 낳은 것이 '범'족을 가리키는 형태가 되어 자못 흥미롭다. 그러면 '범'이 자식 그것도 남성으로 둔갑하는 셈이다.

곰은 일찍부터 주목받은 동물이다. 그것도 구석기 시대부터다. 구석기는 현생 인류가 탄생하기 전 시대이다. 구석기인들에 의한 곰 의례 흔적은 광범위하게 발견된다. 시베리아는 물론 핀란드, 아메리카 대륙에 걸쳐 있다. 발견된 동굴들에는 곰의 해골들이 의식적으로 배열되어 있는데 놀랍게도 네안데르탈 시대이다 [13]. 한편 곰과 대비되며 나타나는 곳이 아프리카 열대 지역이다. 이곳에서는 사자 혹은 흑표범이 제의적 동물로 나타난다. 곰이든 사자이든 모두 해당 지역에 서식하는 동물임에 주목하자. 이러한 곰 의례 지역을 그림 5.11에 보였다. 주로 북극 근처임을 알 수 있다.

곰 의례 지역
곰 의례 동굴(구석기)
사자 및 흑표범 의례 지역 (구석기)

그림 5.11  곰을 신성시하여 의례를 행하는 지역 분포. 주로 북극 근처이다. 구석기 시대부터 행하여졌다. 일본 북부 지역은 아이누족에 의한 것이다. 구석기 시대의 곰 의례 성지는 주로 동굴에서 발견되며 대표적인 곳이 남부 프랑스의 도르도뉴 그리고 알프스 지역이다. 별들에 얽힌 신화에서 사자가 중심으로 등장하여 구석기 시대 사자의 의례 지역도 표기하였다. 출처: [13]

곰 특유의 성질, 즉 추운 곳을 배경으로 살아가며 겨울에는 동굴에서 겨울잠을 자는 습성으로 진화된 점이 큰 특성이다. 그 당시 네안데르탈인들은 겨울잠을 자는 곰을 사냥하였을 것이다. 오늘날 곰 숭배 의례의 실체는 일본의 북쪽에 거주하는 아이누족에서 발견되었다. 구석기 시대, 줄잡아 20~50만 년 전에 행하여진 곰 의례가 현생 인류에게로 계속 이어졌는지는 모른다. 지역적 특성에 의하여 사냥이라는 먹이 획득이라는 차원에서 자발적으로 나온 의례일 수도 있겠다. **우리 역시 곰 숭배 사상에서는 둘째가라면 서러워할 수 있는 민족이다.** 따라서 우리 민족 역시 북방에서 나왔음은 의심의 여지가 없다. 다만 남방 문화도 소지하고 있는바 서

로 섞였을 것이다. 현재의 공주(公州)와 금강이 곰 숭배 문화를 극명하게 보여주
는 이름이다. 공주는 한자와 상관없는 이름으로 公은 곰, 州는 강가에 성립된 도성
으로 나루이다. '곰나루'가 원래 이름이다. 이를 한자로 새겨 웅진(熊津)이라 하였
다. 이중적 의미를 지닌다. 물론 곰나루는 신성한 곳을 가리키기도 한다. 금강의
금 역시 '곰'의 소리를 한자로 적은 것이다. '큰강'으로 새겨도 의미는 같다. 모두
나중에 한자 문화에 취하여 생긴 종속적 이름들이다. **메(뫼)가 山으로, 고을이나
마을이 州로, 아라 또는 가라가 江으로 새겨 고착화되어 버린 것은 가장 큰 우
리 문화의 손실**이라 하겠다. 특히 州라는 고을, 오늘날 도시를 가리키는 지시말은
밖에서 보았을 때 중국에 종속된 사회와 문화를 지닌 국가로 오해받게 하는 일등
공신이라 하겠다. 우리나라의 산(뫼), 강(아라, 가라, 미르), 마을이나 지역에 붙은
이름들에서 '곰, 검'을 뿌리로 하는 말들이 숱하게 존재한다. 그럼에도 불구하고
나중에 한자로 표기되며 뜻과 소리가 뒤범벅되면서 원래의 이름이 가지는 뜻은 잃
어버린 상태가 대부분이다. 슬픈 **민낯**이라 하겠다.

## 단군(Tangor, Tangri, Dangor, Dingor, Dingir)

여기서 단군, 탕구리에 대하여 다시 한번 짚고 넘어가겠다. 우리나라에 있어 단군
은 민족의 신이며 개척자의 상징이다. 단군은 한자어이며 원래는 '탕얼, 탕고르
(Tangar)'이다. 이 단어는 유라시아 대륙에 걸쳐 광범위하게 분포되어 있다.
Tangri, Dingur, Dengir 등 조금씩 변화된 음으로 나오는데 모두 같다. 대표 자격
으로 'Tangor'를 골라 사용하겠다. 여기서 '앙(ang)'은 응과 같은 것으로 이른바
발음에 있어 후렴과 같은 역할을 한다. 이를 빼면 Tor 즉 '따알'이 된다. 이 단어
역시 숱하게 분포되며 최고의 신, 지도자로 나온다. 결국 '탕'과 '타'로 대별된다.
시베리아에서 행해지거나 행해졌던 '굿' 같은 사회적 현상을 '사마니즘', 주제자를
사마라고 부른다. 여기서는 **영어식 발음, 보기를 들면 샤머니즘과 같은 형태의
발음은 피한다.** 이 '사마(sama)'가 사실 곰인 '**Kom, Kama**'이다. 전 세계적으로
나타나는 언어의 변천 중 가장 보편적으로 나타나는 것이 K와 S의 호환성이다.
몽골인들은 우리나라를 송골로스(Songolos)라 한다. 송골은 Kora, Kori 등을 가리
키는 것으로 여기에 몽골 특유의 '응, 앙(ang)'이 붙어 그리된 것이다. 쉽게 말해
서 Solo, Soro로 발음한다는 뜻이다. 나중에 활쏘기자리를 다룰 때 '씨키'족인 스

키타이와의 관계를 들며 보다 더 자세히 설명하겠다. 글쓴이가 보기에 Sama 역시 곰인 Kama가 변한 것이라고 본다. 다시 강조하지만 중요한 사실은 **Kama가 단순히 '곰'이라는 동물을 가리키는 것이 아니라 신을 상징**한다는 점이다. 그리고 이 **Sama가 무당을 가리키는 이름으로 고착**되었다. 서양인에 의해 와전되어버린 것이다. '무당'은 굳이 한자까지 동원하여 '巫堂'으로 보기도 한다. 그러면서도 어디에서 왔는지 그 유래를 아직도 모른다. 여기서 확실히 하겠다. 무당은 '뫼+따'이다. 즉 높은 산과 너른 땅을 포함하는 성스러운 단어이다. 이 뫼따는 meda, mede 등으로 되며 서양의 그리스, 라틴어에서도 등장한다. 이 '따'가 '탕'으로 발음되면 '무당'이 된다. 물론 '탕(Tang, Dang)'은 **Ting, Ding, Tan, Dan, Don, Din** 등과 같다. 현재의 러시아 동부 지역의 민족들(퉁구스, 부루야트, 몽골 등)은 무당을 Utakan, Udagan, Udaghan 등으로 부른다. 꼬리에 '큰'이 붙은 형식이다. k, g 발음이 생략되면 역시 '당'이 된다. 우(U)는 뜻으로 새기면 위(high)가 되는데, 크고 존경스러운 머리말로 보면 된다. 이 탕구리는 지역명이나 과일 이름으로도 등장한다. 북아프리카의 모로코에 'Tangier'라는 도시가 있다. 그리고 Tangerine이라 하여 오렌지 형태의 귤나무가 있는데 미국과 남부 아프리카에 소재한다. '탄제린'이라고 부른다. 한편 우리말 '마땅하다'를 보자. **뿌리말 마땅은 '무당'과 소리가 같다. 제사장인 무당이 하는 말은 옳고 그래서 마땅하다고 하는 것이다.** 이미 언급했지만 **Tongue** 역시 무당이 탕구리에게 주문을 외는 말에서 **나왔다고 본다. 즉 Tongue는 '댕기'와 같다는 뜻**이다.

북유럽 신화에서 최고의 신을 **Odin(혹은 Wodin)**이라고 부른다. '뵈당, 바탕, 바당', 즉 'Vatan, Vadan'이라고 하였다. 이 신을 묘사하는 대목을 보자. "키가 컸다. 품위가 있고 위엄이 있다. 말재주가 있으며 재치 있는 말로 사람을 감동시킨다. 진리를 설파하며 사람들로부터 신뢰를 쌓고 존경받는다. 한 장소에서 다른 장소로 이동할 수 있다. 말로 불(火)을 제압한다. 폭풍우를 가라앉히고 바람을 조절한다"[13, 17]. 바로 신들린 무당들이 하는 것과 똑같다. 남자 무당이라고 보면 된다. 이미 강조한 바가 있으며 **Father**와도 같다고 하였다. '버들, 배달'과 상징성을 공유한다. 더욱 기가 막힌 것은 두 번째로 권위와 힘이 센 신의 이름이 '토르'라는 점이다. 우리나라의 무당은 보통 여성을 가리킨다. 인류는 처음에는 모권, 모계 사회가 주를 이루었다. '딸'이 '아달(아들)'로 둔갑하였다. 따라서 **토르가 아니라**

'아토르(**Atar**)'가 되어야 한다. 남자 무당을 '박수'라 한다. 이는 '붉씨'이다. 이 뵈알키(Balki)와 뵈키(Baki)는 번갈아가면서 상황에 따라 같은 뜻으로 나타난다. '마당'과 '바당'은 'Mother'와 'Father'와 대응된다.

북유럽 신화에서 우주나무 이름이 '**이그드라실(Yggdrasil)**'이다. 물푸레나무를 가리킨다. 여기서 Ygg는 Odin의 다른 이름이라고 하며 드라실은 몰고 다니는 말이라고도 한다. 혼동스럽다. 자, 이제 분석하기로 한다. **Ygg는 '아기'이다. 영어의 알에 해당하는 Egg와 같다.** 아기는 아씨, 아가씨하고도 연관이 되는데, Odin 즉 무(바)당이 여성이었다는 것을 방증한다. Dra는 Tor이며 딸이고 달이다. 결국 아기달, 즉 아씨딸과 통한다. sil은 '씨알'이다. 좁은 계곡을 '실'이라고 부르는데 **실은 가는 줄기로** 그 의미가 확장된다. 실버들 하면 이해가 될 것이다. 이 나무는 상징적으로 실버들과 같다. '버들'은 '복달'이며 배달과 같은 유래를 가지는 우리 민족에 있어 성스러운 나무이며 따라서 우주나무와 같다. 이그드라실은 산의 계곡 물에 서식하는 커다란 나무를 신성화한 것임을 알 수 있다. Drasil을 하나로 묶으면 '달실'이다. '**달리는 실(the Running Thread)**'이다. 달(dar)을 단(dan), 즉 당으로 새기면 '당실'이 된다. 덩실 춤을 추는 제의적 과정이 드러난다. 참고로 Sil, Sir은 Siut가 되며 Seat로 볼 수 있어 역시 안락한 장소로 상징할 수 있다.

이제 탕만 바라본다. 탕이 Tiang, Diang으로 되며 '치앙, 치웅'으로 변한다. 이 말이 오늘날 불교 승의 이름인 '중'이다. 이미 언급했지만 불교 사원에 대웅(大雄)도 '타웅, 탕'이다. 눈이 먼 사람을 **소경**이라 하며 그 존칭이 '**장님**'이다. 이른바 '치앙, 티앙'님이다. 소경의 경 역시 '치앙'과 음이 통한다. 주술적 판단을 할 때 소경이 뛰어난 예언을 하거나 신(조상)이나 죽은 자와의 소통을 잘하기 때문에 붙여진 이름이다. 점쟁이와 같은 역할이다. 게르만 전설에서 **Odin이 한쪽 눈을 잃어버리는(실제로는 능력과 맞바꾸며 자위적 행위로 묘사됨) 장면이 나온다. 주술적인 힘을 얻기 위해 눈을 버리는 행위라고 할 수 있다. '장님'과 바로 통한다.** 간혹 '눈으로 보고 귀로 듣는 것은 믿지 말'고 충고하는 경우가 있다. 헛것을 좇지 말고 마음으로 믿음을 가져야 한다는 경구라 할 것이다. 눈을 감고 명상에 잠기는 행위 역시 이에 상응한다.

마지막으로 단군(檀君)의 이름에 얽힌 역사적 사실을 짚어보겠다. 이미 지적했지만 단은 檀 또는 壇으로 표기된다. 나무냐 제단이냐의 관점에서 나오는 전형적인 학계의 소모전이다. 나무(여기서는 소위 박달나무)는 제단(祭壇)을 구성하는 성스러운 존재이다. 나무 자체가 제단인 셈이다. 그리고 사실 '단'이 실체가 아니라 '탕'이 그 본질이다. 그런데 이 탕이 중국의 역사 문헌에는 '당(唐)'으로 나온다. 그리고 '당우(唐虞)'라는 이름이 나온다. 그리고 우(禹)라는 이름도 나온다. 공식적인 역사 기록으로는 인정받지 못하는 하(夏) 나라와 관련된다. 여기서 夏는 물론 '해'이다. 당우는 '당+이'. 즉 'tang-i'이다. 여기서 '이'는 사람을 가리킨다. '당기'와 같다. '아이'와 '아기'라는 소리 변화를 다시 한번 강조한다. 그리고 'younger'를 다시 떠올리기 바란다. 우(虞)는 오(吳)와도 같다. 모두 우리말 '이'의 소리를 표시하는 한자이다. 그러면 당우는 당기이고 결국 단군이며 '탕고리'라는 사실이 드러난다. 지은이가 보기에 檀, 壇보다는 唐이 더 적절한 표기일 수도 있겠다. 솔직히 '단군'이라는 소리는 '당기(Tangi)' 또는 '당고르(Tangor)'라는 말과는 어울리지 않는다. 그럼에도 불구하고 'Ar ↔ An'를 적용하면 Tangun과 Tangur는 같은 말이 된다. 당고르는 '단골'에 그 흔적이 남아 있다. 唐은 군(君)과 제단(祭壇)의 집으로 이루어진 글자이다. 그리고 君은 제사장이 제의적 그릇 앞에서 신성한 지팡이(cane)를 든 모습을 그리고 있다. 윤(尹)은 손으로 지팡이를 든 모습으로 제사장, 즉 무당을 상징한다. 모세가 지팡이를 들고 하늘과 교통하는 모습을 생각하면 된다. 영어의 cane은 '칸'과 같다. 역시 제사장의 상징물을 가리키는 말이다. 그리고 'ㅁ' 모양의 한자는 입(口)을 가리키는 것이 아니고 제의적 그릇으로 'ㅂ'과 같은 모양이다. 갑골문(甲骨文)이나 고문(古文)에는 명확히 'ㅂ'와 같은 모습으로 그려져 있다. 여기서 '古'는 제의 그릇에 십자와 같은 막대기를 꽂은 형태이다. 밥그릇에 쌀을 담고 거기에 향이 나는 막대나 숟가락을 꽂았다고 생각하면 그 모습이 그려질 것이다. '고(告)' 역시 비슷하다. 제사장이 제의 그릇을 두드리며 신에게 말을 한다 하여 '아뢰다'라는 뜻이 된 것이다. 이른바 Sumer의 Me, 이집트의 Maat와 같다. 모두 말(言)이라 하겠다. 하나 같이 제의적 과정과 관련된다. 한편, 君과 告의 글자 모양을 보면 거의 같다는 사실을 알 수 있다. 따라서 '唐'이라는 한자 자체가 제의에 필요한 모든 것을 담고 있다. 즉, 사당, 제단, 제의 그릇, 무당(제사장) 등이 이 하나의 한자에 담겨 있는 것이다. 한자와는 상관이 없다. 한자의 본질은 참고 문헌 [11]에서 찾을 수 있으며, 한자의 모양과 소리 변화는 참고 문헌 [10]에서 명쾌하게 볼 수 있다.

## 첨성대

마지막으로 Tangor와 관련된 것으로 첨성대를 보기로 하겠다. 그림 **5.12**를 보기
바란다.

그림 5.12 　첨성대(瞻星臺). 참성대(斬城臺). 참성단(斬城壇)으로도 나온다. 산의 형상이며 위는 그대로
평평한 산마루이다. 즉 아사달이다. 첨성, 참성은 '탕구리'를 가리키는 말로 결국 성스러운 제단(祭壇)이다.
높이가 9m, 밑 사각형 한 변의 길이는 5.3m, 위 사각형 한 변의 길이는 3.3m 정도이다. 집 규모로 보았을
때 3층에 해당한다.

첨성대는 우리나라의 별 관측을 위한 대표적인 건축물로 본다. 물론 다른 용도라
는 반론도 많다. 첨성대는 보통 첨성대(瞻星臺)로 표기되면서 별과 관련된 것으로
해석한다. 그러나 **점성대(占星臺), 참성대(斬城臺)** 등으로도 표기된다. 여기서 중
요한 사실은 첨, 참, 점 등의 소리다. 이 두 한자 표기에서 보듯이 한자의 뜻과는
상관이 없다. 더욱 중요한 것은 머리말에서 음이 변화하는 두음법칙에 따른 결과
라는 점이다. 즉 '담'이 원래 소리일 수 있다는 사실을 우선 지적하고 싶다. 또 하
나는 성이라는 말이다. 소리는 같지만 뜻은 다르다. 역시 한자의 뜻과는 상관이 없
다는 사실이 드러난다. 城은 고구려에서 보듯이 쿠루(Kulu) 등으로 불렀다. 쿨이

며 고구려의 구려도 이에 속한다. 그러면 **참성대는 담쿠루가 된다. 따라서 탕구르(Tangor)와 같다.** 결론적으로 **첨성대는 별을 관측하기 위한 시설이 아니라 단군을 모시기 위한 제단인 것이다.** 그러면 왜 산처럼 높은 모습일까? 그것은 높은 산의 능선에서 단군 조선이 탄생하였기 때문이다. 하늘에서 밝고 높은 곳인 아씨딸에서 하늘이 내려 **'주신'** 국가의 상징이라 하겠다. 이 **'탕구리'라는 이름은 지금의 티베트 혹은 위구르 지역에서 높은 산맥**을 가리키는 이름으로 많이 나온다. 보기를 들면, 티베트 지역에 **唐古拉, 念淸唐古拉** 산맥, 위구르 지역에는 **Hang-Tengri** 산, **Dzungari, 準葛爾,** 분지라는 이름들이 보인다. 唐古拉는 탕고라로 소리되며 準葛爾는 '준갈이'지만 준은 둔, 즉 탕과 같다. 拉(랍), 爾(리)는 '알(r)' 소리를 표시하는 음소(音素)이다. 우리가 밝고 높은 곳의 신성한 제단 지역을 '아사달'이라고 하는 반면에 이 아씨딸이 성스러운 존재의 인격화된 신의 이름으로 다른 곳에서는 등장한다. 탕구리인 단군은 우리로서는 제사장이며 왕의 성스러운 이름으로만 보아왔다. 그러나 이 탕구리 역시 높고 성스러운 제단을 가리키는 이름도 된다는 사실을 티베트 지역의 이름과 첨성대를 통하여 깨닫게 된다. 물론 우리가 보통 말하는 **당곳(Tangod)**이 이에 해당한다. 소리가 변해버려 인식을 제대로 못하고 있을 뿐이다. 사진을 보면 꾸밈새 자체에서 천문 관측하고는 어울리지도 않고 실용면에서도 맞지 않다.

　　**Ziggurat** 역시 높이 쌓은 제단의 이름이다. 이 단어는 **'Ta-Ki-Ar'**의 구조로 따키알, 즉 땅고을 따라서 **Tangor**와 같다. **Ziggrat** 역시 단군 제단인 셈이다. 모두 연결된다.


## 특별 주제 13 배알(bear)

'뵈+알', 즉 배알에 해당하는 영어 bear의 뜻을 모두 열거하고 그 배경을 알아보기로 한다. 그리고 곰과의 연관성을 추적한다. 아울러 '뵈'의 음에 해당하는 v, p, w 등이 함유된 단어들에서도 그 연관성을 찾아보기로 하겠다. 가끔 '뵈' 소리는 '뫼' 소리로 탈바꿈하기도 한다. 사실 'ㅁ'과 'ㅂ'는 소리가 비슷한 면이 있다. 알파벳의 b, v, p와 m은 전혀 다른 모양이다. 무척 대조적이다. 여기서 M은 산의 모습을 그러면 '뵈'가 되고 소리가 통한다. 'ㅂ'와 'b'는 우연의 일치일지는 모르지만 제의에 쓰이는 그릇 모양과 비슷하다. 밭이다. 'u', 'w'와 통한다.

## 1. 영어(English)

동사(動詞, verb)

1 (짐을) 나르다
2 (어떠한) 자세를 취하다, 긍지를 가지다, 의기양양하다
3 처신하다, (당당히) 행동하다
4 (표정이나 모습을) 몸에 지니다
5 (무기·紋章 등을) 지니다
6 (마음에) 품다, 지니다
7 (이름이나 칭호를) 지니다, (광산이 …을) 함유하다
8 (소문이나 소식을) 가져오다, 전하다, 퍼뜨리다
9 (무게를) 지탱하다, 버티다
10 (의무, 책임을) 지다, 떠맡다, 부담하다, (비난, 벌을) 받다
11 (검사·비교 따위에) 견디다
12 …해도 좋다, …할 수 있다
13 (고통 따위를) 참다, 배기다
14 (아이를) 낳다
15 (열매) 맺다, (꽃이) 피다
16 (이자 따위를) 낳다, 생기게 하다
17 (관계, 비율 따위를) 갖다, bear a resemblance to …와 닮다
18 (권력 따위를) 쥐고 있다, 휘두르다
19 (남의 의견 따위를) 지지하다, (진술 따위를) 확인하다, 증명하다
20 밀다, 몰아내다, 밀어내다, 쫓아내다
자동사 역할:
·지탱하다, 버티다
·견디다, 참다
·덮치다, 걸리다, 기대다
·누르다, 압박하다
·영향을 주다, 작용을 미치다
·방향을 잡다, 향하다
·(어느 방향에) 위치하다
·아이를 낳다, 열매를 맺다

명사(名辭, noun)

1 곰

2 곰자리 the Bear

3 난폭한 사람, 음침한 사람

4 (증시) 파는 쪽, 시세 하락을 내다보는 사람

5 구멍 뚫는 기계

6. 러시아 the Bear

7. (학생) 어려운 일


동사의 2~8, 12, 18~20번의 뜻들은 모두 지배자, 지도자, 군림자의 모습과 그 처신에서 우러나오는 행동들이다. 한마디로 무기와 깃발을 든 의기양양하고 자신감을 드러내고 있다. 반면에 1, 9, 10, 13번 등은 지배자의 구속에 따른 피지배자의 의무를 암시한다. 특히 자동사에서 두드러진다. 이러한 단어는 **지배자가 아닌 '피지배자'의 관점에서 나온 것**으로 판단된다. 이러한 지배자는 '부리, 부루' 등으로 호칭되었을 것이다. 그 낱말이 'bully'이다. **Bully는 '약한 자를 못살게 구는 사람'**의 뜻이다. 여기서 공포인 'fear'가 나온다.

놀라운 사실은 배알의 원초적 의미가 나온다는 점이다. 즉 14, 15, 16번이다. **글쓴이가 bear가 '낳다'라는 뜻이 있는 것을 보고 바로 '배알'과 직결된다는 점**을 감지하였었다. 더욱이 **'bowel'이 창자를 뜻한다는 사실**에 얼마나 놀랐는지 모른다. 거북이가 알을 낳고 떠나는 모습을 상기하기 바란다. **원초적 생명 탄생을 묘사하는 금자탑**이다. 그러면서 자기가 태어난 곳을 정확히 알아 회귀하는 생명의 윤회에서 옷깃을 여미게 한다. 물론 강에 알을 낳고 다시 회귀하는 연어의 모습도 같다. 여기에서 원초적 생명의 물, 아류(아라)와 만난다. 그리고 '나다'라는 다른 한편의 생명의 탄생 말(言)에서 **영어의 'natal(출생의)'과의 일치는 "우리말과 영어가 한몸"**임을 웅변(雄辯)하고 있다. 우리는 이 배알을 밤하늘의 '별(star)'로 새김을 한다. 가장 멋들어진 이름이다.

더욱 흥미로운 점은 **'bear down'**이라는 복합 말이다. 그 뜻을 보자. **(적 따위를) 압도하다, (반대를) 꺾어 누르다, 크게 반발하다, (배가) 서로 다가가다, (아이를 낳을 때) 용쓰다** 등이다. 여기서 다루는 '배알'의 다양한 뜻이 모두 들어 있다. **지배자의 힘, 떠다니는 배, 그리고 사람의 배.** 더욱 놀라운 사실은 그 소리가 '부루 탕(buru dan)'이라는 점이다. 왜냐하면 down이 '탕'인데 결국 침략자가 상대를 넘어뜨린다는 상징을 담고 있기 때문이다. **영국의 'britain'**과 비교해 보라.

이제 명사 '곰'을 보자. 왜 곰일까? 이러한 단어의 반전은 다른 요인이 도사리고 있다. 서유럽에서는 지금의 러시아인을 곰(족)으로 부른다. Russia는 곰을 의미하는 Ursa에서 왔다. 이미 언급하였다. 따라서 the Bear, the Ursa는 곰이라고 호칭하는 러시아를 가리킨다. 마치 늑대인간을 설정하는 것과 같다. 사실은 부루족이 서쪽으로 이동하며 정복한 역사적 사실을 암시한다. 유럽은 러시아를 비롯하여 동쪽 그것도 북쪽 너른 들판인 초원 지대를 발판으로 삼은 유목 기마 민족들의 침입을 여러 번 받은 바가 있다. 그중에서도 부루(부리)족에 의한 침입이 영어 단어의 모태가 되었다고 본다. **'난폭한 사람(Brutal)'이라는 뜻이 이렇게 해서 나왔다. Bully와 같다. 피해자의 입장이** 고스란히 드러난다. **곰의 설정이 바로 이것**이다. 역사적으로는 로마 시대 말기인 4세기 중반, 소위 **아틸라(Attila)의** 침공과 몽골의 대 침공이 가장 유명하다. 물론 그전에 켈트, 게르만족들의 이동 정착이 큰 몫을 했다. 그리고 소위 **'타타르(Tatar, Tartar)'**족이라는 이름하에 침공 사례들이 신화적으로 포장되어 전해진다. 타타르에 대해서는 그 유래가 아직도 해결되지 않았다. 활쏘기자리에서 다시 언급하겠다. 그런데 이 '부루, 부리'족이 곰을 숭배하는 민족인 것이다. 여기에서 우리의 단군 설화와 이어진다. 그리고 '부여'국과 직결된다. '부여(夫餘)'는 한자로 표기된 것으로 '부리'라고 불러야 더 옳다. 나중에 백제가 이어간다. 이미 밝혔지만 백제는 '배치'이다. 따라서 '부여치'이다. 보통 어느 나라가 타민족의 침략을 받아 망하게 되면 흩어지게 마련이다. 그런데 그렇게 달아난 민족이 다다른 곳들은 자기들보다 무력적인 측면에서는 빈약하여 (철기가 청동기를 제압하듯이) 쉽게 점령하여 버린다. 이동성 유목 민족이 정착 농경 민족을 바로 제압하는 것이다. 한반도 상황도 이러한 사건들이 비일비재하였다. 백제나 신라시대에 왕통이 쭉 이어진 것 같지만 그렇지 않다. 특히 신라의 김씨 계열의 경우 **법흥왕(法興王)**부터는 다른 민족에 속한다. 이른바 북방의 씨키(쓰키타이)족이나 훈족 계통이다. **법흥왕의 성이 '모(慕)'씨**로도 나온다는 점을 강조하여 둔다. 자기들이 북방에서 패퇴하여 남하하게 되었고, 남하하여 지배한 뒤 다시 세력을 모아 자기가 잃었던 영토를 찾고자 북방 정책을 쓰는 전철을 밟는 것이다.

특히 진흥왕 시절 절정에 달한다. 불교의 수용도 토착 세력을 잠재우는 방편으로 시행하였다. 그러나 **실제로는 지증왕(智證王)부터라고 본다. 다양한 이름이 존재할 뿐만 아니라 순장 제도를 폐지한 왕이기 때문이다. 흥미로운 점은 삼국유사에서 지증왕의 별명이 지철로(智哲老), 지대로(智大路), 지도로(智度路) 등으로 나온다는 사실이다. 두음법칙과 자음 변화를 고려하면 앞에서 나온 '타타르'와 같다.** 고구려에서는 '대대로(大對路)'라는 이름으로 나오는데 마루치와 같으며 수상(首相)에 해당한다. 이 '타타르'라는 이름이 유럽 역사에서 침략자의 대표적 민족으로 나타난다는 점이 매우 흥미롭다. 참고로 현재 바이칼호 주변에 사는 민족명이 '부리야트'이다. 여기서 야트는 ut와 같다. '알'로 새김해도 되지만 몽골에서처럼 복수형으로 보는 것이 알맞다. 우리나라에서는 복수를 '들'로 새김한다. 유래가 같다. 따라서 부리들, 다시 말해 부리족(族)이라는 말이다. 무당 제의, 다시 말해 사만의 세계에서 부리족의 이야기가 많이 나온다. 사만에 대해서는 주로 서구 학자들의 연구 조사에 의하여 알려졌는데 우리나라 말을 모르고서는 원래의 의미와 내막을 제대로 파악할 수 없다. 많은 오류가 보인다. 사정은 일본 쪽도 비슷하다. 일본으로 건너간 이른바 도래인(渡來人)이 토착 세력을 제압하고 세력을 얻자, 심기일전 자기들의 옛터를 회복하고자 그리도 한반도를 노리는 것이다. 그러다가 일본 영토가 먼저 선진화된 터라고 역사를 왜곡하는 길을 간다. 전 세계의 역사 기술이 대동소이하다. 일본의 축제인 마쯔리('맞이하다'의 한국말에서 왔음) 중 '왓쇼이'라는 외침이 있다. 우리말 '왔어, 왔어요'와 같다. 일본 사람들이 이 말의 뜻을 어떻게 새기는지는 모르겠다. 우리 역시 고대 말이 남아 있다고 해서 '우리가 원류(原流)이며 중심이다'라고 하는 것은 위험천만한 발상이다.

한편 뵈알에 있어 뵈를 밭으로 보았을 때 어떠한 일이 일어나는지 보기로 한다. 밭을 Beth, 알을 el로 하자. 그러면 **Beth-El**이고 **히브리족의 성서에 나오는 Bethel**(베델로 소리함)과 같다. **Jacob**(야곱으로 소리함)가 돌베개(Bethe)를 베고 잠잘 때 꿈을 꾸면서 신(El)이 나타나 돌을 똑바로 세웠다는 신화가 깃든 이름이다. 여기서 우리의 돌 문화와 만난다. 물론 Bethel은 '배달'이며 이는 '복달'이다. 그러면서도 우리는 돌과 함께 나무 숭배와도 마주친다. 그것은 박달(자작나무), 버들 나무이다. 이스라엘은 Isra-El로 El 신과 씨름하며 겨루었다는 뜻이다. '알, 얼'이 성스러운 신의 이름으로 불린다. 그러면서도 '배달, 복달'은 해가 잘 비치고 높고 너른 들판, 이른바 '아씨달'을 상징한다. 따라서 **높고 성스러운 장소와 대상들인 "돌바위, 들판, 나무"와 모두 만나는 셈**이다. Jacob을 야곱으로 소리하는 것은 Jason을 이아손이라고 부르는 것과 같다. 영어의 J는 소리값에 있어 골치 아픈 존재이다. 자코비, 타코비, 카코비, 심지어 나코비로도 볼 수 있다는 점을 강조해 둔다. 특별 주제 편에서 다루는 '여와'에서 비슷한 양상이 나온다.

뵈알(Bear, Baial)과 관련된 말들을 더 보기로 한다. 뵈는 b는 물론 p, ph, v, 심지어 w와도 음운학적으로 이어진다. 표 **5.1**에 나오는 영어들은 글쓴이가 임의로 고른 단어들이다. 이외에도 관련 말들이 다수 존재할 것으로 여긴다.

표 5.1  뵈와 뵈알에 해당하는 영어(*우리말 편에서 다룬다).

| 힘, 권력: ¹**force**, ¹**power** | 배(생명), 제물 | 장소(거주지), 신(deity), 기타 |
|---|---|---|
| **bully**: 약한 자를 못살게 구는 사람, 마구 뽐내다<br>bow[bou]: 활<br>bow[bau]: 절, 배머리(이물)<br>bower: 으뜸패, 굴복자<br>boa: 뱀<br>beau, beauty: 아름다움<br>bore: 뚫다, 곤란하게 하다<br>bull: 황소, 칙서(勅書)<br>bill: 목록, 부리, 미늘창<br>blow: 강타, 불다<br>ball: 공, 탄알, ¹**무도회**<br>boss: 우두머리<br>brave: 용감한<br>beak: 부리, 육식새<br>brag: 자랑하다<br>break: 부수다<br>brazier: 석탄용 화로<br>³**bout**: 한판 승부, 한번 치기<br>³**beat**: 치다<br>³**bout**: 비틀다<br>³**bad**: 나쁜<br>²**bat**: 막대기, 박쥐, 속어<br>beard: 턱수염<br>bottle: 술병<br>beetle: 메, 큰 망치, 딱정벌레, 불쑥 나온 | ⁴beer: 맥주(보리술)<br>⁴pea: 완두류<br>bee: 꿀벌<br>barley: 보리, 보리(bori)와 소리값이 같다.<br>barn: 헛간, 보리와 연결된다.<br>⁶**bean**: 콩<br>⁶**bin**: 저장용 궤, 속이 '비다'<br>⁶**vin**: 포도 혹은 포도주, '비나이다'<br>breed: 낳다<br>⁷**buoy**: 부표(浮漂)<br>bowel: 배알, 창자<br>bed: 바닥<br><br>breast: 유방, 젖통<br>breathe: 숨<br><br>brace: 버팀대<br>brace-let: 팔찌<br>brachi-al: 팔(모양)의<br><br>³**foot**: 발<br>³**boot**: 장화<br>³**boat**: 배 | villa: 별장, 주택<br>village: 마을<br>blue: 푸른, 파랑<br>brae: (스코틀랜드) 구름, 산허리, 언덕의 사면<br>veer: (바람의) 방향이 바뀌다, 불다의 '불'과 같고 바람도 해당한다.<br>borough: 자치도시<br>bridge: 다리<br>bottom: 바닥<br>pool: 물웅덩이<br>plus: 불다, 불어나다<br><br>spear: 1. 창, 작살, 아버지의, 남자의<br>2. (식물의) 눈, 새싹<br>'씨+뵈+알'로 이루어진 복합 명사로 다양한 뜻이 들어 있다.<br><br>Bra(h)ma: 힌두교 창조신, 범(梵)<br>Brahman: 브라만 |

| | | |
|---|---|---|
| beast: 짐승<br>bother: 괴롭히다<br>borrow: 빌리다<br>fear: 두려움, 무서움<br>fool: 바보<br>very: 아주<br>fire: 불<br>**\*pyr-, pyro-**: 불(의) | | |

1. force는 '부루키', power는 '부루'이며 지배자의 힘을 가리킨다.
2. '발'과 무도회 따라서 춤을 생각하면 대상이 같다.
3. 이 단어들은 모두 꼬리에 at, ut, ot 형으로 bor, bar와 대응될 수 있다. 'ut ↔ r'의 관계이다.
4. 'beer'는 '비-르'이며 따라서 '보리(bori)'와 소리값이 같다. 아울러 '빌다'의 빌과도 같다. 술은 제의적 과정에서 사용되는 음료이며 따라서 '빌다'와 이어진다. barley와도 같다.
5. 우리말 '피'와 같다.
6. 'ar ↔ an' 관계.
7. '배'와 같다.


## 2. 우리말(Korean)

'뵈알'은 우리말에서 형태와 뜻이 다양하게 변화하며 퍼져 나간다. 배알 자체가 공식적인 우리말이며 보통 창자라고 부른다. 영어로는 bowel이다. bowel 자체가 배알과 같은 소리 말이다. 부루는 성스럽고 밝은 대상이며 주재자이다. 푸른 하늘 이라는 수식어에서 그 밝음을 알 수 있다. 그러므로 광채가 난다. **부여(夫餘)는 부려**이며 부리이다. 중국 문헌에는 '**발리(勃利)**'로 나온다. 배치(百濟) 역시 광채를 내뿜는다. 여기에서 '**빛**'과 '비치(추)다'가 나온다. 한편 '뵈'가 '뷔'로 되면 '보다' 의 뿌리말이 된다. 그리고 영어의 View와 공명을 한다. 새로 태어났다는 뜻의 Nova는 나뵈, 나뷔로 바로 통한다. New와 Now는 '나다'의 뿌리말과 같다. 한편, '푸르'와 '파라'는 blue와 green을 모두 아우른다.

표 5.2  뇌알을 기본으로 하는 한국말. 뇌알(표준말은 배알)은 bowel과 그대로 대응된다.

| b(p)al, b(p)ul, b(p)əl<br>pp: a strong sound of p like<br>Paris in French | b(p)aru, b(p)uru, b(p)əru<br>동사형(verb): da | b(p)al, b(p)ul, b(p)əl<br>동사형(verb): da |
|---|---|---|
| 배알(baial): bowel<br>발(bal): foot, step<br>발(bal): blind, screen<br>발(bal): texture, weave<br>불(bul): fire, flame<br>불(bul), 불알(bul-al):<br>  the scrotal sac<br>볼(bol): cheek<br>벌(bəl): plain, prairie<br>벌(bəl): bee<br>벌(bəl): a suit, a set<br>  (of clothes)<br>팔(pal): arm<br>풀(pul): grass, herb, weed<br>  ⇒ plant<br>풀(pul): paste, starch, glue<br>펄(pəl): tideland, tidal flat<br>뿔(ppul): horn ⇒ bull<br>보리(bori): barley<br>부리(buri): bill, beak<br>부레(burɛ): air bladder<br>벌레(bəllɛ): insect, bug,<br>  vermin | 바르다(baru-da):<br>  (be) straight, (be) right,<br>  (be) proper<br>바르다(baru-da): stick,<br>  paste, paint<br>바라다(bara-da): desire,<br>  wish, expect<br>부르다(buru-da): (be) full<br>부르다(buru-da): call, hail<br>푸르다(puru-da): (be) blue,<br>  azure<br><br>부리다(buri-da): make,<br>  work (a person)<br>버리다(bəri-da): throw,<br>  abandon, finish<br>베풀다(bepul-da): hold,<br>  give, grant | 불다(bul-da): blow, breathe,<br>  confess<br>벌다(bəl-da): earn (money),<br>  gain<br>빌다(bil-da): beg, ask, pray<br>빌리다(billi-da): lend, loan,<br>  hire, rent, borrow<br>벌이다(bəl-i-da): open,<br>  begin<br>벌리다(bəlli-da): open up,<br>  unfold, stretch<br>팔다(pal-da): sell, offer,<br>  trade on, betray, look<br>  away<br>풀다(pul-da): untie, unbind,<br>  remove, dissolve, relieve,<br>  dispel, vent, realize,<br>  solve, answer, calm,<br>  state, send out,<br>  blow (one's nose)<br>빨다(ppal-da): suck, wash |

배알의 구조 중 불(火)이 중요하다. 표에서 알 수 있듯이 'fire'가 이에 해당한다. 그런데 불을 가리키는 머리말뿌리가 따로 존재한다. **'pry, pyro'**이다. 우리말 불, 특히 형용사적인 '불의'와 음운학적으로도 정확히 일치하는 말이다. 보기를 들면, pyrolatry가 불의 숭배, pyroclastic는 화산에 의한 돌덩어리, 화쇄암(火碎岩) 등이다. 특히 화학(chemistry)에서 가연성(可燃性), 발열성(發熱性) 물질 이름에 이 말이 붙는다. 발열 물질을 pyrogen이라고 하는 식이다. 흥미로운 점은 같은 구조인데도 Pyramid의 pyra는 우리말 '뿔'에 대응된다. 우리말의 보편성(universal)이 여기에서 드러난다.

한편 '뇌'를 뿌리로 하는 명사와 동사는 표 5.3에 정리하였다.

표 5.3 뵈를 뿌리로 하는 한국말.

| 명사(Noun) | 동사(Verb) |
|---|---|
| 배(bæ): belly, stomach, abdomen, one's source of birth<br>배(bæ): ship, boat<br>배(bæ): pear<br>벼(biə): rice<br>베(bé): hemp cloth, cotton cloth<br>비(bi): rain<br>비(bi): broom, besom<br>피(pi, pee): blood, blood relation<br>피(pi, pee): Decan grass, barnyard grass (millet) | 배다(bæ-da): conceive, get pregnant<br>배다(bæ-da): be close, compact, be filled up<br>배다(bæ-da): soak, sink<br>배우다(bæu-da): learn, study<br>베다(bé-da): lay (one's head on a pillow)<br>베다(bé-da): cut, cut down<br>비다(bi-da): (be) empty, (be) free<br>피다(pi-da): bloom, burn<br>피다(pi-da): be straightened, be flattened<br>펴다(piə-da): spread, unfold, straighten, stretch, cultivate, establish, promulgate<br>파다(pa-da): dig, delve, carve<br>푸다(pu-da): draw (dip, scoop) up, ladle, drain, spoon up<br>보다(bo-da): see, look, observe, read, regard (as) |

비는 어디에서 왔을까? 첫째 가늘다의 뜻이 강하다. 그러면서도 가는 줄기들이 모여 이루어진 모습이다. 머리를 빗는 '빗'도 여기에 포함된다. 물론 빗자루의 '비'도 같다. 그렇다고 가느다란 빗줄기를 들어 비라고 불렸는가 하는 의문점이 생긴다. '베'를 실의 집합으로 보면 역시 가느다란 형상이 된다. '베를 짜다', '베틀'과 같은 말에서 옷을 만들 때 **가느다란 실의 모습이** 떠오르기 때문이다. 한편, **pee는 오줌인데 나리는 비와 통한다.** 여기에서 비로소 '비'는 가느다란 줄기라는 사실을 확실히 알 수 있다. pee는 또한 우리말 '피'와 소리가 같다. 더욱 흥미로운 것은 영어의 속담 중 **'pee in the same pot'가** 있는데, '같은 생활 기반을 갖추고 있다'라는 뜻이다. 우리가 흔히 쓰는 '**핏줄기(blood relation)가 같다'와 심리적 측면에서 그대로 통한다.** 그러면서도 제의적인 측면에서 볼 때 가뭄을 이겨내기 위한 물을 바라는 주술적 행위에서 왔을지도 모르겠다. 비(rain)가 오기를 비는, 즉 '빌다'에서 '비'가 탄생하였다는 뜻이다. 특히 표준말은 아니지만 소원을 바란다는 기도의 말인 '비나이다'에서 '비'의 뿌리를 볼 수가 있다. 이상하게도 '비나', '비누', '비녀' 등의 소리가 베누스(Venus)와 이어짐을 느낄 수 있다. 영어와 우리말 비교에서 흥미로운 보기 하나를 든다. 그것은 과일인 배와 pear, 벌과 bee이다. 모두 배를 뿌리로 하고 있으면서도 '알'이 서로 바뀌어 붙어 있다.

한편, 동사인 '비다', '비우다'를 보면 정해진 둘레에 있는 속을 깨끗이 치운 다는 뜻이다. 그러나 '배다'와 '비다'는 반대되는 개념이다. 따라서 '비(우)다'의 뿌리가 생명을 안은 '뵈'에서 나온 것은 아닌 듯싶다. 하지만 신 또는 죽은 자와 소통하기 위한 제의적 과정을 생각하면 다른 해석이 나온다. 제의적 행사에서 빠 뜨릴 수 없는 것이 '술'이다. 이른바 마취제 역할을 하여 '무당'이 신과 통하는 데 에 필수적인 제의물이다. 이때 제단에 놓이기 위해서는 반드시 그릇이 필요하다. 술잔이다. 무당이 신과의 교감을 '말'은 물론 '술'을 받침으로써 행하게 되는데 술 을 부어 준다면 술잔은 비게 된다. 신이자 죽은 자의 영혼이 이 술을 받아 마신 결과가 결국 '빈' 술잔이 되면서 사라지거나 없애버린 상황이 아니라 제의적 과정 의 완성을 상징하게 되어 '비다'는 결국 '빌다'와 통하게 된다.

그리고 '배다'에서 '밴'을 생각하면, 밴, 펜, 혹은 부네가 여자를 가리키는 지 시말로 될 수 있음을 알 수 있다. Venus이다. '펜(pen)'은 드라비다 말에서도 나온 다. 존경 지시말인 '**분**'이 원래의 뜻이었을 것이다. 한편 이와 더불어 우리말 '푼' 과 영어의 pun을 비교해 보면 다음과 같다.

**푼(pun): an old coin. a Korean penny, 1/10 don.** 몇 푼어치 안 되는 지식 **small knowledge.** "한 푼 두 푼 줍쇼" 거지가 동냥하면서 하는 말인데, 일종의 익 살이다.

**pun:** 결말, 신소리, 동음이의(同音異議)의 익살. 보기를 들면 먹는 배(**pear**)를 떠다니는 배(**ship**)로 꾸며 웃기는 재담(才談). 익살을 떨다, 재담하다.
결국 우리말 한(**an**) 푼(**pun**)과 영어의 **a pun**이 같다. **spoon**하고도 관계될 듯 하다.

**분(bun):** 둥근 빵을 가리키는데 원래는 여성 뒷ㅅ머리의 쪽진 모양을 의미한다. 따라서 여성을 상징하는 말이다. 여기서 복수형인 '들'이 붙으면 **bundle**이 되고 결국 머리 묶음인 다발로 이어진다. **bundle**은 '번드르', '번들거리다'에 서 우리와 한 몸이 된다. 예쁘게 머리 장식을 하였으니 번들거리지 않겠는 가? 이러한 머리 장식은 우리의 문화와 역사에 깊숙이 자리 잡았었다. **pun** 과 함께 성모 시대의 존경말인 '분'이 추락한 형태이다. 우리나라 3한 중의 하나인 변한의 '변' 역시 '분', 결국 '번'과 같다.

## 특별 주제 14 빗, Comb, 갈비

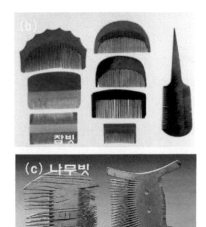

그림 5.13  (a) 흑해 북쪽 근처에서 발견된 스키타이 문화의 대표적 유물이다. 빗(Comb)이면서도 위에는 전투(Combat) 장면으로 장식되어 있다. (b) 한국의 전통 빗들. (c) 중국의 신강 위구르에서 발견된 빗으로 10에서 13세기 것으로 추측된다. 한쪽은 얼레빗 다른 한쪽이 참빗 형태이다. 진정한 콤비(Combi)를 이루고 있다.

우리나라 빗에는 크게 **얼레빗과 참빗**이 있다. 그림 **5.13**을 보기 바란다. 얼레빗은 현재 팔리는 빗과 같은 종류로 머리카락을 처음 다듬는 역할을 한다. 참빗은 그다음 순서로 등장하는데 그림에서 보는 것처럼 바늘이 대단히 촘촘하다. 촘촘하여 참빗이라고 했을 것 같다. 머리카락을 아주 세밀히 다듬는 역할이 첫째이지만 다른 역할이 더 중요하다. 그것은 머리털 속에 기생하는 '**이(louse)**'를 잡기 위한 역할이다. 아울러 머리의 비듬이나 서캐(이의 알) 역시도 걸러내는 역할을 한다. 지은이가 어렸을 때(1960년대)는 머리에 이가 있는 것은 다반사였다. 지금도 할머니나 이모가 참빗을 가지고 이를 잡아주던 모습이 아련히 떠오른다. 스키타이족이나 훈족 등 북방 민족들이 머리의 특수 부위를 밀어버리는 습성이 아마도 '이'와 머리의 때가 한몫했을 것이다. 직접 경험해보지 않으면 '이'가 얼마나 지독한지 모른다.

　　머리털과 대머리 그리고 가마와의 관계는 머리털자리에서 자세히 다룬다. 빗은 영어로 Comb이다. '커뫼뵈'이다. '가마ㅂ'가 된다. 머리 정수리를 가마라고 하고 머리를 가르는 도구가 '빗'이다. Comb는 또한 닭의 볏, 볏과 같이 생긴 산마루를 가리키기도 한다. 결국 우리의 '빗'과 같다. 그리고 **빗에 알이 붙으면 '바늘'** 이 된다. **물고기 역시 '배'이다. 그러면 '비늘'**이 설명이 된다.

가문비나무는 소나무와 비슷하다. 잎이 바늘형이다. 추운 곳이나 높은 산에서 자란다. 여기서 가문비는 감비와 같고 결국 'Comb'와 같다. 잎 자체가 '빗'의 모양이다.

그런데 참빗은 바늘이 양옆에 달렸다. 영어의 **Combi**는 '두 가지 이상의 기능을 가진 도구'의 뜻을 가진다. 참빗의 경우 양쪽 바늘을 동시에 사용하기는 어렵다. 그러나 기능은 분명히 두 가지로 나뉜다. 하나가 머리를 빗는 역할, 다른 하나가 이를 잡거나 때를 벗기는 역할이다. 이때 머리만을 손질할 때는 머리통 속 깊이 들어가지는 않는다. 그러나 사냥 역할을 할 때는 깊이 들어가 머리통을 뒤진다. Combi와 뜻이 그대로 통한다. 그러나 더욱 어울리는 조합은 한쪽은 얼레빗 다른 쪽은 참빗 꼴이다. 다시 한번 그림(c)를 보기 바란다. **이것이 Combination이 아니고 무엇인가?** 이제 Com을 보자. 콤이다. 이것이 말머리에서 소리가 변하면 '촘'이 된다. '참'이다. 즉 **'Combi, Combo'**가 '참비'와 소리가 같다. '꼼꼼하다'와 '촘촘하다'를 보면 고개가 끄덕여질 것이다. **Combine도 참빗**이다. Computer는 여기에 따알이 붙은 꼴이다. '콤비틀'이다. **컴퓨터라 하지 말고 '콤비틀'로 부르자.**

이제 콤비와 갈비를 비교해 보자. 구조가 같다. 갈은 꾸밈말로 가르다처럼 갈라진 형태를 그리고 있다고 본다. 만약 얼레빗을 양쪽으로 만들면 갈비와 형태가 같아진다. 가운데 뼈대가 갈라치기이며 옆에 비스살이 붙어 있는 꼴이다. 따라서 **갈비는 갈라비**이다. Combi의 Com이 골에서 변한 말일 수도 있겠다. 쌍둥이 산을 골른 오름이라 하듯이 Combi를 '갈라비'라 부르는 것이 제격이다. 따라서 **"비는 가느다란 줄기를 가리키는 뿌리말"**이라고 다시 한번 결론 내릴 수 있다.

한편 물고기를 가리키는 이름에서 **'굴비'**라는 말이 있다. 이른바 조기를 소금에 절여 말린 것이다. 그런데 이 고기들을 파는데 특이한 형태로 묶어 전시한다. 물론 말리는 과정에서 생겨난 구조이다. 그림 **5.14**를 보면 알 수 있을 것이다.

그림 5.14 굴비.

문제는 이름이 왜 굴비인가 하는 점이다. 물고기는 조기, 그것도 맛이 좋은 참조기이다. 그림에서 갈비 형태가 떠오르지 않은가? 지은이는 굴비는 갈비와 같은 말이라고 본다. 말리는 과정에서 조기가 휘어져 굽어진 형태에서 나온 말이라고도 해석한다. 즉 구비에서 나왔다는 말이다. 궁색하다. 새끼줄에 엮어진 모습에서 '갈라'진 형태가 나온 것으로 갈비나 양날의 빗과 같다. 굴비를 '屈非'라고 한자를 가져다 덧칠하는 행태에서 우리의 종속적 문화를 다시 접하게 된다. 조개인 '가리비'도 갈비이다. 조기와 조개는 소리값이 같다. 조는 머리소리 변화를 고려하면 '도' 혹은 '고'로 새길 수 있다. '도'로 보면 '되기', '고'로 보면 '괴기'가 된다. 모두 제물을 가리키는 보통 말이다.

## 5.2 용자리(Draco, the Dragon)

독일 Drache, 이탈리아 Dragone, 프랑스 Dragon.

두 번째 별자리를 용(龍)자리로 정한 것은 다음과 같은 이유가 있다. 첫째, 약 4~5천 년 전에는 북극점이 용자리에 있었고, 두 번째는 용이라는 명칭이 주는 상징성을 고려하였기 때문이다. 더욱 중요한 사실은 'dra', 따라서 '돌, 달'의 어원을 탐구하는 데 적격이라는 점이다.

동서양을 막론하고 용의 실체에 대해서는 아직도 그 정체가 오리무중이다. 그리고 상징성에서는 극과 극으로 갈린다. 우선 그 이름부터도 다양하다. 위와 같은 'Dra' 형 외에 뱀을 의미하는 Anguis, Coluber, Python, Serpens 등이 있다. 모두 천정을 둘러싸 감은 모습에서 유래한다. 그러면 용도 뱀이라고 보면 되겠다. 그러나 그렇게 간단하지 않다. 바다 괴물로도 묘사된다. 또한 로마의 전쟁의 여신인 Minerva하고도 연결된다. 이 여신이 거인들(벼락, 천둥, 번개)에 붙은 뱀을 낚아채어 하늘에 올려놓았다는 신화로, 'Sidus Minerva et Bacchi'라고 한다. Sidus는 별의 라틴어이다. 이번에는 '씨+땅', 즉 땅의 씨가 별이 된다. 여기서 흥미로운 점이 Bacchi이다. '뵈+키'로, 그러면 돌아가는 **바퀴**가 된다. 글쓴이가 보기에도 기가 막힌 우리말과의 일치성이다. 이 바키는 수메르의 길가메시 전설에도 등장한다. **Minerva는 '뫼나알뵈'의 4중 구조이다. 물과 관련된다면 앞의 Mi는 물(Mir), Ner는 나루, Va는 배(ship)이다. 그러면 '물-나루-배'로, (태풍이나 폭풍에 의한) 물의 소용돌이를 이겨내는 상징물이 된다. 신화적 배경과 이어진다.**

용(龍)은 룡으로 liwong(古代), long(廣東語), ryong(우리나라)이다. 따라서 아리옹으로 볼 수 있으며 결국 '아리, 아르'로 강물이다. **우리나라에서 용은 그냥 '물'의 뜻으로 통한다.** '아리랑'은 구불구불한 길(**아리랑 고개**)이나 강의 모습을 표현하는데, 이에 걸맞다. **하지만 단순한 물이 아니라 천둥 번개를 동반하면서 세차게 내리는 비가 상징성에서 들어맞는다. 물이나 바다는 '거북'으로 상징**되어야 할 것이다. 별자리를 보면 꼬리에 해당하는 두 개의 별(알파와 카파)은 좀 희미하여 그리 주목받지 못하나 나머지 별들은 구부러진 형세가 뚜렷하다. 더욱이 머리 모양도 그려진다. 뱀 모양이 가장 알맞다고 본다. 페르시아인들은 사람 먹는 뱀으로 삼는다. 그리고 인도에서는 악어(Alligator)로 본다. 모두 타당한 인식이다. 도룡뇽(룡)을 보자. 앞은 도랑(dra), 뒤는 용이 되어 동시에 만족하는 단어가 된다. 급류의 뜻인 torrent가 이에 상응한다. 물론 우연일 것 같다. 도롱이는 짚 따위로 만든 일종의 비옷이다. 두루기인데 가운데 앙(ng)이 붙은 꼴이다. 빙 둘러 있어 이러한 이름이 붙었다. 둘레도 어원이 같다. 따라서 동양이나 서양이나 물줄기의 모양에서 유래되었다고 본다. 한편 계곡의 강물에서 피어나는 안개도 이러한 용의 형상을 상상하는 데 한몫했으리라고 본다. 신화적인 용의 모습은 미국에서 다반사로 일어나는 회오리바람인 토네이도(tornado, '토르나도' 하면 되는데 영어식 발음으로 하자니 발음과 철자가 어긋나 버리는 혼란이 초래된다)가 가장 가깝다고 본다. tornado 역시 돌다와 어원이 같다. 우리나라 말 '달아나다'를 연상하라. 또한 turn도 한줄기로 결국 tor, dor, dra이다. 바빌로니아에서는 북극점 근처에 있는 별(들)을 용의 꼬리에 붙어 기어 다니는 달팽이(Snail)로 보았다. 아주 그럴듯하다.

북두칠성을 논할 때 이집트에서는 이 북극 별들을 하마(Hippopotamus)로 삼는다고 하였다. 나일악어인 Crocodile로도 묘사된다. 덴데라 혹은 테베의 람세스(Ramesse) 무덤 벽 등에 그려진 장방형 천체도에 그려져 있다. 이를 Hes-mut로 보는 견해가 있는데 사나운 어머니(猛母)라는 의미로 해석한다. 여기서 Hes-mut는 '히(씨)-뫼따'로 '해-어머니'이다. mut는 mutor, mathor 등으로 보며 어머니(mother)와 일치한다. 아니면 mut는 mur이고 따라서 성모(聖母)인 mari와 이어진다. 여기서 해 혹은 해씨를 밝고 성스러운 것으로 보는 것이 아니라 불타듯이 타오르는 성남(화)으로 본 듯하다. 나일강의 마름 때의 뜨거움을 상징하고 있다. Draco는 아시리아에서 3번째 신으로 받드는 'Hea, Hoa'라고 주장하는 사람도 있다. Hea는 다른 이름으로 Kim-mut라고도 한다. 여기서 Kim은 곰, 감과 일치하며 따라서 Kim-mut는 성모(聖母)라고 본다. 그러면 Hea, Hoa는 '해'로 여성 신을 지칭하는 심리적 매개체이다. 결국 성모(聖母)로 보는 것이 타당할 것이다. 동양의 서왕모(西王母) 설정과 어딘가 고리가 있는 것 같아 흥미롭다. 사제적인 성직자나 정치적 집단의 서열로 보면 Hippopotamus는 하늘(신)을 가리킨다. 이와 반면에 별자리 적 측면에서는 Isis Hathor(Athor, Athyr)로 이집트의 베누스(Venus)로 본다. 이집트의 천체도를 보면 새인 매의 머리 형상을 한 신 Horus가 작살을 들고 황소(북두칠성)를 찌르는 모습이 그려져 있다. Horus는 해신이다. 그런데 이집트는 한때 Draco를 **Tanem**으로 부르기도 하였다. 히브리인의 **Tannim**, 아라비아의 **Tannin**과 비슷한데 아마도 이로부터 영향을 받은 것 같대[1]. Tanem, Tannim, Tannin 등은 '따+나+뫼' 형태로 '땅님'으로 혹은 '따님'으로 해석될 수 있겠다. **Draco**는 사실 '딸키'이다. '따님'과 같다. 여성으로 등장하는 **Tiamat**와 그 상징성이 같다. 모두 여자 '무당'을 가리키고 있다.

Draco와 음운학적으로 관련되는 인물이 있다. 바로 드라큘라(Dracula)이다. 드라큘라 전설은 심리학, 사회학, 정치학적으로 연결된다. 15세기 중반 루마니아 지역에 근거를 두었던 '왈라키아(Wallakia)' 왕국의 실제 통치자인 '블라드 체페

슈'가 실존 인물이다. 보통 'Vlad III Dracula'라 한다. 그 아버지는 'Vlad II Dracul'이다. 이 왕족이 용의 깃발을 군기(軍旗)로 삼았던바 Dracul은 Draco와 같이 용을 가리킨다. 이 블라드 3세가 잔학하기로 유명하여 악명이 높아 'Dracul'이 악의 상징으로 대변되어 버린다.

일본어에서는 그냥 한자말 용(龍, 료우)으로도 부르지만 타쯔(tatsu)라고도 한다. 이미 설명했었지만 일본어에서 tsu는 우리의 'ㄹ' 즉 알에 대응된다. 이른바 'ut ↔ r'의 관계이다. 그러면 '탈(tar, dar)'이 되면서 dra와 연결된다. 동사로는 일어서다의 뜻이다. 용솟음친다는 모습과 맥락이 통한다. 우리나라 말에 '물건을 달다'의 '달'과도 이어진다.

동양에서는 북극성 주변을 자미원(紫微垣)으로 부른다. 이른바 하늘 궁을 말한다. 북극점을 중심으로 둥글게 둘러싼 별들을 이은 것으로 왼쪽 담과 오른쪽 담으로 나누어져 있다. 그림 1.5를 보기 바란다. 왼쪽 담은 용자리의 일부와 케페우스 일부로 이루어져 있다. 그러나 오른쪽 담은 모두 희미한 별들로, 솔직히 작위적인 설정이다. 동양 별자리가 거의 그렇다. 우선 자미원이라는 명칭이 의아스럽다. 하늘신인 옥황상제가 사는 궁궐 담을 말한다. 그런데 왜 紫와 微일까? 보라색이 황제를 뜻하는 색이라고 보는 것이 일반적이라고 생각한다. 하지만 글쓴이는 **한자가 아니라 우리말**이라고 본다. '자미'는 '다미'이며 이는 곧 '담'이고 울타리와 같다. 궁을 둘러싼 울타리라고 보면 적격이다. 한편 그대로 새기면 '잠'이다. 편안히 잠을 자는 곳이라고 본다. 쉼터라는 의미이다. 그 바깥에 **태미원이 있는데 역시 '담'**이다. 이 담은 외성을 이룬다. 진시황의 무덤을 아방궁이라고 부른다. 글쓴이는 아방은 우리말 '아방', 아버지로 해석한다.

용자리의 으뜸별을 투반(Thuban)이라고 부른다. 여러 번 등장하였다. 그런데 이 별은 등급이 3.6으로 그리 밝은 별이 아니다. 오히려 용의 머리에 해당하는 베타, 감마별이 더 밝은 별들이다. 이 별이 으뜸별로 부여된 것은 5000년 전에 북극성이었기 때문이다. 주목받지 않을 수 없는 별이다. 그리고 Thuban은 아라비아어에서 왔다고 하지만 역시 의심스럽다. 이와 함께 Al Tinnin과 합쳐 용자리 전체를 가리킨다. 페르시아어로는 Azhdeha이다. Thuban을 용의 꼬리로 해석하는 경우가 있다. 아마도 용의 모양이 형성되고 난 후 그 위치상 꼬리에 해당하여 그렇게 보는 관점일 것이다. 잘못되었다고 본다. 앞에서 용의 뜻을 가지는 이름 중 Python

이 있었는데 Thuban과는 앞뒤가 뒤집어진 꼴이다. Python은 **바당**이다.

**Thuban**은 **따뵈나**로 **Tuban**이며 그리스어 **Typhon**과 같다. 여기서, **Thuban**의 **Thu**를 **Tor**(돌다)로 보고 **Torban**으로 새기면 모든 것이 명확해진다. 힘차게 '돌고 도는 분'이 되기 때문이다. 실제로 **Typhon**은 그리스에서 **Tiamat**와 대응되는 폭풍의 신이다. 이미 제기한 바가 있지만, **Tiamat** 역시 **Tia**를 **Tor**로 새기면 결국 도는 물을 뜻하는 **Tormar**가 되어 멋지게 대응된다. 이러한 엮음(물, 용, 바람)은 이미 앞에서 다룬 특별 주제 **8**, 보기를 들면 그림 **4.13**, 그림 **4.14**는 물론 뱀자리와 제단자리에서 다양하게 나온다.

이 별을 Sayce는 점성학적(astrology), 천문학적(astronomy)으로 분류한다. 아카드의 유명한 사르곤(Sargon) 왕이 기둥(pole)으로 정하며 Tir-an-na라고 칭한다. 하늘의 생명이라는 뜻이라고 한다. 이른바 두리천(道率天)이다. 'Sargon'의 머리말에서 앞에서 논했던 Sar를 주목하기 바란다. 거꾸로 하면 큰살, 즉 카이사르와 같다! 여기서 anna를 하늘로 해석하는데 이 단어 역시 이미 다루었다. '한, 하늘'이다. tir는 tor와 같다. 숱하게 나왔지만 이 말이 이번에는 생명을 의미한다. tora는 일본어로 범을 뜻한다. 이렇게 '따알'은 가장 엄하고, 중심이며 최고라는 의미로 인간을 포함한 모든 자연물에 적용된다. '딸' 자체가 생명을 잉태하는 자궁이지 않은가? 그렇다면 하늘 생명이 아니라 **'하늘 딸'이 더 정확한 해석**이라고 감히 주장한다. 아울러 Dayan Same(하늘 재판관), Dayan Sidi(선한 재판관)으로도 부른다. 이 말은 Caga Gilgati 신을 표현하는 것이라고 하며 이 단어가 무슨 의미인지 모른다고 하였다[1]. 먼저 Dayan을 보자. 이 단어는 Dan과 일치한다. Tangor이다. 따라서 Dayan은 무당이며 결정권을 가진 자이므로 재판관이 된다. Same는 '씨뫼'로 보며 결국 삼, 사마와 같다. 신(神)의 의미로 하늘과 통한다. 여러 번 나왔지만 이 Sam, Sama가 사마니즘의 뿌리말이며 일본어의 존칭인 San(g), Sama와 같다. Sidi 역시 '씨'를 뿌리말로 한다. 씨타이며 씨또르와 같다. 이는 'star, astar'와 이어진다. 모두 의미가 통한다. Caga Gilgati는 '키치 클크치'로 크치가 반복되면서 최고의 지배자인 하늘왕을 뜻한다. 한자로 하면 태대왕(太大王)이다. 이렇게 겹치기 높임말을 쓰는 경우가 많다. 고구려의 최고 권력자였던 연개소문의 관직이 이런 형태를 가진다.

　베타별은 3등성으로 Rastaban, Rastaben으로 불린다. Al Ras al Thuban에서 나왔는데 용의 머리를 뜻한다. Raso tabbani라고도 한다. '알씨+따배나'이다. 합치면 Astana가 된다. 여기서 'sta'가 실제적으로는 단음절의 뿌리말이 아니라 '씨+따'임을 알 수 있다. 아랍어에서는 또한 어미 낙타, 춤꾼 혹은 뛰는 낙타 등으로도 불렀는데 그 용어들이 혼란스럽다. 중세 시대에 Asuia라고 불렀고 Asvia로도 표기되었다. 모두 아씨 혹은 아씨배로 생명의 원천을 뜻하여 걸맞은 이름이라 하겠다.

　감마별은 광도가 2.4로 가장 밝다. 역시 용의 머리에 해당한다. 그 이름이 Eltanin, Ettanin, Etannin, Etanim, Etamin 등이다. 모두 '땅'과 연결된다. Al Ras al Tinnin에서 왔다고 판단된다. 모두 앞에서 나왔던 '따님'과 동일하다. 이 밝은 별이 고대 이집트에서 북두칠성의 알파별처럼 북극점을 중심으로 도는 기준으로 삼은 중요한 별이다. 따라서 신으로 추앙되는데 Isis, 혹은 Taurt Isis이다. Isis는 큰개자리 시리우스에 부여된 적도 있다. 따라서 하마(Hippopotamus)의 머리에 해당한다. 이 별이 B.C. 3500년경에 Dendera의 Hathor 신전이나 테베의 Mut 신전이 이 별이 떠오르는 순간을 포착할 수 있도록 설계되었다고 한다. 반대편 구멍 통로로는 같은 날 남쪽의 Canopus에 맞추어져 있는 것으로 보고 있다. Canopus는 우리나라에서는 보이지 않는 두 번째로 밝은 별이다. 그림 4.1을 보기 바란다. 몇 세기를 거치면서 세차 운동에 따른 북극점 별들의 회전 운행의 변화는 시대에 따라 신전을 새롭게 설계하는 작동으로 연결된다. 그리고 Apet, Bast, Mut, Sekhet, Taurt 등은 모두 동일한 나일강 **여신**의 이름들인데 감마별로 상징되었다. 그만큼 감마별의 밝음이 중요한 것이다. **얼마나 일리가 있는가? 우선 밝음이 최고로, 눈에 띄면서 관심 대상이 될 수밖에 없다.** 누차 언급하지만 이러한 별의 밝기와는 무관하게 설정된 동양 별자리는 천문학적으로는 큰 의미가 없다. Apet와 Bast는 같은 단어라고 본다. 왜냐하면 Apet의 A는 의미가 없으며 그럼 pet이며 배따와 같기 때문이다. Bast는 배씨타로 보이나 s를 군더더기로 보아도 되겠다. Mut는 뫼따로 보이나 ut를 알로 보면 무르, 미루 등으로 마루가 된다. 의미가 통한다. 앞과는 전혀 다른 용어로 다른 민족의 영향을 받았다고 본다. Sekhet는 다른 조합의 단어이다. '씨+키+히+따'인데 역사적 배경이 있다고 본다. 참고로 이집트어에서 꼬리말 et는 여성을 나타낸다. 씨키, 즉 세크인데 이른바 스키족으로 스키타이 하면 이해가 갈 것이다. 말을 잘 타고 활을 잘 쏘는 기마 민족으로 이집트는 물론 유럽을 유린했었다. 별자리 Sagittarius도 이 울타리에 속한다. 그런데 북두칠성에서 다루었던 **Meskhetiu를 여기서 다시 만난다. 왜냐하면 Me를 빼면 Skhetiu, 결국 Sekhet와 같기 때문이다.** 마지막으로 Taurt는 '따알'이다. 꼬리말 t는 군더더기로 본다. Tau, Taur는 큰 동물을 가리키며 황소에도 이 명칭이 부여된다. 황소자리를 Taurus라고 부르는 것이 한 보기이다. 모두 Thor, Tar와 같다. 따라서 이 명칭은 훗날 그리스 영향을 받았던 시기라고 판단된다.

마지막으로 용, 특히 한자 龍과 관련된 흥미로운 주제를 하나 선보이겠다. 그것은 강 이름에 관한 것이다. **Amur** 강이다. 현재 중국의 만주 지방과 러시아와의 국경을 이루는 강이다. 물론 Mur는 물(Mul, Water)이며 Mer와 같다. 그리고 한자로는 흑룡강(黑龍江)이라고 표기된다. 뜻으로 새기면 검물이다. 용은 우리식으로 하자면 '물(Water)'이다. 몽골 말로는 물은 'muren, mörön' 등으로 부른다. 우리와 같은데 다만, 물에 응(n)이 붙은 형태이다. 그런데 한자로는 'Yushui, Wanshui, Heishui' 등으로 불렀다. 여기서 Shui는 수(水)의 중국식 발음이다. 중요한 점은 흑룡의 龍이 물이라는 뜻으로 새겨졌다는 점이다. 이는 중국말이 아니다. 흑(黑)은 중국어로 'Hei'로 소리 난다. Heishiu는 흑수(黑水)의 중국말에 해당한다. 이도 저도 아닌 흑룡이 'Heilong'으로 발음이 되면서 강 이름으로 고착되어 버렸다. 그러면 왜 검다는 黑이 들어갈까? Amur는 Gamur로 새길 수 있는데 아마도 처음에는 Gamur였을 것이다. 감물인 셈이다. 여기서 감은 검다는 의미보다 '곰'이면서 신(Kama, Gods)의 뜻으로 새기는 것이 옳다고 본다. 크면서 신의 물인 셈이다. 강물이 커서 숭배의 대상이 된 것이다. 따라서 '검'은 '큰(大)'과 같은 뜻이다. 이 해석을 뒷받침하는 것이 Amar는 몽골어에서 왔는데 원래는 Khar moron으로 검은 물(강)이라고 한다는 설명이다[27]. Khar는 Kam과 같다. 그러나 검다는 뜻보다 크다는 의미로 받아들여야 한다고 본다. 강물의 색깔이 검다면 단순히 검은 물이라 해석할 수 있지만 그렇지 않다면 신의 물로 새김하는 것이 타당하기 때문이다. 만주어로는 'Sahaliyan Ula'라고 부른다. Sahal은 Shar, Sar와 같다. Kama와 Sama는 같은 말로 k와 s 소리가 서로 교환되는 것에서 유래한다. 따라서 Sahaliyan은 Khar이고 결국 검(Kam)과 같다는 결론이 나온다. 사할린이 여기에서 나왔다. 그런데 黑龍을 중국식으로 소리 내어 Heilong이라고 부르면서 이제 원래의 뜻은 완전히 사라진 셈이다. 우리식으로는 흑룡이다. 그러면 검은 용으로 둔갑이 된다. 말들이 이렇게 고약하게 진화하는 것이 인류 역사의 속성이다. 본래 얼굴은 더 이상 찾아볼 수도 찾아보지도 않는 것이다. 신의 물로 정화하여 '머리를 감다', '몸을 감다'라는 말이 탄생하였다고 본다. 이제 그림 1.13을 보기 바란다. Amur 강의 이름이 새겨져 있음을 알게 될 것이다.

## 특별 주제 15 드루이드와 드라비다(Druid and Dravida)

### 드루이드(Druid)

드루이드는 라틴어 druis, 웨일스어 **derwydd**, 고대 아일랜드어 durui, 그리고 스코틀랜드 게일어 draoidh 등으로 불린다. 고대 켈트족의 전문직 계급으로 사제, 성직자, 법조, 심판관, 정치자문관, 의료인, 신화전도사 등을 가리키는 말이다. 한마디로 '무당'이다. 말과 글이 있었지만 오직 입소문, 구전(口傳)으로만 전달하는 고대 신화적 사제들의 문화를 보게 된다. 우리의 굿에서 **무당들의 전승(傳承)과 같다.** 나중에 기독교 세력으로부터 신화적인 마법사 형태로 묘사된다. tor, tur, thor, duru는 true, tree 등의 기원이다.

이 자리에서 영국에 산재하는 드루이드족과 관련된 민족성과 이름 그리고 풍습에 대하여 우리나라 말과 비교해보며 그 관련성을 찾도록 하겠다. 음식을 '드리다', 발을 '드리우다' 등의 표현에서 신화적 종교의식 행위에 대한 '두리'의 쓰임을 알 수 있다.

눈에 띄는 것이 이러한 사제들의 복장인데 그 색이 **흰색**이다. 우리의 흰색 전통, 백의민족 개념과 동일하다.

우선 켈트 문화의 기원을 살펴보기로 한다. 웨일스 말은 영국에 고대 영어가 정착하기보다 1500여 년 전에 사용되었던 것으로 파악되고 있다. 켈트어(Celtic)는 청동기 시대인 서기전 1200에서 800년경부터 시작되었다고 본다. 그리고 Celt는 그리스어 Keltoi에서 나온 말로 '야만인'이라는 뜻이다. 언어학적으로는 '클땅'이다. 물론 스스로 클족이라고 부르지는 않았다고 본다. 중국이 동방에 있는 사람을 클족(大人)으로 부른 것과 비슷하다. 이 켈트, 즉 클족은 흑해에서 대서양 연안까지 누비고 다녔던 것으로 알려진다. 로마에 의해 서기전 200년경부터 토벌되면서 세력이 약화한다. 서기 5세기경 앵글로색슨족에 의한 영국 땅의 지배, 뒤이어 바이킹, 그리고 노르만족에 의한 침략을 받으면서 켈트족의 역사와 문화는 표면상 사라지고 만다. 하지만 어떠한 기록을 남기지 않았음에도 현재까지 그 전통의 문화는 소리 없이 이어져 오고 있다. 주목되는 점이 켈트족의 성향이다. 자유로운 사고를 했으며 저항 정신과 낭만적인 기질을 타고 있다. 그리고 자연 숭배와 함께 독립적인 민족성 등을 갖추고 있는데 마치 우리 민족을 묘사하는 것처럼 보인다. 더욱 흥미로운 점은 신성시하는 우물, 높은 곳에 세우는 성벽 등에서 또한 문화적, 심리적으로 우리와 함께한다. 따라서 켈트족의 말(게일어)에 우리와 같은 말뿌리들이 다수 숨어 있을 것으로 생각된다. 웨일스의 Wales는 앵글로색슨어의 wealas에서 왔는데 외국인을 뜻한다고 한다. wael을 단순히 '알'로 보면 알족이 되고 w를 v로 보면 '부루'족이 된다. '부루'로 보면 '불(fire)'을 가리키는 것으로 해석하고 싶다.

한편 웨일스어를 보면 말뿌리가 크게 두 가지임을 알 수 있다. 'dru, dor'와 'wyd'이다. 여러 번 나오지만 여기에서 **w는 v로 본다.** 그러면 'wyd'는 'vyd'로, '뵈따'이다. 사실상 중세 웨일스어(Middle Welsh)는 'dryw'이었다. 여기서 w, 즉 **v는 '보다'의 뿌리말 '보'와 같다.** 그러면 '두루 보다'로 해석될 수 있다. 물론 두루 보다는 '널리, 넓게 본다'라는 뜻이다. 재미있는 것은 **'dryw'를 천리안을 지닌 사람(seer, wren)**으로 해석한다는 점이다. 더 나아가 켈트어로는 'dru-wid-s'라 하여 'Oak-Knower'라고 해석한다[27]. 여기서 weid를 원시-인도-유럽어족 (Proto-Indo-European), 뿌리말로 보아 'to see'로 해석하여 'oak-knower' 혹은 'oak-seer'라고 설명한다. **결국 '보다'의 우리말 해석과 정확히 들어맞는다.** 볼 수 있는, 그것도 두루두루 볼 수 있는 능력을 가졌으니 천리안을 지닌 예언자가 되는 것이다. 무당의 가장 중요한 역할이다. 그리고 wren은 **'vren'**으로 **'부른'**과 같다. 모두 '예언자' 혹은 불러서 알아보는 사람을 상징하는데 그대로 **무당**이다. deru는 그리스어 drys (δρυζ)로 보아 참나무(oak tree)로 해석한다. 글쓴이가 보기에 해석이 궁색하다. 아사달 편에서 달의 상징으로 또한 높은 나무, 보기를 들면 **박달**(자작나무, **white birch**)과 **버들**(버드나무, **willow**)을 소개한 바가 있다.

참나무 역시 박달과 같다. 버들을 뒤집으면 들비가 되고 **derw(derv)**와 소리마저 일치한다. 나무의 tree 역시 '달, 또르'와 음운학적으로 통한다. 따라서 Dor 혹은 Dorv는 닭인 Darg, Tark와 같이 성스러운 제단에 사용되는 제의적인 일반 말이라고 할 수 있다. 더 흥미로운 점은 **박달인 자작나무의 birch**이다. 비르크인데 볼기인 밝과 같다. 박달과 그대로 이어진다. bird는 '비르드'인데 어떻게 보면 '부르다'와 같다. 새의 울음소리를 노래로 보면 되겠다.

그러면 **Derwyd, 다시 말해 Dorvyd는 어떻게 해석할 수 있을까?** 바로 '돌보다'이다. Dorv는 돌보다의 뿌리말이다. 여기에서 우리의 동사 꼬리말인 da의 흔적을 볼 수 있다. '돌'은 바위도 되고 나무도 되며 높은 '들'도 된다. 비로소 우리말 '돌보다'의 진정한 뜻이 파악되었다. 켈트족은 성스러운 돌을 참나무로, 만주나 우리는 박달(자작나무)이나 버들로 삼는 것이다. 나무의 숭배에서 우리와 맥을 같이한다.

드루이드 전통에서 특히 **참나무(oak)** 숭배는 절대적이다. 이 나무가 있는 영역은 켈트족으로서는 성스러운 장소이고 그 이름이 라틴어의 'Nemus'와 비슷한 것으로 알려진다. '숲' 또는 '수풀의 공터'인 'Nemi'로 남아 있기 때문이다. 물론 참나무뿐만 아니라 그 지역에 자라는 커다란 나무들도 숭배의 대상이었다. 바늘잎 나무인 전나무도 이에 해당한다. 여기서 **우리말 '나무(Namu)'와 바로 마주친다.** 글쓴이로서는 무척 반가운 일이다. Name가 되면 영어로 '이름'이 된다. 그만큼 숭배 대상의 나무를 가리키는 말이 성스러워 보통 명사화된 것이다. 일본어로 이름을 나마에(Namae, なまえ)라고 한다. 그런데 한자로는 '名前'이라 표기한다. 일본어로 앞인 前을 마에(Mae)라 한다. 사실 뫼(Me)는 봉우리 형태인 뾰족한 산이다. 왜 '앞'이라 하는지 연구 대상이다.

이러한 나무의 숭배는 멀리 원시 사회이면서 성모 시대로 거슬러 올라간다. 신화적으로 여성이 저승 세계에서 살아 돌아올 때 뒤돌아보면 안 된다는 계시가 반드시 뒤따른다. 그러나 숙명적으로 뒤돌아본다. 그리고 나무로 변한다. 아니면 커다란 돌바위로 변하기도 한다. 여기서 뒤돌아본다는 것은 죽음을 상징한다. 다시 말해 영원을 상징하는 '꿈'에서 깨어나는 것이다. 계시가 있다 하더라도 뒤돌아본다는 것은 숙명적으로 인간은 죽을 운명이라는 것을 암시하고 있다. 그리고 죽음에 따른 새 생명의 탄생을 상징한다. 원시 사회에 있어 식물은 동물의 죽음을 먹고산다는 믿음이 있었다. 그리고 나무는 새 생명이면서 죽음과 삶을 이어주는 영원한 우주 사다리 역할을 한다. 소원 성취를 비는 성스러운 제단의 상징인 셈이다.

우리말 '남'은 나를 제외한 상대를 가리킨다. "남 앞에서 으스대지 말라"는 가르침이 있다. 철학적으로 '남'은 나 아닌 모든 것을 상징한다. 불교에서 나무(Namas)는 '돌아가 의지한다'라는 의미이다. '나무-아미타-불'은 부처 앞에서 읊조리는 절대적인 믿음의 소리이다. 모두 성스러운 나무를 앞에 두고 경배하는 의식이라 할 수 있다. 참나무를 천둥의 신으로도 보았다. 천둥, 번개, 벼락은 공포의 대상이기 때문이다. 고대 이집트 행정 구역 이름이 Nome였다. 나뫼를 뒤집으면 뫼나(Mena)가 되며 역시 성스러운 말(言)이 된다.

그림 5.15   당나무. 보통 당집인 '당굿(곳), Dan-giut'과 함께한다.

우리나라에서도 1960~70년대까지만 해도 당곳(Dan-God, Tan-Kiut)이 숱하게 있었는데 모두 큰 나무 혹은 바위가 자리한 곳이었다(그림 5.15). 곳은 보통 굿으로 소리한다. 조직적인 집단인 굿당과는 달리 마을마다 여성 사제(주로 할머니)가 있었는데 집안의 안녕과 병치레를 위한 위무(慰撫)가 주 임무였다. 아울러 억울하게 죽은 사람의 영혼을 달래는 역할도 하였다. 나무에 영혼이 들어 있다고 여겼기 때문이다. 이때 나무 앞에 놓인 돌 제단에는 돼지고기, 술 등이 놓이게 된다. 특히 어린애가 놀랐을 때 그 넋을 달래주는 역할도 하였다. 이때 어루만져 달래줄 때 입으로 머리에 물을 뿌려주는 행위가 있다. 지은이가 우연한 기회에 멕시코의 마야 유적에 대한 TV를 보다가 이 지역 원주민 사제(할머니)가 프로그램 진행자에게 똑같은 행위를 하는 것을 보고 놀란 적이 있다. 물뿌리기는 이른바 씻김 행위로 정화(淨化) 제의라고 본다. 돌잔치에서 '돌'은 그전에는 '돐'로 표기했다. 이 돐 역시 '돌다'이며 dori와 같다. 묘하게도 영어의 꼬리말 s와 '씨'가 상관된다. 무당이 죽은 이를 대신하여 하는 말을 '넋두리'라고 한다. 여기에서도 '두리'를 만난다. 그리고 넋은 '나기씨'이다. 얼과 대비된다. 하나는 '씨나기'이고 다른 한쪽은 씨를 품은 '알'이다. 통합하면 알씨, 아씨가 된다. '얼씨구'라는 외침이 바로 이것이다. 정신적 문화유산(heritage)이다. heritage를 보면 '해알+타키'이다. 해와 알과 땅 삼박자에 키가 붙은 완벽한 조화로움이다.

그러나 뭐니 뭐니 해도 **돌**(石, stone, dor, dol) 문화와 관계된 정신적, 심리적인 유대이다. 더욱이 한자 石은 제의에 사용되는 용기(마치 ㅂ과 같은) 모양이다. 앞에서 나왔었다. 쌀을 담은 그릇으로 보면 이해하기가 쉽다고 하였다. 이 그릇이 바위 앞에 놓인 형상이다. 또한 바위를 뜻하는 암(岩) 역시 산의 커다란 바위 앞에 제의 용기를 놓은 형태이다. 모두 비는 행위인 제의와 깊게 관련된다. 커다란 돌, 바위(곧 뵈)가 숭상되는 대상인 것이다. 즉 돌에 신성(神聖)을 부여한 셈이다. 영국의 스톤헨지(Stonehenge)도 이 울타리에 속한다. 켈트족의 신화에서 거인들이 자주 등장한다. 그 종류도 많다. 그중에서 돌을 다루는 족속으로 묘사된다. 굳이 석기시대를 상징한다고 보는 것보다 돌을 숭상하는 민족의 습성을 그린 것으로 해석하고 싶다. 실제로 돌에 소용돌이무늬가 새겨진 유적이 존재한다. 우리도 최근까지도 큰 바위나 돌로 만든 남근 숭배 문화의 잔재가 곳곳에 남아 있었고 지금도 존재한다. 오죽하면 큰 돌을 '배' 즉 '바위'라고 불렀겠는가? 생명을 낳는 저장소로 보았기 때문이다. 삼국유사를 보면 갑자기 바다에서 '바위'가 출현하는 장면이 나온다. 바위가 아니라 바다 위를 떠다니는 '배'를 가리킨다. 한자 '岩'을 소리로 새기지 않고 뜻으로 새긴 결과이다. 이 **드루이드족이 남긴 말이 기록으로 남아 있다면 우리가 해석할 수 있다고 믿는다. 더욱이 드루이드가 아니라 '드루비드'가 원래 이름이기 때문에 인도의 드라비다족과 그대로 연결된다.**

## 드라비다(Dravida)

드라비다족의 말과 우리말의 유사성에 대해서는 익히 알려져 있다. 드라비다 말 (dravidian languages)은 현재 전 세계적으로 **약 2억 5천만** 명 정도 사용되고 있는데, 주로 인도 남부와 스리랑카 지역이다. 그림 **1.13**을 보기 바란다. 그 종류만 해도 수십 가지가 넘는다. 그중 Telugu(8천3백만), Tamil(7천5백만), Kannada(4천4백만), Malayalam(3천7백만)이 가장 세력이 크며 또한 공식적인 언어이기도 하다[27]. 말의 구조는 우리와 같은 교착어이며 '주어-목적어-동사'의 순서를 따른다. 주격(이, 가, 는), 소유격(의), 목적격(을, 를) 등에서 각기 사용되는 소리값은 우리와는 다르다. 아울러 동사의 변화 역시 차이가 있다. 우리의 경우 동사를 가리키는 '다'는 변하지 않고 말뿌리에서 변한다. 보기를 들면 '가다'에서 '간다', '갔다' 등으로 되는데 이는 동사 자체에서 뿌리말을 '가'로 보기 때문이다. 그러나 드라비다 말에서는 '가다'의 변화는 '가단(gada-n)', '가다쓰(gada-ss)' 등으로 꼬리말이 변한다. 문법 체계에서는 우리말보다 오히려 일본말과 약간 비슷한 점이 있는 것 같다.

우선 Tamil, Telugu, Kannada, Malayalam 등의 이름을 분석해보자. Tamil은 Tamir이다. 그러면 따뫼알이다. 타무라(탐라)이다. 그러면 큰물이면서 담물이다. 담물인 다물은 둔마을인 타무라(탐라, 담로)와 뜻이 같다. 그냥 땅 마을로 보면 가장 편하다. Telugu는 '다르키, 다루카'로 '닭'과 같다. 높은 지대를 가리킨다고 본다. Kannada는 '큰-나탕'으로 한마디로 '큰땅'이다. 넓은 지역이다. Canada 역시 이 뜻이다. Malayalam은 약간 혼동스럽다. 우선 Malaya는 마루와 같다. 물나로 보면 강가가 된다. 가운데 al을 제거하면 'Malaym'가 되는데 '물뫼'로 보고 싶다. 높은 지대의 물가로 계곡으로 보면 되겠다. 결국 네 개의 이름은 특정의 지역과 그 구역을 가리키는 말임을 알 수 있다.

흥미로운 점 하나 소개하겠다. 그것은 '나(I)'와 관계되는 말들이다. 초기 드라비다 말로는 'yan'이라고 보고 있다. 현재의 Tamil(보통 '타미르'라고 부르는데 '타밀'이라고 불러야 한다) 말로는 yan 혹은 naŋ('낭), Malayalam으로는 en, naŋ, Kannada는 nanu, 그 외에서 na(nu, nan) 등이 많이 나온다. 흥미로운 사실은 '**안(an)**'과 '**나(na)**'가 서로 **교차한다는 점**이다. 소위 앞과 뒤가 바뀌는 현상이다. 여기서 주목되는 것이 나(na)이다. 우리와 같다. 그런데 나가 아닌 상대방을 우리는

'남(nam)'이라고 부른다. 이 nam이 드라비다 말로는 우리(we)에 해당한다. 그리고 나를 제외한 우리를 얌(yam)이라고 한다. 우리말의 '너(you)'는 닌(nin), 너는 넌과 같다. 그리고 너희들은 님(nim)이라 한다. 중요한 점은 **꼬리말 'm, ㅁ'이 복수형으로 작용**한다는 사실에 있다. 우리의 경우 존경형으로 작용하거나 명사형으로 활용한다. 그리고 나와 너에서처럼 nam과 nim에서도 아와 어(이)의 미묘한 차이에서 상대적으로 갈라진다는 사실을 알 수 있다. 그리고 삼인칭 대상 자체(himself)를 탄(tan)이라 부른다. '다르다'의 '딴'과 소리값이 같다. 그러면 '**딴** 사람'이다.

여기에서도 말이 서로 뒤집어지는 변화와 진화를 보게 된다. 그러면 '나(na)'가 먼저일까? 아니면 '얀(yan)'이 먼저일까? 태어날 때 '우앙'을 생각해 보면 'yan'이 먼저일 것 같다. '나다'라는 말은 추상적인 말이기 때문이다. **nay**는 또한 '나이'와 소리가 같다. 그런데 'yanu, yenu, nanu, nani, nenu' 등도 보인다. '나'와 '너'를 합치면 '나누다'가 된다. 추상적이며 깊은 철학이 담겨 있다. **an, na, nin, nim** 등이 다채롭게 나오는 것을 보면 **Sumer**에서 신의 이름으로 나오는 **In-An-Na, Nan-Na, Nin, Nammu** 등과 연결되는 것 같다. 우리말에서는 '님, 언니, 누나, 누이, 마님' 등이 이에 해당한다. 모두 여성을 가리킨다. 부권보다 성모(聖母) 시대가 우선했음을 상징한다고 하겠다.

더욱 흥미로운 점은 '나'와 'I', '우리'와 'We'의 관계이다. 나와 우리는 같은 편을 가리키는 단수와 복수형이다. 그럼에도 불구하고 이름은 전혀 다르다. 더 혼란스러운 것은 '나'와 '너'이다. 소리로는 같은 말이기 때문이다. 영어는 한술 더 떠서 I-My-Me, We-Our-Us 등으로 변하여 혼란스럽다.

이제 분석해보기로 한다. 우선 앞에서 나온 yam과 nim을 보자. y(아이, Ai) 대 n(니)가 대응된다. 그러면 I는 Ai이고, 따라서 y로 볼 수 있다. 'Y 대 N'에서 'You 대 너'로 대응된다. 우리말 너(Ni)가 You가 된다는 뜻이다! 영어의 I는 따라서 yan에서 왔다고 본다. 흥미로운 점은 우리는 꼬리말 n만 가져오고 영어는 머리말 y만 가져갔다는 점이다. 다만 사람을 가리키거나 '이 사람' 할 때의 '이'가 y의 흔적이라고 본다. 물론 조사인 (사람이 할 때) '이'도 뿌리는 같다. 따라서 영어의

I는 '이'라고 본다. 사실 '아이(baby)'라고 하면 심리적으로 모두 통한다. **We의 W 를 순수하게 Y로 보면 '아이'와 같다.**

이제부터 우리말 '나'와 '너', 영어의 'I'와 'You'를 서로 대응시키며 정리하 겠다. 같은 뿌리임이 증명된다. 나는 Na이고 이를 Nai로 새긴다. 이때 머리에서 'N'이 묵음 되면 'Ai'가 된다. 영어의 'Ai, I'와 만난다. 물론 위인 'We'와도 만난 다. 너를 'Nu' 다시 Nui로 하고 역시 N을 무시하면 'Ui'가 된다. 이는 You와 같 다. My와 Me는 Yam에서 온 듯하다. 왜냐하면 Yam을 뒤집으면 May가 되기 때 문이다. 그러면서도 더 깊게는 제의적 전승인 말인 Me와 관련이 있을 것 같다. 이 에 해당하는 우리말은 남(Nam)인데 이를 Nyam으로 다시 N을 무시하면 Yam이 된다. 그러나 '우리'는 그 기원이 다르다. 이리와 연결된다고 하였다. 갯과 동물이 우는 소리와 이를 피하고자 울타리를 치면서 생긴 '우리'라고 보았다. Our가 '우 리'와 소리가 같다. Us 역시 '우'와 연결된다.

한편 물고기(Fish)는 일관되게 '**Min**'이 대세를 이룬다. 물론 당연히 Mini, Miŋ(밍)도 보인다. '**물나**'로 보면 물고기에 대응된다. 그런데 '민'은 '밀어버리다' 에서 보듯이 어떠한 형태가 없고 꾸밈이 없는 모습을 가리키는 '말뿌리'이기도 하다. 문어는 '민어'에서 왔다. 머리가 미끈하게 되어 있어서 붙은 말이다. 민둥산 의 민도 같은 뜻이다. 따라서 심리적으로 물고기를 '민'이라고 부르는 것이 '물나' 와 함께 이해된다. 민달팽이에서 보듯이 물고기는 모양이 사실 단순하다. 민은 또 한 맨도 된다. 맨땅이라고 하면 땅만 있는 지역을 가리킨다. 물고기를 배씨라고 부르면 좋겠다고 제안하였지만 민도 괜찮겠다. 고기는 제의적 희생물을 뜻하는 보편적 지시말이라고 이미 결론을 내린 바가 있기 때문이다. **그럼에도 Min을 거 꾸로 새기면 원초적인 말로 회귀한다. 그것은 Nim이다. 너희들을 Nim이라 하 였는데 그만큼 물고기가 친근한 대상이었을 것이다. 이 해석이 가장 알맞다고 본다.**

드라비드 말에서 여자를 가리키는 지시말이 펜(pen)으로 나온다. 우리말 '부 네', 여편네의 '편'과 맥을 같이한다. 앞에서 푼(pun)을 거론할 때 언급했었다. 그 런데 아일랜드에서 드루이드의 여성 사제를 '**bandriu**'라고 부른다. '반들거리다'의 반들(bundle)과 소리값이 같고, 이른바 '**딸분**'이라 하겠다. 여기서 ban이 여성 (woman)을 가리키고 있는데 펜, 부네와 소리가 같다. 서로 연결된다. 다만 머리말과 꼬리말이 서로 바뀌었다. 다시 한번 강조하지만 **Van, Pen, Pun** 등은 모권이 강했던 성모 시대에 존경 말인 '**분(Bun)**'에서 나온 말이다.

드라비다 말과 우리말이 음운학적으로 같은 것들만 모아서 비교하게 되면, 드라비다족과 우리와의 관련성을 논할 때 자칫 오류를 범할 수 있는 자료로 악용될 수 있다. 보다 근원적인 인식이 요구된다.

비교 대상을 보면 관련성이 높은 것은 주로 농사와 연관된 말들임을 알 수 있다. 더군다나 '뫼'를 뿌리말로 하는 말(言)과 마루도 일치하는 점은 드라비다족과 우리와의 친근성을 의미하는 것이 아니라 더 멀리, 더 오랜 민족이나 지역에서 온 것임을 암시하고 있다. 또한 해(Sun)에 대하여 드라비다어는 '나알'인 점이 다른 문화적 요소이다. 그럼에도 '나알(Nair)'이 강을 뜻하기도 하지만 날(day)을 뜻하기도 하여 낮과 함께 '해'와 연관이 되어 심리학적으로 깊은 연결이 된다. 어찌되었든 여기서 다루는 별들의 이름과 신화 그리고 특정 왕들의 이름들은 지금으로부터 5000년 전에 부흥했던 수메르와 이집트에서 발생한 것들이고, 우리말이 이러한 고대 말과 어울리는 것은 보다 더 오랜 시원(始原)이 존재함을 알리고 있다. 다시 한번 강조하지만 **문장의 구조인 어순에 따라 언어를 구분하고 식구(family)를 정하여 갈래를 치면서 말의 뿌리를 찾는 길은 상당히 불합리하며, 따라서 위험한 접근 방법**이다.

한편 드라비다어에서 파생된 영어의 이름을 몇 개 소개한다. 먼저 '**orange**'를 소개한다. 철자 자체를 보면 '알+앙'의 구조이다. 새김하기에 무척 혼돈스럽다. 그런데 이 말이 Sanskrit의 '**naranga**'에서 왔다고 한다. Tamil로는 '**narankay**'이다. 따라서 가장 중요한 머리말에서 나(na)가 빠진 것이다. **한마디로 '노랑개, 노랑키'이다. 즉 노랑것**을 가리킨다. 오렌지가 노란색이 아닌가? 여기에서 우리말이 얼마나 고대의 것을 유지하고 있는지 여실히 증명된다. 더욱 **중요한 사실은 '나, 내(Nai)'가 N이 빠져 'Ai, I'로 변했다는 말의 진화를 여기에서 찾을 수 있다는 점이다. '너(Nyu)'가 'You'가 된 점도 같다.** 따라서 인더스 문자를 해석하는 데 우리말이 중요한 위치를 차지할 것임을 글쓴이는 다시 한번 강조한다. 문법적으로나, 글자의 형태로나, 이름(소리)의 비교에서 우리말이 고대 인더스 문자에 새겨져 있다고 본다. 그다음 mango이다. 요즘엔 우리에게도 친숙한 열대우림에서 나는 열매이다. Tamil의 '**mankay**', Malayalam의 '**manna**' 등에서 유래하는데 포르투갈(Portuguese)의 'manga'에서 나온 말이다. 먼저 manna를 보자. '만나'이다. 자음접변을 고려하면 '맛나'이다. 우리말 '맛'이 뿌리말이다. 맛이 망으로 되고 여기에 대상을 가리키는 '키, 개'가 붙은 꼴이다. 즉 '망개, 망키'이다. 우리말과 그대로 통한다. 그런데 제주도에서 '멍개'라는 열매가 있다. 일종의 사투리인데 **청미래 열매를 가리킨다. 물론 '망개나무'로도 알려져 있다.** 보통 청미래덩굴로 불리며 붉은 열매가 달리고 뿌리는 약재로 쓰인다. 글쓴이가 어렸을 때 이 열매를 붉게 익기 전 푸른 것을 맛있게 따 먹었던 기억이 새롭다. 여기서 청(靑)은 푸르다의 뜻으로 푸른 열매를 가리킨다. 다음으로 'mongoose'이다. 소리로는 mango와 궤를 같이한다. 그러나 가리키는 대상은 족제비와 비슷한 동물이다. Telugu의 'mungisa', Kannada의 'mungisi'에서 나온 이름이다. 사실 monkey와 같은 꼴이다. 여기서 mon은 슬하게 나왔지만 '뫼나'로 높임말이다. 머리이며 우두머리를 가리킨다. 두드리는 '망치'와 심리적으로 통한다. 드라비다 말에서 물고기를 Min이라 하는데 Mon과 같다. 머리이면서 민머리의 뜻이 내포되어 있다. 그러면서도 Min, Mon은 Mir, Mol로 볼 수도 있다. 물도 되고 머리도 된다. 앞에서 min을 단순하게 '밀어버리다'의 뜻으로만 새겼는데 다른 한편으로는 '머리'로 보는 편이 더 나을 것도 같다. 왜냐하면 드라비다 학자들에 따르면 드라비다 말에서 이 min이 '별'을 가리키는 이름이라고도 하기 때문이다. 별은 어떻게 보면 성스러운 존재이다. 그러면 min은 mir로, 그러면 머리로 보아야 할 것이다. 숭배의 대상인 것이다. 따라서 'min'은 물고기를 가리키지만 제의적 제단에 바치는 대표적 제물로 물고기가 선정되어 이름이 붙여졌다고 본다. 즉 **mena**이며 '**mon, mong**'인 것이다. 우리의 '닭'과 같다.

마지막으로 불교 성전에 대한 이름과 드라비다 말과의 연관성을 보겠다. 우리나라 말과 직접 이어진다. 불교에는 3대 경전이 있다. 첫째가 팔리 경전(**Pali Canon**)으로 그 이름이 '**Theravada**'이다. 나머지 두 개는 한자로 기록된 한문 경전 그리고 티베트 경전이다. **Pali** 경전은 불교 교리는 물론 고대 언어의 연구에 있어 학술적 가치가 높다. **Theravada**는 **Dravida**와 음운학적으로 같다. 그 뜻을 우리말로 새기면 '돌아보다'가 된다. 드루이드족을 다루면서 '돌보다'로 해석한 적이 있다. 심리학적, 철학적으로는 돌아보다가 더욱 알맞다. 지나간 시간, 자기가 걸어온 길을 돌아본다는 것이 종교적으로는 기본적인 참선(기도)의 길이기 때문이다. 아울러 거친 소리로 보면 '따라보다'이다. 역시 심리학적으로 깊은 말이다. 여기에서 우리말 동사의 구조가 명사처럼 그대로 사용되고 있음을 알 수 있다. 실제적으로는 동사인데 나중에 인도-유럽어 학자들에 의해 그 속성이 드러나지 못한 채 명사적으로 되어버린 것 같다. '붇다(Budda)'는 '보다'이다. 소리값을 제대로 새기면 '봤다(Boadda, Butta)'라 할 것이다. 이집트의 프타(Ptah) 역시 붇다이며 '봤다'이다. 진리를 '본(Bon)', 따라서 깨달은 성인이라 할 것이다. '바다(Sea)'는 '보다'이고 결국 'See'와 이어진다.

## 5.3 목동자리(Boötes)

이탈리아 Boöte, 프랑스 Bouvier. 그 외 Bootis, Bootres 등으로도 표기된다.

이 단어는 bear의 뿌리말인 뵈에 기반을 두고 있다. s는 군더더기로 붙은 꼬리말이다. 굳이 새기자면 목동'씨'이다. Boot는 뵈아트, 받과 통한다. 'ut ↔ r'의 법칙을 고려하면 Boot는 사실상 '부루(Bor)'와 같다. 만약에 꼬리말을 키, 치 형으로 보면 뵈키, 따라서 배치가 되어 지도자의 뜻으로 바로 통한다. 목동자리 이름은 목축 시대를 의미한다. '뵈치, 배치'는 정복자 혹은 지배자의 명칭이며 이로부터 '**바치다**'라는 단어가 나왔다. 이때 Arctai(늑대)는 지킴이(gaurd)로 안내자의 역할을 한다.

　　한편 '따' 형으로 새긴 '밭'은 목축이라는 자연적, 사회적, 문화적 의미와 통한다. 흥미로운 점은 머리말인 Boe를 황소(Ox), 꼬리말 Te를 끈다(drive)는 뜻으로 보는 관점이다. 즉 Wain을 모는 사람(Wagoner), 달리 말하자면 Driver로 해석을 한다는 말이다. Bear의 다양한 뜻을 살펴본 바가 있듯이 Bear와 Boote는 동일한 속성을 갖는다. **받**과 **밭**의 관계이다. 이미 글쓴이가 목동자리 으뜸별인 **Arcturus를 늑대**라고 해석한 바가 있지만 바구니 형태인 수레(Wagon, Wain)를 모는 가축은 말, 소, 나귀, 개 등 다양하게 설정할 수 있다. 글쓴이는 목동이 개를 몰고 바구니 수레를 이끄는 형태로 보고 싶다. 북두칠성과 목동자리가 하나의 몸체를 이루는 구조이다. 밤하늘을 직접 쳐다본 사람은 이 구상이 아주 적절하다고 판단할 것이다. 그리고 향하는 지점은 처녀자리 으뜸별 스피카(Spica)이다. 다른 한편 북두칠성을 쟁기(Plough)로 보아 순수한 목동(Herdsman)으로 볼 수도 있다. 따라서 농부(Peasant)이다. 그러면 이동성 목동이 아니라 정착형 목동으로, 앞에서 조명된 수레를 모는 형태와 대조된다. 수레를 상정하면 목축과 사냥이, 쟁기를 상정하면 목축과 농경이 주가 된다. 프랑스어 Bouvier는 후자를 따른다. Bouvier는 뵈어부루, 뵈어불로 생명이 잉태되는 곳, 원생산지 등으로 배를 기준으로 하는 성이나 정착촌, 혹은 그러한 장소인 강가를 뜻한다. 거꾸로 '불뵈어'로도 된다. 이 점에 대해서는 이미 안재홍 선생이 자세히 파악하였다[8].

수레는 이외에도 영어의 cart, carriage, vehicle하고도 연결된다. 우리나라 말에서 바퀴 달린 이동 물체를 가리키는 것으로 수레가 대표적인 이름이다. 또한 소나 말이 끄는 '달구지'가 있다. 달구는 '도르키'이며, 도는 것을 가리킨다. '가마'는 손으로 이동하는 물체이다. 일본어에서 마차는 '구르마'라고 하는데 **'구르다'**에서 나온 말이다. cart와 carrige는 car가 뿌리말임을 금방 알 수 있다. 코알이며 코리, 쿠리이다. 도르와 대응된다. 모두 지도자의 명칭이다. 여기에서 수레와 대비되면서 연결된다. 그러면서도 '구르다'의 뿌리말과도 일치한다. 지도자가 모는 마차라고 보면 모두 타당하다. 이미 여러 번 지적하였지만 전 세계적으로 k와 s 음이 서로 상관된다. k에서 s로 변하는 방향을 주된 줄기로 본다. vehicle에서 꼬리말 cle도 구르이다. 이 cle을 앞으로 두면 cle-vehi가 되는데 억지로 해석하면 '구르배, 클배'가 되어 통한다. **우리말 '수레(Sure)'는 '쿠레(Kure, Car)'와 소리값에서 k와 s의 호환성**을 이루고 있다.

밤하늘을 보면 으뜸별 아르크투르스가 얼마나 밝은지, 그래서 얼마나 멋진지를 실감할 수 있다. 자연적으로 이 별이 뜨고 지는 때가 계절적으로 농사를 짓는데 기준이 된다. 쉽게 말해서 이 알파별이 다양한 농사일에 대한 기준으로 작동한다는 뜻이다. 보기를 들면 이 알파별이 붉게 빛날 때 포도 덩굴에 굵직굵직한 포도알이 달린다. 그리고 겨울 해와 함께하는 세 번의 20일, 따라서 60일간의 낮과 밤이 지날 때 저녁 별로 밝게 빛나는데, 그러면 포도 덩굴을 자를 때이다. 이때 수확한 포도알은 무척 달다. 캐나다 나이아가라(Niagara) 폭포 근처에서 판매하는 포도주(wine) 중 아이스와인(ice-wine)이라는 것이 있다. 그 단맛이 지독할 정도이다. 겨울을 나며 그것도 얼어가면서. ice가 여기에서 왔다. 포도나무가 당을 흠뻑 만들어낸 결과이다. Niagara의 꼬리말 Gara는 앞에서 해석했듯이 강을 가리킨다. 인디언들의 말에서 우리와 같은 뿌리임을 알 수 있다. Arcturus는 아라비아에서 Kheturus 혹은 Thegius, Theguius 등으로 부른다. Kheturus는 '커따알' 뒤는 앞뒤가 바뀐 '따기'이다. 커또르, 커다라는 물론 대공인 큰 지배자, 따기 역시 이에 준한다. 동물로 보면 황소나 늑대가 알맞다. Arcturus에서 알을 빼면 커또르가 된다. 따기를 거꾸로 하면 키타가 되고, 이는 커따이, 거란족을 가리키는 말과도 같다. 일본인은 북쪽을 '키타이'라고 부르는데 북쪽의 거란(契丹, 글단)족을 가리킨다. 그런데 La Lande는 이 별을 Custos Boum이라 하며 황소 지킴이라고 보았다. 그리고 Bubulus 혹은 Bubulcus라 하여 황소 몰이 농부라는 명칭도 부여한다. 또 어떤 학자는 Bootes를 Bubulcus coelestis로 본다. 먼저 Boum을 보자. 보움, 결국 배암으로 '뱀'이 된다. '범'으로 소리하면 알맞다. 물론 여기에서는 황소이다. 그럴 듯하다. **앞의 Boö를 황소로 해석한 것이다. Boa는 뱀을 가리키기도 한다. 모두 지역 특성이 반영된 동물들이다.** Custos는 커씨타이다. 몇 번이고 등장하는 단어이다. 이 단어가 이번에는 소를 다스리는 자로 되었다. 이제 Bubulus, Bubulcus 차례이다. 모두 '뵈+뵈알' 형태이다. 홍미로운 점은 뵈알, 부루가 뿔로 되어 황소를 가리킨다는 점이다. 그리고 머리말 뵈, 부가 농부가 되었다. Peasant의 머리말과 연결이 된다. 고대 이집트에서는 농부가 국가의 상징이었다. Osiris, Bacchus, Sabazius 등의 신의 이름이 모두 Bacchus를 의미하기도 한다. 한결같이 포도 (Vine) 생산과 연결된다. 이 점은 큰개자리의 시리우스가 뜨고 지는 계절이 나일 강의 범람 시기와 연결되는 신화와도 같다. 인류 역사에서 생명에 직결되는 농사가 모든 문명의 자궁이지 않은가? 정착에 따른 도시의 출현이 국가의 형성을 초래하기 때문이다. 그러면 별들을 관측하며 계절을 재고 식물의 성장과 특수 농작물에 대한 열매의 수확과 관계를 지은 이집트 문화는 누가 보더라도 위대하다. 왕의 인간적 지배 구조를 하늘에 새긴 것이 아니라 하늘의 천체 구조를 땅에 새긴 것이다. 동방과 크게 대비된다. 포도를 뜻하는 Vine은 뵈나이고 결국 '배'가 뿌리말이다. Bacchus 역시 같다. 여기에서도 Wine을 보면 w가 '뵈(v)' 소리에 해당한다는 사실을 알 수 있다. 이 **원초적 배**가 과일을 가리킬 때 우리의 경우 '배(梨)'가 된다. 이렇게 '배'가 포도를 가리키면서 결국 '술'로 상징이 되고 제의적인 제물로 바쳐진다. 우리가 명절 때, 특히 추석 때 배를 제의 상에 올리는 문화에서 또한 전 세계 종족과의 유대를 엿 볼 수 있다. 이 배가 바다에 떠다니는 배(ship)가 된다. 이집트 신화를 묘사한 **그림에 Nut 신이 있다**(그림 3.5). **이 여신의 배 속에 무수한 별들이 박혀있는 모습이 자주 등장한다. 배의 알이다. 우리들의 '별'이지 않은가?** Sabazius는 씨뵈타(혹은 치)이다. 모두 뵈타, 뵈키를 뿌리로 한다. 역시 통한다. Sabbat(h)는 여기에서 나온 말이다.

Boötes가 천천히 이동하는 모습에서 느림보 팀이라고도 부른다. 북극점을 중심으로 천천히 돈다는 말이다. 여기서 느림보의 영어 linger를 보자. 앞 li는 군더더기이다. 그러면 nger, 이른바 ng이 된다. 응, 응아, 응가이다. 무언가 응얼거리면서 서투른 양상을 표현한다. 우리나라 말에 어린애가 뒤를 볼 때 '응아' 한다고 한다. lingo가 '뜻 모를 말'의 의미이다. 응얼거린다는 우리말과 그대로 같다. 심지어 **lingua**는 혀 또는 혀의 기관을 의미하는 라틴어인데 역시 우리와 짙게 통한다. **lingustic**은 언어학이다. 앞에서 논한 language(이야기)와 같은 구조이다. 이와 반면에 **Tongue는 탕구리의 제의적 과정에서 행하는 댕기(탕키)에서 나온 말이다.** 이렇게, **우리말은 "영어와 한 식구"**이다.

아라비아에서는 Arcturus를 하늘 파수(把守, 살펴 지킨다는 뜻)꾼, 수호자 (Keeper)로 보아 Al Hāris al Samā라고 한다. Arcturus가 주위에 밝은 별이 없이 홀로 밝게 빛나고 있기 때문이다. 이것은 다시 Al Haris al Simāk으로 변하며 Simāk의 파수꾼으로 된다. 하늘, Heaven이 Sama로 나오는데 이미 이 단어는 언급되었다. 최고의 존칭을 가리키는 지시말이다. 이를 자연물에 적용하니 하늘이 된다. Hāris는 '해+알'이다. 우리나라의 높다는 '할'의 뿌리말(예를 들면 **할**아버지)과 깊게 통한다. Horus, Horse와 구조가 같다. 제주도의 수호신 하루방을 연상하면 좋다. '살펴 지키는 자'는 우리나라에, 이미 언급했듯이, 사르(Sar)가 있다. 문제는 씨막(Simak)이다. Arcturus가 씨막의 파수꾼이라면 씨막은 어디에 있을까? 바로 처녀자리 알파별 Spica라고 본다. 북두칠성의 꼬리를 이어가다 보면 Arcturus를 걸쳐 Spica에 이르는 멋진 곡선이 그려진다. 이미 천문학 세계에서는 잘 알려진 곡선이다. 앞으로 처녀자리에서 이야기를 전개하겠지만 이 두 개의 알파별은 봄철 밤하늘을 대표한다. 누가 보아도 이 두 별의 모습과 연결을 짓지 않을 수 없다. 여기서 Spica를 성스러운 존재로 보았을 것이다. Simak은 '싸+뫄+커'이다. 씨뫄는 Sama이다. k는 키로 새김이 된다. 이 사마키가 농작물, 예를 들면 보리 이삭을 가리킬 수도 있고 특정 동물이나 가축을 가리킬 수도 있다고 본다. 아라비아에서 Spica를 어떠한 상징으로 보았느냐에 달려 있다. 글쓴이가 보기에 봄철의 농사와 크게 관련되어 있다고 본다. 그러면 '보리'이다. 반면에 유프라테스에서는 하늘의 양치기(Shepherd of the Heavenly Flock 또는 Shepherd of the Life of Heaven)로 보았다. 이를 'Sib-zi-anna'라고 한다[1]. 이른바 하늘의 파수꾼으로, '개'로 보았다는 뜻이다. 글쓴이의 늑대와 바로 통한다. 그만큼 밝고 홀로 선 모습에서 영광스러운 호칭을 부여한 것이다. Sumer에서 Anna는 최고의 신이다. 이미 해석하였지만 Hanna로 우리말 한, 하늘과 같은 의미이다. Sib는 '씨+뵈'로 보아야 할 것이다. 인도의 '시바' 신이 여기로부터 나온다. 우리나라 말에서 이 조합은 생명을 잉태하는 암수의 결합을 의미하기도 한다. 상상이 가리라 생각한다.

여기서 특별히 입실론, ε 별에 대해 언급하겠다. 자세히 보면 옆에 또 하나의 별이 있다. 3등성과 6등성인 짝별계이다. 비록 짝별계는 아니지만 두 개의 별이 함께하는 모습이 북두칠성의 지타, ζ, 별과 유사하다. 놀라운 것은 그 이름이 같다는 사실이다. 아리비아어로 다양하게 호칭된다. Al Min-takah al 'Awwa', the Belt of the Shouter, Izar, the Girdle, Mi'zar, the Waist-cloth 등이다. 특히 마지막 Mi'zar에 대해 나중에 유럽에서 다양한 이름으로 분화된다. Micar, Mirar, Merer, Meirer, Mezen, Mezer, Merak, Mirak 등이다. 안드로메다자리의 베타별에도 이러한 호칭이 붙는다. 사실 안드로메다자리 모습과 목동자리 모습이 그 형태가 아주 비슷하다. 모두 자루 모양이다. 빗자루, 칼자루를 연상해보라. 그리고 그 꼭지에 알파별이 있다. 허리 부분을 가리키는 단어로 해석된다. 허리(띠)를 가리키는 공통어미가 Zar이다. 우리말 '자루, 자리'와 소리가 같다. 별자리처럼 특정 위치를 가리키는 '자리'. 그리고 Mi, Me는 물론 뫼이며 마루이다. 그러면 곧바로 통한다. 물론 북두칠성의 Mizar 역시 이 울타리에 속한다.

## 5.4 처녀자리(Virgo)

앵글로-색슨 Maeden, 앵글로-노르만 Pulcele, 프랑스 Vierge, 이탈리아 Virgine, 독일 Jungfrau.

봄철 저녁을 장식하는 대표적 별자리이다. 특히 앞에서 나왔던 목동과 짝을 이룬다. 위에서 나오는 이름들은 처녀자리 모습에서 오른쪽 손에 든 야자나무(Palm) 가지, 왼쪽 손에 든 보리 이삭과 깊게 연관된다. 여기서 가장 중요한 점이 Vir이다. 결론적으로 말하자면 Virgo는 우리말 볼기인 '밝'과 일치한다. 이와 관련되는 말들이 Berg, Burg, Bark 등이다. Vir는 '부루'이며 부루는 식물의 싹이 나오거나 아이를 배었을 때 배가 부른 모습이다. 즉 만물이 생성되는 모습으로 자연에 있어 봄철과 같다. 쉽게 말하자면 봄처녀를 상징한다. 따라서 봄철의 대표적인 별자리이다. 'Ver' 자체가 봄을 의미한다. '배가 부르다', '불어 나오다'를 연상하면 된다. 봄점(春分)을 'Vernal point(or equinox)'라고 한다. 봄날점이다.

　　보리 역시 '뵈+알'에서 나왔다. 별과 같다. 벼는 물론 뵈, 배이다. 모두 가장 긴요한 생명줄이기 때문이다. 맥주의 영어식이 beer이다. 일본인은 이를 '비르'라고 발음한다. 맥주가 보리로 만든 것이지 않은가? 보리의 영어는 barley이다. 뵈알과 같다. 곡물을 보관하는 헛간인 barn도 여기서 유래한다. 보리는 겨울을 난다. 지은이의 고향이 제주도이다. 제주도는 현무암(玄武巖, basalt, 검돌)을 토대로 하는 땅으로 물이 고이지 않는다. 따라서 벼농사는 거의 불가능하다. 결국 보리농사가 중심이었다. 한겨울에 보리 잎이 나오는데 아주 굳세다. 그리고 봄이 되면서 무럭무럭 자라고 4월이 되면 녹색의 들판을 이른다. 그리고 5월 말, 6월 초가 되면 익는다. 이때는 누런색으로 바뀐다. 현충일(6월 6일) 전후로 가장 활발하게 수확했던 기억이 난다. 따라서 처녀자리 알파별이 봄철에 나타나 웅장하게 떠다니는 시기와 정확히 일치한다. 물론 앞에서 나왔던 Arcturus도 같다. 따라서 봄은 처녀를, 보리는 spica와 바로 대응된다. 그리고 이 별자리는 해의 길에 있다. 즉 해길 12자리의 하나로 사자자리와 함께 봄을 대변한다.

　　**Spica**는 보리 이삭을 의미하는데 우리나라 말 보리귀로 새기면, **Vorigi**로 **Virgo**와 일치한다. 흥미롭다. 스피카는 '씨+뵈+키'로 뿌리 배에 씨와 키가 붙은 꼴이다. 이삭이 씨가 아닌가? 이삭은 Isak, Isaki, Saki로 본다. 즉 '씨키'이다.

종종 wheat로도 묘사되기도 한다. wheat는 현재 '밀'로 간주된다. 글쓴이가 보기에 wh는 '뵈'인 ve로 본다. 그리고 at는 ut로 바로 'r'이다. 그러면 Ver, Vir가 된다. 보리와 일치한다. 우리나라의 밀은 '뫼+알'로 밀 역시 벼와 보리와 함께 아주 중요한 생산물로 여겼음을 알 수 있다. 기원이 다른 점이 흥미롭다. 산을 낀 지역에서 재배한 것이 이러한 용어가 나왔을 것이다. 영어의 **meal**과 바로 통한다. 영어에서 이 meal이 식사를 의미하는 것으로 보아 밀 농사가 주(主)임을 알 수 있다. 앵글로-색슨(Anglo-Saxon)족의 매뎅(Maeden, 뫼땅)은 마당과 연결된다. Anglo는 물론 안골(혹은 한골, 한고리) Saxon은 '사키, 씨키'로 스키족을 가리키는 것으로 판단된다. Anglo-Norma의 Pulcele은 부루커알이다. 이를 Virgo처럼 음을 바꾸면 Virgor 혹은 Virgol이 된다. 의미가 같다. 참고로 W에 대해 강조하는 의미로 다시 한번 언급한다. 더블유(double-u) 즉 우(u)의 이중 소리 음가로 나온다. 그러나 글쓴이는 **이중-뵈(double-v)**가 더 의미가 깊다고 본다. 왜냐하면 영어로 w가 들어간 단어 중 '뵈' 발음으로 되는 것이 많기 때문이다. 대표적인 것이 동유럽 국가들의 도시 이름에서 볼 수 있다. 모스크바를 Moscow, 바르샤바를 Warsaw 등으로 표기하는데 무척 혼동스럽다. 북유럽 이름들에서도 마찬가지이다. 아마도 '뵈' 소리를 '외' 소리로 부르는 민족과 관련된다고 본다. W의 모양 역시 두 개의 V가 아닌가?

문제는 독일어 Jungfrau이다. 혹은 Junckfraw로도 발음된다. frau는 물론 Vir와 같다. J를 T로 볼 수 있다. 그러면 Jung은 Tang이다. 따라서 'Tangvir'이다. Virgi와 같다. 어차피 **'Tang'**과 **'Ki, Gi'**는 존칭을 가리키는 결정사이기 때문이다. 참고 자료 [1]에 보면 수확(Harvest)의 의미로 라틴어가 Arista, Aristae로 표기되는 것 같다. Astar에서 ar가 앞으로 왔다. 이러한 자리바꿈이 도처에서 일어난다. Aristoteles의 머리말이 Arista이다. Teles는 물론 Tor이다. 이 대로라면 수확하는 땅이 된다. 모두 농경 사회의 씨족(clan) 명이다. 수확하는 여성(the Maiden of the Harvest)이 'Arista Puellae'라고 한다. Puellae 역시 Vir이다. r이 l로 그리고 la가 하나 더 붙었다. 참고로 기독교의 부활절 단어가 Easter이다. 유대인(Judaea)은 **Bethulah**, 시리아인은 **Bethulta**라 하여 수확과 풍요를 상징하는 자리로 여겼다. Bethul은 '배(복)달'이다.

정리하자면, 바빌로니아에서는 풍요의 여신인 Ishtar는 로마에서는 정의의 여신 Astraea, 그리스에서는 수확의 여신 Demeter 등으로 부여되었다. 고대 라틴어 작가들은 또 Ano, Atargatis, Dercete 등으로도 불렀다. 또한 Diana, Minerva, Panda, Pantica 심지어 Medusa로도 표현되었다. 유래의 역사가 무척 깊은 것을 알 수 있다. 모두 지혜, 행운, 정의를 대변하는 여성 수호자이다. 여기서 Ano는 Han으로 보면 된다. 그리고 'Atargatis, Derceto'는 '다루가치'이다. 다루는 지배하다이고 가치는 물론 크치이다. 모두 여성 수호자 또는 제사장을 가리키고 있다. Diana는 'Di+an'으로 탕과 같다. '치앙, 중'으로 보아도 되겠다. Minerva는 앞에서 나왔었다. 'Panda, Pantica'는 '뵈+나+키(치)'이다. 여기서 반은 우리말 '반들반들'과 만나며, 결국 빛나는 것을 의미하기도 한다. 이른바 '빛나기'이다. 정복자, 침략자로 보면 찌르거나 '치다'의 punch와도 연결된다. 그러면 인도에서는 뭐라고 하였을까? Kanya, Kauni라고 하였다. 모두 '큰이', 즉 큰사람이다. 그런데 여신으로 부여된다. Kanna라고 하면 수긍이 간다. Gul이라고 하는데 '걸'이며 결국 모두 '커'이다. 페르시아에서는 Khosha, Khusak라고 부르며 밀 이삭으로 해석된다. 여기에서도 말뿌리가 '커'이다. '커싹'이라고 하면 되겠다. 여성을 가리키는 Girl 역시 '걸'이다. 모권(母權)을 상징한다.

으뜸별 **스피카(Spica)**는 밝기가 1.3등급이다. 목동자리 Arcturus보다는 밝지는 않지만 남쪽에 걸쳐 있는 모습이 무척 아름답다. 눈길을 끌지 않을 수 없다. 별자리 자체가 이 으뜸별에 조명되었다고 해도 과언이 아니다. 스피카는 '싸+뵈+키'이다. 보리 이삭이라지만 영어로는 'the Ear of Wheat'로 해석되기도 한다. 밀이나 보리나 매한가지이다. 로마 시대는 Spicum, 현재 이탈리아에서는 Spigha로 부른다. 프랑스어로는 l'Epi이다. 프랑스어를 보면 '뵈'가 공통 뿌리임을 알 수 있다. 아주 밝은 것을 빗대어 Puella, Erigone 등의 명칭도 등장한다. Puella는 배알이다. 빛나는 불(火)과 통한다. Erigone은 알큰, 거꾸로 하여 '큰알'로 훌륭한 사람, 즉 지배자를 상징한다고 하겠다. 특이한 이름으로 Sunbala가 있다. Sunbale, Sunbela, Sumbalet, Sombalet, Sunbalon, Sunbulah 등으로도 표기된다. 아라비아에서 파생된 단어이다. 크게 보면 '씨나+뵈알'의 두 가지 단어로 된 합성어이다. 씨나는 신, 산, 삼, 사마, 사미 등으로 아주 높임말이다. 이미 여러 번 등장시켰다. bala 역시 이미 등장한 중요한 단어이다. Sunbala는 Kanbala와 같다.

이러한 이름들은 어찌 되었든 홀로 도도하게 빛나는 상대에게 부여되었다고 본다. 실제로 콥트족은 Khotos라고 불렸는데 외톨이(Solitary)의 의미이다. 물론 Khotos는 '크치'이다. '크다'라고 하면 바로 통한다. 'Godo', 'God'와 이어진다. 사막지대에서는 Al Simak al A'zal로 부른다. 무장하지 않은 Simak라고 한다. 여기서 Simak, 다시 말해 Sama-Ki는 하늘을 가리키는 성스러운 말이다. Sama와 같다. 역시 홀로 있는 모습을 형상화한 것이다. Zal은 칼이 연상된다. 이 말이 후에 inermis Asimec, Acimon, Alazel, Azimon, Alzimon 등으로 표기된다. 어지럽게 보이지만 씨뫼키, 씨뫼나 등으로 볼 수 있는데 씨와 키가 혼합되어 등장한다. 히브리인과 시리아인은 Shibboleth, Shebbelta로 나온다. '씨(s)'가 '키(k)'를 누르고 꼬리에 타(땅)가 나온다. 우리말 동사 꼬리 'da'와 연관된다. 페르시아는 Chushe, 투르크어는 Salkim으로 모두 밀 이삭의 뜻이라 한다. 그런데 페르시아의 경우 Avesta(조로아스터교의 성전)에는 Çpur, Çparegha, 소그드인은 Shaghar 등으로도 나온다. 여기서 k가 z와 s로 변화되는 점을 감지할 수 있다. '키(씨)'가 주이다. 힌두에서는 Citra로 나오는데 씨와 키의 중간이다. 밝아서 등(lamp) 혹은 진주로 묘사된다. 바빌로니아에서는 Sa-Sha-Shiru(처녀 허리)라 하여 해가 머무는 20번째 별무리로, 달의 경우에는 Dan-nu라 불렀다. 하늘 (밭)고랑 영웅(the Hero of the Sky Furrow)의 의미라 한다. 흥미롭다. 해에서는 '씨알(sol)'이, 달에서는 '탕(Dan)'이 뿌리말이다. 일본어에서 단나(檀那)는 높임말로 주인, 두목, 남편 등에 쓰인다. 모두 탕구리와 연관된다. Spica는 이집트에서 무척 존경받는 존재였다. 왜냐하면 Mena, Menal, Men, Min, 더 나아가 Khem과 같은 이름으로 불리며 해의 신전을 짓는 데 표준점으로 삼았기 때문이다[1].

## 5.5 사자자리(Leo)

영어 Lion, 프랑스 Iion, 독일 Löwe, 이탈리아 Leone, 앵글로-노르만 Leun.

모두 머리말 Li가 붙은 형태이다. 이것을 '알'로 보면 Al 혹은 Ar이고 결국 Alo,

Aro, Alon, Aron 등이다. 이 Al, Ar가 강물의 흐름을 의미하는 것은 아니다. 왜냐하면 사자의 서식지를 고려하면 그렇다. 두 가지가 남는다. 하나는 울음소리 다른 하나는 생명을 담은 알(egg)이다. 울음소리 '우르' 혹은 '우르룽'을 고려하면 가장 알맞다. Ursa에서 한번 거론한 바가 있다. 사자를 이리처럼 '우르, 아르, 이리' 등으로 부르는 민족이 있을 수 있다고 본다. 사자의 포효 소리는 왕중왕을 나타내기에 손색이 없다. 존경어로도 된다.

한편, 단순한 지시적 머리말로 보면 대체로 On이 주류이다. 한마디로 Han이다. 사자에 걸맞다. 영어의 One, 프랑스의 Une가 모두 우리말 '하나'와 동일하다. 유일하다는 의미로 하나이며 첫째이다. 물론 On 자체로 보면 앙, 왕과도 연결되는데 의미는 동일하다. 영어의 Two와 Three는 따(땅)와 따알(또르)에서 왔다고 본다. 만약에 이러한 An, Han이 최고의 동물 사자를 의미하는 다른 지역의 말이나 다른 별자리 이름에 존재하면 이 논리는 타당할 것이다. Orion에서 다시 다루겠다. 알파별인 Regulus를 보면 Re은 머리말이며 관사에 불과하다는 것을 알 수 있다. Royal 역시 마찬가지이다.

**민족적, 지리적, 계절적, 문화적으로 보았을 때 Al, El, Ar가 La, Le, Ra로 변화된 점(특히 라틴어)과 Al, Ra가 지시적 대명사로 된 (아라비아) 배경을 찾아내는 것은 대단히 중요한 점이라고 본다.**

목동과 처녀와 함께 봄을 대표하는 별자리이다. 또한 해길에 있는 열두 개의 별자리 중 하나이다. 이때 해는 8월 7일에서부터 9월 14일까지 사자자리에 머문다. 그러나 5000년 전에는 시기가 빨라 7월과 8월이었다. 큰개자리 시리우스가 떠올라 머무는 시기와 거의 일치한다. 가장 무더워 불같은 시기이다. 사자는 우리 문화와는 거리가 먼 동물이다. 우리는 범과 통한다. **범자리는 없다.** 이 사실만 보아도 우리 문화는 별의 관측과는 멀다고 하겠다. 물론 곰자리만 하여도 자기들(그리스)하고는 상관이 없는 곰을 끌어드린 점에서 위안으로 삼을 수도 있겠다. 그러면서도 그리스의 경우 더 위로는 다른 민족에 의한 문화가 분명히 있었고 그 영향을 받았다고 생각한다. 우리말 역시 어디에서 왔는지에 대한 뿌리 찾기는 아직 멀다. 중국 한자 문화에 너무 종속되어 버렸기 때문이다. 지금 이 작업 길이 숨통을 틀 것이라고 자부한다.

으뜸별 이름이 Regulus이다. 머리말을 빼면 걸, 따라서 컬씨가 된다. 로마의 시조 격인 Romulus와 형태가 같다. 하나는 커알, 컬이고 다른 하나가 뫼알, 물이다. 아주 오래전(적어도 3000년)부터 하늘의 군림자로 취급받았다. 바빌로니아에서는 15번째 해길(ecliptic)로 Sharru(왕의 뜻)라고 불렀다. 씨알이며 Sol과 통한다. 인도에서는 Magha라고 불렀는데 절대자 (the Mighty)를 의미한다. Magha는 '뫼키'이다. 뫼키는 메카, 마키, 마가 등으로 음이 분화된다. 모두 지배자나 지배자가 머무는 성지(聖地)를 가리킨다. 뵈키 역시 같다. 뫼알키가 마루키로 다시 March가 된다. 소그드인은 Magh, the Great, 페르시아에서는 Miyan, the Center, Tura 족은 Masu, the Hero 등으로 표시했다. 모두 지배자, 절대자를 웅변하고 있다. 그리고 모두 뿌리말이 '뫼'인 점이 두드러진다. 물론 이 경우 마루, 머리를 의미한다. 아카드족은 노아의 전설 **대홍수 이전의 다섯 번째 하늘의 왕으로 설정했는데 그 이름이 'Amil-gal-ur'이다.** 앞은 '아미르, 아무르'이다. 모두 강물을 가리킨다. 뒤는 '클아르'로 '큰물, 감물'로 볼 수 있겠다. 앞의 Amil 자체가 감물로 새김된다. 왜냐하면 '아(a)'는 '가(ga)'와 교환되기 때문이다. 이미 용자리에서 아무르(Amur) 강을 소개할 때 지적한 바가 이다. 그림 **1.13**에서 만주에 있는 아무르강을 다시 보아주기 바란다. 모두 물과 관련되는 이름이다. 한편 Marduk 신의 이름은 원래 Amar-Utu-K라 하였다. Amil-Gal-Ur와 구조가 같으며 특히 Amur와 Amil은 모두 물을 가리킨다. 다만 Marduk의 경우 Amur가 물을 상징하는 황소(송아지)로 되었을 뿐이다. 만약에 **Amar-Utu-K와 Marduk의 관계를 적용하면 Amil-Gal-Ur는 Mirgal**이 된다. 말갈이다. 지역과 민족에 따라 물과 관련된 동물은 소(牛)가 되기도 하고 말(馬)이 되기도 한다. 아라비아에서는 Malikiyy로 왕다운 모습에서 따온 이름이다. 바로 '마루키, 마루치'이다. 고대 페르시아에서는 동서남북을 지배하는 네 개의 신성한 별 중 하나로 인정받았다. 나머지 세 개는 알려지지 않았다. 나중에 추측으로 부여되지만 글쓴이가 보기에 무리가 있다고 본다. 이 별의 당당함은 명예, 돈, 힘의 상징이 된다. 로마에서는 사자의 심장으로 보아 Cor Leonis라고 칭했다. 이 명칭은 아라비아의 Al Kalb al Asad에서 따왔다. Asad는 제왕인 사자를, Kalb는 심장을 가리킨다. 클배가 되어 의미가 통한다. 유프라테스 지역에서는 Gus-ba-ra로 동방집(the House of the East)의 불꽃 혹은 붉은 불이라는 의미를 지닌다. '커씨-뵈-알' 구조인데 '커씨불'로 새김이 된다. 불이 그대로 불(fire, flame)로 갔다. 씨를 무시하면 커부루 곧 제왕의 의미도 된다.

두 번째 별 이름이 Denebola이다. 혹은 Deneb라고도 한다. 이 단어는 꼬리의 뜻으로, 자주 등장한다. Denebola에서 꼬리말 la는 아라비아어 'Al Dhanab al Asad'로부터 차용하다가 그냥 붙은 것이다. 머리말 de는 우리말 '뒤'와 서로 통한다. '뒤나배'이다. '딴배'로 보아도 의미는 통한다. 아니면 '등배'로 보아도 되겠다. 앞에 나온 클배(Kalb)와 분명 대조된다. 우리말 꼬리는 coil(꼬리)처럼 꼬아진 모습에서 유래한다. 위치와는 상관이 없다. Asad를 보자. Asat, Asta와 통한다. 아씨타로 본다. 아사달이 들판(산마루)이 아닌 동물의 왕으로 의미가 전환되었다. 아씨는 또한 동방 즉 밝고 해 떠오름을 의미한다. 따라서 Asad는 해왕이라 할 만하다. 그런데 힌두 별자리표에서 이 별이 Uttara Phalguni로 이웃한 Hasta라는 별과 조를 이룬다. 그리고 다음 별자리로 Purva Phalguni가 나온다. 여기서 주목되는 이름이 Phalguni이다. 바로 '밝은이'와 같다. '밝'은 사실 뵈+알+키'의 합성어이다. 바르기, 발기가 더 축약되어 밝(berg, barg)이 된 것이다. 인도어에서는 꼬리에 항상 a가 붙는다. 무시해도 된다. 마치 우리나라 동사 다(da)와 비슷하다. Uttara는 Uttar, Atar가 되고 '아들'과 통한다. 그리고 Purva는 '불배'이다. 클배와 의미가 같다. 바빌로니아(Babylonian)에서는 17번째 해길 별로 설정하면서 사자 꼬리를 의미하는 'Zibbat A.'라고 하였다. 이 이름에 의문을 제기하는데 묘하게도 입실론(ε) 별에는 14번째 순번으로 'Rishu A.'라고 하였다. 사자 머리를 가리킨다. 글쓴이가 주목하는 점이 'A.'라는 명칭이다. 사자 울음소리에서 '아ᄂ'를 취한 것이 아닌가 한다. 그러면 Leo의 명칭이 울음소리에서 유래했다는 반증의 하나가 되겠다. Zibbat는 '뒤+밭(발)'이라고 본다. 뵈알이 발(足)이 되는데 r(르)은 다시 ut, at로도 된다. 이미 여러 번 지적하였다. 소리를 그대로 살린다면 Zibbat은 '집밭'이 된다. Rishu는 '알씨'로 보는데 해석하기 곤란하다. 역시 우는 소리인 'Ursa'로 새겨야 할 것 같다.

이 사자자리는 그 위치상 유성(流星, meteors)인 별똥별이 가장 많이 떨어지는 곳이다. 아주 찬란하게 그리고 무수하게 떨어지는 별똥별 중 베네수엘라(Venezuela)에서 1799년 11월 12일에 관측된 기록(Von Humboldt, Bonpland)이 유명하다. 글쓴이가 제주도에서 우연히 이러한 별똥별의 찬란한 모습과 마주한

적이 있다. 그때가 2014년 11월 19일 밤 8시경이었다(그림 **5.16**). 너무도 많은 줄기가 보여 별똥별인지 아닌지 의심이 들 정도였다. 당시 카메라를 들고 나갔는데 시간 제어를 제대로 하지 못하고 단순히 자동으로 설정하는 바람에 그 찬란한 모습을 오롯이 담지는 못하였다. 그럼에도 그림에서 보는 것처럼 찬란한 별똥별의 모습을 어느 정도 느낄 수 있을 것이다. 그러나 사자자리 유성군인지는 확인을 못했다.

그림 5.16 별똥별(Meteors). 제주도 함덕 해변에서 저녁 8시 반경 촬영된 모습이다. 사진에서 보는 것 이상으로 하늘 전체를 덮어 장관을 이루었었다.

## 5.6 개자리(Canis Major, the Greater Dog)

이탈리아 Cane Maggiore, 포르투갈 Cães, 프랑스 Grand Chien, 독일 Grosse Hundi.

고대에는 단순히 Canis, 혹은 남쪽의 별을 강조하는 의미로 Canis Australior라고 불렀다. 개자리를 우선으로 올린 이유는 그리스-로마 신화에 따른 이야기의 중요성이 아니라 고대 이집트에서 가장 중요한 별로 취급된 시리우스 일등성 때문이다. 나일강의 범람이나 농경과 깊은 관계를 지닌다. 이집트 신화에서 중요한 위치를 차지한다. 겨울에 오리온과 함께 찬란한 밤하늘을 만드는 일등 공신이다.

그리스의 호메로스(Homeros) 시대에도 이미 알려진 별자리라고 하지만 알파별에 국한되었다고 본다. 라틴어 Canis는 그리스어에서 유래한 것으로 알려졌지만 명확하지 않다. 말뿌리는 분명 '카, 키'이다. 여기에 '나'가 붙어 '큰(大)'이 된 것으로 파악된다. 우리나라 말은 '개'이다. 글쓴이가 가장 곤혹스러워하는 이름으로 그 근원 찾기에 골몰하고 있다. Canis, Cane을 보았을 때 개는 '카, 커'와 같다. 흥미로운 점은 바다의 '게'이다. 이름이 비슷하다. 더욱 혼란스러운 것은 바다ㅅ가를 '개'라고 부른다는 점이다. '개ㅅ바위', '개ㅅ벌' 등에서 알 수 있다. 마치 메ㅅ돌, 메밀에서 산을 뜻하는 '뫼'가 남아 있는 흔적과 비슷하다. 여기에서 개와 매가 서로 통한다. 매는 하늘을 나는 친숙한 새로, 개는 땅에서 지내며 인간과 가장 친숙한 가축으로 통한다. 이 경우 따키로 새김할 수 있는데 바로 dog과 같다. 프랑스어를 보아도 '큰'과 같다. 그런데 독일어에서는 '큰'이 '흔', 따라서 한으로 변한다. 그렇다면 의성어 '컹' 혹은 '캉'에서 유래한 것은 아니라고 본다. 전체 흐름을 생각한다면 '커이', '큰이'라고 본다. 앞은 개, 뒤는 카니이다. 바닷가 게도 비슷하다. 일본어로 게를 '카니, かに'라고 한다. 모두 '큰이'이다. 영어로는 Crab, 별자리 이름이며 라틴어로는 Cancer이다. 모두 '카, 키'를 뿌리로 한다. 통한다. 그렇다면 우리와 그리스-라틴 문화와 연결된다. 이러한 연결은 더 위에 이 이름과 관련된 지역 혹은 민족이 있을 것이다.

으뜸별 광도는 -1.43으로 별들 중 가장 밝다. 이름이 시리우스(Sirius)로 개(dog) 별로 통한다. 이름의 유래에 대해서는 그리스어에서 왔다는 주장이 많다. 그러면서도 신화적 측면에서 이집트의 Cahen Sihor 혹은 Hesiri가 원천이라는 주장도 있다. Sirius 자체로는 '씨+알'의 형태이다. 그러나 이집트어를 보거나 다른 사례들을 고려했을 때(h 음이 사라지는 것) '씨+해+알' 혹은 '해+씨+알' 구조라고 본다. 그러면 씨하르(Siharu), 하씨르(Hasiru)이다. 로마 시대에 농부들은 엷은 황갈색의 개들을 희생시켰다는 기록이 있다. 이러한 개의 희생 제의는 세 번의 축제 기간에 행하여졌는데 그 첫째가 5월로 시리우스가 다가오는 시기였다. 밭에 묵은 때나 곰팡이 등에 대한 병균을 몰아내는 여신 Robigo의 상스러운 힘을 지키기 위한 것으로 Robigalia라고 불렀다(B.C. 238). 두 번째 세 번째 축제는 Floralia,

Vinalia라 하여 꽃, 과일 포도 등의 풍성함을 기리기 위한 것이었다. Robigo는 뵈키, 배키(바쿠, 바퀴)이다. Floralia는 '뵈알'에 다시 알(al)이 붙은 형태이다. '부루-알'인데 꽃(Flower)이 여기에서 나왔다고 본다. 꽃이 불어난 모습에서 bloom 역시 같은 식구이다. 풍성함을 나타내고 있는데 우리말 '불다', '불어나다'의 뿌리말과 통한다. Vinalia 역시 꼬리에 알이 첨가된 것으로 '배나알'로 수확을 나타낸다. **Vina는 Vin이며 포도를 가리킨다.** 이러한 개의 희생 제의는 우리와도 깊은 관계가 있으며 나중에 더 자세히 다루기로 하겠다.

아라비아에서는 Al Shira, Al Sira 등으로 나온다. 이집트, 페르시아, 페니키아, 그리스, 로마와 일맥상통한다. 따라서 개를 가리키는 명칭은 고대 어느 한 곳에서 나왔다고 본다. Sira는 산스크리트어인 Surya에서 왔다는 설도 있다. 광체, 따라서 해를 뜻한다. 이미 해 편에서 다루었지만 Sol은 '씨알'이며 Sor, Sir, Sur 역시 같다. 생명의 기본인 알과 씨를 해에 부여하는 것은 자연스럽다. Sir는 오늘날 존경어로 쓰인다. 통한다. 어쩌면 햇살과 같이 광선을 뜻하는 우리말 '살'이 가장 알맞은 표현이라고 하겠다. 한편 **Sira, Sor는 Hira, Hor와 대응**된다. 이미 나온 바가 있다. 흥미로운 점은 1515년에 출간된 Almagest에서 Riccioli가 부여한 Halabor라는 이름이다. 최상위의 명칭으로 '하늘부리'이다. 문득 한라산이 떠오른다. '하늘의 왕'이다. 여기서 Sal이 Hal로 변한다는 사실을 알 수 있다. 더욱이 Chilmead는 Gabbar, Ecber, Habor 등으로 부른다. '커부리', '아기부리', '해부리'이다. 모두 부리이며 머리말은 큰(大, 성스러움)을 나타낸다. 'Bear' 편에서 자세히 논했지만 소위 **부리(부여)족에 의한 지배 역사를** 반영한다.

그런데 Kak-shisha, 남쪽 별을 이끄는 개, 혹은 Kak-shidi, 번영의 창조자 등으로 보는 견해도 있다. 페르시아가 그 어원이라 한다. 여기서 개를 뜻하는 Kak가 주목된다. 더욱이 칼데아어(Chaldaean)로는 'Kak-ban, Kak-bu'라 한다. 또는 개별을 뜻하는 Kakkab lik-ku도 있다. 또한 아시리아는 해의 아들로 Kal-bu Sa-mas라고 불렀다. Sa-mas는 Akkad의 해의 신 Shamash와 같다. 이제 개를 가리키는 뿌리가 'Ka'임이 분명해졌다. 여기에 '키(Ki)'가 다시 붙은 것이 **Kak이다. Kaki 인데 우리말 '고기, 괴기'와 통한다. 제의적 과정에서 드리는 희생 제물의 이름임을 암시하고 있다. 더 가깝게는 '국'과 직결**된다. 우리말 국은 영어의 Cook와 같다. Ka와 Ca가 호환되는 점이 확연히 드러난다. 모두 요리 그것도 국과 관계된다는 점에서 홍미롭다. 개고기를 넣어 끓인 국을 개장(醬)국이라고 부르는데 이에 대한 것은 조금 있다가 자세히 다루기로 하겠다.

이집트의 신전이나 기념물 벽에 새겨진 그림글씨(象形文字, hierglyps) 기록에서 시리우스별이 확실하게 언급된 유일한 별이다. 그만큼 절대적인 대상이었던 것이다. 서기전 3000년경부터 이 별은 이집트의 새해(여름점)를 알리고 나일강의 넘침(범람, 氾濫)의 시작을 알리는 표시로 삼았다. '물이 넘치다'의 flood는 '붙다, 부르다'와 소리가 같다. 앞에서 이미 별자리를 통하여 알아보았지만, 5000년 전과 지금의 시리우스가 떠오르는 시기는 거의 두 달 가까이 차이가 난다는 점을 강조해둔다. 이 별은 Isis Sothis, Isis Sati, Isis Satit 등으로 불리는데 Isis는 이집트 신화에서 중심을 이루는 신이다. 나일강의 별로 Sihor라고도 불렀다. Sothi, Sothis 등으로도 불리는데 모두 빛난다는 뜻이라고 한다. 여기서 So는 우리말 '쏘다'와 연관된다. 물론 '살'과도 같다. 그런데 이 단어는 다시 Sept, Sepet, Sopet, Sopdit, Sed, Sot 등으로도 분화된다. Soth에서 꼬리 th를 ut로 보면 '알 (r)'이 된다. 그러면 Sol이다. 그리고 Soth는 South이다. Sirius는 주로 남쪽에서 번쩍인다.

**이집트는 나일의, 나일에 의한, 나일을 위한 문명**이다. 모두 나일 강물로 통한다. 결국 '물'이다. 비가 내려 나일이 불어나면 옥토가 된다. 따라서 비가 내리는 시기가 중요하다. 바로 시리우스가 새벽 동쪽에서 올라오는 때와 일치하였다. '개'의 설정은 나일강이 넘칠 때 농부들의 경작지나 경작물, 혹은 집터를 지켜주는 역할에서 비롯되었다. 이른바 파수꾼(watchful) 역할을 하기 때문이다. 이러한 시리우스의 이른바 곡선꼴(helical) 별 오름은 그 당시 해가 사자자리에 터를 잡는 시기와 일치하였다. 가장 덥고 습한 계절이 도래했음을 알리는 신호였다. 헤시오도스(Hesiod)는 '시리우스가 머리와 무릎을 달구고, 따라서 열기로 몸이 말랐을 때는 그늘에 앉아 쉬며 마셔라' 하고 주의를 주기도 했다. 이렇게 개와 사자가 한 몸이 되어 한여름의 무더위를 상징하는 동물이 된다. 이러한 계절을 알려주는 힘이 결국 인간의 신체에 지대한 영향을 끼치는 것으로 인식이 되면서 **로마 시대에 개의 날이 설정**된다. 이탈리아에서는 이 개의 날을 7월 3일부터 8월 11일까지 기간인데 무기력한 계절(unhealty season)로 여긴다. 여기서 우리와 만난다. 이른바 **복날**이다. 그렇다면 이 복날에 왜 개고기를 먹을까?

앞에서 개는 파수꾼 역할을 한다고 하였다. 이 지킴이(keeper) 역할이 결국 개의 희생 제의로 이어지게 된다. 우리나라 복날을 보면 삼복(三伏)인 초(初), 중(中), 말(末)로 이루어져 있다. 이러한 문화는 가장 이른 시기로 사기(史記)에 의하면 진(秦)나라 때였다. "덕공 2년 복날 사당을 짓고 개고기를 찢어 네 곳에 걸었다."라는 기록이다. 한(漢)나라 때는 "복날 온갖 귀신들이 횡행하여 온종일 문을 걸어 잠그고 출입을 막았다"라는 기록도 보인다. 여기서 귀신은 전염병을 가리킨다. 흔히 역병(疫病)이라고 불렀다. 예기(禮記)와 춘추(春秋)에는 제사에 개고기 국을 올린다는 기록도 있다. 우리나라의 경우 조선시대에 크게 번창하였였다. 그러면 왜 개고기를 먹을까? 더위를 피하는데 왜 개고기가 등장하는 것인가? 더욱 놀라운 것은 세계에서 우리나라가 유일하게 이 풍습이 남아 있다는 것이다. 이제 한자의 조성 역사를 살펴 그 유래를 살펴보겠다. 집을 뜻하는 한자가 가(家)이다. 이 한자는 지붕 아래 돼지를 키워 '집이다'라는 설이 있다. 가짜 해석이다. **원래의 한자 형태는 지붕 아래 개가 희생되는 모습**이다[11]. 이른바 개를 죽이는 희생 제의를 가리킨다. 집을 짓거나, 성곽을 건축할 때, 왕실의 조묘(祖廟) 아니면 사당을 신축할 때 건축물이 들어서는 땅 밑에 개를 묻었다. 개가 지킴이의 역할을 한다는 믿음 때문이다. 이 개가 모든 사악한 것들의 공격을 막아준다는 것이다. 사람을 묻기도 하였다. 상(商, 보통 은나라로 알려져 있음)나라 시기에 작성된 갑골문에는 희생 제의를 행하는 문구가 다수를 차지한다. 사람을 희생시켰다는 기록이 숱하게 남아 있다. 그리고 갑골문의 한자 중 이러한 희생 제의를 뜻하는 한자들이 수두룩하다. 상나라 무덤의 관 자리 밑에, 성장한 무사와 개가 한 구덩이에 묻힌 사례가 많다. 이를 복예(伏瘞)라고 부른다. 여기서 **伏은 사람과 개인데 이른바 희생 제물**을 뜻한다. **인류의 슬픈 문화유산**이다. 분묘를 뜻하는 총(塚)은 사당이 원래 뜻으로 개를 묻은 흙더미의 형태이다[11]. 그리고 추(隊)는 성스러운 사다리 앞에서 흙을 돋우어 희생물 개를 묻어 바치는 형태이다. 세 발 솥을 뜻하는 정(鼎), 술항아리를 뜻하는 존(尊) 등의 한자들은 모두 제사 의례 과정인 희생 제의 때 사용되는 제사 용기이다. 이것들도 함께 묻었다. 이렇게 희생물을 땅에 묻어 주술을 거는 방식으로 하여 땅의 기운(열기, 습기 등)이나 대기의 열을 이기는 매개물로 삼았다. 더위에는 체력이 약해지고 무기력해지며 신체가 늘어지기 마련이다. 개고기는 어느 모로 보나 무기력한 기운을 회복시켜 왕성한 체력으로 발돋움하는 데 제격이었을 것이다. 더욱이 파수꾼으로서 온갖 질병(특히 전염병)을 몰아내는 정신적 수호자 역할까지 고려하면 개고기의 섭취는 일견 타당해 보인다. 즉 정신적, 육체적 보호자 겸 영양제 역할까지 망라된 문화의 단면인 것이다. 참고로 자연(自然)의 **한자어 然은 개고기를 토막 내어 굽는 형태이다**[11]. 비록 기록으로는 별로 남아 있지 않지만 다수의 지역과 민족들에서 이러한 행위가 있었으리라 생각한다. 다만 '왜 우리만 이 습속이 유지되었는가?'에 대한 답은 더욱 자세한 조사가 필요할 것 같다. 참고로 2022년도 복날은 초복 7/16, 중복 7/26, 말복 8/15, 2023년도는 7/11, 7/21, 8/10이다. 앞에서 이탈리아의 개의 날 7/3~8/11과 일치한다. 복날의 변동은 10간(干) 중 경(庚)이 들어가는 날을 기준으로 삼기 때문이다. 오늘날 개는 아끼는 동물(반려견이라 하는데 글쓴이가 보기에 가장 서툰 명칭이라고 본다. 도대체 반려가 무엇인가?)로 특별 대접을 받는다. 따라서 먹는 행위는 야만적 행위로 치부된다. 문화적 갈등의 소산이다. 소를 보자. 개보다는 소가 인류를 위하여 더 소중하고 생산적이며 온순한 동물이다. 그러한 **동물은 거침없이 먹으면서** 개고기는 안 되며, 야만적인 행위라고 하는 것은 '**나의 종교 이외에는 모두 미신이다**'라고 하는 주장과 다를 바 없다.

작은개자리는 1등성 으뜸별 프로키온(Procyon)을 중심으로 한다. Procyon은 Procion, Prochion의 변형 꼴이다. 그리스어가 모태이다. 어원적으로는 '부루키나'이다. 부루키와 같지만 '나'가 붙어 결국에는 '부루칸'이 되었다. '불칸, 발칸'이며 화산인 Volcano도 이 구조이다. 그리고 꼬리인 chion, cion은 치웅, 결국 '중'으로도 새김된다. 제사장(祭司長)이다. Jacob Bryant는 그리스어 자체가 이집트의 Pur Cahen에서 왔다고 주장한다. '부루칸'이다. 바로 직결된다. 유프라테스에서는 개가 물을 건넌다는 의미의 물개(water-dog)라고 불렸는데 원통형 돌 도장 유물에 Kakab Paldara(Pallike, Palura) 등으로 적혀 있다. Paldara, Pallike, Palura 등은 모두 'Pal'을 뿌리말로 하고 있다. '봐+알' 형태로 이 경우에는 바라, 펴라 등으로 평평한 강이나, 강가 지역을 뜻하는 것으로 파악된다. **Kakab**는 '고기'와 연결된다.

## 5.7 게자리(Cancer, the Crabs)

프랑스 le Cancre 혹은 l'Écrevisse, 이탈리아 il Cancro 혹은 Granchio, 독일 der Krebs 혹은 die Krippe.

쌍둥이자리 동쪽 옆에 자리하며 사자자리 서쪽에 위치한다. 따라서 해길을 따르는 길목에 있다. 그러나 뚜렷한 별들이 없어 파악하기는 쉽지 않다. 우리나라 말 '게' 와 앞에서 다루었던 '개'와의 관계가 영어권에서도 같은 맥락을 지니고 있다. 왜 냐하면 모두 '카, 키'를 뿌리로 삼기 때문이다. 그리스에서는 일찍이 Καρκινος 라 하였고 이를 라틴어로 Carcinnus라고 새겼다. '커알치나'이다. 글쓴이로서는 왜 K를 버리고 C로 표기를 했는지 이해할 수가 없다. 아울러 '나'가 '치'와 자리 바꿈한 것도 의아스럽다. 이탈리아를 보면 '클치나'에서 '클나치'로 다시 '큰클'로 변화되었음을 알 수 있다. 그리고 독일어 즉 게르만 말에서 '클뵈'로 된다. 이것이 현재의 영어 Crab이다. 프랑스어의 'Écrevisse'는 '클뵈씨'로 여기에 '씨'가 붙었 다. 우리나라 말 '굴비'가 있는데 음운학적으로는 같은 배열이다. 우리가 바닷가 를 '개'라 불렀는데 이 말과 깊게 연루되어 있다. 개ㅅ벌, 개ㅅ바위, 개수리(제주 도 말로 개ㅅ지렁이를 가리킨다) 등에서 그 흔적이 명백히 남아 있다. 뫼수리가 뫼우리로 되면 메아리가 되듯이 'ㅅ'음이 사라지는 경향이 있다. 모래를 제주도에 서는 모살이라고 부른다. '물의 살, 무씨알'이다. 메아리도 '뫼의 씨알'인데 모두 '씨'가 사라진 것이다. 무우는 원래 '무수'이다. '물씨'인 셈이다. 물을 흠뻑 머금 어서이다. 이제는 이것도 모자라 그냥 '무'라고 하는 것 같다. 일본어인 '카니 (Kani)'는 뿌리 카에 나가 붙어 '큰이'가 되었다. 고대에는 '게'를 특별하게 보았 다는 증거가 '커'라는 뿌리말이다. 어떻게 보면 '게'는 모든 동물(곤충 포함) 중에 서 독특한 형태를 지니고 있다. 왜냐하면 몸체인 경우 보통 긴 형태를 근간으로 위에는 머리 그 옆으로는 팔(손)과 다리(발)가 나오는 것이 일반적이다. 게는 그 반대이다. 몸체는 정사각형에 가까운 직사각형으로, 긴 모서리 쪽으로 머리가 나 있으며 그곳으로 앞발인 집게발이 튀어나온 구조이다. 그리고 옆으로 걷는다. 옆 으로 걷는다고 했지만 곤충이나 동물의 몸체를 고려하면 똑바로 걷는 것이다. 진 화학적으로 규명이 되어 있는지는 확인을 못하였다. 게와 연관된 이름에 '가재

(crawfish, crayfish)'가 있다. 흥미롭게도 craw는 crab과 같다. w의 음은 보통 '뷔'로 새김이 되기 때문이다. 그러면 **Crab**은 구르비로 '**굴러가는 것**'으로 해석하면 그대로 통한다. 가재 역시 마찬가지이다. 우리말 '**구르다**'를 생각하기 바란다. 그러나 그 모양을 보았을 때 Crab은 '갈비'와 같다. 잠시 후 다시 나온다.

**종합적으로 볼 때 여전히 글쓴이로서는 '개(dog)'와 '게(crab)' 그리고 바다**가 '개'와의 연관성을 파악하지 못하였다. 단순히 크거나, 독특하거나, 귀중하다는 이유로 '커, 키'가 뿌리말이 되었는지 심리학적, 사회학적으로 규명하는 길이 과제이다. 음운학적으로는 '카, 키'에 대상을 가리키는 '이'가 붙은 것으로 본다. 다만 제의적인 의례를 생각한다면 제사를 지내는 거룩한 장소의 일반적인 이름이 '개, 괴'로 볼 수도 있겠다. 마치 닭이 제물을 가리키는 일반 이름이듯이 말이다. 가, 곳, 곶 등이 모두 장소를 가리키는 말에서도 그 공통성이 엿보인다. 이때 개(dog)와 '게(Crab)'는 육지와 바다를 대표하는 희생 제물로 부여받은 이름으로 보고 싶다. 가장 알맞은 말은 '괴기, 고기'라고 하겠다. 이때 개는 묻고기, 게는 물고기가 된다. 그리고 개를 '닥', 게를 '굴비'라고 부르면 좋겠다. 또 하나의 제물 이름은 '씨키', 즉 '새끼'이다. 제주도에서 제사를 '식게'라고 하는데 씨키에서 왔다고 본다.

해길에 있는 12개의 자리 중에서 가장 눈에 띄지 않은 별자리로, 신화적으로도 황당한 면이 있다. 헤라클레스가 바다의 뱀 **Hydra**와 싸우는 와중에 그의 발톱으로 게를 개스벌로 차버렸다는 이야기이다. 사실 뜬금없는 설정이 아닌가 한다. 상례적으로 만물의 제왕인 제우스가 하늘로 올려 보내는 설정이 뒤따른다. 그런데 늪, 그러니까 개스벌의 이름이 Lerna로 나온다. Le를 빼면 '알나'가 된다. 알을 낳는 곳이다. 게들은 바위틈에서 생활하는 것들도 있지만 개스벌에서 생활하는 종류도 많다. 이 이름을 토대로 별자리 이름이 Lernaeus로 부르기도 하였다. 흥미로운 점은 칼데아인(Chaldaen)이나 플라톤주의자(Platonist)들은 철학적인 관점에서 이 자리를 사람의 문(Gate of Men)이라고 여겼다. 왜냐하면 이곳을 통하여 영혼이 하늘(heaven)에서 사람의 육체로 들어간다고 보았기 때문이다. 글쓴이가 참고 문헌 [1]에서 이 같은 내용을 접하며 심리적으로 묘한 느낌을 받았다. 그것은 개스벌이 주는 심리학적 그리고 지리적 상징성 때문이다. 개ㅅ벌은 육지(land, earth)와 바다(sea) 사이에 위치한다. 그리고 바닷물이 드나드는 조건, 즉 밀물과 썰물에 따라 사라졌다가 나타나는 곳이다. 육지인 땅은 현실적인 곳이다. 이른바 육체라고 할 수 있다. 그리고 바다는 바탕이며 이는 하늘과 심리학적으로 대등하다. 썰물이 되어 펼쳐진 개ㅅ벌에 나타나 휘젓고 다니는 게들을 상상해보자. 우리들의 영혼이 자유롭게 돌아다니는 것이 아닌가? 특히 그 개ㅅ벌 혹은 하얀 모래에 깊은 굴을 파고 나오는 게들을 보면 그 깊은 굴이 우리 마음의 깊은 곳, 이른바 심연(深淵)이 된다. 이러한 심리적 생각이 곧 철학이다. 그림 **5.17**을 보면서 하얀 게와 함께하기 바란다.

그림 5.17 게의 모습. 바다의 하얀 모래밭에 서식하는 종류로 모래와 같은 색으로 진화하였다. 모래밭에 깊은 구멍을 파 보금자리로 삼는다. 제주도 함덕 모래밭에서 촬영된 것이다. 지금은 터전을 잃어 볼 수 없다.

점성학적으로 게자리는 전갈과 물고기와 함께 장마(물) 삼총사(Watery Trigon)라고 여겼고 달의 집으로 취급되었다. 그리고 천정에 가장 가까워 세계의 별점으로 삼아졌는데, 불행을 상징하였다. 그것이 사람의 가슴(유방)과 배(위)를 관장하기 때문이다. 그 지배 지역이 스코틀랜드, 홀란드, 질랜드, 부르군디(Burgundy), 북아프리카 심지어 뉴욕 근방이다[1].

아카드인들은 고대에는 해의 남문으로 보았고, 그 후 세차 운동에 따른 변화로 이번에는 해의 북문으로 취급하였다. 쐐기문자에서 Nan-garu로 나온다. 혹은 Nagar-asagga라고 풀이하며 물길의 노동자(Workman of the Waterway)라는 뜻으로 해석한다. 우선 Nan-garu를 더듬는다. Garu는 '커알'이다. 이 커알을 '가라'로 보면 강(江)이나 물이 된다. 두 번째 Nagar는 앞의 Nan-garu인 듯하다. '나가라'이다. Nan-garu를 붙이면 Nangaru가 된다. 가운데 ang(앙), nga(응아)를 무시하면 Naru가 된다. 우리말 나루와 같다. 그리고 Nagar든 Nangaru든 미국의 '나이아가라(Niagara)' 폭포의 이름과 같다. 유프라테스, 한반도인 우리 그리고 아메리카 인디언과 이어진다. 여기서 'Na, Nan'은 '나리다'의 뿌리말과 같다. 결국 폭포와 같은 강줄기를 나타내는 이름이다. Nagar-asagga는 Na(n)gara-sagga로 본다. Sagga는 바로 '씨키'이다. '시키다'의 뿌리말로 새기면 일하는 사람으로 해석이 된다. '나루'는 배가 강가에 닿아 정박하고 배에서 '내리다'와도 의미가 연결된다. 배를 통하여 물건을 '나르는' 행위와도 통한다. 게를 제주도에서는 '겡이', 새를 '생이' 등으로 불러 '응' 발음이 붙는 경우가 많다. 'ka+ng+i', 'sa+ng+i'의 구조이다.

고대 산스크리트 이름은 Karka, Karkata, 타밀(Tamil) 말로는 Karkatan, Cingalese는 Kathaca라고 하였다. 그러나 후에 힌두어는 Kulira라고 하였다. 글쓴이가 주목하는 것이 'Karka'이다. '가락'과 같다. 이미 언급했지만 가야국을 표기할 때 종종 가라 혹은 가락으로 표음 되는 한자가 등장한다. 그리고 가락은 우륵과 연관하여 '노래-가락'처럼 음악의 선율을 나타내기도 한다. 강줄기를 엿가락처럼 보면 심리학적으로 이해가 된다. 그러면 고대 인도 지역에서의 Karka가 가락과 뜻을 같이할까? 가라, 가락국은 인도에서 왔다는 설이 있다. 산스크리트어에 고대 드라비다족의 말이 다수 남아 있다면 글쓴이의 관점이 맞을 것이다.

페르시아는 Chercjengh, Kalakang, 투르크는 Lenkutch, 시리아와 칼데아는 Sartono, 히브리는 Sartan, 아리비아는 Al Saratan이라 하여 모두 게(Cancer)를 뜻한다. Chercjengh는 두음, 자음 접변 등으로 Karktan에서 변했다고 본다. 그리고 Kalakang은 ar가 al로 ta가 ka로 변했다. 투르크는 다시 가운데 al이 빠져 '크치'로 변했다. 그다음을 보면, 보기 좋게 **k 음이 모두 s 음으로 변한 사례**이다. 음운학적인 연구에 좋은 자료이다. Kar가 모두 Sar로 전환되었다. 그런데 놀랍게도 산스크리트어와도 같다. '가라', '가락' 혹은 '가라땅', '가락땅'이다. 이러한 연결을 어떻게 설명해야 할까? **과연 이 이름들이 '게'를 가리키는 것인지는 의문**이다. 색슨족은 1000년경 Crabba라 했는데 이것이 현재의 Crab과 같다.

Jensen은 바빌로니아의 바다거북(Tortoise)으로 보았다. 이 형상은 B.C. 4000년경의 이집트에서도 보인다. 그리고 B.C. 2000년경에는 Scarabaeus라 하여 신성한 영물로 그려지기도 하였다. 이것이 그리스어에서 Καραβος (Karabos)로 나온다. 그리고 이 영물의 발톱에 그려지는 땅의 보금자리(the nestball of earth)와 함께하는 그림으로 표현된다. 후에 '물방개(Water-beetle)'로도 그려진다. Karabos를 보자. **Karabo는 갈라비인 '갈비'이다. 지은이는 게의 모양도 갈비로 보았다. 왜냐하면 몸체와 양옆으로 나온 네 쌍의 다리는 영락없는 갈비 꼴이기** 때문이다. Karabo와 Crab은 같은 소리를 내는 같은 말이다. 특별 주제 14인 '빗, Comb, 갈비' 편을 다시 보이주기 바란다.

전체적으로 보았을 때 이 별자리는 물과 관련되는 것으로 나온다. 그 이유는 해가 한여름에 걸쳐 이곳을 지나기 때문이다. 지금의 천문학적 관측으로는 7월 18일부터 8월 7일까지이다. 그리고 고대에는 여름점이 이곳에 위치하였다. 표 **4.2**를 보기 바란다.

이 별자리는 알파, 4.4등급, 베타, 4등급, 델타, 4.3등급 등 세 개의 별이 삼각형을 이룬다. 그리고 감마별, 4.6등급, 이 그 꼭지점에 하나 더한 형태이다. 이렇게 등급이 낮은 관계로 식별이 쉽지 않다. 으뜸별 이름이 Acubens이며 아라비아에서 유래한다. 물론 A는 Al과 같다. 즉 Al Zubanah에서 나온 이름이다. Zu를 Cu로 새김했다. 어찌 되었든 발톱(the Claws)의 의미라고 한다. 갈고리발톱인 만큼 독수리나 매의 발톱 혹은 게의 집게발 등을 가리킨다. **우리말 '갈고리'를 주목**하여야 한다. 'Kalkori'로 앞에서 나온 Karak, Kalak는 물론 Claw와도 통한다. 갑자기 강줄기에서 갈고리로 변하였다. **그러나 '고리'라는 이름에서 모두 통한다. 왜냐하면 구불구불한 형상**이기 때문이다. 또한 '구부러지다'를 연상하면 Cubens가 그대로 연결된다. Acubene, Azubene 등으로도 나온다. 모두 앞 대명사인 Al을 모르고 나오는 말이다. 그런데 Acetabula라 하여 게의 팔뚝 구멍(the Arm Sockets of a crab)이라고도 하였다. 그리고 팔뚝 자체는 Cirros 혹은 Cirrus라고 한다. 글쓴이가 보기에는 솔직히 억지스럽다. Cirrus, Cirros는 그대로 '고리'이다. 구부러진 팔뚝과 같다. 이것과 동등하게 Flagella라는 이름도 등장한다. 이 단어를 앞에서 나온 Acetabula와 비교하면 Ceta와 Gella, Fla와 Bula가 대응된다는 사실을 알 수 있다. 여기서 la는 의미가 없다. 그러면 나중 것은 '뵈커알', 앞에 것은 '커따뵈'가 된다.

모두 '뵈'가 첨가된 꼴로 Cancer와 Crab과의 관계에서 '뵈'가 나온 것과 같다. 여기서 꼬리에 붙든 머리에 붙든 '뵈(b)'는 대상을 나타내는 단순한 철자임을 알 수 있다. '아비', '아버지'를 상기하자. 심지어 Branchiae, Ungulae라고 하는 학자도 등장한다. 앞은 '부루키' 뒤는 단순히 '클, 콸'이다. 글쓴이가 어릴 적 잠자리를 유인할 때 '응절, 응절' 했었는데 이 말이 어디에서 온 것인지 무척 궁금해하고 있다. 제주도 사투리인데 잠자리를 가리키는 말이다. 묘하게도 'Ungulae'하고 음운학적으로 일치한다. 베타별 이름은 Al Tarf로 끝(the end)을 가리킨다. 감마와 델타는 서로 가깝게 붙어 있다. 합쳐 Asellus borealis 그리고 Asellus australis라고 하여 북과 남쪽의 Ass Colt(나귀 망아지)라고 부른다. 라틴어로는 Aselli, Asini 곧 당나귀(Donkeys)이다. 그리스어로는 'Anoi'라 하여 나귀를 가리킨다. 문제는 여기서 A를 어떻게 볼 것이냐이다. 무시하면 '씨알' 혹은 '씨나'가 된다. 모두 '씨'가 뿌리 말이다. 그러나 그리스어에는 '나'밖에 없다. 영어의 Ass도 '씨'가 주이다. 당나귀를 보면 '탕-키'이다. 우리말 '나귀는 분명 한자말은 아니다. 그리고 '당나귀'는 당(唐)의 나귀라고 해석되어 나온다. 의문스럽다. 더욱 중요한 것은 나귀를 뜻하는 Donkey이다. '탕키'는 '댕기'와도 이어지기 때문이다.

여기에서 주장하건대 '당(唐)'은 한자말이 아니라 보편적인 이름인 '탕'과 같은 말이다. '탕구리'의 그 탕이라는 점이다. 한자는 발음에 불과하다. 그리고 '탕'의 건국자와 그 주류는 투르크족과 긴밀한 관계를 맺은 바 있다. 우리가 오해하거나 착각하는 역사적 배경이다. 그 당시 당의 서쪽 지역에서는 당의 왕(흔히 황제라고 하는)을 '탕구리'라고 불렀다. 탕구리가 의미적으로 '하늘왕'인 천왕이며 천자이다. 황제는 '한치'가 변하여 왕보다 더 높은 서열로 나중에 각색된다. 중국(중원에 사는 민족)의 사학자들이 이러한 진실을 모두 감추고 한자를 요리조리 돌려가며 역사를 기록한 결과이다.

영어의 Donkey는 당나귀와 일치한다. '따나키'이다. 나귀는 '나키'이다. 여기서 '나'인 탄생과 그 탄생을 품은 대상 '키'가 나귀이다. '키'는 반드시 출현하는 머리말 혹은 꼬리말이 된다. 그런데 '나'는 때때로 탈락한다. '씨'는 꼬리말로서는 군더더기이며 뜻으로는 복수나 씨족을 가리킨다. 이때 '알'이 중요해진다. 앞에서 나온 Asellus는 씨알이다. 영어의 Ass는 알이 생략된 것이 아니라 A를 살리면 아(알)씨가 된다. Asellus의 이중적 알이 하나 탈락한 형태이다. **그러면 나귀는 '아**

씨' 혹은 '씨알, 사루'와 '나키'로 대별된다. 일본어에서 '사루'는 원숭이를 가리킨다. 더욱이 '사루, 살'은 '살다'의 뿌리말이다. 아라비아에서는 두 개의 나귀라는 의미로 'Al Himarain'이라고 불렀다. 글쓴이가 보기에 Himarain은 '히마루'이다. '흰말'이 된다. '두개'라는 해석은 나중에 가져다 붙인 것 같다. 사실 **Himaru는 낙타에 어울리는 호칭이다. 낙타 등에 뿔인 마루가 있기 때문이다.** 이 단어가 나귀가 되는 것 역시 mara를 '말(馬)'로 보면 된다. 산을 가리키면 백두(白頭)이며 현재의 히말라야산맥 이름과 같다.

식별이 쉽지 않음에도 불구하고 게자리는 바빌로니아에서 13번째 해길 별자리로 나오며 델타별이 중심 역할을 하였다. 이름이 'Arkū-sha-nangaru-sha-shūtu'라 하여 게자리에서 서남쪽 별이라는 뜻이다. 여기서 다시 **nangaru**가 나온다. 서남쪽 별이라고 해석하는 것은 작위적인 냄새가 난다.

또한 이 별자리는 달리 여물통 혹은 마구간(the Manger or Crib)이라고도 부른다. 라틴어로 Praesaepe, Praesaepes, Praesaepis, Praesaepia, Praesaepium, Presepe, Pesebre 등이다. 모두 '뵈알씨뵈'이다. 여기서 뵈알인 Pre는 발 혹은 펴라로 보면 물이 있는 평평한 곳으로, 씨뵈는 '사비'로 보면 되겠다. 우리나라의 백제 수도였던 부여는 사비로도 불렀다. 속비로 안의 성 즉 서울(소부루)과 같다. 어찌 되었든 이 단어는 '뵈'가 이중으로 들어가 있어 하나를 무시하면 그대로 부루씨 혹은 씨부루이며, 이는 소부루와 같다. **Saxon(숙신)에서 씨가 이중으로 들어간 것과 구조가 같다.** 조그맣게 둘러싼 모양의 집이나 통을 연상하면 된다. 영어의 Manger가 흥미롭다. '망골'인데 몽골과 통한다. 골은 커알로 고구려나 고려의 국명이기도 하다. 그리고 이 **말골은 말갈**로도 부를 수 있다. 고구려 역시 성을 안과 밖, 내성과 외성으로 분리하여 통치하였다. 이때 외성인 바깥 성을 말골이라 하였다. 신라가 고구려의 침략을 받을 때 때때로 말갈로 묘사되는데 이는 군대 편제상 말갈족이 포함되기 때문이다. **쿠루(Kuru)는 성(城, Castle)이나 성책(城柵, fort)**을 뜻하는 일반 단어이기도 하다. 이미 여러 번 지적했지만 몽골족은 말미에 응(ng)을 붙이는 경우가 허다하다. 말(mar)이 마(ma), 그리고 망(mang), 몽(mong)으로 된다는 뜻이다. 그리고 이 몽(蒙)은 관리의 높은 직위를 나타내는 상징이기도 했다. 여기에서 Manger가 왜 여물통으로 새겨지는지 확실히 드러난다.

## 5.8 황소자리(Taurus, the Bull)

프랑스 le Taureau, 이탈리아 il Toro, 독일 der Stier.

황소자리는 서기전 4000~1700년 중 봄점으로 부여되어 고대로부터 새해를 알리
는 별자리였다. 그러나 실제적으로는 다르다. 저녁 해가 지고 난 다음 가장 서쪽에
자리한다. 새벽에 나타나는 것이 아니다. 새벽이 아니라 저녁을 기준으로 한 것이
다. 유프라테스 지역의 하루가 저녁 해가 지고 난 후부터라는 점을 알면 이해가
될 것이다. **이미 여러 번 강조**하였다. 그림 **4.1**을 다시 보기 바란다. Tauru는 '따
알'이며 결국 또르(Tor)이다. 프랑스어 Taureau는 이탈리아어의 Toro와 발음이
같다. 독일은 여기에 꼬리말로 '씨'가 첨가되었다. Star와 같은 형태이다. 모두 머
리말인 관사를 붙인 것은 황소를 나타내는 특정의 별을 가리키기 때문이다. 영어
의 Bull은 우리나라 말 '뿔'과 같다. 황소라 하지만 상반신 그것도 얼굴 부분만이
강조된다. 그리스 여신 유로파(Europa)와의 전설이 있지만 여기에서는 다루지 않
겠다. 아라비아에서는 Al Thaur를 필두로 El Taur, Altor, Ataur, Altauri 등으로
된다. 시리아는 Taura, 페르시아는 Tora, Ghav, Gau, 투르키에서는 Ughuz, 유대
인은 Shor 등으로 불렀다. 그리스 영향을 받았지만 페르시아의 Ghav는 고유어인
듯하다. '커뵈, 커배'이다. 황소에 걸맞은 호칭이다. 투르키의 Ughuz는 '웃크치'로
역시 황소에 걸맞다. 웃크치가 관직명이 되면 상공(上公)이 된다. 일본어 토라
(Tora)는 범(Tiger)을 가리킨다. 동양에서는 서쪽을 지키는 하얀범(白虎) 자리에
속하는데 오리온자리와 함께한다.

이집트의 소떼 그림, 18 왕조, B.C. 1400, British Meusium

그림 5.18   이집트의 황소 그림. 신왕조에 해당하는 18 왕조 시대인 B.C. 1400년경의 작품이다. 소위 왕의 무덤들이 즐비한 왕가의 계곡 무덤 벽화이다. 이집트의 농경 생활을 실감 있게 그리고 있다.

황소의 명칭은 아마도 이집트에서 빌려왔을 것이다. 그림 **5.18**을 보기 바란다. 그리고 더 거슬러 올라가 Sumer에서 시작되었다고 본다. 이집트의 Osiris는 황소-신이다. 이미 북두칠성을 논할 때 언급이 되었었다. 즉 황소의 넓적다리가 북두칠성에 해당하고 이것을 끈으로 이어져 잡은 동물이 하마로 묘사되는 그림이다. 이러한 황소 전설이 지중해 국가에 퍼지고 결국 하늘을 대표하는 별자리 이름으로 정착되었다고 본다. 물론 그의 아내이자 누이인 Isis 신도 포함해서이다. 흥미롭게도 황소자리는 황소 전체를 그리지 않고 얼굴과 뿔의 형상으로만 그리는 경우가 많다. 나중에 이집트의 황소 신화가 퍼지면서 결국 해가 머무는 12개의 자리에 황소를 넣은 것으로 파악된다. 고대 바빌로니아의 별자리에서는 황소 목록은 없고 그 대신 Hydes와 Pleiades가 들어가 있다는 주장도 있다. 이집트는 북두칠성을 황소로 보았다. 그런데 나중에 해길에서 황소자리가 나와 북두칠성의 황소는 오직 넓적다리로만 그려진다. 그리고 이미 언급했다시피 황소자리에서 황소의 뒤가 북두칠성을 향하도록 그려진다. 서로 입장이 뒤바뀐 셈이다. 수메르 신화의 영웅 길가메시 이야기에는 황소를 때려잡는 설정이 나온다. 마름 시기와 장마 시기를 상징하는 것으로 보고 있다. 헤브루인은 A 혹은 Aleph라고 부르는데 알파벳의 A와 같다. 발음 '아'는 소의 울음에서 나왔다. 그러면 알레프(Aleph), 알파(Alpha) 등의

발음은 어디에서 왔을까? 알을 빼면 '뵈'가 된다. 이 '뵈'에서 온갖 기본적인 말들
이 탄생한다. 거꾸로 하면 '배알'이 된다. 영원회귀의 돌고 도는 말의 탄생 구조이
다. 그림 5.19는 메소포타미아의 바그다드에서 봄점인 3월 21일에 쳐다본 고대의
밤하늘이다.

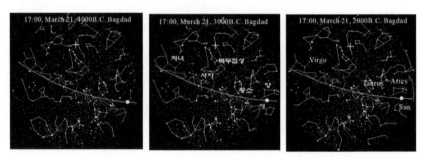

그림 5.19  서기전 4000, 3000, 2000년 봄점인 3월 21일 저녁 5시 바그다드에서 쳐다본 별자리 모습.
아직 해가 지지 않은 시간이다. 해는 양자리에 위치한다. 황소자리가 아니다. 해가 지면 황소자리가 서쪽
에 잠시 나타났다가 사라진다. 저녁 동쪽에 나타나는 처녀자리가 진정한 봄이 왔다는 소식을 알리는 전령
이다. 황소가 그 표지라면 유프라테스 지역처럼 하루의 시작이 저녁, 끝나는 시점이 새벽이어야 한다. 더
욱이 황소의 얼굴이 아닌 밑의 몸체인 경우 해가 지나가는 길에서 한참 어긋난다. 4월 21일 경이 해가 정
확히 황소의 얼굴에 위치하는 시기이다. 5월부터 새벽 해 뜨기 직전 동쪽에 나타나기 시작한다. 그리고
시간이 지나면서 떠오르는 시간이 점점 한밤중으로 옮겨간다. 그리고 가을점 경 새벽 서쪽 끝자락에 위치
한다. 해가 뜨면, 즉 하루가 끝날 때 황소 역시 사라지고 만다. 밤이 비로소 찾아들어 한밤중이 되면 봄의
주인공들인 사자와 처녀가 자리를 잡아 빛난다. 여기서 북극점이 이동하는 모습도 볼 수 있다.

### 5.8.1 Hyades

물의 뜻으로 나온다. 언뜻 유래 찾기가 난감하듯 보인다. 여기서 H는 W로, 따라
서 '뵈'가 된다. '뵈따'이다. 따라서 Wades, Vades, 결국 Vada라고 본다. 물론
'뵈'가 원류이다. 영어의 View와 같다. 일본어에서 이러한 변화를 극명하게 살펴
볼 수 있다. 이른바 'ㅂ' 음이 'ㅎ' 음으로 변화되는 진화이다. 보기를 들면, '북
(北, buk)'을 '후쿠(huku)'로 발음하는 식이다. '바다'는 '하타'로 발음할 것이다.
이 별들이 새벽 떠오를 때 비가 내리는 장마가 시작된다. 시리우스와 비슷하다. 이
제 **Water**를 보자. '바또르, 바따알', 결국 '바다'이다. **Hydra**와 같다. '바다'이다.
거꾸로 프랑스(라틴 계통)는 물(**Mer**)을 바다로 새김한다.

그런데 로마 시대에 시골 사람들이 이 별무리를 Suculae, the Little Pigs라고 불렀다고 한다. 새끼 돼지이다. 놀라운 것은 Sucu이다. '새끼'로 새김이 된다. 놀라울 정도로 우리말과 일치한다. 이 단어는 유래가 같다. '씨+키'이다. **옹기종기 모여 있는 모습을 새끼 돼지들**로 표현한 것이다. 상상이 가고도 남는다. 더 재미있는 것은 암돼지, Sow를 Sus라고 하는 것인데 그리스어로는 Us(혹은 Sus)이다 [1]. 여기서 씨(S) 발음이 그리스에서는 사라진다. 마치 Sindu(현재의 인도)를 Indu라고 부른 맥락과 같다. 그러면서도 Hindu처럼 히(회, H)와도 엉킨다. 꼬리 s는 군더더기이므로 암돼지를 '씨'라고 불렀다는 의미가 된다. 그런데 '씨'는 수, 즉 수컷을 가리키고 그러면 거꾸로이다. 그러나 Su가 아니라 Us로 보면 '아씨'가 되어 통한다. Sow는 '씨배'로 역시 뜻이 이어진다. 라틴어도 분명 우리와 연관이 된다. 그리고 **고대 라틴어의 문법 구조는 우리와 비슷했을 것이다.** 지금은 돼지라고 부르지만 원어는 '되'이다. 따(땅)가 뿌리말이다. 새끼를 뜻하는 아지(기)가 붙어 돼지가 되어버린 것이다. 나중에 더 자세히 다루겠다.

## 5.8.2 Pleiades

천문학적으로 볼 때 별들이 옹기종기 모여 있는 집단으로 같이 탄생한 형제들이다. 이를 열린 별무리(Open cluster, 한자어를 빌려 산개성단(散開星團)이라 한다)라고 한다. Hyades도 같다. 고대로부터 특히 주목받은 별무리이다. 겨울철 조금만 신경 쓰면 맨눈으로 볼 수 있다. 그리고 쌍안경만으로도 그 아름다움을 느낄 수 있다. 6개의 별이 뚜렷이 보이는데 7개의 별로 불린다. 그림 **5.20**을 보기 바란다.

그림 5.20 황소자리(Tuarus)와 Pleiades 및 Hyades. 으뜸별인 알데바란과 Hyades가 포함하는 골짜기 모양이 황소의 얼굴에 해당한다. 여기에서 보이는 Pleiades의 모습은 쌍안경 정도면 보인다. 그림 1.2를 보면서 비교하기 바란다.

그리고 북두칠성과 항상 대비되는 별무리이기도 하다. 'Plei'가 뿌리말이다. 결국 '배알'이다. '불, 밝'으로 빛남이 울창하여 이름이 지어진 것으로 본다. 실제로 인도에서는 불신의 불꽃(a Flame typical of Agni)이라고 불렀다. Agni는 인도 점성술에서 불의 신으로, 우리말의 '**아궁이**'와 같다. 아궁이가 Agni에서 왔다고 본다.

여기서 **Agni**는 아기니이다. '아기+니' 혹은 '아기+님'이라고 본다. '큰이'가 아닌 '아큰이'로 보면 더욱 알맞다. 아기 자체가 '키가 아니다'라는 뜻이다. 아궁이의 '궁'은 '이'를 살리기 위한 소리 변화의 결과이다. '탁리'가 탕그리로 되는 것과 같다. 한편 '부엌'을 보자. '불+아키'이다. 불아기인 셈이다. 불을 안고 있는 아기, 즉 불의 수호신이라고 할 수 있다. 이 부엌에서 **Agni**는 아기님이라는 사실이 확실히 증명된다. 부뚜막의 '부'도 '불'이다. 이 **Pleiades**를 '불아기' 혹은 '부엌'으로 부를 것을 제안한다. 불아기를 '바라기'로 새기면 소원성취를 비는 대상으로 승화된다. 부엌과 대비되는 말이 '미역'이다. 물아기는 '물아기 → 미아기 → 미악 → 미역 → 먹'으로 변한다. 먹감다의 '먹'도 여기에서 왔다.

일본어로는 수바루(Suvaru)라고 하는데 '씨뵈알'이다. '씨불'인 셈이다. '부엌'과 통한다. 가장 그럴듯하다. 우리나라는 '좀생이'라고 부른다. 작은 것들이라는 의미이다. 앞에서 새끼 돼지와 의미는 같다. 속담에 '좀생 보다'라는 말이 있다. 음력 2월 6일에 좀생이별과 달과의 거리를 살펴 그 해의 농사의 형편을 헤아리는 풍습이다. 초승달이 가까이 있으면 흉년, 멀리 있으면 풍년이 된다는 풍속이다. 달이 앞서거나 뒤서거나 하는 차이로 긴 세월에 걸쳐 터득한 날씨에 대한 예보이다. 이러한 풍습은 저녁 시간대의 일이다. 그리고 달의 행로를 기준(Lunar Station)으로 한 것이다. 새벽 떠오르는 시간, 혹은 해와 함께하는 시기를 기준으로 한 것이 아니며 분명 이집트나 아라비아의 풍습과는 차이가 난다. 힌두 풍습은 좀생이별 달로 10월에서 12월로 정하여 Kartik(클따키)라고 불렀고, 성대한 불꽃 잔치를 행하였다. 이를 Dibali(the Feast of Lamps)라고 한다. 오늘날 일본에서 행하여지는 등불 축제의 원형이라고 알려져 있다. Dibali는 Dabuli, Dabul로 다불, 타불, 더불 등으로 '타는 불'이다. 제주도에 '떠불다, 떠불어'라는 말이 있는데 손등을 불 가까이 가져갔을 때 외치는 소리이다. 따갑다는 의미이다. 맥락이 같다. 같이 행한다는 뜻에서 '더불어'가 파생되었다고 본다. 영어의 double과 통한다. 페르시아에서는 달을 기준으로 Peren을 비롯하여 Perv, Perven, Pervis, Parvig, Parviz 등으로 불렀다. 모두 '부루'이다. **Persia가 '부루'에서 왔다.** Fars 지방 이름에서 왔다는 설이 있는데 이는 나중에 끼어 맞춘 것으로 본다. 어디까지나 원초적인 '뵈알'이 뿌리이다. 만약에 '불'을 신성시하는 것을 기준으로 삼는다면 여기서 '부루'는 불(火)이다. 불을 신성시하여 불을 경배하는 것(마치 신앙처럼)보다 '불' 자체의 생명줄을 중요시하여 발생한 풍습(종교)이라고 본다. 우리나라 역시 불을 무척 아끼며 소중히 여겼다. 1970년대까지만 하여도 부엌(불아기)에는 항상 조그만 석유등잔에 불을 밝혀 놓았었다. 나의 어머니는 돌아가실 때까지 부엌, 지금은 주방(廚房, 어려운 한자말이다)이라고 하는 곳에 조그만 전기 등불을 걸어 놓았었다. 그리고 Sogd 인은 Parvi, Parur라고 불렀는데 Peru가 원형이다. 그런데 이 Peru가 아버지(아비) 입장에서 아이를 보다, 낳다(the Begetters)라고 한다. 사실 부루는 '바라다'의 뿌리말과 일치한다. Bear에서 낳다는 의미와도 바로 이어진다.

유프라테스에서는 Hyades와 함께 해길을 기준으로 큰 쌍둥이라는 별명을 붙이는데 그 이름이 'Mas-tab-ba-gal-gal-la'이다. 무척 혼란스럽다. gal은 '클'씨이며 두 개가 붙었으니 쌍둥이이다. 쌍둥이는 한자말이다. 쌍(雙)에 '둥이'가 붙은 것이다. 두 개로 붙어 있는 것을 **켤레**라고 부른다. gal-la와 통한다. '갈라내다', '갈라놓다'와 맥이 닿는다. Mas는 '뫼'이고 마루이며 'Mose'는 극 존칭어이다. tab-ba 역시 이중적이다. tab는 two와 직결되는 단어이다. 우리의 '둘, 두'와 같다. 'double'과도 연결된다. twin도 마찬가지이다. 전체적으로 해석하기에 어렵다. 바빌로니아-아시리아어로는 Kimtu, Kimmatu라고 하여 식구(Family Group)로 보는데 시리아인은 Kima라고 하였다. 복수형 tu는 우리의 '들'과 바로 통한다. 이 **'kim'**이 식구라는 단어로 쓰임에 무척 흥미롭다. 우리나라 '김'씨가 이러한 연유를 가지고 있는지 모르겠다. '가마'를 탄다는 풍습도 연관이 되겠다. 가족이 옹기종기 모여 있는 모습이 사뭇 정겹다. 아울러 우리나라에서 김은 여러 가지로 새김된다. 여기에서는 잡초를 뜻하는 '김'하고 열기에 의해 피어나는 '김'과도 연결이 된다. 얼굴에 나타나는 '기미'와도 통한다. 모두 덩어리 진 모습을 그리고 있다. 그리스 알파벳인 gamma (γ)와 발음이 같다. '커(키)+뫼'인데 우리나라 성씨인 '김'도 여기에서 나왔다고 본다. 그 옛날 강가에서 사금을 채취하던 흔적이 아닐까 한다. **'알'이 금으로 되는 것도 아르가 강물이기 때문**이라고 본다. Eptic어 형태는 Pleos인데 가득(full) 혹은 많은(many) 등의 뜻이라고 한다. '불(어나)다'와 통한다.

이번에는 부루를 Ver의 관점에서 보자. Ver는 이미 처녀자리에서 언급했지만 봄(the Spring)을 뜻한다. 봄이 되어 피어 나오고 그 빛깔을 '푸르다'고 하는 것도 새로운 소생을 의미하기 때문이다. 상추를 옛날에는 '부루'라고 하였는데 지금도 '부루 싸먹는다'고 한다. 모두 봄철과 연결된다. 봄이 되어 다시 떠오르는 무리를 Vergiliae, Sidus Vergiliarum이라 하여 이 별무리를 가리키기도 하였다. **Sidus**는 하나의 별을, **Sudera**는 복수형의 별들에 대한 그리스어이다. 어원에 대해서는 잘 모른다고 한다. 글쓴이가 보기에 앞에 **A**가 탈락되었다. 즉 **Asidus, Asidera**이다. 이른바 '아씨딸'인 **Astar**와 같다. 물론 아(A)가 없으면 'Sta, Star'이다.

헤시오도스(Hesiod)는 일곱 처녀(the Seven Virgins), 일곱 별(the Seven Stars) 등으로 불렀는데 시인다운 발상이다. 그리스 신화를 좇아 일곱 자녀니 하는 것들은 여기에서는 피하기로 하겠다. 신화에 따라 하늘에 새긴 별자리나 그 이름들이 억지적인 요소가 많기 때문이다.

바빌로니아의 점성술사(astrologers)는 Atorage라고 불렀다. Al Thurayya에서 유래하며 매우 작은 것들을 의미한다. 여기서 Thur는 '두르다'의 머리말에 해당하며 두른 상태이며 이는 곳 둘레와 같다. 별무리 영역과 바로 일치한다. '두르다'를 연상하면 더욱 명확해진다. **torage를 보면 금방 제주도 말 '두레기'**가 연상된다. 하늘타리로 열매가 발아 올라간 줄기에서 대롱대롱 매달려 있어 그러한 이름이 붙었다. '도라지'도 음이 통한다. 비가 내리는 계절이 되어 많은 열매가 달려 있는 풍성함을 나타내는 이름이다. 이렇게 보면 '좀생이'라고 붙인 이름이 이에 걸맞다. 사실 좁쌀처럼 모여 있지 않은가? 그리고 음력 2월 6일, 즉 초봄에 그 해의 농사짓기에 대한 기원을 하는 모습에서 농경 사회의 같은 문화를 보게 된다. 물론 **Torage는 '닭'이기도 하다. 희생 제물을 막대에 묶어 두르는 풍습**이 떠오른다.

이집트에서는 이 별무리가 나일강과 연계된다. Chu 혹은 Chow라고 불렀다는데 여신 Nit 혹은 Neith를 가리키는 것으로 해석된다. 이 여신은 이른바 강의 나루ㅅ배(Shuttle)로 하-이집트에서의 주요 숭배 대상이었다. Chu, Chow는 '치우'이다. 두음의 변화를 고려한다면 원래는 '타우(Tau)'이다. Chu는 그대로 소리로 새김을 하면 '초'가 된다. 제의에 사용되는 '초ㅅ불(Candle)'로 보면 그럴듯하다. Nit, Neith는 '나'에 'ut'가 붙은 꼴이다. 따라서 '나(아)르'가 되며 나일과 일치한다. 나루ㅅ배의 나루도 여기에서 왔고 '나라'도 여기에서 나왔다. 다른 이름도 존재한다. Athur-ai인데 Hathor의 별들(the Stars of Athyr(Hathor))이라고 한다. 바로 앞에서 제기된 Atorage와 비슷하다. 문제는 Ator냐, Tor냐, Hator냐다. 앞에서 A는 단순 머리말 Al로 보아 무시하였다. 그러나 여기에서는 오히려 A 앞에 H가 탈락된 경우이다. 이렇게 H가 탈락되는 사례는 많다고 이미 강조하였다. Hathor는 '해따알'이다. Hathor는 해신의 집(House)이라는 의미라고 한다. thor가 '둘레'의 뜻으로 되었다. 그러나 글쓴이가 보기에 '해의 딸'로 보고 싶다. ai는 그대로 '아이'이다. 우리말과 일치한다. 분명 이집트에서는 이 별무리를 중요시하여 신전의 건축(피라미드 포함)에 투영되었다고 본다.

이 별무리는 또한 병아리와 함께하는 어미닭의 모습으로도 비춘다. 그럴듯하다. 혹은 닭장으로도 새김을 한다. 러시아에서는 앉아있는 닭(the Sitting Hen)으로 하여 Nasedha라고 한다. '나씨다'로 꼬리말이 닭의 '닥' 음과 통한다. 이탈리아에서는 Pulsiniere, Poussiniere, Gallinelle로 부르는데 모두 어린 암탉(the Pullets)이라고 한다. '부루씨나알' 혹은 '뵈씨나알'로 어딘가 벼아르, 볏아르, 결국 병아리와 통한다.

통가(Tonga) 섬 주민들은 작은 눈들(the Little Eyes)이라는 의미로 Matarii라고 부른다. 다시 Tor가 등장한다. '뙤따알'이다. 그러면 '뙤'가 눈일까 아니면 '딸'이 눈일까? 일본어에서 눈을 메(mé)라고 하는데 그러면 ma가 눈이라고 본다. 눈의 딸이라면 작은 눈이 된다. 그러나 여기에서는 '매' 더 일반적으로는 '새(bird)'로 새기면 더욱 알맞다. 혹은 **Matariki**라 하여 그중 가장 밝은 별인 통가 신 **'Tane'**가 **Aumea**(Aldebaran)를 붙잡는 형국이라고 한다. 그리고 그 밑에 존재하는 Sirius를 Mere라고 불렀다. Mataraki에서 드디어 닭이 나온다. 이 taraki는 묘하게도 눈에 나는 '다래끼'와 음이 같다. 더욱이 '매달기'와도 소리가 통한다. 비둘기에서 보듯이 '매둘기'라 하면 하나의 새를 가리키는 말로도 되겠다. Aumea는 '어미'로 볼 수도 있지만 '아이-매'로 새기면 되겠다. 그리고 Mere는 '마루'이며 결국 '으뜸'과 같다. **Pleiades-Aldebaran-Sirius를 하나로 묶은 발상이 대단하다.** 한편 'Tonga'는 '탕키, 댕기'이다. 그리고 신의 이름인 Tane은 '탕'이다. 머나먼 태평양 섬까지 단군(Tangor) 문화가 퍼져 있음을 알 수 있다. 남미의 파라구아이 강가 주민들은 이 별무리를 영적인 존재로 보았다. 5월에 다시 나타나면 자기들의 조상인 할아버지(Grandfather)가 나타났다 하며 맞이하면서 크게 외침을 했다고 한다. 이러한 재생 의례는 온갖 질병으로부터 회복시켜주는 힘을 부여받았다는 정신적 감응에서 나왔다. 이 영적인 할아버지 이름이 Groaperikie이다. '클아부리키'로 한마디로 '큰아버지' 결국 할아버지가 된다. 그대로 통한다. 전체적으로 보면 이 별무리의 등장은 농경의 시작 때인 씨뿌리기 시절과 관련되어 주목받았다고 본다. 우리 문화와 같다. 파라구아이(Paraguai)는 바라카-아이 즉 '밝이'이다. 역시 우리와 이어진다.

## 특별 주제 16 닭과 병아리

글쓴이가 우리말에서 곤혹스러워하는 단어가 '닭'이다. 닭은 darg, dark, tark 등으로 새김이 되는데 turk와 연결된다. 심지어 talk와도 연결이 된다. 그리고 '닭이'가 되면 tarki, turky가 되어 역시 닭의 일종인 칠면조가 된다. 정확히 우리말과 일치한다. 문제는 이 이름이 민족명이 된다는 점이다. 물론 따알(tor, tori)에 키(커)가 붙어 위대한 지도자, 정복자를 가리키는 대상이기도 하다. 현재의 투르크족과 국명이 여기에서 왔다. 문제는 왜 '닭'이 되느냐 하는 점이다. 우리나라 문화적 배경에서는 닭은 새벽을 알리는 친근한 가축이다. '달'은 높은 곳이며 또한 밝은 '달(Moon)'이기도 하다. 글쓴이는 여기에서 '새'의 숭상, 이른바 토테미즘에서 왔다고 본다. 닭도 새(bird)이다. 새의 깃털을 머리 장식으로 하여 말을 타고 숱하게 누비며 다른 농경 민족을 침입한 것이 부루족이다. '꿩'도 이 울타리에 있다고 본다. 다만 그 이름이 의성어에서 따온 것만 다를 뿐이다. 그런데 꽁지가 짧은 꿩을 '메추리'라고 부른다. '뫼+따알'이다. 그리고 **'메추라기'**라고도 한다. 앞에서 나온 Matara, Mataraki와 소리가 어울린다. 추라기는 '두르기'로 '닭'과 음이 일치한다. 한마디로 메(山)꿩인 것이다. 일본어에서 새를 토리(tori)라고 부르는 것과 같다. 따라서 '닭'은 특별하고 상징적인 '새'를 가리킨다. 투르크족도 새를 숭배하는 민족이었다고 본다. 우리와 친척 간이라 할 수 있다. 지금의 투르키(터키라는 음은 칠면조라는 비아냥의 뜻이 있어 더 이상 사용하지 않는다)에는 우리와 비슷한 문화적 습속이 곳곳에 숨어 있을 것으로 추측된다. 특히 아나톨리아 고원 지대의 고대 유적을 보면 우리의 뿌리가 그곳에 잠재되어 있을지도 모르겠다. 투르크어에서 우리말과의 유사점을 찾아보는 것도 큰 작업이라고 본다. 병아리는 '뵈+알'이다. 병아리가 병아리로 되었는데(송아지처럼), 도대체 어미와 자식 이름이 왜 달라졌을까? 닭과 꿩에는 볏이 있다. 색은 붉고 갈기가 있다. 갈기를 보고 볏, 즉 빗이라고 하였을까? 한자의 비(非)는 이 빗을 형상화한 것이다. 부정어로 쓰이는 것은 나중 일이다. 우리말에서 나온 한자가 많다. 끈기와 꼼꼼함 그리고 용기를 가지고 한자의 유래를 파악하는 것도 또한 위대한 작업이라고 본다. '베다'에서 베도 가늘게 잘린 모습을 형용한다. 병아리는 이 '볏'과 연관되었다고 본다. 이 '볏'이 왕이나 지도자를 상징하는 기호로도 활약하였을 것이다.

그런데 별과 관련된 신화적 배경을 더듬다가 드디어 닭이 왜 국명으로 표기되는지 알게 되었다. 닭이 제의에서 성스러운 제물로 바쳐진다는 신화이다. 제단 자리에서 다시 나온다. 물론 여기에는 칠면조(칠면조도 닭이다)도 포함된다. 제물은 성스러운 대상으로 깨끗하고 흠이 없어야 한다. 그 이름이 '따알키'이며 대상 동물로 '닭'이 선택된 것이다. 마치 '곰(Kam)'이 동물을 가리키면서도 '신(Kama, the Lord)'으로 숭배를 받는 것과 같은 이치이다. 이때 제사장인 무당은 이러한 제물을 놓고 신과의 교통을 하면서 '말'을 하게 된다. 이것이 **'talk'**의 기원이다. **talk** 역시 닭과 소리가 같다. **Talk**는 '닭'을 '닥'이라고 소리하는 것과 같다.

결국 '닭(**tarki**)'은 성스러운 제물에 대한 일반 명사이며 제물인 동물에게, 그리고 제사장에게, 최종적으로 나라 이름으로도 부여되었다. 투르크족은 우리와 같이 새를 숭상하여 칠면조를 제물로 바쳤을 것이다. 닭이든 칠면조든 날개를 가진 새를 상징하며 하늘과의 교통을 책임지는 전령사이다.

병아리는 '송아지, 망아지'에서처럼 해당 이름의 뿌리말에 '알'이 붙은 구조이다. 그러면 닭은 '뵈'임을 알 수 있다. '배, 뷔, 벼' 등으로 불렀을 것이다. 사실 우리나라 이름에 '배'의 명칭은 많다. 사람의 배, 떠다니는 배, 과일인 배 등이다. 물론 '벼(rice)'도 한몫한다. 따라서 현재의 닭을 '배'라고 불렀다고 본다. 닭이나 꿩의 '볏'에 뚜렷한 흔적이 남아 있다. '볏'은 '배씨'이다. 병아리는 '뱅아지, 병아지'가 되어야 알맞다. 반면에 '달걀, 닭알'은 '배알', 다시 말해 배 아리가 되어야 옳다. 병아리이다. 그러나 말의 진화는 수학 공식처럼 진행되지 않는다. 닭의 볏은 '배씨알'로 '배솔, 벼슬'로 새기면 더욱 알맞다. 국가의 공직을 '벼슬'이라 한다. 닭인 배가 성스러운 제물이 되며 그 상징성이 닭의 볏, 즉 벼슬이라 보면 걸맞다. 영어의 **crest**가 이에 해당한다. 옛날 로마 시대 장군들의 투구에 달린 볏(배솔)을 보면 화려함과 함께 그 위엄을 느낄 수 있다. 흥미롭게도 '벼(rice)'와 그 씨알인 '쌀'과 대응된다. 비로소 어미인 '닭'과 새끼인 '병아리'의 이름이 전혀 다른지 그 이유가 판명되었다.

신라(新羅)는 여러 가지 이름으로 불리었는데 그중 **계림(鷄林)**이 있다. 숱한 논쟁거리를 일으킨 이름이다. 한자는 닭의 숲을 의미한다. 따라서 삼국사기나 삼국유

사에서조차 닭과 관련된 온갖 추측성 설화가 튀어나온다. 그러면 무엇을 상징하는 것일까? 닭이 아니라 '배'로 새김하면 바로 보인다. '뵈알'이다. 앞은 뜻에 대응되는 '배'의 소리를, 뒤는 그대로 '알, ㄹ'을 나타내는 단순 소리값의 한자이다. 나라 이름이 '부루, 부리'이다. 이제 해결된 셈이다. **지금도 만주 지역에는 파림(巴林)이라는 지명이 많이 있다. '부루, 부리, 파라, 펴라'이다. 평양(平壤)도 같은 말이다. 따라서 '鷄林, 巴林, 平壤' 모두 보통 이름이며 같은 뜻이다. 프랑스의 Paris 역시 '펴라'이다.** 참고로 신라는 '새나라'가 아니다. '실나'로 골짜기에 물이 흐르는 터에 세워진 나라의 의미이다. 실은 골짜기, 나는 내, 즉 냇물이다. 지역의 특성을 살린 국호라고 보면 된다. 일본이 신라를 시라키(しらき)라고 부른 것과 일치한다. '서라벌'의 '벌 역시 배알이며 결국 부리이다. 서울은 속(안)부루임을 잊지 말기 바란다. 그런데 이 계림을 해석하는 데 올바르게 본 두 학자가 있다. 한 분이 안재홍, 또 한 분이 정인보 선생이다. 안재홍 선생은 계(鷄)를 닭으로 새기지 않고 병아리의 뿌리말 '배'에 주목한다[8]. 이것은 문헌에 가끔 구림(鳩林)이라는 명칭에서 착안한 것이다. 왜냐하면 구는 비둘기이고 그 뿌리말이 '배'이기 때문이다. 그리고 정인보 선생은 닭은 새이고 림은 수풀이므로 '소부리'로 보았다. 닭이라는 음가가 주는 이질성을 피한 고육지책임에도 그 의미는 옳게 본 셈이다. 글쓴이는 안재홍 선생이 병아리를 끌어다 '배'로 새김하는 것을 좀 무리가 있다고 본 적이 있는데 이 자리를 빌려 그 뛰어난 안목에 경의를 표한다. 계룡산의 계룡(鷄龍)도 계림과 같다. '부루메'이다. 또 그 주위에 계족산이 있는데 '닭의 발'을 뜻하는 한자이다. 배부루이며 이렇게 뵈가 이중으로 들어간 나라, 고을, 관직 이름에 숱하게 존재한다.

　　그리스에서 **염소를 'Tragos'라고 한다. '닭'과 음이 같다.** 그러면 왜 염소가 'Tarki'가 될까? **신성한 제물이기 때문이다.** 염소, 다른 말로 Tarki(Trago)는 술의 신 디오니소스(Dionysos)를 상징한다. 여기서 **'닭'은 제의적 희생물의 보편적 이름임**이 다시 한번 드러난다. **'밝'**이 환하고 성스럽고 위대한 대상을 가리키는 말인 것과 비슷하다. 술은 또한 주술적 제의에 있어 무당(Dyonysos)에게는 필수적인 음료수이다. **Dyonysos는 '탕씨'이다. '무당'이다.** 영어의 비극을 뜻하는 Tragedy가 여기에서 유래한다. 희생양(염소)이기 때문이다. 같은 맥락으로 '고기'를 보자. 개(dog)와 관련된 것으로 '괴(개)+키'의 구조이다. 개를 제물의 희생양으로 삼으면서 탄생한 말로 본다. 그런데 이 고기는 수탉인 'Cock'와 음운학적으로 통한다. 앞에서 개(괴)를 제의적 장소의 보편말로 보면서 재물을 괴기로 본 점과 일치한다.

이 닭과 관련하여 하나 더 소개할 신화가 있다. 페르시아의 Mithra이다. 조로아스터교와도 관련되는 신으로 로마에서 전쟁의 신으로 추앙받았다. 이 싸움 신이 가진 무기 중 메스돼지가 있다. 날카로운 송곳니를 가지고 무섭게 공격하는 동물로 묘사된다. 그 이름이 '베레트라그'이다. 글쓴이가 분석하기에는 '부루-다르크', 즉 '불닭'이다. 싸움닭과 의미는 같다. 여기서 다시 '닭'이 보편적인 이름으로 나온다는 사실을 알게 된다. Mithra는 '뫼-따-알'이다. 여러 번 등장하였다. Matara와도 같아 '메추리'와 만난다. 이 Mithra 신화에서 우리가 돼지머리를 제의용으로 바치는 문화가 비롯되지 않았나 한다. 사실 돼지는 다음에 나오지만 '따키(Taki)'이다. 그러면 Metak가 되어 Metor, Mithra 등과 음운학적으로 비슷하다. 신화적으로는 집돼지보다 메스돼지에 얽힌 소재가 더 풍부하다. 다른 한편으로는 '메'는 '말(言)'이며 Mithra는 성스러운 '말틀'이기도 하다. **주문과 희생 제의와 제단 심지어 제의적 도구까지 모두 한 몸인 것이다.** 앞에서 다루었던 Janus 적인 두 얼굴의 특별 주제 편을 다시 보아주기 바란다. 모두가 얽혀 있다.

현재 우리에게는 문화적으로 제물 하면 돼지, 그것도 돼지머리가 대세를 이룬다. 돼지는 도야지에서 파생된 것으로 뿌리말이 '도' 또는 '되'이다. '따, 땅'이다. 송아지나 망아지처럼 새끼를 나타내는 이름이 어미 돼지까지 포함하는 이름으로 변한 것이다. 지방에 따라 '돗'이라고도 한다. 이른바 **'tau'**와 같다. 소가 우선시되는 민족이나 지역에서는 이 **tau**가 소 특히 힘센 황소가 된다. 그리고 '따(**tau**)'에 '알키'가 붙은 것이 '닭(**tarki, turkey**)'이다. 신화적으로 보았을 때 (메)돼지는 모권(母權) 사회를, (황)소는 부권(부권)의 지배를 상징한다. 소, 돼지, 양, 닭(배) 등은 인간에게는 가까운 동물이며 또한 소중한 가축이다. 따라서 제물로 바쳐지는 성스러운 동물(가축)에 대한 일반화된 이름이 되었다. 아울러 하늘 왕을 가리키는 탕구리(**Tangor**)와 같은 상징성을 지닌다. 하늘과의 소통을 위하여 자기 씨족인 공동체가 가장 아끼고 섬기는 그러면서도 깨끗한 가축을 제물로 바치는 것이다.

## 특별 주제 17 개, 돼지, 소(Kau, Tau, Sau)

이제 우리나라 동물 그것도 사람과 가장 친근한 가축인 개, 돼지, 소에 얽힌 이름들의 뿌리를 캐내는 작업에 들어가기로 하겠다. 물론 '배(닭)'도 이 울타리에 속한다.

개는 '괴', 돼지는 '되', 소는 '쇠'가 뿌리말이다. '괴'는 키, 커, 개, 기, 지 등으로, '되'는 따, 타, 대 등으로, '쇠'는 씨, 소, 수, 새 등으로 소리가 변화된다. 알파벳으로 하자면 괴는 Koi, Kai, Kau(Goi, Gai, Gau), 되는 Toi, Tai, Tau(Doi, Dai, Dau) 그리고 쇠는 Soi, Sai, Sau 등이다. '가(Ga)', '다(Da)', '사(Sa)'에 대상을 가리키는 '이(i, y)'가 붙은 꼴로 보면 보다 이해가 쉽게 되리라 생각한다. 여기에서 Kau, Tau, Sau 등은 인간의 생활에서 유익하면서 힘이 센 동물, 특히 가축의 이름(소나 돼지 등)으로 등장한다.

개는 글쓴이가 그 뿌리를 찾는 데 곤혹스러운 존재로 인식되었던 이름이었다고 하였다. '고기'는 일반적으로 육지에 서식하는 동물의 몸체를 가리킨다. 엄밀하게는 묻고기이다. 물고기는 그대로 사용되고 있다. 제주도에서는 '괴기'라고 한다. 괴 즉 개에 키가 붙은 형으로 특별히 개의 몸체를 상징한다. 바로 앞에서 제물에 대한 것을 논한 바가 있듯이 우리는 제물 중 '개'가 중요한 몫을 하였다. 그리고 제물에 바쳐진 고기는 그 제의에 참석한 사람이나 마을 공동체의 일원들이 함께 먹는다. 여기에서 '고기'의 유래가 비롯되었다고 본다. 또 하나 지적할 것은 '괴다'라는 말이다. 지금은 사라진 말로 '사랑하다'라는 의미이다. 분명 개의 희생물에 대한 상징적 말이라고 보고 싶다. '키우다, 기르다'를 보면 고대로부터 개를 길렀던 것을 웅변한다고 하겠다. 한편 **'키'가 되면 크기를 나타내는 뿌리말**이 된다. 그것도 상대적으로 '큰' 것에 대한 가리킴을 상징한다. 한편 괴와 관련된 중요한 동물이 있다. 그것은 **'고양이'**이다. 강아지, 송아지, 망아지 등과 어딘가 비슷한 소리 구조이다. 제주도에서는 '고냉이'라고 부른다. 고양이의 원래 이름은 **'괴'**이다. 이것이 괴앙이, 다시 고양이로 변한다. 그러면 왜 강아지처럼 공아지로 변하지 않았을까? 우선 아기(Aki, Agi)를 보자. '아'가 '앙'으로 되면 '앙이(Ang-i)'로 소리가 된다. 고양이가 이 경우이다. 그런데 강아지, 송아지는 이 앙(ang)이 앞에 앉은 뿌리말에 붙은 형식이다. 그러면 아기는 살아나지만 이번에는 아기가 아지, 즉 gi

가 zi로 변해버린다. 모두 음운학적인 변화의 결과이다. '살쾡이'는 '사르키, 삵'에 아기의 '앙이'가 붙은 꼴이다. 고양이와 같은 구조이다. 결론적으로 '아(a)' 소리는 본래부터 소리값이 'nga'임을 알 수 있다. 상황에 따라 '아(a)' 또는 '가(ga)'로 나온다. '응가'와 '응아'를 생각하자. '삵'은 '살괴'이다. 표범처럼 점점이 나 있는 무늬 형태를 살로 표시한 것으로 본다. 개든 괴이든 모두 소리가 같다.

돼지를 보자. 한 음절이 아니다. 따라서 규칙에 위반되어 진화된 이름이다. 원래는 '되'라고 본다. 이것이 '고기, 괴기'처럼 기가 붙어 '되기'가 되어 다시 기가 지로 되면서 '돼지'가 된 것으로 파악된다. 송아지나 망아지처럼 '아기'인 '아지'가 붙어 도야지가 되었고 돼지로 되었다는 해석이 주류를 이룬다. 그러나 글쓴이는 보다 원초적으로 본다. 돼지 역시 '고기'처럼 제물이며 공동체의 음식 대상이기 때문이다. 개보다 더 먹는 음식으로 대접받는 대상이다. 돼지머리를 제단에 올려놓는 풍습이 언제부터 시작되었는지는 파악하지 못하였다. 아무래도 제물 하면 우리나라에서는 돼지이다. 전 세계적인 신화에서 돼지, 특히 메스돼지 이야기가 자주 등장한다고 하였다. 농경 사회와 함께 사냥 사회(밀림 지역) 모두 등장하는 동물이기 때문이다. 삼국유사에서도 돼지에 얽힌 이야기들이 자주 나온다. 되는 따이며 땅을 그리는 말뿌리이다. 처음에는 '따, 혹은 땅' 정도로 발음이 되었을 것이다. **되기는 'doki'이며 결국 'dog'이 되어 개가 된다.** 흥미롭다. 그리고 이 따가 '뵈'와 만나 기본이 되는 '바다, 바닥'이 된다. '되'는 대, 따라서 대나무가 된다. 아울러 '띠'가 되면 허리띠와 같이 둘레를 감는 이름으로 간다. 그리고 닭'띠'처럼 윤회하는 시간의 둘레를 가리킨다. **대나무에 새겨진 각각의 띠가 나이테를 가리키는데 이러한 시간의 가름에서 '대'나무의 이름이 비롯되었다**고 본다. **'띠'나무가 원래의 발음**이었을 것이다. 나이테의 '테' 역시 띠이다. 여기서 다루는 별자리, 그것도 해의 길이나 달의 길에 속해 있는 12개의 자리가 각각의 띠로 상징된다. 이러한 시간의 상징성이 더욱 발전하여 '대'를 dai, day 등으로 보면 드디어 영어권과 합쳐진다. 그 뿌리가 같다. 바로 다음에서 자세히 다르겠다.

쇠는 소인데 여전히 쇠라고도 한다. 표준말이다. **쇠는 '씨'이다. 생명줄**이다. 따라서 씨족을 나타내는 꼬리말로 활약한다. 영어의 복수형 's'도 이 울타리에 속한다. '세다'에서 힘을 느낄 수 있다. 따라서 쇠와 일치한다. '싸우다'를 보면 힘의 존재가 드러난다. Sow는 암퇘지를 뜻하는데 놀랍게도 '씨를 뿌리다'라는 의미도 있다. 모두 통한다. 아울러 쇠는 철과 같은 단단한 물체, 이른바 금속(metal)을 가리킨다. 참고로 metal은 '메스돌'이다. '쇠(Sau)'를 Cow로 보면 황소로 되는데 음운학적으로도 통한다. 알과 만나면 씨알, 즉 살(skin)이다. '살다'의 뿌리말이다. 역시 생명을 상징한다. 그런데 쇠가 사이가 되면 '새'가 된다. '개', '대', '새'는 음운학적인 면에서 동류이다. 앞에서 지적한 '가+이', '다+이', '사+이'이다. '새'는 우리 민족의 상징물이기도 하다. 새는 하늘을 날고 땅과 하늘을 이어주는 매개체이다. 그래서 '새'는 하늘과 땅 '사이'를 상징한다. 새는 또한 새로움(new)이다.

다시 수메르(Sumer)를 보자 '쇠뫼알'이며 '쇠머리'로 새김이 된다고 하였다. 그런데 이 수메르는 힌두문화에서도 등장한다. 이른바 **수미**산이다. 영적인 산으로 하늘산과 의미가 같다. 단순히 **meru**라고도 한다. 마루이다. Summit가 이에 대응되는데 it는 ut로 '알'이며 'r'과 같다. 그러면 Sumir가 되어 산의 정상인 머리, 마루가 된다. 따라서 수메르(Sumer)는 상징성의 이름이며 생명을 잉태하고 그 생명을 지켜주는 우뚝 선 존재이다. 이것이 '소'라는 매개물로 나온 것이다. 곰의 상징성과 같다. 따라서 Sumer와 Tangor는 상징성을 공유한다. Tangor는 Tagor와 같다. 영어의 Tiger도 여기에서 왔다. 티그리스 역시 소리 구조는 같다. 따라서 **수메르의 본래족은 산지에서 왔다**고 할 것이다. 그런데 더 나아가게 되면 쇠를 금속으로도 새김이 된다. 이른바 쇠를 철(鐵, iron) 혹은 금(金, gold)으로 보는 것이다. 그러면 sumer는 쇠가 들어 있는 물이나 그 퇴적층이 된다. 그러면 강줄기를 따라 금을 채취하거나 철이나 구리 등을 채취하는 문화와 마주친다. 수메르와 아카드 기록에서 이와 관련된 글들이 나온다. 사철(砂鐵, iron sand), 사금(砂金, alluvial or placer gold)이다. 표 **4.1**을 다시 보기 바란다.

표 5.4  괴, 되, 쇠를 뿌리말로 하는 말들. 별표(*)로 표기된 꼬리말 키로 이루어진 말들은 모두 제의적 공물인 제물(祭物) 이름에 해당한다.

| 근원 | 대상물 | 본질 | 동사 | 소리값 | 꼬리말: 나(na), 알(ar, al) | 꼬리말: 키(ki)* |
|------|--------|------|------|--------|---------------------------|----------------|
| 괴, 개 | 개(dog) 괴(cat) | 키: 크기 개: 가장자리 | 크다: 크기 괴다: 사랑하다 | Koi, Kai, Kau, Kao (Goi, Gai, Gau) | Kon, Kin, Kor | 괴기: **Koiki, Keki, Kak** |
| 되, 대 | 돼지(pig) 대(bamboo) | 띠, 때: 시간 따, 땅: 대지 | 되다: 작용 | Toi, Tai, Tau (Doi, Dai, Dau) | Ton, Don, Din, Tor | 타키, 다키: **Taki, Dogi, Dog** |
| 쇠, 새 | 소(Cow) 새(Bird) | 씨: 종족 새: new | 세다: 힘 | Soi, Sai, Sau | Son, Sin, Sun, Sol | 스키, 새키: **ski, seki, Sak, Sig** |

표 5.4는 '괴(개), 되(대), 쇠(새)'에 대한 말뿌리와 그 뜻 그리고 줄기말들을 정리한 것이다. 한편 '괴, 되, 쇠'는 소리값으로 보았을 때 영어의 '**K, T, S**'에 해당한다. 이러한 k-t-s의 음운학적 삼각관계에 얽힌 진화를 살펴보기로 하겠다. 가장 심한 변화가 k와 s이다. 이 와중에 중간 발음으로 c가 나타난다. 이해를 돕기 위하여 별자리 중 활쏘기자리에 나타나는 스키타이족을 보기로 든다. 이른바 '씨키'족이다. 씨키는 ski, saki, sage, sky 등으로 쓸 수 있는데 한자 발음으로는 색(色, 索, 塞), 숙(肅), 식(息, 媳) 등이다. 스키타이는 '씨키타'이다. 앞에서 나온 s-k-t 모두 포함한다. 이제 '씨키알'인 'skor'를 상정한다. 여기에 뵈를 붙이면 전갈인 scorpie가 된다. 이 단계에서 중대한 변화가 일어날 수 있다. 이른바 k 음이 사라지는 것이다. 그러면 sor가 된다. 뱀인 serpen으로 간다. skor는 skori로 코리는 s 음이 무시되었을 때이다. 그 반대로 k 음이 탈락하면 sori, soli가 된다. 그리고 몽골처럼 ang이 습관적으로 붙으면 solong, solang로 변화된다. 몽골족이 '고려'인 Kori를 솔롱고로 부르는 이유이다. 여기서 중요한 결론이 나온다. k 음이 s 음으로 변하는 것이 아니라 애초부터 s와 k가 함께했는데 k 음이 묵음화되면서 s 음이 부각된다는 사실이다. 한자 발음 색, 숙을 보자. 여기에 알에 해당하는 리(離)를 붙이면 색리(索離)가 된다. skor와 같다. 씨키리, 즉 새구리와 함께 두 가지로 발음이 전파된

다. '생리' 그리고 '생그리'이다. 뒤가 상그리, 더 나가면 상글리아가 된다. 티베트 지역에 이러한 이름이 존재한다. 여기에 '뫼'를 붙이면 '송골매'가 된다. 탁리(橐離)는 Tangri를 표현하는 한자음 형태이다. '타그리'도 '탕리'도 아니라 '탕그리'로 보기 때문이다. ang이 '앙, 이응'과 함께 k 음이 이어지는 것이다. younger를 '영어' 혹은 '영아르'가 아니라 '영거' 혹은 '영구르'로 발음한다는 의미이다. 고구려인 커고리는 극렬(克烈)로 되는데 이는 '공구리'와 같다. 실제로 만주 지역 사람들은 우리나라를 '공구리'라고 불렀다. 이와 같은 발음의 전파는 낱말에 있어 꼬리말이 실사냐 허사냐에 따른 구조적인 문제로 귀결된다. '몇일'을 보자. 다시 등장시키는 이유는 말의 진화를 대표하기 때문이다. 몇과 일은 모두 뜻이 있는 실사이다. 따라서 '몇일'은 '면일'로 발음되는 것이 원칙이다. 왜냐하면 실사인 '일'의 소리가 살아남아 있어야 하기 때문이다. 이와 같은 현상을 자음접변(子音接變)이라 한다. '닿소리 이어 바뀜'이라는 뜻으로, 보기를 들면 '몇날'은 '면날'로, 독립은 '동립'으로 변화하는 식이다. 만약 이와 같은 규칙을 따르지 않고 며칠과 같이 다른 길로 들어서면 '앞일'은 '아필'이 되어야 한다. 이렇게 말은 합리적으로 진화하지 않는다. 그런데 **앞일**이 **아필**이 되면 **appeal**과 만나고 **appear**와 마주하게 된다. Appeal은 애원하고 간청하다는 뜻인데 원래 라틴말로 '다가가다'라는 뜻이다[29]. Appear는 물론 '나타나다'이며 미리 추측하는 뜻이기도 하다. 모두 앞일과 통한다.

씨키를 말뿌리로 하는 영어 단어를 잠깐 보면. sky(하늘), ski, sage(현자) 등이다. 독일이 원산인 소시지(sausage)는 'sau-sage'이다. 쇠새끼이다. sauce는 'sau-ce'로 새끼와 발음이 같다.

이제 **'ki'**를 꼬리로 하는 말들을 종합적으로 보기로 한다. 아기는 이미 다루었다. 괴기(고기), 타키(다키), 세키(씨키, 스키) 등이다. 괴기는 보통 가축이나 동물의 음식을 가리킨다. 타키는 다르키인 닭과 연관되고 역시 음식을 가리키는 말이다. 그리고 씨키인 새끼 역시 작은 것이면서도 동물이나 가축을 가리키는 말이다. 물론 성스러운 대상을 가리키기도 한다. 새끼줄 역시 제의적 행사와 관련될 것이다. 여기서 중요한 사실이 드러난다. 그것은 공통적으로 적용할 수 있는 대상이 먹는 것인 음식물이고, 결국 제물을 상징하고 있다는 점이다. 모두 제의적 과정에서 희생물로 바쳐지는 대상들이다. 따라서 영어의 **dog**는 '개'

를 가리키지만 사실상 일반 제물을 상징하는 이름이다. 우리의 닭과 정확히 대응되는 말이다. Tark는 '닭(hen, cock)'을 가리키지만 일반 제물의 보통 이름인 것과 같다. 수탉을 가리키는 cock는 흥미롭게도 '괴기'에 해당한다. 역시 희생 제물 이름으로 이어진다. 개자리에서 보았지만 개가 Kak, 즉 '카키'로도 새김이 된다. 물론 Cook와 같다. Cake, Cookie 역시 같은 식구이다. 더욱이 타키는 '따기'로 새기면 수확을 가리킨다. Vintage에서 Vin은 포도, Tage는 수확을 뜻하며 따라서 Tage는 '따기'와 정확히 일치한다. '포도따기'이다. Vin 역시 제의적 공물인바 술이다. 아마도 '빌다'의 '빌' 아니면 '비나이다'의 '비나'가 Vin의 뿌리말일 것이다. 영어의 Wine은 Vine임을 알 수 있다. 더욱 근원적으로는 '뵈나', '밴'이다. 아이를 밴 여성인 어머니가 존경스러운 '분'으로 받들어진 것이 성모(聖母, the great mother) 시대였다. 맥주인 Beer는 '뵈알'인데 '빌다'의 빌과 소리가 같다. 흥미롭게도 보리와도 소리가 통한다. 영어의 barley는 보리(bori)와 소리가 같다. 모두 농사의 풍작을 비는 데 바쳐지는 제의적 술 혹은 수확물이다. 새끼는 이집트의 황소 다리인 Meskhetiu에서 Skhe와 통한다. 제물이기 때문이다. 'Sausage' 역시 같은 줄기에 있다. 제주도의 제사(祭祀)를 가리키는 '식게'는 '씨키', 즉 '새끼'에서 비롯되었다고 본다. 희생 제물이 제의적 과정을 가리키는 말로 발전한 것이다. 조선시대 관리에게 부여했던 휴가의 뜻인 '식가(式暇)'에서 비롯되었다는 해석은 어울리지 않는다. 아울러 '씨키, 새끼'는 일본말로는 술(사케, さけ, sake)을 가리킨다. 또한 sake는 연어(salmon)이기도 하다. 역시 제의적 공물, 그것도 성스러운 '술'과 대표적인 '물고기'의 이름이다. 더 나아가면 물고기인 사카나(さかな, sakana)로 일반화된다. 우리의 '(물)고기'와 같다. 반면에 다른 쪽(영어권)에서는 제의를 다루는 무당이나 신화적인 '말(language)'로 보았다. 현자(賢者)를 가리키는 'sage', 영웅(사실상 무당)의 이야기를 뜻하는 'saga'이다. 'sake'는 제의적 과정의 목적을 가리키는 포괄적인 말이다. 그리고 목적을 위하여 무당에 의한 명령인 '시키다'와 말을 '새기'는 행위가 이루어진다. 일본말 sake가 심리적인 측면에서 가장 알맞은 말이라 하겠다. 모든 제의 배경과 신화에는 '술'이 함께하기 때문이다. 우리가 흔히하는 말 '위하여'는 'for-the-sake'와 같다. for는 '배알'이고 '바라다', '부르다'와 같다.

## 특별 주제 18 조선(朝鮮)과 숙신(肅愼) 그리고 한

조선(朝鮮)은 우리와 떼려야 뗄 수 없는 나라 이름이다. 단군이 세웠다는 고대의 조선부터 14세기에 세워져 500년을 지탱했던 우리나라 이름이 조선이었기 때문이다. 단군 편에서 그 신화적 배경을 다룬 바가 있다. 단군 신화는 우리 민족의 정체성과 국가 건설이라는 큰 줄기를 제공하는 틀이다. 따라서 역사적인 의미도 포함되고 있다. 물론 이러한 Tangor 신화는 다른 민족에도 폭넓게 나온다. 정치적 지배자이면서 제사장을 가리키는 Tangor가 티베트나 위구르 지역에서는 산이나 산맥을 가리키는 자연적 요소의 이름으로 나온다. 아씨딸(아사달)이 우리는 자연물을 가리키는 반면에 다른 곳에서는 여신(무당)을 가리키는 이름으로 등장하는 것과 비슷하다. **탕구리와 아씨딸의 신화는 아마도 파미르 고원 지대가 그 시작이 아닐까** 조심스럽게 추측해 본다. 하여튼 이 신화는 정치적, 사회적이며 제도적임과 동시에 결국 민족의 통일성과 소속감을 부여하며 아울러 지배자의 정통성을 합리화 시킨다. 그리고 민족 공동체라는 틀 속에서 자주 의식과 안정감 그리고 자신감을 또한 선사한다. 역사가 아니라 믿지 못할 신화라고 하는 것은 자기 정체성을 버리는 것과 같다. 그런데 이 **조선이라는 이름에 담긴 뜻을 새김에 있어 대단히 혼란**스럽다. 한자로 표기하기 때문이다. 중국의 역사 문헌에는 숙신이라는 이름도 나온다. 이 자리를 빌려 조선과 숙신에 대한 진정한 뜻을 파악하여 올바른 길로 안내하겠다.

먼저 숙신(肅愼)을 보자. 씨키신이다. 묘하게도 색슨(Saxon)족과 음이 같다. 만약에 k 음을 약하게 하여 무시한다면 수신이 된다. 조선과 같다. 조선(朝鮮)은 발음보다는 그 뜻을 소중히 여겨 마치 아침의 나라 등으로 해석한다. 천만의 말씀이다. 여진도 같은 이름이다. 또한 흥미롭게도 이는 Jason과도 소리가 같다. 여기서 글쓴이가 곤혹스러워하는 말이 'son'이다. 즉 son, sin, sun 등이다. '손'을 씨족의 존칭으로 보면 '씨'손이다. 아무래도 '키'가 묵음된 것으로 보아야 설명이 가능하다. 중국의 역사서들에서는 조선보다는 숙신이라는 이름이 자주 나온다. 조선은 드물게 등장한다. 이를 두고 중국인들이 조선의 국력과 영토를 줄이고 폄훼시키는 작업의 결과로 해석하는 경향이 있다. 글쓴이는 아니라고 본다. 더욱이 고대 조선을 거명하며 진조선, 번조선, 말조선 등의 이름이 등장한다. 조선 자체도 이중적인

데 그 앞에 다시 진(신), 번(부루), 말(마루) 등의 존경스러운 머리말이 놓이는 것은 자연스럽지가 않다. 그 이유가 있을 것이다.

손은 '씨나'이며 이는 신도 같다. 씨낳기를 도와주는 형국이 되어 손(hand)이라고 하였을까? 그리고 멀리서 찾아 방문하는 사람을 '손'이라 한다. 그 옛날 할머니가 찾아와 아기를 낳는 산파역을 하는 광경이 떠오른다. 그러면 손님의 손, 사람의 손이 생명 탄생을 도와주는 귀중한 대상이 되어 해석이 그럴듯하다. 신은 한자를 빌리기 전에 그냥 '신(lord)'이다. 그런데 신발의 '신'도 된다. 이 역시 귀중함을 상징한다. 영어를 보면, son은 아들이다. 그리고 sun은 해이다. 아들은 생명을 낳은 결과물로 통하고, 해는 '신'과 통한다. 그리고 모두 귀중한 존재들이다.

이러한 글쓴이의 해석을 뒷받침해주는 신화가 수메르이다. 여기에서 영웅 신화의 주인공인 길가메시의 아버지는 '루갈반다' 왕이다. 그리고 어머니가 '닌순(Nin-Sun)'으로 나온다. 닌순은 여사제로, 달리 말하면 무당이면서 성혼례(聖婚禮) 대상이기도 하다. 수메르의 우르 3 왕조의 창시자 슐기, 재위 B.C. 2095-2048, 역시 아버지 왕 '우르남무'와 여사제 '닌순'에서 태어난 왕이다. 참고로, **단군 신화에서 곰 역시 여사제인 무당**이다. 여기서 **Nin-Sun은 Nin-Son, Nim-Son으로**, '손님'이 된다. 앞에서 산파역으로 본 것과 심리학적으로 맥락이 같다. 그리고 **'순이'**로 보아도 된다. 우리나라 여자 이름에 **'순이'가 보통 이름**이다시피 자주 사용된 적이 있었다. 또한 우리말 '누나(Nu-Na), 누님(Nu-Nim), 언니(An-Ni)'는 수메르의 'In-An-Na, An-Na' 등과 소리값이 비슷하다. 모두 아리따운 나이의 여성을 가리키는 것도 같다. 소리와 뜻이 일치하는 것은 같은 뿌리에서 태어난 말들이라고 하겠다. 그리고 'Im-Na'는 임나가라의 머리말이기도 하다. 내님, 한자로 종주(宗主)의 뜻이다. **임금은 'Im-Kom'으로 큰님**이며, 상감과 의미가 같다.

이제부터 조선과 관련하여 과연 이 말이 진정 어떠한 의미를 지니는 것인지 살펴보기로 하겠다. 문헌에는 조선, 숙신과 함께, **주신(珠愼), 조신(鳥愼), 주신(州愼)** 등이 등장한다. 분명 한자어가 아님을 알 수 있다. 따라서 음으로 보면 '조신' 혹은 '주신'이 중심을 이룬다. 숙신의 숙(肅)은 예외임을 알 수 있다. 조로 보면 '좋다'의 뿌리, 주로 보면 '주다'의 뿌리에 해당한다. 주다는 상대적인 것으로 상대방이 다른 상대에게 물건이나 토지를 부여한다는 의미이다. 이때 주는 주체가 위인 높은 상대라면 받는 입장에서는 '주시다'가 된다. 따라서 앞에서 제기한 **신**

혹은 손의 개념과 자연스레 이어진다. 모두 존경 이음말 '시'가 뿌리이기 때문이다. 결국 주신은 하늘에서 내려 준 신성한 땅을 가리킨다고 하겠다. 더욱이 주신은 만주어로 **관할**이라는 뜻이라고 한다. 따라서 주신은 지리적, 행정적, 종교적 관할로 나눈 지역이 된다. 이제 명백해진 셈이다. **신채호** 선생과 **안재홍** 선생 역시 이 점을 일찍 간파한 바가 있다[8, 9]. **영어의 Zone이 여기에서 왔다고 본다.** '준'과 소리가 정확히 일치하기 때문이다. 그러면 앞에서 제기한 세 개의 조선 문제가 해결된다. 쉽게 말하자면 **진 지역, 번 지역, 말 지역**이라 하겠다. 그리고 숙신과 여진도 이 울타리에 속해야 한다. **아울러 '주시다'의 뿌리말을 고려하면 '주시, 주스' 혹은 '주시다' 자체도 명사화 되어 영역을 의미하는 이름이 될 수 있을 것이다.** '주신'을 알파벳으로 하자면 'Zusi, Zuis, Zusin, Zusine' 등으로 새길 수 있겠다. 여기서 **진 지역이 중앙 정부이고 번과 말은 지방 정부에 해당한다.** 어떻게 보면 하늘족이 품은 탕구리(단군) 사상에 따른 것으로 신성한 조물주에 의해 부여받은 거룩한 지역이라 하겠다. 여기서 **'진'을 '단'으로 보면 결국 '탕'과 만난다. 그리고 '주시다'는 '두시다'로 볼 수 있고** 그러면 보다 적극적인 능동형으로 바뀐다. 결국은 이 땅을 다스리는 지배자가 하늘의 대리인(天子)이 되는 것이다. 이러한 하늘(한얼) 사상은 다른 곳으로 전이되어 한자로 천자(天子), 천황(天黃), 천황(天皇) 등으로 진화된다. 주시는 대상은 땅인 영토뿐만이 아니다. 신화적으로 자식을 내림 받는 설정이 주를 이룬다. 그러면 점지된 자식 역시 주신이 된다. 이 경우 'Jason'이 여기에 해당한다고 본다. 신이 내린 거룩한 자식이라 하겠다.

나중에 이러한 3개의 분할 통치는 삼한으로 이어진다. 여기서 '한(Han)'은 칸과 같으며 주로 통치자를 가리키는 존경어이다. 그러나 왜 한이라는 이름을 가지고 분할이 되었는지 누구도 의문을 제기하지 않는다. 여기서 한을 칸(Khan)으로 새기면 다른 모습이 나온다. **칸은 둘레를 막은 선을 가리키면서 그 안의 영역을 가리키는 우리말이다.** '한 칸, 두 칸'을 생각하라면 고개가 끄덕여질 것이다. 그러면 마한, 진한, 번한은 주신과 마찬가지로 세 개의 영역(세 칸)으로 갈라진 부족 국가 이름이라는 것을 알 수 있다. 몽골 제국이 몇 개의 칸 국으로 분할하였던 것과 같다. 그런데 이 칸이 한자의 '간(間)'에서 나온 말이라고 주장할 수 있다고도 본다. 그러나 본질적으로 '칸'은 한이며 사이를 뜻하는 間과는 관계가 없다.

　존경 꼬리말 '씨, 시'와 관련하여 덧붙일 말이 있다. 그것은 '모시다'와 관련된다. 뿌리말이 '모시'이다. **모세**와 같다. 모세라는 존칭은 이집트의 왕 이름에 등장한다. 더욱이 성경에도 나온다. 부여국 창설자인 **해모수** 역시 이에 해당한다. 이집트의 18 왕조(B.C. 1550~1070년경)를 연 파라오 이름이 '**아흐모세**'인데 **해모수**와 같다. 일본어에서 존경스럽게 말하는 것을 모우시(もうし, mousi)라고 한다. 동사로는 Mousu(もうす)이다. 모시다와 의미가 통한다. 물을 먹다가 아니라 '마시다'라고 하는 것도 제사장(무당)이 의례 과정에서 물로 정화하는 것을 높여 하는 말일 것이다.


## 특별 주제 19 어제, 오늘, 모레(yester day, today, tomorrow)

복수형 '들'과 연관되며 주목되는 것이 '**der**'이다. 몽골어에서 '때'를 가리키는 꼬리말로 작동된다. 이 **der**에서 **r**이 탈락하면 '데'가 되고 구개음화 하면 '제'가 된다. 우리말 어제, 그제 등의 꼬리말이다. 독일어에서는 der가 관사적 이음말(article)로 작동된다. 이 '**데**'가 **영어의 day**와 같다. 따라서 **우리말 '제'와 'day'** 는 같은 말이다. 우리말에서 또한 '때' 역시 시간(순간)을 가리키는데 어원은 같다. 앞에서 대나무를 소개하면서 '띠'라는 시간 주기를 살펴본 바가 있다. 모두 'day, 제'와 연결된다. 오늘은 '온날'로 사실 '**이제**'라고 하여야 맞다. 영어의 today를 보자면 '또제', '다제' 등으로 될 수 있는데 이런 형태는 없다. 혹시 '제때'가 이에 대응되는 것인지도 모르겠다. 제때는 Dayto이기 때문이다. 그제는 있는 것으로 보아 옛날에는 존재하였을 수도 있겠다. 내일(來日)은 한자어이다. '올날'이어야 한다. 왜 한자말이 지배하였는지 연구 대상이다. '**모레'는 내일에 해당하는 영어의 tomorrow**와 연결된다. '또(타), to'를 빼면 morrow, 그러면 모레가 된다. to는 '또', '다시', '다음' 등에서 본래의 뜻을 읽을 수 있다. 어제인 yesterday를 보자. 흥미롭게도 '아사달(아씨딸)-제'이다. **아씨딸이 시간 개념으로 등장한 것**이다. 흥미로운 점은 어제를 가리키는 아씨딸 형태가 **러시아 부리야트 지역에서 발견된다는 점이다. 이른바 Aster, Usgalder** 등인데 대체로 '어스더르, 우스걸

더르'로 발음이 된다. 이 영향이 켈트 혹은 게르만족에 의해 영국으로 전파되었다고 본다. 여기서 부리야트는 부루족이라는 뜻이다. 반면에 일본은 아사(あさ) 또는 아시타(あした, Asita)는 내일이다. 따라서 **아씨타는 장소, 사람(神), 시간 등에 지역적, 민족적 풍향에 따라 다양하게 사용되는 이름**이라 하겠다. 시간적 측면에서 보면, 어제로 보았을 때는 과거에 일어난 사건으로, 내일로 보았을 때는 그 장소가 환하고 밝은 미래를 가리키는 것으로 해석할 수 있겠다. 우리가 오래된 과거를 '옛ㅅ날'로 부르는 것도 같은 맥락이다. 그런데 '어제'의 소리는 yester day에서 ster가 제외된 'ye day'와 같다. '예제'이다. 즉 '예ㅅ때'로 바로 통한다. '옛ㅅ날'의 예 역시 'Ye'이다. 내일은 래일(來日)로 보았다. 그런데 내를 나로 보면 이야기는 달라진다. 나알이다. 그러면 **'나올'로 되어 나올 것이라는 미래형**이 된다. 한번 추적할 필요가 있는 주제들이다.

   이제 Tomorrow를 집중 조명하겠다. 앞에서는 To를 떼어내면서 분석하였다. 이 구조는 '따+뫼+알'이다. '따뫼'는 '담'이 되어 '담다'라는 저축의 뜻이 된다. 영어의 Dam이 여기에 해당한다. '뫼알'이면 물론 물이다. '모으다'와 '두다'를 합치면 '모여두다'가 된다. 모두 내일을 준비하는 과정이며 행위이다. 따라서 내일과 심리적으로 통한다. Tomorrow는 또한 '타모라'와 소리가 정확히 일치한다. 타모라는 탐라(耽羅)로 옛날 제주도를 가리키는 이름이었다. 중국의 역사서(수서, 북사)에서 담모라(聃牟羅), 담모(聃牟) 등으로 나온다. 여기서 모라는 마을이다. 타는 따으로 새기면 딴마을이 된다. 그러면 바다 건너 있는 동떨어진 마을, 딴 지역이라는 뜻이 된다. 지방 정부라고 보면 되겠다. 그러나 석연치 않다. 건너 고을이라는 한자말 제주(濟州)와 의미는 같다. 백제 시대에 '담로(聸魯)'라는 제도가 있었다. 보통 첨로(襜魯)라고 표기를 하는데 담로이다. 한자는 소리를 빌려온 것으로 참, 첨은 담이 머리말에서 두음법칙으로 변한 것이다. 앞에 나온 '첨성대'에서 이미 살펴보았다. **'데'가 '제'로 된 것**과 같다. 22개의 담로를 두었다는 기록이 양서(梁書) 동이열전(東夷列傳), 백제 편에 나온다. 지방의 제도적 구역으로 음운학적으로는 탐라인 **타모라**와 같다. 왕족이 직접 다스린 구역이다. 반면에 고구려에는 '다물' 제도가 있었다. 고구려 동명성왕 2년 다물도(多勿都)를 두었다는 기록이 있다. '옛 땅으로 회복함 또는 복구한 땅'이라고 해석한다. 글쓴이는 이러한 해석이 이해가 가지 않는다. **'두다'**의 말뿌리에 구역으로 직접 통치하는 지방 정부라고 본

다. 백제와 같다. 이렇게 음운학적으로 보았을 때 모두 같은 이름임에도 그 쓰임새가 다르게 되는 것은 **뫼가 타뫼로 가느냐 뫼알로 가느냐**에서 나왔다고 본다. 타뫼 자체로는 담이다. 저장하는 Dam이 되지만 구역을 정하는 담에 더 합당하다. 그리고 토모가 되면 다른 뜻으로 간다. 쌍둥이자리에서 논하겠다. 한편 일본인의 성씨에 타무라(たむら, 田村)가 있다. 말 그대로 하면 '밭마을'이다. 이러한 형태의 성씨가 일본에는 많다. 단순히 '땅마을'로 새김할 수도 있겠다. 내일을 나알, 즉 나올로 새긴 것과 마찬가지로 모레는 뫼알 형이다. 그러면 왜 다음다음 날로 되었을까? 아마도 **모레는 '멀리'**와 관계될 것이다. '먼 날'이기 때문이다. 그러면 글피는 무엇이 뿌리말일까? **'그리다'**라고 본다. '그리다'는 그림이나 글을 새기는 것도 되지만 무엇을 그려보는 짐작이나 희망 또는 미래를 상징하기도 한다. 피는 비라고 보는데 비의 새김이 어렵다. **'그립다'**로 보고 싶지만 이 경우는 미래보다는 과거를 가리키는 말이라 적용하기 어렵다. 한편, '그리고'는 '그리다'에서 온 듯하다. 무엇을 그리는 행위에서 글(letter)이 탄생하였다. 글을 새기면서 글고(그리고 명사형은 긁) 난 다음을 가리키면서 그리고(and)가 되었다고 본다. 물론 다른 면으로도 해석이 가능하다. **'타모라(Tomorrow)'가 내일이 되는 것은 미리 대비를 하는 심리적, 사회적 측면**에서 나왔다고 볼 수 있겠다.

'타모라'에 대해 정리하면서 결론을 내린다. **'타'는 '두다'의 말뿌리에서 나왔다. 따라서 행정 구역을 마을 단위로 두었다는 뜻**이 된다. '다물'이라는 말 역시 이에 해당하겠다. '담다' 역시 '두다'에서 파생된 동사로 본다. **다음날이 담날**이라 본다. 담날과 Tomorrow는 소리가 서로 어울린다. 어떻게 보면 **Today는 두(는) 날**, 다시 말해 시간을 두어 일정한 시간 영역으로 볼 수 있고 따라서 현재인 오늘과 결이 맞는다.

## 특별 주제 20 Noel and Christmas

우리는 앞에서 Nature를 나따알, 즉 '나딸'로 새김을 한 바가 있다. 물론 Natal과 소리와 뜻에서 일치한다. 그런데 프랑스어에서 Christmas를 'Noel'이라고 부른다. 이 말의 유래가 Natal과 연관이 되면서 흥미롭게 진화한다. 크리스마스라고 하는 말은 원래 라틴말로 '**natalis dies**'라 하였다. '**나딸 제**'로 '**났을 때**'이다. 우리말과 그대로 일치한다. 이 말을 우리는 한자말로 하여 탄생일(誕生日)이라고 부르고 이것도 모자라 크리스마스라고 한다. 이 natalis가 프로방스 지방에서 '나알' 또는 '나우르'가 되고 다시 이 소리가 '노에' 혹은 '노엘'로 된다. 처음에 '따'가 사라지고 다시 '알'마저 떨어져 나가는 변화를 보게 된다. 더욱이 Noel은 결국 우리말 '날(day)'과 같다. 한편 날, 나알(nair)은 '해'를 가리키는 말도 된다. 문화적으로 12월 25일, 즉 겨울점은 해가 다시 힘을 얻어 기운을 얻는 날이다. 낮이 길어지기 때문이다. 이러한 자연적이고 과학적인 날이 엉뚱하게 종교적으로 오염되어 버린다. Christmas는 크게 두 부분 즉 'Christ-Mas'로 이루어진 말이다. '클씨치-메씨'이다. '크고 성스러운 사람'이 된다. Mas는 Mose이며 여기서 다시 '모시다'와 만난다. **Christ**는 **George**와 같고, **Kelt**, Kurd와도 통하는 **클씨** 가족이다. 결국 **Christmas**는 "**클씨를 모시다**"이다.

## 5.9 오리온자리(Orion, the Giant Hunter, and Warrior)

Oarion, Arion, Aorion 등으로도 표기된다.

글쓴이가 가장 주목하며 감탄하는 별자리로 겨울밤을 수놓는다. 그림 **5.21**을 보자. 겨울밤 머리를 들어 하늘을 보면 아무리 공기가 탁해도 네 개의 사각형 별이 보인다. 그리고 조금만 신경 쓰면 가운데 세 개의 별의 존재를 알아차릴 수 있다. 더욱이 왼편 밑에서는 가장 밝은 시리우스가 늠름하게 지키고 있다. 앞에서 소개했던 개자리, 황소자리와 함께 어울린다.

그림 5.21    오리온자리. 왼쪽에 큰개자리 으뜸별 시리우스(Sirius)와 작은개자리 으뜸별 프로키온 (Procyon)이 빛나고 있다. 오리온의 허리띠에 해당하는 세 개의 별 밑에 밝게 빛나는 별 구름을 오리온 대성운(大星雲, The Great Nebula)이라고 부른다. 별들이 태어나는 곳이다. 사냥꾼 오리온의 칼집에 해당한다.

머리말인 Ori, Oari, Ari 등은 분명 '알'이다. 문제는 꼬리말 on이다. 단순히 '나'로 보면 '알나'의 형태가 된다. 그러면 Arina, Arini, Arin 등으로 볼 수 있다. 생명을 품고 있는 강이나 그 주변의 땅을 의미하는 것으로 해석될 수 있다. 거꾸로 하면 나루가 되어 더욱 그렇다. 그러나 거인이나 사냥꾼이라는 명칭에는 맞지 않는다. 그렇다면 앞말과 뒷말 사이에 사연이 있을 수 있다. 가장 흔한 것이 아라비아에서 사용되는 Al이다. 원래는 두 개의 단어인데 나중에 가운데 Al이 붙어버리며 한 단어로 되어버리는 경우가 많다. 그렇다면 Orion도 그럴까? 앞의 Or를 Ar로 보아 이를 무시하면 그냥 On이 된다. 이것은 아닐 것 같다.

    이 단어는 원래 아카드어(Akkadian)인 Uru-anna에서 유래한다고 Brown이 주장하였다[1]. **Uru-anna**이며 **하늘빛(the Light of Heaven)이라는 뜻으로 해를 가리키는 이름**이라고 한다. 그리고 달을 가리키는 Uru-Ki, 땅빛(the Light of Earth)과 대조되는 이름이다. 이러한 Brown의 견해는 타당해 보인다. Anna는 이미 Hanna, 즉 '한'이라고 해석한 바가 있다. Sumer 신 In-anna와 같은 구조이다.

그러면 **Uru-Anna**는 '한+얼', 따라서 **하늘**이 된다. 이 하늘이 해와 결부되는 것이다. 결국 On은 Hon, Han이었던 것이다. 우리 문화와 일치한다. 서양 특히 그리스 신화에 따라 거인 사냥꾼, 전투사라고 해석은 하지만, '**하늘 왕(the King of Heaven)**'이라 하는 것이 거룩하고 엄숙한 이름에 더 걸맞다. 여기서 '알'인 Uru가 밝음인 빛으로 보는 것과 우리말 '얼'과 심리적 측면으로는 같다. Uru-Ki는 '커알'과 같다. Uru-Ki와 Uru-Anna는 우리말 '얼굴(혹은 골, Ur-Gor)'의 구조와 일맥상통한다.

한편 큰곰자리에서 북두칠성을 Orwandil이라는 이름으로 부르는 경우를 마주한 바가 있다. Orion의 발톱이라는 뜻의 튜턴족의 말이다. 여기서 Orwan이 Orion이다. 지은이는 이 Orwan을 Horvan으로 보았다. '하르방(Harvan)'이다. 사실상 Uru-Han과 같다. 그리고 'Horus'와 대응된다. '해분'인 'Heaven' 역시 같은 줄기이다. 모두 '한얼'이라 하면 통한다. 한편 같은 맥락에서 **Osiris는 Hosiris**로 볼 수도 있겠다. 사실 Sirius와 Osiris는 음운학적으로 같은 이름이다. **만약 Osiris를 Hosiris로 보면 모든 것이 명확해진다. Hosiris는 Horus**와 자연스럽게 이어진다.

따라서 Orion은 그리스의 신화와 유프라테스 천문과 엮인 결과이다. 원래의 엄숙하고 거룩한 이름이 퇴색되어 버렸다. 시리아인은 Gabbārā, 아라비아인은 Al Jabbār로 불렀는데 거인(the Giant)이라는 뜻이다. 물론 모두 '커부루, 커부리'이다. 걸맞다. 여기서 아라비아어의 음에서 '키, 기'가 '지'로 변화되는 것을 볼 수 있다. 김(Gim)이 짐(Gim)으로 되는 것과 같다. 아라비아어는 드디어 Al이 붙어버린 형태인 Algebra, Algebaro, Algebar, Algibbar 등으로 변화된다. 그리고 Al Babādur, 강한 자 혹은 Al Shujā라 하여 뱀(the Snake)으로도 보았다. 여기에 A가 붙어 Asugia라고 변화된다. 그런데 이 단어의 뜻이 미친 사람(the Madman)'을 가리키는 말로 해석된다. 그러면 왜일까? Shuja, Sugia를 보면 이는 '써+키'이다. 스키타이족을 거론할 때 나오는 형태이다. 그런데 이 구조가 '새끼'가 되면 일변 욕으로 돌변한다. 이해가 갈 것이다. Madman과 일치한다. 더욱 흥미로운 것은 Al Nusuk로 Nasak이며 이는 줄(a Line)이라는 뜻으로 가운데 삼태성을 가리키는 것으로 해석되는 단어이다. 우리말에 '새끼줄'이라는 이름이 있다. 나사키는 '새끼나'로 새김이 되며 새끼줄과 통한다. 더욱이 집안에 아이가 탄생했을 때 새끼줄을 달아매는 풍습을 고려하면 심리학적인 공감도 볼 수 있다. **삼태성을 새끼줄에 매달린 고추라고 보면 아주 그럴듯하다. Nasak(나새끼)는 Snake(씨나키)와 같다고 보는데 뱀은 출산과 관계되는 영물이기 때문이다.** 우리나라에서 구렁이가 집안에 들어오면 내치지 않는 풍습이 이와 관련된다.

이집트로 들어간다. 당연히 이집트인들은 오리온자리를 특별 대우했다. 오리온 별들로 둘러싸인 공간에서 Horus 신이 배(boat)를 타고 가는 모습으로 그려진다. 그리고 시리우스가 따르는데 황소이다. 그리고 그 이름을 **Sahu**라고 불렀다. Horus는 '해알'인 반면 Sahu는 '씨해', 그러면 '해씨'로 새김이 된다. 사우는 쇠와 같다. '소야!' 하고 부르는 소리로 보면 좋다. 그리고 Osiris의 혼(soul)이 머무는 쉼터로 설정된다. 그러면서 Isis 신은 Sirius와 함께한다. 설정이 대단히 심리적이다. 신화의 표본이라 할 수 있다. Orion은 따라서 Smati-Osiris라고 호칭이 되기도 하는데 보리의 신(the Barley God)이라는 뜻이다. 농경과도 결부된다. 보리인 smati는 '씨마' 그러면 사마(삼)티(치)인데 삼이 식물에 적용되었다. 인도 신화에서도 Sama는 상징성에서 줄기를 같이한다.

인도의 힌두문화에서는 Praja-pāti로 나온다. Mriga라 하여 수컷 돼지 형태인데 그의 딸인 알데바란을 대동하는 모습으로 그려진다. Praja-pāti는 '부루키-배치'로 이중적인 존경 어미가 붙었다. Mriga는 말키, 마루치와 같다. 역시 존경어이다. 부루는 신에게, 마루는 동물에게 부여되었다.

으뜸별은 1등성(광도 0.7)으로 Betelgeuze라고 부른다. Ibt al Jauzah가 원래 이름이다. 그리고 Bed Elgueze, Beit Algueze, Bet El-geuze, Beteigeuze 등으로 파생된다. 단순히 Betelgeuze만 보면 '뵈탈(배달)+크치'의 이중 구조로 해석될 수 있다. 그러나 가운데 el은 이음말로 군더더기이다. 따라서 '밭(발)+크치'이다. **거인(지배자)의 발바닥으로 해석이 된다. 그러면 상하가 뒤바뀐다.** 위가 발에, 아래가 머리 부분이 된다는 뜻이다. 흥미로운 점은 천문학자 허셀(Herschell)이 오리온을 거꾸로 된 사람의 형태로 보았다는 사실이다. 만약에 글쓴이가 해석한 것이 옳다면 아라비아에서도 지금과는 거꾸로 인식하였다는 결론이 나온다. 그러면서도 아라비아에서는 이 별을 어깨의 뜻인 Al Manki, 팔의 뜻인 Al Dhirā, 오른쪽 손이라는 Al Yad al Yamnā 등으로 불렀다.

버금(베타)별 역시 1등성으로 Rigel이라고 부른다. Ri를 빼면 바로 '클, 컬'

이다. 그러나 이 이름은 Rijl Jauzah al Yusra라 하여 'Jauzah의 왼쪽 다리'에서 왔다고 한다. 혹은 Rāi al Jauzah, 즉 'Jauzah의 목동'에서 비롯되었다고도 한다. 이 Jauzah는 Jeuze, Geuze 등으로도 발음되는데 결국 '크치'이다. 오리온자리를 넘어 더 넓은 영역을 아우르는 이름으로 통한다. 무척 혼돈스럽다. 그럼에도 결국은 앞의 Ri와 겹쳐 '클'이 되기는 한다. 배달크치와 함께 가운데 삼태성을 중심으로 대각선을 이루며 가장 밝게 빛난다. Betelgeuze는 붉게 빛나는 대표적인 붉은 큰별이고, Rigel은 하얗게 빛나는 큰별이다. 멋진 대조를 이룬다.

세 번째 별의 이름은 Bellatrix이다. 여자 전투사(the Woman Warrior)의 뜻으로 보통 아마존 별(the Amazon Star)로 불린다. 아마존의 깊은 밀림 속에 모계 사회를 유지하는 민족의 풍습에서 나온 말이다. Bellatrix는 '부루+따알' 구조이다. 부류(리)와 또르(리)가 합성된 것으로 모두 존경스러운 뿌리말들이다. 아마도 trix 는 딸씨라 볼 수 있는데 여자족(族)으로 풀이되며 여자 전투사라는 의미와 비로소 통한다. 여기서 부루가 전투사, 지배자의 뜻으로 되었다. 거인의 어깨에 해당하는데 왜 여자 전투사라는 의미가 들어 있는지는 모르겠다. 더욱 혼돈스럽게 하는 것은 아마존 전설에 있어 Bellatrix가 아마존강에서 카누(Canoe)를 타는 젊은 남자 (young boy)로 묘사된다는 점이다. 이때 늙은이에 해당하는 Betelqueze와 함께 Peixie Boi(어두운 곳)를 좇는다고 한다. 여자 전투사라는 말과는 상관이 없는 설정이다. Peixie는 뵈키씨로 새김이 되는데 그러면 '박(씨)배'가 된다. 어떻게 어둠과 관계되는지 의심스럽다. 오히려 밝은 곳을 가리키는 것으로 본다. **아마존에 대한 신화는 헤라클레스자리에서 자세히 다루겠다.**

오리온의 허리띠에 해당하는 삼태성(triple stars)은 델타(δ), 입실론(ε), 지타 (ζ)이다. 특히 지타별 근처가 화려하여 큰 주목을 받는다. 앞에서도 나왔지만 이 별들은 아라비아에서 Al Nijad, the Belt / Al Nasak, the Line / Al Alkat, the Golden Grains, Nuts / Fakar al Jauzah, the Vertebrae in the Jauzah's back 등으로 묘사된다. 아울러 로마 시대에는 Jugula, Jugulae / Balteus (Belt), 게르만의 Vagina 등으로 불리었다. 영어권에서는 Baculus Jacobi로 나중에 Jacob's Rod 혹은 Staff 등으로 일반화된다. Jugula는 '커골'인데 큰 골짜기로 해석이 되지만 라틴어로는 어떻게 새김이 되는지 모르겠다. Balteus는 부루따이고, 따라서 불띠로 보면 어느 정도 통한다. Juglua와 더불어 Jacobi를 보자. K 음이 모두 J 음으로 변한 경우이다. Jacobi는 커커비로 커클과 같다. 클인 경우 골로도 되지만 비(뵈)인 경우 존칭 꼬리말로만 보면 되겠다. Rod는 거꾸로 하면 Dor가 된다. 도는, 따라서 휘두르는 막대기로 해석이 된다. **Vagina는 '뵈키나'이며 바구니로 새김이 된다. 이 바구니가 생명을 보듬는 곳이 되면 여성의 음부(陰部)가 된다.** 더욱이 '보지' 와도 음이 같다. 그리고 바지와도 의미가 통한다. 이 발음은 또한 몸인 'body'하고 도 이어진다. 일반적으로는 삼태성을 허리띠로 하고 밑에서 빛나는 오리온성운은 칼집으로 그려진다.

## 5.10 쌍둥이자리(Gemini, the Twin)

라틴어로는 Gemelli이며 현재의 이탈리아어와 같다. 프랑스는 Gémeaux, 독일은 Zwillinge이다. 앵글로-색슨족은 ge Twisan, 앵글로-노르만족은 Frére이다.

고대로부터 나란히 서 있는 두 개의 별이 주목받으며 온갖 신화, 특히 그리스와 로마의 밑거름이 된 별자리이다. 보통, 그리스 시대의 스파르타 여왕인 레다(Leda) 의 아들이라고 알려져 있다. 형제인 셈이다. 이른바 **Castro**와 **Pollux**로, 함께 **Dioscuri**라고 부른다. 이 말은 그리스어 Διδυμι, **Didymi**에서 따온 로마 시대의 명칭이다. 그런데 Welcke에 의하면 **Astor**(the Starry one)와 **Polyleukes**(the Lightful)가 정확한 표기라고 하였다[1]. 두 개의 빛나는 별로 묘사한 것인데 하나 는 별에 초점을, 하나는 광채에 초점을 맞춘 이름이다. Astor는 두말할 필요가 없 는 밤하늘의 별을 가리키며 여기에 '커(키)'가 붙어 큰 별(the Starry one)이 되었 다. 글쓴이가 주목하는 곳이 Polyleukes이다. 이 단어는 Poly-leu-Kes이며 이는 두 개의 이름이 합성된 것이다. 앞인 말머리는 부루, 뒤는 커씨이다. leu는 la와 같다. 그대로 **부루키**(**burk, berg, borg**)가 되는데 한마디로 '밝이(bolgi)'이다. the Lightful과 완전히 통한다. 군더더기 s가 붙고 커(k)와 합쳐 x로 바뀌어 버린 것으 로 언어의 진화에 있어 가장 좋지 않은 보기 중의 하나이다. 지역에 따라서 Dii Samothraces, Dii Germani 등으로도 불렀다. 앞은 '두(둘) Sama-Torki', 뒤는 '두

클마니'이다. 페르시아에서는 Du Paikar 혹은 Do Patkar, 칼데아에서는 Tammech 이었다. 모두 앞에 '타' 형인 Di, Du, Do, Ta 등이 붙어 있다. 우리말 둘, 즉 '두 (two)'와 같다. Paikar는 '뵈키알'이며 '밝'이다. '두 개의 밝(발기)'인 셈이다.

인도에서는 처음에 말을 탄 사람이라는 뜻으로 Acvini, the Ashwins, 아니면 단순히 남자와 여자를 가리키는 Mithuna, Midhuunam으로 불렸다. 앞의 낱말들 은 '아기분', '아씨분'이다. '분(Vin)'이 말을 가리키고 있다. 뒤의 말들은 '뫼+따' 의 구조로 뫼는 남자, 따(땅)은 여자로 되어 우리의 인식체계와 통한다. 그러나 나 중에 그리스의 영향을 받고서는 그 호칭이 Jituma 혹은 Tituma로 바뀐다. 유대인 은 Teomin(튀루스, 옛날 페니키아의 항구 도시 Tyrian)에서는 Tome, 아라비아의 점성술에서는 Al Tau'man으로 불렸다. 모두 쌍둥이라는 뜻으로 새김이 된다. 아 래에서 해석하겠지만 결론적으로 이야기하자면 **모두 '동무'라는 뜻**이다.

그러면 Gemini는 어디에서 유래하며 왜 쌍둥이의 뜻일까? 글쓴이가 매우 곤 혹스러워했던 낱말 중 하나이다. 먼저 그리스어 Didymi와 이로부터 파생된 인도 의 Jituma, Tituma를 보자. 눈에 띄는 점은 머리말 Di, Ji, Ti이다. **사실 Di는 다른 어군에서도 나오는 Dii, Do 등과 같이 '두' 개의 뜻이다. 이른바 two이다.** 우리 말도 같다. 인도에서는 한쪽은 두음법칙에 따라 '디'가 '지'로, 다른 한편으로는 격음화가 되어 '티'로 변했다. 흔히 발생하는 말의 진화 과정이다. 그렇다면 꼬리 말 Dy(혹은 Du)mi, Tuma는 무엇일까? 따뫼로 **'투모, 토모'**이다. 우리말 **'동무'**가 여기에서 유래한다. 일본어에도 'Tomo'이며 동무들을 Tomotachi라고 한다. tachi 는 우리말 '들'과 대응되는 꼬리말이다. 결국 동무(friends)로 두 동무(two friends or two mates)라는 의미이다. Gemini는 여기에서 앞 Di(Do)가 탈락한 '도모'이다. 그런데 이 '도'가 '데'로 되며 다시 두음법칙으로 제(ge, je)가 된 것이다. 앞에서 '제'와 'day'를 소개한 바가 있다. 이때는 우리말 '제'가 머리말에서 음이 변한 경 우이다. 꼬리말 ni는 무시해도 되지만 굳이 해석하자면 '따뫼나'이다. '두만'이 된 다. '니(ni)'는 단순한 호칭의 꼬리말로 '동무님'으로 보아도 좋다. 한편 **Twin은 Tvin으로 '두분'과 같다.**

결국 Gemini는 쌍둥이라는 뜻보다 **'동무(friends, mates)'로 보는 것이 알 맞다.** 전설에 따르면 Castro와 Pollux는 씨가 다른 형제이다. **쌍둥이가 아닌 것이 다. 한쪽은 인간을 아버지로 하고 다른 한쪽은 신(神)을 아버지로 설정되는데,**

이는 신화학(神話學, **Mythology**)적으로 유목 집단과 농경 집단 간, 그리고 부권(父權)과 모권(母權) 간의 힘싸움(알력)과 연관된다. 그러나 더욱 중요한 사실은 사회학적으로 신권(무당 계열)과 정치권과의 관계이다. 두 개의 세계를 상징하는 추상적, 심리적 갈등 요소를 가리킨다. 중세의 유럽에서 교황과 왕들과의 연합과 세력(권력) 다툼을 연상하면 이해가 될 것이다. 우리말 동무는 머리말에 앙(ang, ung)이 붙은 형태이다. 일본의 수도 이름이 한자로 동경(東京)인데 이 '동'을 일본어에서는 tou로 발음된다. 경은 kyou이다. 황소자리인 Tau는 우리식으로 하자면 '탕(Tang)'과 같다. 한편 Gemini를 그대로 발음하면 '**주머니**'가 된다. 더욱이 **Domoni**로도 새길 수 있는데 이번에는 성스러운 대상이 된다. **왜냐하면** '주(主, **Lord**)'의 뜻으로도 새김이 되기 때문이다. 고구려의 '주몽'이 이에 해당한다. 이 경우에는 '따+뫼(Tama)'의 구조로 '담다'의 담이다. 땅과 솟아오른 메(山)의 결합은 지형적으로 두 개의 다른 구조가 결합하여 결국 친구나 형제와 같은 의미로 가게 되었다고 본다. 그리고 더욱 중요한 것은 **돌담처럼 경계를 가리키는 담**(**wall**)으로 이어진다는 점이다. 지배자의 영역에 해당한다. 따라서 지배권을 상징한다. 붓다의 다른 이름인 고타마(**Gotama**)의 **Tama**, 고구려의 고주몽은 실제로는 고두모(高都慕)로 대제사장, 제의적 영역으로는 **Great Wall**이다. 두만강 역시 성스러운 영역으로 두 개의 강으로 보는 것보다 신성한 영역의 담(**Dam**)으로 새기는 것이 알맞다.

으뜸(α)별이 Castor, 버금(β)별이 Pollux인데 광도로 보아서는 거꾸로다. 즉 2.7과 1.1로 처음 그리스어로 별을 배정할 때 잘못되어 큰 혼란을 일으킨 대상이다. Castor는 그리스에서 Apollo로 취급받았다. 머리말 A는 군더더기이다. Pollo이며 부루, 곧 '불'이다. 해와 일치한다. 흥미로운 것은 **Pollo는 Castor가 아니라 Pollux와 음운학적으로 같다**는 점이다. 형제(그리스 신화에서는 가족 관계가 아주 복잡한데 이 모든 것이 부권과 모권의 세력 다툼에서 파생된 결과이다)가 Artemis로, 역시 쌍둥이(Twin)라고 한다. 달의 신으로 여겨진다. 다시 Ar를 제외시키면 Temis, 즉 타뫼가 되는데 물론 도모, 두모이다. 바빌로니아에서는 'Mash-mashu-Mahru(쌍둥이의 왼편, the Western One of the Twins)', 그리고 Pollux와 함께 둘을 'Mas-tab-ba-gal-gal'이라 하여 위대한 쌍둥이(the Great Twins)라고 불렀다. 아시리아는 각각 Mas-mas, Tuamu라고 하였다. Pollux는

Apollo와 대비되는 헤라클레스(Hercules)로도 불린다. Aracaleus, Iracleus, Heraclus, Garacles 등으로도 나온다. 그러나 모두 어디에서 왔는지 이상하다고 한다[1]. 앞의 Ar, Ir, Her 등을 빼면 간단히 '클, 컬'이 된다. 앞에서 나온 gal-gal 과 같다. 바빌로니아에서는 쌍둥이의 동편(the Eastern One of the Twins)이라는 의미로 Mash-mashu-arku라고 하였다. 그러면 동(東)은 Arku, 서(西)는 Mahru가 된다. '알키, 아기'와 '마루'이다. **Mash와 Mashu는** 같은 말인데 모시다의 모세 **(Mose)**와 같은 소리말이다. 흥미롭다. 종합적으로 볼 때, To, Do, Tu, Twin에서 의 Tw 등을 두(둘, Two)로 보면 모두 통한다. 로마의 Romulus, Remus에 있어 Mulus, Mus가 형제라는 점에서 심리적인 유대감이 흐른다.

마지막으로 덧붙일 것은 우리말 쌍둥이에 대한 고유말의 존재이다. 이미 앞에서 나왔지만 '골오기'이다. '가른 혹은 갈라진 아기'로 된다고 하였다. 우리가 짝을 '켤레'라고 한다. '갈라'이다. '골라잡다'에서 골라 역시 갈라진 두 개 대상을 가리킨다. 그리고 '갈아기'는 **Karaki**로 새길 수 있는데 **Baraki, Taraki** 등과 음운학적으로 멋진 대응을 이룬다. 각각 '불아기'와 '딸아기'이다.


## 5.11 마차부자리(Auriga, the Charioteer 또는 Magoner)

프랑스는 Cocher, 이탈리아는 Cocchiere, 독일은 Fuhrmann이다. 이른 시기부터 Wainman으로 알려졌다. '마차부'라기보다는 '마차꾼'으로 불러야 할 것이다.

오리온자리 위, 쌍둥이자리 서쪽에 자리하면서 오각형의 별 모양으로 뚜렷이 보인다. 남쪽을 향하여 바라보았을 때이다. 특히 **밑의 왼쪽, 따라서 동쪽의 별은 황소자리 뿔과 겹친다.** 그림 **1.2**를 보기 바란다. 이 별자리 이름과 모양은 다양하게 해석되며 그려지는데 혼란스럽기까지 하다. 왜냐하면 마차를 모는 남자로 보면서도 반드시 염소를 팔에 안은 모습으로 그려지는 반면 마차는 보이지 않기 때문이다. 마차를 몰 때 사용되는 고삐도 등장한다. 가장 알맞은 그림은 마차꾼이 오른쪽 등에 양을 걸치고 그 오른손에 새끼들을 잡으며 왼손에는 채찍을 둔 모습이다. 이른바 등을 보이는 모습이다. 그림 5.1 (a)에서 찾아보기 바란다. 그러면 고삐와 채찍의 구별이 필요하다. 더욱 혼란스러운 것은 대부분 별자리 그림에서 앞의 모습으로 그려지며 마차를 끄는 형상과는 거리가 먼 경우가 많다는 점이다. 오리온자리 역시 앞모습과 뒷모습이 섞이어 나타난다. 으뜸별이며 1등성인 카펠라(Capella)는 암염소라는 뜻이라고 한다. 그러나 마차를 모는데 왜 염소를 대동해야 하는지 설명되지 않는다. 왼손에는 고삐 오른손에는 채찍을 들어야 제격이다.

투르크의 별자리에서는 **노새(Mule)**로 그려지는데 마차나, 마차꾼 등은 등장하지 않는다. 물론 노새는 처해진 상황에 따라 친숙한 가축으로 상징되어 염소와 문화적, 심리학적인 측면에서는 대동소이(大同小異)하다.

> * Mule: 이 단어는 노새를 뜻하며 비유적으로 바보, 고집쟁이 등의 의미로 쓰인다. 우리말 '말(馬)'과 소리가 같다. 물론 암컷 혹은 암말을 Mare라고 하는 것도 이에 해당한다. 그런데 '뮬'로 발음되면서 '실을 짜는 기기(베틀, 精紡機)'라는 뜻으로도 된다. 우리말 '물레(mulé)'와 바로 통한다. 왜냐하면 물레 자체가 솜이나 털 같은 섬유를 자아내서 실을 만드는 틀이기 때문이다. 한자로 방차(紡車)라 한다. 한편 노새는 수나귀와 암말에서 태어난 변이종이다. 수컷은 번식 능력이 없다. 노새는 '나소'로 볼 수 있는데 '나귀'의 '나' 염소의 '소'와 대응된다.

염소의 등장은 실수나 오해에서 비롯되었다는 설이 있다. 즉 폭풍을 뜻하는 그리스어를 잘못 인식하였다는 주장이다. 하지만 증거는 없다. 그런데, 마차꾼이나 염소의 형상은 고대 유프라테스 지역에서 유래한다는 주장이 있다. Nimrod 왕을 그린 벽 조각에 염소를 든 인물이 나오며 Graeco-Babylonia 시기 마차를 뜻하는 **Rukubi**로 묘사했다는 것이다. 물론 결정적인 것은 아니라고 한다. 여기서 Rukubi는 Ra(La) Kubi로 보며 커뵈이다. 고삐로 볼 수도 있을 것 같다. 그러나 Arkubi로보는 것이 더욱 타당할 것이다. Ark에 뵈가 붙은 형식이다. 여기서 Ark는 마차, Bi는 사람을 가리킨다고 하겠다. Ark는 '배(Ship)'를 가리키기도 한다. 이때의 아르는 물(water)을 가리킨다. 만약 거꾸로 새기면 '바퀴알'이 되어 역시 마차와 통한다. Nimrod는 음운학적으로 대단히 불편한 철자들의 조합이다. '나뫼알'로 본다. **Namir**가 옳은 이름이며 꼬리말 d는, 타로 의미가 없거나 땅을 뜻한다. Namir는 이집트를 최초로 통일한 Narmer 왕과 소리가 같다.

**Auriga**는 **알키**로 해석된다. Ar(Ur)-Ki의 형태이다. 바로 앞의 Rukubi를 Arku-bi로 본 것과 같다. Arki는 Arcturus에서 만난 적이 있다. 늑대로 새김을 했었다. 지리적, 문화적으로 보았을 때 아라비아나 유프라테스 지역에서는 자기들에게 친숙한 가축(노새, 낙타, 말 등)으로 그렸을 것이다. 이 단어는 라틴 문화에서는 Aurigator, Agitator 등으로도 표기되었다. Arator라 하여 쟁기꾼(Ploughman)으로 보기도 했는데 이는 목동자리와 겹친다. 슡하게 나왔지만 Tor는 특별한 사람을 표시하는 결정말로 사용이 된다. 한편 프랑스와 이탈리아 말을 보면 '커클, 커고리'이다. 사실 Auriga를 거꾸로 하면 'Gair'이고 '컬, 클'이 된다. Kor는 Tor처럼 위대한 사람을 가리킨다. 이 별자리는 이집트에서는 Horus 신으로 취급되었다는 주장도 있다. 이 주장에 대하여 마차(Wagoner)를 뜻하는 그리스어 Roha, Roh를 Hora로 잘못 인식한 것이라는 반론이 제기된다. 더욱이 고삐를 뜻하는 Lora에서 비롯되었다는 주장까지도 합세한다. 글쓴이가 가장 주목하며 곤혹스러워하는 것이 단어에 있어 철자의 뒤바뀜(Inversion)이다. Horus, Hora가 Roha가 되고 심지어 Lora가 된다.

그러면 **바바리족(the Barbarous)**을 보자. **Alhaior, Alhaiot, Althaiot, Alhaiset, Alhatod, Alhajot, Alhajoth, Alhojet, Alanac, Alanat, Alioc** 등으로 나온다. Barbarian은 이집트어를 사용하지 않은 민족이나 로마사회 바깥에 거주하는 민족을 말한다. 바바리안은 유럽인으로부터 덜 문명화된 집단으로 취급되며 '야만족'으로 통칭된다. '부루부루'인데 '뵈부루'이며 결국 **부루족**을 말한다. 이와 비슷한 용어가 존재하는데 바로 타타르(**tatar** 혹은 **tartar**)이다. 역시 유럽을 침공하여 공포의 도가니로 만든, 이른바 말을 잘 타는 민족을 가리킨다. 그 유래와 이름에 대하여 설왕설래하고 있다. 여기서 음운학적으로 재미있는 현상을 하나 소개하겠다. 그것은 'Ta(r)Tar'와 'Ba(r)bar'가 '따로-따로', '바로-바로'로 새김을 할 수 있다는 점이다.

Al은 군더더기이다. 그러면 공통의 뿌리는 Ha(i) 혹은 Ho(i)이다. 바로 '해, 회'와 만난다. 여기서 주목되는 점이 'r'과 'ut'와의 관계이다. 여러 번 주장했지만 ut는 r과 교환된다. 으뜸별(Capella)을 염소(Goat)로 본다. Goat는 'Ko-at'로 'Kiot, Kiyot' 등과 같은 단어이다. 이는 '커+알'과 같으며 컬, 클이다. Haiset는 '해ㅅ살'과 통한다. set 역시 씨(으)트(Siut)로 그러면 실, 살로 새김이 되기 때문이다. Anac

와 Ioc는 머리말 H가 탈락한 경우이다. 그리스어에서 이러한 탈락 혹은 첨가되는 경우가 많다. '한아기'이며 기품이 깃든 말이다. 결과적으로 모두 '해알'인 '할(하루)'로 하늘과 통한다. Orion을 하르방(Harvan)으로 새김한 것과 같다. 오각형(Auriga)과 사각형(Orion)의 모습을 '해'와 결부시킨 점이 흥미롭다. 이러한 **그리스어가 아닌 바바리안 말에서 말의 진화를 명백**하게 볼 수 있다. 아라비아인들은 고삐 든 사람(the Rein-holder)이라 하여 Al Dhu al 'Inān, Al Māsik al 'Inān, Al Mumsik al 'Inān 등으로 불렀다. 'Inān은 'Hana'로 볼 수 있으며 하늘과 역시 통한다. Rein 자체가 Ra-In 형태로 Han과 같다. 어쩌면 오각형의 **고삐 자체가 하늘과 교통하는 끈(혹은 줄)**으로 볼 수 있겠다.

으뜸별 이름이 카펠라(**Capella**)이며 밝기(**barki**)가 0.3이다. 비가 내리며 천둥 번개가 치는 폭풍의 시기를 가리키는 별로 인식되어 왔다. Capra, Caper 등으로도 표기된다. 모두 '**커부루, 커부리**'이다. 도시 이름 **카불(Kabul)**도 같은 뜻이다. 물론 부루, 부리는 Villa와 직결된다. 오늘날 스페인은 Cabrilla, 프랑스는 Chevre라고 한다. 이 단계에서 "k → c → ch → s"로의 소리 변화를 읽을 수 있다. 모두 '커부루'이다. 커부리는 '으뜸'이라는 의미이며, 따라서 걸맞다. 그리고 Hircus로도 부른 이유가 여기에 있다. '하르키'이며 '하르방'과 같다. 또한 **Olenia, Olenie, Capra Olenie** 등의 이름도 등장한다. 혼돈스럽게 보인다. 그러나 **Ol을 Al로 보면 실체가 드러난다. 모두 Eni로 결국 한(Han)**이다. 특히 **Capra Olenie**는 '**커부루 한**'이 되어 최상의 호칭이다. 프톨레미에 따르면 아라비아-그리스어 형태로 Ayyūk, Alhajoc, Alhajoth, Alathod, Alkatod, Alatudo, Atud 등으로 표기된다. 머리말을 빼면, Yyūk, Hajoc, Hajoth, Athod, Katod, Atudo이다. Yyūk는 분석하기 어려운 구조이다. '아기(Aki)'로 보면 Auriga, Arki와 같게 된다. Hajoc는 해크키, Hajoth는 해클이다. Athod, Katod, Atudo는 Kator와 같다. 여기에서도 시대에 따라, 민족에 따라, 지역에 따라 말이 조금씩 변화됨을 알 수 있다.

이른 시기 아랍에서는 이끄는 자(the Driver)라는 뜻으로 Al Rākib라고 하였다. 저녁노을이 질 때 다른 별들이 빛나기 전에 홀로 빛나는 모습에서 유래한다고 한다. 앞에서 나온 Rukubi와 음이 같다. '마차꾼'으로 새기면 되겠다. 아울러 플레이아데스의 Al Hādī라고도 했는데 이는 플레이아데스가 떠오르는 때의 징표로 여겼기 때문이다. Hādī는 (H)athod와 같다.

고대 이집트의 덴데라 유적에서는 미라 고양이에 의해 할당된 장소로 묘사된다. 그리고 신전에서는 이집트의 대신(大神, the Great Egyptian god)인 Ptah(여는 자, the Opener)를 가리키는 별로 숭상된다. 아카드인은 Dil-gan I-ku(빛의 전달자), Dil-gan Babili(바빌론의 보호별, the Patron star of Babylon) 등으로, 아시리아인은 I-ku(지도자, the Leader)로 부여되었다. Ptah는 '뾔따'로 바다이다. I-ku는 '아키'이며 앞에서 다루었다. Babylon은 Babili에서 왔는데 '뾔(베어, 부여)부루'이다. '베어부루'는 또한 부루(불)베어로도 된다. 우리나라 고대 부족 국가에서 이 명칭이 많이 나오며 또한 도시, 강 이름 등에도 적용된다고 하였다. 여러 번 지적하였다. '배(가)불다'도 유래가 같다. 특별 주제 **Bear** 편에서 종합하였다.

이 별은 또한 약 3000년 전에 해가 황소자리에 머무는 춘분 시기와도 관련된다. 카펠라는 해가 아니라 달이 머무는 장소로 마르두크(**Marduk**)의 별로 알려졌었다. Marduk는 유프라테스, 즉 고대 바빌로니아에서 가장 각광받았던 신이었다. 이미 나왔었지만 해의 송아지(Calf of the Sun)라는 뜻이다. 황소의 뿔 위에 자리하고 있기 때문이다. 그림 **3.8**을 다시 보기 바란다. k는 '키'와 같다.

글쓴이가 보기에 오각형의 형태가 '올가미'와 비슷하다. 솔직히 마차니 마차부니 하는 것은 억지스럽다. Auriga는 그대로 '**올가**'미로 새김이 된다. '옭아매다', '얽다' 등의 뿌리말에 해당한다. Arga-mi, Orga-mi라고 부르면 실제 모습과 일치한다. 여기에 늑대든 염소든 올가미에 걸려든 형태로 묘사하면 멋지지 않겠는가? 제의적 과정에서 나타나는 몽환적 상태를 말하는 Orgy(Orgie)가 Auriga와 음운학적으로는 같다. 그리고 그러한 몽롱한 상태는 심리적인 '**올가미**'가 된다.


## 5.12 양자리(Aries, the Ram)

이탈리아 Ariete, 프랑스 Belier, 독일 Widder이다. 앵글로-색슨족은 Ramm, 앵글로-노르만족은 Multuns로 불렀다.

별자리로 보기에는 힘들다. 으뜸별만 보일 정도이기 때문이다. 머리에 3개 꼬리에 아주 희미한 1개로 구성되어 있다. Aries와 Ariete는 Auriga와 연관된 이름이다. 모두 알, 아르를 머리말로 사용하기 때문이다. Ar는 Ur와 같다. 따라서 **Aries는** **Ursa**와 구조가 같으며 상징성에서 동일한 의미를 갖는다. Ram은 'Ra+m'으로 보면 '뫼'이다. 여기서 뫼는 '말(Mar, Mal)'로 새김하고 싶다. 공교롭게도 Ram을 뒤집으면 Mar가 되며 말(馬, horse)이 된다.

Mar는 물론 마루도 되어 높고 뛰어난 동물로 볼 수 있으며 우리는 말(馬)로, 여기에서는 양(羊)으로 호칭되었다. 양은 목축, 유목민에게는 양식과 옷감을 주어 어쩌면 성스러운 존재이다. 앵글로-노르만족의 호칭인 **Multuns**는 '뫼알땅'인데 Mul은 아무래도 말, 마루로 보아야 할 것 같다. '마루탕'으로 멕시코에서 유래된, 야생마를 가리키는 **무스탕(mustang, 뫼씨땅)**과 같다. 초원을 수놓는 두 종류의 가축이 하나는 양식으로, 다른 하나는 교통을 위한 수단으로 활약한다. 인간과 함께 하는 영물이라 할 수 있다. 양자리는 관측하는 입장에서 볼 때 주목받을 수 있는 밝은 별들은 아니다. **주목을 받은 이유는 이 자리가 해의 봄점에 해당하기 때문이다. 모든 계절을 이끄는 별로 인식이 되어서다.** 그림 **1.4**를 보기 바란다.

Aries가 라틴어로 로마 시대에 널리 알려졌지만 다른 이름들도 등장한다. Phrixea Ovis, Pecus Athamantidos Helles, Phrixus, Portitor Phrixi, Phrixeum Pecus, Phrixi Vector 등이다. 여기서 Phrixus가 공통분모로 나온다. 전설에 따르면 Phrixus는 Athamas의 영웅적 아들이라고 한다. Helle는 그의 누이이다. Phrixus는 부루커(씨)이다. '밝씨, 밝기'와 같다. Pecus는 뵈키로 **바키**이다. 사실상 바키는 부루키와 같은 말이다. **Vector는 바키에 다시 또르가 붙은 형상이다.** 승리를 축하한다는 Victory와 같다. Portitor는 '불치또르'이며 호칭을 나타내는 꼬리말이 이중으로 붙었다. Ovis는 '아비'로 새김이 된다. 황소를 가리키는 'Apsu, Abzu'와 같다. Athamantidos는 복잡하다. 'A+Ta+Ma+Na+Ta+Da'로 분류해보면 Dos는 군더더기이다. A 역시 빼면 된다. 그러면 **Tamanati가 되고, 결국 '타뫼+ 나치'이다.** 그런데 이 Athamas는 Columella가 사용한 단어로, 유프라테스의 신 **Tammuz, Dum-uzi**를 가리킨다고 하였다[1]. **글쓴이의 해석과 정확히 일치한다.** 생명의 신으로, 봄점을 기념한다는 것으로 신화적 요소가 포함된 결과이다. '봄 (spring)'이 그만큼 중요한 요소임을 다시 한번 보여준다. 아카드인은 황소자리의 대장으로 여겨 Ku, I-ku, I-ku-u 등으로 호칭했다. 같은 의미로 아시리아인은 **Rubū**라고 하였다. 왕자라는 뜻이라고 한다. '뵈, 부여'가 왕자의 뜻으로 새김했는데 우리나라 고대사회에서 **왕의 자식들인 왕자들을 보통 부루, 부리라고 불렀다** [26]. **Rubu를 거꾸로 하면 부루(Buru)**이다. 따라서 '부루'가 양을 가리키는 데 반해 염소는 '커부루' 형을 가진다. 염소는 산양이라고도 부른다. 양과 달리 염소는 풀뿐만 아니라 나뭇잎도 먹는다. 그리고 양처럼 순종적이지도 않다. 그리고 큰 뿔을 가지고 있다. 일맥상통한다. **유프라테스에서는 또한 Gam으로 불렀다.** 소위 초승달 칼, 휜 칼(the Scimetar)이라는 뜻이다. 사악한 무리나 영혼으로부터 왕국을 지켜주는 역할을 했다. 드디어 '감'을 만나게 되었다. Gam은 그대로 '감, 곰, 카미'로 거룩한 신이다. 조직을 지켜주는 칼신으로 되었는데 '칼' 역시 '커알'로 감인 '커뫼'의 뿌리말과 같다. 유대인의 3~4월은 이 양자리와 관계가 있다. 해가 이 시기에 양자리를 지나는데 이집트의 굴레(구속, 拘束)에서 벗어난 달로 여긴다. 아시리아도 양자리가 the Altar와 희생물(the Sacrifice)을 대표한다고 믿고 양을 희생물로 삼는다. 무덥고 장마의 계절을 알리는 개자리와 그 희생물인 개의 경우와 비슷하다. 희생물을 뜻하는 닭(Tark)과 상징성이 같다. 모두 성물(聖物, the sacred sacrifice)들이다. 닭과 병아리 편에서 이미 지적했듯이 염소를 그리스에서는 'Tragos' 즉 닭이라 했다. 이집트의 테베 신전에서는 양이 신들의 왕으로 묘사된다. 왜냐하면 양의 뿔과 깃털로 장식된 왕관을 쓴 모습으로 나오기 때문이다. 새의 부리 형상인 모자에 새의 깃털로 장식한 기마-유목 민족의 형태와 심리학적으로 통한다. 그 이름이 Amon, Ammon, Hammon, Amen, Amun 등으로 표기된다. 히부리인은 Telī, 시리아인은 Amru 혹은 Emru, 페르시아인은 Bara, Bere, Berre, 투르크인은 Kuzi라 하였다. 차례로 **토리(루), 아무르, 부루, 크치**이다. Amru, Emru는 Amar와 같은 말이다. 수(컷)소인 황소에서 수(컷)양을 가리키는 말로 변했다. 그림 **5.22**를 보기 바란다.

그림 5.22 왼쪽: 산양과 나무. 우르(Ur) 왕의 무덤에서 발견된 것이다. 약 B.C. 2750년에 제작되었다. 가운데 기둥은 나무를 상징하며 그 맞은편에 다른 하나의 산양이 있었다. 따라서 양 두 마리가 성스러운 나무를 잡은 형상이다. 신화학적으로 중요한 의미가 있다. 오른쪽: 산양으로 장식된 잔. 중기 아시리아 공예 작품이다. 카스피해의 남서 마루리크 유적지에서 발견되었다. 서기전 1000년경으로 추산된다. 모양으로 보아서는 순수한 양이기보다는 염소에 가깝다. 산양은 염소다.

으뜸별은 2.3등급으로 **Hamal**이라고 부른다. Hamel, Hemal, Hamul, Hammel 등으로도 표기된다. 모두 '해뫼알'로 해마루, 해머리이다. 굳이 Ras Hammel, Al Ras al Hamal이라 하여 양의 머리(the Head of the Sheep)로 풀이하기도 한다. **여기서 Hamel, 해말을 흰말(白馬)로 새기면 그대로 통한다.** 낙타를 가리키는 **Camel은 커말이다.** 역시 말이 중심이다. **'Hamal, Hammal'이 짐꾼인 것은 말이나 낙타처럼 짐을 나르는 동물에서 비롯된 낱말이라고 본다.** 바빌로니아의 28개의 해길 별자리 중 세 번째인 Arku-sha-rishu-ku(the Back of the Head of Ku)로 보기도 한다. 쐐기문자 판에서 Dil-kar로 나오는데 이는 새벽을 알리는 자(the Proclaimer of the Dawn) 아니면 'As-Kar 혹은 Dil-gan'으로 보며 빛의 전령(the Messenger of Light)으로 해석한다. 여기서 As-kar가 새벽의 전령자로 제격이다. Dil-gan과 Dil-kor에서 Dil은 알리는 자로 새김이 되는 것 같다. '달'과 통한다. 또르(Tor)로 보면 되겠다. 큰(Gan)은 새벽, 클(Kor)은 빛으로 된다. 아무래도 두 이름은 같은 것으로 보아야 하겠다. '큰달' 혹은 '클도르'로 콘도르(**Kondor**)와 통한다. 새벽이나 빛을 나타낸다면, '아씨클(Askar)'이 올바른 해석이라고 본다. 유프라테스에서는 **Si-mal, Si-mul**로도 나오는데 뿔별(the Horn Star)의 의미이다. 씨(Si)는 별, 말(물, 마루)은 뿔로 새김이 되었다. 통한다. 그대로 이어 쓰면 Sumer와 같아진다. 쇠머리이며 해머리와 의미는 같다. 버금별(β)은 2.9등급으로 Sharatan, Sheratan으로 Al Sharatain에서 왔다. 바로 옆 감마별과 함께 불리기도 한다. 여기에서도 탕(Tan)이 나온다. '씨알땅'이다. 만약 알이 뒤에 붙으면 씨따알 (Star)이 되기도 한다. 감마별과 함께 양의 머리를 이루는 데 봄점을 알리는 귀중한 별로 대접받는다.

* 양과 염소는 모양이 비슷하여 혼동하는 경우가 많다. 양을 대표하는 이름은 Sheep이다. '씨배'의 구조로 배(ship)와 소리값으로는 같다. 모두 생명을 담거나 품은 대상을 상징하고 있다. '십'으로 소리하면 명확해진다. 반면에 거꾸로 새기면, 즉 '배씨'이면 역시 십에 해당하는 'pussy'가 된다. Ram은 수컷 양이다. 그것도 거세하지 않은 수컷이다. 거세한 수컷은 Wether라고 부른다. 그리고 암컷은 Ewe이다. 새끼는 Lamb, '매엠' 하고 우는 것을 Bleat, 그 울음소리를 Baa라 한다. 양의 문화가 풍족함을 나타내고 있다. 한편 염소는 Goat이다. 수염이 특이하여 수염을 Goatee라고 부르기도 한다. 우리나라에서는 산양이라는 이름이 있는데 이는 Antelope를 가리킨다. 양이 아니라 염소 종류이다. 종종 산양을 길들인 것이 염소라고 할 때도 있다. Antelope는 영양(羚羊)이라고 부르는데 힘든 한자말이다. 일본말은 Kamosika(かもしか)이다. 양은 주로 풀만 먹는다. 그리고 뿌리까지 닥치는 대로 먹어 들판을 황폐화하는 주범이 되기도 한다. 반면에 염소는 풀과 나뭇잎을 먹는다. 양은 매우 순종적으로 먼저 나서지 않고 따라가는 습성이 있다. 염소는 독립적이며 거친 편이다. 한편 염소의 수염에서 염소라는 이름이 나온 것으로 보았는데 의외로 수염이 한자말임을 알게 되었다. 즉 鬚髯이다. 억지스러운 냄새가 난다. 원래 순수한 우리말인지도 모르겠다. 염소는 한자가 없다. 일본말 Kamo는 털을 가리킨다. Ram을 일본은 목양(牧羊)이라 하며 Ohitsuji(おひつじ)라고 발음한다. Ji는 키에 대응되는 꼬리말이며 O는 의미가 없는 머리말이다. 보통 존경스러운 의미로 붙는다. 따라서 Hitsu가 뿌리말인데 Hi로 보아서는 '하얀'의 뜻이 아닌가 한다. 그리고 Hitsu는 Hiut로 Hil, Hal이며 결국 '하르키(Harki)'로 된다.

## 5.13 배자리(Argo Navis, the Ship Argo)

이탈리아 Navire Argo, 프랑스 Navire Argo, 독일 Schiff.

먼저 Argo를 본다. 여기에서는 배를 가리키면서도 특별 이름으로 된 셈이다. Argo는 앞의 마차꾼에서 나온 Auriga는 물론 Ark 형태로 숱하게 등장하고 있다. 마차든 배든 움직이는 대상을 가리킨다. 일본말에서 Arku(あるく)는 '걷다(walk)' 의 뜻으로 통한다. 이 별자리는 현재에는 존재하지 않는다. 아주 넓은 영역을 차지한 별자리였으며 주로 남반구에 자리한다. 큰개자리 동쪽, 외뿔자리와 바다뱀자리의 남쪽을 아우르며 폭넓은 은하수를 포함하는 영역이다. 그림 4.1을 자세히 보아주기 바란다. 현재의 **Carina, the Keel / Puppis, the Stern / Vela, the Sail** 등 세개의 별자리로 우리나라에서는 보기가 힘들다. 너무 남쪽에 치우쳐 있기 때문이다. 배의 '**용골(龍骨)**', 배의 '꼬리(船尾), **고물**', 배의 '**돛**'을 가리키듯이 모두 배와 연관된다. 여기서 용골은 어지러운 한자말이다. 배의 꼬리를 고물이라 하는데 이에 대응되는 **배의 머리에 해당하는 우리말이 '이물'이다.** 얼굴의 '이마'와 연결이된다. 따라서 **용골이라 하지 말고 '이물'**이라고 번역하여야 할 것이다. 여기서 용이라는 말은 배의 모양을 용으로 보아 그리되었다고 본다. 우리나라에서 **용(龍)은 물(water)**을 가리킨다.

이름은 그리스 신화에서 유래했다. 이른바 Argo가 이아손(Jason)을 위해 건조했다는 배로 이 배를 타고 황금 양털(the Golden Fleece)을 획득하러 원정을 떠난다는 이야기이다. Argo는 '알키'이다. 아르키(Arki), 아르크(Ark) 등으로 볼 수있는데 여러 번 나오지만 이 '아르크'가 서양 문화에서는 아주 중요한 줄기말(stem word)로 나타난다. 여기에서는 '빠르다'의 뜻이란다. 앞에서 움직이는 대상을 가리킨다는 해석과 일치한다. 그러면서도 아르(Ar)는 우리를 비롯한 북방 계통의 민족에게는 흐르는 물인 강물로 통한다. 하여튼 영웅이나 특별한 직업을 가진길잡이의 상징이다. '알키'로 새기면 '알씨'와 대응되는 이름이기도 하다. 뼈대로만 이루어진 배의 명칭이 Ark인 것은 여기에서 유래한다. 보통 **방주(方舟)**로 해석하여 나오는데 솔직히 이 용어는 버려야 할 만큼 배를 가리키는 이름으로는 적절치 않다. '**긴배**'로 새김하는 것이 좋다. 그러나 **가장 적절한 이름은 '바가지 배'**

이다. **Navis**는 '나뵈'로 '**나배**'이다. 우리나라 말 '배(ship)'와 비로소 통한다. 배는 사람의 배와 같이 생명체가 들어 있는 터인데 여기에 '나'가 붙어 움직이는 생명선(生命船)으로 된다. 배는 사람이나 물건을 싣고 **나르는** 역할을 한다. 따라서 가장 적절한 것이 '**나르배**'이다. 영어의 Ship, 독일어의 Schiff는 '나' 대신 '씨'가 들어간 '씨배' 형태이다. 생명을 담은 터임을 이미 앞에서 밝혔다. 과일인 '배'가 영어로는 Pear인데 역시 배가 뿌리이다. **우리나라 이름에 있어 어딘지 모르게 머리나 꼬리에 사용되는 '알'이나 '나' 혹은 '씨' 등이 사라져 뿌리인 '배'만 남아 있는 것이 아닌가 한다.** Pea가 콩인 점도 흥미롭다.

이집트 신화에서 Ark는 대홍수 때 이시스(Isis)와 오시리스(Osiris)를 태운 것으로 나온다. 힌두 신화에서는 동등한 신인 Isi와 Iswara를 위한 처소로 보는데, 떠도는 해를 위해 Agastya(Canopus 별)에 의해 건조되어 Argha라고 부른다고 한다. 그러나 Argo는 셈어 Arek에서 따왔고 이는 페니키아인들이 **긴 배(long vessel)**를 강조하는 것에서 유래한다고도 한다. 글쓴이가 보기에 힌두 설화는 이집트의 것과 대동소이하며, 아마도 그리스 영향을 받은 것으로 본다. 로마 시대나 그 당시 게르만족 등 타 종족들에 의한 이름들은 다음과 같다. Argolica Navis, Argolica Puppis, Argoa Puppis, Iasonia Carina, Pagsaea Carina, Pagasaea Puppis 등이다. 모두 조금씩 조금씩 변화하는데 문제는, 더 붙는다는 점이다. **Puppy**는 '**부피**'가 떠오른다. 넓은 배를 가리키는 것으로 보면 아주 알맞은 단어이다. 너비, 넓이와 대응되는 말이다. 너비는 '**누비다**'와 부피는 '**바쁘다**'와 통한다. **Pagasae는 Pegasus와 같은 구조이다.** '**바가지**'이다. 바가지 모양의 배라고 보면 멋지게 통한다. Pegasus 자리는 날개 달린 말이 아니라 사각형 모양으로 되어 있으며 따라서 배의 모양을 닮아, 역시 제대로 통하는 말이다. 그러면 **Puppy**는 바삐(빠른) 배로 보는 것이 더 알맞다.

알파별은 1등성으로 0.4등급이다. **Canopus**라 부르며 용골자리(Carina)의 으뜸별에 속한다. Canobus가 더 정확한 표현이다. 혼동스러운 C 대신 Kanobus로 하는 것이 더욱 알맞다. '**커나뵈**'로 '**큰배**'이다. **Bus 역시 배이다.** 우리의 배와 바로 연결된다. 이 별은 남쪽에 치우쳐 있어 우리나라에서는 보기 힘든 별이다. 얼마나 보기 힘들면 **노인성(老人星)**이라 불렸겠는가? 용골은 배의 뼈대를 이루는 부분이다. Carina는 '**커알나**'인데 Corona와 형태는 같다. 물론 '클, 컬'로 새김하면 뜻이 통한다. 영어의 Keel과 바로 연결된다. 이집트에서는 사제적인 표현으로 Thothmes III에서 **Karbana**라고 하였다. 이번에는 '클배'이다. 나중에 **Kabarnit**로 바뀐다. Thothmes는 Tor-Mesi로 '달-모세'이다. 그런데 이 Canopus는 **고대 콥트 혹은 이집트의 Kahi Nub(황금 땅, Golden Earth)에서 유래한다**는 설이 있다. 양자리에서 보였던 황금색의 양 그림을 다시 보기 바란다. 또한 아랍의 'Wazn, Weight'과 'Hadar, Ground'에서 기원한다는 주장도 있다. 여기서 '배'가 땅으로 변한다. 바다와 땅의 문화에서 비롯되는 각자의 '배'의 출현이다. 이집트가 그 진원지라면 땅이 맞고 황금 땅이 어울린다. 글쓴이는 여기에 핵심이 있다고 본다. '커(키)'는 금을, 나뵈는 땅인 것이다. **바다는 바다 (땅)과 같으며 역시 '뵈, 배' 가 뿌리말이다. 사람의 발과 밭도 마찬가지이다.** 아라비아 말을 보자. Wazn은 Vadn으로 새김이 될 수 있으므로 바당(Hadar) 역시 Vadar이고, 따라서 '바다'로 보면 이 역시 통한다. 이러한 표현은 참고 문헌 [1]의 저자가 추측했듯이 **남쪽 지평선이나 수평선에서 아슬아슬하게 보이는 별의 반짝임**을 표현한 것으로 본다. **수평선은 곧은 선으로 우리나라 말 '바르다'의 뿌리말이나 바다의 '바롤'을 가져다주게 한 장본인이다.** 결론적으로 말하자면 Canopus는 큰별이면서 '바다별'이다.

통상적인 아라비아 말로는 Suhail인데, Suhel, Suhil, Suhilon, Sohayl, Sohel, Sohil, Soheil, Sahil, Sihel, Sihil 등으로 파생된다. 한마디로 '씨해알'로 씨할이다. h가 빠지면 Sol이 된다. 그런데 이 단어의 철자를 앞뒤 바꾸면 '할씨'가 된다. 하루씨, 우리말로 굳이 하자면 할아버지에 대응되는 늙은이, **노인**이 된다. 앞에서 노인성이라는 별명이 있었는데 묘하게도 심리적으로 통합을 느낄 수 있다. 과연 이 해석이 옳을까? 해석하기를, **멋진 사람(a handsome person)**이라고 한다. 다분히 **젊은이를 염두에 둔 해석이다. 글쓴이는 멋진 '노인'으로 보고 싶다. 밝고 영광스러운 모습을 젊음이 아니라 삶의 연륜으로 보아야 깊이가 있기 때문이다.** 페르시아에서는 Suhail을 현명(wisdom)으로 본다고 한다. 그러면 '노인'이 걸맞다.

다시 이집트로 돌아간다. 나일강과 관계된 것으로 Canopus는 가을점을 상징하는 별로 인식이 된 적이 있는데 지금으로부터 무려 8000년 전인 서기전 6400년경이다. 이 시기에 여러 신전이 이 별을 향하여 건축되었고, 이때의 이름이 **Khons, Khonsu**이다. 첫 번째로 등장하는 남쪽별의 신을 뜻한다. '콘, 큰'이다. 이러한 상징성은 계속 이어져 Ramses III 시기인 서기전 1300년에도 신전이 만들어진다. 따라서 이 별은 남-이집트의 종교상 가장 밝은 별로 숭상되며 결국 **물의 신**을 대표하는 것으로 여겨진다. 나일강과 깊은 계곡 그리고 폭포와 호수 등이 존재하여 생긴 지리적, 문화적인 신화의 흐름이다. 동양의 전설에서 큰 물고기 이야기가 전해 온다. '곤(鯤)'이라 하는데 사실상 '큰'이다. 우리나라 고대 국가 창설 신화에 **곤연(昆淵)**이라는 연못 이름이 자주 등장한다. '큰못'이다. **한자와는 관계가 없는 순수한 우리말**이다. 여기서 큰 자체가 물고기로 새김이 되고 있다. Canopus의 경우 '큰배'라 했는데 결국 '큰 물고기'와 대응된다. **배(씨)가 물고기**이기 때문이다. 앞에서 제공된 이집트에서 바라본 별자리를 참고하기 바란다(그림 **4.1**).

배자리를 마치기 전에 Argo에 얽힌 신화를 쳐다보기로 하겠다. 황금 양털을 구하러 가는데 Argo의 배에는 숱한 영웅들이 타고 있다. 영웅이 탄생하려면 반드시 극복해야 할 난관이 설정되어야 한다. 여기에서는 배를 박살 내는 바위를 피하는 길, 불을 뿜어 대는 황소 두 마리를 멍에로 연결하는 과업, 용의 이빨을 심은 곳에서 튀어나오는 전사들을 무찌르는 일들이 포함되어 있다. 첫 번째 현상은 좁은 해협에서의 바다물의 소용돌이 현상을 상징하고 있다. 이를 피하기 위해 전령을 보낸다. 비둘기이다. 그런데 이야기가 새하고는 어울리지 않게 돌아간다. 즉 비둘기가 소용돌이 근처에서 서성이는 동안 죽어라 하고 노를 저어 빠져나온다는 설정이다. 비둘기는 물줄기를 타지 못한다. 그렇다면 갈매기일까? 아니면 오리일까? 문제는 갈매기든 오리이든 사람의 손아귀에서 통제되는 대상이 아니라는 점이다. 두 번째 설정의 요점은 불에 있다. 아마도 번개일 것이다. 황소의 뿔처럼 번쩍이는 모습을 연상하면 이해가 갈 것이다. 그러면 쌍 번개이다. 번개는 돛대를 박살 내는 장본인이다. 여기서 멍에는 번갯불을 잡아두는 기술이라고 할 것이다. 고대에 그러한 기술이 있었는지 확인은 못해 보았다. 페니키아 상인들이라면 극복할 수 있는 기술을 터득했었다고 본다. 마지막의 것은 목표 지점에 존재하는 전사들을 묘사하고 있다. 용의 이빨은 아마도 화살촉을 상징하는 것 같다.

비둘기자리에서 결론을 내지만 현재의 배자리에서의 명칭은 잘못되었다고 본다. 이른바 머리와 꼬리의 이름이 바뀌어야 한다는 뜻이다.

## 5.14 비둘기자리(Columba Noae, Noah's Dove)

프랑스 Colombe de Noé, 이탈리아 Colomba, 독일 Taube. 지금은 Columba로 표기된다.

큰개와 배자리 사이에 위치한다. 밝지 않은 별들로 이루어져 있어 주목받지 못한다. 신화적인 요소보다는 종교적인 상징으로 시선을 끄는데 노아의 홍수 때 사태파악을 위해 보낸 새와 연관되기 때문이다. 다음에 나오는 까마귀도 이러한 설정에 포함된다. 그 배경에는 앞에서 나왔던 Argo 호의 신화에 있다.

　　비둘기의 단어는 크게 두 가지로 대변된다. Dove와 Pigeon이다. Dove는 평화의 상징으로 나온다. 그리고 Pigeon은 집비둘기를 가리키는데 군이 구별하자면 Carrier Pigeon, Homing Pigeon, Wood Pigeon이다. 따라서 Dove는 문학적인, 특히 시나 종교적인 상황을 묘사할 때 사용되는 보다 추상적인 이름이라고 하겠다. 따라서 Columba는 문학적이며 종교적인 말이라 하겠다. 그런데 Columba의 경우 세 가지 뿌리로 되어 있다. '커알+뫼+뵈'이다. 사실 뫼와 뵈는 이중적이다. 만약 뫼를 빼면 클배이고 다음에 나오는 까마귀를 가리키는 Korbe와 같다. 그리고 뵈를 없애면 클매이다. 매를 새로 보면 그대로 통한다. 두루미 역시 두루매이다. 반면에 알(ul 혹은 lu)을 빼면 커뫼뵈이며 그러면 가마비가 된다. 검은 새가 되어 까마귀와 통한다. 그럼에도 감을 성스럽게 보면 큰배 혹은 신의 배가 된다. 이 경우 배는 Bessel, Ship이므로 노아의 신화와 역시 통한다. 글쓴이가 보기에 가운데 알은 군더더기로 본다. Dove 역시 뵈가 뿌리를 형성하고 있으며 따비, 즉 Taubi로 보면 큰새가 된다. 만약 비를 새가 아닌 순수한 배(ship)로 보면 성스러운 배가 되며 **감(가마)비**와 통한다. Pigeon을 거꾸로 새기면 큰배, 따라서 큰비가 된다. 감배(비)와 같다. 여기서 뵈가 바다에 떠다니는 '배'와 하늘을 나는 '새'와 이중적인 상징성을 내포하고 있음을 알 수 있다. 더욱 놀란 것은 비둘기라는 이름이다. 비를 뒤로 하면 Durbe, Torba 등으로 Dove와 연결된다. 엄밀하게는 둘기는 Torki로 닭이며 역시 새이다. 한편 음운학적으로는 '배따르기'와도 통한다.

　　으뜸별은 2.5등급이다. 제법 밝다. 이름이 **Phaet, Phact, Phad**이다. 그 유래와 **뜻은 모른다고 한다.** '밭' 혹은 '발'이다. 비둘기의 발을 가리킨다. 비둘기를 그린 모습을 보면 역시 발에 해당한다. 우리말이 그대로 통한다. 버금별(베타)의 이름은 Wezn, Wazn이며 아라비아에서 왔다. Weight라고 한다. 자주 나오는 이름이다. Canopus 역시 Wazn으로 부른다. 음운학적으로는 '**바구니**'이다. 배자리 중 꼬리 (Puppy)에 가까이 있는데 배의 꼬리에서 전령을 보내는 것은 사리에 맞지 않는다. 글쓴이가 보기에 설정된 배의 모습에 있어 머리(Carina)와 꼬리(Puppy)는 앞과 뒤 가 뒤집어져야 한다고 본다. 즉 Puppy가 앞머리 Carina가 배의 꼬리이다. 비로소 배의 모양이 확실해진다. Carina는 소리로 보아서 '꼬리'와 일치한다. 이렇게 되면 비둘기는 배의 앞에 자리하게 되어 전령의 역할을 하는 데 적합한 구도가 된다.

한편 비둘기와는 관계없이 옆에 배자리가 존재하고 배의 바닥을 가리키는 뜻 에서 '바구니'나 '밭'이란 이름이 나왔을 수도 있다. Canpopus 역시 Wazn이라고 부르는 것에서 설득력이 더해진다. 비둘기 설정보다 훨씬 매력적이다. 비둘기자리 는 그리스 신화에서 나왔다. 나중에 종교적 색채로 각색되면서 홍수 설화에 묻혀 버린다. 홍수와는 관계없다.


# 5.15 물병자리(Aquarius, the Waterman, the Water Bearer)

이탈리아 Aquario, 프랑스 le Verseau, 독일 der Wassermann.

해길 12자리에 속하지만 크게 눈에 띄는 별자리는 아니다. 염소자리와 물고기자리 사이에 위치하며 해가 2월 14일에 들어가 3월 14일에 나온다. 그림 **4.1**을 보기 바 란다.

Aquar는 Ark, Arki에 대해 알이 뒤로 빠진 형태이다. 어쩌면 머리에 붙은 A 는 의미가 없을 것도 같다. Quar는 커알이다. 우선 '골'로 보면 물과 통한다. 물이 흐르는 골, 다시 말해 물을 담은 항아리가 골짜기이기 때문이다. 결국 '뫼알'인 물 과 직결된다. 그러나 다양한 이름들을 검토해 본 결과 '커+아르'를 '**큰물**'로 보는 것이 더 알맞다는 결론이 나온다. 나중에 자세히 설명하겠다. 프랑스어의 Verseau 는 '뫼알씨' 혹은 '뫼씨알'로 볼 수 있는바 '배실'이다. 독일어 Wassermann의 머리말과 같다. 왜냐하면 Wasser는 Vasser이고 이는 '뵈씨알'이기 때문이다. 영어의 Water는 Vater로 '뵈따알'이다. 모두 '배'를 뿌리로 한다. Water는 바다와 통한다. '마실 간다'라는 말이 있다. '실'은 가는 골짜기 형태이며 물이 있어 마을이 형성되는데 이를 '마실'이라 한다. 우리나라 말에 배실은 없지만 어딘가 통하는 느낌이다. 프랑스어의 바다는 Mer이니 곧 물이다. **프랑스의 바다는 우리에게는 물이 되고 우리의 바다는 영어권에서는 물이 된다.** 흥미로운 점이다. 물병자리는 해가 장마(雨期, the rainy season) 때 지나가기 때문으로 염소(Capricornus), 물고기(Pisces), 고래(Delphinus), 강(Eridanus), 바다뱀(Hydra) 자리 등이 이에 속한다. 모두 물과 연관된다. 더욱 흥미로운 것은 유프라테스에서는 이 지역을 바다로 보았다는 점이다. 그리고 물병자리가 관제탑 역할을 한다고 여겼다.

고대 바빌로니아에서는 물동이를 들고 물을 쏟아내는 소년의 모습으로 이미 그려지고 있다. 가끔은 사람의 모습은 생략이 되는 그림도 있는데 어찌 되었든 물, 특히 장마와 관계되는 별자리임을 암시해준다. 로마 시대에서는 공작(Peacock)으로 Jupiter의 아내인 Juno(Lūnō)의 상징으로 나온다. 그리스의 고대 달력 체계에서 Gamelion의 달에 할당되는 별자리이다. 해가 지나가는 시기인 1~2월에 해당된다. 이때 신에게 바치는 희생 제의가 거위(Goose)였다. 이렇게 지역에 따라, 민족에 따라, 계절에 따라 제의적 희생물은 다르다. 바빌로니아에서는 11번째 달로 'Shabatu'라 하는데 '비의 저주'라는 뜻이다. 물항아리(Urn)를 Gu라 불렀다는데 이러한 항아리, 단지에서 물을 뿜어대는 형상으로 묘사된다. Sha-batu로 보면 batu가 '비'에, sha가 '저주'에 해당하겠다. Batu는 바다로 통하며, Sha는 재앙을 가리키는 것으로 본다. Sha-batu는 유대인의 Sabati와 소리값이 같다. Ur는 강물을 뜻할 것 같다. 강물자리(Eridanus)에서 논하기로 한다. 아카드인(Akkadian)은 Ku-ur-ku라 하여 장마 방석(the Seat of Flowing Waters)으로 보기도 한다. 그리고 폭풍의 신을 가리키는 Ramman, Rammanu 등으로도 나오고, 이는 Imma에서 파생된 이름이다. 역시 Ra는 군더더기임을 알 수 있다. **Imma**는 엄마로 되지만 실제로는 '마마'와 같다. 이집트의 나일강의 범람과 연관 짓다 보면 서기전 만 오천년까지 거슬러 올라가기도 한다. 홍수와 강의 범람이 중요한 신화적 요소이긴 하지만 단순히 해길에 있다 하여 그렇게 보는 것은 무리가 있다고 본다. 왜냐하면 눈에 띄는 별자리가 아니기 때문이다.

한편 Aben Ezra에 따르면 이집트인은 Monius라고 불렀다는데 이는 물을 뜻하는 Muau에서 나온 것이라 한다[1]. 여기서 다시 우리와 직결된다. **바로 Muau, Mou는 '뫼아르' 즉 '물'이기 때문이다.** 그리고 아라비아에서는 Al Dalw(the Well-bucket), Al Sākib al Ma(the Water-pourer)로 불렀다. **Dalw는 Dorv로 '두레박'과 통한다. 우물과 두레박 그리고 Well과 Bucket이 아름답게 짝을 이룬다.** Sakib는 새끼비로 스키, 새끼는 다양한 뜻으로 새김이 된다. 비는 사람을 뜻하는 꼬리말이다. **Ma는 물론 '물'이다.** 페르시아는 Dol, Dūl, 히브리인은 **Deli** 혹은 **Delle**, 시리아인은 Daulo라 하였다. **모두 '두레'이며 결국 '도르래'이다. 두레박을 지칭한다. 그런데 페르시아의 경우 특별히 Vahik로도 나온다. 바로 '바퀴'이다. 두레박에서 '박'에 해당한다. 흥미롭다.** 투르크인은 Kugha라 하는데 앞에서 나온 Ku와 유래가 같은 것 같다. Aquarius와 연결된다.

영문 기록물에는 Aquary, Aquarye 등으로 표기되며 나오는데 Skinker라는 이름도 등장한다. 아주 기묘한 이름으로 수수께끼라고 한다[1]. 이미 글쓴이는 'Aquar'는 Quar이며 쿨, 컬과 같다고 했다. Ku에 물이나 강을 뜻하는 '알, 아르'가 붙은 형태이다. **따라서 커알(Kuar, Quar)은 홍수(洪水)와 정확히 일치한다. Skinker는 두 개의 단어이다. 즉 'Skin-Ker'로 뒤에 있는 것이 Quar, 따라서 물이며 앞에 있는 것은 앞에 나왔던 Sakib에 해당하는 물 쏟는 사람을 가리킨다. 이제 수수께끼는 풀렸다.**

으뜸별이라 하여도 밝기가 3.2이다. 이름이 Sadalmelik로 Al Sa'd al Malik, Al Sa'd al Mulk에서 따온 말이다. 왕 혹은 왕조의 행운이라는 뜻이라고 한다. Malik, Mulk는 같은 낱말임에도 왕(King), 왕조(Kingdom)라고 분류한다. 혼란스럽다. '마루키'이며 March와 같은 말이다. 물론 지배자로 왕을 가리키는 말이다. Sad는 씨아따로 보는데 '씨땅'이다. 이 말이 행운을 주는 땅으로 해석된다.

# 5.16 강물자리(the River Eridanus)

프랑스 Eridan, 이탈리아 Eridano, 독일 Fluss Eridanus.

이 별자리는 오리온자리와 황소자리 남쪽에 위치하며 남쪽으로 아주 길게 늘어선 형태이다. 그림 1.2를 보기 바란다. 우리나라에서는 북쪽 부분만 보인다. 으뜸별이 일등성이긴 하지만 강줄기 가장 남쪽에 자리 잡아 보이지 않는다. 따라서 우리가 보기에 눈에 띄는 별자리는 아니다. 그럼에도 말의 어원을 찾는 데 귀중한 단서들이 포함되어 있어 골라잡았다.

Eridanus는 프랑스어의 표기처럼 'Er+dan'의 구조이다. '알(아르)+땅'이다. **물땅인 셈이다. 따라서 강이다. 압록강은 아르강으로 물론 강은 군더더기이다. 어쩌면 아르땅이 더 정확한 강의 표기라고 본다.** 그리고 '**아리따운(beautiful)**'과 소리값이 어울려 묘한 느낌을 준다. 그리스어를 보면 다양하게 표현되는데, Amnis, Flumen, Fluvius 특히 Padus와 Eridanus가 주목받았다. 글쓴이가 보기에 **Padus는 'Padu', 따라서 '바다'로 본다.** 기다란 줄기를 바다의 흐름으로 보면 된다. 실제로 호메로스(Homer)는 대양의 흐름(Ocean Stream), 혹은 대양의 강(the River of Ocean)으로 묘사하였다. 글쓴이의 해석이 바로 뒷받침된다. 일설에 따르면 현재의 포(Po)강이 Padus라고 한다. 그리스 신화에서 Eridanus는 보통 포강에서 유래한다는 설명이 나온다. 아무 의미도 없는 해석이다. 더욱이 La Lande는 **Mulda**라고 주장하는데 이는 Μελας, Melaz(Black의 뜻)에서 유래한다고 한다. 그러면 이집트의 나일강이 그 고장이다. 이집트에서는 장마로 인한 나일강의 범람이 끝나면 흙이 기름진 옥토로 되는데 이때의 색이 검은색이다. 이를 **Khem**이라 한다. 우리말 '검'과 같다. 그런데 '**Mulda**'는 앞에서 **나왔던 Erdan의 '물땅'과 같다.** 물론 Melaz는 물이다. 왜 이를 이집트의 검정 토양과 결부하는지 보면 Nile의 옛 이름인 **Mulo**를 차용하여 라틴어로 되었기 때문이다. 여기서 **나일이라는 강의 이름이 원래는 '물'이었음이 드러난다.** 따라서 우리의 '물'의 기원이 이집트까지 올라간다. 묘하게도 우리말 '**가물다**'와 바로 연결된다. 물병자리에서 나왔던 'Muau'도 '물'과 소리값이 같다.

**종합하면, 바탕인 땅(Dan, Da)을 꼬리말로 하여 아루(아라, 알), 뫼르(물), 봬(바)가 머리에 붙어 아르다(땅), 물다(땅), 바다(당)가 되었다.**

더욱 놀라운 것은 유프라테스에서 **Pura, Purat**라고 부른 것이다. 물을 가리킨다.

여기서 Pura는 **펴라**이고 부루, 결국 '뵈알'과 연관된다. 바다물인 '**바랄**'과 같다. 이미 다룬 바가 있지만 이 펴라가 평평한 곳을 흐르는 강가를 뜻하며 큰 성(城)을 이루면서 도시 이름이 된다. 그리고 '**나일**'은 '나알'이고, '**나루**'이며 역시 강을 뜻한다. 그러면 우리의 말에서 강이나 물, 강줄기를 의미하는 이름들이 모두 나온 셈이다.

으뜸별은 0.4등급으로 무척 밝다. 하지만 우리는 못 본다. 이름이 Achernar 이다. Al Āhir al Nahr에서 왔다고 한다. 강의 끝을 의미한다. Nar는 나루이다. 그러면 Cher가 꼬리이다. 꼬리와 소리가 같다.

## 특별 주제 21 아라, 가라, 나라(Ara, Gara, Nara)

이 자리에서 강과 물의 관계 그리고 강을 뜻했던 아라, 가라 그리고 나라에 대해 종합적으로 분석하기로 하겠다. 우선 **낙랑(樂浪)**이라는 이름을 짚고 넘어가겠다. 우리나라 역사상 낙랑에 대한 해석만큼 논란을 일으키는 대상은 없을 정도이다. 그 위치는 물론 성립 연대의 모호성과 더불어 역사적 사실관계에 있어 혼란의 대상이다. 여기에서는 그 이름에 대해서만 논한다. 우선 '樂'을 보자. '락'으로 발음을 삼아 머리에서 소리(音)가 변하는 것을 좇아 '낙'으로 새김을 한다. **이것부터가 대단히 잘못된 접근**이다. 우리나라에서는 이 한자를 또한 '요'라고도 발음한다. 그 이유를 보자. 이 한자는 세 가지로 발음이 된다. 고대어에서는 '**ngak, lak, ngau**'이다[10]. 고대어에 가까운 광동어(廣東語)는 'ngok, lok, ngao'이다. 이에 대응되는 우리의 발음이 'ag, rag, yo'이다. 여기서 중요한 점이 '응, 앙'인 ng 발음 형태로 '이응'에 해당한다. 우리는 이 ng가 사라진 형태임을 알 수 있다. 이에 대해서는 이미 앞에서 거론한 바 있다. 문제는 '왜 락이 택해졌는가?'이다. 글쓴이의 판단으로는 'gau'이어야 한다고 본다. 즉 '가'이다. 그러면 '가라'가 된다. 사실상 한자에 있어 '아'와 '가'는 서로 호환된다. 그 이유가 소리 '응, 앙'에 있다. '응아' 하면 어린애의 울음소리를 의미하는데 이때 응아를 응가로도 발음한다. 따라서 '아라'로도 새김된다. 모두 강물이나 강가의 지역을 뜻한다. '가야·가라' 또는 '가락'도 이 울타리에 속한다. '아루'가 되어 강물의 의미가 된다. 사실상 강을 가리키는 보통 명사와 같다고 보면 된다. '두루, 두리'는 물론 '부루, 부리, 펴라' 등과 같은 경우이다. 낙동강 역시 잘못된 이름이라고 본다. 낙동강의 낙(洛) 역시 '락'으로 같은 꼴이다. 가라에 물이 붙은 것이 '가람'이다. 부여(扶餘)를 '부리, 바라'라고 불러야 한다고 하였다. 가야(伽倻) 역시 마찬가지이다. '迦羅, 伽羅, 訶羅, 駕洛' 등으로 표기되어 나온다. '가라, 가락'이다.

여기서 잠깐 가라인 강을 나타내는 한자를 살펴보겠다. 두 가지로 표기된다. 하(河)와 강(江)이다. 물론 내를 뜻하는 천(川)도 있지만 하와 강이 주류이다. 江은 고문에서는 캉(kang), 광동어로는 공(gong), 우리는 강(gang)으로 소리한다. 현재의 중국인들은 두음법칙이 적용되어 쟝(Zhang, Ziang)으로 소리한다. 河는 고문에서 가 소리와 비슷하게 표기되는데 감마($\gamma$, gamma)의 가($\gamma$a)로 보면 되겠다. 여기에서 어떠한 소리 변화를 말해주는 것인가 하면 g(k), h, a로의 변환이다. 다시 말해서, '가'에서 '아'로의 소리 변화를 읽을 수 있다는 것이다. 한편 江인 Kang은 앙(ng) 소리를 고려하면 Kau, Gau로 볼 수 있다. 일본어가 이 규칙을 따른다. 결국 두 개의 한자는 모양과 소리에서 전혀 다른 것 같지만 같은 뿌리임이 드러난다. 모두 '가'를 뿌리로 하고 있으며 결국 '가라'라는 사실이 드러난다. 河는 강에서 제의용 그릇(한자에서 口자 모양으로 사실은 ㅂ과 같이 생긴 것이 원래 모양이다)을 놓고 막대기(나뭇가지)로 두드리며 비는 제의적 행위를 가리키는 한자이다. 江역시 물에서 제의적 도구인 工(사실상 두 개의 막대기)을 가지고 주술을 펼치는 행위를 가리키고 있다. 홍수를 막기 위한 주문이라고 보면 된다. 참고 문헌 [11]에 자세히 소개되어 있다.

한편 '아라'는 '길다(長)'의 뜻으로 새김을 하기도 한다. 긴 강을 '아라가라' 혹은 '아라가람'이라고 하며 뜻풀이하는 경우이다. 하지만 **작위적인 새김**이라 하겠다. '아라'와 '가라'는 같은 말이기 때문이다. 중국의 당(唐)나라, 요(遼)나라 시기에 요락주(饒樂州)가 있었고, 이는 강의 이름인 약락수(弱洛水) 혹은 요락수(饒樂水)에서 유래한다. '아라'이다. 압록강(鴨綠水) 역시 '아라'이다. 요나라의 요 역시 '아라'이다. 따라서 강가에서 태어난 나라 이름이라는 것을 알 수 있다. 나라 자체도 강가가 아닌가? 그러나 이 '아'가 지역에 따라 '가'로 탈바꿈하게 되면서 '가라, 가락'이 된다. 가라는 골짜기의 '골'도 되고 사람이 사는 '고을'로 발전한다. 물론 성을 가리키기도 하면서 결국 나라 이름인 '고려, 고구려' 등으로 된다. 지금도 만주 지역에 보면 '아라'의 흔적은 도처에 보인다. 보통 한자로 '아이(阿爾)'로 표기된다. 다시 강조하지만 '아'는 '가'로도 발음이 된다. 여기서 爾는 '알(r)'이다. '강'은 생명의 원천이다. 삶의 샘인 셈이다. 아라를 길다, 깊다, 높다 등으로 보는 것은 부차적인 관점에서 나온 해석이다. '알'이 본래의 모습이다. Galaxy 편에서 나왔던 Galactia 역시 '가락' 터이다. 사자자리에서 언급했지만, 만주 지방, 지금의 중국과 러시아 국경을 이루는 Amur 강은 Kamur로 새김이 된다. 성스러운 강(the sacred river 또는 water)을 의미한다. 그림 1.13을 보기 바란다.

고대 수메르 지역에 '우르(Ur)', '우르크(Urk)'라는 강가에 성립된 이름들이 모두 '알'이 원류이다. 즉 '아라', '아락'이다. 따라서 'Ark, Arkta'라는 이름은 성스럽고 귀중하며 높은 대상(자연물: 강, 산, 동물 등)이나 이 자연물이 의인화된 신이나 지배자를 가리키는 보통 명사가 되는 것이다. 이 '알'이 땅과 만나면 '따알'인 'Tar, Tor'가 되면서 결국 신이나 하늘을 대변하는 지배자의 이름으로 발돋움한다. 같은 맥락인 것이다. 이름으로는 '우루(Uru)', '우루크(Uruk)'와 '아라(Ara)', '아락(Arak)'이 대응되고, 지형적으로는 '유프라테스강'과 '낙동강'이 대응된다. 더욱이 바다와 접한 면도 닮았다. 우연의 일치로 보기에는 너무 흥미로운 점이라 하겠다.

이미 여러 번 나왔듯이 '나알'인 나루 역시 강이며 특히 강가의 기름진 터를 상징한다. 오죽하면 '나라(Nation)'가 여기에서 왔겠는가? 더욱이 Nation 역시 말뿌리는 Nat이며 이는 Naut, 따라서 Nar로 새김이 된다. 골짜기를 흐르며 생명의 샘이 되는 내(실제로는 나이, Nai)가 '실내'이고 이는 곳 '실라'와 음운학적으로 같다.

물과 관련된 우리나라 설화에서 '수로' 부인을 쳐다보기로 하겠다. 수로(水路)는 가라의 건국자 '수로(首露)' 왕과 소리가 같다. 모두 '뫼알'이다. 그러면서도 수로 왕은 '마루'이며 왕을 뜻한다. 반면에 수로 부인은 '물'을 가리킨다. 그러면서 여사제인 무당이며 성혼례의 대상을 상징한다. 직녀 역시도 이 울타리에 속한다. 직녀는 옷감을 짜는 여성으로 이는 '물레'와 통한다. 그리고 부여국 창시자인 해모수가 유화(柳花)와 결합하는 이야기도 같은 맥락이다. 유화는 버들(꽃)로 복달이다. 모두 물과 관계된다. 물에 옷을 벗고 들어가는 행위가 성스러운 제단에서 남성과 결합하는 성혼례(이른바 씨받이 행위)를 암시한다. 여기서, **목욕은 성스러운**

물로 정화시키는 과정을 상징한다. 물은 생명체(동물, 식물(나무), 사람)를 낳는 원천이다. 수로 부인이 바다로 들어가 용궁을 보고 오는 것 역시 상징성은 같다. 용궁에서 보낸 것은 결합을, 신비로운 향은 제단에 바쳐진 향로이며 남성의 상징이라고 보면 되겠다. 이때 여럿이 모여 수로 부인을 내놓으라는 노래는 일종의 주술적인 말(주문, 呪文)이며 신에게 소원을 전달하는 행위를 그리고 있다. 모여서 춤추고 노래하며 행하는 제의 과정인 것이다. 바닷속 용궁에서의 수로 부인의 귀환은 그러한 주문이 통했고, 풍년과 바다를 잠재우는 역할이 성사되었음을 의미한다. 그리고 목표 지역에 다다를 때까지 계속 납치되면서 사라지는 것은 그 지역마다 성스러운 제단에서 성혼례를 치렀다는 방증이다. 그리고 노인과 그 노인이 잡은 암소는 제사장 아니면 지배자와 제의적 희생물이라고 본다. 꽃의 요구는 여사제 무당이 기꺼이 성혼례를 치르겠다는 의지 표시이며 제사장인 지배자가 꽃을 따는 행위 자체가 여사제와의 결합을 상징한다. 여사제가 머리에 화관을 쓴 모습이 아름답다는 한자 '미(美)'이다. **신화에서 나타나는 이러한 제의적 과정을 페르시우스(Persius) 자리에서 보충**하겠다.

종합적으로 정리한다. '뫼알'인 물은 전체를 아우르면서도 강물을 가리킨다. 물론 높고 성스러운 땅이라는 '마루, 머리'로 상징화 되기도 한다. 물은 여성이며 따라서 Mari는 성모(聖母)이다. 물과 알은 상응(相應)하는 생명의 원천이다. 신화나 설화에서 주목받는 여성이 오줌을 누어 물로 범람시키는 이야기가 이에 해당한다. 여기에 '나'라는 생명의 태어남을 '눈'으로 확인되는 모습이 '나알'이고 나루이다. 그리고 그러한 태어남은 알과 씨를 모태로 한다. '알씨'는 '아씨'이며 역시 생명을 낳는 성모이다. 알씨를 아라씨, 우르씨, Ursa, Aries로 새기면 성모를 대변하는 (암)곰 혹은 (암)양이 된다.

여기서 다시 한번 '가라'를 소개하며 결론을 내린다. 이미 언급했지만 강의 우리말로는 '가라'가 가장 알맞다. 한편 **가람은 '가라미'로 '갈라물'**로 보면 된다. 강을 강물이라고 부르는 것과 같다.

## 5.17 염소자리(Capricornus)

프랑스 Capricorn, 이탈리아 Capricorno, 독일 Steinbock. 앵글로-색슨 Bucca, Bucca Horn. 일반적으로 라틴어로는 Caper, flexus Caper, Hircus corniger, hircinus Sidus, Capra, aequoris Hircus로 다양하다. 모두 바다 염소(the Sea Goat)의 뜻이다.

물론 바다 염소는 존재하지 않으며 여기서 신화적 요소가 포함되어 있음을 알 수 있다. 이 별자리는 우리에게도 쉽게 눈에 띄는데 그 이유는 모양이 독특하기 때문이다. 활(대)의 모양이다. 사실 북쪽을 향하여 쳐다볼 때 더 실감이 나는데 **외뿔 달린 모자(이른바 고깔모자)로도, 고래의 등으로도 보이기 때문이다. 고래의 영어인 whale은 '활'과 발음이 같으며 여기에서 유래할 것으로 본다.** 그림 **5.23**을 보기 바란다.

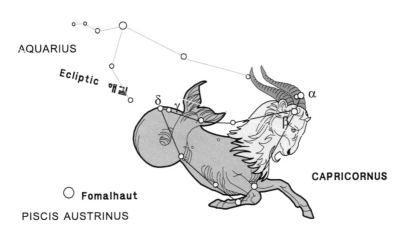

그림 5.23 염소자리(Capricornus). 염소의 머리에 물고기 꼬리로 표현된다. 따라서 바다 염소라는 별명이 붙는다. 마치 밭고랑을 파는 쟁기에 붙이는 보습과도 닮은꼴이다. 바로 옆에는 물고기가, 밑에는 남쪽물고기가 자리한다.

공통인 단어는 Capri, Caper이며 '커부루, 커부리'이다. 자주 등장하는 높임말이다. 또한 Hircus로도 나오며, 이는 '해알키'이다. Corn은 '클나'이며 '뿔'이다.

Corona와 같다. 그리고 flexus는 '부루크씨'로 커부리와는 거꾸로 된 꼴이다. 어찌 되었든 '뿔키'로 새김하면 뿔이 된다. 여기서 흥미로운 점은 **Capri는 '커+뿔'**로 볼 수 있다는 점이다. '뿔 달린 존재'로 된다. 정복자인 경우 머리에 뿔 형상의 모자를 쓰곤 하는데 여기에 해당한다. **Sumer**이며 이는 쇠머리와 대등한 표현이다. 이미 Capro에 뿔이 달린 셈으로 Corn 등은 군더더기이다. 따라서 이 단어는 황소와도 연관이 될 수 있다. 독일, 따라서 게르만족은 Steinbock라 한다. 직역하면 **돌(stone)사슴**으로 Ibex(알프스의 야생 염소)를 가리킨다. 가파른 곳에서 돌바위를 잘 타는 모습에서 나온 듯하다. **stone은 돌도 되지만 씨라는 의미도 있다. '씨타나', 즉 '씨땅'으로 땅의 씨가 돌이기도 하며 원초적인 씨가 되기 때문이다.** stone-horse는 옛 영어 혹은 사투리로 씨말(種馬)의 뜻이다. 페르시아에서는 Bushgali, Bahi, Vahik, Goi 등으로, 아라비아에서는 Al Jady(Giedi) 등으로 불리었다. **여기에서도 '키, 기' 발음이 '지'로 변하고 있음을 알 수 있다. 아주 중요한 말의 변천 과정**이다. 특히 아라비아에서는 Ibex를 가리키는 용어로 the Bādan이라는 용어를 사용했다. 바당이 이번에는 엉뚱한 의미로 사용되었다. **Bushgali, Bahi, Vahik**는 모두 '뵈키, 바키, 배치'이다. 앵글로-색슨족과 연결된다. 그리고 Goi, Giedi는 '커' 혹은 '크치'이다. 이렇게 동일한 대상에 대하여 이름이 다른 것은 민족이 다르기 때문이다. 면밀한 조사하다 보면 그 줄기들이 드러날 것으로 본다.

고대 이집트의 천문관에 따르면 물의 신을 가리키는 Chum, Chnemu, Gnoum, Knum 등이 등장한다. 모두 '큰+물'을 상징한다. 여기에서도 뫼알인 물이 '무, 뫼'로 단순화한다. 하지만 기름진 검은 흙(땅)을 의미하는 '검(黑, Chem, Black)'이 그 본류(本流)이다. 그리고 Gnome, Gnomon 등과 같은 이상야릇한 말이 여기에서 파생되고 있음을 알 수 있다. 이러한 설정은 나일강의 범람과 관계된다. La Lande는 Oxirinque라는 묘한 단어를 제시하는데 이는 **황새치(Swordfish)**를 뜻하는 그리스어에서 따왔다고 주장하였다[1]. 역시 나일강의 범람과 관계된다. 그러면 Oxirinque는 어떻게 된 구조일까? 글쓴이는 이를 A-ksi-al-naki로 본다. 커씨알나키, 혹은 커씨나키이다. 자 이제 황새치라는 영어 단어를 보자. '칼+물고기'이다. 이 단어는 '칼치'와 같다. 커씨알나키는 클나키이며 클키로도 볼 수 있고 여기에서 클을 '칼'로 새김하면 '칼치'가 된다. 우리나라에서는 칼치가 '갈치'이다.

황새치라 하지 말고 '칼치'라고 번역해야 옳다. 갈치도 물론 칼처럼 생겼다. 황새치는 사실 보기 힘들다. 먼 대양에 있기 때문이다. 따라서 글쓴이는 황새치가 아니라 갈치(hairtail)가 아닐까 한다. 갈치를 영어로 보니 '머리털꼬리'이다. 좁은 영역만 본 결과이다. 흥미롭다.

이제 힌두로 가본다. 여기에서는 Mriga, Makara, Makra, Makaram이라고 부르고, 이는 영양(羚羊, antelope)이라는 뜻이다. 이 단어는 소, 양, 산양을 제외한 무리의 총칭이라고 한다. 아프리카, 아라비아, 인도, 중앙아시아에 걸쳐 분포하며 약 90종에 이른다[28]. 또는 하마의 몸체에 염소의 머리가 붙은 두 종의 동물이 합체된 괴물로 묘사하기도 했다. 나중에는 악어를 가리키는 Shi-shu-mara 혹은 Sim-shu-mara로 둔갑한다. 앞의 단어들은 모두 '물'을 머리로 하여 클을 꼬리로 한 형태이다. **마(혹은 마루)클**치이다. 뒤 단어들에선 물이 꼬리에 붙는다. '씨마루'이다. 모두 '물'과 관련된 것으로 앞의 단어들이 이중성을 보이는 것은 '물+클'에서 왔다고 본다. 글쓴이가 보기에 강과 범람 그리고 강에 서식하는 동물의 생태계를 가리키는 것이라고 판단된다. 황새치 등의 형상을 고려하면 '악어'가 이에 해당하는 동물로 생각한다. 그리고 **이러한 이중성은 산악지대의 민족과 강가의 민족 간 혼합적 신화와 결부**된 결과일 것이다. 목축 지대가 강의 범람으로 물로 변하는 재앙을 상징하기도 한다. 더욱이 아즈텍(Aztec)에서 이 별자리를 Cipactli라고 부른다. '키바키틀'이다. 외뿔고래(the **narwhal**)를 형상화한 것이라고 한다. '커배치'로, '키'가 뿔, '바키, 배키'가 고래를 가리키는 것 같다. 아즈텍에서든 잉카에서든 이름 꼬리에 **틀(tli)**이 잘 붙는다. 우리말 복수 꼴인 '들'과 같다. 여기서 글쓴이가 놀란 것은 **외뿔고래**로 앞에서 거론한 **고깔모자 혹은 고래 등과 일치**하기 때문이다. 솔직히 말하지만 이러한 글쓴이의 발상은 순전히 자체적으로 나온 것이다. 더 놀라운 사실은 **nar-whal**이다. 앞말은 나알, 날인데 **칼'날'의 날**과 같다. **whal**은 '활(arrow)'이다. 글쓴이의 구상과 똑같다. 황새치도 외뿔을 달고 있다. 그래서 **'고래의 whale도 활에서 왔을 것'**으로 보는 것이다.

## 5.18 카시오페이아자리(Cassiopeia 또는 Cassiope)

보다 정확한 표현은 **Cassiepeia**다. 이 별자리는 남쪽을 향해 바라볼 때 'W'처럼 보여 '하늘(Celestial) W' 혹은 북쪽으로 보았을 때는 M처럼 보여 '하늘 M'으로 불린다. 사랑스러운 별명이라 하겠다.

북두칠성과 더불어 북극성을 중심으로 도는 대표적인 별자리이다. 국자 모양과 두 개의 산봉우리가 묘한 대조를 이룬다(그림 4.1). 먼저 글쓴이는 Cassiopeia가 어떠한 뜻인지 명확히 밝히겠다. 결론적으로 말하자면 **우리나라 말 '계집'과 동일한 단어**이다. 그리고 참고 문헌 [1]의 저자가 지적하듯이 Cassiepeia가 더 알맞은 철자이다. '커씨뵈'이기 때문이다. 계집은 '커이+지+비'로 '씨(시)' 발음이 주는 어감을 피해 혹은 발음이 강화되어 '지'로 탈바꿈했다고 본다. 따라서 **카시오페이아, 카시페이아, 카시페는 '카시뵈'이다. 여기서 카시는 가시로 아씨와 같다. 아사달 편에서 여러 번 논하였다. 즉 생명을 잉태시키는 성모, 곧 어머니이며 엄지라고 할 수 있다. 우리말 아가씨, 가시나\*, 각시** 등이 여기서부터 파생되었다.

문제는 여기서 커씨, 크씨 결국 가시를 어떻게 보느냐이다. 스키타이족에서 보듯이 '씨키'가 종족을 나타내듯이 크씨 역시 Kish, Kusi 등 종족명으로 나온다. 그리고 거주지인 도시 이름도 같다. 그러면 '크씨+뵈'가 되어 크씨와 연관된 여자로 볼 수 있다. 또 이렇게 주장하는 학자도 있다. '가시'는 또한 뾰족한 지형이나 사물, 식물을 가리킬 때 사용된다. 곶, 갓 등이 이에 해당한다. 우리나라 동해안 옛 지명에서 가섭원(迦葉原)이 있는데 '가시벌'이다. 카시오페이아와 음이 같다. **가지(branch)**도 이 울타리에 속한다. 두 가닥으로 난 가지는 여성의 음부를 상징할 수도 있다.

이 별자리는 그리스 신화를 바탕으로 한다. 이제부터는 '**카씨배**'로 부르겠다. 카씨배는 고대 에티오피아(Aethiopia) 왕비로 케(키)페우스(Cepheus)의 아내이며, 안드로메다 공주의 어머니이다. Aethiopia는 이 지역에서 왕국을 건설한 **쿠시족**을 로마인들이 '얼굴이 탄 사람들'이라고 부르는 데서 유래했다고 한다. 쿠시족이 사용한 고대 문자가 존재하는데 '말로에'라고 부른다[6]. 이집트 그림문자와 연관되는 듯하지만 아직까지도 해독되어 있지 않다. 쿠시족은 서기전 712~656년에 걸쳐 이집트 왕국을 정복하여 25대 왕조로 인정받기도 하였다. 흔히 검은 파라오의 출현으로 기록된다. 결국 카시오페이아는 '쿠시'족과 깊게 연관되는 이름이라고 결론 내릴 수 있겠다. 별자리의 형태에 있어서는 이 왕비가 의자에 앉아 있는 모습으로 그려진다. 글쓴이가 주목하는 곳이 모자이다. 고깔모자로 그려질 때가 많다. 자랑을 늘어놓는 여자로 묘사되는데 아마도 아름다움, 특히 풍만한 가슴에서 나오는 자신감의 발로라고 본다. **사실 M이라는 설정보다 두 개의 산봉우리, 그 것도 "두 개의 유방"으로 보는 것이 더 자연스럽다.** 이러한 떠벌림은 구속 (bound)을 가져오며 로마 시대에는 왕좌에 쇠사슬로 묶인 자세로도 나온다. 물론 그 딸 역시 몸매 때문에 묶이는 신세가 된다. **생명을 성장시켜주는 신성한 젖통 이 성적인 상징으로 등장하는 문화의 한 단면이다. 그러나 자세히 살펴보면 산 악, 목축족과 강물을 중심으로 하는 농경족과의 세력 다툼이 본류이다.** 염소자리의 상징과도 연결된다. Aethiopia의 국명을 보자. 말끝이 '뵈'이다. 그리고 아이 (애)티는 '아르따'가 원류인데 아치, 아씨로도 새김할 수 있겠다. '아따뵈', '아티뵈', 결국 '아씨배'로도 해석이 가능하다. 이 아이(애)는 '알'과 같은데 단순히 아(A)이면 발음상 카, 가로도 변한다. 그리고 앞에 자리했을 때 이 국명 역시 '카씨배'가 된다. 앞에서 젖통 이야기를 꺼냈지만 가슴과 같은 의미이다. **가슴은 '카씨 뵈'이다. 여기에서 '카씨'와 통한다.** 다른 한편 thi를 따, 땅으로 보면 아땅뵈 따라서 **'옷땅뵈'로도** 새김이 된다. 높은 지대의 나라가 된다. 다음으로 Cepheus를 보자. 늘 강조하지만 영어의 C는 혼란을 자초하는 철자이다. 보통 시퍼우스로 발음하는데 '커뵈(씨)'이다. 그러나 남성을 좇는다면 '카씨, 크씨'가 알맞다. 씨는 남성을 의미하기 때문이다. 물론 카비도 높임말이며 여기에 알이 붙으면 '커(카)부루'가 된다. **남편인 신랑은 '카배', 각시는 '카씨배'이다.**

아라비아에서는 그리스의 영향을 받아 의자에 있는 여성이라는 의미로 Al Dhat al Kursiyy 혹은 Dhath Alcursi라고 하였다. Dhat는 Dar와 같으므로 **'달-컬 씨'가** 된다. 여성과 의자의 뜻으로 새기는 것이 이상하다. 그러나 고대 이른 시기에는 이와는 전혀 다른 시각으로 보았을 것이다. 즉 Kaff al Hadib라 하여 밝은 별을 든 커다란 손으로 묘사하기도 하였다. 그러나 확실하지는 않다. 여기에서는 다시 카배(Kaff)로 나오는데 손이라고 한다. Hadib는 하따뵈이며 아따뵈와 같다. 앞에서는 '아'를 '카'로 보았는데 '하' 역시 '카'와 왔다 갔다 한다. 결국 같은 말이다. 앞에서 다루었던 '가라', '하라', '아라'의 변화를 다시 생각해 보기 바란다. 또한 케페우스와 더불어 두 개의 개(dog)로 보기도 하였다. 으뜸별은 밝기가 2.2에서 2.8로 변하는 변광성으로 이름이 Schedar이다. Schedir, Shadar, Shedar, Sheder, Seder, Shedis, Zedaron 등으로 나온다. 유방, 가슴을 뜻하는 Al Sadr에서 왔다고 한다. 물론 전체 모양에서 나온 말이다. 여기서 드디어 글쓴이와 심리학적으로 일치한다. 기쁘다. 그러면 유방은 '씨따알'인데 Star와 같다. 버금 베타별은 2.4등급으로 Caph, Chaph, Kaff 등으로 불린다. '카배'이다. 오른손을 가리키는 것이라 하나 의심스럽다. 그렇다면 '배'가 손을 가리키는 말이 된다.

고대 천문학적으로는 주목을 못 받은 것 같다. 북극 주변을 도는 북두칠성과 비교했을 때 뜻밖이라고 할 수밖에 없다. 사실 모양을 보아서는 쌍혹을 가진 낙타로도 볼 수 있다. 계절을 알리거나 장마나 마른날 등을 상징하는 것으로는 북극 주변 별들은 항상 떠 있는 별들이기 때문에 관심을 받지 못한 것 같다.

* 가시나: 젊은 여자를 처녀(處女)라고 부른다. 한자의 뜻으로 새기면 어울리지 않는 조합이다. 여기서 處는 '곳'의 뜻을 가리키는데 '가시'이다. 그리고 女는 부네를 뜻하며 '네'이다. 따라서 처녀는 가시네, 즉 '가시나'를 한자로 적어 놓은 것이다. 여기에서 우리가 얼마나 한자 문화에 종속되어 있는지 극명하게 드러난다.

## 5.19 케페우스자리(Cepheus)

프랑스 Cephee, 이탈리아 Cefeo, 정확히는 Kepheus이다.

북극 근처에 자리 잡고 있으며 삼각형 모양의 뿔이 인상적이다. 그러나 1등성이 없어 쉽게 판별되지는 않는다. 앞에서 나온 카시오페이아의 남편 케페우스를 가리킨다. 그리스에서는 서기전 5세기 이전부터 왕족의 아버지로 나오며 이름 Kepheus는 이집트의 Khufu와 종종 비교되었다. 글쓴이가 보기에 '카배'로 같다. ph는 f와 발음이 같기 때문이다. 힌두 지역에서는 Capuja, 즉 '카뷔치'로 불렸는데 그리스 영향에 따른 것이다. 카배는 Cup으로도 연결된다. 앞에서 카배에 대해 다양하게 해석한 바가 있다. 배는 우리의 경우 몸속의 배, 먹는 배, 바다의 배 심지어 닭과 물고기도 '배'로 보았다. 그만큼 생명을 안고 탄생시키는 자궁으로 상징되는 뿌리말이다.

한편, 열매인 배를 생각하면 Cofee와 연결된다. 왜냐하면 커피 역시 식물의 열매에서 나오는 것이기 때문이다. 그 유래를 보자. 커피 열매는 에티오피아에서 출발하였다는 설이 대세를 이룬다. 그다음 아라비아로 넘어가 '카호와(Kahwah)'로 불린 것으로 알려져 있다. 그런데 이 소리는 오스만투르크(Ottoman Turkish) 시절에 Kahve로 불렸다. 여기에서 다루는 '카배'와 정확히 일치한다. 그리고 네덜란드로 들어가 Koffie로 된다. 문제는 그 뜻이다. 카호와는 포도주의 한 종류로 식욕을 억제하는 효능이 있는 것으로 전해진다. 아마도 카페인 같은 성분일 것이다. 따라서 열매 자체를 가리키는 말이 아닌 것이다.

**열매 자체의 이름은 Bunn이라고 했는데 에티오피아의 키시 말 'Būn'에서 딴 말이다. 오늘날의 bean이다. 뵈나이며 '배'이다. 한편 Vun은 Vin이다. 포도 (Wine)이다. 결국 Vun, Vin 등은 알을 가진 열매를 가리킨다는 사실을 알 수 있다. 뵈나(Vena)이며 여성 '분'을 상징한다. Venus와 만난다. 그야말로 풍요로움이다. 여러 번 나왔지만 우리말 부네이며 Pun, Pen 등과 같다. 아이를 밴(Van) 어머니이다.**

그리고 셈족의 뿌리말로는 **qhh**라 하여 어두운색을 가리킨다고 한다. 말의 뜻은 아직도 오리무중이긴 하지만 그럴듯하게 받아들이는 견해가 'quwwa'에서 비롯된다는 설이다. 힘(power)의 뜻이라고 한다. w를 v로 보면 '커배'이다. 투르크의 Kahve는 페르시아의 Quhve에서 빌려왔다고 하는데 이번에는 Brown 색이라고 한다. 페르시아에서 투르크로 수출되면서 말과 뜻이 전해진 듯싶다. 하지만 원래의 뜻은 사라지고 커피의 색깔이 주인공이 되어버린 셈이다. 에티오피아는 커씨(Kush)족이 존재했던 땅이다. 결론적으로 정리하자면 '**커배**'는 큰 열매, 혹은 큰 콩이다. 아울러 전체적으로 보면 카시오페이아와 케페우스 모두 연관된다. 결국 커피에 의한 마약성 음료와 그에 따른 제의적 행위와도 결부된다.

알파별은 2.5등급으로 그 이름이 Alderamin이다. 물론 Al은 군더더기이고 Deramin이 본 이름이다. 케페우스의 오른쪽 팔을 뜻하는 Al Dhira al Yamin가 원류이다. 지금은 어깨에 해당한다. 하지만 글쓴이가 보기에 이 **별**은 북극성 주변을 돌아 '돌다'의 뿌리말에서 비롯된 듯싶다. 왜냐하면 **Deramin**은 북극을 포함하는 용자리(**Draco**)와 '돌다'의 뿌리말과 일치하기 때문이다.

## 5.20 안드로메다자리(Andromeda, the Woman Chained)

가을밤을 수놓는 별자리로 날개 달린 말인 페가수스와 함께한다. 그리고 안드로메다 성운(우리 은하와 가장 가까운 친척 은하, Galaxy)으로 잘 알려진 별자리이다. 보통 쇠사슬로 묶인 여성으로 묘사되며 영어로도 그렇게 표시된다. 영어로 쓰인 별자리에서 첫 주자로 나오는 이름이다.

Andromeda는 'An+dro+me+da'로 'Han+Tor+Me+Ta'로 본다. '한또르뫼따' 이다. 물론 Tor는 그대로 '딸(daughter)'로 새김한다. An 혹은 Han은 '하나'로 본다. 뫼따는 여러 가지로 볼 수 있지만 우리말 '메다, 매달다'로 새김하면 쇠사슬에 매달린 여성을 묘사하게 된다. 하지만 라틴어의 꼬리에 mede, meda 형이 자주 등장하는 것을 보면 특수한 사람이나 동물을 가리키는 한정 꼬리말로 볼 수 있겠다.

그럼에도 **dromeda**는 '돌아 매다', 즉 '매달다'가 될 수도 있다. 그리스어 혹은 라틴어에 있어 우리의 동사 끝말인 다(**da**)가 존재했다는 **방증**이라고 본다. 이 경우 An은 사람을 가리키는 것으로 볼 수 있다. 현재까지 Tor, Dor가 '딸'로 새김이 되는지는 확실하지 않기 때문이다. An은 In과 같은 것으로 Sumer의 In-Anna에서 그 기원을 찾아볼 수 있다. 에티오피아와 관계되는 신화이기 때문에 우리와 줄이 닿는 족속이 이 지역에 거주하였다고 본다. 이미 언급했었지만, 이 지역을 포함한 아리비아반도 등에 종종 쿠시(Kusi, Kushi)라는 지역 혹은 도시명이 보인다. 쿠시족과 스키(혹은 스키타이)족과는 어떠한 관계가 있는지 추적이 필요하다.

앞에서 나온 카시오페이아, '카씨배'와 직결되는 신화를 담고 있다. 그 이야기가 재미있다. 카씨배가 자기의 외모가 물(바다)족의 여인들인 네레이드(Nereids)보다 아름답다고 하며, 심지어 딸의 유방이 더 크다는 자랑을 늘어놓는다는 식이다. 이에 물족의 지배자인 포세이돈(Poseidon)이 화가 나 바다괴물 Cetus를 에티오피아로 보내 공격하게 하였다. 케페우스는 이 공격에 무력하여 흔한 애기로 신탁(Amun)한 결과 딸을 제물로 바쳐야 한다는 지침을 받는다. 이에 딸이 바다가에 사슬로 묶인 채로 버려진다. 이것은 다분히 나중에 그리스에서 각색된 것으로, 핵심은 **산악족과 물(가)족과의 투쟁**이다. 특히 **유목인인 경우 말을 달려 상대를 공격하여 유린하면 보통 여자를 가로챘다. 그 이유는 근친상간을 방지**하기 위한 것이다. 서양에서 달밤에 늑대가 나타나 여자를 채어 간다는 설화는 이러한 유목민의 침략을 묘사한 것이다. 여기에서도 그러한 그림이 나온다. 괴물 Cetus는 '크치'이다. 따라서 Kusi, Kushi 족이라고 본다. 그리고 **바다가 등장하는 것은 아라비아반도에서 홍해를 건너온 크씨족의 행로**를 가리키고 있다. 따라서 앞에서 물족이라고 했지만 사실상 유목민 그것도 말을 잘 타고 화살의 명수인 족속이다. Poseidon은 그리스에서 가공된 신이다. **여기서 씨(sei)를 군더더기로 보면 Poseidon은 'Podon'이 된다. '바다, 바당'과 바로 연결된다.** Podo 역시 뵈따이다.

이제 또 다른 시각으로 쳐다보기로 하자. dra는 '돌(stone)'로, meda는 뵈따이니 '마당'으로 새김하는 것이다. 그러면 '돌마당'이 되는데 그러면 바다가 절벽에 걸려있는 물체로 형상화된다. 다른 한편 '뵈따'의 뿌리말을 묻다의 '문'으로 보면 '무덤'이 되고 죽은 자의 땅이 된다.

에티오피아족은 아마도 고원 지대에서 평화롭게 유목이나 농경을 하던 민족이었을 것이다. 문제는 왕비에 의한 떠벌림이다. 왕비에 의해 전쟁이 일어난 것이다. 모르긴 해도 크씨족이 먼저 여자를 요구하였을 것으로 본다. 그러한 이유로 전쟁이 발발하는 경우가 많기 때문이다. 트로이 전쟁도 유사하다. 여기서 Troy 역시 '돌'이다. 그리고 페르시우스(Perseus)가 안드로메다를 구출하는 것은 반격을 의미한다. Perseus는 Persia와 연결되며 '부루씨'이다. 따라서 '부루'족이 '크씨'족을 제압했다는 것으로 판단된다. 이 신화는 그리스가 아닌 멀리 유프라테스나 바빌로니아에서 유래했다고 한다. 특히 Bēl Mardūk와 그의 용인 Tiamat 신화가 이와 연관된 것으로 본다. 비로소 괴상스러운 모습의 용(龍)과 연결된다. 용이 곧 물이기 때문이다. Marduk는 Akkad를 제압한 Babylonia의 최고신인 점을 잊어서는 안 된다. 'Babyl'이 곧 '부루'이다.

　　이 자리를 빌려서 메다(meda)와 베다(veda)의 이름에 대하여 심도 있게 논의해 보기로 하겠다. meda는 앞에서 말했듯이 '뫼+따'이며 더 원천적으로는 '뫼+되'이다. 뫼되는 '맡다, 묻다' 등의 뿌리말이다. 명사로는 '맏'이 된다. 맏아들, 맏누이처럼 '맏'은 첫째를 가리킨다. 맏아들을 가리키는 몽골의 몽케는 맏컷이 변한 이름이다. 우리는 '맏이'라고 한다. '맏물'은 첫째로 수확한 대상(과일이나 물고기 등)을 가리킨다. 이제 뫼따인 '맡'을 보자. '맡다'는 책임을 지는 것, 물건을 보관하는 것, 냄새를 감지하는 것 등의 뜻을 가지고 있다. 모두 첫째 혹은 책임자의 역할을 상징하고 있다. '마땅하다'의 마땅이 첫째인 이러한 지도자(소위 무당)의 행위나 말이 그릇됨이 없고 옳다는 뜻에서 나온 말일 것이다. 그럼 '맡'이란 이름꼴은 어디로 갔을까? '머리맡'에 그 흔적이 남아 있다. 아주 가까운 곳을 가리킨다. 상징적으로는 머리맡 하면 베개나 그 주위를 말한다. 비로소 머리에 해당하는 '마루'와 '맡'이 대응된다. 가까이 두면서 애지중지하는 구역인 셈이다. 이 대응은 '발'과 '밭'의 대응과 같다. 결국 '맏, 맡'은 첫째로 삼는 귀중한 터를 가리키는 말인 것이다. 바닥인 밭과 쌍벽을 이룬다. 따라서 **'마당'은 귀중한 터이자 구역**이라고 하겠다. 바닥인 밭과 구별된다. 지은이는 바닥인 '밭'과 '마당'은 같은 터를 가리킨다는 점에서 상당한 의아심을 품어왔다. 비로소 의문점이 풀린 셈이다. 이제 Andromeda를 쳐다볼 때가 되었다. **'meda'를 '맏'으로 보고 'dro'를 '딸'로** 보면 **'맏딸'이 된다.** 기가 막힌 반전이다. 드디어 석연치 않은 앞에서의 풀이가 어느 정도 풀린 셈이다. 그럼에도 불구하고 신화학적이고 심리적인 흐름에서 보면 앞에서의 다양한 해석이 밑바탕에 깔려 있다고 본다. veda는 바탕도 되지만 '보다'와도 겹친다. 인도나 페르시아의 성전을 veda라고 하는 것은 이러한 심리적인 요소가 깔려 있기 때문일 것이다.

　　Andro를 다시 보겠다. 만약 **An**을 **'아니'**라 보면 **'아(니)딸'** 따라서 **'아들'**이 된다. 지은이가 우연히 사전에서 Andro를 찾아보았는데 놀랍게도 '남성(Man)'을 가리키는 머리말임을 알게 되었다. '아들'인 셈이다. 'Another'와 같다. 더욱 놀라운 것은 결국 Tor가 '딸'로 새김을 한다는 사실이 드러났다는 점이다. 그러면 Andromeda를 어떻게 해석하고 있을까? 이번에는 Wikipedia[27]를 들여다보았다.

역시 Andro를 '남자'로 보고 있었다. 그리고 전체적으로는 남편에게 마음을 쓰는 (mindful of herdsband) 사람으로 풀이하고 있다. 남자인 남편을 보호하고 감싸는 아내로 보는 것이다. 솔직히 궁색한 해석이다. 신화와 그 배경에 전혀 맞지 않는다. 앞에서 지은이는 An을 Han으로 본 바가 있다. 한편 안은 부정을 뜻하지 않고 경계의 안쪽을 가리키는 말이기도 하다. **'안사람'** 하면 남편이 아내를 가리키는 말이 된다. 아내는 '안-해'에서 변한 말이다. 여기서 안은 여성이 차지하는 공간을 상징한다. 그리고 바깥은 남성의 몫인 셈이다. 그러면 Andromeda는 'An-Dro-Meda', '안-딸-맏'이고, '나의 맏딸'이 되어 앞에서 '맏딸'로 새김한 것과 같은 결론을 얻는다. 그러나 석연치가 않다. meda를 다시 보겠다. '매다'와 '메다'가 있다. 매다는 앞에서도 소개했지만 '붙잡아 두다, 옷고름을 매다' 등에서 보듯이 물체를 감싸며 잠그는 행위를 가리킨다. 반면에 '메다'는 지게를 지거나 가마를 지는 행위이다. 즉 물체를 어깨에 걸치는 행위를 가리킨다. 안드로메다가 쇠사슬에 감긴 것은 '매다'와 일치한다. 그러면 **결국 '나의 딸이 매달리다'라는 문장이 성립하고 이를 '매달린 나의 딸'로 새기면 신화적 줄거리와 공명**한다. 따라서 **Andro의 안딸, 즉 '나의 딸'과 Casiopeia의 '계집'이 둘 다 여성이라는 존재를 가리키는데 신화적 상징성과 매끄럽게 이어진다.** 그럼에도 불구하고 'meda'는 '마당'으로 보는 것이 더욱 알맞을 것 같다. 그러면 앞에서 돌마당이라는 해석보다는 **나의 딸 마당**'이라 새겨 딸이 잡혀 있는 터로 보는 것이다. 심리적으로는 매달려 있는 곳과 통한다. 다른 한편 국어사전을 찾다가 '안-돌이'라는 말을 발견하였다. 그 뜻이 '험한 벼랑길에 바위 같은 것을 안고 겨우 돌아가게 되는 곳'이라고 한다[28]. 이 뜻은 앞에서 dra를 '돌'로 새김하여 신화적 줄거리와 잇게 한 설명과 그대로 일치한다. '안달'은 또한 걱정이나 조급하다는 뜻도 있다. 말은 인간의 심리적인 면을 구체적으로 표현될 수 있는 상징이며 그 수단이다. 따라서 같은 소리값을 가지는 이름이라 하여도 다양한 뜻으로 진화한다. **여기서 여러 가지로 해석을 한 것은 이러한 말의 진화와 그 다양성을 보여주기 위한 것이다.**

## 5.21 페르세우스자리(Perseus, the Champion)

프랑스 Pesée, 이탈리아 Perseo, 독일 Perseus.

한마디로 '부루씨'이다. 영웅으로 일반화되었다. 벌거벗은 청년으로 **talaria**라는 날개 달린 신발을 신고 손에는 괴물(Gorgon)인 메두사(Medusa) 뱀의 머리를 쥐고 있는 모습으로 그려진다. Talaria는 우리말 '달리다'의 뿌리말이 되는데 흥미롭다. 연관이 된다면 이 단어 역시 그리스가 아닌 유프라테스로부터 나왔을 것이다. **용을 제압했다는 것은 물에 대한 자연재해(홍수 혹은 거대한 파도)를 극복했다는** 것으로 해석할 수 있다. 성난 파도는 머리가 여러 개 달린 괴물로 볼 수 있으며 쳐다보면 돌로 변한다는 설정은 해안가에서 큰 파도와 상대하는 높이 솟은 바위와 연관성을 가진다. 즉 파도와 바위는 상극이다. 큰 파도에 휩쓸려 사라지면 그 영혼이 파도를 이겨내는 바위가 되는 것을 상징화했다고 본다. 그런데 맞서지 않고 이겨내는 도구가 거울로 나온다. 이른바 Minerva의 방패이다. 파도를 이겨내는 방패인 셈인데 거울(Mirror)로 상징화된다. 고대에 무당들이 몸에 걸친 청동 거울이 자연의 노여움을 막아주는 역할을 한 것과 맥이 통한다.

한편 안드로메다 측면에서 보면 괴물 Medusa는 커다란 배(ship)로 볼 수도 있다. 씨키족 혹은 쿠시족이 배를 타고 홍해를 건너 에티오피아의 해안에 상륙하여 공격을 가하는 상징성을 가질 수 있기 때문이다. 이때 Medusa의 무수한 머리는 어찌 보면 화살로 볼 수도 있다. 안드로메다가 바위에 묶여있는 것은 곧 인질을 의미한다. 날개 달린 신발은 아마도 발걸이(橙子)에 발을 걸쳐 질풍처럼 달리는 말과 그 기수(騎手)를 상징하는 것 같다. 한편 Medusa의 Medu와 Andromeda의 Meda는 같은 음절을 이룬다. 여기서 'Me'를 '물'로 보면 모두 통한다. 이 신화는 서기전 5세기경 유리피데스와 소포클레스에 의해 안드로메다 이야기와 함께 나온다. Persius라는 말은 히브리어의 Pārāsh에서 온 듯한데 말 타는 사람, 즉 기수(騎手)의 의미이다. 부루족을 가리킨다.

한편 메두사의 피는 두 가지 힘을 상징한다. 하나(왼쪽 몸)는 죽이는 독(毒), 오른쪽 피는 살리는 독, 달리 말하면 약(藥)을 가리킨다. 오늘날 약은 사실 독에서 **추출하는 것이 일반적이다.** 이러한 두 얼굴은 땅꾼자리에서 그리고 특별 주제의 **Janus** 편에서 심도 있게 다루고 있다.

La Lande에 따르면[1], 고대 이집트에서는 Khem, 페르시아에서는 Mithras 라고 하는 형상으로 그려지기도 했다. Khem은 캄으로 검다의 뿌리말이다. 이미 언급했듯이 나일강이 범람한 후 건조기가 되면 땅이 검게 변하며 옥토가 되는 현상을 말한다. '가물다'를 다시 연상하자. Mithras는 '뫼따알' 구조이다. 여기서 Mi 는 Me와 같이 마루가 아닌 '물(水)'을 가리킨다. 로마에서 이 미트라 신 숭배가 대유행했었다.

여기에서 우리말 '배'를 보자. 특별 주제 Bear와 연결되는 주제이다. 바위 역 시 배이다. 바다에 나타난 배를 삼국유사 등에서 발음을 취하여 한자 바위 '巖' 자 를 써 놓는 경우가 있다. 이를 곧이곧대로 받아들여 웃지 못할 해석이 나온다. 이 른바 바위를 타고 바다를 건너갔다는 식이다. 그리스 신화에서도 묘하게도 '바위' 가 종종 등장한다. 바위는 돌인데 괴물, 즉 배를 보면 돌인 바위로 변한다는 설정 이 심리적으로 우리와 통하는 듯하여 신비롭기조차 하다. 이때 자연재해를 적으로 보면 **화산 폭발**이나 강한 벼락 등을 상징하는 것으로 볼 수 있다. 더욱이 가까운 섬에서 화산 폭발이 일어나면 울긋불긋 돛대를 단 배가 화산에 의한 불벼락의 상 징으로도 볼 수 있다. 그런데 바위 설정이 앞에서 소개했던 삼국유사 '수로(水路) 부인' 편에도 나온다. 이른바 **자포암(紫布巖)으로 푸른빛 바위**라고 해석하는 문 장이다. 그리고 절벽으로 묘사되며 그곳에 피어난 철쭉꽃을 따오는 이야기가 중심 이 된다. 그리고 그곳은 사람이 닿을 수 없는 **신성한 영역으로 설정**된다. 더욱이 이 설화에 용이 출현한다. 더욱 놀라운 것은 수로 부인이 납치된다는 설정이다. 안 드로메다와 같다. 그때 사람들, 이른바 그 지역 주민들이 일제히 수로 부인을 내놓 으라는 합창을 하여 부인을 구한다. 그 대상이 '거북'이다. 따라서 그 **대상이 '용' 이 아니라 '거북'으로 바뀌었다.** 그 이유는 다음과 같다. 여기서 '용'이든 '거북' 이든 신을 상징한다. '곰'도 마찬가지로 '곰'에게 소리친다 하여도 이상할 것이 없 다. 이러한 설정은 삼국유사에서 종종 보이는 구조이다. 심리적으로 페르세우스가 안드로메다를 구출하는 것과 같다. 그러면 하필이면 왜 철쭉일까? 철쭉은 빨간색 의 꽃이다. 여기서 철쭉은 미모를 상징화한다고 본다. 그리고 노인과 암소가 나온 다. 수로는 물과 길을 뜻하는데 路는 길이 아니라 '알' 더 엄밀하게는 '르(r)'로 본 다. 그러면 그대로 수로는 '뫼알', 물이다. **김수로** 왕의 신화가 있는데 여기서 수

로는 首路이다. '마루'이다. 족장의 뜻이다. 용과 함께 거북이라는 이름이 등장한
다. 모두 신, 따라서 '감, 곰'과 같은 상징어이다. 그러면서도 물, 즉 바다의 신을
상징한다. 글쓴이는 여기에 나오는 자포암은 바다를 바탕으로 하는 '풍어(豊漁)'를
비는 제의적 장소로 본다. 이른바 당곳이다. 보통 굿당이라고 부른다. 자줏빛이 도
는 깃발 그것도 울긋불긋한 깃발을 꽂은 당집으로 보는 것이다. 이러한 당집은 신
성불가침 영역이다. 오직 특수한 날 제사장에 의해 제의적 행사를 할 때만 개방된
다. 여기서 노인은 제사장, 암소는 제의적 희생물이라고 본다. 그리고 꽃을 꺾어
바치는 행위는 성혼례 의식을 치르기 위해 수로 부인을 단장하는 제의적 과정이
다. 그리고 용에 의해 납치되는 설정은 당집에서 성혼례 의식을 치르는 의식을 상
징한다. 그리고 영웅의 설정은 없지만 위기 때마다 노인이 나타난다. 여기서 분명
한 **공통분모는 여성의 미모**(美貌, **beauty**)에 있다. 수로 부인 역시 무척 아름다운
여성으로 묘사된다. 그러면서 여러 차례 신들에게 납치된다. 그렇다면 카시오페이
아(안드로메다) 전설과 수로 부인 전설의 유사성은 우연의 일치일까? 헌화가에
'手母牛放教遣'이란 문장이 있다. '잡은 암소 놓게 하시고'로 해석한다. 글쓴이는
도저히 이해가 되지 않는다. 심지어 노인과 암소에 대한 상징성을 다양하게 해석
하는 전문가들이 존재한다. 최소한 '手母牛'는 이두(吏讀, 吏頭)식으로 '손모아'로
해석된다. 그다음이 문제인데 발음으로는 '방교견', 뜻으로는 '놓고, 가르치고, 보
낸다'이다. 힘들지만 '손모아 놓고 그것을 보낸다'로 보고 싶다. 여기서 높은 절벽
은 없으며 높은 곳에 위치한 당집과 그곳에 장식된 깃발이다. 그 깃발을 드는 행
위는 바다를 위무하기 위한 제의적 과정에 진입했음을 의미한다. 제의적 과정인
것이다.

미모의 여성은 또한 희생물로 바쳐지는 경우가 많다. 가장 대표적인 것이 '심
청전'이다. 바다의 노여움, 즉 높은 파도, 다시 말해 바다의 용을 잠재우는 데 제물
로 바쳐지는 것이다. 안드로메다 역시 같은 처지이다. 그렇다면 왜 여성의 미모가
전쟁의 시발점이 될까? 분명 수로 부인 역시 자기의 미모를 자랑하고 있다. 카시
오페이아나 안드로메다와 같다. 항해의 안전을 빌기 위해 제사를 지내는 것은 동
서양이 다를 바가 없다. 이때 제물이 중요하다. 신화적으로 인신공회(人臣供犧)일
때 어여쁜 여성을 대상으로 하는 사례가 많다. 여성 사제는 처녀로 일생을 마친다.
국왕인 지배자가 제사장을 겸하는 시기에서는 때때로 여성 사제는 성혼례(聖婚禮)

의 대상이기도 했다. 이렇게 하여 태어난 자식은 공식적인 자제가 아니기 때문에 영웅적으로 묘사된다. 즉 온갖 어려움을 극복하고 제왕이 된다는 설정이다. 재미 있는 것은 Persius와 안드로메다 사이에 나온 아들 이름이 Perses라는 사실이다. 아버지와 아들 이름이 같다. 이것은 Persius가 부루족을 가리키기 때문이다.

Persius 신화는 Hercles 신화와 상징성이 같다. 공통점이 '물'과의 싸움, 그것 도 바다ㅅ물의 제압이다. 따라서 용 또는 뱀을 무너뜨리는 과정이 설정되는 것이 다. 동양에서도 용은 비바람과 함께 천둥 번개를 가리키며 모습 역시 그러한 자연 현상을 형상화한 것이다. 바다의 용이 등장하는 신화는 결국 바다에 면한 메소포 타미아 지역의 고대 국가들(수메르, 아카드, 바빌로니아 등)과 그리스 등에서 다채 롭게 전개된다.


## 5.22 페가수스자리(Pegasus)

프랑스 Pégase, 이탈리아 Pegaso.

웅장한 네모 형으로 가을밤을 수놓는 별자리다. 날개 달린 말을 형상화한 것으로 몸체에 해당한다. 물론 이러한 설정은 그리스 신화에 바탕을 두고 있다. 그림 **5.2 (d)**를 보면서 모습을 그리기 바란다.

여기서 다시 '뵈키'가 나온다. 이름이나 신화적 요소를 거론하기 전에 우선 별들의 형상을 짚고 넘어가자. 날개 달린 말이라고 하는데 이 설정 자체가 글쓴이 가 보기에 무리가 있다. 분명 네 개의 별로 이루어진 사각형은 뚜렷이 감지된다. 여기에 안드로메다자리를 형성하는 별들을 이어 놓으면 어떠한 모양이 나올까? **바로 북두칠성과 같은 모습**이 나온다. 북두칠성은 네모에 손잡이가 있는 형태인 데 이와 비슷하다는 점이다. '뵈키'는 바퀴, 배치 등으로 새김을 해왔는데 여기에 서는 '박'으로 보고 싶다. 그러면 **'Pegase'는 '바가지'**가 된다. 북두칠성의 모양을 '바구니'로 보아 이 바구니 모양이 마차로 보았던 것과 유사하다. 서양에서는 날 개를 단 사람(천사)이나 동물을 상정하는 경우가 많다. 날개를 달아 마차를 모는 형상은 심리학적으로 전령(傳令, messenger), 사자(使者, herald)와 통한다. 물론 천사도 전령이다. 새를 상징한다.

날개 달린 말의 형상은 그리스의 신화에서 샘물을 만들어내는 영물로 나온다. 날개로 땅을 쳐서 우물을 만든다는 설정이다. 그러면 바가지로 물을 퍼내는 것과 상징성으로서는 동일하다. 그리고 두레박과 연결된다. 날개가 두레이고 박이 몸체인 것이다. 그러면 줄에 달린 박의 형상이 그대로 재현된다. 페가수스는 몸체, 안드로메다는 '줄'이며 '두레'인 셈이다. 해알씨인 **Horse**가 해가 흐르는 모습에서 '말(馬)'로 상징화된 것과 비슷하다.

한편 발음상 '물(水)'과 말(馬)'은 같다. 하늘을 나는 영물(靈物)이 말로 형상화된다는 것은 물이 '뫼+알'에서 나왔다는 글쓴이의 설정과 심리학적으로 일치한다. 왜냐하면 '뫼, 메'는 산이며 결국 하늘을 상징하고 거기에 얼(알)이 붙어 '물'이 되었기 때문이다. 산을 타 내려오는 물줄기가 날개인 셈이다. 그리고 산이 몸체이다. 이것이 그리스에서 올림푸스 산의 샘물로 나오는 이유라고 본다. '뫼'에서 하늘을 나는 '매'가 나왔다는 사실을 생각해보면 심리적 유대감을 느낄 것이다. 그러면 고대 그리스 지역에는 우리와 통하는 언어족이 있었을 것으로 추측된다. 아직 해독되지 않은 선형문자 **A**가 이에 관련되어 있는지 모르겠다. 선형은 '가는 줄'의 뜻이다. 선형문자 **A** 형태를 보면 쐐기문자처럼 칼로 긁어 새긴 것처럼 보인다. '글'은 칼로 나무나 단단한 물체에 긁어 새긴 것에서 유래한다. 선형문자 **A**에 우리말에 있어 원초적 이름들(매, 물, 해, 하늘, 나, 날 등)이 새겨져 있다고 가정해볼 수 있다. 이를 바탕으로 해석하는 길을 개척했으면 한다. 워낙 중요한 점이라 앞에서 거론했지만 강조하는 차원에서 다시 반복하였다.

만약 하늘을 나는 '새'로 상징화한다면 '박새(**gourd-tit**)'로 보고 싶다. 심리적으로는 물론 '매'이다. 그런데 tit 단어를 보면 박새류의 총칭과 함께 고대어로 '조랑말'이나 '처녀'를 뜻한다고 나와 있다. 묘하게 말과 연관된다. 더욱이 tit는 젖꼭지(teat)와 어원이 같다. 그러면 이 단어는 따알이고 그러면 '**딸(daughter)**'과 연결된다. 아울러 '탈, 혹은 딸기'라는 열매가 그 모양에서 여성의 유방에 비유될 수 있겠다.

글쓴이가 보기에 생김새와 음운학적으로는 줄기에 달린 조롱박의 모습으로 그려진다. Pega는 거문고자리 으뜸별인 Vega와도 같다. 이 말(馬)은 신화적으로 볼 때 바다의 신, Poseidon(로마의 경우 Neptune)의 아들이다. 이미 Poseidon은 가운데 '씨'를 생략하면 Podon, 바당이 된다고 하였다. Neptune은 '나뵈땅'이다. 씨가 나로 바뀌었고 '**나(의)바당**'이 된다. 전혀 다른 단어 같지만 그 바탕은 '뵈따'인 바당인 것이다. Medusa는 뱀인데 '뫼따'이다. 다시 meda가 나왔다. '마당, 마담'으로 보면 대지의 여성이다. 성모이다. 어찌 보면 **뱀은 성스러운 존재이다.** 이른바 **양면성을 상징**하는 것이다. 아랍에서는 네모꼴을 Al Dalw라 하여 물통, 즉 물바가지로 보았다. Dalw는 앞에서 거론하였듯이 '두레박'이다.

이제 말 많은 그리스를 떠나 다른 지역으로 옮겨보자. Pegasus는 페니키아의 Pag, Pega와 Sus에서 왔다는 주장이 있다. 고삐 달린 말이란 뜻이다. 항해할 때 배의 머리에 이와 같은 모습의 말을 장식했다는 설이다. **말은 배, 고삐는 배의 키를 상징한다. 배의 안전 운항을 기원하며 생긴 신화**라 본다. 다른 한편 이집트에서 왔다는 설이 있는데, Pag는 멈추다(to cease), Sus는 배(a vessel)라고 한다. 나일강의 수위에 따라 운행되던 배의 정박(운항 중지)을 상징한다는 주장이다. 앞에 있는 것은 다분히 그리스의 영향을 받은 해석이다. Sus를 배로 보는 것은 일리가 있다. '씨'인데 영어의 'Sea'도 여기에서 파생했다. 'See'는 바다를 응시하는 것으로 보면 수긍이 간다. 수평선을 보고 '바르다'라는 동사가 나왔고 바탕이 바다와 의미가 통한다. 이와 반면에 **Pag는 '박다'의 뿌리말로** 보면 멈추다, 정박하다 의미로 통한다. 배를 강가에 박아두었으니 중지가 아닌가? 이집트와는 통한다. 그러면 이제 **이집트의 관점에서 보면 페가수스의 네모는 배, 안드로메다는 돛대(아니면 강)가 될 것이다.** 가장 걸맞다.

그러면 Sumer-Akkad에서는 이 별자리를 무시했을까? 아니다. En-Ki와 연결짓는다. 네모의 별 모양을 들판(Filed)으로 보아 **As-Iku**라 불렀고 En-Ki 신에 대응시켰다. 한키가 아씨키가 되었다. 여기에서도 Sumer-Akkad 말의 변화에서 'Han'이 'Asi(Ash)', '(H)an-na'가 'Ash-Tor'로 대응되는 점을 알 수 있다.

솔직히 그리스 신화와 게르만족의 신화는 너무 어지럽고 작위적이다. 부족 간의 투쟁사라고 해야 할 것이다. 그리고 자기들에게 유리하게 해석한다. 여기에 신탁(神託)이라는 고상한 말로 '무당'에 의한 제의적 행위와 말들이 난무한다. 이집트나 유프라테스의 경우 농경문화에 따른 자연재해와 그 방지를 위한 신화적 설정들이 인간사와 직결되며 심리적인 안정감을 준다. 특히 하늘의 알이며 씨들인 해, 달, 떠돌이별(행성) 그리고 별들과의 교감은 이성적이며 현실적이기도 하다.

## 5.23 독수리자리(Aquila, the Eagle)

프랑스 Aigle, 이탈리아 Aquila, 독일 Adler.

여름밤을 수놓는 삼각 편대 중 하나이다. 나머지 두 개가 고니자리와 거문고자리이다. 이 세 개의 으뜸별이 커다란 삼각형을 이루며 은하수와 더불어 아름다운 밤을 수놓는다. 그림 5.2 (d)를 보기 바란다. 우선 우리말 독수리부터 보자. '수리'에 한자 '독(禿)'이 붙은 형태이다. 독은 머리가 벗어진 것을 묘사하는 한자로 참으로 곤혹스러운 붙임말이다. 이 독은 우리나라 말에서 좀처럼 쓰이지 않는 한자이다. 왜 수리에 이 한자를 얹혔는지 이해가 되지 않는다. 머리가 벗어진 것, 다시 말해 머리털이 없는 것을 '대머리'라 한다. 여기에서 또 의문이 간다. '대'는 또 무엇일까 하는 점이다. 머리의 낮춤말을 '대가리' 혹은 '대갈'이라고 한다. 역시 분석하기 어려운 조합이다. 다만 줄기가 매끄러운 대나무를 빗대어 붙은 이름일 수도 있겠다. 벌거벗은 산을 '민둥산'이라 한다. 민은 '밀어버리다'에서처럼 군더더기가 제거된 상태를 나타낸다. 맨땅 하면 모두 땅이라 하는 것으로 풀도 나무도 없다는 뜻이다. 문어의 경우 원래 '민어'이며 이는 머리에 아무것도 없는 형상을 묘사한 단어이다. 이것이 '문어'로 변하고 문이 글을 뜻하는 '문(文)'으로 둔갑하며 똑똑한 물고기로 각색된다. 독수리는 '민수리'라 하여야 하지 않을까 한다. 마찬가지로 머리칼이 없는 경우인 대머리 역시 민머리로 하면 모두 통한다. 만약 아라비아 사막 지대에서처럼 수리가 커다란 돌 위에 늠름하게 서 있는 모습을 연상하면 '돌수리'가 알맞다. 혹시 '돌수리'에서 '독수리'로 변한 것이 아닌지 의문스럽다. 사실 몸체를 보았을 때 '커수리'가 그 모습에서 어울린다. 수리는 '씨알'의 구조이다. 새는 남자로 상징되며 남자는 씨를 가지고 있다. 우리나라가 새를 숭상하는 이유는 이러한 씨가 하늘과 땅을 잇는 생명의 매개체로 보기 때문이다. 매는 '뫼'가 뿌리이다. 높은 것, 높은 곳을 떠다니는 새를 상징한다.

Aquila에서 A는 역시 군더더기이다. Quila 따라서 '커알, 클'이다. Eagle도 같다. Quila와 Gle는 같지 않은가? 결국 같은 말이다. 겉으로는 크게 차이가 나는 단어처럼 보이지만 원류는 같다는 의미이다. 우리말인 **씨알**이 여기에서는 **커알**이 되었다. 물론 A를 살리면 아기알, 아키알이 되며, 알이 앞으로 가면 아르크(Ark)로 간다. 모두 의미는 같다. 독일어의 Adler는 좀 다르다. 우선 dler는 dor에 le가 낀 형태이다. Atar, Ator 등으로 볼 수 있다. 하지만 '알'이 겹쳐 있는 것을 보면 Altor 따라서 Tor, Der이다. 별 이름 중에서 Alcol, Algol, Alkor 등이 보이는데 모두 '컬, 클'이다. 글쓴이가 제안한 '커수리'에서 씨를 빼면 '컬'이 된다.

이 별자리의 새 형상은 이미 유프라테스 지역의 돌에 새긴 B.C. 1200년도의 천체 그림에 등장한다. 라틴어에서는 또 다르게 표현이 되는데 주로 시에서 등장한다. 즉 Jovis Ales, Jovis Nutrix, Jove의 새, 간호사 / Jovis Armiger, Armiger Ales, Jove의 갑옷 두른 새 / Ganymedes Raptrix, Servans Antinoum 등이다. 여기서 Jove는 Jupiter이고 그리스의 Zeus이다. Jo, Ju는 Do, Du로 두음법칙 영향이라 본다고 하였다. '따뵈'이다. 이 **따뵈가 신과의 교통로 '탑(Top)'**도 된다. Jupiter는 여기에 다시 '따알, 또르'가 붙은 구조로 이중적이다. Zeus도 Tau이다. 한마디로 이 별자리를 **신의 전령**으로 보았다는 뜻이다. **새가 원래 전령** 아니던가. 천사도 새의 상징이다. 여기서 Armiger, Nutrix 등은 독수리가 데리고 다니는 동반자인데 신들을 위해 술을 따르는 어린 소년 Ganymedes에서 유래한다. 어찌 되었든 모두 하늘신을 위한 제의를 나타내고 있다. 따라서 여기에서 새는 기둥, 줄, 탑, 높은 산 등과 함께 신과 교통하는 사다리라고 볼 수 있다. **Nutrix는 '나+따알' 씨로 Nature, Natal과 같다. 간호사로 해석하는 것은 아기 낳기에 관여하기 때문일 것이다. 이른바 산파역이다.** Armiger는 신화적으로 여전사와 관계되어 나온 해석이라고 본다. Ganymede는 '큰뫼따'이다. 만약 꼬리말인 de를 무시하면 큰 매가 된다. 그리스와 로마의 조류학에서는 eagle이 vulture 즉 독수리, 콘도르로 분류된다. eagle은 사실 '수리'이다. 아울러 'Vultur volans'라 하여 새가 커다랗게 펼친 날개로도 묘사된다. **Vultur는 우리말 동사 '펼치다'와 통한다.**

그러나 뭐니 뭐니 해도 Aquila, Eagle을 바탕으로 한다면 **'아가리'**라는 호칭이 가장 걸맞다. 비록 우리말에 아가리는 입의 모양을 상징하지만 새나 동물을 가리키는 명사로 쓰면 좋다고 본다. 몇십 년 전에 Jaws를 '아가리'로 번역한 영화 포스터가 생각난다. 상어의 큰 아가리를 상징하였다. 아주 걸맞다.

## 5.24 고니자리(Cygnus, the Swan)

프랑스 Cygne, 이탈리아 Cigno, 독일 Schwan, 스페인 Cisne. 현대의 비평가들은 Cygnus가 아니라 Cycnus라고 주장한다.

여름밤 네 개의 별이 십자형을 뽐내며 화려함을 장식하는 별자리이다. 그림 5.2 (c)를 보기 바란다. 그리스의 에라토스테네스는 Kuknos라고 불렀고, 보통은 **Ornis**라 하여 단순히 새 혹은 암탉(hen)을 가리키는 것으로도 알려졌다. 문제는 역시 C 철자이다. 과연 S일까 아니면 K일까? 만약 Kuk라면 의성어 '쿠쿠'와 가깝다. 우리나라의 닭 울음소리 '꼬끼오'도 여기에 포함된다. **Cycnus라고 하는 것도 c가 k 발음일 때 의미가 통한다.** S이면 물론 씨이고 이는 '씨키나'이다. 다시 '스키, 새끼'가 나온다. 여기서 nu, ne, na 등은 단순한 꼬리말로 우리나라에서 '누구누구네' 하는 것과 같다. 그러면 '**Kukne, Kukni**'가 알맞은 표현이다. 이 별자리는 보통 백조자리라고 불린다. 백조(白鳥)는 흰새라는 평범한 한자말이다. 이러한 한자 악취는 학(鶴)에서도 나타난다. 두루미이다. 일본이 두루미를 쯔(쯔, 쓰)류(つる, Tsuru)라고 부르며 한자 鶴으로 표기를 한다. 표기만 학으로 할 뿐 일상생활에서는 고유 말을 사용한다. 이와 반면에 우리는 한자를 그대로 가져와 한자 발음으로 써버리는 실수를 범한다. 더욱이 일본말 **쯔루는 두루미의 '두루'와 소리가 같다.** 두, 투를 그대로 발음하지 못하여 쯔로 된 것이다. 이에 대해서는 여러 번 설명하였다. 고니(Koni)는 '큰이'로 큰 새를 가리킨다. 늠름한 모습을 그리고 있다. 이 Koni라는 발음은 Kukne와 통한다. 만약 Kuk를 Ku로 새기면 바로 Kune가 된다. Swan은 독일계인 게르만어 Schwan하고 같다. Sch에서 ch는 원래 k 소리였을 것이다. 그러면 '씨카안' 따라서 씨크니가 된다. 어떻게 보면 Cygnu와 통하고 고니

와도 이어진다. 다만 w를 '뵈(b)'로 보면 '씨키뵈냐'가 된다. 특이한 것은 그리스에서 Ornis (Ορνιζ)라고 한 점이다. 더욱이 Ales, Avis, Volucris, Ales Jovis, Ales Ledaeus, Avis Veneris 심지어 Olor라고도 불리었다. 여기에서 보면 Ale, Or와 Avi로 구분된다. 어찌 되었든 Ornis에서 or를 '날아오르다'의 '오르'로 보면 철새가 나는 모습이 연상되어 흥미롭다. 그러면 Avi는 '오르비'로 새김할 수 있다.

Cygnus는 유프라테스에서 유래한 것으로 판단되며 아마도 Urakhga가 이에 해당한다고 보는 견해가 있다[1]. 그리고 이 이름은 아라비아의 Rukh(the Roc, 상상의 험악한 새, 한자로 괴조라고 부름)에서 왔다고 한다. 어찌 되었든 그리스에서 파생된 단어는 아니라는 점이다. 여기서 보면 결국 '알+키'로 수렴된다. 또다시 Ark가 등장한다. 어떤 대상 그것도 주목되는 대상에 무조건 '알키'를 갖다 대는 이유가 무엇일까? 그것은 희생 제물을 상징하는 보편적 말이기 때문이다. 그러나 **Cygnus가 Urakha에서 왔다는 견해는 받아들일 수 없다.** 전혀 다른 구조이기 때문이다. Urakha는 '오르기'로 새기면 날아오르는 새의 뜻이 되어 비로소 통한다. 앞에서 나온 **오르비**와 같다. 기륵거리는 소리를 내는 우리나라 말 '기러기'와 같은 구조이다. 한편 우리나라에는 '오리'라는 이름이 존재한다. 과연 이 오리가 오르다의 의미인지, 물을 뜻하는 아르에서 나온 말인지는 모르겠다. **물위를 박차고 오르는 '오리'의 모습**을 연상하면 '오르다'에서 왔을 것으로 판단된다. **해오라기** 역시 같은 구조이다.

한편 **Kukna**에서 그 뿌리를 '고기'로 새김하면 역시 희생 제물을 가리키게 **된다. 그러면 희생 제물이라는 보편적 이름**으로 서로 통한다. 이러한 희생 제물을 가리키는 이름들인 Tarki(닭), Arki, Kuki 등을 나열해보면 모두 '키'를 꼬리말로 가지고 있어 그 공통점을 발견할 수 있다.

아라비아어를 바탕으로 보면, Al Tā'ir al Ardūf, the Flying Eagle / Altayr, Al Radif, Al Dajājah, the Hen 등이다. 나중의 것은 B.C. 300년의 이집트 사제에서도 나온다. 이 단어들은 결국 다음과 같이 수렴된다. Adige, Adigege, Aldigara, Addigarato, Degige, Edegiagith, Eldigiagich 등이다. 모두 '타키', 즉 '닥'이며 결국 '닭'으로 수렴된다. '따알키'에서 알이 빠진 형태로 된 것이다. 우리 역시 '닭' 은 '닥, 독'으로 발음하는바 일치한다. 또한 비둘기 형태로 보아 Al Katāt라고도 불렀다. 이번에는 '타키'가 '커타'로 자리바꿈하였다. **비둘기는 '뵈따알키'이다.**

즉 둘기는 **Tulki, Turki**로 '닭'과 통한다. 비둘기자리에서 다시 언급하겠다. 한편 'Al Tair'는 앞에서 나왔던 독수리자리의 으뜸별 이름이다. Tair, Tayr는 그대로 '돌'다의 돌이다. 하늘에서 빙빙 도는 새(Tori)를 가리킨다. 'Condor'가 대표적이다.

으뜸별은 1.4 밝기로 Deneb라고 한다. 이미 나온 단어이다. 꼬리를 뜻한다. 'Al Dhanab al Dajajah' 즉 '닭의 꼬리'에서 온 말이다. Dajajah는 Takaka이다. '닥키'가 되어 닭과 통한다. 두 번째 별은 Albireo라고 한다. 아라비아어와는 상관이 없는 단어이다. 글쓴이가 보기에 '부리'이다. 말 그대로 새의 부리에 해당한다. 만약 이 해석이 맞는다면 우리와 문화를 공유하는 민족에게서 비롯되었다고 본다. 아리비아어로는 Al Minhar al Dajajah라 하며 닭의 부리라고 한다. 영어에 있어 부리는 두 가지가 있다. 하나는 'beak'라 하여 육식을 하는 큰새의 부리, 다른 하나가 'bill'로 가늘고 납작한 부리를 가리킨다. bill은 우리말 '부리'와 일치한다. beak는 역시 '뵈'가 뿌리말로 통한다. 여기에서도 아라비아어는 관계가 멀다는 사실을 알 수 있다. 따라서 **Albireo**는 **Al**이 우연히 붙은 형태로 게르만족 계통에서 유래했다고 본다.

## 5.25 까마귀자리(Corvus)

프랑스 Corbean, 이탈리아 Corvo, 독일 Rave.

독일에서 보듯이 Chaucer 시대(1340~1400)에는 Raven으로 불렀다. 나중에 라틴어가 주류를 잡아 현재는 Crow라고 한다. Raven, Rave에서 Ra를 무시하지 않고 '알(Ar)'로 보면 Arve가 된다. Corvus는 Korve이다. Arve에 '키'가 머리에 붙은 꼴이다. 결국 말뿌리는 Arve, Orve로 '날아오르는 새'이다. 앞에서 나온 Avis와 같다. 다만 여기서 '키'는 '검다'의 검과 같은 것으로 본다. **Kor**가 '검은(black)'이 된다. 그러면 까마귀와 같다. 까마귀는 원래 '가마괴'로 발음했었다. 갈까마귀에서 이중적인 구조가 엿보인다. 그리고 검다는 Kor는 일본말에서 확실히 찾아볼 수

있다. 왜냐하면 **검은색을 Kuro(くろ)**라고 소리하기 때문이다. 지금도 영어의 Crow는 경멸적인 말로 흑인을 가리킨다. 또한 미국 군인의 독수리표 군장(대령에 해당)을 가리키기도 한다. 물론 Crow는 Korv와 같다. 여기에서도 **w가 뵈(v, b) 소리와 대응**된다. 여러 번 강조하지만 말뿌리를 캐는 데 대단히 중요한 요소이다. 그리스어로는 Κοραξ(Korax)이다. 여기에서 알(r)을 뫼(m)로 새겨버리면 가마키, 까마귀가 된다. 로마에서는 Corvus로 불렀다. 다시 K가 C, 꼬리말인 '키'가 '비'로 변했다. 그냥 '꼬리비'로 부르면 가장 알맞다.

처녀자리 밑에 있으며 스피카의 바로 옆인 서쪽에 조그만 사각형 형태로 분포한다. 그림 **5.2 (b)**를 보기 바란다. 그리고 바로 옆 동쪽에는 **그릇자리(Crater)**가 있다. 밑인 남쪽에는 바다뱀(Hydra)이 헤엄치고 있다. 따라서 신화적으로 물과 관계되는 Appollo와 연관된다. 어떻게 보면 Corvus, Crater, Hydra는 하나의 별자리로 보아도 무방할 정도로 서로 붙어있다. 그리스 신화에서는 이 까마귀가 'Phoebo Sacer Ales' 혹은 'Phoebeius Ales'라 하여 Phoebus Apollo 신에게 바치는 성스러운 새로 묘사된다. 이러한 공물은 Appolo 신이 거인족들과의 전투 과정에서 예언적 기능을 수행하는 상징성을 의미하고 있다. Ales는 새를 가리킨다. 오르다의 '오르(Or, Ol)'이다. Pheobus는 '뵈+뵈'의 이중 구조이다. 우리말 '밥'과 같은 꼴이다. 성스러운 제물을 상징하고 있다면 심리적으로 통한다. 닭(Tarki)과 같다. Papa도 여기에서 왔다고 본다. 이미 분석했지만 Apollo는 Pollo 즉 '부루'이다. **모두 부루족의 지배를 상징화하는 이름**들이다. Corvus와 연관된 신화는 다양한 갈래가 있다. 여기에서는 다루지 않겠다.

아라비아에서는 그리스와 로마의 영향을 받아 Al Ghurab라 하였다. 그러나 그전에 자기들의 고유 문화적으로 "Al 'Arsh al Simak al 'Azal"라 하였다. '무장하지 않은 지배자의 왕좌'라는 뜻이라고 한다. 그리고 지배자는 처녀자리 으뜸별 스피카를 가리킨다. 이 별자리는 앞에서 조그만 사각형 모양이라고 했는데 이 사각형을 왕이 앉는 의자로 본 것이다. 아주 걸맞다. 그리스 신화적으로 까마귀라 하는 것은 별자리 모양으로는 억지스러운 설정이다. 역사적으로 보았을 때 자기 고유의 문화적인 요소가 이렇게 외래의 문화에 종속되며 사라지는 사례가 인류사적인 면에서는 숱하게 일어난다. 소위 "나쁜 돈이 좋은 돈을 몰아낸다"라는 경제학적 속성과 궤를 같이한다. 힌두 문화에서는 거대 신 **Praja-pāti**의 일부로 취급된다. '부루키

-배치'이다. 역시 '불'이 이중으로 들어가 있다. 신의 손(hand)으로 할당된다. 그리고 머리를 Citra라 하여 스피카에 해당한다. 그리고 두 개의 허벅지(Vicakhas)는 저울자리에, 신이 서 있는 자리에는 전갈자리에 주어진다. 아주 넓은 범위에 걸친 설정이다. 이 신에 대한 이러한 할당은 따로 오리온자리에서도 주어진다.

　　이제 유프라테스 지역으로 간다. 이곳에서의 신화 전개가 나중에 문화, 특히 그리스를 지배하기 때문에 대단히 중요하다. 비록 이 자리가 물의 신인 Hydra와 연관되는 이유는 명확하지 않지만 이 지역의 신화적 요소에서 그 기원을 더듬을 수 있다. 수메르(아카드)에서 Hydra에 해당하는 물의 신은 Tiamat이다. 소위, 바다인 쩐물을 지배하는 신이다. 그런데 이 **까마귀라는 명칭이 폭풍의 새 혹은 사막의 새로 상징화되면서 Tiamat에게 자양물로 주어진다는 설정**이 있다. 이를 그리스의 Aratos가 Korax로 기술했다는 이야기가 전한다. 여기서 명백하게 바다에서 일어나는 자연재해, 즉 폭풍이 등장한다. 제주도에는 옛날에 까마귀가 많았었다. 떼를 지어 공중에서 나는 모습이 글쓴이가 어릴 적(1960년대에서 70년대 초반)에는 여름이면 장관을 이루었었다. 이 까마귀를 '보름-까마귀'라고 불렀다 (그림 5.24). 보름은 바람의 제주도 말이다. 어딘가 폭풍의 설정과 심리적인 유대감이 든다. 네 개의 밝은 별들을 아카드인은 말로 보아 Kurra라고 하였을 것으로도 본다. 그러면 까마귀와는 관계없이 '클, 코리'가 된다. 이 별자리는 나중에 노아가 보낸 새로 둔갑한다.

까마귀, 제주도 한라산. 2007. 7. 16.

그림 5.24　까마귀.

## 5.26 그릇자리(Crater, the Cup)

프랑스 Coup, 이탈리아 Tazza, 독일 Becher.

컵자리이다. 컵은 영어의 Cup이다. 우리는 보통 잔으로 부르는데 잔 역시 한자 盞이다. 이에 대응되는 우리말은 **그릇**이다. 그릇자리로 하면 좋다고 본다. 그러나 잔이 워낙 친근한 말이 되어버려 여기에서는 '잔자리'라 하여도 좋겠다. 그러나 그릇자리로 새김을 하겠다. 그 이유는 뒤에서 나온다. 술잔을 고려하면 제단에 바치는 성스러운 그릇이 되며 여기에서 다루는 신화적 요소와 이어진다. 까마귀자리에서 이야기했지만 이 별자리는 아주 희미한 별들로 되어 있어 식별하기가 어렵다. 그리고 굳이 까마귀자리에 있는 네 개의 별과 분리할 필요가 없을 정도로 가까이 위치한다. 그러나 희미하기는 하지만 둥그런 모양을 하고 있어 밑에 받쳐주는 두 개의 별과 함께 잔으로 볼 수는 있다. 그럼에도 불구하고 잔의 형태가 아니라 완전히 원의 모양을 그리고 있음을 지적해 둔다. 차라리 밑받침이 있는 **향로**로 보는 것이 더 알맞다. 어쩌면 신화적 요소가 이러한 억지 설정을 가져왔다고 본다. 이러한 억지 설정은 동양 문화에서 더 두드러진다. 어찌 되었든 신화적으로든 별자리 위치적으로든 Hydra-Corvus-Crater는 한통으로 취급되며 신화의 설정과 일치한다.

　Coup는 Cup과 같다. 커배인데 '뵈, 배'가 뿌리이다. 배는 생명을 담아 놓은 그릇이고 그러면 잔과 통한다. 성스러운 의미로 커가 들어가 큰 잔이 된다. 제의적 용기라 하겠다. 제단인 Ara(Altar)와 함께 향로(Censer)와 대비된다. 이탈리아의 Tazza는 Taka로 보는데 그러면 '따키(dog)'이다. 그리고 독일어 Becher는 Bekor로 그러면 '뵈커알'이다. 이 경우 거꾸로 새기면 Korbe가 되어 앞에서 나온 까마귀 철자와 같아진다. 그러면서도 이번에는 클배로 되면 Cup과 일치한다. 그러나 **Taka**는 따키인 **Dog**로, 제물을 가리키면서 제물을 담는 그릇과도 통한다. 닭과 상징성은 같다. 독(**Dog**)은 우리말 '독'과 같으며 담는 용기이다. 김치독을 생각하기 바란다.

　고대 그리스에서는 이 자리를 원래 Κανθαρος (Kanqaros)라 하여 받침 달린 잔(Goblet)으로 보았다. 이는 Apollo가 소유하는 성스러운 잔을 가리킨다. '큰

고리'로 새김이 되는데 묘하게도 받침과 함께 위의 둥그런 모양과 일치한다. 그러면 잔이 아니라 고리(Ring)이다. 그러나 나중에 일반적으로 Κρατηρ (Krathr)로 변하고, 결국 로마에서 Cratera로 되어버린다. 여기에서도 K가 C로 변하는 고약한 풍토가 발생하고 있다. 종종 Creter로 표기된다.

**드디어 그릇과 직접 만난다.** 왜냐하면 Krathr, Cratera에서 꼬리말 'r'을 빼면 Krath, Crate가 되는데 '그릇, 그름'과 소리값이 같기 때문이다. 따라서 잔자리가 아니라 **그릇자리**로 자리매김하는 것이다. 큰고리 모양과도 통한다.

그리스는 또한 Καλπη (Kalph)라 하여 유골 단지(Cinerary Urn)로 혹은 물통(Water bucket)으로도 보았다. 여기서 Kalph는 그대로 클배이다. 로마에서는 Urna, Calix, Scyphus 더욱이 시적으로는 Poculum이라 하였다. 이는 모두 그릇을 가리키는데, 이 그릇들은 Apollo, Bacchus, Hercules, Achilles, Dido, Demophoon, Media 등 여러 신들과 연결된다. 앞에서부터 '알나', '클키', '씨키배', '배클'이다. 한편 Hewitt는 이 그릇을 힌두 문화에 있어 소마(Soma)가 든 그릇으로 보았다. 소마는 마약과 같은 것으로 정신을 흐리게 하여 신의 경지에 다다르는 무당용 음식이다. 물론 Sama는 신을 뜻하며 또한 무당을 가리키는 말이기도 하다. 샤마니즘을 생각해보기 바란다. 또한 Hewitt는 아카드에서 Mummu Tiamut'라 하여 바다의 혼돈, 하늘과 땅의 어머니, Tiamat의 자식으로 보기도 하였다. Mummu는 마마로 결국 엄마이다. 물론 Tiamat는 큰(거대한) 물로 바다를 상징한다. 따라서 바다의 어머니이다. 모두 나왔던 신들의 이름이다. 아라비아에서는 사막이라는 특수 상황이 부여된다. Al Batiyah, 페르시아의 Badiye, 아니면 Achsasi의 Al Batinah라고 하였다. 모두 포도주를 저장하는 동쪽의 그릇이라는 의미가 있다. '뵈따'인데 바다와 통한다. 앞에서 아라비아의 경우 사막이 바다처럼 전개되어 이 바다를 사막으로도 새김한 바가 있다. 어차피 바닥이므로 바다 형태인 그릇으로 보면 통한다. Alfonsine 표에는 Patera라고 하여 Vas 혹은 Vas aquarium으로도 표기되고 있다. 역시 바다와 연결된다. 바다는 또한 Tiamat인 Hydra가 사는 곳이기도 하다. Patera는 병인 Bottle과 연결된다. 참고 문헌 [1]에 의하면, Riccioli의 이상한 이름들 Elvarad, Pharmaz에 대해 지은이는 이 말의 유래를 추적할 수 없다고 하였다. Elvarad는 Varad이며 '바랄', '바다'이다. 그리고 Pharmaz는 부루마키인데 부루미이다. 바다이나 폭풍을 상징하는 바람의 의미도 포함되어 있다. 바로 앞에서 거론된 Batinah, Vas 등과 같은 상징성 즉 물을 담는 큰 그릇으로 보면 모두 통한다.

그릇에 담긴 성스러운 물은 생명의 샘이라 하겠다. 그리고 그릇이 생명을 낳는 '배'이기도 하다. 달에 새겨진 **Crater**가 그릇이며 이 큰 그릇에 물이 담겨 달의 바다가 된다!


## 5.27 머리털자리(Coma Berenices, Berenice's Hair)

프랑스 Chevelure, 이탈리아 Chioma, 독일 Haupthaar.

목동과 사자자리 사이에 있다. 일등성들인 Denebola와 Arcturus 사이에 있으므로 찾기는 쉬울 것으로 생각할 수 있다. 그림 **5.2 (b)**에서 찾을 수 있다. 그러나 아주 적은 숫자와 그것도 거의 관측하기 어려운 낮은 등급의 별들로 이루어져 있다. 따라서 지금의 우리나라 공기의 질을 생각하면 식별하기에는 거의 불가능하다. 하지만 현대 천문학적으로는 대단히 중요한 영역이다. 왜냐하면 외부 은하(Galaxy)들이 밀집해 있기 때문이다. 이른바 처녀자리 은하단에 속한다.

신화를 더듬기 전 이름들에 대해 해석하기로 한다. 가장 논란이 되는 이름이 Coma이다. Coma는 '커뫼'이다. 따라서 '곰, 감, 카마, 카미'이다. 머리털과는 상관이 없는 성스러운 말이다. 이미 Kama에 대해서는 곰자리에서 자세히 논의하였다. 그러면 왜 머리털이 되는 것일까? 열쇠는 의외로 일본말에 숨어 있다. 왜냐하면 **일본에서는 머리털을 카미(かみ, Kami)**라고 하기 때문이다. 그 이유는 다음과 같다. Kami는 신을 가리키며 높음을 상징한다. 이른바 '마루'와 같고 이것이 신체의 머리와 연결된다. 따라서 Kami가 머리가 되고 더욱 나아가 머리털을 가리키는 이름으로 되는 것이다. 의례적 제의 과정에서 무당의 머리 꾸밈은 대단히 중요한 요소이다. 하늘신과의 교통의 상징이기 때문이다. 일본말에서 Kami는 위쪽이나 군주, 섬기는 주인, 장관 등을 가리키며 또한 신(神)을 상징하는 이름이다. 종

이도 Kami라고 한다. 그 이유는 모르겠다. 아마도 종이는 옛날 높은 직책, 특히 제사장이나 군림자만이 소유할 수 있는 성스러운 존재로 보았기 때문일 것이다. 우리나라에서는 Kama가 성스러운 제의적인 축제, 특히 결혼식일 때 여자가 타고 가는 상징물로 된다. 따라서 **가마(Gama)는 결혼**이라는 순수한 우리말로 새김을 해도 되겠다. 재미있는 것은 '가마'가 머리털에 해당하기는 하는데 머리 꼭대기에 둥그런 모양을 하는 영역만을 가리킨다는 점이다. 그야말로 최고의 높은 자리이다. 성스럽고 신적인 머리털이라고 하겠다. 수수께끼가 깨끗이 풀린 셈이다. 이탈리아의 Chioma도 Kama이다. 프랑스의 Chevelure는 '커부루'이다. 커부(Kabi)가 머리라면 알(r)이 털에 해당하는 것으로 해석된다. 그러나 확실하지는 않다. 독일의 Haupthaar는 '해뵈따알'인데 분석이 어렵다. 다만, tharr를 '털'로 읽으면 의미는 통한다. 왜냐하면 Hau를 '해'로 보아 머리를 상징하는 말로 해석할 수 있기 때문이다. Berenece는 사람 이름으로 '부루나키'이다.

그럼에도 Koma는 '검다'의 검에서 출발했을 것이다. 곰의 털 색깔이 검고, 따라서 '곰'으로 부르고 신성시되면서 '곰'이 신(神)으로 상징화된 것이다. 따라서 원초적으로 보면 Koma, Komi, Kom 등은 검은 '머리털'을 가리킨다. 이것에서 **머리빗인 Kombi, 즉 Comb**이 되었다고도 볼 수 있다. 특별 주제 7에서 다룬 것과는 다른 해석이다. 한편 **Kama는 '검다'**라는 상징성에서 솥, 숯을 굽는 아궁이 등을 가리키기도 한다. 일본말도 같다. 물론 '참' 자체가 '캄'에서 변했다면 결국 같은 말이다. 따라서 같은 해석이다.

신화적으로는 이집트에서 유래한다. Berenece는 이집트의 프톨레미 3세(이름이 Euergetes)의 아름다운 왕녀이다. 그녀의 남편(사실상 남매 사이임)이 전쟁터에서 싸우고 이기고 돌아오면 자기의 황금과 같은 머리털을 미의 여신인 아프로디테에게 바칠 것(한자로 봉납(奉納)이라고 함)을 약속하는데 결국 살아서 돌아오자 이를 실천한다. 그런데 성스러운 제단에서 이 땋은 머리털(tress)이 사라지고 만다. Conon이 이를 위로하기 위하여 이 별자리가 탄생하게 되었다고 한다. 다른 편에서는 이 머리를 머리털-별(hair-star)인 혜성(Comet)으로 만들었다고 한다. Comet이 이러한 신화에서 왔음을 알 수 있다.

한편 이 별자리는 1515년도 Almagest에서 Trica로 나온다. 이를 Bayer는 **Tricas, Tericas** 또는 Triquetras로 고쳐 놓는다. 여기서 Tri, Ter 등이 머리털의

'털'과 대응된다는 점을 알 수 있다. 전체적으로는 Torki인데 여기서도 '닭'을 만난다. 역시 제단에 바쳐지는 성스러운 제물이다. 단, 이번에는 곱게 땋은 '머리털'이다. 영어의 **Tress 역시 '털씨'로 의미가 같다.** 자, 여기서 **우리나라의 굿이나 조그만 신적인 행사에서 실로 꼰 실타래가 왜 등장하는지 그 이유가 밝혀졌다.** 글쓴이는 지금도 나의 할머니가 제단인 상에 곱게 올려놓은 하얀 실타래를 기억하고 있다. 우리의 풍습이 저 멀리 이집트와 통하는 것이다. 우연의 일치라고는 보지 않는다. 또한 털은 '털다'의 뿌리이기도 하다. 제의적 과정이 심리적으로 쌓인 괴로움이나 죄를 '터'는 과정일 것이다.


# 5.28 거문고자리(Lyra, the Lyre 또는 Harp)

Lyre는 줄이 일곱 개인 고대 그리스의 칠현금(七絃琴)이다. 여기서 현은 '줄'이라는 뜻이다. 그리고 줄로 가락을 내는 악기를 현악기(絃樂器)라고 부른다. 모두 한자말에 의한 우리 문화의 민낯이다. **'줄가라키' 혹은 '줄소리키'**라 하면 좋지 않나 한다. 줄은 영어로 string이다. **stri는 스트르, 결국 '줄'로 소리가 된다. 통한다.** 'Lyra, Lyre'를 보면 '아르'라는 점을 알 수 있다. 왜냐하면 여기서 L은 La이고 따라서 L은 군더더기고 그러면 우라, 아라가 되기 때문이다. 우리나라에 '가야금 혹은 가얏고'라는 고유 악기가 있다. 오동나무로 길게 공명관을 만들어 바탕을 삼고 그 위에 명주실로 12줄을 멘 현악기의 일종이다. 가야국의 우륵(신라 진흥왕 시대)이 만든 한국 고유 악기이다.

　　우륵(于勒)을 보자. 륵은 '알(r)'을 만드는 한자이다. 따라서 '우르'이다. 그러면 Yra와 같다. 놀라운 일이다. 가야(혹은 가라, 가락)국은 신비에 쌓인 나라이다. 본래 한반도에 있던 나라가 아니었다. 우륵은 또한 Ark이다. 다시 이 명칭이 나온다. 그러면 과연 가야국이 그리스와 연관되어 있을까? 대단히 흥미롭고 가치가 있는 역사적, 문화적, 민족적 뿌리 찾기에 중요한 주제이다. 더욱이 우(于)는 '아'와 같고 그러면 '가'로 볼 수도 있다. 이미 앞에서 가라와 낙랑을 다루면서 설명을 한바가 있다. 그러면 **우륵은 '가락'과 음이 같게 된다.** 아마도 개인 이름이 아니라

나라를 대표할 만큼 뛰어난 사람에 붙인 일반적인 존칭이 아닌가 한다. **가락을 한 자와 연결시키지 말기** 바란다.

이제 그리스 시대에 거론된 이름들을 열거한다. Clara Fides Cyllenea, Mercurialis / Cithara, Lyra, Apollinis, Orphei, Orphica, Mercurii / Lyra Arionis, Amphionis, 보통은 Lyra라 하였고 나중에 Cithara / Fides, Fidicula / Decachordum / Tympanum 등이다. 그리고 연주자의 의미로 Fidicen, 노래라는 뜻으로는 Canticum이 있다. 어지러울 정도로 다양하게 불린 사실이 드러난다. 아마도 악기의 모양이나 지역에 따른 인식의 차이에서 나온 것이 아닐까 한다. 여기서 주목되는 것이 Orph, Ario, Apo, Amp 등의 머리말이다. 우선 '아(A)' 혹은 '알(Ar)'을 기본으로 한다. 그리고 '븨(pi, phi)'가 들어간다. 음악, 노래의 달인 Orpheus 역시 같은 구조이다. 반면에 그의 아내인 Eurydices는 '알타키'이다. 더욱이 Fides는 '븨타'이다. 결국 '알+븨+타'가 이리저리 두 개씩 조합을 이루는 형태이다. 아르, 오르 등은 강물이 연상된다. **흐르는 물소리가 가락**이 되는 것이다. '벽암록(碧巖錄)'에 '흐르는 물소리는 거문고 가락이로다(流川作琴)'라는 시(詩)가 생각난다. Orpheus는 '아르베, 아라베, 아리베'로 글쓴이로서는 우선 베를 짜는 '베틀'이 연상된다. '가락' 자체가 물레로 실을 자를 때 실이 감기는 쇠꼬챙이를 가리킨다[28]. 또한 가락은 손가락처럼 가느다란 물체이다. **물결이 가락**인 것이다. 아울러 소리가 흐르는 모양이 '가락'과 같다. 무척 추상적이며, 심리적이며 철학적인 상징성을 지니고 있다. **노래 소리는 가락처럼 흐른다.** '틀'은 하나의 장치를 가리키는 단어이긴 하지만 원래는 '따알(Tor, Tar)'이 원천(源泉)이다. Euridices는 아리따키로 아리따운, 아름다운에서처럼 여성의 미모를 가리키는 말이다. 어둠의 신 Hades는 '하타'인데 '바다'로 본다. 아니면 바다이다. 글쓴이는 **Orpheus와 Euridices는 남자와 여자 무당으로 본다.** Fides, Fidicula 등이 '베타'를 뿌리말로 하는 이름으로 볼 수 있어 이 또한 흥미롭다. 더욱이 **Cithara는 '커따알'이다.** 여기에서는 '틀'과 통한다. 우리식으로 하자면 '키틀, 커틀'인 셈이다. **영어의 기타 (Guitar)가 여기에서 유래**한 것 같다. 다시 한번 강조하지만 이렇게 er, ar의 '알'이 발음이 없어져 말과 글이 엇박자를 낸다. '키'는 배의 키와 같이 도구나 손가락을 가리키는 것으로 본다. **여기서 글쓴이를 유혹하는 단어가 Ario이다. '아리, 아리랑, 아라리오'가 연상**되기 때문이다. 더욱이 **'(L)yra Arionis'는 '아리 아리**

'나'로 볼 수 있어 **아리랑과 묘하게 공명한다.** 여기서 아리는 분명 강(줄기)을 가리킨다. 그리고 이 강은 이별(삶과 죽음, 이승 대 저승)을 상징한다. 강을 향해 걸어가는 그리고 건너야 하는 대상(남편)에 대한 애절한 노래 가락이다. 그 유래에 대해서는 아직도 설왕설래한다. 그리고 많은 곳에 '아리랑'에 대한 전설과 그 이름이 산재해 있는 것으로 알고 있다. 이제 이 Ario가 노래와 연결된다. 그러면 당연히 악기로 이어진다. 현재 Lyra의 진짜 유래와 그 뜻에 대해서는 깜깜이다. 여기에서의 해석이 그 답이라고 본다.

그리고 가락은 가락지에서처럼 둥글게 둘러싼 모양을 나타내며 손가락에서도 그 뜻을 헤아릴 수 있다. '고리'가 원류(原流)이다. 이 가락이 갈락치가 되면 Galaxy가 된다고 하였다. 가라가 강이라는 의미가 있는데 이에 통한다. 더욱이 '가르다'에서처럼 한 곳을 갈라버린다는 뜻이 포함되어 있다. 갈라 흐르는 강물, Galaxy이다. 엿가락처럼 생기지 않았는가? **은하(the Galaxy)** 편에서 자세히 다루었다.

이와 반면에 거문고는 오동나무의 긴 널을 속이 비게 짜고 그 위에 6개의 줄을 친 현악기이다. 현학금(玄鶴琴)이라고도 한다. 또 귀찮은 한자말이 나왔다. 고구려에서 유래되었다. 중국의 7 현금을 개조하여 만들었는데 왕산악(王山岳)이 연주할 때 검은 학이 날았다 하여 현학금이라고 불렀다고 한다. 거문은 '검을 현(玄)'자에서 나온 말이다. 그러나 玄자는 '검다'라는 뜻보다 가물, 거물 등으로 '가(거)물거리다, 가물가물하다'처럼 너무 멀어 캄캄하다는 의미로 보는 것이 더 공감이 가는 한자이다. 천자문의 천지현황(天地玄黃)은 '하늘이 검다'가 아니라 '하늘이 가물하다'로 보는 것이 맞다. 하늘을 어떻게 검게 볼 수 있겠는가?

다른 지역으로 가보자. 이미 그리스의 영향을 받아 Lyra의 아류가 페르시아나 아라비아에서 나오는데 그 유래를 다른 단어에서 찾은 학자가 있다. 그 이름이 Assemani로 심벌즈(Cymbal)을 가리키는 **Azzango**이다[1]. 여기서 A를 제거하면 '장고'가 된다. 우리나라 타악기에 장구가 있다. 원래 한자어 장고(杖鼓)에서 온 말로 해석된다. 물론 중국에도 있지만 장구 하면 한민족이다. 이 한자말 역시 추적 대상이다. 어찌 되었든 **Zzango**는 **장구**와 정확히 일치한다. 그것도 두드리는 타악기(打樂器)라는 점에서 더욱 놀라게 한다. 여기서 打는 '치다'라는 뜻이다. Cymbol은 '커뫼부루' 형으로 '캄부루'이다. 신(神, lord)인 캄(Kam, 곰)을 부를 때 쓰는 악기 이름으로는 적격이다. 우리나라 징과 상징성이 같다. 장구는 '짱구'와도 연관된다. 휘어진 꼴이기 때문이다. 그러나 글쓴이가 보기에 **Azzango**는 '**Tangi**' 즉 '**탕키**'일 것이다. 춤인 **Tango, Dance**와 연결된다. **치마저고리로 단장한 여인이 장구를 치며 춤을 추는 모습은 예술의 극치라 하겠다. 치마 역시 '춤'이다.**

보헤미아인은 하늘의 바이올린(the Fiddle)이라고 보아 Hauslicky na Nebi 라고 하였다. 하늘이 '누비(Nebi)'로 불린다. '누비다'와 통한다. 여기서 Fiddle을 보자. 보통 바이올린을 가리키는데 뜻밖에 배에서 사용되는 '식기틀'이라는 의미 도 있다. 배의 흔들림에 그릇이 떨어지는 것을 방지하는 일종의 '틀'인 셈이다. Fiddle 역시 '베틀' 형이다. 여기서 Fi는 '배'를 가리키는 것인가? 흥미롭다. 더욱 이 '비'는 가느다란 줄기를 가리키는 대표적인 우리나라 말이다. 머리를 빗는 '빗' 도 가는 줄을 가리킨다. 이미 자세히 다룬 바가 있다. **현악기에 있는 줄들이 '비'** 인 셈이다. 그러면 Fiddle이 악기로 볼 때는 '비틀'이 된다. Violin, Viola 등도 모 두 '비'가 뿌리말이다. 산이나 언덕의 기울이진 곳을 '비탈'이라고 한다. 아마도 그러한 곳이 지질학적으로 빗금이 새겨져 있어 나온 이름이 아닌가 한다. 그리고 기울어진 형태와 그곳에 생긴 길로부터 다시 '비틀어지다, 비틀거리다' 등의 파생 어가 나왔을 것이다. 더 깊게는 제의적 과정에 수반되는 '술'과 '춤'에서 비틀거 리는 모습이 연상된다. 튜톤족이나 앵글로-색슨족은 각각 Harapha, Hearpe라 하 여 6세기경의 행운의 시인을 뜻하는 것으로 보기도 하였다. 바바리인은 Harpa라 하였다. 모두 '하라비'이며 결국 '할아버지'와 같다. Harp가 여기에서 왔다. 일찍 이 브리턴(Britons)족은 영웅의 Harp라는 의미로 **Talyn Arthur**라고 하였다. Arthur, '알따알, 알또르'가 영웅의 존칭어가 되었다. '아더, 아써' 왕이 바로 이 단어이다. Talyn 역시 '틀' 형태이다. Briton, Britain 등은 '부루땅'이다. 부리족 의 땅이라는 뜻이다. 영국이 부리족이 점령한 사실을 적나라하게 보여주는 상징 적 이름이다.

이미 앞에서 고니와 독수리자리를 다루었듯이 이 Lyra는 종종 새와 함께하 는 존재로 보았다. 아카디족은 Urakhga라 하여 폭풍새로 묘사했는데 여기에서도 'Ark, Arki'가 등장한다. 아라비아에서는 사막에 존재하는 소위 날아 내려오는 돌-독수리(Stone Eagle)로 보면서 Al Nasr al Wāki라 불렀다. 반면에 Acquila는 날 아오르는 독수리로 보아 Al Nasr al Tā'ir라고 하였다. 돌이 '바키'로 나오는 바

‘바위’와 통한다. Nasr는 ‘나씨알’이다. 무리한 측면이 있지만 씨를 무시하면 ‘나르’ 즉 날다가 된다. 그러면 ‘나는 것’으로도 볼 수 있다. Ta'ir는 ‘따알’이다. 이 따알이 ‘날다(fly)’의 뜻으로 새김을 한다면 따알은 빙글 ‘돌다’로 보면 되겠다. 앞에서 이렇게 해석한 바가 있다. 이른바 하늘을 도는 독수리 형상이다. 독수리자리 으뜸별 이름이 Altair이다.

으뜸별은 그 밝기가 별 중에서 세 번째일 정도로 밝다. 이름이 Vega이며 Wega라고도 한다. 또한 Waghi, Vuega, Veka 등으로도 나온다. ‘뵈키’이다. 모두 아라비아에서 유래한다. 여러 가지 뜻으로 새김을 할 수 있는데 악기로 보자면 ‘북’이다. 글쓴이가 보기에 줄 악기보다는 ‘북’의 설정이 더 걸맞다. 하늘에서 ‘둥둥’ 울리는 북소리는 천둥소리와도 어울린다. 이 별은 북쪽에 자리 잡고 있어 간혹 북극성으로 취급되었다는 주장이 나오기도 한다. 아카드족의 경우 그러한 의미로 Tir-anna, 하늘 생명(Life of Heaven)으로 아시리아인은 하늘-재판관(Judge of Heaven)으로 보아 Dayan-same라고 불렀다는 것이다. 이미 해석하였지만 Anna는 한, Same는 ‘사마’로 최고로 신성한 존칭어이다. 신(God)을 뜻하는 ‘카마’와 동등한 표현이다. 그런데 지구의 세차 운동을 고려하면 이 별이 북극점이 되었던 때가 지금으로부터 1만 년 하고도 2000년 정도 전이다. 과연 그 시기에 인류가 별을 관측하며 북극점을 인식하였는지는 의문이다. 하지만 기록이 존재하지 않을 뿐으로 그 가능성은 열려있다고 본다. 워낙 밝기 때문이다.


## 5.29 땅꾼자리(Ophiuchus vel Serpentarius, the Serpent-holder)

프랑스 Serpentaire, 이탈리아 Ofiuco, 독일 Schlangenträger.

그림 5.25 여름밤의 별자리. 가운데가 땅꾼(Ophiuchus)이다. 그 옆에 뱀자리(Serpens)가 있는데 두 곳, 머리(Caput)와 꼬리(Cauda)로 나뉘어 있다. 사실상 땅꾼 자체가 뱀까지 포함하여 그려진다.

그림 **5.25**는 여름밤을 수놓는 별자리로 땅꾼은 전갈과 활쏘기 위에 자리한다. 바로 위에는 헤라클레스, 왼쪽에는 독수리가 날고 있다. 모두 남쪽을 향해 바라보았을 때의 모습이다. 아주 커다란 별자리로, 가운데 오각형이 뚜렷하며 땅꾼인 뱀잡이의 몸체이다. 그리고 왼쪽과 오른쪽에 활처럼 늘어선 별들이 뱀에 해당한다. 땅꾼은 뱀을 잡는 사람으로 뱀을 부리는 사람은 아니다. 우리 문화에서는 뱀이 영양소 적인 역할을 하여 뱀을 먹거나 술을 담가 마시는 풍습이 있(었)다. 몸에 좋다면

물불을 가리지 않고 섭취하는 속성이 있는데 가령 곰의 쓸개(웅담, 熊膽), 사슴뿔의 피 등이 이에 속한다. 개고기의 섭취도 이 울타리에 속하는 것 같지만 심리적, 문화적 배경에서 다를 것이다. 마음의 건강이 최고임에도 피상적이며 육체적인 활성만을 좇는 단편적 습성이라 할 만하다. 여름밤 해의 길을 중심으로 하여 화려하게 수를 놓는데 특히 동쪽에서 떠오르는 모습이 압권이다.

먼저 Ophiucus를 보자. 이탈리아어를 보았을 때 이는 '알뵈키'이다. 머리말 알을 살려두면 '아비키'이고 제거하면 '바키, 배치'이다. 이 단어는 특정 역할을 하는 사람을 가리킨다. 글쓴이가 주목하는 뿌리말이 '뵈'이다. '뱀'의 뿌리말과 같기 때문이다. 뱀은 이미 해석했듯이 '뵈+뫼'로 배인 여성과 뫼인 남성의 이중성을 지닌 말이라고 하였다. 우리는 뱀 여인을 통하여 시간적인 신화의 배열로는 여신이 먼저였다는 사실을 알고 있다(그림 **4.16**). 배는 생명을 안고 있는 터이며 따라서 어머니이다. 여성인 것이다. 여기에 '아'가 붙어 '아비'가 되었고 남성으로 탈바꿈하였다. 탈바꿈된 부권의 힘이 '키'로 되고 결국 '아비키'가 탄생하였다. '아비키'가 '**Ophiuch(us)**'이다. 우리말과 그리스 신화의 줄거리가 한 몸이 되었다. Ophiuchus는 원래는 'Opiouxos'이다. Ophiulchus, Ophiulcus, Ophiultus, Ophiuculus, Ophiulculus 등으로도 표기된다. 더욱이 16~17세기에 이르러 Afeichus, Afeichius, Alpheichius 등도 보인다.

다음으로 Serpentarius를 보자. 이 단어는 처음 게르만족에서 나온 것으로, Serpentiger, Serpentis Lator, Serpentis Praeses, Serpentinarius 등으로도 표현된다. '씨알뵈나따알' 구조인데 꼬리말이 tor이다. 씨알은 '살'로 우선 새김을 하겠다. '뵈나'에서 역시 '뵈'의 뿌리말이 나온다. 뵈나와 뵈뫼를 비교해 보자. 앞은 '반'이고 뒤는 '밤'이다. Serpentarius에서 앞부분 Serpe가 '살푸, 살피'가 된다. 뱀의 은밀한 움직임에서 '살포시'가, 뱀에 대한 경계심에서 '살피다'가 연상된다. 하지만 억지스러운 해석으로 비추어질 수도 있겠다. Ser가 Ker에서 변한 것이라면 해석은 달라진다. 씨키 편에서 다루었듯이 씨키에서 키인 **k** 발음이 무시되는 현상으로 해석이 가능하기 때문이다. 다시 말해서 **Scorpie**가 **Sorpie**, **Serpen**이 되는 진화이다. 흔히 **k**에서 **s**로의 전이 현상이다. 글쓴이가 보건대 **c**가 **s**와 **k**로 혼용되는 것은 씨키인 **s**와 **k**와의 음운학적 다툼에서 나온 그 중간 단계로 본다. 이미 여러 번 지적하였다.

뱀잡이(Serpent-holder)란 호칭은 Asclepios, Aesculapinus에서 왔다는 설이 있다. 이는 James 1세 왕을 가리키며 이른바 의술의 신으로 보는 관점이다. 왜냐하면 뱀은 허물벗기를 통하여 재생하며 따라서 현명하고 건강 식물을 발견할 수 있는 존재로 보기 때문이다. 이른바 뱀을 영물로 보는 것이다. Asclepios는 '아씨클뵈'인데 A를 빼면 '씨클뵈'가 된다. 이는 Scorpiu와 같다. 다음에 나올 전갈과 이어진다. 여기에서도 '뵈' 즉 '뱀'의 뿌리말이 나온다. 그러면 Serpen은 Kerven 으로 읽을 수 있고 결국 같은 발음이 되며 동등하다. 더욱이 Ophiucus에서 'Cus, 커씨'를 앞에 붙이면 Kosphi가 된다. 역시 같다. 이 명칭에 코브라(Kobra)도 포함될 수 있겠다. 모두 '배'가 포함된다. 그런데 **Asclepius는 원래 그리스 신화에서 등장하는 치료의 신이다.** 배자리에서 나오지만 Argo 호에 동행했던 영웅 중 하나이다. Appolo의 아들로 연인 Coronis와의 동침으로 태어났다. 이러한 두 마리의 출현은 사실상 양면성을 가리키고 있다. 이미 Janus 편에서 자세히 다루었다.

정리한다. Ophiucus는 Kusve, Serpentarius는 Kurve, Asclepios는 Askurve 혹은 Skurve이며 이는 각각 '크씨배', '클배', '아씨배'이다. 이 배열은 Kuta(r), Kulta(r), A(e)sta(r), Sta(r) 등의 변화와 조화를 이룬다. 기본적으로 '뵈, 배'는 임신(妊娠, pregnancy)을 상징하며 따라서 생명을 품은 자궁과 같다. 아기가 태어나는 모습을 보는 관점에서 '보다'의 뵈가 view와 바로 통한다. 이러한 생명의 자궁과 함께 생명의 영원성은 물론 풍요와 다산(多産)을 뱀과 그 허물벗기에서 보는 것이다.

아라비아에서는 그리스어의 뜻에서 Al '**Hawwā**'라고 하였다. 혹은 Alhava, Al Haur, Al Hague 등의 표기도 존재한다. 글쓴이가 놀란 것은 '**하와**' 혹은 '**하바**'라는 명칭이다. 이 발음은 **여호와(Jehovah)**, 야훼는 물론 한단고기에 나오는 **여와(女媧)**와도 발음상 일치한다. 더욱이 이시타르(아시타나) 고대 벽화에 그려진 '**복희(伏羲)**'와 '**여와(女媧)**'와도 만난다. 4장에 나오는 그림을 다시 보아주기 바란다. 그리고 이 두 이름은 '**배키**'와 '**나키**'라고 하였다. 특별 주제 8을 다시 보기 바란다. **복희와 여와는 암수 동체를 의미하고 모든 생명의 원천임을 보여주고 있다. 아울러 뱀이 교미할 때는 암컷과 수컷이 그대로 동체로 된다. 이를 형상화한 것이다.** 그리고 이러한 모습으로 탄생하는 사람은 신화적으로 볼 때 특정 민족의 조상으로 삼아진다. 영어의 무겁다는 뜻인 'heavy'가 여기에서 유래되었다고 본다. 아기를 배면 무겁다! 헤비는 '해ㅅ빛'과도 연결이 되어 흥미롭다. 더 나아가면 만물의 생명 원천인 물, 따라서 비(雨)하고도 통한다. 그런데 Golius가 별자리 형상을 바로 뱀 주술사(Serpent-charmer)로 본다고 하였다[1]. 뱀독을 치유하는 역할이며 아라비아어로 'le Psylle'라고 한다. 이는 '뵈씨알'이며 결국 '배살'이 된다. '살'을 살피다의 머리말로 보면 되겠다.

유프라테스 점성술에서는 뱀의 부분으로 **'Nutsir-da'**, 이것을 창조신으로 보아 **'Sa-gi-mu'**라고도 해석한다. 앞에 있는 것은 '나따씨알-타', 뒤에 있는 것은 '씨키뫼'이다. Nut는 Natta로, 태어남을 의미하여 생명의 창조를 가리킨다. 뒤에 있는 것은 다양한 해석이 가능하다. 우선 '새끼'로 보면 이미 태어남을, '새기다'의 뿌리말로 보면 창조 행위를, '시키다'의 뿌리말로 보면 지배자의 행위로 볼 수 있겠다. 아니면 '씨+카마'로 보아 생명을 낳는 신(Kam, 곰)으로도 해석된다. 가장 알맞다.

으뜸별은 오각형의 꼭지점에 해당하며 그 이름이 Ras alhague이다. 이는 앞에서 거론된 Ras al Hawwā에서 파생된 말이다. Ras는 머리를 가리킨다. 따라서 여와, 하와인 뱀-주술사, 다시 말해 뱀 여인의 머리를 상징하며 이른바 장식된 모습이다. 시간과 지역에 따른 것으로 Hagas, Hagus, Ange, Hangue, Aghue, Hagh, Angue 등으로 확대된다. 가운데 al이 삽입되며 발음이 편한 대로 꼬리에 있는 뿌리말 자체가 변해버리는 것이다. 즉 '하바, 헤비'가 '하키'로 다시 '한키'로 가고 있다. 특히 '아'에서 '안'이 되며 Ange, Hangue가 되면 이중적 발음으로 진화된다. 하나는 '안(한)키', 다른 하나는 '앙(항)이'이다. 또 하나는 'gh'이다. 영어에서 이 형태가 숱하게 등장한다. 'light, weight' 등이다. 여기서 ght는 '키'이다. '크다'와 같이 길이를 가리키며 무게를 의미하는 것으로 발전한 형태이다.

한편 **Serpen**은 **Kerven**이라 하였다. **Kervan**은 **Jurvan**, 즉 **Torvan**과 좋은 대응을 이룬다. 둘 다 감긴 뱀을 가리키기 때문이다. 하나는 '감기다'이고 다른 하나는 '돌다'를 그 뿌리말로 하고 있다. 둘둘 말아(**mara**) 감긴 것에서 **Marvan**이라고 하여도 손색이 없겠다. 그러면 **Kor, Tor, Mor**와 함께 **Sor**가 모두 모였다. 뱀이 동서남북 사각 편대를 형성한 셈이다.

## 5.30 전갈자리(Scorpio 또는 Scorpius, the Scorpion)

그림 5.26    전갈자리와 활쏘기(弓手)자리. 오른쪽이 모양 그대로 전갈자리이다. 밝게 빛나는 것은 은하수 (Galaxy)이다. 우리가 속한 섬 우주인 은하(Galaxy)의 중심 부분이다. 왼쪽이 활쏘기자리에 해당한다. 동양에서 북두칠성과 대응되는 남두육성이 이 별자리에 속해 있다. 특별히 강조한바, 6개의 별이 뚜렷이 보일 것이다. 그림 4.1의 위에 있는 별자리 그림에서 확인하기 바란다. 전갈자리 머리 부분에서 가장 밝게 빛나는 별이 Antares이다.

누가 보아도 사막에서 기어 다니는 전갈의 모습이다. 우리 은하의 중심에 속하여 은하수가 가장 짙은 곳이다(그림 **5.26**). 아울러 이 별자리가 떠오르는 장면은 오리온과 함께 경탄을 자아내게 한다. 별을 보며 즐거움을 얻고, 자연의 경이로움에 옷깃을 여미며 또 심적으로 감동을 받는 것은 이미 중천에 떠오른 별들이 아니라 금방 떠오르는 별자리이다. 특히 전갈의 머리 부분이 떠오르면서 꼬리 부분이 나타나는 모습은 머리털이 솟구칠 만큼 감동을 선사한다. 이러한 자연의 모습에서 경이로움을 느끼는 생명체는 인간이 유일하다. 한편 전갈은 한자로 全蝎이다. 납득하기 어려운 한자말이다. 중국은 이를 천갈(天蝎)이라 한다. 따라서 천갈을 잘못 보아 전갈로 된 것이 아닌가 한다. 그리고 염소자리인 Carpricornus를 마갈(摩羯) 이라고 부른다. 염소자리는 산스크리트어로 '**Makara**'라 하는데 결국 마갈은 마카라의 음을 따온 것으로 파악된다. Makara는 '뫼컬'이다. '마루컬'로 아주 걸맞은 이름이다. 결국 갈(蠍)은 '클, 컬'이다. 소리를 따오면서 살짝 곤충을 의미하는 벌레 충(虫)을 가져다 붙였다고 본다. 여기에서도 한자 문화의 악취가 스며든 셈이다. 그러면 **전갈은 한자와도 관계가 없다. '클씨배'**라 하면 된다. 코브라와 대비되게 전갈을 **'꼬리비'**로 부를 것을 제안한다. 다음에 더 설명하지만 '꼬리뱀'으로 하기에는 다리가 없는 뱀의 모습과 너무 동떨어진다.

Scorpi는 '씨커알뵈'이다. 우선 Cor인 Kor를 분석한다. 우리말에 '꼬리'가 있다. 모양을 보면 꼬리가 두드러지기 때문에 꼬리가 연상되어 우선적으로 꼬리로 새김한다. 그러면 '꼬리비, 꼬리배'가 된다. **'꼬리뱀'**이다. 물론 '클(大)'로 새김하면 클비가 되고 커다랗거나 위대한 동물이나 사람 혹은 집채가 된다. '비'는 가는 줄기를 의미하는 경우가 많은데 이에 대한 것이 '갈비'이다. 어쩌면 몸체와 꼬리 부분이 뼈대인 Kor, 달린 발들을 '비'로 보면 우리가 먹는 '갈비'와도 닮았다. 앞의 씨는 알씨로 보는 것도 의미가 있다. Astar와 Star와 같은 구조로 보기 때문이다. 인도에서의 코브라(Cobra)를 보자. 이것은 분명 '커부리'이다. 심리적으로 통하는 명칭이다.

씨코르(Skor)는 우리나라에서는 '시골'로 새김이 되기도 한다. 실제로는 시골이며 마을에 해당한다. 이와 반면에 '커고리(Kokor)'는 큰 성채, 큰 고을이다. 지배자가 머무는 곳이다. 이미 지적한 바가 있듯이, '마고르(Makor)'는 말(馬) 고을로 주 성채의 밖에 소재하는 마을이다. 따라서 지배층이 아니라 그 밑 족속이 거주하는 곳이다. '말갈'로도 표기되는데 '몽골'도 이 울타리에 속한다. 이른바 성채를 기준으로 하면 내(內)성과 외(外)성이다. 몽골 제국이 사라지고 난 다음에도 그 후예들의 제국이 계속 남아 존재하는데 그중 인도의 '무굴' 제국도 이에 속한다. 'Makara'와 같다.

그런데 Columella는 Scorpio(s)를 아프리카의 친족어로 Nepa, Nepas라고 한다고 하였다. 갑자기 Scor가 Ne로 변했다. '나비'가 된 셈이다. 된소리로 보면 '나빠'가 되어 '나쁘다'의 뿌리말이 된다. 신비로운 점은 프랑스에서 Ne(사이에 동사가 들어간다), Pas가 부정을 나타내는 동사어로 작용한다는 점이다. 영어의 do not과 같다. 왜 이렇게 진화가 되었는지는 아직 파악하지 못하였다. 일본어로 나베(nave)는 '냄비'와 같다.

Alben Ezra는 이 별자리 특히 으뜸별을 히브리족의 'K(e)sil'이라고 하였다

[1]. 전갈이라는 뜻으로 Akrabh라고 부르면서 그들 종족의 창시자를 의미하는 뱀을 Dan의 깃발에 새겼다고 한다. 여기서 Dan은 히브리족 중 현재 팔레스타인의 북쪽에 자리 잡은 지역과 종족명이다. 여기서 다시 **우리는 '탕'과 만난다.** 이 뱀의 형상은 왕관을 쓴 것으로 나오며 흔히 괴물뱀으로 불리는데 Basilisk라고 한다. 여기서 흥미로운 사실들이 뿜어져 나온다. 우선 Kesil은 '커실'이고 이는 Scor와 철자가 바뀐 형태이다. 앞에서 이미 이 Scor는 '실골'이다 했던바 이에 통한다. 이른바 가는 뱀인 '실뱀'이다. Akrabh는 '아클뵈'로 '코르비'이다. 이번에는 커부리(Kobra)와 같다. Basilisk를 보자. '뵈씨알씨키'이다. 여기서 씨키(sk)는 대상을 나타내는 꼬리말이다. 그러면 '배씨알'이고 앞과 뒤를 바꾸면 '실뱀'이 된다. 여기서 실뱀은 길고 가는 형태의 뱀이다. 이러한 뱀은 물 위를 재빠르게 헤엄쳐 갈 수도 있는데 혹시 계곡이나 강에서의 이러한 모습을 그린 것이 아닌가 한다. 물론 전갈 자체는 아라비아 사막 지대를 누비며 물하고는 거리가 멀다. 아라비아에서의 명칭은 Al 'Akrab, Alacrab, Alatrab, Alatrap, Hacrab' 등으로 나온다. 그러나 사막을 바다로 보면 물 표면으로 상징되고 그러면 심리학적으로 통한다.

페르시아에서는 전갈을 Ghezhdūm 혹은 Kazhdūm이라 불렀다. '크치따뫼'인데 '둠'이 보통의 전갈을 의미하는 것 같다. 여기서 Ghezh는 '키치'로 '클(Kor)'과 대응되고 '뵈(Pio)'는 '담'과 대응된다. 투르키는 Koirughi라 부르며 '꼬리'의 뜻이라고 한다. 드디어 꼬리가 나왔다. 더욱이 Uzun Koirughi라 하여 '긴 꼬리'로 부르기도 하였다. **투르키어의 Koirughi는 그대로 '꼬리'와 일치한다. 따라서 투르키와 우리는 결국 언어적으로는 분명 연결되어 있는 셈이다.** 더욱이 Uzun은 **Zun이고 이는 '큰'이 두음법칙에 따라 '준'으로 바뀐 것 같다. k가 g 다시 z로 변한 것이다.**

으뜸별은 0.7등성으로 아주 밝게 그것도 붉게 빛나 고대로부터 큰 주목을 받았다. 그 이름이 Antares이다. 이곳에 붉은 화성(Mars)이 자주 나타나 이에 연관된 이름이다. 화성에 대항하거나 아니면 비슷하다는 의미라고 한다. 혹은 행성의 집이라는 해석도 있다. 하지만 모두 확실한 것은 아니다. 지은이가 보기에 화성과의 천문학적 대비가 이와 같은 해석을 낳은 것 같다. **Antares는 Antor이다.** 그리고 An을 한으로 새기면 **Hantor,** 이는 '큰또르'이다. 우리가 따알(또르)에서 '달(Moon)'을 만들었듯이 여기에서의 **Tor는 밝게 빛나는 특별한 별을** 가리킨다고 본다. 워낙 붉고 밝아 여기에 한(큰, 大)을 붙여 강조된 것이다. 실제로 아랍어에서 Antar는 '빛나다'의 의미라고도 한다. 아라비아에서는 전갈을 중심으로 하여 이 별을 전갈의 심장으로 보아 'Kalb al Akrab'라고 하였다. Kalb는 '클배'이다. '한 또르'와 통한다. 한편 화성을 'Tar'로 보면 **Antar(es)**는 '**아니-딸**'로 새길 수 있다. 그러면 '아들'이다. 화성을 Tar로 볼 수 있을까? 우리는 이미 일주일의 말뿌리를 찾는 과정에서 만난 적이 있다. 그것은 화요일과 목요일에 해당하는 'Tue'와 'Thur'이다. 본래 Saxon 말 'Tiw, Thor'에서 나온 이름이다. 모두 '따'를 뿌리말로 하며 'Tar, Tor'와 같다. 붉고 화려하게 빛나는 화성과, 가장 밝게 빛나는 목성에 부여된 '밝음'을 가리키는 성스러운 이름이다. 따라서 역시 붉게, 그리고 밝게 빛나는 전갈의 별에 이에 대응되는 이름이 붙었다는 가정이 훨씬 설득력이 높다. 특히 화성과의 대비가 그렇다. '**딸**' 대 '**아들**', '**여성**' 대 '**남성**'의 두 얼굴인 셈이다.

페르시아에서는 B.C. 3000년경 왕족(Royal) 별 중 하나로 부여되었다. 하늘의 안내자로 Satevis라고 하였다. 반면에 달을 기준으로 하는 점성술에서는 '붉은 자'를 뜻하는 Gel이란 이름을 붙였다고 한다. Satevis는 '씨따뵈(Stavi)'이다. 따뵈(Tavi)로 보면 되겠다. 만약 뵈를 앞에다 놓으면 Vista가 된다. '전망'이다. 여기서 'Vi'는 보다의 '보(View)'에, Sta는 땅, 즉 대지로 새기면 의미가 드러난다. 그리고 Visit로 새김할 수도 있다. '타비(Tavi)'는 일본어에서 '여행'의 뜻이다. Travel과 바로 통한다. Gel이 왜 붉음을 의미하는지 모르지만 '길(Road)'이라고 보면 안내자로 보는 견해와 일치하게 된다. Sogd 족은 'Maghan sadwis'라 하여 '위대한 saffron 색, 즉 샛노란 별'로 인식하였다. 철자를 보아선 Maghan이 Great에 해당할 것이다. '뫼칸 혹은 뫼키한'이기 때문이다. 모두 크고 위대하다는 의미를 담고 있다. 그러면 Sadwis가 노란색을 가리키게 된다. 그런데 **Sadwis는 앞에서 거론된 Satevis와 같다.** 따뵈는 '덥다'의 뿌리말로 볼 때 뜨거움을 가리킨다고 하면 여름과 빛남이 다 같이 통한다. 바빌로니아에서는 24번째 해의 길 별자리로 부여하였고 'Hurru'라고 하였다. 의미는 모른다고 한다. **Hurru**는 '해알'이다. 우리는 이를 '할'로 새기며 높고 존경의 머리말로 사용한다. 그런데 음성학적으로는 '**허리**'와 통한다. 황도 별자리 중에서 허리에 해당하여 이렇게 불렀다고 본다. 한편 유프라테스에서는 '**Bilu-sha-ziri**'라 하여 씨의 신(the Lord of the Seed)으로 여겼다. 비로소 '씨'가 나왔다. Bilu는 '부루'이며 높은 자이므로 '신'이고 Ziri가 '씨'인 것 같다. 씨인 sha는 접속어로 사용되고 있다. Ziri는 Diri 아니면 Giri로도 볼 수 있다. 두음법칙에 따른 음의 변화를 고려했을 때이다. '보리'와 같은 구조인데 **'귀리 (oat)'**로 새기면 어느 정도 통한다. 그리고 달 길(lunar zodic)을 기준으로 하였을 때 **'Dar Lugal'**이라 하여 특별 왕으로 대접하였다. 이는 빛의 신이며 왕성한 신이 라는 **'Lugal Tudda'**와 관계된다. Lugal은 Gal이며 따라서 '컬'이고 결국 '왕, 신' 에 해당한다. 수메르(바빌로니아)에서 화성을 'Ner Gal'로 이름한 것과 맥락이 같 다. **Dar**를 **'달(Moon)'**로 보면 그대로 일치한다. Tudda는 '타타' 형인데 이를 동 사적으로 보면 '뜨다, 떴다'와 연결된다. 웅장하게 떠오른 별을 '왕이 뜨다'로 새 기면 이 해석 역시 맞아떨어진다. 이미 언급한 적이 있지만 **우리말 동사의 꼬리 마침 '다(da)'는 그리스, 라틴어, 게르만어, 고대 중동 지역 언어에 그 잔재가 남아 있을 것 같다.** 소위 서양 관점에 따른 언어의 분류, 크게 우랄-알타이어족과 인도-유럽어족으로 나눌 때, 아주 고대에는 우리와 같은 교착어가 먼저 성립되었 을 것으로 본다. 이 점은 한자의 세계에서도 마찬가지이다. 고대에 쓰인 역사 기 록, 보기를 들면 사마천의 '사기(史記)' 등에도 현재의 한자 뜻과 어순으로는 해석 하지 못하는 단어와 문장들이 다수 존재한다. 억지로 해석한 사례가 있는 것으로 알고 있다.

　이집트에서 역시 존경받은 별이다. 여성 신으로 'Selkit, Selk-t, Serk-t'라 불 렀다. 서기전 3700~3500년경 봄점 때 해가 떠오르는 방향을 향해 이 신을 위한 신전이 세워졌으며 Isis가 그 상징이라 한다. Selkit는 '씨알키'이다. '살키, 사르키' 이며 거꾸로 새기면 '커살, 커사리'가 되고 '카이사르(Caesar)'와 만난다. 결국 성 모(聖母)로 보면 되겠다. '살키'는 다르게 광채, 즉 '빛살을 내는 자'로 보아도 의 미는 통한다. 이 살키는 우리나라에서는 동물 '삵'으로 새김이 된다. '닭'과 같은 구조이다. **수메르 지역에서의 '칼(Gal, Kal)'과 이집트에서의 '살(Sal)'이 서로 대응된다.** 이른바 'k'와 's'의 상호 소리 어울림이다.

　두 번째 베타별은 광도가 2이며 **Graffias**라고 부른다. 이 이름이 어디에서 파 생된 것인지 모른다고 한다. 다만 게를 뜻하는 'Crab'에서 온 것이라는 설이 있다. Graffias는 '커알뷔'이다. Korbi, Korvi이며 '클배'로 이 단어 구조는 숱하게 등장 한다. 사람 이름에도 많이 적용된다. 어떻게 보면 모양이 '게'와 닮았다. 또 그렇게 보았을 것이다. 그림 **5.1**에서 전갈과 게의 그림을 비교해보기 바란다. Crab 역시 '클배'이다. 사람 기준으로 하면 띄우는 '연(Kite)', 그것도 꼬리연처럼 보이기도 한다.

델타별은 2.5등급으로 전갈의 머리통에 해당한다. 베타와 파이(π)별과 함께 머리와 앞발을 형성하는 세 개의 별이다. 동양에서는 이 세 개의 별을 중시하며 바로 밑 로(ρ)별을 묶어, 이른바 전갈의 머리, 방(房)이라 했다. 청룡의 배에 해당한다. 감마별은 엉뚱한 곳에 있으며 광도도 낮다. 여기에서는 언급하지 않겠다. 델타별의 이름이 **Dschubba**이다. 게르만식 단어 구조다. 아마도 Al Jabbah에서 온 것이 아닌가 추측하고 있지만 확실하지 않다. 글쓴이가 보기에 '따치뵈, 따키뵈'이다. 게르만식으로 보면 D는 Da, Der 등으로 Al과 같은 역할을 하여 의미가 없다. 결국 '커뵈, 카비'가 된다. 그러면 Jabbah이다. '커비'든 '바키'든 역시 존경어이다. 커비는 '커배'로 베타별의 이름과 의미가 같다. 동양에서 베타, 델타, 파이 등 세 개의 별을 묶어 중요한 점성술적 별자리로 보듯이 유프라테스에서도 같은 맥락으로 보았다. 이름하여 **'Gis-gan-gu-sur'**이다. **영웅의 빛 혹은 빛 정원의 나무**라는 뜻이라고 한다. 여기서 이상한 것은 앞의 세 개의 단어가 모두 '키, 커'라는 점이다. 맨 앞이 크씨, 두 번째가 '커나'로 큰, 세 번째가 키(크)이다. 아마도 gu는 이음말일 것 같다. 그러면 앞 두 개의 단어는 **크씨칸**이 되면서 **카칸**, 따라서 **대왕(大王)**이 된다. 아니면 세 개의 별 각각을 '커'로 보는 것도 가능하다. 그리고 Sur는 '빛'이 된다. 앞에서 '살배'를 다룰 때 살을 '빛살'로 본 것과 같다. 여기서 정원을 도입한 것은 다분히 서양식 사고에서 나온 것 같다. 에덴동산을 연상시킨다. 바빌로니아의 천문학적 관점에서는 23번째 해길 자리로 보면서 베타와 델타를 합쳐 **Qablu (und qābu) sha rīshu aqrabi**라 하였다. 전갈 머리의 중간을 의미한다. 이는 '커부루 씨 알씨 클뵈'이다. 여기서 Aqrabi는 '클배'로 전갈, 커부루가 머리를 가리킨다고 본다. sha와 rishu는 접속사 역할을 하는 것 같다. 그러면 la, ga, sa 등이 아리비아나 유프라테스 지역에서는 머리말(접두사, 接頭辭), 꼬리말(접미사, 接尾辭), 이음말(접속사, 接續詞) 역할을 한다. Da는 물론 De, Der 등이 라틴어나 게르만 어군에서 사용되는 것과 비슷하다. 영어의 The도 Da, Der와 같은 계통이다. 우리는 동사 꼬리로 작동하며 복수형(들)으로도 사용된다. 영어에서 씨가 복수형으로 되는데 우리의 씨의 역할과 심리적 문화적으로 같다.

한편 우리를 기준으로 한다면 '전갈'은 만날 수 없는 대상이다. 그럼에도 그 모습에는 익숙한 편이다. 현대에 들어 정보의 확산으로 전갈을 직접 보지는 못하였지만 그림으로 보았을 때 그 모양이 하도 독특하여 머릿속에 깊게 간직되었기 때문이다. 그렇다면 다른 모양으로 본 민족은 없을까? 있다. 바다를 생계의 터로 잡는 민족으로 일본과 하와이 원주민인 Maui 족이다. 둘 다 '낚시 바늘'로 보았다. 아주 걸맞다. 머리가 낚시를 맨 줄이 나오는 곳으로 꼬리가 바늘이다. 글쓴이가 보기에 줄은 필요 없고 전체가 낚시 바늘 모양이다. **'낚시'자리로 부르기를 제안한다.** 그리고 은하 중심인 가락이 물고기가 사는 바다이며 강물이다. 여기에 **땅꾼자리 별들을 낚시꾼으로 보면 삼위일체가** 된다.


# 5.31 활쏘기자리(Sagittarius, the Archer)

프랑스 Sagittaire, 이탈리아 Sagittario, 독일 Schütze, 앵글로-색슨 Scytta.

전갈자리와 함께 여름밤을 수놓는 대표적 별자리이다. 특히 우리 은하(Our Galaxy) 중심 방향에 자리 잡고 있어 더욱 화려하다. 궁수(弓手)는 한자말이다. **활쏘기자리**로 매김하기를 원한다. **활과 씨키족인 쏘기를 겨냥한 이름**이기 때문이다.

Sagittarius에 대해서는 그 유래가 어디서 왔는지, 그 뜻이 무엇인지 명쾌하게 밝혀진 것이 없다. 그저 이와 비슷한 철자의 이름들만 난무하고 있는 것 같다. 여기서 'Sagita'가 뿌리말이다. '씨키타'이며 **이른바 스키타이(scythia)족과 관련되**는 말이다. 한자로는 색(色, 塞)족이라고 부른다. 역시 '씨키, 씨커'이다. 씨와 키를 바꾸면 커씨, 크씨가 된다. 물론 크시 역시 민족명으로 나오며 지역명이 많다. 수메르 시대, B.C. 2000년경 '키시' 왕국이 존재했었다. 우르크(Urk) 왕국과의 투쟁사가 유명하다. 우리나라에서는 이에 관련하여 '새끼'가 있는데 스키족과 관련된 것인지는 확실하지 않다. 스키는 '쏘다'의 뿌리말과 관련되는 **쏘기**와 밀접한 관계가 있는데 그것은 화살을 잘 다루는 민족이기 때문이다. 씨키에 다시 땅인 타가 붙었고 여기에 알이 붙은 구조가 **'씨키타알'**이다. Taur는 Tar, Tor와 같다. 따라서 Skitor, Sakitor, Saktar 등으로 표기될 수 있다. 이 단어는 다시 **Kistor, Kastor, Kistar** 등으로도 새김이 가능하다. 씨키족에 대한 기록은 약 서기전 1000년쯤부터 나온다. 고대 이란에 해당하는 페르시아에서 나온 일족으로 묘사된다. 반복하지만 서양 역사에서 여러 번에 걸친 동쪽으로부터 이른바 유목 민족에 의한 침략이 있어 왔다. 주로 말타기와 활의 명수에 해당하는 **기마(騎馬) 유목 민족**들이다. 그리고 대부분 밤에 침략하며 여자를 요구하는 공통점이 있다. 게르만 민족의 대이동을 일으킨 훈족과 로마를 유린한 아틸라 역시 뛰어난 기마 민족이었다. 후에 타타르족과 몽골족이 비슷한 전철을 밟는다. 특히 눈길을 끄는 것이 **발 걸개**인 등자(strrups)의 출현이다. 상체의 자유를 보장해주는 장치이다. 이 장치가 말안장(saddle)에 앉는 형태에서 서는 형태로 자세를 잡아 말을 몰게 하는 데 결정적 역할을 한다. 기마술에서 획기적인 발전을 가져왔다. 심지어 **말 옆에 붙어 숨어 달리는** 재주도 부릴 수 있다.

다음으로 활과 화살이다. 우리나라 활에서 보듯이 특수 동물의 뿔이나 가죽 혹은 힘줄로 만들어 든든함과 유연성이 서양의 활과는 비교가 안 되었다. 화살을 장착하여 잡아당기면 활이 거의 원형에 가까울 정도로 휘어진다. 따라서 잡아당기는 힘이 세어 복원력이 우수하다. 이로 인한 작용 힘은 보통의 활보다 월등히 강하여 사정거리가 길다. 확실한 것은 아니지만 유럽 기마병이 소지한 것보다 훨씬 사정거리가 길었을 것이다. 이러한 차이는 전투에 있어 결정적이다. 상대방의 화살이 미치지 못하는 곳에서 화살을 쏘아 공격하면 상대는 속수무책이 된다. 활 하면 우리의 것을 빼놓을 수 없다. 물소의 뿔로 만들어 각궁(角弓, 복합궁)이라고 부른다. 그중에서도 휘어진 활이라는 만궁(彎弓)이 유명하다. 한편 전투에 있어 수적 열세에 따라, 아니면 전략상 후퇴를 해야만 하는 상황이 벌어질 수 있다. 이때 후퇴하면서 스키타이족은 화살 공격을 하는 것이다. 이렇게 말이 진격하는 후방으로 화살을 쏘게 되면 뒤따르던 상대는 속수무책이 될 수밖에 없다. 더욱이 전방은 말의 머리가 있어 활을 정확히 겨누는 데 방해가 된다. **스키타이족은 이러한 후방 공격을 자유자재로 한 것으로 보인다. 따라서 말 타고 활 쏘는 모습에서 사람과 활의 방향은 후방으로 보는 것이 합당**하다. 나중에 나오지만 **켄타우루스(Centaurus,** 영어 발음으로는 센토러스라고 한다)가 말과 인간이 합성된 괴물 아닌 괴물로 나오는데 그 이유가 있다. 그것은 스키타이족이 말타기(騎馬) 명수이기 때문이다. 질

풍같이 내달리며 활을 쏘는 기마족을 보았을 때 그러한 침략을 받는 민족에게는 그야말로 신처럼, 괴물처럼 보였을 것이다. 더욱이 그림 **5.27**에서 보듯이 머리에는 새의 깃털과 같은 것으로 장식이 되었고 보름달이 뜬 밤에 나타난 기마 전사의 모습은 사람으로 보이기보다는 괴물로 보였음이 틀림없다. 이 와중에 여자를 요구하니 침략을 받은 민족으로서는 대재앙이 아닐 수 없다. 물론 여자의 요구나 납치는 유목 민족의 문화적 습성으로 근친상간을 방지하는 수단이다. 이러한 여자의 납치나 요구가 온갖 전설을 낳고 가장 악랄한 행위로 투영되며 야만족으로 비추어진다.

그림 5.27   왼쪽: 반인반마(半人半馬)인 켄타우루스. 오른쪽: 고구려 무용총 벽화에 그려진 고구려의 사냥꾼 모습. 고구려의 말타기에서 뒤를 향하여 화살을 쏘는 모습이 실감 나게 묘사된다. 더욱이 발 걸개인 등자가 확실하게 그려져 있다. 머리에는 새의 깃털로 장식하고 있다. 이 깃털이 양쪽 귀에서 나온 것처럼 보여 서양에서는 공포의 대상으로 인식이 되며 심리학적으로 신적인 존재로 비치게 된다. 고깔형 모자도 북방계 하늘족의 상징 매개물이다. 이집트의 신이나 파라오, 유프라테스 제왕들의 조각상이나 그림에서는 고깔 형태의 모자가 예외 없이 보인다. 아울러 편두형의 머리를 지닌다. 서양에서 반인반수(半人半獸)의 괴물이나 쓰키타이족 등을 나타내는 그림에서도 고깔모자가 등장한다. 모두 하늘족의 상징인 새를 상징한다. 우리나라의 경우 무당의 모자에서 찾아볼 수 있다.

씨키족은 서기전 8세기에서 3세기까지 지금의 우크라이나 평원에서 활동한 것으로 보고 있다. 확실한 것은 아니다. 그리스의 헤로도토스 기록으로 유명해졌다. 하지만 지역에 따라 나타난 시기에 큰 차이가 있으며 특성 또한 다르게 표현된다. 조직적인 정치 조직, 다시 말해 나라 형식으로 나가지는 못하였고 사냥과 목축이 주를 이룬 사회 체계였다. 동물 형상의 금으로 장식된 문화재가 다수 존재한다. 긴 기간에 걸쳐 넓은 지역에 그 영향을 남긴 것은 지금도 수수께끼로 남아 있다. 기록이 없기 때문이다. 그리스어로는 Τοξευτης (Toxeutes)이다. 혹은

Toxeuter이다. To는 The와 같은 지시어이다. 결국 '커씨타'이다. 여기에서는 씨키가 아니라 '크씨'로 나온다. 바로 옆에 Scorpio(전갈자리)가 있는 이 말의 앞부분 역시 '씨키'이다.

씨키족에 대한 명칭도 다채롭다. 워낙 광범위한 지역을 아우르며 침략하고 약탈하였기 때문이다. 중국의 경우 주(周)나라 시기에 침략이 있었던 것으로 알려진다. 이란은 물론 이집트 근처까지 세력을 펼쳤었다. 금속 공예에 따른 화려한 장신구를 사용하고 착용하였으며 무덤 또한 화려한 것으로 유명하다. **신라와도 연관**이 있을 것으로 보인다. Saka, Sakae, Sai, Iskuzai, Askuzai 등으로 불린다. 모두 뿌리말이 '씨키'이다. 뒤의 것은 아씨커씨로 씨키가 키씨로 바뀐 경우이다. 지은이가 분석하는 관점과 일치한다. **앵글로-색슨족의 'Scytta'가 가장 원음에 가깝**다. 어떻게 보면 '씨키'는 '알(아)씨커(Aski)'가 더 정확한 구조일 것으로 보인다. 이 씨키족이 중앙아시아 지역을 석권했을 때 그 밑인 이란 지역은 **파르티아(Parthia)**족이 군림하였다. 흥미로운 점은 말에서 뒤로 향하여 쏘는 기법을 서양에서는 파르티안 기사법이라고 부른다는 사실이다. Parthia는 바로 '부루, 부리'족이다. 여기서 Thia는 'Ta, Tau'이며 땅이다. 이 꼬리말이 티, 디가 되고 다시 치로도 음이 변한다. 그러면 '부루치'가 된다. 스키타이 역시 씨키치이며, 스키치, 사키치 등이 된다. 앞에 나온 명칭 중 zai가 이에 해당한다. Sai는 한자어 색(色, 塞)을 현재의 중국 발음으로 새김을 했기 때문이다. 현재의 중국어는 물론 발음 역시 고대하고는 큰 차이가 난다. 특히 발음에 있어 받침('색'에서 'ㄱ')이 없는 것처럼 변하였다. 우리나라와 광동(廣東)어에는 옛날 발음이 남아 있다. 따라서 중국에서 특별히 광동어라는 명칭이 붙었다. **Sai라고 부르는 것은 대단히 잘못**된 것이다.

**따라서 Sagittarius는 (알)씨키(Siki)족(Ta)에 의한 침략이 신화로 각색되어 탄생한 별자리라는 결론이 나온다.**

그러면서도 참고 문헌 [1]에 따르면 씨키와는 다른 이름들이 다수 등장한다. 이는 말과 사람 그리고 활과 화살이라는 그림이 설정되고 난 다음 이러한 형상으로부터 파생된 이름들로 파악된다. 다만 페르시아는 Kaman과 Nimasp, 투르크는 Yai, 시리아는 Keshta, 히브리족은 Kesheth라고 하였다. 그대로 '씨키타'이며 씨키족을 가리키고 있다. 또한 눈길을 끄는 것이 Kama와 Nimasp이다. 카마는 '곰'으로 새김하면 '말'이 된다. Nimasp가 문제인데 '나뫼씨뫼'의 구조이다. 이 구조를 '나마+씨배'로 보았을 때 사람과 활로 볼 수 있을 수도 있겠다. 결론은 아직 이르다. 그리고 활과 화살로 이분화할 수도 있겠다. 그러면 가마는 신적인 사람이 된다. 투르크의 Yai는 분석할 수가 없다. 아마도 어디선가 말머리든 말꼬리이든 아니면 대명사이든 철자가 빠지지 않았나 한다. Yai는 '아이'이며 따라 '아얼'로 보면 사람이 된다. 앞에서 씨키를 **알(아)**씨키로 보았는데 '알, 아'에 해당한다. **아씨키는 다시 아키로 되며 키가 약해지면 '아이'**로 된다.

**글쓴이가 주목하는 민족명이 소그드(Sogd)이다. 씨키타와 같다!** 한자로 속특(粟特)이라 한다. 스키타이는 '색(色)'으로 표기했다. 모두 '씨키' 음이다. 소그드인이 신라와도 문화적 거래(노래 등)를 한다. 이 소그드족이 찌그러진 머리통, 이른바 편두형의 문화를 지닌다.

쐐기문자를 새긴 비석인 비명(碑銘, inscription)에는 이 별자리가 가장 강한 자, 전쟁의 왕으로 묘사된다. 그리고 대도(大都, Great City)의 광채로 보면서 이에 대한 지배자로 활의 신을 뜻하는 Nērgal, Nērigal로 나온다. '나알커알'인데 '날칼, 날클'이다. Gal은 물론 지배자, 군림자이다. 여러 번 등장하였다. 그러면 Neri가 활일까? '날'이 선 지배자로 새김해도 뜻이 통한다. 이 비석의 파편 부분에 Utucagaba 혹은 Udgudua 라는 문자가 새겨져 있다. 하얀 얼굴빛, 내리쬐는 해의 얼굴 등으로 해석되고 있다. 모두 강렬한 해의 빛을 가리킨다. 'Utu-Kakabi'로 이는 다시 'Utu-Ki-Kabi'로 볼 수 있다. Utu는 물론 '해'이다. Kabi는 배키이며 배치와 같고 따라서 밝게 빛남을 가리킨다. '밝은 해'이다. 또한 'Nibat Anu'가 보이는데 이는 가장 밝은 별을 가리키는 것으로 추측되고 있다. Nibat는 '나뫼타'로 '나바, 나비'와 같은 형태이다. 그러나 bat는 bar, 따라서 '불'로 새겨 '나불'로 보면 바로 통한다. Anu는 '한'이다. 또한 다른 비문에는 **'Kakkab Kasta'**라는 이름도 등장한다. 아마도 활 자리 혹은 활별을 의미하는 것 같다고 해석하기도 한다. 모두 '카'를 뿌리말로 하여 앞은 카카뫼' 뒤는 '카씨타'이다. 그러면 앞의 카뫼는 별, 카는 '큰'으로 새겨 별자리로 새김이 된다. 만약 '카뫼'가 별이라면 앞에 나온 Utkagava에서 **'Kabi, Gava'는 '별'**이라고 본다. 아마도 밝은 별을 뜻하여 결국 **빛으로 해석**이 된 것 같다. 해가 이곳에 머무르는 천체 현상과 깊은 관련이 있을 것이다.

　인도를 보자. 이곳에서도 3000년 전 기록에 말 혹은 말머리라는 이름으로 해길 자리 중 하나로 설정된다. 산스크리트어로 별자리를 뜻한다는 Dhanu 혹은 Dhanasu로 나오고, 탈미어는 Dhamsu이다. 혹은 Dhanus이다. 글쓴이가 인도어에서 가장 곤혹스러워하는 것이 'h' 철자이다. 무시를 해야 할지 뜻으로 새김을 해야할지 난감할 때가 많기 때문이다. 이 경우도 모두 뿌리 D와 붙어 다니는데 그러면 단순히 '따, 타'로 볼 것인가 하는 점이다. 그런데 우리나라에서 '땅'은 사실 '따'가 뿌리말인데 이를 '따ㅎ'로 보는 견해가 있다[8]. 가령 석탈해를 해석할 때 석은 '예', 탈해의 탈은 Tau, tah로, 결국 '따ㅎ기'로 새기는 식이다.

> * '예'는 우리가 '옛날' 할 때의 예로 조상의 나라 이름이 '예'임을 가리킨다. 일본을 '왜(倭)'라 하는데 '예'이다. 여기서 우리 역시 중국이나 서양과 같은 민족적 차별성을 보인다. 난쟁이로 폄훼하는 것이다. 부끄러운 일이다. '예'의 국명은 동예 등에서 보이듯이 실제로 존재했었는데 아마도 부여(부리) 국에서 갈라져 나온 것이 아닌가 한다. 부여의 끝이 '예'와 같기 때문이다. 그러나 어제인 Yester를 보면 아씨딸과도 이어진다. '예'의 고향이 모호하다. '예'는 '해'이다.

그러면 Dhanu, Dhana는 '따나'로 '탕'과 같다. 물론 'Dan, Don'이다. 존경의 머리말이며 여러 번 등장하였다. 여기에 다시 '씨'가 첨가하여 가족이나 씨족으로 확장되었다. 만약에 h를 살리면 '따회나'가 되며 이는 '따한'이다. 큰칸과 같다. 우리나라 대한(大韓)과 같은 의미이다. 글쓴이가 판단하건대 **'h'는 두음법칙과 구개음화에 따른 음의 변화를 나타내는 것으로** 보고 싶다. 즉 다(Da)가 자(Za, Ja)로 변화되는 과정이라는 점이다. 그런데, 흥미로운 점은 '물라(**Mula**)'라는 여성신이 **휘두르는 사자 꼬리의 바람개비로** 묘사된다는 설정이다. 물라는 찬드라굽타 (Chandra Gupta)의 아내이고 찬드라굽타는 인디아의 제국을 다스린 지배자이다. B.C. 300년경 마우리아(Maurya) 왕조로, 갠지스(Ganges)강을 따라 Gangaridae와 Prsii 지역을 다스린 왕조이다. Chandra는 '큰또로(Kantor)'이다. 역시 h가 구개음화 역할을 하고 있다. 칸드라(큰또르, 콘도르)는 대왕(大王)에 해당한다. Gupta는 '커뵈따'이다. **큰배(불)땅**으로 지역을 가리킨다. **Maurya는 '뫼알, 물'**인데 이 경우는 '마을'이다. Ganges는 '큰키, 큰치'이며 큰강을 가리킨다. 우리나라의 '한강'

과 같은 말이다. 이렇게 인도의 언어에서 우리와 통하고 일치하는 단어들은 '드라비다'족 어군에서 나온다. Gangaridae는 '큰고을땅'이다. 그리고 Prasii는 '부루씨'로 valley와 같다. 모두 우리와 통하는 이름들이다. 그러나 시간이 지나면 인도 고유 명칭이 바뀌는데 이 경우 **Taukshika**이다. '타크씨꺼'로 이는 그리스어 Τοξοτης와 같다. 인도 지역이 그리스의 영향을 받은 것은 알렉산더 대왕의 침략과 관계되는 것으로 본다. **결론이 나온 것은 아니지만 '씨키'와 '크씨'가 번갈아 나오는 것을 보면 같은 종족일 수도 있겠다. 아울러 말의 발 걸개(발걸이)를 처음 사용한 민족이 어디인지 명확히 밝히는 것도 중요한 연구 대상이다.** 지은이가 보기에 인도 고유의 설정(사자 꼬리가 돌아가는 바람개비)이 활을 쏘는 형상보다 훨씬 품위가 있다. **인도에서 태어난 위대한 성자 석가모니를 언급하지 않을 수 없다. 석가는 Saka이다. 씨키족이다.**

고대 아라비아에서도 흥미롭게 묘사한다. 그것은 타조와 관계되는 것으로 타조가 가버리는 모습을 서양식 차 주전자(tea pot)의 오른쪽에 해당하는 감마(γ), 델타(δ), 입실론(ε), 에타(η)로 **Al Na'ām al Wārrid**라고 하였다. 그리고 왼쪽 방향인 동쪽 별들[시그마(σ), 지이타(ζ), 파이(φ), 타우(τ), 카이(χ)]을 돌아오는 타조라 하여 **Al Na'ām al Sādirah**라고 불렀다. 여기서 σ, ζ, φ, τ는 차 주전자의 왼편으로 남두육성을 이루는 별들이다. 이 지역은 이른바 은하 중심부이며 은하수가 깊은 곳이다. 이 은하수를 건너는 형상으로 본 것이다. 중심점은 차 주전자의 꼭지에 해당하는 라무다(λ) 별이다. 여기서 타조를 가리키는 Naam은 그대로 '나암'으로, 나어미가 된다.

마지막으로 **씨키**에 대한 다양한 뜻을 살피고 그 신화적 문맥을 다시 한번 더 더듬기로 하겠다. 씨키는 우리말에서 명사로는 '새끼'가 거의 유일하다. **제주도에서 달걀은 독새기라 하듯이 작은 것 혹은 어린 것을 가리킨다. 그리고 '새끼'는** 풍요(豊饒)와 번창(繁昌)을 상징한다. '새끼 친다' 하면 생명의 번창을 가리키기 때문이다. 이 말이 상대방에 대하여 욕하거나 비아냥대는 말로 된 것은 제물의 대명사인 '개'와의 연관성 때문일 것이다. 특별 주제에서 다루었지만 새끼는 제물(祭物)을 가리키는 일반적인 말 중 하나다. 따키인 dog(i)와 같은 구조이며 같은 의미를 갖는다고 하였다. Sage는 현자의 뜻이다. 사실 씨키와 같다. 그러면 제의적 과정을 담당하는 사제, 달리 말하자면 무당 역할을 하는 사람을 가리킨다. 제물이라는 말이 '제물을 가지고 제의를 행하는 사제'를 가리키게 되는 셈이다. 무당은 모든 것을 아는 성스러운 사람으로 추앙받을 수밖에 없다. 켄타우루스에서 나오는 Chiron 역시 씨키(Sage)이다. 스키타이는 여기에 타가 붙은 꼴이다. 지은이가 말의 뿌리와 그 가지들을 더듬다 보면 **우리말 동사의 끝 '다'의 흔적이 도처에서 보인다.** 이 스키타이는 다음과 같은 동사와 소리값이 같다. 그것은 '새기다'와 '시키다'이다. '새기다'는 말은 물론 글을 그려 넣는 행위를 가리킨다. 심리적인 마음까지도 포함된다. '시키다'는 어떠한 행위를 하라는 명령적 동사이다. 둘 다 지도자만이 행할 수 있는 규칙(말: Me, Maat)의 시행과 그 명령을 가리키고 있다. 역시 원시 사회 무당의 권리를 상징한다. 한편 **'씨키'와 '시키다, 새기다'의 관계는 '아기'와 '아끼다'와의 관계와 대응**된다. '사귀다' 역시 심리적인 측면에서 sage와 이어진다.


## 5.32 켄타우루스자리(Centaurus, the Centaur)

이 별자리는 우리나라에서는 보기 힘들며 사실 보지 못한다. 너무 남쪽에 위치하기 때문이다. 바로 옆에 남십자성인 Crux가 위치한다. 별자리의 형상은 활쏘기자리와 같다. 즉 말의 몸체에 얼굴 부분을 사람의 상체가 차지한다. 대단히 흥미로운 사실은 바로 옆에 늑대자리(Lupus)가 있는데 종종 같이 그려진다는 점이다. 여기서 늑대는 켄타우루스의 오른손에 위치한다. 그리고 왼손에는 활과 비슷한 창이 들려 있다. 씨키족(종종 스키타이족을 씨키로 부르기로 하겠다)과 같은 기마 민족과 관계되며 그중에서도 지배자를 가리킨다고 하겠다. 흔히 '카론'이라 불린다. Chiron, Chyron은 그리스어 Χειρων에서 나왔다. 그러나 침략자에 대한 두려움에서 나오는 괴물이 아니라 **현자(the Wise man)**로 등장한다. 따라서 씨키족의 기마와 활과는 다르다. **'부루'족과 관련되는 것**으로 보인다. 별들의 위치상 그리스는 물론이고 이집트, 아라비아 등에서 관측하기가 어려운 별들의 집합이다. 특히 알파와 베타별은 남위 60도에 자리 잡아 관측하기가 거의 불가능한데 왜 뚜렷이 신화적인 별자리로 나오는지 모르겠다. 그렇다면, 보이지 않은 곳에서 나타난 동방의 기마 민족을 상징하는 것으로 해석하면 걸맞다.

우선 Centaurus의 어원부터 살피기로 한다. 그리스어로는 일찍부터 Kentaurus, Κενταυρυζ로 불렀다. 따라서 Cent를 센트라고 발음하는 것은 피해야 한다. 물론 Cen, Ken은 '큰'이다. Taurus는 '따알'인 바 '큰또르'이다. 대군, 대제사장이다. 우리나라 같으면 '큰딸'이라고 새김해도 되겠다. 큰딸이 모든 신의 군림자라면 성모(聖母) 시대라고 할 수 있다. 한편으로는 Ιπποτα Φερ (Ippota Fer)라고 하여 기사(騎士) 괴물(Horseman Beast)로도 불렀다고 한다. Fer는 바로 '부루'이며 서양 관점에서 침략자이다. 따라서 괴물로 불렀다. 이 칭호를 보면 이른 시기부터 부루족이 그리스를 침략하였음을 알 수 있다. 그것도 고도의 기마술과 화살의 명수라는 점이 확실해진다. 그러면 씨키족, 커씨족, 부루족 등은 모두 북방계 유목민이며 부족에 따라 군림자의 칭호가 달랐음을 알 수 있다. 우리나라 역시, 탕인 또르, 부루, 쿠르(클씨), 한(칸), 마루 등으로 부족에 따라 지역에 따라 달리 호칭하였음을 이 자리에서 인식하기로 하자. 특히 한과 마루는 큰(大, Great)과 동일시되는 머리말 혹은 꼬리말로 붙는다. 여기에서 Cen 역시 같은 역할을 한다. **우리가 Cen을 '센'으로 새김하면 '세다'의 뿌리말이 되며 힘으로 연결된다. 또한 '소, 쇠'로 확장된다. 쇠는 황소이면서 금속이나 금을 가리킨다. 모두 원초적인 '힘'을 상징**하고 있다. Center는 따라서 가장 힘센 사람이며 결국 중심이 된다.

카론은 그리스의 에라토스테네스가 주장한 것으로 그리스어로는 Χειρων, 케이론이다. 한마디로 '클나'이며 클이, 큰이(큰사람)로 결국 왕관인 Korona와 같은 의미이다. 남자라면 첫아들로 새김하면 된다. 바다의 신 Chronos와 바다의 요정 Philyra의 아들이다. 재미있는 사실은 Chiron이나 아버지인 Chronos나 같은 이름이라는 점이다. Philyra는 '부루알'로 단순히 '부루'로 보면 되겠다. 이른바 바다인 '바랄'과 일치한다. 바다가 어머니 자궁으로 상징화된 것이다. '클씨'는 사실 해ㅅ빛으로 보는 것이 타당하다. 어쩌면 **클족(Keiron)과 부루족(Philyra)과의 연합을 상징**한다고도 볼 수 있겠다. 이때 Philyra의 아들이라는 이름이 Philyrides인데 Linden(보리수 일종) 나무로 변했다는 전설이 존재한다. 묘하게도 부루, 바랄이 인도불교 용어인 '보리' 나무와 통한다. 그리고 악기인 Lyra를 잘 켜는 명인으로 나온다. 그런데 활쏘기자리에서 묘사되었던 반인반수이며 공포의 대상이 아니라 온화한 성인으로 취급받는다는 점이 크게 다르다. 현명함과 함께 법 없이도 살아가는 착한 종족으로 Applo와 Diana 신의 사랑을 받았다는 전설이 퍼져있다. 그로 인해 켄타우루스는 식물, 음악, 천문, 점술, 의학의 달인으로 여겨지며 그리스 전설에 있어 가장 주목받는 영웅으로 추앙받는다. 자, 우리는 Chronos와 Philyra를 하늘과 바다, 남성과 여성 신으로 보았다. 이미 언급했지만 Appolo는 Pollo이다. 이번에는 바람, 바다가 아니라 불, 즉 빛이다. 이와 반면에 Diana는 탕, 땅이다. 더욱이 Polla와 Diana를 합치면 '부루탕(Britan)'이 된다. 영국 본토 Britain과 같다. 이 지역 역시 부루족과 제사장 '탕'의 지배가 있었다는 증거라 할 것이다. 재미있는 것은 **Hyde**가 이 **별자리의 이름을 Birdun**으로 **불렀다는 사실인데 Pack-horse**로 **해석한다. 본질은 보지 못하고 겉만 본 결과이다.** 그리고 그리스에는 Pholos라는 이야기가 전한다. 글쓴이가 보기에 Pholos는 Appolo와 같다. Pholos의 이야기에 Chiron이 반복된다. 이 현자가 제자인 헤라클레스의 독화살을 맞고 상처를 입는 사건이 발생한다. 이 사건을 Centaur의 불멸성이 붕괴된 것으로 해석한다. 그리고 불멸성의 포기는 거인족인 Prometheus를 위한 것이라 한다. 이에 Zeus(Jove)에 의해 하늘에 올려지는 것으로 그리스 신화는 진화 시킨다. 솔직히 어지럽다. 수메르의 En-Ki 신화와 비슷하다.

글쓴이가 판단하건대 분명 부루족의 침략과 지배와 관계된다. 그러면 왜 현자로 둔갑이 되었을까? 부루족 침략의 선봉에 섰던 지도자는 분명 단순한 약탈자는 아니었을 것이다. 고도의 정치력을 갖춘 지도자였다고 본다. 이러한 사례는 유프라테스의 역사에서도 증명이 된다. 점령하였어도 그 점령지의 부족들을 해치지 않고 덕으로 감싸 안으며 통치력을 발휘한다. 더욱 중요한 사실은 이민족의 신들을 인정했다는 점이다. 대표적인 사례가 유대인들이 섬겼던 유일신을 인정한 바빌로니아의 정복왕인 **키로스** 대왕이다. 오히려 유대인들의 메시아로 섬김을 받는다. **자기들의 신전을 파괴하지 않고 인정해주었으니 자기들이 바라던 구세주로 둔갑시키는 것이다.** 그리스에 있어서도 같은 논리가 성립될 수 있다. **식물이나 의학, 점술 등에서 달인이라 함은 대제사장, 따라서 큰 무당을 의미한다. 그리고 나무는 이른바 신목(神木)으로 하늘과의 교통이며 따라서 무당이 행하는 주술 행위와 같다. 따라서 불멸성을 상징한다.** 여기서 제자인 **헤라클레스에 의해 독화살을 맞았다는 것은 정권이 넘어갔다는 것으로 해석된다. Prometheus** 역시 **뿌리말은 '부루'이다. 불멸성이 Prometheus에게 이양되었다는 것은 지배권의 이양과 일치한다.** 여기서

Metheus는 Andromeda에서처럼 꼬리말인 Meda와 같다. Titan, 즉 거인족이 **Prometheus**인데 거인은 자연재해를 일으키는 현상(천둥, 번개, 홍수, 폭풍 등)을 의인화한 것으로 볼 수 있다. 이러한 현상은 주술적인 힘으로는 제어가 불가능하다. 이제 무당에 의한 주술적인 힘보다 이성적인 통치에 의한 정치가 시작되었음을 알린다고 하겠다. 이른바 사제 계급의 몰락이다. 따라서 Prometheus를 문명화의 창시자(the founder of civilization)이며 인류를 위한 가장 존경스러운 사랑이 충만한 위인으로 그려진다고 하겠다.

그런데 신화적 요소로서 말이 아니라 황소로 그려지기도 한다. 그 이름이 Minotaur이다. 이번에는 또르 앞에 '뫼나'가 붙었다. '큰 혹은 센'이 '메나(Mena)'인 몽(Mong)이 되었다. 아라비아에서는 곰(bear)으로 보며 그 이름을 Kentaurus로 불렀다. 혹은 해석 불가능한 **Taraapoz**라는 이름으로 나오기도 한다. 혼동스럽다. 글쓴이가 보기에 지역적, 민족적 조건에 따라 소위 영물로 취급받는 동물이 등장하는 것으로 본다. 보통 Tau는 황소를 가리킨다. 그러면 Centaur는 힘센 황소가되어 오히려 황소가 더 걸맞다. '말(horse)'이 등장한 것은 어디까지나 침략자의기병술에 따른 피해자의 관점에서 본 것이다. 아라비아에서 곰으로 본 것이 이채롭다. Taraapoz는 Tara-Apoz의 구조이다. 그러면 '또르-아버지'가 된다. 여기서 Apoz는 Apsu, Apis와 같다. 물을 상징하는 황소이다. 그것도 아버지 황소이다. Tara는 Mana와 대응되고 있다. 부루-탕족의 신에 해당하는 곰(Kom, Kama)이 와전된 것이 아닌가 한다. Kama는 무당(제사장)이라는 의미로 확장된다. 왜냐하면음이 변한 Sama가 서양에서 '굿당(shamanism)'으로 고착화되어 버리기 때문이다.

이 Chiron의 형상은 다양하게 묘사된다. 보통 한 손에는 짐승을 들고, 다른한 손에는 창을 든 모습으로 그려진다. 그리고 창에는 **토끼**가 걸려 있다. 이미 앞에서 지적했지만 바로 옆 늑대자리까지 포함해 늑대를 묘사하기도 한다. 아니면짐승 대신 어린아이를 안고 있는 모습으로도 나온다. 왜 기마 민족에 의한 별자리가 이중성(Saggitaurus와 Centaurus)을 갖게 되었는지는 확실하지 않다. 다만 원조는 활쏘기자리이며 유프라테스에서 유래했다는 것은 확실한 것으로 보고 있다. Centaurus는 그리스의 창작품으로 보지만 별자리의 위치상 의문스러운 점이 한두가지가 아니다. 특히 활과 창의 차이점은 지배자에 대한 괴물(the brutal) 대 현자(the wise)만큼이나 이질적이다.

한편 오른손에 들린 것이 늑대가 아니라 포도주를 담은 가죽 부대 (Wine-skin)로 그려지기도 한다. 술꾼을 상징한다고도 볼 수 있다. 그러나 이 술은 신주(神酒, Libation)로 보아야 할 것이다. 그러면 늑대와 포도주는 제단에 바쳐지는 성스러운 제물을 상징한다. 신화적으로 보았을 때 대단히 중요한 요소이다. 비로소 손에 들려 있는 다양한 대상들이 어떠한 상징성을 가지는지 해석이 된다. 따라서 늑대와 토끼 이름이 'Lupus'와 'Lepus'로 왜 같은지가 여기서 드러난다. 제물을 가리키고 있기 때문이다. 저울(Libra) 역시 이 범주에 속한다. 신에게 바쳐지는 술이 영어로 Libation이 되는 것도 여기에서 유래한다고 하겠다. 한마디로 '바치다'이다. 여기서 창은 원래 삼지창(Trident)일 것이다. 희생 제물을 꽂아 받드는 역할을 하기 때문이다. 그런데 켄타우루스의 그림 중에서 창과 활을 동시에 나타낸 것도 있다. 그림 5.28을 보기 바란다. 이 활의 모양을 보면 어쩌면 저울을 상징하고 있는 것이 아닌가 한다. 무척 흥미로운 점이다. 이러한 늑대, 토끼, 저울 삼각관계는 다음에 나오는 특별 주제 21에서 더 흥미롭게 다루게 된다.

Centaurus

그림 5.28 켄타우루스(Centaurus). 그림 5.27과 비교 바란다. 이 그림에서 오른손에는 늑대(Lupus)가, 왼손에는 이중적인 상징을 나타내는 창이 들려 있다. 여기서 늑대는 늑대자리를 가리킨다. [4]

으뜸별 알파는 Rigil Kentaurus라고 부른다. 이 말은 Al Rijl al Kentaurus에서 온 것으로 켄타우루스의 '발'이라고 한다. Rigel은 오리온자리 베타별이 유명하다. 아라비아에서는 알파별(광도 0.2)과 베타별(광도 1.2)을 각각 Hadar, Wazn이라고도 불렀는데 바닥과 무게라는 뜻이다. 아라비아어에서 Wazn은 걸핏하면 등장한다. Hadar는 Wadar로 볼 수 있고 이는 바다와 통하며 결국 바닥이 된다. Wazn은 여러 번 나왔는데 바구니로, 어찌 보면 바닥과 역시 통한다. 모두 북반구에서 가까스로 볼 수 있어 굳이 사람의 발이 아니라 바다나 바닥에 붙은 별로 보면 가장 무난하다. 이 알파별이 이른바 해가 뜨기 바로 전 나타나는 장면이 나일강에서 숭배되는 대상이 된다. 특히 가을점에서 나타나는데 북-이집트에서는 서기전 3800년에서 2575년까지, 남이집트에서는 서기전 3700년부터 여러 번에 걸쳐 이 별을 위한 사원들이 세워졌다는 기록이 있다. 그 숭배 대상의 이름이 Serk-t이다. 역시 이집트다운 천문학적 관측에 따른 실제적이며 현실적인 인식체계이다. 앞에서 다루었던 Canopus와 같다.

현대의 천문학적 관측에 따르면 이 알파별이 우리 해틀(태양계)에서 가장 가까운 별에 속한다. 더 정확히는 Proxima라고 부르는 붉은 난쟁이별(Red dwarf, 한자로 적색왜성, 赤色矮星)로, 알파별과 같이 도는 친구별로 알려져 있다. 그 거리가 약 4.3광년이다. 빛으로 4.3년 걸린다. 빛은 1초에 30만 킬로미터를 달림에도 가장 가까운 별조차 이렇게 멀리 떨어져 있다. 해ㅅ빛이 지구에 도달하는 데는 8분 20초가 걸린다.


## 5.33 제단자리(Ara, the Altar)

이탈리아 Altare, 독일 Altar, 프랑스 Autel and Encensoir. 원래는 켄타우루스와 연관되는 이름으로 라틴어에서는 **Ara Centauri**이었다.

전갈자리 밑에 자리하며 우리 은하의 중심 영역이다. 은하수가 가장 짙은 곳에 자리한다. 남쪽에 치우쳐 있어 우리나라를 기준으로 하는 위도에서는 관측하기가 쉽지 않다. 그림 **5.2 (b)**를 보기 바란다.

우선 제단(祭壇)을 뜻하는 Altar를 보자. 여기서 Al은 단순 머리말로 보아 무시해도 될 듯하다. 그러나 Ara Centauri가 본래의 단어이므로 Al은 Ara에 대응된다는 사실이 드러난다. '알'이며 '켄타우루스의 알'이 된다. 그러면 '알'은 무엇을 의미하는 것일까? 알은 생명을 담은 주머니이다. 이른바 영웅의 생명을 품은 주머니로, 결국 **성스러운 제단**이 된다. **비로소 우리나라 말 중 '알'이 제대로 나왔다. 그 성스러운 알이 생명을 낳게 하는 행위가 '향로(香爐)'라고 본다. 닭이 알을 품는 행위와 일치**한다. 어떻게 보면 Altar는 프랑스어에서 나오듯이 Atar이며 '아들'로도 새김이 된다. 위대한 아들이다. 모두 남성의 지배권을 상징한다. 이제 영어 단어 Altarage를 본다. '제단 위의 공물'이라고 영어사전에 적혀 있다. **Tarage를 보는 순간 글쓴이는 "아, 닭이다!"라고 바로 알아보았다.** "왜 닭이 다루키 (Tarki, Turki)처럼 성스럽고 지배자를 뜻하는 이름에서 하찮은 '닭'이 나왔을까' 하는 의문이 비로소 풀리는 순간이다. '칠면조'가 왜 Turkey인지 이제 비로소 알아차린 셈이다. 모두 제의에 바쳐지는 공물(供物) 그것도 성스러움을 상징하는 것이다. 앞에서 제물에 대한 이름들을 열거한 바가 있다.

단어를 살피다가 Alter는 라틴어에서 '다른'의 뜻이 있었고 이에 따라 변경하다의 뜻으로 변화되었다는 사실을 알게 되었다. 여기에서는 **Ter가 우리말 '다르다'의 말뿌리**와 같다. Tar, Taur는 불이 '타오르다'의 뿌리말과 함께 모두 우리말과 통한다. Tar는 물론 '다루다'의 뿌리말도 된다. Tar는 또한 '따르다'의 뿌리말이기도 하다. 앞은 주관자, 뒤는 그 반대의 입장을 대변한다. 한편 Tar는 딸이다. 딸이 아님이 Ator, 따라서 Other이다. 여기에서 A, 즉 An과 Al이 서로 다르게 작용하고 있음을 깨닫게 된다.

라틴어에서 'Ara Thymiamatis'라고도 하였다. '따뫼뫼치'로 유프라테스의 Tammuz와 같다. 혹은 Dionyus의 제단을 뜻하는 Thymele라고 하였다. 이번에는 '따뫼알'인데 **다물**이다. 술을 담아두는 제단이다. Altare, Apta, Altaria, Altarium 등으로도 나타난다. 그런데 Sacrarium, Sacris라는 이름도 나온다. 글쓴이가 보기에 '씨키'족 즉 '스키타이'족의 침략에 따른 존경에서 유래한 듯하다. Acerra는 조그만 제단으로, 그곳에 향수를 넣어 불타게 했다고 한다. 이 단어는 아마도 앞에 S가 탈락한 형태인 것 같다. 또한 Batillus라 하여 향로 접시(Incense Pan)라는 이름이 나온다. Batillus는 우리말 '바치다'와 바로 연결된다. 그리고 화로(Brazier)를 뜻하는 'Prunarum Conceptaculum'도 있다. Pru는 그대로 '불(火)'이며 '불나리'로 새김된다. 그리고 Focus, Lar, Ignitabulum 등은 모두 난로(hearth)를 가리킨다고 한다. 그리고 Vesta라 하여 화로(난로)의 여성 신을 가리킨다. 모두 '불'이라는 뿌리말이 포함된다. Ignitaculum은 Ignita가 머리말이며, '익다'의 뿌리말과 '타다'의 뿌리말로 구성되어 있다. 인도에서 불의 신을 Agni로 나오는데 어원이 같다. 이미 다룬 바가 있다. Vesta는 '불씨타'로 역시 우리말과 그대로 통한다. 또한 줄이 달린 향로(a censer)라는 의미로 Thuribulum, Turribulum, Turibulum이라고도 부르며 18세기까지 사용되었다고 한다. 여기서 'turi'는 우리말 '들다'의 뿌리말과 정확히 일치한다. '드는-불(가)마'라고 부르고 싶다. 또한 Turi, Thuri는 머리소리 변화에 따라 '줄'로 되면 끈인 줄과 만난다. Jurvan과 Turvan을 다시 한번 새겨주기 바란다. 'Pharus' 역시 제단으로 등장한다. 교회의 탑 위에 세워졌는데 불을 훤히 밝혀져 있어 표지 역할을 하였다. 등대와 같은 역할이다. **파라오(Phara-oh)는** '**부루(불)-해**'이며 뿌리말이 같다. Alexandria Pharos가 유명하다. Pharos는 발음 그대로 '불'이다. 구멍이나 심연(深淵, a Pit)을 뜻하는 Puteus로도 나오는데 이는 '뵈따' 즉 바닥과 같다. 은하수의 깊은 곳을 가리키는 듯하다. Sacrarius and Templum이라 하여 신성한 곳(a Sacred Place)으로 보기도 하였다. 씨키족에 대한 존경심이 다시 나온다. Templum은 '탕부루'이다. **Temple**은 '**탕부르**'와 같다.

유프라테스 연구자는 이 별자리가 원래는 다른 곳에 위치했다고 한다. 그리고 아카드족의 7번째 달로 부여되고 그 이름이 '**Tul-Ku**'라고 불렀다는 것이다. 성스러운 제단(the Holy Altar)이라는 뜻이다. 여기서 글쓴이가 주장한 '닭(Tul-Ku, tarki)'이 나온다. 역시 유프라테스 지역은 우리와 확실히 통한다.

## 5.34 토끼자리(Lepus, the Hare)

프랑스 Liévre, 이탈리아 Lepre, 독일 Hase, 포르투갈 Lebre.

오리온자리 바로 밑 그리고 시리우스의 오른쪽(서쪽)에 자리하는 작은 별자리이다. 그림 **5.2 (a)**를 보기 바란다. 이 별자리의 중요성은 달과의 연관성에 있다. 우리와도 관계가 있으며 이른바 **토끼와 방아의 전설**이다. Hare는 산토끼로 집토끼인 Rabbit와 구별된다.

그리스에서는 'Λαγως, Lagos'라고 하였다. 그리고 전설에 따르면 시칠리아섬에 산토끼의 습격으로 농토가 황폐화되는 재난을 당하여 산토끼를 사냥꾼인 오리온에게 보냈다고 한다. 그때의 별자리 이름이 'Λεπωρις, Leporis'이다[1]. 로마에서는 단순히 Lepus라고 불렀다. 그리스어 Leporis를 보면 뿌리말이 '부루, 부리'임을 알 수 있다. 이것은 프랑스, 이탈리아, 포르투갈어를 보면 더욱 명백해진다. Lepus는 '알'을 생략한 경우이다. 흥미로운 점은 영어와 독일어이다. 게르만 말에서 비롯된 것으로 보이는데 모두 '해'를 뿌리말로 한다. 여기에 하나는 '알', 다른 한쪽은 '씨'가 꼬리에 붙었다. 집토끼인 Rabbit를 보자. Ra는 물론 군더더기다. Bbit는 Biut로 보며 이는 Bir와 같다. 결국 영어의 집토끼가 원래의 산토끼에 해당하는 이름이다. Hare는 '해알'인데 머리털에 해당하는 'Hair'와 같다. 이는 토끼의 털을 가리키며 나온 이름이라고 본다. 이 별자리는 고대 이집트에서 오시리스의 배(the Boat of Osiris)였다고 한다. 바로 옆 시리우스별과 위의 오리온자리를 상정하면 신화의 설정에 알맞다.

그런데, 위대한 사냥꾼인 오리온이 사냥개(큰개자리)를 데리고 추적하는 상대가 겨우 산토끼라면 심리적, 신화적 요소와는 맞지 않는다. 이러한 괴리는 Brown[1]이 주장한 대로 **오리온은 해의 길을, 토끼는 달의 길을 상징**한다면 해결된다. 이제 달과 토끼에 얽힌 숱한 전설과 신화적 배경을 보기로 한다.

힌두 신화에서는 달을 Sasin, Sasanka라 하며 달과 함께 등장시킨다. 이 이야기는 불교의 창시자인 **석가모니**와 연결된다. **석가모니**는 '**Saka moni**'(보통 Shakyamuni로 표기된다. h가 과도하게 첨가되는 특징을 지닌다), '**씨키뫼나**'이며 **씨키족**이다. 이미 앞에서 밝혔다. Muni는 몽(Mong)이다. **붇다(Buddha, 佛陀)는** '**부루타**'이며, 결국 '부루탕'이다. 부루족과 만난다. 따라서 씨키족과 부루족은 불가분의 관계이다. 씨키인 Saka는 보통 Saga로 표기되고 현자로 해석된다. Buddha는 '깨달은 자'를 의미하는데 Bodhi, Budh를 깨닫는, 보는, 여는 등으로 해석한다. Budh, Bodhi는 Bur와 같다. 불(火)이며 불과 같은 섬광이 깨달음으로 상징화되는 셈이다. '고타마 싯다르타(Gotama Siddhartha)'는 '커따뫼 씨따알'이다. 또르(Tor)와도 만난다. 이 성자(聖者)가 한때 산토끼였다. **원숭이**와 **여우**와 함께 삼총사로, 친구로 지낸다. 여기서 **상징성이 큰 셋(3)이 나온다.** 여우는 '목축과 육식성'을, 원숭이는 '목축과 채식성'을, 토끼는 '농경' 사회를 가리킨다. 어느 날 하늘의 제왕인 Indra가 거지로 변장하여 이 삼총사의 자비로움을 평가하는 길에 나선다. 즉 거지인 만큼 먹을 것을 동냥하는 식이다. 여기서 **'Indra'는 'Han-Tor'**이다. 삼총사는 먹을 것을 구하러 떠나는데 원숭이와 여우는 구해 오지만 토끼는 못 구한다. 그런데 반전이 일어난다. 그것은 토끼가 음식을 데우는 데 필요한 불을 만들며, 그 불 자체가 자기 자신으로 헌신하는 것이다. 이에 Indra 신은 그 보답으로 토끼를 달에 머물게 한다. 혹은 달의 얼굴에 새겨진 토끼들의 왕으로 추대되는 이야기도 전한다. 여기서 '불'의 상징성이 부각된다. 불은 묵은 것에서 새로움을 창조하는 용광로이다. 대장장이와도 같다. Bul, Bur이며 Bur-Ta이고 붇다와 같다. **추상적으로 보면 바로 '깨달음'이다. 따라서 토끼 이름이 왜 '부리'로 나오는지 그 원인이 밝혀졌다. 깨달음의 '불'을 상징한다.**

아즈텍(Aztec)에서는 집토끼로 묘사된다. 일본에서는 토끼가 떡을 찌는 형태로 묘사된다. 흔히 '모찌츠케'라 하는데 모찌는 뫼우트(meut)로 '밀'과 같다. 영어의 meat도 어원은 동일하다. 우리 역시 토끼가 떡방아를 찧는 신화를 가져 일본과 같다. 남아프리카의 Khoikhoin, Hottentots 족, Bantus 족 역시 달과 토끼가 연관되는 전설을 갖고 있는데, 얼굴이 할퀸 모습으로 묘사된다. 이른바 달의 검은 영역을 말한다. 에스키모는 여자인 달이 오빠의 해로부터 달아나는 전설이 있는바 해가 재를 뿌려 얼굴을 검게 하기 때문이다. 그린란드에서는 달과 해의 성별이 바뀐다. 이번에는 남자인 달이 누이인 해를 피한다. 그 이유가 누이인 해의 손으로 그을음(sooty)을 달의 얼굴에 바르기 때문이라고 한다. 자, 여기서 글쓴이가 놀란 사실을 발견하였다. **그것은 영어의 'soot'이다. 바로 우리말 '숯'이다. 숯이 곧 그을음으로 그 뜻마저 정확히 일치**한다. 놀라지 않을 수 없다. 히말라야의 커씨족(the Khasias of the Himalayas)은 달마다 달은 그의 의붓어머니인 해에게 사랑에 빠지는데 그때마다 해는 그에게 재를 뿌리며 밀쳐낸다는 이야기를 전한다.

신화적으로 해와 달은 남성과 여성으로 대별된다. 그러나 지역이나 민족 그리고 시대에 따라 성별이 왔다 갔다 한다. 대부분 해가 남성으로 취급되지만 글쓴이가 보기에 성모 시대에는 달이 남성이었을 것이다. 고구려의 고분 벽화를 보면 달은 두꺼비로, 해는 새로 상징된다. **두꺼비가 다리를 벌린 모습은 정확히 어머니의 자궁**이다. 이와 반면에 새는 '씨'를 상징한다. 토끼가 떡방아를 찧는 행위는 남자의 성기가 여자의 자궁을 찌르는 것으로, 상징성으로는 새와 두꺼비와 같다고 하겠다. **소가 끄는 쟁기로 밭을 가는 것도 상징성은 같다.** 잉카족은 반점을 달에게 사랑에 빠진 어여쁜 처녀로 보았다. 뉴질랜드의 원주민은 gnatuh를 잡아당기는 여성으로 보았다. gnatuh는 무엇인지 모르겠으나 아마도 동아줄 같은 것이 아닌가 한다. **제주도에서 그물을 '낱줄'이라고 하는데 그렇다면 그물을 당긴다는 뜻이** 된다. 사모이족은 여인이 어린아이와 함께 앉아 옷감을 방망이질하는 모습으로 본다. 우리나라 어머니들이 그 옛날 방망이로 다듬이질하는 모습이 연상된다. 심리학적으로 연결된다. **이 모든 이야기는 친숙하고 고마운 그러면서도 다산(多産)을 안겨주는 '달'을 상징**한다.

　　북유럽으로 가면 일변(一變)한다. 남부 스웨덴 지역에서는 달의 얼굴을 술 만드는 솥으로, 북 게르만족은 술, 특히 꿀술의 짐(mead burden)으로 보았다. 게르만 민족의 신화에서는 꿀술이 자주 등장한다. 이른바 마취제, 몽환제로 무당 사회에서는 흔한 상징성 음료이다. **뇌의 오작동이 있어야 신을 보게 되기 때문이** 다. **고산(高山, high mounts), 특히 히말라야 같은 곳에서 도를 닦는다는 성자들의 깨달음이란 산소 부족과 정보 차단에 따른 뇌의 오작동 결과이다.** 밤에 잠잘 때 정보 차단에 의한 뇌의 오작동이 곧 꿈이다. 달의 위상에 따라 꿀술이 나오는 양은 다르게 된다. 그런데 **burden**을 보자. 의외로 이 단어가 다른 한편으로 '노래의 반복구 혹은 장단 맞추는 노래'라는 의미가 있는 것으로 파악되었다. 글쓴이가 다시 놀란 것은 이 단어가 바로 '**부루탕**'이기 때문이며, 이는 '**부루탕**' 지배자를 위한 제의나 축제에서 노래를 부를 때 나오는 후렴구라는 것을 직감 했기 때문이다. 댕기인 **Dance, Tango**와 같다. 하나는 노래, 다른 하나는 춤이다. 앞에서 다룬 켄타우루스자리에서 Polla와 Diana를 합치면 '부루탕(Britan)'이 된다고 하였다. 그리고 영국 본토 Britain과 같다고 하였다. Frisis에서는 검은 반점들을 양배추를 훔친 남성으로 상징된다. 양배추를 도둑맞은 농부들이 달로 보내 버리는 심정을 나타내고 있다. 양배추인 Cabbage를 보자. 커인 Ca는 머리말로 그렇다면 **뿌리말은 bbage**이다. 바로 배치인데 우리의 '배추'와 소리가 같다. 사실

양배추는 큰배추이다. 그런데 배추는 원래 한자말에서 나왔다는 설이 있다. 희다는 뜻의 백(白)에서 나온 말인 것 같다. 그러면 이러한 해석은 설득력을 잃는다. 어찌 되었든 이 배추 도둑에 대한 이야기는 여러 가지로 전한다. 글쓴이가 보기에 배추 도둑과 산토끼는 동일한 심리학적 상징성을 지닌다. 도둑은 또한 밤시간에 이루어진다. 석가의 전설을 음미해보자. 토끼는 풀을, 원숭이는 열매를, 여우는 고기를 먹는다고 볼 때 원숭이와 여우는 해당하는 것을 따왔거나 물고 왔다. 그러나 토끼는 그렇지 못했다. 배추가 없어 성공하지 못했다고 볼 수는 있다. 그러나 진실은 도둑 행위라고 본다. 열매와 여우가 노리는 동물은 사람의 소유물이 아니다. 그러나 배추는 사람의 소유물이다. 신화의 가장 본질적인 밑바탕은 살기 위해서는 반드시 상대적인 죽음이 있다는 상징성에 있다. 살생을 금하면 모든 생물은 전멸한다. 구도를 위해 짝짓기를 하지 않으면 인류는 사라진다. **짝짓기를 거부하는 사제나 수도승도 여기에 속한다. 지독한 모순이다.** 일을 하지 않고 기도 행위만 하면 사회는 붕괴된다. 이와 같이 만고 진리와 종교의 교리는 엇박자를 낼 때가 많다. **토끼의 방아질은 먹기 행위와 생의 재탄생 모두 상징**한다. 결론적으로 석가의 분신인 토끼는 살생을 피한 것이 아니라 도둑 행위를 피했다고 본다. 그 대가로 먹기 위한 음식을 만드는 데 필수 불가결한 '불(火)'로 살신성인(殺身成仁)한 것이다.

## 특별 주제 22 토끼, 늑대, 저울(Lepus, Lupus, Libra)

이 별자리를 마치기 전에 이름에 대한 혼동성을 짚고 넘어가겠다. 그것은 Lepus, Lebre에 관한 것이다. 토끼를 가리키는 그리스어이다. 그런데 Libra도 같은 구조임에도 이 단어는 저울을 가리킨다. 더욱이 Wolf를 뜻하는 Lupus(늑대(이리)자리) 역시 같은 구조이다. Wolf를 기준으로 하면 Lupus는 Ulpus로 새김이 된다. Lu가 '알, 울'로 무시될 수 없는 머리말이 된 형태이다. 그럼에도 Lepus 자리에 나타나는 다양한 이름들에서 Le의 꼬리말이 따라붙는다는 사실을 보면 무시해도 된다는 결론이 나온다. 결국 '뵈'만 남는다. 그러면 Wolf의 Wol은 의성어가 아닐 수도 있다. '이리'를 거론할 때 의성어로 보며 Wolf를 같은 어군으로 본 바가 있다. 그럼에도 불구하고 A가 소머리를 따면서 소의 울음소리에서 '아'를 취했다는 것은 공통된 사안이다. 그리스의 A가 '알파'로 발음되는 것도 같은 맥락이라고 본다. 우리말 '**울부짖다**'의 울부가 이에 해당한다. 여기에서 '울보'가 나왔다. Wolf는 결국 **울보**이다. 토끼의 경우 Lepus가 아니라 Lebri가 원류라는 사실을 보았다. 결국 같은 발음의 단어가 동음이의어로 작용하며 하나는 토끼 다른 하나는 저울로 새겨야 한다. 이제 이러한 이중성을 파헤치기로 하겠다.

이집트 신화에 **Anubis**라는 신이 있다. 죽음의 세계를 다스리는 역할을 하는, 이른바 저승의 사자(使者)이다. 그 모습이 늑대와 비슷한 자칼(Jakal)로 나온다. 죽은 사람의 심장을 저울에 달아 재면서 저승길을 결정하는 역할을 한다. Anubis는 크게 'Anu+Bis'의 두 조합으로 본다. 왜냐하면 Anu가 하늘을 뜻하는 지시말이기 때문이다. 여기서 Bis는 개이므로 '하늘-개'로 상징화된다. 한편, 저승 세계에서 Anubis와 비슷한 역할을 하는 신이 있다. Thoth이다. '달(Moon)'을 상징한다. 이미 여러 번 강조했지만 달의 위상 변화에서 시간의 흐름이 드러나고 이를 상징하여 Thoth 신은 계산과 기록의 신으로 나온다. 아울러 사람의 운명을 재고 죽은 후에 그 업적을 판단하는 심판관 역할을 한다. 우리는 토끼자리에서 토끼, 원숭이, 여우 등 삼총사를 만나 보았다. 여기서 토끼는 달이자 살신성인하는 붓다의 상징물이다. 이제 토끼, 늑대, 저울이 왜 같은 이름인지 판명이 되었다. 한편 우리말 '저울'은 어디에서 왔을까? 한자에 오염되지 않은 말이다. 그렇다면 분명 그 역사가 깊을 것이다. Thoth는 Tout로 '달'이다. '**달**'은 '**다알**'이며 머리말의 **변화를 생각하면 '자알'이 된다. '저울'과 소리값이 같다.** "저울을 달다"에서 달은 또한 물건을 달아 재는 말임이 드러난다. **불교에서 불당에 해당하는 집을 '절'이라 한다. 그리고 '절'과 '절하다'에서 이승과 저승 세계에 대한 제의적인 말의 흐름**을 읽을 수 있다. 토끼, 늑대, 저울 모두가 이집트 신화 그것도 Thoth와 Anubis에서 나온 것이다. 씨와 알은 항상 호환되며 Bes, Bis는 Ber, Bri와 같다. 배씨와 배알의 어울림이다.

켄타우루스에서 보았듯이 늑대, 토끼 등의 짐승과 저울은 제의적 대상물이라 하겠다. 여기서 공통점이 나오며 이름이 같은 이유가 총체적으로 설명이 된다. 모두 신화에 깃든 제의적 요소이다.

마지막으로 **Bri, Bra**를 뿌리로 하여 우리말과 영어가 어떻게 엮이는지 몇 가지 보기를 들겠다. **Bra**는 우리말 '바라다'의 '바라(bara)'와 소리값이 같다. 한편, **Libra**는 **Liberal, Liberty, Liberation**과 같은 구조이다. 그러면 왜 '자유'일까? 제의적인 과정에서 제물을 바치면서 바라는 마음이 깃들어 있기 때문이다. 지배를 받아 구속된 처지에서 바라는 것은 '자유(freedom)'이다. 그러한 구속에서 풀려나기를 간절히 비는 것이다. '풀리다(freedom)'에서 '풀리'가 'free'이고 구속에서 '풀리'는 것은 도망가는 것이므로 'flee'가 된다. 이러한 제의적 과정에서 빠뜨릴 수 없는 존재가 있다. 술이다. 바치는 술, 한자로 헌주(獻酒)이며 영어로 **Libation**이라 한다. **Li**는 그냥 붙은 것이다. 그러면 **Bation**이 진짜 말이다. "**Bation**은 바치다, 바치옵니다"와 같다. 바치는 행위가 포도주와 같은 신주(神酒, the sacred sur)를 상징하는 말로 승화된 것이다. 여기서 술을 **Sur**로 표기했다. 이 글을 읽는 사람들(한국인이든, 영국인이든, 미국인이든)은 어떠한 심정에 다다를까 하고 스스로 물어본다.

## 5.35 고래자리(Cetus, the Whale 또는 Sea Monster)

프랑스 Baleine, 이탈리아 Balaena, 독일 Wallfisch.

물고기, 물병, 강물자리 사이에 넓게 분포한다. 그림 **1.2**와 그림 **5.2 (d)**를 보기 바란다. 1등성이 없고 모두 희미한 별들로 이루어져 있어 식별하기가 쉽지 않다. 그럼에도 불구하고 고대 그리스 시대부터 알려진 별자리이다. 이른바 안드로메다와 페르세우스 신화에 등장하는 바다의 괴물과 관계되기 때문이다. 따라서 신화적인 상상의 동물로, 고래로 호칭하기에는 다소 무리가 있다. 프랑스, 이탈리아는 물론 독일어에서조차 Cetus와는 아주 다른 이름으로 불리고 있는 점은 그 유래가 다르다는 것을 암시한다.

　　고대 그리스 시대의 아라토스와 에라토스테네스는 이 별자리를 Κητος, Ketos라고 표기하면서도 또한 Ορφις, Ορφος, Ορφως, Orphis라고도 하였다.

모두 고래의 종류로 해석되고 있다. 참고로 Cetacea는 고래 종류를 통칭하며 일반 고래(whale), 돌고래(dolphin), 참돌고래(porpoise) 등이 이에 속한다. 더욱이 Πρηστιζ, Πριστιζ, Prestis라고도 하였는데 이 이름은 고래가 물을 뿜어내는 행위(πρηθειν)를 빗댄 것이다[1]. 고래를 빌미로 하는 작위적인 설정이다. 우리말 '불다'의 뿌리말과 같다. 이른바 '뿜어내다'의 발음과 유사하다. 그럼에도 라틴계에서는 Cete가 일반화된 이름으로 정착이 된다. 당연한 귀결이다.

글쓴이가 보기에 Cetus는 '커따, 키치'이다. 바닷가에 나타난 커다란 고래로 볼 수도 있겠다. 그러나 고래는 인간에게 위협적인 존재는 아니라고 본다. 상어라면 모르겠지만 고래를 괴물로 보며 악마적인 존재로 여기는 것은 무리가 있다. 신화적으로 보았을 때 인간, 다시 말해 안드로메다를 삼킨다는 주제는 고래와는 맞지 않는다. 자연재해라고 본다. 폭풍 그것도 심한 비바람과 함께 천둥 번개가 동반한 커다란 너울성 파도일 것이다. 의인화된 것이다. 이미 여러 번에 걸쳐 강조했듯 **이 인간에게 재앙을 유발하는 자연 현상들이 거인으로 의인화된다. 이것이 커따, 커치인 'Cutus'이다.** 안드로메다는 이러한 바다의 자연재해를 가라앉히는 제의적 희생물이다. 그리고 이러한 괴물, 즉 파도를 막은 것이 방패, 달리 말하자면 커다란 바위인 셈이다. **그리스 신화는 너무 허풍이 심하다. 그러나 허풍스러운 신화가 나온 것은 아마도 자연재해 중 가장 최악인 화산 폭발과도 관련될 것이**다. 화산은 땅의 흔들림, 산의 붕괴와 불의 강과 바다를 이루는 마그마의 흐름, 그리고 바다ㅅ물의 범람을 일으키는 최대의 거인, 키치(Kiti, Cete)이다. 고래(Gorai)는 커알이다. Cete와 통한다.

신화적인 묘사는 나중에 그리스에서 만든 것이고 원래는 유프라테스에서 유래한 것으로 보고 있다[1]. 유프라테스의 신화의 괴물 Tiāmat가 주인공이며 종종 용(Draco), 바다뱀(Hydra), 뱀(Serpens) 등의 모습으로 묘사된다. 그러면서도 Cetus의 기원과 그 의미를 정확히는 모르고 있다. Tiamat는 처음부터 끝까지 따라 붙는다.

이제 Whale을 보자. 글쓴이는 이 단어가 우리말의 '활'에서 나왔다고 보았다. 고래 등이 활처럼 휘어진 형태를 주목한 결과이다. 그런데 라틴어 계통의 단어가 발(Balei, Balae)을 뿌리말로 한다. 그리고 독일어의 경우 Wall인데 whale과 같은 형태임에도 만약 w를 b(혹은 v)로 보면 역시 '발'이 뿌리말이 된다. 그러면 모두 '바르, 바랄'이며 이는 '바다'로 통한다. 특히 독일어는 여기에 fisch가 붙어 더욱 신빙성을 더해준다. Hydra를 보자. 여기에서는 머리가 h인데 이를 b(v)로 보면 바도르, 즉 바달이 되어 역시 바다가 된다. Water도 바달이다. 넓게는 모두 '물'에 포함된다. 반면에 whale은 비슷한 것 같으면서도 큰 차이가 있다. 그것은 'wh'이다. 여기에서는 '하(ha)' 소리가 살아 있다. 따라서 **휘어진 활을 기준으로 고래 whale의 어원으로 해석한 것은 타당하다고 본다.**

이 별자리는 강물인 Eridanus를 헤엄치는 동물로 묘사되기도 한다. 머리는 물고기자리 밑에 위치하며 알파와 감마별을 포함하여 오각형을 이루는 별들로 이루어져 있다. 그리고 몸체가 강물을 따라 이어져 있다. 베타별이 끝에 위치한다.

알파별은 Monkar, Menkab 등으로 부르며 Al Minhar에서 왔다고 한다. 코 (Nose)를 뜻한다. '몽칼', '몽카비'인데 칼, 카비는 '코'와 통한다. Mon은 으뜸으로 보면 된다. Minhar를 보면 h와 k 소리가 서로 얼룩진다. 하지만 이 별은 괴물의 턱, 아가리에 위치한다. 2.9등성으로 이 영역에서는 밝게 빛나는 별에 속한다. 'Min'은 드라비다어에서 물고기(Fish)를 가리킨다. 물나미며 Mir와 같은 뜻을 가진다. 여기에 ki가 첨가된 형태로 발전한 듯하다. 물과 땅을 넘나드는 족제비의 일종인 **Mink**가 이에 해당하는 이름이다. Mink를 고래로 보면 되겠다. 여기서 **흥미로운 점은 우리가 물고기라고 하는데 물을 Min, 고기를 Ki로 새기면 Minki가 된다는** 사실이다. 베타별은 2.4등급으로 Deneb Kaitos라고 한다. 꼬리에 붙어 있어 Deneb가 등장하였다. Al Hhanab al Kaitos al Janubiyy라 하여 남쪽을 향한 고래의 꼬리라는 의미이다. 물론 이러한 아라비아어는 그리스 신화를 바탕으로 이름이 붙은 것이다. 아라비아에서 그리스 문헌을 해석하고 그 해석한 문헌이 다시 유럽에서 재발견하여 아라비아어의 이름들이 다수 등장하는 이유이다. 여기서 Kaitos는 물론 '커타'이다. 그런데 이 별 이름이 Al Difdi' al Thani라 하여 두 번째 개구리로 묘사되기도 한다. 남쪽 물고기의 알파별인 **Fomalhaut**가 첫 개구리로 Al Difdi' al Awwal이라고 한다. Fomalhaut는 'Fom-al-haut'의 구조인데 남 물고기자리에서 다루겠다. 이와 반면에 개구리는 '따뷔'로 '돕치'이다. 넙치, 갈치 등의 이름 새김과 어딘가 통한다. 지타(ζ)별은 Baten Kaitos라 하여 고래의 배(Belly)를 뜻하는 Al Batn al Kaitos에서 온 이름이다. Batn, Baten은 그대로 바탕으로 바닥이며 우리말과 통한다. '바당' 즉 바다로 보면 더욱 의미심장해진다.

# 5.36 물뱀자리(Hydra, the Water-snake)

프랑스 Hydre, 이탈리아 Idra, 독일 Grosse Wasserschlange.

앞에서 다룬 Cetus와 별자리 형태는 비슷하며 또 비슷하게 형상화 되기도 한다. 다시 그림 1.2와 그림 5.2 (b), (d)를 보면서 비교 바란다. 커다란 바다의 뱀이든 바다의 괴물이든 심리적, 신화적인 면에서는 동등하기 때문이다. 처녀, 사자, 게자리 밑 남쪽에 걸쳐 길게 늘어져 있다. 라틴어로 Hidra, Idra, Ydra 등으로 나온다. 다른 이름으로는 Asiua, Asuia, Asvia이며 이는 뱀을 가리키는 아라비아의 Al Shujā에서 파생된 말이다. Serpens처럼 모두 '씨'를 뿌리말로 하는 뱀 이름들이다. 혹은 Alsugahh라는 표기도 나오는바 결국 '씨키'이다. 'Sug, Suka, Suga, Suja, Suia'로 변하고 있다. k 소리가 사라지는 현상을 보고 있다. Snake는 '씨나키'이다. 일본어에서 물고기를 '사카나'라고 하는데 '씨키나'이다.

    Hydra는 B.C. 1200년경의 유프라테스 지역의 돌에 새겨진 천체학적인 별 그림표에 그려진 뱀과 연관된다. 그리고 심연에서 나오는 샘물의 원천으로 묘사되며 위대한 용(the great dragon)인 Tiāmat에 의해 표시되는 하늘의 상징 중의 하나이기도 하다. 이 점은 바로 앞의 고래자리와도 공유한다. 이 용은 동양에서 나오는 청룡이 많은 별자리로 이루어진 구조와 비슷하다고 하겠다. 청룡은 동편을 지배한다.

    헤라클레스자리에서 자세히 논의하겠지만 Hydra는 Vydra다. 여기서 '뷔'는 어미이며 '바다'와 통한다. '바다알, 바달'이며 '바랄'이기도 하다. Tiāmat의 'Tia+mat'에서 Tia는 그대로 두고 mat를 mar인 물로 보면 Taumar이다. '큰물'인 셈이다. The Great Dragon이 되어 Tiamat의 해석과 일치한다. 그럼에도 앞에서 이미 결론을 내렸지만 회오리치는 물인 Tormar가 제격이다. Hydra의 Dra 역시 Tor인바 결국 Hydra는 뱀이 돌아가는 모습으로 새길 수 있다. 회오리 뱀인 셈이다. 따라서 Tiamat와 상징성이 같다. 물뱀보다는 '바다뱀'이 더욱 알맞은 이름이다.

## 5.37 물고기자리(Pisces, the Fishes)

프랑스 Poissons, 이탈리아 Pesci, 독일 Fische, 앵글로-노르만 Peisun, 앵글로-색슨 Fixas.

해길 12집 중 양과 물병자리 사이에 위치한다. 역시 그림 **1.2**, 그림 **4.20**, 그림 **5.2 (d)**를 보기 바란다. 봄점에 자리를 잡고 있다. 이름들이 모두 '뵈'를 뿌리말로 하며, 발음상 민족에 따라 'p'와 'f'로 나뉘고 있다. 총체적으로는 '뵈씨'이다. 이상하게도 우리나라에서는 독립적인 이름이 없고 '물고기' 혹은 '바다고기'라고 부른다. 대단히 의아스럽고 이해가 가지 않는 문화적인 현상이다. 그러나 '고기'라는 말이 제의에 사용되는 동물이나 가축의 일반 이름이라면 이해가 될 것이다. 이미 지적한 바가 있다. 그리고 'Minki'라고 새김도 해보았다. Mir를 고려한다면 Mirki 도 알맞다 하겠다. **우리말로 하자면 '물치'**이다. 하여튼 Pis, Fis 등을 그대로 발음하면 '배씨'이다. 결국 모두 '배'이다. 글쓴이는 앞에서 닭은 제의적 희생물을 가리키는 상징성 이름이고 닭의 원래 이름은 '배'로 보았다. 여기서 중요한 결론이 나온다. 그것은 지리적(자연적), 민족적인 상황에 따라 기본 이름인 '배'가 가장 중요한 대상(동물이나 가축 혹은 물고기)으로 상징화된다는 점이다. 글쓴이가 우리말 이름에서 곤혹스러운 것 중 하나가 '물고기'라는 이름이다. 고기에 단순히 물이 첨가된 구조이기 때문이다. 이러한 이름의 구조는 우리 조상의 경우 바다를 배경으로 하지 않았음을 상징한다. 여기서 **물고기를 '배씨'라고 부르기를 제안**한다. 배씨는 Bes이며 이미 앞에서 여러 번 등장했지만 두꺼비이다. 영어 ship는 씨배이고 이를 뒤집으면 배씨가 된다. **Vessel**도 배씨알로 역시 배씨가 말뿌리이다. Poisson, Peisun는 배씨나인데 주신에서와 같이 아이를 '배신'으로도 새김이 된다. Pisces, Pesci, Fische는 모두 '배씨키'이다. 다 같이 '배씨'가 뿌리말이다.

　　모양은 알파별을 꼭지점으로 하여 두 줄기 끈으로 매달린 두 개의 물고기 형태이다. 이렇게 두 개의 물고기 형태로 된 것은 바빌로니아의 달력 체계에서 나왔다고 본다[1]. 즉 1년을 12달, 한 달이 30일인 360일로 정한 관계로 6년마다 한 달을 더해야 한다. 이 과정에서 물고기가 이중(따라서 13달)으로 되었다는 뜻이다. 그러한 의미에서 Hea 혹은 Ia의 물고기들이라고 불렸다. 여기서 주목되는 것이

'hea, ia'이다. 우리말 '해'와 같기 때문이다. '일 년'을 우리말로는 '한 해'라 하지 않는가? 그런데 유프라테스에서는 이 물고기자리를 **Nuni**라고 불렀으며 나중에는 **Zib**이라고 불렀다고 한다. 바빌로니아는 Nunu, 시리아는 Nuno라고 하였다. 고대 이집트의 기록에 의하면 천지창조 신화에 있어 최초의 형체를 'Nun'이라고 불렀다. 원래는 수메르의 'Nu'가 처음 말이다. 바다를 상징하며 만물의 요람이기도 하다. 그리고 사람의 눈 모양을 신의 상징성으로 묘사된다. 글쓴이가 주목하는 것은 물고기 모양이 눈과 닮았다는 점에 있다. 그러면서도 'Nu, Nun'은 'Na, Nan'으로 새김을 하는 것이 걸맞다. 이미 지적한 바가 있다. 즉 생명을 낳는 그릇(子宮)으로 본다. **여기서 놀라운 것은 Zib이라는 단어가 우리말 '집'과 발음이 같을 뿐만 아니라 별자리라는 관점에서도 기가 막히게 통한다는** 점이다. 왜냐하면 여기서 Zib은 경계를 뜻한다고 하기 때문이다. 그리고 이집트의 **창조신의 하나인 'Geb' 와 이름이 같다.** 이와 반면에 페르시아는 Mahik, 투르크는 Balik라고 하였다. 앞은 맣키, 뒤는 발키이다. 이를 굳이 하자면 '물치', '바류(랄)치'로 이름을 붙이고 싶다. 물치는 물고기, 바루치는 바다고기와 대응되기 때문이다. 차라리 '고기'라는 이름보다는 **'물치', '바랄치'가 fish에 걸맞은 순수 우리말**이 아닌가 싶다. 물치는 이미 앞에서 제기하였다. 반면에 아리비아에서는 Al Samakah, 이중적으로는 Al Samakatain이라고 한다. '씨뫼키'로 우리나라 '사마귀'와 발음은 같다. 치로 하면 바로 '삼키(치)'가 된다. tain은 '따' 형으로 '두(Duo, two)'와 같다.

점성학적 측면에서 보면, 에라토스테네스는 고대 시리아의 여신인 Derke 혹은 Derketo를 가리킨다고 하였다. 나중에 그 이름이 Dea Syria, Dercis, Dercetis, Dercete, Proles Dercis, Phacetis 등으로 불리게 된다. 그리스에서는 이를 받아 'Αταργατιζ(Atargatis)'라고 하였다. 그리고 이 단어가 두 개로 분절되면서 'Adïr and Dag(Great and Fish)'로 새김이 되어 버린다. 신화학적으로 물고기가 숭배의 대상이 된 셈이다. Derce, Tarka는 모두 '닭'이다. 이른바 희생 제의물이다. 그리고 꼬리 ti, ta는 '두다'의 두이며 결국 '둘'로 볼 수 있다. 두 마리의 제물이며 그것은 물고기이다. 물고기는 특수하여 머리 부분은 여자이고 몸이 물고기인 형태로 묘사된다. 이른바 인어(mermaid, dugong, sea-pig)의 탄생이다. 이를 따라 시리아의 인어(the Sirian Dāgōn), 유대의 인어(the Jew's Dagaïm) 등이 나타나는데 모두 두 개의 물고기를 가리킨다. 한편 Dercetis, Dercete 등은 '다루카치'와 같다.

그러면 물고기가 지배자이며 숭배의 대상으로 되는데 그것이 희생 제물로 상징화 되는 셈이다. 한편, 그리스에서 머리말로 'A'를 왜 넣었는지 모르지만 묘하게 변형이 된다. 즉 Atargati에서 Atar는 'Adir'로, Gati는 뒤집어 'T(D)ag'로 하여 위대함과 물고기로 만들었다. Adir는 영어의 Adore(숭배하다, 존경하다 뜻)와 같다. '아들'이다. **크치를 거꾸로 하여 따키로 한 것이 흥미롭다. 따키는 dog**으로도 되어 개가 된다. gati는 'ki+ta'인 구조인데 붕괴되어 둘을 가리키는 Ta가 엉뚱한 자리로 가버린 셈이다. 그리스 말에서 종종 일어나는 말의 변종화이다.

자, 여기서 기가 막힌 관계가 드러난다. 그것은 '닭'과 '배(씨)'이다. **Pisces**는 '배씨'라고 하였다. 말뿌리는 물론 '배'이다. 글쓴이는 닭의 옛말은 '배'로 보았다. 이제 물고기가 '닭(**Derke**)'으로 나온 것이다. 사실 **Atargati** 역시 **Targa**로 '닭'이다. 희생 제물을 '닭'이라고 부르는 사실이 여기서 여실히 드러난다. 그런데 **Pisces(Pesce)**는 엄밀하게 하자면 '배씨키'이다. 그러면 '다르키' '배씨키'는 모두 꼬리에 '키(**Ki**)'가 들어가는 것을 알 수 있다. 물론 '고기(**Koki**)' 역시 같다. 만약에 큰물고기를 닭이라 하면 새끼 물고기는 병아리로 부를 수도 있겠다. 왜냐하면 물고기는 '배'이므로. 어찌 보면 물고기를 '배씨'로 새김하는 것이 우리말과 더욱 친근감을 준다. 바다나 강에 떠다니는 이동체를 '배'라고 부르기 때문이다. 결국 시리아 지역 역시 우리와 역사적인 관계가 있을 것이다.

그리스에서는 또 다른 신화가 등장한다. 그것은 시리아가 숭배하는 여신 중 Astarte에 주목한 것이다. Astarte는 앞에서 등장한 Atargati(s)와 소리가 거의 같다는 사실에 주목하자. 이 여신이 이른바 아프로디테(Αφροδιτη, Aphrodite, Venus)이다. 괴물 티폰(Typhon)의 공격을 받아 그녀의 아들인 에로스(Ερωζ, Cupid)와 함께 유프라테스강에 빠지는 신화와 결부된다. Aphrodite는 '부류(불)타'이다. 이때 중요한 요소가 두 개의 물체에 있다. 즉 두 개의 물고기가 되는 것으로 신화는 마무리한다. Typhon은 이집트의 Set에 해당한다. 장마 때(雨期, rainy season)와 마름 때(乾期, dry season)의 관계이며 이에 따른 자연 현상, 재해가 신으로 묘사되는 것이다. Typhon은 '따뵈나'이다. 뚜반으로 용자리 으뜸별 Thuban과 음운학적으로는 같다. 어깨에는 용 모양의 머리가 100개가 달리고 무릎 밑은 뱀의 형상인 괴물이다. 그대로 **거센 파도의 모습**을 그린 것으로 파악된다. 그러면 **티폰, 투반**은 '바당'이라고 **본다. 다만 배와 땅이 순서가 바뀌었다.** 안드로메다를 삼키려고 한 바다 괴물 Cetus와 같다. 이 신화를 바탕으로 이 별자리는 Venus et Cupio, Venus Syria cum Cupidine, Venus cum Adone, Veneris Mater 등으로 불린다. 한편 그리스에서는 이 물고기를 다랑어(Tunny)로 보기도 하였다. 흥미로운 점은 모두 어머니인 암컷과 아들인 수컷을 가리킨다는 것이다. 역시 양면성을 상징한다. 모든 동물이 '두 눈'을 가지고 있듯이 생명을 낳는 짝을 상징한다. 민물과 짠물도 마찬가지다. 그러면서도 **아들(Ador)**은 풍요와 다산을 상징한다.

유대인에게는 물고기가 부정적인 대상으로 취급된다. 몸을 피폐하게 하는 존재로 여기는데, 몸이 무디고 불안정해지며 무기력을 일으키는 상징으로 본다. 이러한 관점은 사제장 시대 이전의 이집트에서 파생된 것이다. 어쩌면 공포와 혐오를 일으키는 물고기 섭취는 피하는 관습이라 하겠다. 이집트의 상형문자에 새겨진 물고기는 불쾌한 존재로 나온다. 물고기가 부패했을 때 나오는 고약한 냄새도 물고기를 피하는 계기로 작용했을지 모르겠다. '메스껍다'에서 제의적 희생물을 상징하는 이집트의 황소 다리인 'Meskhetiu'가 떠오르는 것은 우연이 아닐 것이다. 희생 제물을 익히지 않고 바친다면 그 냄새는 상상을 초월하기 때문이다. 위에서 든 몸 상태의 붕괴는 사실 긴 장마 기간과 여름 더위와 직결되는 현상이다. 덥고 습하면 인간의 몸은 나른해지며 무기력해진다. 여기서 **물고기는 장마, 우기(雨期)를 상징**한다고 하겠다. 이를 극복하는 것이 '개'고기 섭취이다. 이미 앞에서 논하였다.

이제 두 마리 물고기 형상에 대하여 우리와 연관된 역사적, 문화적 유산을 살펴보겠다. 글쓴이가 가야, 가락국에 대한 역사나 신화적인 내용을 접할 때 무척 곤혹스러운 것 중 하나가 두 마리 물고기(보통 한자 雙魚로 표기한다)에 관한 조각상들이다. 지금도 다리 등에 이러한 두 마리 물고기 형상을 새겨 놓는다. 그럼에도 불구하고 그 이유와 유래에 대해서 명확하게 기술된 자료를 접해보지 못했다. 심지어 무당들은 두 마리의 명태를 들고 제의를 진행한다. 그러면 숭배 대상임은 틀림없다. 기피 대상은 아니라고 본다. 가라는 물의 흐름인 강과 밀접한 고대 국가 체계이다. 따라서 물과 관련된다. 바다와 접했다면 바다와도 관계된다. En-Ki가 그려져 있는 그림 **4.9**를 보자. 두 줄기의 물줄기와 함께 물고기들이 두 갈래의 길로 헤엄치고 있다. 민물인 강과 짠물인 바다를 상징하면서 물의 두 얼굴을 상징화하고 있다. 따라서 두 마리 물고기는 강과 바다의 두 생명 샘을 가리킨다. 강줄기인 남자와 배인 여자를 상징한다. 다시 한번 특별 주제 Janus와 복희-여와 편을 더듬어주기 바란다. 그림 4.9는 또한 별자리를 포함하고 있다. 해가 물고기자리는 물론 양(혹은 황소)자리 근처에 나타남을 보여주고 있는바 장마 기간을 가리킨다. 아울러 두 개의 물고기 설정은 1년을 360일로 잡아 한 달을 더 넣는 신화에 가장 적합하다. 단순히 별자리 모양으로 두 개의 물고기를 만들지는 않았을 것이다. 그 위에 더 밝은 별들인 페가수스가 자리하고 있기 때문이다. 결론적으로는 해길과 이에 따른 계절의 순환 그리고 해가 이곳을 머무를 때 여름의 긴 장마 기간과 밀접한 관계를 맺는다고 하겠다. 그러면서도 **두 개의 눈(目, eyes)의 형상과 두 개의 물고기는 상징성에서 같다. 물론 이집트의 두 개의 눈 모양 그림과도 이어진다.** 여기서 장마는 재해의 대상이 아니라 농사에 필요불가결한 물과 기름진 옥토를 가져다주는 풍요의 대상으로 삼았다고 본다. 그러면서도 여성으로 신격화한 것은 풍요와 다산을 가져다주기 때문이다. 그리스 신화에 등장하는 아프로디테와 그 아들의 설정 자체가 모성과 다산(아들)을 상징하는 것이라고 본다. 그렇다면 바위 앞에서 아들 낳기를 바라는 제의적 문화와 심리적으로 통한다. 그러면 가야, 가락국에 등장하는 두 마리의 물고기는 '다산과 풍요'를 상징한다고 하겠다. 그 유래는 유프라테스, 그것도 수메르에서 비롯되었을 것이다.


## 5.38 남 물고기자리(Piscis Australis, the Southern Fish)

프랑스 Poisson Australe, 이탈리아 Pesce Australe, 독일 Südliche Fisch.

염소와 물병자리 남쪽에 위치한다(그림 4.1). 이 구역은 모두 물과 연관된다. 찾기는 쉽다. 왜냐하면 으뜸별의 광도가 1.2로 일등성에 해당하기 때문이다. 이름이 포말하우트(Fomalhaut)이다. 우리로부터 22광년 떨어져 있으며 해(Sun)보다 두 배 크고 빛의 세기는 14배에 달한다. 우리나라를 기준으로 한다면 남쪽 지평선에 위치한다. 나머지 별들은 식별하기 힘들 정도로 밝기가 낮다. 따라서 굳이 물고기로 보기에는 억지스러운 면이 있다. 해가 이 구역을 지나는 기간이 비가 내리는 시기와 맞아 만든 자리로 본다. 그런데 Australis는 해길 12자리에 있어 두 개가 생길 때 붙여지는 형용사적 단어이다. 이 말과 함께 meridionalis, notius 등도 수식하는 말로 나온다. 그리스어를 기준으로 보았을 때 Piscis는 배씨키로 새김하여야 한다. 이미 앞에서 지적하였다. 독일(게르만)어에서 키인 c가 ch로 다시 전체가 s 발음으로 변했다는 사실을 알 수 있다. 씨키가 순수한 새끼로 보면 뜻이 명확히 통한다.

시리아는 하늘신인 Dagon으로 보았고, 이집트에서는 비슷한 상징으로 Phagre와 Oxyrinque라고 하였다. 이미 앞에서 설명하였다. Draco와 상징성은 같다. Phagre는 '뵈키알'이다. 알을 가운데로 놓으면 뵈알키, 따라서 발그리인 '밝'이 된다. Oxyrinque는 억지로 하자면 '아기씨알키' 혹은 '아기씨랑'이다. 이중적으로 알키인 Ark로 보면 되겠다. 이러한 이름은 별자리를 기준으로 한 것이 아니라 으뜸별을 보고 붙인 이름이다. 남쪽 지평선에서 홀로 찬란하게 빛나기 때문이다. 고대 바빌로니아서도 하늘을 지켜주는 왕별(Royal Star)로 취급받았다. 즉 B.C. 3000년경 페르시아에서 해가 겨울점에 다다를 때 이 별을 Hastorang이라 하여 4개의 왕별 중 하나로 보았다. Hastorang은 아씨딸과 통한다. 이집트의 Oxyrinque와 같다.

그리스에서는 Piscis magnus, Piscis solitarius, Piscis Capricorni 등으로 불렀다. 사실 모두 으뜸별의 찬란함에서 나오거나 그 위치 때문이다. 이를 받아 아라비아에서는 남쪽 물고기라는 뜻으로 'Al Hūt al Janūbiyy'라 하였다. 다시 Haut elgenubi, Ahaut Algenubi 등으로 된다. 그러면 **물고기가 Haut, 남쪽이 Kanubi**가 된다. 여기서 J와 g는 모두 키(커)이다. 아라비아어는 추적하기가 어렵다. Haut는 앞에서 이미 했지만 Kaut, 따라서 Kar로 볼 수도 있겠다. 그러면 고래와 만난다. 그러나 억지스럽다. 남쪽을 의미하는 Kanubi도 맞추기가 힘들다. 그대로 새기면 '큰배'이다. 그리스어를 보면 이에 대응되는 말들이 모두 홀로 있으면서 찬란하고 위대한 모습을 가리키고 있다. 남쪽과는 관계가 없다. 따라서 Kanubi는 남쪽이라는 뜻이 아닐 것이다. 나중에 억지로 꿰어맞춘 것으로 본다. 물론 바다가 언제나 남쪽에 있다고 보면, 배 자체를 추상적인 '남'쪽으로 설정할 수 있다. 한편 **haut**인 **haud, hady**에서 h를 k가 아닌 v로 새기면 **vaud, vady**가 되며 이는 **바다**와 같다. Hydra에서도 이와 같은 해석을 했었다. 이 새김이 가장 걸맞다. 바다는 바닥과 같고 이는 지평선에 걸려 있는 모습과 통한다. 우리가 남(南)이라고 부르는 것은 남쪽에 사는 묘족이 부리는 북의 이름이다. 심리학적으로 서로 교감이 된다.

으뜸별의 이름이 Fomalhaut이다. 아라비아어로는 'Fum al Hūt'로 물고기의 입이라고 한다. 그리스에서 물고기라는 이름이 붙여지고 난 다음 만들어진 말이다. 보통 'Fom Alhout Algenubi'라고 하였는데 Fomalhout는 여기로부터 나왔다. Hout는 바다이며 물고기를 가리키는 것으로 바로 앞에서 새김을 한 바가 있다. 입을 가리키는 Fom 혹은 Pham은 '뵈뵈'이다. 그런데 원래 아라비아에서는 그리스 영향을 받기 전 Al Difdi al Awwal(the First Frog)라 하여 첫째 개구리로 불렀다고 한다. Difdi는 따뵈치로 개구리인 듯하다. 순수 우리말로 하자면 '돕치'이다. '두터비'와 소리값이 비슷하다. 이 별은 배자리 중 Carina에 속한 으뜸별 카노푸스(Canopus)와 비교된다. 시리우스 다음으로 밝은 별이다. **Canopus 역시 '큰배'**다. 큰바다로 보면 남쪽으로 통한다. 그리스이건 유프라테스이건 바다는 남쪽에 위치하기 때문이다. Cano는 또한 배인 카누의 뿌리말이기도 하다. 만약에 '뵈'를 앞에 두면 'Bikini'가 된다. 또한 바구니이기도 하다. 심리적으로 더운 날씨와 물 그리고 바다의 생활상과 통한다.

마지막으로 Pisces, Genenubi, Canopus를 서로 비교해 보겠다. Canpus와 Genenubi는 같고 따라서 한 묶음으로 하겠다. 여기서 뵈(Pi)를 앞으로 놓으면 Pikini가 된다. 이미 언급하였다. 바구니이다. 물론 여자의 젖통을 가리는 비키니 역시 바구니와 같다. 그런데 Pis를 넣으면 Piskini가 된다. 큰(Kni)을 꼬리말에 어울리는 Ki로 새기면 Piski가 된다. Pisci와 같다. 여기에 ut형을 꼬리에 붙이면 Pisket가 되고 이는 Basket와 같다. 역시 바구니이다.


# 5.39 왕관자리(Corona Borealis and Australis, the Northern and Southern Crown)

프랑스 Couronne Boreale(Australe), 독일 Nördliche(Südliche) Krone. 이탈리아는 북쪽 왕관은 Corona로 하고 남쪽 왕관을 Corona Australe라 하여 구분한다.

일찍부터 알려진 별자리로 그리스에서는 화관(花冠, Wreath)으로도 불렸다. 처음부터 남북으로 구분한 것은 아니었다. **나중에 남쪽 자리가 추가**되면서 더 높다는 지위의 뜻을 첨가하여 Borea, Borealis가 붙었다. 혹은 Corona of Vulcan으로도 불렸다. 따라서 여기에서는 북쪽 왕관만을 대상으로 하여 이야기를 전개하겠다. 그림 **4.1**에서 찾기 바란다. Corona와 Crown은 '커알나'의 구조이다. 그리고 커알인 Coro는 '고리'와 통한다. 둥근 모양을 그리기 때문이다. 앞에서 나온 아마존의 '허리띠'와 상징성이 같다. 여러 번 등장시켰지만 고구려에서 '구루'는 성이나, 성채(城砦)를 가리키는 이름이기도 하다. 성은 둥글게 쌓는다. 역시 의미가 이어진다. Bore, Borelis는 모두 '뵈알'이다. 으뜸이다. 불같은 화려함을 상징한다. 이러한 화려함은 프랑스, 이탈리아는 물론 독일, 앵글로족에서도 모두 '뵈'를 뿌리말로 한 '배치'라고 하는 것과 일치한다.

한편 그리스에서는 신화를 바탕으로 하는 이름도 부여한다. 크레타의 왕 미노스(Minos)의 딸인 Ariadne 공주에 관한 것이다. Minos는 Mani, Mena 등과 같은 말이다. 공주에 대해서는 다양하게 나오는데, Ariadnaea Corona, Corona Ariadnae, Corona Ariadnes, Cressa Corona, Corona Gnosida, Corona Cretica, Minoa Corona, Minoia Virgo 등이다. 공주의 이름이거나 출생지 섬 그리고 나라 이름이 붙는 꼴이다. 여기서 Ariadne를 보면 Arden으로 다시 Aden으로 보면 Eden과 발음상 형태가 동일하다. 그런데 시간이 흐르면서 중세 영어에서는 Ariaden이 Adrian(e)으로 표기된다. '알'이 '달'이 되어버렸다. 그리고 Columella는 Gnosia Ardor Bacchi 혹은 공주가 버려진 섬의 이름을 따서 Naxius Ardor라는 이름으로 삼기도 했다. 여기에서는 Ardor가 되었다. **Arthur, Altar 등도 모두 음운학적으로는 같다.** 다만 뜻을 새길 때 확연히 달라질 뿐이다. 우리는 '알딸'이면 딸이 맞다. 그러나 '아달, 아들'로도 된다.

시적인 표현을 쓸 때 'Diadema Coeli'라는 제목으로 등장하기도 했다. Diadema는 '두(two)-담'으로 새김이 된다. 즉 **두 개의 담으로 된 고리(Coeli)**이다. 우리가 고을, 시골이나 마을을 볼 때 외부의 침입을 방지하기 위해 원형으로 형성되었으면 역시 '고리'와 통한다. 혹은 Oculus라고도 하였다. 이 별 모양의 아름다움에서 플레이아데스와 함께 종종 등장한다.

아리비아로 가보면 다른 문화가 나온다. 방패(shield)로 보아 Parma라고 불렀는데 더 일반적으로는 Al Iklil al Shamaliyyah라 하였다. 이것이 뭉쳐지면 Acliliusschemali, Aclusshemali로 된다. 아라비아어에서 자주 lil이라는 뭉치를 만난다. 곤혹스러운 철자 모임이다. il이든 li이든 묵음화 시켜야 제대로 된 음과 뜻을 새길 수 있다. 따라서 Iklil은 Ikil로 보아 '킬, 클'과 같다. '골, 고리'이다. Shamaliyyah는 Samali로 '씨뫼알'이며 Samaria와 같다. Parma와 Samaria가 방패라는 뜻인지는 파악하지 못했다. 그런데 이른 시기의 아라비아에서는 접시(dish) 모양을 상정하여 Al Fakkah라고 하였다. 이를 Phecca, Alphaca, Alfecca, Alfacca, Foca, Alfeca, Alfelta 등으로 분화되는데 심지어 Alphena로 나오기도 한다. 모두 '뵈키'이다. 그리고 '박'으로 보면 모양과 일치한다. 두레박을 떠올리기 바란다. 또는 거지가 든 동냥 사발(bowl)로 보아 Kas'at al Saik, Kasat al Masakin이라고 이름을 지었고, 페르시아에서는 회교 수도사의 주발(타원형의 큰 접시) 혹은 부러진 주발로 보아 각각 Kasah Darwishan, Kasah Shekesteh라 하였다. 별들이 동그랗게 모여 있는 것을 형상화한 것이다. 여기서 Kasat, Kasa는 '커씨'이다. 일본어 '가사'가 우산을 가리키는데 뒤집은 모습이 접시 모형과 같다. 그리고 가사를 뒤집으면 '사가'가 되고, 그러면 '삿갓'이다. 삿갓은 뾰족하거나 둥근 모자로 우산 역할을 한다. 즉 Kasa는 '가시, 카시'로 새길 수 있다. 가시는 바다와 육지가 만나는 곳 중 움푹 들어간 지역을 가리키는 말이다. 이러한 곳에 생긴 마을을 가시벌이라 한다. 이러한 움푹 들어간 가지 모양은 여성의 음부를 상징할 수 있어 '각씨'라는 이름이 나왔을 것이다. 카시오페이아자리에서 지적한 바가 있다.

히브리족은 이 Crown을 Atārōth라고 불렀다. 셈족의 여왕인 Cushiopeia가 쓴 왕관으로 본 듯하다. 반면에 시리아는 Ashtaroth라고 불렀는데 이는 Astarte와 같다. 아사달 편에서 다양한 이름 새김을 보였을 때 이 단어가 나왔었다. 그러면 히브리의 Ataroth도 아씨딸임을 알 수 있다. **밝고 성스러운 터인 아씨달(땅)과 그곳에 자리 잡은 성모인 아씨딸과 더불어 그 상징을 나타내는 성모의 왕관이 삼위일체가** 된다.

한편 Borelia와 Australis가 왜 북과 남을 의미하는지 추적해 보기로 한다. 우선 라틴어와 게르만어가 서로 다르다. 북쪽을 뜻하는 Bore와 Nord, 남을 가리키는 Austral과 Saud(Sud) 등으로 대비된다. Borealis는 Bore가 뿌리말이다. '부루'다. 그렇다면 부루가 왜 북이 될까? 앞에서 이미 했지만 남쪽 것에 비해 더 화려하기 때문이라는 말이 있기도 하다. 그러나 부족하다. Borelis는 그리스에서 북풍을 의미하는 것으로 알려져 있으며 북풍의 신이라 하겠다. 그러면 Bore는 바로 '바람'과 통한다. 찬 바람을 상징화 할 수도 있다. 사실 Bear 편에서 했지만 Bore 역시 Bear에 속한다. 문제는 Austra, Australis이다. Austor는 '아씨딸'이며 우리식으로 하자면 아사달이다. 그리고 히브리 혹은 시리아 민족의 말에 따르면 왕관이 겹친 말이 된다. 그런데 아사달은 일반적으로는 해가 뜨는 밝고 높은 터를 상징한다. 따라서 동쪽이어야 제격이다. 따라서 Australi가 남쪽으로 새김하기가 곤혹스러워진다. 그렇다면 다른 방향으로 보자. 그리스를 기준으로 삼았을 때 아씨 즉 '알'족은 아마도 이란이나 파미르에서 나왔다고 볼 수 있다. 그리스의 동남쪽에 해당한다. 따라서 그리스는 부루족과 알(보통 아리안족으로 알려져 있다)족의 침입과 그에 따른 사회적, 문화적 변화가 다양하게 일어났다고 본다. Heracles 자리에서 다시 살펴보겠다. 지금의 이란은 그리스를 기준으로 한다면 남쪽이기보다는 동쪽으로 보는 것이 더 타당하다. 그럼에도 알족이나 부루족의 침입이 그리스를 기준으로 했을 때 남쪽에서 이루어졌기 때문이라고 보고 싶다. 동쪽을 의미하는 영어의 East가 아씨타로 아씨딸과 궁합이 맞다. West는 Vest로 보아 뵈씨이다. 따라서 부루족과 연관된다. 그런데 아씨를 '씨아'로 새기면 다시 말해 거꾸로 하면 Suat가 된다. Sud, South와 만난다. 과연 이러한 거꾸로 새기는 전철을 밟았을까? 마야와 야마를 생각하기 바란다. Sud, South 역시 '씨땅'임에는 아씨딸과 상징성은 같다. 우리는 밝은 동쪽을 의미하지만 따스한 남쪽을 고려하면 이 역시 심리적인 면에서는 수긍이 간다. 프랑스도 남쪽을 Sud라 한다. 그러면 Nord, North는 왜 북북일까? Nor는 Nar와 같고 '나알'이다. 우리는 이 나알을 '날(day)'로 새김하지만 Nar는 많은 민족에서 해(Sun)를 가리키는 말이기도 하다. 여기에서 노르만족(Norman)을 거명하지 않을 수 없다. Norman 족은 현재의 Norway(Norge에서 g 소리가 사라진 경우이다) 지역에 거주했던 민족이다. 프랑스나 영국 등에 침략하여 그곳에 정착하고 지역 이름도 남기게 된다. 당연히 침략당한 쪽에서는 Nor가 북쪽을 가리키게 된다. 처음부터 Nor가 북을 가리키는 말이라고는 보지 않는다. Nor는 또한 '누리다'의 말뿌리로 볼 수 있다. 그러면 청나라를 세운 누르하치와 만난다. 우리말 '온누리'와도 통한다. 한편 Bore는 '부리다', Nor는 '누리다'로 서로 대비된다는 점이 흥미롭다. 그러면 보르(Bor)와 노르(Nor)는 사실 같은 민족일 것이다. 다만 시간적 지리적으로 달라 이름 자체가 분화된 것으로 파악해 본다. 그리고 클씨족(켈트, 게일, 게르만 등)과의 연관성도 더듬어야 할 것이다. 게일, 켈트, 게르만족은 모두 같은 핏줄에 속한다고 본다. 따라서 **부루(불), 노르(날), 게르(클)족의 삼각관계를 말뿌리를 통하여 분석하고 그 역사적 길을 찾는 연구가 요망**된다. 그러면 알또르(Arther)의 신화(보통 '아서' 혹은 '아더' 왕이라고 부름) 역시 파헤쳐질 것으로 믿는다. 모두 말의 진화, 이름의 변천과 관계된다.

　　**결국 Borelis와 Australi는 그리스를 중심으로 북쪽으로 부루족과 남쪽으로 아씨딸 문화에 따른 것으로 결론 내리고 싶다.** 한편 부루해 등의 이름은 흔히 태양족을 상징하며 해는 북쪽에서 가장 중요한 삶의 씨라는 상징성을 가지고 있다. 아씨딸 역시 결국 밝은 해가 뜨는 터를 상징하기 때문에 해와 상관된다. Nar를 '해'로 보는 민족들(몽골 지역, 드라비다족)과 우리와의 연관성을 찾는 것도 중요한 말뿌리 캐기에 속할 것이다.


# 5.40 헤라클레스자리(Heracles 또는 Hercules)

땅꾼 위, 용의 아래, 고니 오른쪽(서), 목동의 왼쪽(동)에 위치한다. 목동과 이 별자리 사이에는 북 왕관이 터를 잡고 있다. 그림 4.1, 그림 5.2, 그림 5.25를 보기 바란다. 그다지 밝은 별들은 없다. 그럼에도 헤라클레스(혹은 헤르쿨레스)는 신화적으로 유명하여 별자리 역시 큰 주목을 받는다.

　　Her, Hera는 '해알'이며 해신이다. cule은 그대로 '클, 컬'이다. **해신의 아들**로 새김하면 통한다. 그러나 그리스어로 'Hera, Her'는 해를 가리키지 않는다. 오히려 어두운 지하 세계를 상징한다. 따라서 원래 그리스에서의 이름은 이것이 아니었다. 소위 무릎을 구부린(bending) 혹은 꿇은 자(Kneeler)를 뜻하는 Engonasi, Engonasis, Engonasin 등으로 불렀다. 그리스어를 보면 'εν γονασι'로 되어 있어 'En+Gonasi'임을 알 수 있다. 왜 이러한 이름이 생겼는지는 고대 그리스 시대에서도 파악하지 못하였다. 다만 유프라테스에서 유래된 것으로 추측할 뿐이다. 즉 수메르 시대의 영웅인 길가메시와 연관을 짓는다. 특히 헤라클레스와 용자리

(Draco)를 연결하여 이 두 상대가 수메르의 해신 Izhdubar와 용신 Tiāmat에 대응시킨다. 모두 뱀을 형상한 괴물인 용을 죽이는 영웅으로 묘사된다. Izhdubar(이즈흐두바르)는 B.C. 3000~3500년에 새겨진 원통형 인장에 나오며 발을 용의 머리에 얹고 무릎을 꿇어 쉬는 자세를 취하는 모습으로 그려진다. 이 Izhdubar는 Gizdhubar, Gilgamesh 등의 이름으로도 나온다. 길가메시(Gilgamesh)는 고대 수메르어 구조상 보통 Gi-il-ga-mes로 표기될 수 있다고 본다. 수메르의 신화에서는 길가메시가 영웅들의 모험 길에 나설 때 하인이자 동료인 Ea-bani(혹은 Hea-bani)를 대동한다. 보통의 수메르 신화에서는 '엔키두'라는 이름으로 나온다. 길가메시는 용을 퇴치할 뿐만 아니라 괴물 사자를 때려잡고 황소를 물리쳐 정복한다. 한쪽 무릎을 꿇은 자세가 중요한 상징성을 나타내는 것 같다. 그러한 의미로 별자리 이름이 불리었기 때문이다. 이러한 자세가 단순히 용을 퇴치하여 누르는 승리의 상징으로 그린 것 같다.

이제부터 위에서 제기된 다리를 구부린 자세와 그 이름에 대한 유래를 파악해 보겠다. 특별 주제에서 이미 나왔던 그림 4.9를 다시 보기 바란다. 그림을 보면 엔키는 한쪽 발을 구부려 받침돌에 올려놓은 모습이다. 받침에는 연꽃 같은 문양이 새겨져 있다. 대지 그것도 습지에 자라는 연꽃을 의미하는지는 모르겠으나 대지에서 샘이 솟는 형상으로 볼 때 타당할 것도 같다. 다른 한편 비늘로 보이기도 한다. 뱀 더 나아가 용의 비늘이다. 물의 신답게 물줄기를 따라 물고기들이 들어가는 형상으로 그려져 있다. 두 개의 물줄기와 두 마리의 물고기는 민물과 짠물을 가리키면서 생명의 원초적인 '물'의 상징성을 담고 있다. 역시 두 얼굴이다.

앞에서 그리스어의 '엔(en) 고나시(gonasi)'가 무릎을 꿇거나 구부린 의미라고 하였다. 이 단어를 'en-go-na-si', 그리고 나씨를 단순 꼬리말로 취급하면 'engo'가 된다. 바로 엔키(enki)와 이어진다. 수메르어에서 엔키는 en-ki이다. 하늘의 신이 안이고, 즉 '한(han)'이고 땅의 신을 키(ki)라 했는데 Hanki인 셈이다. 따라서 그리스는 수메르의 영웅 신들이 한쪽 발을 구부린 자세를 취하여 그 뜻을 일반화한 것이다. 그리고 이미 거론했지만 이집트의 Ankh도 여기에서 유래한다. 수메르에는 영웅적인 신들이 이러한 자세로 새겨진 부조가 다량 발견된다. 해의 신 우르 역시 한쪽 다리가 구부린 자세로 등장한다. 이 엔키가 수메르의 영웅 설화에서 첫 주자로 나선다. 그리고 세 번째가 길가메시이다. 모두 용을 퇴치하는 것을 목표로 삼는다. 여기서 용은 바다를 상징한다. **바다의 거대한 파도와 밀물에 따른 강변의 황폐화를 극복하는 상징이 내포되어 있다. 이른바 민물과 짠물의 혈투이다.** 이미 여러 차례 언급이 있었다. 특히 가뭄이 심하여 강물이 줄어들면 해안가 늪지대는 민물이 아닌 짠물의 터로 되어버려 농작은 불가능해진다. 지배자로서는 극복하여야만 할 중대 사안이다. 구부린 다리는 파도를 막는 둑을 상징한다고도 볼 수 있다. 하지만 궁극적으로는 역사적인 사건으로, Sumer−Akkad−Babylonia의 정권 교체와 그 지배를 상징한다.

길가메시 신화는 수하 동료인 엔키두(Enkidu)를 대동하고 모험을 떠나는 이야기와 엔키두의 죽음을 맞이하여 죽음이라는 운명을 극복하려는 모험으로 이원화되어 있다. 흥미로운 점은 Enkidu는 En-Ki에 타(탕)가 붙은 형태이다. **Enki는 물을 다스리면서 모든 법을 집행하는 신 중에서도 신이다. 이렇게 지존 높은 신의 이름인데 그 이름이 훨씬 낮은 대상에 붙여진 이유를 모르겠다.** 분명히 그 곡절이 있을 것이다. 그 이유는 길가메시 자체가 'En-Ki'이기 때문이다. Enki-Du 에서 Du는 '두(two)' 혹은 '더'를 가리키는 것 같다. 따라서 Enkidu는 Enki의 다른 모습이다. 역시 Janus적인 두 얼굴을 상징화하고 있다. En-Ki의 하수인인 Isimud와 같으면서 삶과 죽음을 담고 있다. 엔키두와의 모험은 불을 뿜는 삼나무 숲의 거인 후와와를 퇴치하는 일, 이슈타르(인안나) 여신의 미움을 사 수컷 소의 공격을 받고 퇴치하는 일 등이 들어 있다. 여기서 삼나무 숲의 거인은 사냥족이나 유목 민족을 상징한다. 이름이 '후와와'이다. 후와와는 여호와와 같고 따라서 '여와'이다. 그러면 아마도 뱀족이며 모계 사회일 것이다. 길가메시는 일곱(7) 개의 산을 넘고 삼나무를 일곱 그루 베는 이야기가 나온다. 일곱 **개의 상징이 북두칠성**인지는 모르겠다. 일곱 개의 산을 넘은 후 깊은 잠에 **빠지는** 장면은 엔키의 모험에서도 나온다. 참고로 엔키두 역시 깊은 숲속, 밀림에 살았던 영웅적 거인이었다. 나중에 농경 사회에 동화된다. 여사제의 유혹이라는 상징성이 도입된다. 그러나 승리하고 난 후 엔키두는 다른 신들에 의해 죽임을 당한다. 그것도 12일 동안 아픈 후 숨을 거둔다. 여기에서도 숫자 **'12'**가 상징적으로 솟아오르고 있다. 엔키두가 죽은 후 길가메시는 영원불멸을 찾아 떠나는데 그 목표가 깊은 바다에 있는 나무 열매(혹은 풀이며 결국 불로초)이다. 드디어 바다가 나온다. 바다는 온 우주를 떠받치는 밑바닥이다. 따라서 영원한 곳이다. 이곳을 지키는 **문지기가 용**이다.

이 모험 길은 깊은 **물**인 바다가 설정되며 배가 나오고 **뱃사공**이 등장한다. 보통 죽음은 강줄기에서 나룻배를 타고 건너갈 때로 상징화된다. 우여곡절 끝에 불로초 (열매)를 따는 데 성공한다. 모든 신화가 그렇듯이 이 열매는 뱀이 가져간다. 뒤돌아보면 뒤따라오던 사람(남편이나 부인)이 돌로 변하는 것과 상징성이 같다. 여기서 길가메시가 우물 즉 민물에서 목욕하는 설정이 중요하다. 뱀이 허물을 벗으며 영원을 상징하는 동물이 되는 것이다. 수메르 신화의 원전은 존재하지 않는다. 모두 나중에 수메르를 침략하여 지배한 셈족 혹은 바빌로니아 시대에 작성된 것이다. 물론 수메르 시대의 것을 모체로 한다. **영웅 신화에서 반드시 등장하는 것이 잠과 죽음이다. 살면서 거역할 수 없는 대상이다. 영원은 없으며 영원은 꿈에서만 존재한다. 꿈이 곧 신화인 셈이다.** "돌아보지 말라"는 계시는 "잠을 자지 말라"는 명령과 같다. 반드시 돌아볼 수밖에 없는 운명이자 잠을 잘 수밖에 없는 숙명인 것이다. 이것이 삶이며 생명인 셈이다.

이제 말의 구조를 분석하기로 한다. 먼저 Izhdubar와 Gizdhubar를 비교하자. 꼬리말 bar는 그대로 '부리'이다. 여기서 'h'를 어떻게 보느냐가 관건이다. 이 문제는 힌두 경전에 나오는 이름들에서 더욱 두드러진다. 여기에서는 무시하기로 한다. 그러면 공통적으로 '부리' 앞에 '따'가 붙는다. 앞에 나온 Tiamat와 같은 구조이다. '타부리, 타부루'이다. 이를 뒤집으면 부루타 따라서 '부리탕'이 된다. 마지막으로, 머리말인 Iz와 Giz와의 관계이다. 'g'인 '가' 음이 탈락했음을 알 수 있다. '크치, 키치'이다. '아' 발음과 '가' 발음은 서로 교차한다는 사실을 누누이 강조하였다. '가'가 '아'로 변한다. 이것은 'nga'의 구조이며 'ang'과 서로 상응한다. 결국 '크치-타부리'가 된다. 이중 구조이다. 최고의 존칭이 부여된 셈이다. 만약 Gizdhubar에서 'h'를 살리면 hubar이고, '해부르, 해부리'가 된다. 우리의 해신이며 부여족의 왕이다. 길가메시를 본다. 그냥 이어진 구조라면 '클카마씨'이다.

그런데 **Sumer**에서는 **Bilgames**라는 설이 있다. 가끔 **Pabilgames**로도 표기되는데 **Pabilga**는 **Bulga**와 같다. 그러면 '**Burki-Mes**'이다. 부르키인 '**밝**'이가 나온 셈이다. 그리고 **Mes**는 존칭어이다. 따라서 **Sumer**의 '**Burki, 밝**'이 **Akkad**에서 '**Kurki, 클키**'로 바뀐 것으로 결론이 난다. 그러면 앞에서 **Gilgamesh**는 '**Kurki-Mes**'이며 '**클키-메스**'로 보는 것이 더욱 어울린다. '높고 성스러운 자'

로 새김이 확실히 되었다. 한편 곰인 **Kama**를 곰씨로 새겨 **Kamas**로 하면 '**Ka-mes**'가 되고 결국 '**카메시**'로도 새김이 된다. 앞에서 새겼던 '**Christ-Mas**' 와 궤를 같이한다.

다시 용이라는 상징성에 대해 더 고찰하기로 한다. 서양 문화에서는 용(온갖 종류의 뱀)은 사악한 괴물로 상징되며 퇴치의 대상으로 등장한다. 동양권에서는 반대이다. 글쓴이는 바다를 배경으로 하는 용들은 자연재해를 상징한다고 하였다. 단순히 고래나 물고기를 가리킨다는 것이 이치에 맞지 않기 때문이다. 그러나 외부의 침략자가 모는 배를 상정하면 그 상징성은 더 살아난다. 해안에 다다른 침략자의 배와 그 배에서 공격하는 불화살을 상상하면 이해가 될 것이다. **괴물 용 종류가 고래나 다랑어 등으로 묘사되는 것은 신화적인 관점에서도 부합하지 않는다.** 물론 모험 길에서 물리친 사자나 황소 역시 타 부족을 상징한다. 헤라클레스에게 부여된 **12**가지 노역(Athoi라 하며 경기나 시합을 뜻한다)은 **12**가지 난문을 **12**년에 걸쳐 뚫는 것으로 설정된다. 따라서 해길 **12** 별자리와 연관시키기도 한다. 그 내용을 보면 다음과 같다. 사자를 죽이는 일, 늪에 사는 머리가 9개 달린 괴물 Hydra를 죽이는 일(여기에서 바다뱀과 게자리가 탄생한다), 아르카디아의 사슴을 사로잡는 일, 메스돼지를 사냥하는 일, 3,000마리가 있는 마구간을 청소하는 일, 전쟁의 신 아레스의 새들을 잡는 일, 황소를 탈취하는 일, 사람을 먹는 말들을 사로잡는 일, 아마존 여왕의 허리띠를 탈취하는 일, 스페인의 왕인 게리온의 소를 탈취하는 일, 여성 신 헤스페리데스의 **황금 사과**를 탈취하는 일, 지하 세계를 지키는 개(dog)인 케르베로스를 데려오는 일 등이다. 우선 흥미로운 점 하나를 지적한다. 히드라는 머리가 9개, 게리온은 머리가 3, 손이 6, 몸체가 3개로 된 괴물 왕이고, 케르베로스는 머리가 3개라는 설정이다. 여기에서 '셋, 3'이라는 상징성이 다시 나온다. 또 하나는 격퇴하여 죽이는 상대는 사자, 뱀(히드라), 메스돼지인 반면 나머지 것들은 모두 잡아 오는 대상들이라는 점이다.

**황금 사과는 황금 사자, 황금 양털 등과 상징성이 같은 것으로, 공격하는 상대의 신전을 가리킨다고 본다. 신전과 숭배되는 신을 탈취하는 것은 상대 부족을 완전히 제압하는 것으로 결론이 나기 때문이다.**

그리스 시대 이전이나 유프라테스 지역에서 일어났던 도시 국가 간의 처절한 투쟁을 반영하는 것으로 해석하고 싶다. 길가메시 신화 역시 그 당시 현존했던 존경스러운 왕에 대한 설화적인 전승이 신격화된 것과 같은 맥락이다.

여기서 Amazon에 대하여 더욱 더듬어 보겠다. 오리온자리의 Bellatrix를 다룰 때 나온 바가 있다. 헤라클레스는 아마존 여왕인 히폴리토스(Hipolitos)를 유혹하여 허리띠를 얻는다. 여기서 여왕과 허리띠는 무당과 제단을 상징한다. 그리고 성적인 결합을 암시하고 있다. 그러나 아마존 부족은 자기들의 지배자인 여왕이 납치되거나 위협을 받을 것을 우려하여 헤라클레스를 포위한다. 이에 헤라클레스는 여왕을 살해하고 허리띠를 가지고 탈출한다. 결국 아마존은 보복에 나선다. 그런데 보복을 위하여 근처의 스키타이족과 연합하여 그리스를 공격하는 점이 중요하다. 이 장면에서 아마존은 말을 잘 타고 활을 잘 쏘는 여전사로 그려진다. 스키타이족과 일치한다. 따라서 아마존은 스키타이 일족이면서 따로 모계 사회를 이어가는 집단으로 볼 수 있다. 더욱이 이러한 신화적 설정이 수메르의 길가메시 영웅 이야기에 나오는 '후와와'와 같다. 글쓴이는 뱀족으로 모계 사회를 이루는 것으로 해석한 바가 있다. 아마존과 일치한다. 뱀의 껍질 형상에서 **후와와**든 아마존이든 비늘과 같은 전투복을 착용하였을 것으로도 상상이 간다. Hipolitos는 '해부리따'인데 '해부리'족(tos)으로 본다. Politos는 Bellatrix와 음운학적으로 같은 말이다. 모두 Bear와 관련된다. Amazon은 그리스어로 'A+Mazos'의 구조이다. A는 부정을 가리키는 머리말이고 Mazos는 유방을 가리킨다. 따라서 유방이 없다는 뜻이다. 이러한 신화적인 이름은 활을 잘 쏘기 위해 오른쪽 유방을 도려내었다는 인식에서 비롯되었다. 사실이 아닌 가짜 뉴스이다. 얼마나 활을 잘 쏘았으면 그리고 피해가 컸으면 이러한 소문이 퍼졌겠는가? 여기서 Ma는 '물'이라 본다. 물치이다. 물(젖)통으로 보면 되겠다.

이 신화에서 주목할 점은 헤라클레스는 제우스의 정식 자식이 아니라 테베의 여성 알크메네(Alcmene)와의 염문에 의해 탄생한 자식이라는 설정에 있다. 신화에 전형적으로 등장하는 영웅들의 탄생 설화와 일치한다. 길가메시 역시 제의적 축제 때 통치자와 여사제와의 사이에 이루어진 이른바 성혼례(聖婚禮)에 의해 태어난 신이다. 그래서 2/3는 신, 1/3은 사람으로 묘사된다. 헤라(Hera)는 여성 신이다. 제우스의 아내이면서 사사건건 주도권 싸움을 하는 여성으로 묘사된다. 성모이다. 따라서 부권으로의 정권 이양에 따른 모권의 저항을 상징한다. 이러한 부권과 모권과의 주도권 싸움(점령과 협력, 이간질 등)이 그리스와 게르만 신화를 어지럽게 하는 요인이면서도 그토록 화려하게 전개되는 이유이다. 특히 여성인 모권을 상징하는 아마존의 등장은 그러한 극적인 장면을 상징한다. 다양한 님프의 등장도 이러한 설정과 관계가 깊다. 헤라(Hera)는 '해알'이며 따라서 해를 상징하는 이름이다. 그런데 그리스 신화의 헤라는 해와는 전혀 상관없는 역할을 한다. 사실 **그리스의 원래의 해신은 Helios**였다. 글쓴이의 견해와 일치한다. 그런데 나중에 해신이 **Apollo**로 바뀐다. 한마디로 정권이 바뀐 것이다. **Apollo는 A를 무시하면 '부루'이다. 부루족이 지배한 것으로 파악된다. 따라서 '불(flame)'을 상징한다.** 수메르 신화에서도 여신 In-Anna 역시 나중에 셈족에 의해 Isthar로 이름이 바뀐다. 같은 맥락이다. 그러면 Hera를 어떻게 읽으면 될까? H는 V로 본다. wh와 같이 w와 h는 '뵈'가 뿌리이다. 그러면 Vera가 되어 부루에 도달한다. Heracles 역시 Veracles, Vercules로 새김이 되면서 결국 '부루컬'이 된다. 이제 분명해졌다. 그리고 Hera의 '불' 같은 성질도 이해가 되리라. Water를 Vater로 보면 '바다' 즉 물이 되며 Hator 역시 Vator이다. Hades, Hyades는 Vada, 따라서 그대로 바다다. 상징적으로는 모두 물이다. Hades가 Pluto가 되는데 Pluto는 '불따'이고 Vator와 같다. 바다는 바닥으로 죽음의 세계로 상징화된다. Hydra 역시 Vydra로 보았다. 그러면 Vater, Vator와 같다. 역시 바다이다. 따라서 바다뱀이 된다. **그리스어 Hestia가 로마 라틴어에서는 Vesta가 된다. 글쓴이의 해석과 일치한다.** 이 Vesitia, Vesta는 화덕을 뜻하며 불의 숭상과 관련되는 이름이다. '불씨따'는 불씨터로 화로와 의미가 같다. 우리나라 불 숭상과 맥이 통한다. 바로 '불아기'인 **부엌**이다.

심리적으로 우리나라의 영웅 중인 영웅 이순신 장군이 떠오른다. 나라를 구함에 있어 한 영웅이 나타나 구하는 신화적 요소와 일치하기 때문이다. 더욱이 거북선이 사실상 용의 머리를 한 배이며 여기에서 다루는 용과 같다. 만약 이 거북선이 침략하는 수단으로 사용되었다면 침략받은 민족들은 틀림없이 거대한 괴물 용으로 보았을 것이다. **영웅 이순신인 경우는 침략자를 물리치는 '성스러운' 용**이라 하겠다.

자연(Nature)을 소개하면서 '**나딸**'이라 하였다. 나딸은 본래 그 모습

하늘마음(天性)이다.

우리들의 생명의 터전인 어머니가 딸이고 아씨이매,

그 성스러운 **아씨딸**이 우리의 터이자

밤하늘의 별(Astar)이 되었다.

별들의 흐름에서 봄-여름-가을-겨울을

재었고

빛과 가뭄과 비와 천둥을

별들의 지고 뜸에서 읽어 나아갔다.

그리고

그러한 하늘의 울부짖음에서 온갖

신화를 만들며 밤하늘에 새긴 것이

**별자리**들이다.

그 별자리에 새겨진 **말들(Myth)**에서 인류의 **말뿌리**를 캐고자 한 것이

이 책의 탄생이다.

**우물에서 별을 건지는 두레박**이라 하겠다.

이렇게 건져 올리며 뿌리를 찾아 나선 이 길 위에

아로새겨진 말과 글에서

자연인 **나딸**을 안고 그 안음에서 즐거움을 얻도록 하고자

한 것이 여기에 담긴 마음씨이다.

이제 이곳에서 제기되고 나온 새로운 해석들이
전 인류의 언어와 역사적 측면에서
보석이 되는 것이 지은이가 바라는 꿈이다.

고대 수메르, 이집트는 물론
그리스, 로마, 현대의 영어에 담긴 말들에 대한
새로운 해석들과 함께 특별 주제 하나하나는
전문적인 영역에서 각각
**귀중한 논문** 역할을 할 것이다.
다시 말해서
여기에 나오는 **글과 같은** 별들의 이름과 그 신화를 바탕으로 하여
단순한 이야기를 늘어놓은 단발의 줄거리 모음집이 아니라는 사실이다.
지은이는
이 글들, 이야기가
영어로 번역되어
전 세계적으로 퍼져 나가기를 간절히 바라고 있다.
우리나라에서가 아니라
영어권에서 큰 반향을 불러오리라 믿기 때문이다.


자연은 인간의 관점에서 보면 양면성을 지닌다. 선(善)과 악(惡)이다. 뱀이 극적인 상징물이 되면서 두 마리로 등장한다. **하나는 독(毒), 다른 하나는 '약(藥)'이다.** 치료약의 원료는 모두 독을 품은 재료이다. 그것이 식물에서 채취했건 곤충이나 동물에서 추출했건 마찬가지이다. 뱀독은 사람을 죽일 수도 있지만 살릴 수도 있는 것이다. **암컷과 수컷, 물과 홍수, 빛과 가뭄, 군림(침략, 지배)과 노예(노동) 등 모두 상대적인 양면성이다. 추상적으로 가면 선과 악인데 선과 악은 또한 나와 너가 서로 다르게 보는 관점에서 발생한다.** 이 양면성이 모든 신화의 근간이 된다. 또한 두 마리가 엉키는 것은 새 생명의 탄생을 가져온다. 더욱이 허물 벗기는 영원한 생을 상징한다.

오늘날은 **나딸이 아닌 가짜딸인 인공지능, 아이(AI)**가 득세하고 있다. 자연의 속성을 알고자 한 것이 과학이고, 그 과학 속 법칙에 따라 탄생한 것이 컴퓨터이다. 이제 컴퓨터 속에 담은 규칙성의 말인 프로그램이 인간의 뇌를 흉내 내는 어린 AI로 탄생하였다. 하늘에 사는 신을 만들어 그 대리물을 산, 바위, 나무로 삼고, 이어서 탑, 피라미드를 건설한 것이 인류의 끊임없는 심리적 확장성이다. 이제는 그 대리물이 AI가 될 것 같다. 그러나 AI가 독으로 작용하면 인간의 뇌는 파괴된다. 돌이킬 수 없는 재앙으로 이어진다. **에너지(Energy)에 대한 심리적인 욕망에서 벗어나는 순간 철부지 없는 아이(AI)는 사라진다.** 독을 품은 인공 뱀은 사라져야 한다. 그러면 **에네르기(Energy, 한얼키)**는 악(Bad)의 얼굴이 아닌 선(Good)한 '**하늘키**'로 우리를 감싸 안을 것이다.

선한 하늘키가 별하늘(the Star Heavens)이다. 별하늘 여행을 떠나자. **나딸**로 돌아가 밤하늘이 주는 고요함과 별들이 쏟아내는 반짝임에서 우주의 숨결을 느끼는 순간을 맛보는 여행, 바다 곁에서 고요한 밤과 함께 철썩이는 파도 소리에 귀의 간지럼을 느끼는 기쁨의 여행 말이다. 바다에 비친 불빛들을 별들로 보고 낚시하면서 그 낚시가 밤하늘에 걸린 활쏘기자리라고 외쳐주기 바란다.

| 붙임 글<sup>Appendix</sup> |

## A1 로마 글자와 소리값

현재의 영어는 로마 시대의 라틴어가 글자의 골격을 이룬다. 발음, 즉 소리값 역시 이에 따른다.

**A, a** '**아**'이다. 하지만 주로 '에이, ei' 또는 '애, æ' 등으로 소리한다. 영어의 가장 뼈아픈 점이다. 즉 철자와 소리가 일치하지 않는 것이다. 여기에서는 보통의 영어 단어를 나타낼 때만 현재의 발음 관습을 따르고, 별이나 신화적인 이름들에서는 '아' 소리로 새긴다. 'ā, ä, ã' 등도 단순히 '아'로 보면 될 것이다.

**B, b** '**바**'이다.

**C, c** '**카**'이다. 영어 자체로는 '사, 싸'로도 새김이 되는 역시 혼돈의 주역 중 하나이다. 여기에서는 **일관되게 k와 같은 소리값으로 취급**한다.

**D, d** '**다**'이다.

**E, e** '**에**'이다. 역시 소리값에서 혼돈의 철자 중 하나다.

**F, f** '**바**'이다. 바와 하 그리고 아의 중간 소리값을 가지나 구별하지 않는다.

**G, g** '**가**'이다. '자'로도 소리 내지만 여기에서는 적용하지 않는다.

**H, h** '**하**'이다. 원래는 '아'와 비슷한 소리를 내는데 그리스어에서는 'a, e, i' 등이 하, 헤, 히 등을 가리킨다.

**I, i** '**이**'이다. 역시 혼돈의 주역이다. 여기에서 '아이'는 취하지 않는다.

**J, j** '자'이다. '야'로도 소리 내지만 취하지 않는다.

**K, k** '카'이다.

**L, l** '르'에 해당하며 '알'로 새김을 한다. 원래는 '라, La'이나 단어에 있어 철자의 위치에 따라 소리가 달라진다. R 역시 비슷하다. 이 L은 우리말에 있어 받침, 보기를 들면 '엘'과 같은 구조에서 사용된다.

**M, m** '마'이다.

**N, n** '나'이다.

**O, o** '오'이다. 'ō' 역시 '오'로 보기 바란다. 다만 'ö'는 '웨' 정도로 소리하면 된다.

**P, p** '파'이다. 상황에 따라 '바'로 새기기도 한다.

**Q, q** '카'이다.

**R, r** '르'과 같으며 '알'이면서도 소리값으로 본다면 '아라'의 '라'이다.

**S, s** '사'이다. 보통 '씨'로 새김이 된다.

**T, t** '타'이다. '따' 혹은 '다'로 새기기도 한다.

**U, u** '우'이다. 'ü, ū' 등도 마찬가지로 보면 된다.

**W, w** '으, 우'이다. 이중 비(**double v**)이다. 영어에서만 유독 이중 우(double u)라고 부른다. '바'로 새김되기도 한다. w-f-ph 등은 소리값이 거의 같다.

**X, x** 로마자 표기로는 ks이다. '카시, 크씨' 등으로 새긴다. '카'와 '씨'의 이중 소리로 ks로 보면 된다.

**Y, y** '이'로 새긴다. 하지만 '으이'와 같은 소리값으로 이중적이다.

**Z, z** '자'이다. 원래는 'ts', 즉 '차'처럼 소리 난다.

**Th** 알파벳은 아니지만 그 역할을 하는 철자이다. 그리스의 'θ,ϑ'에 해당하는 소리값을 갖는다. 우리말에는 없다. 굳이 하자면 '떠'와 '써'의 중간 소리이다. '뜨흐', '트흐' 정도로 생각하기 바란다. 땅(地, earth)은 '따, 타'로도 새김이 되는데 '따ㅎ'가 더 적절한 표기이다. 땅을 다스리는 자인 '따키'는 '따ㅎ키'이기도 하다.

**Ch** '크흐' 정도로 생각하면 되겠다. k와 같다고 보면 편하다. 종종 '흐'로 새김하는 경우가 많다. 'Bach'는 '바흐'처럼 하는데 실제로는 '바크흐' 오히려 우리나라 '박'처럼 소리 난다.

## A2 그리스 글자와 소리값

| | | |
|---|---|---|
| A, α : '아; a' Alpha | I, ι : '이, i' Iota | P, ρ : '라, r' Rho |
| B, β : '바; b' Beta | K, κ : '카, k' Kappa | Σ, σ : '사; s' Sigma |
| Γ, γ : '가; g' Gamma | Λ, λ : '라; l' Lambda | T, τ : '타; t' Tau |
| Δ, δ : '다; d' Delta | M, μ : '마; m' Mu | Y, υ : '우; ü' Upsilon |
| E, ε : '에; e' Epsilon | N, ν : '나; n' Nu | Φ, φ : '파ㅎ, Ph' Phi |
| Z, ζ : '자; z' Zeta | Ξ, ξ : '크시, ks' Xi | X, χ : '크ㅎ, kh' Chi |
| H, η : '에, ē' Eta | O, o : '오, ŏ' Omicron | Ψ, ψ : '프씨, ps' Psi |
| Θ, θ : '뜨ㅎ, th' Theta | Π, π : '파, p' Pi | Ω, ω : '오, ō' Omega |

그리스 알파벳(Alpha Beta)은 수학 공식에서도 사용되어 이름은 비교적 잘 알려져 있다. 이때 해당 글자 소리는 이름의 머리에 새겨져 있다는 것을 알면 영어에 대응시킬 수 있다. 보기를 들면 시그마(Sigma)인 'Σ, σ'는 s에 대응되는 식이다.


## A3 한글(Han-Gur)

### 모음(vowel)

한글의 모음은 'ㅣ'와 'ㅡ'를 기둥과 바닥으로 하여 여기에 방향을 가리키는 하나의 점으로 이루어져 있다. 즉 'ㅏ, 아', 'ㅓ, 어', 'ㅗ, 오', 'ㅜ, 우' 등이다. 'ㅣ'는 '이', 'ㅡ'는 '으'이다. **여기서 'ㅇ'은 소리값이 없는 단순 표기 글자이다.** 우리가 '이응'이라고 하는 'ㅇ'는 자음에 해당한다. 원래는 'ㅇ' 위에 점이 있는 형태였다. 즉 'ㆁ'이다. 이러한 기본 모음에 다시 기둥 하나를 넣으면 'ㅐ, ㅔ, ㅚ, ㅟ' 등이 된다. 그리고 점을 하나 더 넣으면 'ㅑ, ㅛ, ㅕ, ㅠ'가 된다.

'ㅏ'는 오른쪽(**right**), 'ㅓ'는 왼쪽(**left**)을, 'ㅗ'는 위(**up**), 'ㅜ'는 아래(**down**)를 향하는 상징성을 지닌다. 'ㅣ'는 서 있는 모습(**stand**)을, 'ㅡ'는 누워 있는 모습(**lie, lay**)을 상징한다. 이 네 개의 모음이 동서남북(**east, west, north, south**)을 가리킨다.

| | |
|---|---|
| ㅣ, 이 : i, '아이(ai)'가 아니다.<br>ㅏ, 아 : a, 에이(ei)가 아니다.<br>ㅓ, 어 : 알파벳에서 이 소리값은 존재하지 않는다. 굳이 하자면 발음 기호로 ə이다. 영어의 꼬리말 'er'에서 r 소리를 없앤 경우이다.<br>ㅗ, 오 : o<br>ㅜ, 우 : u<br>ㅐ, 애 : æ. 복모음의 일종이다. 사실상 '아(a)+이(i)' 구조로 보면 된다. '해(hæ)'는 'hai'와 같다. 상해(上海)는 상하이(shang-hai)로 대응되는 식이다. 우리나라 말이 어느 시대부터인가 낱말 하나를 단모음으로 되어서 그렇다. '미르, 무르'가 '물'로 된 것도 같은 결과이다.<br>ㅔ, 에 : e | 그 외 다양한 복모음 형태가 있으나 생략한다. |

## 자음 및 글자(consonant and characters)

| 자음 | 자음+모음 | 자음+모음+자음<br>단어 |
|---|---|---|
| ㄱ: g<br>ㄴ: n<br>ㄷ: d<br>ㄹ: l, r<br>ㅁ: m<br>ㅂ: b, f<br>ㅅ: s<br>ㅇ: ng(ŋ)<br>ㅇ 위에 막대가 있는 구조이다.<br>'앙, 응, ang, ung'의 소리로 아이의 울음소리와 같다. 그리고 막대기와 점이 위에 붙은 | 가: ga, 거: gə, 고: go, 구: gu<br>나: na, 너: nə, 노: no, 누: nu<br>다: da, 더: də, 도: do, 두: du<br>라: ra, la 러: rə, lə 로: ro, lo 루: ru, lu<br>마: ma, 머: mə, 모: mo, 무: mu<br>바: ba, 버: bə, 보: bo, 부: bu<br>사: sa, 서: sə, 소: so, 수: su<br><br>앙: ang<br>당: dang<br>킹: king<br>싱: sing<br><br>자: sa, 저: sə, 조: so, 주: su<br>차: cha, 처: chə, 초: cho, 추: chu<br>카: ka, 커: kə, 코: ko, 쿠: ku<br>타: ta, 터: tə, 토: to, 투: tu | 글: gur<br>굴: gul, gur<br>날: nar, nal<br>닭: darg<br>망: mang<br>밭: bat<br>알: ar, al<br>잠: zam<br>마을: maur, maul<br>사랑: sarang<br>버스: bəs<br>댕기: dængi<br><br>*글과 굴을 영어로 명확하게 구분하기는 어렵다. '으'와 '우', '르'에 대한 'r'과 'l'의 |

| | | |
|---|---|---|
| 꼴이 'ㅎ, h'이다.<br>ㅈ: z, j<br>ㅊ: ch<br>ㅋ: k, q<br>ㅌ: t<br>ㅍ: p<br>ㅎ: h | 파: pa, 퍼: pə, 포: po, 푸: pu<br>하: ha, 허: hə, 호: ho, 후: hu | 관계 때문이다. 아래 받침 소리를 살리는 데는 gul보다는 gur가 제격이다.<br>일본어에서는 한글이 한그르가 된다. 김치를 기므치로 하는 것도 같은 상황이다. |

우리말의 단어가 한음절로 되는 것, 보기를 들면 '맛, 맞, 맏, 맡' 등은 소리값이 모두 같다. 그러나 여기에 도움말인 조사가 붙으면 받침소리가 살아난다. 즉 '맛이'가 '마시'로 되는 식이다.

가장 큰 문제가 'ㄹ'이다. 'r'이냐 'l'이냐로 갈라서기 때문이다. 말은 'Mal'이다. 그러나 뫼알로 보면 마르(Mar)이다. 우리도 원래는 마르, 미르처럼 소리했을 것으로 본다. 따라서 'l' 소리보다는 'r' 소리를 우선한다. '물'을 '무르', '할'을 '하르'로 새김한다는 뜻이다.

# | 찾는 글<sup>Index</sup> |

찾아보기는 독자의 편의를 위해 중요한 말이나 이름을 가나다순으로 배열하여 해당 쪽수를 표시한 모음 글이다. 이 책에 있어서는 알맹이 글(차례)가 이러한 역할을 하고 있다. 다만 가나다순으로 되어 있지 않을 뿐이다. 여기에서는 별자리를 독립적으로 배열시켜 찾는 데 도움을 주었다.

## 가. 별자리

강물자리　361
개자리　299
거문고자리　395
게자리　305
고니자리　386
고래자리　430
곰자리　222
그릇자리　391
까마귀자리　388
남 물고기자리　438
독수리자리　384
땅꾼자리　399
마차부자리　345
머리털자리　393
목동자리　287
물고기자리　434
물뱀자리　433
물병자리　359
배자리　354
비둘기자리　358

사자자리　295
쌍둥이자리　342
안드로메다자리　374
양자리　349
염소자리　367
오리온자리　337
왕관자리　440
용자리　270
전갈자리　404
제단자리　422
처녀자리　292
카시오페이아자리　370
케페우스자리　372
켄타우루스자리　417
토끼자리　424
페가수스자리　381
페르세우스자리　378
헤라클레스자리　444
활쏘기자리　410
황소자리　312

**Constallations**

Andromeda 374

Aquarius 359

Argo Navis 354

Aries 349

Auriga 345

Boötes 287

Cancer 305

Canis; Major, Minor 299

Capricornus 367

Cassiopeia 370

Centaurus 417

Cepheus 372

Cetus 430

Columba 358

Coma Berenices 393

Corona Borealis 440

Corvus 388

Crater 391

Cygnus 386

Draco 270

Eridanus 361

Gemini 342

Heracles 444

Hyades 314

Hydra 433

Leo 295

Lepus 424

Lyra 395

Orion 337

Pegasus 381

Perseus 378

Pisces 434

Piscis Australis 438

Pleiades 315

Scorpio 404

Taurus 312

Ursa; Major, Minor 222

Virgo 292

**나. 일반**

가라, 가락 59, 207~208, 212~214, 308, 363~366, 395~397

가락지(Galaktik), 미리내 206~207

가람, 갈라물 364, 366

가면, 탈(Mask) 147, 238

가사(Kasa) 442

가을점, 추분(秋分) 25, 32~35

갈비, 굴비 268~270, 305~306, 309

갈치, 칼치 368~369

갤럭시(Galaxy) 30, 206~207, 213~214

건인역(建寅曆), 건자역(建子曆), 건축역 (建丑曆) 199

게디미나스 성탑 73

게르만(German) 57, 120, 225

겨울점, 동지(冬至) 25~26, 32~35

계림(鷄林) 322~323

고깔모자 139, 239, 367, 369, 371, 412

고니, 백조 220, 386

고물, 배 꼬리 354

고타마 싯다르타 344, 426

곤(鯤) 357

곤연(昆淵) 357

공전(Revolution) 33~34

관할(Zusin) 333

교착어(膠着語, agglutinative language) 159

그릇(Crater), 컵(Cup) 391~393

그리스, 한국 204~205

금성(金星, Venus) 21, 71~72, 114~117, 124~125, 160, 266~267, 373

길가메시(Gilgamesh) 42, 158, 161, 196, 444, 449

까마귀 112, 183, 388~390

꼬리말, 접미어(接尾語, suffix) 53

꼬리뱀 405

꼬리비(Corvus) 389, 405

나라(Nara) 363

나르메르(Narmer) 44, 139, 143, 346

나메스, 노모스 143

나무아미타불(南無阿彌陀佛)  144

나반(那般), 아만(阿蔓)  132~133, 142~143, 180

나배(Navis)  106, 355

낙랑(樂浪)  363, 395

남날(Namnar), 남제(Namday), 목요일  119, 122

남두육성(南斗六星)  24, 237, 404, 416

남십자성(南十字星)  219, 417

남회귀선(南回歸線)  32, 34~35

네프티스(Nepthys)  105~106

눈(Nun)  55, 101, 103~104, 116, 126, 435

늑대(Arktai)  228, 251, 287, 289, 347

단골  164, 256

단진자 운동  35~36

달날(Dalnar), 달제(Dalday), 월요일  119, 121

달밭(Dilbat)  112

담(Dam)  143, 335~336, 344

담로, 담모라, 타모라, 탐라  195, 282, 335~336

당(唐)  256, 310

당굿  280

당우(唐虞)  256

대모(大母, Great Mother)  54~55, 65, 76, 105, 330

대조영(大祖英)  68

댕기(Dangi, Dance)  74~76, 205, 226, 233, 244, 254, 290, 310, 320, 398, 427

덴데라(Dendera)  75, 136, 194, 236, 241~243, 349

도솔천(道率川), 두리천  209, 246, 274

독수리, 돌수리  384~385

돌(stone)사슴  368

돌림힘(Torque)  37, 79

두꺼비, 두터비(Bes)  108, 112~113, 181~184, 434

두레박  5, 80, 361, 382~383, 451

두루미  358, 386

두만강  344

두무지(Tumuzi, Tammuz), 동무  68, 105, 155, 343~344, 350, 423

드라비다(Dravida)  45, 267, 277, 282~283, 285~286

드라큘라(Dracula)  272

드루이드(Druid)  45, 277~281

등자, 발 걸개(Stirrups)  69, 411~412

따날(Tanar), 따제(Tanday), 토요일  119, 124

딸, 달(Tar)  54, 73, 77, 79~81, 117, 121, 162~163, 180, 182, 193, 232, 276, 396, 407, 410, 423

땅꾼, 뱀잡이  178, 400

뚜반, 투반(Thuban)  39, 130, 211~212, 235, 247~248, 273~275, 436~437

람세스(Ramses)  91, 357

러시아(Russia), 아라사(Ursa)  71, 222~223, 260~261,

루갈반다  196~197, 332

마루, 마루칸  57~58, 62, 123, 139, 152, 154, 157, 160, 179, 192, 194, 246, 275, 282, 285, 291, 297, 345, 350, 353, 365~366, 369, 376, 379~380

마립간(麻立干), 마루칸, 말칸  58

마일(Mile), 마을  57, 59

마즈다(Mazda)  65

말갈, 말골, 몽골  56, 68, 70, 78~79, 123, 196, 253~254, 276, 311, 328, 333, 405

말로에(Maloe), 모로에(Moroë)  140, 370

말틀(Mithra)  64, 66, 81, 324

머리, 마루  57~58, 152, 157, 246, 297, 327, 366

머리말, 접두어(接頭語, prefix)  53

메다(Meda)  143, 254, 374~378, 420

메두사(Medusa)  178, 378, 383

멘카우레(Menkaure)  98~100

멤피스(Memphis)  100~101, 146

모세(Mose)  66, 83, 167, 194, 210, 233, 238, 256, 334, 337, 345

모시기(Mask, Mosque)  194, 238

목성(木星, Jupiter)  21, 122, 385

무당(Madam)  50~51, 64, 66~67, 75, 77, 80, 84, 90~91, 105~106, 164, 210~211, 224, 233~234, 250~251, 254~256, 274, 277~278, 322~323, 330~332, 366, 392~393, 396, 419~420, 437

무스탕(Mustang)　350
문신(文身)　92
문어, 민어　284, 384
물(水, Mer, Water)　57~59,
물날(Mulnar), 물제(Mulday), 수요일　119,
　123
물레(Mule)　346
물아기, 미역　123, 317
물치(Fish)　434~435
미노스(Minos)　441
미라(Mirra, Mummy)　179, 349
미케네(Mykenae)　175
미트라(Mithra, Mitra)　52, 64~67, 81, 173,
　177, 324, 379
바가지(Pegase)　224, 230, 354~355, 381~382
바구니(Wagni)　209, 224~225, 229~230, 342,
　359, 381, 440
바당(Bathan), 바다(Ptah)　145~146, 211~212,
　214, 254~255, 375, 383
바랄치(Fish)　435
바위, 배　281, 379
배씨(Bes)　152, 181~184, 322, 353, 434, 436
뱀(Snake)　103~105, 113, 167, 172~179,
　182, 263, 400~403
베다(Veda)　143, 234, 266, 376
복날　302~304
복희(伏羲, Baki)　167~176
봄점, 춘분(春分)　25~26, 32~34
부네(Bune, Vun)　117, 179, 267, 284
부루탕(Britain)　232, 261, 398, 419, 425, 427
부루해, 파라오(Phara-oh)　88, 91~93, 147,
　231, 424, 444
부리(Albireo, Bill)　51, 56, 92, 260~265,
　348, 351, 388
부엌, 불아기　229, 316~317
북두칠성(北斗七星)　21~24, 134~138, 222,
　224~227, 242~243
북십자성(北十字星)　220
북회귀선(北回歸線)　32, 34~35, 44~45
분(Vun, Van, Bun)　60, 93, 249, 267, 285,
　373

붇다(Budda)　146, 204, 234, 287, 425~426
불날(Bulnar), 불제(Bulday), 화요일　119, 121,
　407
붉은 난쟁이별(Red dwarf, 赤色矮星)　422
빗(Comb)　268~270
사르곤(Sargon)　42, 152~153, 274
삭발염의(削髮染衣)　146
상형문자(象形文字, Hieroglyph)　44, 95, 148
석가(Saka)　413, 416, 425
석가모니(Saka-Muni)　416, 425
설문해자(說文解字)　92
성길사한(成吉思汗, Dangri-Kan)　83
성혼례(聖婚禮, sacred marriage)　158~159,
　177, 203, 250, 332, 365~366, 380, 449
세스하트(Seshat)　239~240
세차 운동(Precession)　26, 37, 39, 275, 307,
　399
세트(Seth)　105~106, 134~135, 237
소그드(Sogd), 속특(粟特)　241, 317, 407, 414
소마(Soma)　392
소머리, 쇠머리(Sumer)　149, 152, 154~156,
　327, 353
소시지(Sausage)　329~330
쇠날(Soinar), 쇠제(Soiday), 금요일　119, 124
수대(獸帶, Zodiac)　24~25, 133, 185~186, 195
수로(首露, 水路)　365~366, 379~380
숙신(肅愼, Saxon)　311, 331~333
숯(soot)　394, 426
스키, 씨키　150, 238, 276, 306, 328~330,
　370, 410, 413~414, 416~417
스키타이, 씨키타이　61, 151, 268, 413~414,
　417
시리우스(Sirius)　39, 105~106, 299~300, 302,
　337~340
시바(Shiva)　124, 170, 181, 291
신(Sin), 달(Moon)　93, 108~109, 111~112,
　116~117
신라　58, 77, 232, 245, 261, 322~323
아가리(Aquila, Eagle)　214, 384~386
아궁이(Agni)　316, 424
아라타(Arata)　111, 166, 196~197

아르카스(Arkas) 222
아르테미스(Artemis) 109~111, 228, 344
아마존(Amazon) 341, 448~450
아비소(Apsu, Abzu, Apis) 104, 117,
152~153, 155, 181~182, 420
아비코(あびこ, 我孫子) 63
아사달, 아씨딸 55~56, 71~80, 110, 114
아이사타(阿耳斯它) 132
아즈텍(Aztec) 71, 369, 426
아케나톤(Akhen-Aton, Akun-Aten) 88, 240
아프로디테(Aphrodite) 117, 394
아후라 마즈다(Ahura Mazda) 64~65, 176
안골땅(England) 78
안골씨(English) 77~78
안딸, 아니딸(Andro, Andra) 180, 193,
376~377
알골(Alcor) 242~243
알폰소 표(Alfonsine Tables) 141, 392
앙부알구 31~32, 35
야누스(Janus) 165~169
야율아보기(耶律阿保機) 193
에누마 엘리스(Enuma Elis) 196
에티오피아(Aethiopia) 145, 370~371,
373~375
엔메르카르 196~198
엔키두(Enkidu) 445~446
여름점, 하지(夏至) 25~26, 32~34
여와(女媧, Aki) 167~176
열린 별무리(Open Cluster) 315
염소 351~353, 367~369
영양(羚羊, Antelope) 197, 230, 353, 369
영침(影針) 32
오딘(Odin) 77, 123~124, 135, 211, 254~255
오목해시계(Concave Sundial) 31~33, 35~36
오벨리스크(Obelisk) 75, 96~100, 103
오시리스(Osiris) 101, 105~106, 134~135,
313, 339~340
올림푸스 382
왕관지리 440
외뿔고래(Narwhal) 369
용골, 이물 263, 354~355

우르, 우루크 41~42, 196~198, 365
우타(うた, Uta), 노래 118
울보(Wolf, Lupus) 223, 421, 428~429
유화(柳花), 버들 73, 254~255, 278~279, 365
이시스(Isis) 105~106, 135, 141, 275, 302,
355
이아손(Jason) 263, 331, 333, 354
이집트(Egypt) 43~45, 145~149
인신공희(人臣供犧) 380
인어(mermaid, dugong) 169, 435
일본(日本) 56, 62~63, 65, 68, 87, 95, 99,
109, 151, 159, 166, 179, 230, 245~247,
251~252, 317, 336, 353, 386, 393, 410,
415, 426
자리터(Zarath) 192~194
자미원(紫微垣) 273
자연(Nature) 53~55, 132~133, 451~453
자전(Rotation) 33, 36~37
자칼(Jakal) 429
자포암(紫布岩) 379~380
잣, 닷, 달 73, 80, 109~111
장구(Zzango) 397~398
장님 255
저울 421, 428~429
전갈(全蝎), 천갈(天蝎) 159, 328, 404~407
점성술 27, 125, 186, 403, 407, 409
접미어(接尾語, suffix) 53
제단(祭壇, Altar) 84, 255~258, 279~281,
365~366, 421~424
제르반(Jervan) 172
조로아스터(Zoroaster) 117, 193
조선(朝鮮), 주신(Zusin) 83, 331~333
주르반(Jurvan, Durvan, Turban) 172, 174,
403, 424
준(Zone) 195, 333, 406
중 83, 255
지구(Earth), 알땅 49, 104, 127
집(Zip, Geb) 102~105, 229, 435
차차웅(次次雄) 77
참성대, 첨성대 257~258
천람석(天藍石, Lapis Lazuli) 158

천정(Zenith) 33, 35~36
카미(かみ, Kami) 56, 250~251, 393~394
카배(Kaff) 371~373
카씨배(Cassiopeia) 370~371, 374~375
카프레(Kafre) 99~100
카흐투슈(Cartouche) 147~149
칸발라(Canberra) 56
칸부루(Canberra) 56
칼리스토(Kalisto) 222, 228
커부루, 커부리 98, 100, 104, 157, 298,
  301, 339, 348, 367~368, 405~406
커피(Coffee, Kohve, Koffie) 373
케페우스(Cepheus) 273, 370~375
켄타우루스(Centaurus) 219, 411~412,
  417~423
코요테(Coyote) 76
콤비(Combi) 268~269
쿠다라 245
쿠루(Kuru) 67, 163, 205, 223, 257, 311
쿠푸(Khufu) 98~100, 372
큰강, 큰치, 한강(Ganges, Ganga) 45, 150,
  205, 209, 214, 253, 415
키로스 대왕 43, 419
타무라(田村) 195, 282, 336
탕부르(Temple) 424
탕오, 탕우 76
테베(Tebe) 45, 87, 100, 139, 142
테프누트(Tefnut) 101~102, 229
토끼(Hare) 109, 112, 183, 218, 420~421,
  424~429
토리(Tori) 208, 212, 214, 321, 388
토리이(とりい), 새터(鳥居) 99~100
토트(Thoth, Thor), 달(Moon) 62, 107~109,
  117, 183~184, 239, 429
통가(Tonga) 320
투탕카멘(Tut-Ankh-Amen) 147~149, 179
티폰(Typhon) 106, 135, 274, 436~437
파라구아이(Paraguai) 320
파르티아(Parthia) 413
파림(巴林) 323
펜(Pen) 267, 284~285, 373

편두(偏頭) 239~241, 412, 414
평양(平壤), 퍼라(Para) 59~62, 92, 138, 304,
  311, 323, 363~364
포강(Padus) 362
포도따기(Vintage) 330
푼(Pun) 267, 284~285, 373
프로키온(Procyon) 304, 338
프타(Ptah), 바다, 부타 101, 145~147, 211,
  287, 349
프톨레마이오스 44, 140~141
피라미드(Pyramid) 44, 96~101
하마(Hippopotamus) 135~137, 183~184,
  236~237, 272
하토르(Hathor) 87, 117, 135~136, 319
해길 12자리, 황도 12궁 24, 26~27, 29, 133,
  201, 448
해날(Hænar), 해제(Hæday), 일요일 119, 121
해말, 해틀(Solar System) 81, 86~87, 117, 119
해모수 93, 334, 365
해부리, 헤브루, 히부르, 히부리(Hebrew)
  229, 234, 447, 449
해분(Heaven) 91~92
해알, 허리(Hurru) 70, 87, 94~95, 205, 348,
  407, 425, 444, 450
행성(行星, Planets) 21, 27, 86, 125
향로(香爐) 366, 391, 423~424
헤르모폴리스(Hermopolis) 100, 108
헤시오도스(Hesiod) 67, 302, 319
헬리오폴리스(Heliopolis) 45, 87~88, 96,
  98~101, 105
현학금(玄鶴琴) 397
호루스(Horus) 70, 87~88, 104, 290, 339~340
화성(火星, Mars) 21, 58, 121~122, 406~408
활(whal, whale) 367, 369, 430~432
활쏘기, 궁수(弓手) 30, 206, 220, 410
황새치 368~369
히에로글리프(Hieroglyph) 44, 95, 148